Shetland-I.

● Lerwick

N O R W E G E N

y-I.

rness

● Aberdeen

● Dundee

● Edinburgh

N o r d s e e

D Ä N E M A R K

weed

Tyne

● Newcastle

● Middlesbrough

Ouse

● York

Leeds ●

hester ●

● Hull

l ●

● Sheffield

Trent

● Nottingham

am ●

● Leicester

● Norwich

Coventry *Ouse*

● Cambridge

N I E D E R L A N D E

● Oxford

Bristol *Themse*

■ London

Canterbury ●

● Dover

D E U T S C H - LAND

● Southampton

Isle of Wight

B E L G I E N

Ä r m e l k a n a l

rsey

F R A N K R E I C H

GROSSBRITANNIEN

13 ABBILDUNGEN, 2 KARTEN

THOMAS KIELINGER

GROSSBRITANNIEN

C.H.BECK

HERAUSGEGEBEN VON
Helmut Schmidt und
Richard von Weizsäcker

FÜR THOMAS SCHMID
GRAZIE MILLE

HELMUT SCHMIDT
RICHARD VON WEIZSÄCKER
GELEITWORT

Zum ersten Mal seit vielen Jahrhunderten herrscht heute Frieden in Europa. Aus freiem Willen und ohne Zwang von außen haben wir uns als Nationen auf einen unumkehrbaren Weg gemacht, der weltweit ohne Beispiel ist. Im Jahre 1950 begann die europäische Integration zwischen sechs Ländern. Inzwischen hat sie sich zu einer Union von 27 Ländern entwickelt. Die Hälfte der Mitgliedsstaaten hat heute eine gemeinsame Währung.

Für Europa gab es auf diesem Weg große Erfolge und in Verbindung mit ihnen neue Schwierigkeiten. Immer mehr Länder suchten die Mitgliedschaft und wurden aufgenommen. Umso deutlicher wurde der dringende Bedarf nach gemeinsamer europäischer Handlungsfähigkeit, bis hin zum Fernziel einer gemeinsamen Außenpolitik. Zuletzt haben dies die Auseinandersetzungen um eine europäische Verfassung deutlich genug gezeigt.

Für eine weitsichtige politische Führung spielt das Bewusstsein der Bürger in unseren Ländern eine prägende Rolle. In Europa leben zahlreiche Völker mit ihrer zum Teil über tausendjährigen Geschichte. Sie haben vielfältige gemeinsame kulturelle und religiöse Wurzeln und sind zugleich durch eigenständige Sprachen und Heimatgefühle gekennzeichnet. Die Bildung eigener Nationen ist dabei zu einem Charakteristikum des europäischen Kontinents geworden.

Unsere Reihe «Die Deutschen und ihre Nachbarn» soll einen Beitrag dazu leisten, das Verständnis für die jeweiligen Nachbarländer in Europa zu vertiefen. Dies gilt vor allem für uns Deutsche, die wir neun unmittelbare Nachbarnationen haben, mit denen wir heute zum ersten Mal in unserer Geschichte zusammenleben, ohne uns gegenseitig zu bedrohen. Ein besseres Verständnis unserer Nachbarn hilft uns auch, uns selbst besser einzuschätzen, indem wir uns durch die Augen unserer Nachbarn betrachten und uns vergegenwärtigen, welche historischen Erfahrungen sie mit uns gemacht haben.

Es geht uns in unserer Reihe darum, der Leserschaft auf knappe und anschauliche Weise Einblick in Politik, Gesellschaft und Kultur der jeweiligen Nachbarländer zu geben. In ihren nationalen Besonderheiten wird dadurch auch ihr Verhältnis zu Deutschland besser verständlich. Es gilt, zu erkennen, was das nachbarliche Gemeinwesen ausmacht und in seinem Inneren zusammenhält, aber auch, welchen besonderen Herausforderungen es ausgesetzt ist. Dabei spielt die Geschichte eine besonders wichtige Rolle. Sie bedarf dort, wo sie Land und Leute bis heute nachhaltig prägt, der Erinnerung auch über die Landesgrenzen hinweg.

Es ist nicht das Ziel unserer Reihe, lexikalisches Grundwissen zur politischen Bildung zu vermitteln. Uns geht es vielmehr um lebendige Anschauung der Lebensverhältnisse bei den Nachbarn, auch um unsere Kenntnisse über das hinaus zu vertiefen, was wir auf vielerlei Reisen in uns aufnehmen. Es gilt, uns auch von mancherlei Vorurteilen untereinander zu befreien.

Wir freuen uns, dass hervorragend ausgewiesene Kenner für «Die Deutschen und ihre Nachbarn» zur Feder greifen und ihr in Jahrzehnten erworbenes Wissen weitergeben. Wir sind dankbar dafür, dass hier Publizisten und Wissenschaftler zusammenwirken und uns ihre unterschiedlichen Einsichten nahebringen. Gerade ihr persönlicher Blickwinkel erscheint uns besonders reizvoll.

Die Bände dieser Reihe zeigen uns, dass Europa weit davon entfernt ist, sich in eine Monokultur zu verwandeln. Es gilt, seine reichen historisch-kulturellen Ressourcen in unserem Jahrhundert für ein geeintes Europa politisch fruchtbar zu machen. Herausgeber und

Autoren verbindet die Überzeugung, dass der Weg zu einem wirklich handlungsfähigen und starken Europa nur durch vertiefte Kenntnisse über unsere europäischen Nachbarn und über uns selbst erfolgreich zurückgelegt werden kann.

Das königlose Interregnum · Der restaurierte Stuart-König Karl II.
provoziert das Parlament · Die Geburt der Parteien aus dem Streit
um den katholischen Jakob Stuart · Jakob II. oder Das Endgame ·
Die Glorreiche Revolution verändert vieles: Das 18. Jahrhundert wird
ein englisches · Was John Locke für uns heute bedeutet – und für
Amerika

Vorab: Der Kontrast der Verfassungen · Der rüde Ton gegenüber der
Obrigkeit und die Lust an der Provokation · Der Überwachungsstaat von heute: Eine neue Herausforderung für den *free-born Englishman* · Der Engländer und sein Patriotismus ... · ... stoßen an ein
Identitätsproblem · Wie sich die Briten herunterspielen · Die öffentliche Rede: Eine Kunst, die Karrieren beflügelt

Wie Goethe und Hegel sich englischen Stolz erklärten · Ein Weltreich, das von einem Land mit zwei Prozent der Weltbevölkerung
gebaut wurde · Indien ... · ... und das Commonwealth · Sklavenhandel: Ein dunkler Fleck wird beseitigt – und Afrika als Objekt
der Kolonialpolitik entdeckt · Englands *balance of power*-Politik ·
Das «perfide Albion» und der deutsch-britische Gegensatz unter
Wilhelm II.

Was Marx und Engels in England nicht verstanden · Karl Marx im
Lesesaal des British Museum · Europa vereinigt sich auf der britischen
Insel ... · ... aber versteht die englische Klassengesellschaft nicht

Die Engländer und ihre friedlichen germanischen Verwandten · Der
Ton ändert sich · Konkurrenz, Konkurrenz. Und dann auch noch
eine Flotte! · Die Diplomaten auf der Suche nach einer Antwort –
doch 1914 gehen in Europa die Lichter aus

I

EINSTIMMUNG

**DIE INSEL IM SCHATTEN DER WIRTSCHAFTLICHEN
UND DER POLITISCHEN KRISE**

In seinem 1941 verfassten Essay «England, Your England» erinnerte George Orwell daran, dass das Land seiner Geburt in der Welt unter sechs verschiedenen Namen firmierte: «England, Britain, Great Britain, the British Isles, the United Kingdom», und wenn man sich besonders hochgestimmt fühle, auch noch unter «Albion». Man mag einen siebten Namen hinzufügen, denn was Orwell als fünfte Bezeichnung, verkürzt, aufführt, «Das Vereinigte Königreich», lautet unter voller Flagge «Das Vereinigte Königreich von Großbritannien und Nordirland». Die nicht-englische Welt wie auch dieses Buch versuchen gelegentlich, dem Begriffswirrwarr zu entrinnen, und sprechen dann – achtens – einfach nur von der «Insel».

Willkommen also auf der Insel der fesselnden Widersprüche. Ein Schauplatz mit vier Nationen innerhalb seiner Grenzen – Engländern, Walisern, Schotten, Iren – und mit vier Hauptstädten: London, Cardiff, Edinburgh und Belfast. Wo bleibt die einheitliche Identität, wer wollte diese Vielfalt auf einen Nenner bringen? Das rauft sich zusammen mehr schlecht als recht, bedroht von zentrifugalen Kräften, die das Vereinigte Königreich manchmal alles andere als vereint aussehen lassen. Alex Salmond zum Beispiel, der schottische Ministerpräsident («First Minister»), würde seine Region am liebsten als eigenständiges EU-Land in Europa unterbringen. Wenn er nur könnte.

Er kann es freilich heute weniger denn je, denn die erhoffte Selbstständigkeit Kaledoniens, wie die Römer den schottischen Norden Britanniens nannten, rückt in immer weitere Ferne, seitdem als Folge der globalen Finanzkrise Schottlands Kronjuwel, die Royal Bank of Scotland (RBS), durch Intervention der Regierung in London, die ihre Beteiligung an der Bank im Januar 2009 auf 70 Prozent erhöhte, vor dem Ruin gerettet werden musste. Das weltweit operierende Unternehmen fuhr 2008 einen Verlust von 24,1 Milliarden Pfund ein – das größte Jahresdefizit in der britischen Unternehmensgeschichte überhaupt. Hinzu kommen 325 Milliarden Pfund toxische Papiere, von denen zurzeit niemand sagen kann, wie viel Wert sie überhaupt noch enthalten – der Markt, auf dem sie basierten, ist inzwischen zum Teil verschwunden. Auch in dieser Not sprang London ein und erlaubte der Bank, den toxischen Teil, von der Regierung garantiert, fürs Erste auszugliedern, damit das traditionelle Kreditgeschäft wieder anlaufen kann, von dem viele mittelständische Unternehmen zur Finanzierung ihrer Investitionen abhängen. Auch Schottlands zweite Großbank, HBOS (Halifax/Bank of Scotland), ging auf Talfahrt und konnte nur durch Verschmelzung mit der englischen Lloyds Bank, von London erzwungen, vor ihrem Ende bewahrt werden.

Aber was für den Norden der Insel gilt, trifft auch im übrigen Land zu. Schottland ist nur ein besonders markantes Beispiel für den Einbruch der Bonität der britischen Finanzinstitute. «Unverantwortlich» – so das Wort eines Schotten, des derzeitigen Premierministers Gordon Brown – haben sie sich auf das Geschäft mit amerikanischen *sub prime*-Hypotheken und anderen Finanzprodukten eingelassen, deren Komplexität am Ende selbst hausinterne Fachleute oft nicht mehr durchschauten. Ein Investitions- und Kaufrausch übernahm die Steuerung, unter Vernachlässigung jeglicher Nachhaltigkeit. 2009 zog man die Personen, die inzwischen längst zurückgetreten waren von den Spitzenpositionen ihres Leichtsinns, vor diverse parlamentarische Untersuchungsausschüsse, damit sie ihre Fehlkalkulationen nicht nur bekennen, sondern – was wichtiger gewesen wäre – auch erklären. Aber alles, was sie vorbrachten, war ein großes «Sorry» und dass sie den «Krisen-Tsunami» nicht hatten kommen sehen. Ja, wenn nicht sie, wer dann? «The party is over», verkündete der Schattenfinanzminister George Osborne, in Anspielung auf einen berühmten Song des britischen Bühnenautors Noël Coward aus den 1930er-Jahren: So können wir nicht weitermachen.

Aber welche Party ist hier vorbei, und wann hat sie begonnen? Man kann das Datum mit einiger Sicherheit festmachen. Es war Margaret Thatcher, die 1986 eine Welle der Deregulierung auslöste in der von Kredit- und Bankkontrollen gefesselten britischen Wirtschaft. Eine ihrer größten Leistungen. Man nennt es auch den «big bang» – über Nacht wurde das britische Geldwesen aus seinen Behinderungen erlöst, und lange brachliegende Talente des Unternehmertums fühlten sich neu herausgefordert. Die Bankdirektoren erwachten aus ihrem Trott, *bowler hat* und der zusammengerollte Regenschirm verschwanden. Nicht mehr das ausgedehnte, rotweingesättigte Lunch und die bevorzugte Fortsetzung der Geschäfte auf dem Golfplatz oder im Club. Jetzt winkten andere Horizonte, abzulesen an den Wolkenkratzern, die sich in dem frisch aus dem Boden gestampften Canary Wharf, Londons Manhattan in einem Themsebogen im Ostteil der Stadt, in die Höhe reckten. Das Arbeitstempo beschleunigte sich, die Profite stiegen, ein neuer Typ von *city slickers*, smarten jungen Investment-Zauberern, begann das Bild zu prägen.

Parallel zu dieser Freisetzung lief die schon begonnene Privatisierung der verstaatlichten Industrien auf vollen Touren. Alles drängte zur Börse, auch den kleinen Mann ergriff das Spekulationsfieber. Gewiss, das alles erlitt 1990 in einer Rezession seinen ersten Rückschlag, aber schon zwei Jahre später, als das Pfund das Europäische Währungssystem (EWS) am 16. September 1992 verlassen hatte und das Schatzamt neue monetäre Flexibilität gewann, begann der Wiederaufstieg, den New Labour 1997 von der konservativen Regierung John Majors erbte und konsequent weiterverfolgte. England verwandelte sich in eine Dienstleistungsgesellschaft, unter Vernachlässigung seiner herstellenden Industrie. Die City, der Londoner Finanzbezirk, gab den Ton an, und neue Steuerquellen belohnten die Staatskasse für den Schritt, den Margaret Thatcher eingeleitet hatte. 20 Prozent des britischen Steueraufkommens entfielen noch 2007 auf den Finanzplatz London; er war zum Rückgrat von Englands neuem Reichtum geworden und erlaubte der Regierung, in Schulen und Krankenhäuser zu investieren und ein reformfreudiges Image zu projizieren. Zehn Jahre lang, zwischen 1997 und 2007, lag das Wachstum Großbritanniens zum Teil weit vor dem seiner europäischen Partner. Diese Erfolge dominierten das Denken.

Jedenfalls sah man in Whitehall, dem Londoner Regierungsviertel, keinen Grund, den Zauberkünstlern in der City mit strengen Regulierungs- und Aufsichtsmaßnahmen zu nahe zu treten. Zu groß war der Ansehensgewinn vor allem für die ehemals sozialistische Labour-Partei, unter der Geld und Politik nun so gut miteinander auskamen wie früher nur unter den Konservativen. Eine entideologisierte Partei hatte das Rezept des Erfolges ihrer Vorgänger geerbt, und niemand wollte ausgerechnet in solch glorreichen Zeiten den Zweifler spielen. Er wäre ohnehin gegen den breiten Strom der Meinung geschwommen. Schon 1997 gab Peter Mandelson, damals Minister für Handel und Industrie und einer der Gründerväter von New Labour, die Devise aus, die Partei habe mit den «Stinkreichen», den «filthy rich», keine Probleme mehr. Man sehe das inzwischen alles sehr entspannt.

Zwölf Jahre später darf ein frisch bestallter Lord Mandelson als neuer Minister für Unternehmenspolitik dabei helfen, die Folgen dieser Entspannung zu tragen, die gebrannten Banken wieder zur Kreditvergabe zu überreden und die «filthy rich» vernünftiger Regulierung zu unterwerfen.

In den fetten Jahren wuchs das Vertrauen der Bürger in die Wachstumskurve ins Unendliche, Schuldenmachen wurde zum Nationalsport. Anfang 2007 war ein arbeitnehmender Brite im Durchschnitt mit 140 Prozent seines Jahreseinkommens verschuldet, die Sparquote tendierte gegen null. Das störte mitnichten den Schlaf. Gordon Brown, der Finanzminister, musste doch wissen, wovon er sprach, wenn er verkündete, mit Labour sei die Ära von «boom and bust», von Auf- und Abschwung, von Hochkonjunkturen und Einbrüchen der Konjunktur, an ihr Ende gekommen. «Wir stehen am Anfang eines Goldenen Zeitalters», hatte Brown noch im Juni 2007 einem prominenten Zuhörerkreis in der City zugerufen, kaum war er Premierminister geworden; vier Monate später musste er mit Northern Rock zum ersten Mal in der Geschichte des Landes eine ins Schlingern geratene Bank verstaatlichen. Die Milliarden zur Rettung diverser Bankinstitute sowie weitere Maßnahmen zur Ankurbelung der Wirtschaft haben Großbritannien inzwischen in eine Verschuldung getrieben, an der noch Generationen zu leiden haben werden.

Kein Wunder, dass die Finanzkrise, mit ihren Folgen für die Gesamtwirtschaft, die britische unternehmerische Natur ins Mark getroffen hat. Die Menschen ringen gleichsam nach Atem, um die neue Wirklichkeit zu verkraften. Zehn Jahre stellten die Politiker ihr Land der EU als Vorbild dafür hin, wie man mit Schuldenmachen und Finanzzauberei Investitionen und Wachstum ankurbelt. Mit diesem Vorbild ist es nun vorbei, und Großbritannien erscheint plötzlich in ganz neuem Licht. Das einstige Empire, das uns Handel und Weltwirtschaft vorlebte, es sieht sich gezwungen, die Voraussetzungen seiner Vitalität, diese Risikofreude, die das Unbekannte nie gescheut hat, zu überprüfen. «Wir müssen wieder zum Stil des alten Bankmanagers zurückkehren», mahnt Premierminister Brown, «der Hypotheken nur bei nachgewiesener Eigenfinanzierung zu vergeben pflegte. Dafür muss man sparen.» Solcher Rat hätte ein paar Jahre früher sehr geholfen, als die Menschen sich mit null Eigenkapital zum Hausbesitzer machten im Supermarkt der Möglichkeiten.

Doch als habe die Wirtschaftskrise nicht genug an öffentlichem Vertrauen zum Einsturz gebracht, kam fast über Nacht ein neues Desaster über die Gesellschaft, und auch dieses betraf einen alten Stabilitätsgaranten – das Parlament. Dabei konnte der Anlass des Vertrauensbruchs nicht trivialer sein. Ein generöses System von Spesen und Zuschüssen hatte es den Abgeordneten erlaubt, sich mit großem Einfallsreichtum steuerbegünstigte Vorteile zu verschaffen, ihre diversen Wohnsitze zu verschönern und deren Wert zu steigern. Wie in anderen Demokratien auch steht in Großbritannien der Berufsstand des Politikers nicht unbedingt auf der höchsten Stufe öffentlicher Anerkennung. Im Wissen darum hatten wechselnde Regierungen sich nicht getraut, an die heikle Frage der Anhebung der Abgeordneten-Diäten zu rühren, um Proteste im Land zu vermeiden. Stattdessen hatte man ein hausinternes System lukrativer Ansprüche auf Kostenerstattungen installiert, und wie überall, wo solche Möglichkeiten bestehen, wuchs auch bei britischen Parlamentariern die Versuchung, sie auszunutzen, unter Hintanstellung jeder Schicklichkeit und Moral – bis an die Grenze der Legalität.

Schützend vor die Abgeordneten, die diese Regeln unter sich ausmachten wie ein Gentlemen's Club, hatte sich der *Speaker*, der oberste Sachwalter des Unterhauses, gestellt. In der Verfassungskultur Englands steht der Speaker ganz oben, gleichrangig mit dem Premierminister. Er dirigiert die Debatten des Unterhauses, bestimmt die Reihenfolge der Redner, gewährt dem Regierungschef Zeit für außerordentliche Verlautbarungen und hat grundsätzlich über die Unabhängigkeit des Parlaments zu wachen. Seine Stellung ist mächtiger als etwa die des deutschen Bundestagspräsidenten. Michael Martin aber, ein Schotte, der über die Gewerkschaftsbewegung und die Labour-Partei 1979 ins Unterhaus kam, ehe man ihn 2000 zum Speaker wählte, hatte eine eigene Auffassung von parlamentarischer Unabhängigkeit: Lange Zeit über kämpfte er dagegen an, Einblicke in die interne Praxis der Aufwandsentschädigungen zu gewähren. Bis 2008 ein oberstes Gericht entschied, dass das Parlament von der geltenden *freedom of information*-Gesetzgebung nicht ausgenommen sei: Einem Antrag auf Offenlegung der Parlamentarierspesen, welcher vorlag, müsse daher nachgegeben werden.

Noch ehe dies geschah, verschaffte sich der «Daily Telegraph» auf dem grauen Nachrichtenmarkt für eine ungenannte Summe die Diskette mit den relevanten Daten und ließ seit Anfang Mai 2009 über quälende Wochen hinweg eine Serie der Enthüllungen über die Gesellschaft niedergehen, die das Ansehen der Parlamentarier vollends unter sich begrub – und das des *Speakers* gleich dazu, der sich gezwungen sah, am 19. Mai 2009 seinen Rücktritt bekannt zu geben. Als Bewahrer der alten Ordnung, die so viel Unehrenhaftigkeit, ja teilweise Korruption befördert hatte, war er unhaltbar geworden. Es war das erste Mal seit 1695, dass der Träger dieses Amtes buchstäblich davongejagt wurde. In der gleichen Woche wurden zwei Labour-Lords für sechs Monate ihrer Ämter enthoben, weil sie gegen Bezahlung Einfluss auf den Gang bestimmter Gesetze hatten nehmen wollen. Das House of Lords kennt leider auch bei Bestechlichkeit keine schwerere Bestrafung als die der kurzzeitigen Suspension.

Der Ingrimm im Volk über die skandalösen Vorgänge hinter den Kulissen der politischen Klasse ist besonders vehement angesichts der wirtschaftlichen Rezession und der großen Einschränkungen, welcher der Gesellschaft in ihrer Folge aufgebürdet werden. Dass es in dem Skandal um das Parlament von Westminster geht, den Prototypen des Parlamentarismus weltweit, eine Institution, von der man achtungsvoll als «Mutter der Parlamente» spricht, macht viele Beobachter tief betroffen. Das Gebaren der Abgeordneten spiegelt sogar frappant das vieler Finanzkapitäne wider, die während der letzten Jahre inmitten unverantwortlich eingegangener Risiken stets genau auf ihre Bonusse und Pensionsansprüche geachtet hatten – und bei Entlassung auf ihren goldenen Handschlag.

Bohrende Fragen tauchen jetzt auf: Ist das Unterhaus nicht überhaupt degeneriert zu einer Kammer mit immer weniger Befugnissen? Liegt in der parlamentarischen Demokratie Großbritanniens nicht zu viel Macht auf Seiten der Exekutive? Immer wieder hört man in den Diskussionen ein berühmtes Wort von Lord Hailsham, der vor fast 40 Jahren das britische politische System einmal «eine Wahldiktatur» nannte. In den Jahren der Blair-Regierung, mit ihren erdrückenden Labour-Mehrheiten im Unterhaus, trat dieser Zug besonders deutlich zutage. Tony Blair sah im Parlament oft nicht mehr als eine Institution zur gehorsamen Absegnung seiner Politik. Von der Kontrollfunktion des Parlaments konnte immer weniger die Rede sein. Demokratiedefizit? Das wird gerade im euroskeptischen England immer wieder der EU und den Brüsseler Institutionen angelastet. Dabei kommt man ihm auch im Herzen des Westminster-Parlaments auf die Spur.

Die Reform, die nun fällig ist, gleicht dem *big bang*, den Margaret Thatcher 1986 in der britischen Finanzpolitik auslöste. Auch in ihrer parlamentarischen Kultur steht die Insel vor einer historischen Zäsur, einer Neubewertung alter Übereinkünfte. Sie wird ohne Zweifel zu einer Stärkung der politischen Bedeutung des Parlaments führen. Die Übertragung der Aufsicht über Aufwandsentschädigungen an ein außerparlamentarisches Gremium, die man inzwischen beschlossen hat, ist dabei eine notwendige Entschlackung. Sie macht frei für die Konzentration auf die eigentlichen Aufgaben. Die Abgeordneten, auch die der jeweiligen Regierungspartei, werden nach neuen Befugnissen verlangen, um den Ruch loszuwerden, sie seien nur unfreiwillige Erfüllungsgehilfen der Exekutive. Schließlich war nicht zuletzt das Gefühl schleichend wachsender Impotenz dafür verantwortlich gewesen, dass die Unsitte und Unsittlichkeit pekuniärer Satisfaktion das Vakuum an Relevanz und Bedeutsamkeit hatte füllen können.

Es liegen Umbrüche in der Luft, Paradigmenwechsel in der Art, wie die Insel ihr wirtschaftliches und demokratisches Profil künftig zeichnen wird. Daran kann heute kein England-Buch vorbeigehen, das über tradierte Sichtweisen hinwegkommen möchte zu neuem Verstehen.

Immer schon waren die Kontraste, die fesselnden Widersprüche, von denen eingangs die Rede war, das, was in England am stärksten auffiel. Schon Heinrich Heine rang in seinen «Englischen Fragmenten» (1828) mit dem Bild der Insel, die beim ersten Anblick «wie ein Schauplatz der Verwirrung und Widersprüche» wirke. Sie ist heute nicht weniger verwirrend als vor 200 Jahren. Die Gesellschaft der sprichwörtlichen Zurückhaltung, des berühmten *restraint*, weist die ungebärdigste Jugendkultur Europas auf, mit der höchsten Frequenz an Teenager-Schwangerschaften, Drogenkonsum und Alkoholmissbrauch. Auch sitzen seit den Zeiten der Prinzessin von Wales, der unvergessenen Lady Di, öffentliche Tränen locker wie nie: Die *stiff upper lip* steht der neuen *touchy-feely*-Kultur gegenüber, die Gefühle gerne «heraushängen lässt». Mit einer herrschenden Klasse, die Reichtum, Karriere und Leistung traditionell eher zu verstecken beliebt, kontrastiert heute die grelle Prunksucht der *nouveaux riches*, denen Geld, Status und Celebrity-Wert alles ist, ob im Business, dem Showgeschäft oder auf dem Sportfeld.

Doch man soll sich nicht täuschen: Mag die britische Gesellschaft beim Blick in den Spiegel degenerative Züge an sich feststellen, mag das Land seiner politischen Bedeutung nach als Mittelmacht dastehen, so gilt England in vielen Bereichen noch immer als eine Weltmacht mit weitreichender *soft power*, um den Begriff zu übernehmen, den der Harvarder Politologe Joseph Nye Jr. in die internationale Debatte eingeführt hat. Nye spricht von «hard power», wo es um militärische Potenz geht wie bei der Hypermacht Amerika. Mit «soft power» beschreibt er alle jenseits des rein Militärischen anzutreffenden Fähigkeiten, die einer Nation zu Ansehen und Geltung verhelfen.

Allein auf dem Feld der Literatur ist England weiterhin eine Macht erster Ordnung. Der Thriller steht mit Namen wie Ian Fleming, Eric Ambler, P. D. James, Frederick Forsyth, John le Carré oder Ian Rankin glänzend da, in der allgemeinen Belletristik haben Ian McEwan, Anne Enright, Beryl Bainbridge, Pat Barker oder Martin

Amis auch in Deutschland Zugkraft. Hinzu kommen Autoren, die ihre Wurzeln teilweise in Kulturen des Commonwealth haben, wie Salman Rushdie, V. S. Naipaul, Zadie Smith oder Monica Ali. Sie sind aus der englischen Literatur der Gegenwart – und aus den Märkten, in die sie übersetzt wird – nicht wegzudenken. Auch auf dieser Ebene bestätigt das Englische als globale Sprache seine Fähigkeit, Großbritannien weit über die europäische Welt hinaus kulturell zu verankern und im Gegenzug andere Welten auf der Insel anzusiedeln.

Einen besonderen Rang behauptet das Land in der Kategorie der Kinderliteratur mit *cross-over*-Ausstrahlung, mit Attraktion über die Altersgrenzen hinweg: Hier haben zuletzt englische Autoren den Weltmarkt beherrscht, einschließlich der Leinwand als Fortsetzung der Magie. Von Tolkiens «Der Herr der Ringe» über C. S. Lewis' «Narnia»-Legenden, über J. K. Rowlings Harry-Potter-Saga bis zu Philip Pullmans Trilogie «His Dark Materials» sind Phantasiewelten aus englischer Produktion ins Bewusstsein des globalen Dorfs eingedrungen.

Man könnte die zehn Jahre Tony Blairs als Premierminister geradezu das Harry-Potter-Jahrzehnt nennen. Zwei Monate nach dem Einzug Tony Blairs in Downing Street im Mai 1997 erschien die erste der sieben Folgen des Harry-Potter-Kosmos, einen Monat nach seinem Abschied im Juni 2007 die letzte. Die Serie hat weltweit Generationen in Bann geschlagen, keine Unterhauswahl vermochte in England solche Fieber der Erwartung bei so vielen Menschen auszulösen wie die jeweils bevorstehende neue Folge aus der Chronik des Zauberhelden Harry. Machen solche Phänomene auch nicht im klassischen Verständnis des Wortes Geschichte, so prägen sie doch das Image von Nationen mit, auch deren Appeal.

Dass Literatur und Theater – nicht die Musik, nicht die bildenden Künste – solche Bedeutung erhielten, geht auf den Bildersturm des 16. Jahrhunderts zurück, der das reiche mittelalterliche bildliche Erbe fast völlig vernichtete und das Wort, die Verkündigung, die Beherrschung von Sprache in den Mittelpunkt rückte. Wenn der Engländer in typisch sich selbst herabsetzender Weise behauptet, der Intellektuelle spiele in seinem Land eigentlich keine Rolle, so versteckt er voller Stolz diese Tradition von Geist und Sprache, die zu den unverwechselbaren Stärken der Insel zählt. In Großbritannien werden jährlich pro Kopf der Bevölkerung mehr Bücher gedruckt als in jeder anderen Industrienation. Auf der Liste der zehn weltbesten Eliteuniversitäten rangieren unter den nicht-amerikanischen Adressen regelmäßig nur Oxford und Cambridge. Zu dem, was den weltweiten Appeal der BBC ausmacht, gehört auch die hohe Schule des gesprochenen Wortes. Und wer nach den Gründen fragt, warum britische Filmschauspieler in den letzten Jahren in Hollywood so weit nach vorn gekommen sind, muss auf die Bühnenerfahrung schauen, die sie in der Heimat mit ihrer starken Konkurrenz unter den Theatertalenten gesammelt haben.

An England hängt eine Fülle attraktiver Bilder, die der Insel schon immer eine hohe Einschaltquote beschert haben. Sie leben auch in Krisenzeiten fort und geben den Briten von Zeit zu Zeit die tröstliche Gewissheit, dass der Funke der Inspiration sie noch nicht verlassen hat.

DIE DEUTSCHEN BLICKEN NEUGIERIG NACH ENGLAND – UND UMGEKEHRT?

Wie vertraut gerade den Deutschen die Insel schon immer war, findet man am schönsten dokumentiert in den Romanen Theodor Fontanes. Dort bekommt das Wort von den «Engländern» manchmal einen sarkastischen Unterton, vor allem wenn die Berliner Gesellschaft es auf ihr Hamburger Pendant anwendet, wo der Snobismus verlangte, in allen Dingen dem Englischen nachzueifern. «Das ist so hamburgisch», lästert Kommerzienrätin Jenny Treibel im Gespräch mit dem Spring-ins-Feld Corinna, «die kennen alle Engländer, und wenn sie sie nicht kennen, so tun sie wenigstens so.» Später im Roman, als sie die Möglichkeit einer Hamburger Schwiegertochter diskutieren, lässt der alte Treibel seiner Frau gegenüber eine bissige

Charakterisierung der typischen Hamburgerin fallen, wenn er von «ihrem zwar immer bestrittenen, aber im Stillen gehegten Herzenswunsche, ‹für eine Engländerin gehalten zu werden›», spricht. «Englisch» stand für eine kulturelle Attraktion und Affektation, die sich als Anglophilie bis auf den heutigen Tag erhalten hat.

Es gibt wohl kein europäisches Land, von dem sich die Mehrzahl der Deutschen so angezogen fühlt wie von der britischen Insel. Das beginnt schon mit der allgemein akzeptierten Notwendigkeit, Englisch als Lingua franca der Gegenwart zu erwerben, und setzt sich fort in der Beliebtheit des «deutschen» Königshauses und aller seiner familiären Verzweigungen (und Skandale) sowie in der magischen Anziehungskraft Londons, in dessen Anonymität sich so herrlich ein- und untertauchen lässt. Das beschreibt zum Beispiel Jenny Marx, die Frau des Philosophen, in einem Brief an eine Freundin anno 1863: «London ist so riesig, dass Du Dich in Luft auflösen kannst. Niemand kümmert sich hier um Dich, während in Deutschland die Leute am nächsten Morgen schon wissen, was Du zum Abendessen hattest und wie viel Dein Mann verdient.»

Vor allem die deutschen Medien kommen ohne britischen Zufluss nicht aus, ohne alle diese Nachrichten aus der Pop-Kultur, der Skandalchronik der Gesellschaft, aus Auktionshäusern oder der Kunstwelt; dazu die Neuerscheinungen auf dem englischen Büchermarkt, ganz zu schweigen von den politischen News aus Whitehall und den Finanznachrichten aus der City. Man will alles wissen über Leben und Lieben des überlebenden Beatle Sir Paul McCartney oder über die Frage, ob das Model Kate Moss einen neuen Freund hat und wer es ist. Mit Pop-Ikonen wie den Beatles oder den Rolling Stones sind auch deutsche Generationen groß geworden, Namen wie diese führten auch in der Bundesrepublik der 60er-Jahre zu neuen Lockerungsübungen der Gebräuche und Sitten.

Aber wie sieht es in umgekehrter Richtung aus? Lange Zeit über war das Deutschland-Bild in England überschattet durch die Erfahrungen des letzten Krieges. Der Nazi diente als Erinnerungsfolie für einen glorreichen Triumph und wurde als Karikatur beliebig oft hervorgezogen, wenn man den «Krauts», wie die Deutschen gerne genannt werden, wieder einmal etwas ins Stammbuch schreiben und sich selbst dabei überlegen fühlen wollte. Doch die Usance scheint sich abzunutzen, auch Klischees haben ihre Verfallszeiten. Das mag gegenwärtig damit zu tun haben, dass den Briten heute jeder Spott über ihre Nachbarn im Halse stecken bleibt, wenn sie nur an ihre eigene derzeitige Misere denken.

Veränderung jedenfalls zeichnet sich schon seit längerer Zeit ab. Eine Zäsur bildete die Fußballweltmeisterschaft in Deutschland im Sommer 2006. Die Lobeshymnen von damals über das ausgelassen feiernde Gastland und seine Aufgeschlossenheit richteten unter den so beliebten britischen Vorurteilen höchste Unordnung an, wie es damals ein Bericht im «Daily Telegraph», einem eher Deutschland-skeptischen Blatt, griffig formulierte: «Unser Stereotyp von den Deutschen sieht so aus: auf Regeln und Regularien versessene Menschen, humorlose Bürokraten, inflexibel und kleinlich. Was Tausende von Besuchern während der Weltmeisterschaft entdecken konnten, war, wie überholt dieses Image ist.»

Wie tief die Überarbeitung alter Bilder greift, lässt sich schwer ermessen. Immerhin musste sich Wolfgang Ischinger, der im April 2006 als deutscher Botschafter in London angetreten war, fragen, ob die Warnungen vor den britischen Deutschland-Klischees, die man ihm vor seinem Antritt mitgegeben hatte, eigentlich noch zutrafen. Im Februar 2007 klagte er vor der Deutsch-Britischen Gesellschaft in Berlin sein Leid: «Nach meinen ersten zehn Monaten in London stelle ich fest: Seit meinem Eintreffen hier hat es kaum einen einzigen Artikel in der britischen Presse gegeben, über den ich mich beschweren oder dessentwegen ich in London schlaflose Nächte hätte haben müssen.» Zweifellos spielt die Ankunft einer Frau an der Spitze der deutschen Politik – für Briten, und nicht nur für sie, eine Überraschung – mit hinein. Auch die aktuelle Frage, wie Berlin mit der Finanz- und Wirtschaftskrise fertig wird, fesselt die Neugier.

Neue Freunde gewinnt Deutschland auch im Kulturbereich. Die Baselitz-Retrospektive 2007 in der Londoner Royal Academy war ein Meilenstein in der britischen Rezeption moderner deutscher Kunst. Hymnisch feierten die Medien Florian Henckel von Donnersmarcks Film «Das Leben der Anderen», der in britischen Kinos im Original mit Untertiteln lief, wie alle fremdsprachigen Filme und wie zuvor schon der ebenfalls viel bestaunte Film «Der Untergang». Das andere Deutschland, die DDR und ihr Unterdrückungsapparat, war in England nie richtig wahrgenommen worden. Doch «Das Leben der Anderen», nach «Good Bye, Lenin!» der zweite in England gezeigte deutsche Film über die untergegangene DDR, schob das alte Nazi-Klischee wie auf ein Abstellgleis. Mit der Verfilmung von «Der Vorleser» kehrt es in subtiler Verkleidung für den nachdenklichen Betrachter zurück.

Trotzdem wird der Geschichtsunterricht an englischen Schulen weiterhin von den Themen Nazi-Deutschland, Holocaust – und, in geringem Umfang, Kommunismus – bestimmt. Damit allerdings gehen die Schulen vor allem einem Dilemma aus dem Wege, das mit Großbritanniens eigener Geschichte zu tun hat: Nahezu 20 Prozent der britischen Schulkinder stammen aus ehemaligen Kolonien, und um keine Empfindlichkeiten zu schüren, macht der Unterricht gerne einen Bogen um das Empire und seine Geschichte, wenn nicht sogar um die kulturellen und wissenschaftlichen Leistungen des Mutterlandes. Als Thema ohne Risiko bieten sich dagegen die Weltkriege an, zumal der letzte. Das muss bedenken, wer in dem thematischen Übergewicht des Nationalsozialismus in englischen Schulen ein spezifisch gegen Deutschland gerichtetes Vorurteil zu entdecken meint; die Dinge sind in Wahrheit komplexer. Vielleicht werden sie sich ändern, wenn ein Pilotprojekt über Deutschland nach 1945 greift, das 2007 vom Erziehungsministerium für den Schulunterricht verabschiedet worden ist.

2

DIE INSEL AN SICH
UND ALS SOLCHE

Noch haben wir die Frage «England» oder «Großbritannien» zu klären. Die Begriffe werden auch auf der Insel selbst seit langem in ziemlichem Durcheinander verwendet. Der Terminus «Great Britain» existiert erst seit 1707, dem Jahr, in dem mit dem «Act of Union» England (und Wales) mit Schottland zu Großbritannien verschmolz. Man nannte es mit vollem Namen «United Kingdom of Great Britain», und zwar bis 1801, als Irland hinzukam und das Ganze nun «United Kingdom of Great Britain and Ireland» hieß. Seit der Teilung Irlands in den 20er-Jahren des 20. Jahrhunderts, als die sechs nördlichen Grafschaften der Grünen Insel, weil überwiegend von Protestanten besiedelt, sich vom katholischen Irland abspalteten und für London optierten, gilt als offizieller Titel «The United Kingdom of Great Britain and Northern Ireland», auf Deutsch kurz «Das Vereinigte Königreich».

Winston Churchill verwendet in seinem vielbändigen Memoiren-Werk über den Zweiten Weltkrieg, das ihm 1953 den Literatur-Nobelpreis eintrug, durchgehend «England» als Leitwort. «Englands größte Stunde», lautet etwa der Titel des zweiten Bandes, der die Luftschlacht über der Insel 1940 und den Widerstand gegen Hitler zum Thema hat. «Großbritannien» oder «britisch» verwendet Churchill ohne terminologisches Wanken nur beim «British Empire» – in der Tat würde niemand auf den Gedanken kommen, vom «English Empire» zu sprechen. Es verdankt seine Blüte nicht zuletzt schottischem Einsatz, schottischem Können im Militär, in der Verwaltung und im Ingenieurswesen und bezeichnet eine Geschichtsepoche von großer nationaler Eintracht. Auch sprechen wir heute vom Luftkrieg 1940/41 als der «Battle of Britain», was sich ebenso von selbst versteht wie das «British Empire».

Jedenfalls hat der «Act of Union» von 1707, aus dem Großbritannien hervorging, «England» nie ad acta legen können; es war der seit angelsächsischen Zeiten feststehende Begriff, der selbst von den Schotten verwendet wurde. Freilich kann man ihnen – wie auch den Walisern – heute keine größere Beleidigung zufügen, als sie mit Engländern zu verwechseln. Von schottischer Distanz zum südlichen Nachbarn zu sprechen, wäre sogar eine Beschönigung – Hassliebe träfe den Tatbestand oft besser. Das gilt auch umgekehrt, wofür Samuel Johnson, die dominante Figur im literarischen England des 18. Jahrhunderts, ein frühes Beispiel abgibt. «Die vornehmste Aussicht, die ein Schotte jemals zu sehen bekommt, ist die Straße, die ihn nach England führt», war eine seiner berühmten Sottisen. In seinem 1755 veröffentlichten «A Dictionary of the English Language» liest man unter der Eintragung «oats» (Hafer): «Eine Art von Getreide, das in England Pferde, in Schottland Menschen ernährt.» Selten ist vom Porridge, einer schottischen Delikatesse, abfälliger gesprochen worden.

Hätten die Schotten also nicht alles daransetzen müssen, eine klare Linie zwischen sich und England zu ziehen, auch terminologisch? Das sah man früher gelassener als heute. Der in Edinburgh geborene Philosoph der Aufklärung David Hume schreibt in seinem Essay «Über die Charaktereigenschaften von Nationen» (1741) von den Engländern – wobei er aber die Briten meint –, ihre große Freiheit erlaube es jedem von ihnen, «die Art und Weise an den Tag zu legen, die ihm eigen ist». Daraus folgert Hume, «dass die Engländer unter allen Völkern der Erde wohl am wenigsten von einem Nationalcharakter haben, es sei denn, man lässt diese Einzigart [ihre Freiheit] als solchen gelten.»

Wir haben uns daher auch bei diesem Buch entschlossen, kein terminologisches Diktat zu verhängen und von der Insel unter den verschiedenen Namen zu sprechen, die sich von Mal zu Mal anbieten. Solange der Leser weiß, dass dann, wenn es «England» heißt – der zwar unscharfe, aber unter Deutschen geläufigste Name –, meist auch die drei keltischen Randzonen des Inselreichs mitgemeint sind, Schottland, Nordirland und Wales, so lange sollte jedes Missverständnis ausgeschlossen bleiben. Zweifellos ist «Großbritannien» die einzig korrekte Bezeichnung etwa im Kontext des politischen Geschehens der Gegenwart. Ihr stellen wir «England» zur Seite, den kulturgeschichtlichen Begriff mit altem Stammbaum.

Allerdings kann die 1998 begonnene *devolution*, der Übergang zur Selbstverwaltung in den Regionen des Königreichs, auch dazu führen, dass mit «England» eines Tages wirklich nur noch das engere Territorium dieses Namens gemeint sein wird, falls die keltischen Ränder mehr auf ihre eigene als auf die britische Art schwören. Das berührt die Frage der Identität der Inselbewohner, worauf in Kapitel VII, 5 näher eingegangen werden soll. Schon heute reagieren Engländer – hier meinen wir einmal wirklich nur sie – sehr empfindlich, wenn zum Beispiel die Anomalie der 59 schottischen Abgeordneten im britischen Unterhaus angesprochen wird. Die haben nämlich Stimmrecht auch bei Gesetzen, die nur für England relevant sind und Schottland aufgrund seiner legislativen Eigenverantwortlichkeit gar nicht tangieren. Gleiche Möglichkeit zur Mitbestimmung in Schottland haben englische Unterhausabgeordnete dagegen nicht. Aber die Briten sind groß im Aushalten solcher Spannungen und können lange mit Zuständen leben, die sie selbst als Anomalien bezeichnen. Das Vereinigte Königreich birgt Elemente, die es alles andere als vereinigt erscheinen lassen.

Am 16. Oktober 2008 ereignete sich in Mohali im indischen Bundes-
staat Punjab eine Sensation, die nicht nur im kricketsüchtigen
Indien, sondern auch im Mutterland dieses Sports, in England, Rie-
senwellen der Begeisterung auslöste. Indiens prominentester Kri-
cketspieler, der 35-jährige Sachin Tendulkar, ein *batsman*, also ein
Schlagmann, der den vom gegnerischen *bowler* gezielten Ball abzu-
wehren hat und danach eine unterschiedlich hohe Anzahl von *runs*
erwirken kann, überschritt an jenem Tage in einem *test match* (Län-
derspiel) gegen Australien die Traummarke von 12 000 *runs* aus seinen insgesamt 152 Länderspielen. Das brach den alten Rekord von
11 953 *runs*, den der Westinder Brian Lara im Gesamt seiner internationalen Kricketkarriere erzielt hatte. Die britischen Zeitungen über-
schlugen sich in endlosen Berichten über dieses Ereignis, als habe
England selbst die Kricket-Weltspitze erreicht. Mohali war überall,
der Punjab um die Ecke und Sachin Tendulkar ein Name, der wie Ho-
nig von den Lippen floss; seine Laufbahn wurde heruntergebetet, als
handelte es sich um die eines heimischen Olympiasiegers.

Es war ein *test match* zwischen Australien und Indien, aber England nahm daran teil wie an einem nationalen Hochfest. Einem
Sport wie Kricket bleibt die Insel weltweit auf der Spur, und Rekorde
werden nicht nach nationalen Kategorien gemessen, sondern im internationalen Vergleich, wie die Spitzenleistungen der Leichtathle-
tik. Aber Kricket ist noch anders als andere Sportarten, Kricket «gehört» den Engländern, auch wenn Pakistan, Indien oder Australien
die englische Mannschaft oft überstrahlen mögen. Dieser Sport hat
seit den Zeiten des Empire, das ihn an die entlegenen Enden der
Erde transportierte, seine besondere Qualität als Band der im britischen Weltreich vereinten Länder behalten. Er ist Teil des britischen
Zuhauses in Übersee. Am 16. Oktober 2008 lag Mohali in England
und England in Mohali. Da hätte am selben Tag die belgische Regierung gestürzt werden oder ein Skandal die italienische erschüttern

können – es hätte die Prioritäten nicht umgestoßen: das Ereignis im Punjab zuerst, die Politik unter «ferner liefen».

Noch heute wirkt England oft wie eine sich selbst genügende Kultur. Zwar pflegt das Land engen Austausch mit Amerika, schon aufgrund der Sprachverwandtschaft und der offenen Arme, mit denen Hollywood britische Schauspieler begrüßt. Auch prägt die *special relationship* mit Washington das politische Denken. Und bedingt durch die Einwanderung wird das Land täglich, wenn auch nur in bestimmten urbanen Zentren, an das afrikanische und asiatische Erbe des Empire erinnert. Aber die Europäer scheint Großbritannien zu seinem Entertainment und zu seinem Lebensinhalt eher nicht zu benötigen, sieht man von Urlaubsreisen ab oder dem Wunsch, in Mittelmeerländern eine Immobilie zu erwerben – der sich in der gegenwärtigen Krise fast gelegt hat.

England also ein Ort am Rande Europas, weit weg vom europäischen Mainstream? Offenbar war das auch in Deutschland früher eine stereotype Einschätzung der Briten. So konstatiert Johann Gottfried Herder in seinem überschwänglichen Shakespeare-Aufsatz von 1773, nachdem er seine Ideen von der wahren Dramenkunst auf den Tisch gelegt hat, er sei damit «bei den *totos divisis ab orbe Britannis* und ihrem großen Shakespeare» angekommen. Das unübersetzte lateinische Zitat hat sich Herder bei Vergil entliehen, dem Dichter der römischen Klassik, der in der ersten Ekloge seiner «Bucolica» (Hirtengedichte) von zwei wie heimatvertrieben umherwandernden Hirten handelt, die das Los von ihresgleichen beklagen, wandern doch manche sogar «weit zu den Briten, die jenseits wohnen vom Erdkreis».

«WIR STEHEN ZU EUROPA, GEHÖREN ABER NICHT DAZU»

Aber die Insel als fern von Europa zu bezeichnen, ist nur die halbe Wahrheit. Fast 500 Jahre lang – von der normannischen Eroberung 1066 bis zum Verlust von Calais 1558 – hatte England nicht nur um seinen Besitz in Frankreich gekämpft, nein vielmehr um seine Identität als englisch-französische Doppelmonarchie. Nach der gescheiterten Ausdehnung auf dem europäischen Festland blieb nur noch ein Auslauf übrig: das Meer. Es sollte in den Gencode Britanniens einfließen. Carl Schmitt hat in seinem bis heute immer wieder neu verlegten Essay «Land und Meer» von 1942 fesselnd geschildert, wie England lernte, die Welt vornehmlich vom Meer aus zu betrachten, und wie die Insel «von einem abgesprengten Stück des Festlandes zu einem Teil des Meeres wurde, zu einem Schiff oder noch deutlicher zu einem Fisch».

Aus den reich fließenden Quellen, die Englands spezifischen Weg illustrieren, seien nur drei erwähnt, deren Ähnlichkeit über die Jahrhunderte hinweg frappiert. Schon ein Jahr nach seiner Thronbesteigung 1509 wurde der jugendliche Heinrich VIII. von einem seiner Ratgeber folgendermaßen instruiert: «Sire, lassen wir in Gottes Namen von unseren Versuchen ab, uns auf der terra firma festzusetzen. Die natürliche Lage von Inseln verträgt sich mit Unternehmen solcher Art nicht. England allein und für sich ist ein gehöriges und wohl begründetes Reich. Wenn wir uns aber ausdehnen wollen, dann möge es in der Richtung geschehen, in der wir dazu imstande sind und zu welcher die ewige Vorsehung uns bestimmt hat – nämlich über das Meer.»

Das war im europäischen Vergleich eine eher späte Entdeckung, hatten doch Portugiesen und Spanier England einiges voraus an maritimer Welterfahrung. Aber die Insel holte rasch auf, und heraus bildete sich im britischen Horizont nicht nur das Meer als die natürliche Bestimmung, sondern zugleich diese tiefe Kluft zwischen Europa und den «Briten jenseits vom Erdkreis». Darauf lenkt unser zweites Zitat. Nach dem Frieden von Utrecht 1714, der das Ende des spanischen Erbfolgekrieges besiegelte, dieser Jahre von nicht enden wollenden Festlandsunternehmungen gegen Ludwig XIV. von Frankreich, fand England seinen kolonialen Besitz in Kanada und im Mittelmeer (Gibraltar) beträchtlich erweitert. Daraus zog Lord Bolingbroke, der englische Unterhändler in Utrecht, ein gewichtiges Resümee: «Seien wir allzeit eingedenk, dass wir Nachbarn des Festlandes sind, nicht aber ein Teil von ihm; dass wir Europa zugeordnet sind, nicht aber ihm angehören.»

Den Tenor dieser Aussage finden wir erneut, gut 200 Jahre später, in einem Aufsatz Winston Churchills vom Februar 1930, in der viel gelesenen amerikanischen Zeitschrift «Saturday Evening Post». Bolingbrokes Worte müssen ihm noch im Ohr geklungen haben, arbeitete Churchill doch damals gerade an der Biografie seines Vorfahren, des Herzogs von Marlborough, der Ludwig XIV. in Europa militärisch Paroli bot: «Wir stehen zu Europa, gehören aber nicht dazu; wir sind verbunden, aber nicht umfasst; wir sind interessiert und assoziiert, aber nicht absorbiert; wir gehören zu keinem einzelnen Kontinent, sondern zu allen.» Vielleicht muss man diese Sätze wegen ihrer Bedeutung im Original zitieren: «We are with Europe but not of it. We are linked but not comprised; we are interested and associated, but not absorbed. We belong to no single continent, but to all.»

Das sollte Churchills Philosophie bleiben bis nach dem Zweiten Weltkrieg und bis zu seiner Amtszeit als Premierminister ab 1951. In jenem Jahr traf Konrad Adenauer mit ihm in der Downing Street zusammen, und im Laufe ihres Gesprächs entspann sich folgender Dialog, den Hans von Herwarth, der damalige deutsche Botschafter in London, in seinen Memoiren aufgezeichnet hat. Churchill: «Sie können beruhigt sein, Großbritannien wird immer an der Seite Europas stehen.» Darauf Adenauer: «Herr Premierminister, da bin ich ein wenig enttäuscht, England ist ein Teil Europas.»

Wir führen diese Dinge nicht auf, um zu behaupten, die Insel habe sich nicht von der Stelle ihrer «ewigen Vorsehung» bewegt. Die institutionelle Zugehörigkeit zur EU ist Bestandteil der britischen Politik. Doch haben wir hier mit Sachin Tandulkar und dem Ort Mohali im indischen Punjab begonnen. Und an bestimmten Ereignissen kann man eben doch immer wieder ablesen, wie Großbritanniens Herz zwar in Europa schlägt, aber auch in Asien oder am

Euphrat, in Afghanistan oder im afrikanischen Sierra Leone, wenn irgendwo eine Krise nach Eingreifen ruft oder eine Sportnachricht die Briten in europaferne Gefilde entführt. Dabei werden die Opfer, die der Wille zum militärischen Einsatz in Übersee mit sich bringt, zuletzt die hohe Zahl der in Afghanistan gefallenen britischen Soldaten, von der Gesellschaft in stoischer Bereitschaft mitgetragen, bisher jedenfalls.

WARUM FÜR TONY BLAIR BAGDAD GLEICH HINTER LONDON LAG

Sagten wir Euphrat? Er gibt uns das Stichwort, um kurz auf Tony Blair zurückzuschauen und darauf, wie auch er gerne über den Kanal hinwegsprang in das große Welttheater. Die Geschichtsschreibung wird über die Genese des Irak-Krieges noch einmal gründlich forschen und dabei auch eine Quelle herbeiziehen müssen, über die bisher allzu leicht hinweggelesen worden ist, wenn sie denn überhaupt bekannt war. Im ersten Jahr seiner Amtszeit, 1997, unterhielt der Premier besonders gute Beziehungen zu Paddy Ashdown, dem damaligen Anführer der Liberaldemokraten, dem er sich näher fühlte als seinem eigenen Stall, der Labour-Partei. Auch lag eine informelle parlamentarische Zusammenarbeit zwischen Labour und den Liberaldemokraten in der Luft, und so war es nur natürlich, dass Ashdown und Blair enge Tuchfühlung pflegten. In seinen Tagebüchern hat der liberale Politiker manches darüber ausgeplaudert, darunter auch die folgende Unterhaltung vom 15. November 1997 über Saddam und den Irak, in dem damals noch die Uno-Inspektoren nach vermeintlichen Massenvernichtungswaffen suchten: «TB – Ich habe jetzt einige der Unterlagen dazu eingesehen. Es ist tatsächlich ziemlich beängstigend. Saddam ist nicht mehr weit vom Besitz einiger der fürchterlichsten Massenvernichtungswaffen entfernt. Ich verstehe nicht, warum die Franzosen und andere das nicht verstehen. Wir dürfen ihn nicht davonkommen lassen. Die Welt denkt, dies sei nur ein schlaues Spiel. Aber nein, es ist todernst.»

Premierminister Tony Blair und
US-Präsident George W. Bush

Man lasse einmal die Frage beiseite, wie es Saddam gelang, die
Welt schließlich zu täuschen über seinen vermeintlichen Besitz von
Massenvernichtungswaffen. Wie aber kommt der Regierungschef
einer europäischen Mittelmacht dazu, in Großmacht-Manier zu
sprechen und zu befinden: «Wir dürfen ihn nicht davonkommen
lassen»? So hatte zuletzt US-Präsident Bush sen. gesprochen, als Antwort auf den Überfall Saddams auf das benachbarte Kuwait im August 1990. Aber Blair 1997? Wer war Tony Blair, dass er so ultimativ
reagierte und es einen Vertrauten wissen ließ? Wie viele Divisionen
hatte der Brite? Eine vergleichbare Überzeugung von der Bedeutung
des eigenen Landes ist unter Europäern höchstens noch in Frankreich, aber auch dort nur in abgeschwächter Form, anzutreffen.

Jahre vor George W., Jahre vor 9/11 war der Mann in Downing
Street also bereit zum *regime change* am Euphrat. London – Bagdad?
Keine Entfernung. Ebenso wenig wie London – Punjab oder London – Freetown in Sierra Leone, wo ein britischer Militäreinsatz 2000
einen Bürgerkrieg vereiteln half. Es fehlte Blair im Falle des Irak nur
an den nötigen Mitteln, um ans Werk zu gehen. Als es dann kam,
das große Aufgebot amerikanischer *hard power*, setzte der britische

Düsenpilot – übertragen gesprochen – schnell seine Maschine aufs amerikanische Flugdeck und flog seine eigene Mission, an der Seite des Großen Bruders. Tony Blair war nicht Amerikas Pudel: Zu dem Glauben, Saddam müsse beseitigt werden, brauchte ihn niemand zu bekehren. Eher inspirierte er Bush noch mit dem Feuereifer seiner Überzeugung, gepaart mit einer Sprachgewandtheit, welche die des Amerikaners weit überstieg und ihm rhetorischen Flankenschutz bot.

Die Überzeugung von der britischen Weltrolle war an Blair, wie vor ihm an Margaret Thatcher, deutlich ablesbar, und so überraschte es nicht, als er im April 1999 in Chicago sein Konzept globaler Interventionsbereitschaft zur Stützung der Menschenrechte vortrug. Dass Großbritannien dabei kein Zuschauer des Weltgeschehens sein würde, sein könne, unterstrich er im Jahr seines Abschieds von der Macht, 2007, zweimal sehr deutlich. Im Labour Club im nordenglischen Trimdon, in seinem Wahlkreis Sedgefield, rief er im Mai vor seinen Anhängern aus: «Britain is not a follower. It is a leader» – kein Land, das hinterherläuft, sondern ein führendes Land. Den gleichen Gedanken wiederholte er wenig später in einem Essay für das Wochenmagazin «The Economist», wo er «fünf Dinge, die ich in meinen zehn Jahren als Premierminister gelernt habe», resümierte, darunter an erster Stelle: «Sei ein Akteur, kein Zuschauer.» In Trimdon am 10. Mai 2007 verwandelte sich diese Maxime in unverwässerten Patriotismus: «Dieses Land ist eine gesegnete Nation. Die Briten sind etwas Besonderes. Alle Welt weiß das. Auch wir in unseren allertiefsten Gedanken. Dies ist die größte Nation auf der Erde.» Man erinnert sich bei diesen Worten an Cecil Rhodes, einen Lobredner des Empire, der gegen Ende des 19. Jahrhunderts seinen Landsleuten zurief: «Denkt daran, dass ihr Engländer seid und damit den ersten Preis in der Lotterie des Lebens gewonnen habt.»

Wie heißt es doch bei dem römischen Dichter? «Weit zu den Briten, die jenseits wohnen vom Erdkreis.» Aber holen wir sie doch zurück, zu ihren real existierenden Nöten.

3

DIE MULTI-
KULTURELLE
GESELLSCHAFT

WIE TERROR ENTSTEHT

Wer in Großbritannien nach entsprechenden Wartejahren und dem
Bestehen des neuen Einbürgerungstests endlich zur Feier seiner Na-
turalisierung schreitet, darf bei der Zeremonie diese Worte sprechen:
«Ich, N. N., schwöre im Namen Gottes, des Allmächtigen, dass ich,
indem ich britischer Staatsbürger werde, Ihrer Majestät, Königin Elisabeth II., sowie ihren Erben und Nachfolgern Treue und Gefolgschaft leisten werde, entsprechend den Gesetzen des Landes.» Es ist
möglich für Angehörige nicht-christlicher Religionen, die Formulierung «im Namen Gottes, des Allmächtigen» auszutauschen gegen
die Option, er/sie bekräftige «feierlich und ehrlich» seine/ihre Treue
zum Souverän. Aber bekräftigt wird sie, diese Treue, mit welcher lin-
guistischen Variante auch immer.

So hatten auch mehrere der acht Terroristen geschworen, die im
Juli 2005 Bombenanschläge auf das Londoner U-Bahn- und Bus-Netz
verübten, einmal mit tödlicher Wirkung, das zweite Mal zum Glück
erfolglos. Der Eid ist eine Leerformel, wenn im Herzen dessen, der
ihn spricht, eine ganz andere Agenda dominiert, eine, die Naturali-
sierung als Schlupfloch benutzt für unsägliche Taten. Von der
Gruppe der ersten vier Täter freilich, die am 7. Juli 52 Unschuldige
mit in den Tod rissen, waren die zwei führenden Köpfe, Mohammed
Sidique Khan und Shehzad Tanweer, als Kinder von pakistanischen
Einwanderern in Yorkshire bereits als Briten aufgewachsen, aber
doch nicht gänzlich akkulturiert – wie viele aus der zweiten und

dritten Einwanderergeneration. Der Kultur ihrer Eltern halb entwachsen, in der Gesellschaft des Gastlandes oft mit Schwierigkeiten hochzukommen konfrontiert, leben sie im Halbdunkel ihrer Identität, anfällig für Einflüsterer und Demagogen, die ihnen im radikalen Islam die Erlösung von allen irdischen Widersprüchen in Aussicht stellen.

Prophetisch hatte der Schriftsteller Hanif Kureishi, Sohn eines pakistanischen Vaters und einer englischen Mutter, das Problem der kulturellen Entfremdung vor allem unter muslimischen Jugendlichen der zweiten Generation in einer Erzählung aus dem Jahr 1993, «My Son, the Fanatic», vorweggenommen. Darin muss ein pakistanischer Einwanderer, der sich ordentlich und gesetzestreu als Taxifahrer durchbringt, die Entdeckung machen, dass sein Sohn Ali zu einem dschihadsüchtigen Fanatiker geworden ist. «Wie hast du dazu werden können?», beschwört ihn der Vater, Parvez. «Indem ich hier lebe», gibt Ali zurück. Parvez, entsetzt: «Aber ich liebe England, die lassen dich hier doch so ziemlich alles tun, was du willst.» Ali sticht nach: «Das ist ja das Problem.»

In seinem Bekennervideo, das drei Wochen nach den Anschlägen vom Juli 2005 am 1. September über den arabischen TV-Sender Al-Dschasira ausgestrahlt wurde, trug Mohammed Sidique Khan unter anderem dieses vor: «Ich und Tausende mit mir lassen alles zurück für das, woran wir glauben. Unser Antrieb, unsere Motivation kommt nicht von greifbaren Gütern, welche die Welt anzubieten hat. Unsere Religion ist der Islam, der Gehorsam gegenüber dem einzig wahren Gott, sowie die Gefolgschaft seines prophetischen Boten. Eure demokratisch gewählten Regierungen verüben Gräueltaten gegen mein Volk auf der ganzen Welt. Und eure Unterstützung für diese Regierungen macht euch direkt verantwortlich. […] Wir befinden uns im Krieg, und ich bin Soldat. Jetzt bekommt auch ihr die Realität dieser Situation zu schmecken.»

Dschihad hatten auch die vom Horn von Afrika stammenden vier Täter des 21. Juli im Sinn, von denen einige nicht die Einbürgerung, sondern Asyl suchten. Darunter der 27-jährige Muktar Said Ibrahim aus Eritrea, den die Anklage später als Anführer identifizierte. Einer Nachbarin hatte er ein halbes Jahr vor den Anschlägen eine Broschüre, «Understanding Islam», zum Studium überlassen. «Lies mal dieses Heft hier, das wird dich bekehren», ermunterte er sie. Markiert mit gelbem Farbstift war die Passage: «Jeder, der sagt: ‹Es gibt keinen verehrenswerten Gott außer Allah› und der in diesem Glauben stirbt, wird das Paradies erreichen.»

Die Londoner Ermittler konnten zurückverfolgen, dass die acht Terroristen jenes Sommers in einer Moschee in Finsbury Park im Norden Londons Kontakt hatten zu dem dort wirkenden selbsternannten Imam Abu Hamza al-Masri, den die Behörden, unbegreiflich für viele Sicherheitsdienste vor allem des befreundeten Auslands, lange hatten gewähren lassen mit seinen Auftritten, die das Blut gerinnen ließen. Seine Predigten – mehr Indoktrinationen – waren gespickt mit Aufrufen wie «Beseitigt die Juden vom Antlitz der Erde» oder «Schlachtet die Ungläubigen ab, errichtet das weltweite Kalifat». Irgendetwas in der britischen Psyche pflegte solche Hassausbrüche wie unwirkliche Erscheinungen zu registrieren. Das konnte man doch nicht ernst nehmen! Auch hat in Großbritannien das Recht auf freie Meinungsäußerung, und sei diese noch so bizarr, eine lange Tradition und wurde bis vor Kurzem ungern Sicherheitserwägungen zuliebe eingeschränkt. Gewähren lassen galt auch bei diesem Schulmeister des Heiligen Krieges als die beste Methode, ihn im Blick zu behalten und so gleichsam einzugattern. Selbst nachdem die Polizei 2003 besagte Moschee gestürmt und belastendes Material sichergestellt hatte, ließ man den Mann mit der eisernen Hakenhand und der schwarzen Augenklappe auf der Straße vor der Moschee weiter tönen. Erst ein Jahr später, als die USA ihn auf die Liste gesuchter Terroristen setzte, wurde Abu Hamza in London vor Gericht gestellt und kam für sieben Jahre hinter Gitter.

George Orwell schrieb in «The English People» (1947) über seine Landsleute: «Die herausragende und [...] originellste Eigenschaft der

Engländer ist ihre Gewohnheit, sich nicht gegenseitig umzubringen.» Denkt man an zwei Engländer namens Mohammed Sidique Khan oder Shehzad Tanweer, dann wurde im Sommer 2005 Orwells Diktum durch die Wirklichkeit grausam verhöhnt. Und die Zeitgenossen wachten auf. Neue Anti-Terror-Gesetze passierten das Parlament, darunter auch die Erlaubnis, Verdächtige bis zu 24 Tage ohne Anklageerhebung in Gewahrsam zu nehmen. Das verletzt eine geheiligte Rechtstradition, das Habeas corpus, wonach ein Verhafteter in kürzester Frist einem Richter vorgeführt werden und mit einer Anklage konfrontiert werden muss. Sicherheit und Freiheit, daran erinnerte auch der neue US-Präsident Barack Obama in seiner Inaugurationsrede, stehen in einem delikaten Verhältnis zueinander, und es darf die Freiheit der Sicherheit zuliebe nicht geopfert werden.

Das ist den Briten durchaus geläufig, aber die sich häufenden Terrorvorfälle, darunter der 2006 vereitelte Plan, Flugzeuge auf der Atlantikroute mit Hilfe von Flüssigsprengstoff zu zerstören, oder die versuchten Detonationen im Londoner West End ein Jahr später und der Anschlag derselben Drahtzieher auf den Glasgower Flughafen, haben die Gesellschaft gezwungen, ihr Phlegma zu überwinden und die Bedrohung in ihrer Mitte ernst zu nehmen. Eine neue Vorbeugungsmaßnahme ist jetzt auch gegen die Anstiftung zu religiösem Hass gerichtet. Die Demonstranten, die im Februar 2006 mit extremistischen Plakaten und Aufrufen vor der dänischen Botschaft Position bezogen, aus Protest gegen die im Jahr zuvor veröffentlichten angeblich islamfeindlichen Karikaturen in einer dänischen Zeitung, konnten sich nicht mehr auf das Recht der freien Meinungsäußerung berufen: Mehrere von ihnen wurden ein Jahr später zu empfindlichen Gefängnisstrafen verurteilt.

Aber galt nicht in der Geschichte britische Gelassenheit, dieser unaufgeregte, flexible Umgang mit kritischen Situationen, als geradezu vorbildlich auf der ganzen Welt? Von der Eigenart des Briten, sich nicht leicht aus der Ruhe bringen zu lassen, hat ein deutscher

Autor eine der eindringlichsten Beschreibungen überhaupt geliefert. Ernst Jünger, der nie Großbritannien besucht hat, der in Frankreich seine eigentliche Heimat fand, zog während seiner Jahre im besetzten Paris des Zweiten Weltkriegs in einer Tagebucheintragung vom 16. August 1942 den folgenden charakterologischen Vergleich zwischen Engländern und «Preußen» (wie seine Generation die Deutschen oft betitelte):

«Die angelsächsische Konstanz in anbrüchigen Verhältnissen – ein wunderlicher und unvorhergesehener Zug in unserer Welt, den man eher den Preußen prophezeit hätte. Der Unterschied liegt aber darin, dass der Engländer ein bedeutend größeres Quantum an Anarchie verdauen kann. Wenn beide Gastwirte in ramponierten Vierteln wären, so möchte der Preuße, dass das Reglement in jedem Zimmer aufrechterhalten wird. Er hält damit auch einen gewissen Anstrich von Ordnung aufrecht, unter dem das ganze Gebäude vom Nihilismus ausgefressen wird. Der Engländer lässt die wachsende Unordnung zunächst auf sich beruhen, fährt ruhig fort, einzuschenken und zu kassieren, und steigt endlich, wenn ihm die Wirtschaft zu toll wird, mit einem Teil der Gäste nach oben und vermöbelt die anderen.

Charakterologisch hat der Engländer dem Preußen gegenüber den Vorteil des Phlegmatikers vor dem Sanguiniker und sachlich den des Seemannes gegenüber dem Landmann. Seefahrendes Volk ist an größere Schwankungen gewöhnt.»

Das ist besser kaum auszudrücken; in der Spiegelung mit einem anderen Nationalcharakter tritt das, was wir an England bis heute rühmen, besonders plastisch hervor. Aber die britische Fähigkeit, «ein bedeutend größeres Quantum an Anarchie zu verdauen», steht mit dem fundamentalistischen Terror vor einer Herausforderung, die mit den alten Tugenden der Geduld und der Toleranz allein nicht mehr zu meistern ist.

Am 30. Dezember 1930 lief in Hamburg ein dieselgetriebenes Motorschiff vom Stapel, das in der Immigrationsgeschichte Englands nach dem Zweiten Weltkrieg geradezu ikonografische Bedeutung gewinnen sollte. Ursprünglich unter dem Namen «Monte Rosa» für Kreuzfahrten der Hamburg-Südamerikanischen-Dampfschiffahrtsgesellschaft bestimmt, wurde es unter den Nationalsozialisten der Kraft-durch-Freude-Flotte zugeschlagen, nahm 1940 am Überfall auf Norwegen teil und evakuierte am Ende des Krieges Deutsche aus Danzig und Ostpreußen. Im Mai 1945 fiel das Schiff in Kiel den Briten in die Hände, die es zu einem Truppentransporter für die Route Southampton – Singapur/Hongkong umfunktionierten und es «Empire Windrush» nannten. Mit diesem Schiff beginnt die Geschichte der Einwanderung nach Großbritannien und damit die Verwandlung der Insel von einer weißen anglo-protestantischen Nation in die multi-ethnische Gesellschaft von heute.

492 karibische Passagiere nahm die «Empire Windrush» auf ihrer einzigen «zivilen» Fahrt auf dem Weg von Australien nach England in der letzten Maiwoche 1948 in Kingston, Jamaika, an Bord, ausnahmslos Männer. In England seien die Straßen mit Gold gepflastert, hatten jamaikanische Schifffahrtsagenten, die sich mit den Reisetickets ein schnelles Geld verdienen wollten, verbreiten lassen. Die Wirklichkeit sah anders aus. Großbritannien darbte im Schnürkorsett der Nachkriegszeit, Lebensmittel waren rationiert, die Stimmung gedrückt, Unterkunft schwer zu finden, Arbeit ebenfalls. Kein Willkommen erwartete die Einreisenden, als sie am 22. Juni 1948 in der Themse andockten und unter den Augen der nationalen Medien – das Fernsehen hatte seine erste große Stunde – von der «Empire Windrush» an Land gingen.

Der Bezug aufs Empire war nicht nebensächlich: In dem Bestreben, die fortgesetzte Relevanz des britischen Weltreiches, inzwischen zum Commonwealth of Nations mutiert, auch nach dem

Kriege hochzuhalten, hatte die britische Regierung im Nationality Act von 1947 die Tore des Landes geöffnet für alle «imperialen Untertanen» seiner Königlichen Majestät Georgs VI. Noch waren die Krisen nicht absehbar, die sich im Laufe der Abwicklung des Kolonialreiches in den kommenden Jahren ergeben sollten, und niemand sah 1948 den Druck voraus, der daraus notgedrungen in der Migrationsfrage entstehen musste.

Doch bei aller idealistischen Rhetorik und der Generosität der Gesetze sah das offizielle London dem Projekt «Empire Windrush» nur mit Sorgen entgegen. «Die Ankunft einer so beträchtlichen [sic] Zahl von Menschen, und das ohne organisierte Vorkehrungen, muss Schwierigkeiten und Enttäuschungen hervorrufen», warnte Labours Arbeitsminister George Isaacs im Unterhaus, noch ehe das Schiff überhaupt eingetroffen war. «Ich hoffe, man wird keine Ermunterung aussprechen für andere, dem zu folgen.» Unter den Engländern herrschte teilweise noch eine nicht selten praktizierte Apartheid. «No Blacks. No Dogs», starrte den Ankömmlingen vor manchen Unterkünften entgegen, und es war kaum ein Trost für sie, dass die Abweisung manchmal auch die Iren erwischte: «No Blacks. No Dogs. No Irish.»

Galten 1948 noch 492 Einwanderer als «eine beträchtliche Zahl von Menschen», so hatten nur zehn Jahre nach der «Empire Windrush» bereits eine Viertelmillion Immigranten England erreicht. Die Teilung Indiens, die Flucht von Nationalchinesen nach Hongkong, erste Unruhen in Afrika, so die Mau-Mau-Irredenta in Kenia, ließen die britische Option für viele attraktiv genug erscheinen. Da für die meisten Ankömmlinge aufgrund der oft rassistischen Abwehr durch die Einheimischen nur die bescheidendsten Gegenden Englands und seiner Hauptstadt als Ansiedlungsgebiete in Frage kamen, bildeten sich rasch so etwas wie *immigration clusters*, hart gesagt: Gettos freiwilliger Segregation, in denen Neuankömmlinge sich einigermaßen geborgen fühlten in ansonsten unfreundlicher Umwelt; das konnte keine Integration befördern.

Es hatte freilich seine positive Kehrseite. Vor allem den größten Gruppen unter den Immigranten, Pakistanis und Indern, gelang es, im Laufe der Zeit parallele Stützpfeiler der Existenz aufzubauen, mit eigener Infrastruktur im Bankwesen, in der Erziehung, der juristischen Betreuung und im kommerziellen Angebot. Den Erfolgreichen gelang der Sprung in den britischen Mainstream.

Aber der steigende Pegel des Zustroms stiftete Ängste, an denen die Politiker nicht vorbeikonnten. Die seit 1948 gültige *open-door*-Politik wurde novelliert: Commonwealth-Bürger kamen nur noch mit gültigen Arbeitserlaubnis-Scheinen (*vouchers*) ins Land. Sofort meldete jedoch das Finanzministerium Bedenken an, hatte man inzwischen doch Immigranten als billige Arbeitskräfte schätzen gelernt und sah, was sie an Mehrwert für die britische Wirtschaft bedeuteten. Und wie immer, wenn ein einschränkendes Gesetz mit neuen Barrieren droht, war die Zahl derjenigen, die sich in letzter Minute noch die alten Regelungen zunutze machen wollten, beträchtlich: Allein in den zwölf Monaten, bevor der Commonwealth Immigrants Act von 1962 in Kraft trat, kamen weitere 130 000 Bürger aus den ehemaligen Kolonien ins Mutterland.

Das Gesetz hatte zudem einen großen Haken: Familienangehörige von schon nach Großbritannien Ausgewanderten durften ungehindert nachziehen. Das änderte schlagartig die demografische Balance unter den Einwanderern. Bisher waren es zumeist Männer ohne Familienanhang gewesen, die sich zum Leben auf der britischen Insel entschlossen hatten, von wo aus sie mit Transferzahlungen ihre Familien zu Hause unterstützten. Unter dem drohenden Regime der *vouchers* und den damit schrumpfenden Arbeitsmöglichkeiten gingen die inzwischen eingesessenen Einwanderer dazu über, die andere Möglichkeit des Gesetzes von 1962 voll auszuschöpfen: Familiennachzug. Machten noch 1961 Frauen nur ein Sechstel aller Immigranten aus, so waren nach weiteren zehn Jahren drei Viertel der Neubürger Frauen und Kinder. Großbritannien war in voller Fahrt, eine gemischt-farbige Gesellschaft zu werden.

Aber war die Insel nicht schon immer für alle Verfolgten und Sicherheit Suchenden der europäische Hafen erster Wahl gewesen? Der hohe Ruf ihrer Freiheit beruhte auch darauf, dass sie sich nicht gegen Flüchtlinge abschottete. «Kein flüchtig Haupt hat Engelland / Von seiner Schwelle noch gewiesen», sang Ferdinand Freiligrath. Die Briten waren schließlich das Amalgam aus diversen Einwanderungsströmen, die schon vor der normannischen Eroberung zu einer ethnisch höchst gemischten Bevölkerung geführt hatten, einer «mongrel half-bred race», wie Daniel Defoe in seinem epischen Gedicht «The True-Born Englishman» von 1701 geschrieben hatte – einer Mischlingsrasse aus lauter Halbblut.

Das aber war eine andere Mischung, ohne das farbige Element im Sinne der Hautfarbe, das jetzt hereinströmte. Und so kam das Jahr 1968. Nein, nicht '68 wie auf dem Kontinent. Ein ganz anderer Sturm sollte in England losbrechen. Ein neues Gesetz zum Verbot der Rassendiskriminierung im Arbeits- und Wohnungsmarkt, der Race Relations Act, war von der Labour-Regierung verabschiedet worden, aber ein namhafter Abgeordneter der Konservativen, Enoch Powell, nahm Anstoß. Powell, Altphilologe von Haus aus, galt als intellektuelles Genie, begabter Rhetoriker und brillanter Linguist, der unter anderem fließend Urdu beherrschte, das Hauptidiom Pakistans und vieler von Powells Wählern in seinem Wahlkreis Wolverhampton.

Ausgerechnet am 20. April 1968 – die Koinzidenz mit dem Geburtstag Adolf Hitlers sollte er später tief bedauern – wählte der Politiker einen Auftritt in Birmingham, um eine wuchtige Breitseite zu führen gegen die steigenden Zahlen der Einwanderung: «Wir müssen wahnsinnig sein, buchstäblich wahnsinnig, um als Nation den jährlichen Zufluss von um die 50 000 Familienangehörigen zuzulassen, die größtenteils die Basis bilden für das zukünftige Wachstum der von Einwanderern abstammenden Bevölkerung. [...] Es ist, als schaue man einer Nation dabei zu, wie sie eifrig ihren eigenen Scheiterhaufen aufschichtet.»

So ging es weiter in kühnen Kadenzen, bis zu jener Stelle, mit der dieser Text als die «Rivers of blood»-Rede in die Geschichte eingehen sollte. Der Altphilologe in Powell holte die «Aeneis» des Vergil herbei, das römische Nationalepos, und darin die Prophezeiung der Cumäischen Sybille vom «schrecklichen Kriege und dem Tiber, der mit viel Blut schäumt»: «Wenn ich in die Zukunft blicke, erfüllt mich Vorahnung; wie der Römer scheine ich ‹den Fluss Tiber mit viel Blut schäumen› zu sehen. Jenes tragische und ausweglose Phänomen, das wir mit Schrecken auf der anderen Seite des Atlantiks beobachten […] kommt hier durch unseren eigenen Willen und unsere eigene Achtlosigkeit über uns. […] Einzig entschlossenes und sofortiges Handeln wird es auch jetzt noch abwenden. Ob es den öffentlichen Willen geben wird, dieses Handeln zu verlangen und durchzuführen, weiß ich nicht. Ich weiß nur, dass der große Verrat darin bestünde, zu sehen und nicht zu sprechen.»

Powell hatte an das Unantastbare gerührt und sich zum Sprachrohr einer allgemeinen Stimmung gemacht. Er erhielt enthusiastischen Zuspruch, wie Tausende von Zuschriften und spontane Pro-Powell-Demonstrationen belegten. Die politische Klasse reagierte anders. Edward Heath, Anführer der Tories, entließ Enoch Powell prompt aus dem Schattenkabinett; er wurde ein Paria unter seinesgleichen, seine politischen Ambitionen gingen in der Kontroverse um ihn zugrunde.

Der aufreizende Ton der Rede, die unter anderem behauptete, Einwanderer würden nie so recht echte Briten werden, hatte unmittelbar aber auch einen positiven Effekt: Er mobilisierte weiße und farbige Gruppen in Gemeinden und Städten, die jetzt darangingen, Powell eines Besseren zu belehren und zu beweisen, dass es durchaus so etwas wie eine Koexistenz zwischen den einzelnen Ethnien in Großbritannien gebe. Der langfristige Effekt freilich war ein negativer: Mit Powells Rede wurde es fast unmöglich, Rassen- und Einwanderungsfragen nüchtern und sachlich zu diskutieren, mit der Folge, dass politisch korrektes Beschweigen an die Stelle einer offenen Debatte trat. Niemand wollte riskieren, als Rassist abgestempelt zu werden. So wanderte das Thema in den Untergrund und wurde ein Tabu der Gesellschaftsgeschichte für mindestens drei Jahrzehnte. Derweil schlug Englands Gewissen weiter für alle Bedrängten in seinen ehemaligen Kolonien. Als in den frühen 70er-Jahren im Gefolge der Afrikanisierung in Kenia und Uganda der dort seit Empire-Tagen ansässige indische Mittelstand ohne viel Federlesens hinausgeworfen wurde, nahm das Mutterland die Verantwortung auf sich und ließ Tausende der Betroffenen herein. Auch als 1972 die Zuzugsgesetze erneut novelliert wurden im Sinne einer stärkeren Restriktion, änderte sich nicht viel. Multikulturalität wurde das erstrebenswerte Ideal. Was tat es da, dass in der Realität auch viel Indifferenz gegenüber den Neuankömmlingen im Spiele war. Es war wohlfeil, Großbritannien als Einwanderungsland auszuloben. In der Praxis geschah für die Integration wenig, und die Neuankömmlinge wurden meist sich selbst überlassen sowie den öffentlichen Dienstleistern, die sich abmühten, der Heerscharen Herr zu werden, ob im Schul- oder Gesundheitswesen, auf dem Wohnungs- oder Arbeitsmarkt. Wobei dieser noch das geringste Problem darstellte: Die zwölf ununterbrochenen Wachstumsjahre der britischen Wirtschaft seit 1995 zum Beispiel schufen Platz für viele zusätzliche Arbeitskräfte, und auch die Immigranten konnten diese Gelegenheit zu ihren Gunsten wahrnehmen.

Man könnte zur Beschreibung der Einwanderung, die nach keinem langfristigen Plan verlief, sondern nach typisch britischem *laisser-faire* einfach passierte, Sir John Seeley zitieren, einen Historiker des 19. Jahrhunderts, der in einer berühmt gewordenen Schrift von 1883 über «The Expansion of England» meinte: «Wir scheinen gewissermaßen eine halbe Welt erobert und bevölkert zu haben in einem Anfall von Geistesabwesenheit.» Immer wieder ist dies geflügelte Wort zur Beschreibung der Unsystematik herangeholt worden, mit der England sich über die Erde auszubreiten verstand nach Maßgabe sich bietender Möglichkeiten, nicht nach irgendeiner theoretisch-abstrakten. Ähnlich ist die Metamorphose der britischen Gesellschaft durch Einwanderung in der Nachkriegsära vor sich gegangen: unordentlich, im Stil eines großen, unter der Fahne des Multikulturellen gutgeheißenen *muddle through*, eines Irgendwie-Durchkommens, Durchwurstelns, dessen Ende so offen wie undurchdenkbar ist.

Doch war die Gesellschaft letztlich überzeugt, man werde mit der Einwanderung schon fertig; bis heute stehen allen Zweiflern die Optimisten gegenüber, die an der Fähigkeit der Briten nicht rütteln lassen, die Folgen ihrer Geschichte auf typisch pragmatische Art zu meistern, ohne Verrat üben zu müssen an der Tradition eines weltoffenen Landes. Auch begegnet uns auf dem Grunde des britischen Naturells eine eingefleischte Abneigung gegenüber philosophisch-gründlicher Annäherung an die Probleme des Lebens. In der Einwanderung eine Frage zu sehen, die bevölkerungspolitische Lösungen nötig machen könnte, mit Bindewirkung für spätere Generationen, wäre ein höchst befremdlicher Gedanke gewesen. Noch einmal sei, als einer unter vielen, Orwell unser Zeuge, diesmal mit seiner Schrift von 1941, «England Your England». Er schreibt: «Die Engländer sind nicht intellektuell, sie haben einen Horror vor abstrakten Gedanken, sie empfinden keine Notwendigkeit für irgendeine philosophische oder systematische ‹Welt-Sicht›».

MULTIKULTURALISMUS, EIN BELASTETES WORT

Zurück zu den Zahlen. Aus Enoch Powells befürchteten jährlichen 50 000 sind inzwischen 574 000 geworden (unter Einschluss von Asylsuchenden), die allein im Jahr 2007 den Weg ins Vereinigte Königreich fanden. 164 635 wurden im gleichen Jahr naturalisiert. Unter den 62 Millionen Briten zählt man heute ca. acht Millionen Nicht-Weiße. Königin Elisabeth II. sprach im Jahr ihres 50. Thronjubiläums, 2002, öffentlich davon, das multi-ethnische Großbritannien stelle für sie die größte Veränderung der Gesellschaft seit ihrer Thronbesteigung dar. Sie meinte es durch und durch positiv und gab damit die Ansicht der Mehrzahl ihrer Untertanen wieder. In der Tat hat das farbige Ingredienz im britischen Bevölkerungsmix dem Land auf vielen Gebieten Bereicherung gebracht. Erst waren es die indischen und pakistanischen Eckläden, Familienbetriebe die meisten, die Schrittmacher spielten für die Öffnung der Ladenzeiten im Groß- und Einzelhandel. Dann erhielt die englische Küche eine subkontinentale Beimischung, Chicken Tikka Masala ist heute so britisch wie Fish & Chips und Roast Beef, die Restaurants chinesischer, thailändischer und indischer Provenienz mit Take-away-Angebot sind inzwischen Legion.

In der Hauptstadt London begegnet uns eine Miniaturausgabe der Vereinten Nationen, sie ist der kosmopolitische Nabel der Welt. 320 Sprachen hat man als in London gesprochene Muttersprachen ausgemacht, in der Mehrzahl der Grundschulen der inneren Bezirke Londons ist Englisch nur die zweite Sprache. Auch der Amts-

Ein Londoner Polizist aus der Gemeinschaft der Sikhs weist den Weg

schimmel hat sich längst darauf eingestellt, vielsprachig wiehern zu müssen: Die meisten Londoner Kommunalverwaltungen verschicken ihre Mitteilungen über Müllabfuhr, Gemeindesteuern, Wahlberechtigungen etc. in vielen, meist vorderasiatischen Sprachen. Im West-Londoner Bezirk Ealing zum Beispiel auf Arabisch, Armenisch, Assyrisch, Bengali, Farsi, Gujerati, Hindi, Punjabi, Somali, Tamil und Urdu. Englisch, Französisch und Polnisch (hinzugekommen im Gefolge des Massenzuzugs von nahezu einer Million Polen auf die Insel seit 2004) stellen die europäische Minderheit dar.

Aber das friedliche Bild einer multikulturellen Harmonie im Alltag trügt. In Wahrheit steht die Multikulturalität auf dem Prüfstand, und das nicht erst seit den Terror-Anschlägen vom Sommer 2005. Im Sommer 2001 wurde das Land von Rassenunruhen in den nordenglischen Städten Bradford, Oldham und Burnley erschüttert. Als Konsequenz aus diesen Ausschreitungen, wo eingesessene Immigranten meist pakistanischer Herkunft gegen Weiße und umgekehrt vorgegangen waren, erschien damals der Report einer rasch eingesetzten Kommission «über die Kohäsion unserer Kommunen». Man war auf Wahrheiten gestoßen, die längst auffindbar gewesen wären, hätte Political Correctness nicht den Blick auf die Realität verstellt: so auf das Phänomen der «parallelen Leben», wie sie weiße und farbige Bevölkerungsgruppen in Ballungsgebieten führten, gemäß einer Praxis «freiwilliger Segregation», hinter der sich Furcht und Misstrauen aufbauten und andere potenzielle Zündstoffe, vor allem der soziale Ausschluss. Dieser wird freilich von vielen führenden Figuren innerhalb jener Gettos durch falsch verstandene kulturelle Selbstdefinition eher noch befördert. Der Report ging daher scharf mit behördlichen Praktiken ins Gericht, nach denen Geldmittel immer nur entsprechend dem ethnischen Schubladenprinzip verteilt wurden, statt übergreifende Integrationsprojekte zu fördern. Der damalige Innenminister David Blunkett sprach sogar Gedanken aus, die seit Enoch Powell verpönt waren, aber nun nicht mehr zurückgedrängt werden konnten: «Es ist ja geradezu gefährlich geworden für weiße Menschen mittleren Alters, schwierige Probleme auch nur anzusprechen. Aber meiner Ansicht nach hat die Welt es satt, sich von Politikern herablassende Plattitüden reichen zu lassen. Das Wort von der multikulturellen Gesellschaft ist inzwischen dermaßen abgewertet und Fehlinterpretationen ausgesetzt – man erwartet ja fast, dass wir uns so aufführen, als sei jeder von uns multikulturell. Aber wir haben jeder ein unterschiedliches Herkommen und unterschiedliche Interessen. Es kommt nun darauf an, dies zu akzeptieren und keine Bedrohung darin zu sehen.»

Die Bedrohung sollte sich dann im September des gleichen Jahres in den USA als terroristischer Zerstörungswille entpuppen, und vier Jahre später erfuhren auch die Briten, dass im Schatten des kulturellen *laisser-faire* ein hassbewehrter Feind lauerte, von dem man noch keine Vorstellung hatte. Seitdem konzentriert sich die Arbeit in den Kommunen auf Früherkennung radikaler Tendenzen und betont heute besonders stark die Mitverantwortung der einzelnen Ethnien selbst und ihres führenden Personals. Aber da sich die Gesellschaft so schwertut mit der Definition ihrer Identität, bleibt offen, wie weit britische Fairness, britische Toleranz gehen kann oder sollte bei der Sicherung des Zusammenhalts der Gesellschaft. Bewundernswert ist allemal, mit wie viel Zuversicht die Briten trotz der Zerreißproben der vergangenen Jahre an der multi-ethnischen Zukunft ihres Gemeinwesens festhalten. Noch gelingt in Großbritannien die Balance innerhalb einer unendlich sich ausfächernden Bevölkerung, auf der Grundlage weitgehender Friedfertigkeit und der vielleicht bekanntesten aller britischen Tugenden: leben und leben lassen.

4

DER «FREI GEBORENE ENGLÄNDER» UND SEIN RECHT

WARUM ALFRED DER GROSSE WICHTIG IST

«Kein Volk Europas», so schreibt Hans-Dieter Gelfert in seiner Studie «Typisch englisch – Wie die Briten wurden, was sie sind», «blickt auf eine glücklichere Geschichte zurück als das englische», und den Inbegriff dieses Glücks sieht er in der Stetigkeit des englischen Lebenslaufs, seiner Kontinuität über die Jahrhunderte hinweg. Dies ist in der Tat der überwältigende Eindruck, den die Beschäftigung mit der Insel bei auch nur flüchtigem Studium zurücklässt. Die Geografie hat viel zum Glücksfall England beigetragen, schenkte doch die Insellage lange Zeit über eine Unangreifbarkeit, hinter der sich ein unabhängiger Charakter vorzüglich entfalten konnte. Nimmt man einmal das Bonmot des ersten deutschen Bundespräsidenten Theodor Heuss zur Hand, Geschichte sei «die Kette der verunglückten Möglichkeiten», dann lässt sich England, davon abweichend, als Fallbeispiel von zumeist geglückten Möglichkeiten darstellen, oder sagen wir besser: von ungestört wahrgenommenen. Stein für Stein schichtet sich da eine Familiengeschichte auf, die sich kontinuierlich nacherzählen lässt wie ein großes Epos. Kein Wunder, dass dies auch auf die deutsche Geschichtswissenschaft, in den Worten Lothar Galls, «bis heute eine Faszination ausübt».

Kern der englischen Geschichte ist die Herausbildung eines Gemeinwesens, in das von frühester Zeit an die legitimen Interessen der Bürger einbezogen waren. Gehorsamkeit gegenüber dem Herrscher konnte eingeklagt werden, weil das Recht über allen stand, auch über der Krone. Wo der Monarch das vergaß und sich über das Recht stellte, gab es Widerstand. Karl I. kostete es sogar den Kopf, sein übernächster Nachfolger wurde aus dem Land gejagt. Wie die Freiheit bewahrt und aufbewahrt blieb im Schutz des sich allmählich herausbildenden Parlaments – an keinem Thema lässt sich das Wesen Großbritanniens, seine Kontinuität und Stabilität in der Geschichte besser und fesselnder ablesen.

Diese Geschichte wie meist üblich mit Wilhelm, dem Herzog der Normandie, beginnen zu lassen, der am 14. Oktober 1066 bei Hastings im heutigen East Sussex den letzten angelsächsischen König Harold schlug und die Insel eroberte, greift freilich zu kurz. Denn knappe zweihundert Jahre zuvor hatte bereits ein anderer Herrscher, und das bei ständiger Bedrohung durch feindliche Krieger, die Wikinger (Dänen), ein Reich von Rechtsnormen aufgebaut, auf das sich viele Spätere berufen durften. Alfred der Große, König von Wessex (Westsachsen, was sich mit dem westlichen und südlichen England von heute deckt), war der wichtigste angelsächsische König zwischen dem Ende der römischen Herrschaft in Britannien (410) und der Ankunft der Normannen. Er ragt aus dem Zeitalter, das wir das dunkle nennen, wie ein Leuchtturm des Fortschritts heraus.

Alfred konnte im Jahr 878 die immer wieder auftauchenden Dänen in ihr eigenes Reich, den Danelag im Osten und mittleren Norden der Insel, zurückdrängen und sich danach ganz auf sein Reformwerk in Wessex konzentrieren, auf seine sehr modernen Vorstellungen von Recht, Bildung und Geschichte. Als Erstes ließ er durch angelsächsische und ins Land gerufene fränkische Juristen alle Spuren des angelsächsischen Rechtsbrauchs sammeln, in einem Codex, der zur Grundlage der Rechtskultur seiner Zeit wurde. Dieses sogenannte Book of Dooms, altenglisch «dom-boc», stellte eine Sammlung von Urteilen (*dooms*) mit Rechtswirkung dar und griff auf, was bereits vor Alfred Tradition war – das angelsächsische Gewohnheitsrecht (*case law*), eine Rechtsprechung nach Präzedenzfällen, wie sie viel später zur Grundlage des englischen Common

Law werden sollte. Alfred schuf darüber hinaus ein System für Lehen und Steuern, regulierte, was Einzelne schuldeten und wem, und führte zum ersten Mal für Rechtsverstöße Geldstrafen ein. Frauen erfreuten sich größerer Rechte in seinem Reich als in vielen Jahrhunderten später; sie durften Land besitzen im eigenen Namen, hatten das Recht, sich scheiden zu lassen, und durften nicht zur Ehe gezwungen oder gar in eine solche verkauft werden.

In seinen Verfügungen an die Amtsträger in den Regionen seines Reichs und auf seinen Münzen erschien dieser Feudalherrscher als «König der Anglecynn» (Engländer) – die Berechtigung für diesen Titel erwarb er sich mit einer kulturellen Großtat: der Aussaat eines frühen, rudimentären Geschichtsbewusstseins unter den Untertanen des Reichs. Dazu rief der König das «Anglo-Saxon Chronicle» ins Leben, eine Chronik, die, bis ins 12. Jahrhundert fortgeschrieben, zur wichtigsten Quelle für die angelsächsische und frühmittelalterliche Geschichte des Landes werden sollte. Auch ein anderes Geschichtswerk, ins altenglische Idiom übersetzt, gewann jetzt neue Bedeutung: die «Historia ecclesiastica gentis Anglorum», die «Kirchengeschichte des englischen Volkes» des Benediktinermönches und Geschichtsschreibers Beda Venerabilis aus dem Jahre 731. Den Bischöfen des dreihundert Jahre vor Alfred christianisierten Landes sollten damit auch Unterlagen zur Förderung der allgemeinen Alphabetisierung an die Hand gegeben werden.

Die Herrschafts- und Rechtsordnung, die Alfred der Große hinterließ – er starb 899 –, war für die Normannen die Brücke, auf der sie gingen, um das Volk, über das sie jetzt herrschten, nicht mit allzu großen Innovationen und strukturellen Umbrüchen gegen sich aufzubringen. Schon mit Wilhelm dem Eroberer gewann Kontinuität entscheidendes Gewicht im politischen Denken Englands. Alfred, der große Angelsachse, findet sich im Übrigen auch in der Walhalla bei Regensburg mit einer Gedenktafel geehrt, die der Bayern-König Ludwig I. 1842 zur Ehre dieses «rühmlich ausgezeichneten Teutschen» anbringen ließ.

DIE NORMANNEN ÜBERNEHMEN DIE ANGELSÄCHSISCHE TRADITION

Daniel Defoe, der Autor des «Robinson Crusoe», hatte recht, als er 1701 reimte: «A true-born Englishman's a contradiction / In speech an irony, in fact a fiction» – «Ein echt-geborener Engländer ist ein Widerspruch, als Wort eine Ironie, als Fakt eine Fiktion.» Diese «Mischlingsrasse aus lauter Halbblut» hatte römische Vorfahren erlebt, auch Pikten und keltische Ahnen wie die Scoten, danach Jüten, Angeln, Sachsen und andere germanische Eindringlinge, denen die zu Dänen verwandelten, wenn auch nur schwer zu zähmenden Wikinger folgten. Und diesem Genpool gaben nach 1066 die Normannen ihren Anteil hinzu.

Wilhelm der Eroberer machte aus der Gesellschaft der Angelsachsen, die noch aufgespalten war in die unterschiedlichen Herrschaftsbereiche Northumbria, Mercia und Wessex, ein gesamtenglisches Feudalsystem, in dem der König als oberster Lehnsherr rechtlich zum Eigentümer des ganzen Landes wurde. Er gab Land an seine loyalsten militärischen Gefolgsleute, von dem diese wiederum weitere Grundstücke unter ihre Anhänger aufteilten. Aber die neuen Eigner von Königs Gnaden, die Earls oder Barons, waren nicht annähernd so mächtig wie ihre Pendants auf dem europäischen Kontinent, die sich als Grafen und Prinzen mit eigenen Fürstentümern außerhalb der kaiserlichen Zentrale ausbreiten konnten. Der neue Herrscher hatte den «tenants-in-chief» Lehen über ganz England verteilt zugewiesen, keines davon groß genug, um dem Herrscher Konkurrenz zu machen. So wurde England zu einem straff zentralisierten Königreich. Der Monarch ließ zu Ende seiner Herrschaft sogar das erste uns erhaltende Inventar sämtlicher Liegenschaften des Landes aufzeichnen, das «Domesday Book», da er zur Besteuerung genau wissen wollte, wer was wo und wie viel besaß.

Trotz seiner weitreichenden Herrschaftsrechte konnte Wilhelm nicht wie ein absoluter Monarch regieren, sondern schränkte seine Macht an zwei Stellen bewusst ein. Er regierte nicht auf dem Wege

Wilhelm der Eroberer (1066–1087), Herzog der Normandie (l.), trifft auf den letzten König der Angelsachsen, Harald II. (r.), Ausschnitt aus dem sogenannten Teppich von Bayeux

des Diktats, sondern in Konsultation mit seinen weltlichen Granden sowie den Bischöfen, Erzbischöfen und Äbten. Diese *curia regis*, der Rat des Königs, löste ein angelsächsisches Vorbild, den Witenagemot, ab und sollte die Keimzelle bilden, aus der später das Parlament entstand.

Die zweite Kontinuität, auf die der Normanne setzte, hatte mit dem Rechtsbrauch des Landes zu tun: Wilhelm übernahm das angelsächsische ungeschriebene Gewohnheitsrecht, das in Fallurteilen des Richterstandes gründete, wie es bereits Alfred der Große befolgt hatte. Überhaupt hatten schon die angelsächsischen Könige immer Wert darauf gelegt, ihre Gesetze nicht innovatorisch, sondern als «schon vorhanden» (Robert Colls) erscheinen zu lassen. Sie bestätigten, statt zu revolutionieren, und legten damit früh den Grundstein jenes Denkens, das Jahrhunderte später in der Glorreichen Revolution triumphieren sollte: kein Umsturz, sondern die Bewahrung alter

Rechte. Indem Wilhelm vorhandene Einrichtungen wie die *curia regis* sowie das System des Gewohnheitsrechts übernahm, stärkte er als neuer Herrscher zugleich die Legitimität seines Anspruchs als englischer König.

So tief sollte Kontinuität das Nationalempfinden der Engländer prägen, dass spätere Rechtsgelehrte davon ausgingen, den «free-born Englishman» habe es schon seit *times immemorial,* seit undenklichen Zeiten, gegeben.

EIN BLICK AUF DAS ENGLISCHE RECHT

Rechtskultur und englische Mentalität sind ohne einander nicht zu denken, wir müssen kurz darauf zu sprechen kommen. Zwei grundverschiedene Rechtstraditionen kennzeichnen die westliche Kultur. Da sind einmal die Länder des Römischen Rechts und seiner späteren Kodifikationen, zum anderen die Länder des angelsächsischen Case Law. Auf der einen Seite ist der Gesetzgeber, auf der anderen der Richterstand Träger des Rechts. In normannischen Zeiten ritten im Auftrag des Königs reisende Richter durchs Land und sprachen Recht. In einem kodifizierten Rechtssystem a priori steigt die Rechtsfindung vom Paragraphen zum Einzelfall herab, im Präzedenzrecht vom Einzelfall aufwärts zum Rechtssatz. Dort wird Recht geschaffen aufgrund des Codex juris, hier aufgrund des Rechtslebens und der Natur der Sache. Gustav Radbruch hat darüber in seiner Studie von 1946, «Der Geist des englischen Rechts», ausführlicher und schöner vorgetragen, als das hier geschehen kann.

Zur Rechtsprechung aufgrund von *precedents* gesellte sich in England seit Eduard I. (gestorben 1307) das *statute* oder *statutory law,* geschriebene Gesetze, die in der Legislative, dem Parlament, entstehen. Im 20. und 21. Jahrhundert haben diese *statute laws* stark zugenommen, sie bestimmen heute weitgehend die Rechtsprechung des Landes. Aber die Richter haben noch immer eine zentrale Rolle bei der Anwendung dessen, was aus dem Parlament zu ihnen gelangt.

Das Rechtsdenken *from the bottom up*, von unten nach oben – statt *from the top down* –, findet in der englischen Philosophie sein passendes Pendant. Von Francis Bacon zur Zeit Elisabeths I. über John Locke gegen Ende des 17. Jahrhunderts bis zu den schottischen Philosophen der Aufklärung gilt als Leitfaden nicht die Deduktion, sondern die Induktion, das heißt: Erfahrung und Empirie, von der auf Allgemeingültiges geschlossen wird, also die Methodik des *from the bottom up*. Es ist der Tatsachensinn, der einen Robinson Crusoe auf seiner Insel leitete; Descartes, welcher der sinnlichen Erfahrung misstraute, wäre für ihn keine Hilfe gewesen. Es fällt dem Engländer schwer, Entschlüsse zu treffen mit Blick auf Zustände, die noch gar nicht eingetreten sind oder sich aus abstrakten Prämissen ableiten. Daher hat zum Beispiel in der bisherigen Europa-Debatte kein Wort die Briten so befremdet wie das Wort von der «finalité» des Einigungsprozesses – so etwas wie sein Endpunkt, der bisher aber noch recht unscharf definiert ist. Wer wollte sich darauf festlegen lassen? Der «finalité» steht allein schon die Tradition von *trial and error* im Wege, von Versuch und Irrtum und der Korrigierbarkeit menschlicher Wege. Ebenso fremd klingt in englischen Ohren das deutsche «konsequent», es kommt ihnen vor wie der Halbbruder der «finalité». Das Apriori der Ideen – man erinnere sich, was Orwell dazu sagte – ist der Insel suspekt.

Von der allgemeinen Idee der Menschenrechte und der Freiheit waren die Franzosen beseelt, England ging es vor allem um die Freiheit des «free-born Englishman». Macaulay spöttelte: «Ein Morgen Landbesitz in Middlesex ist besser als ein Königreich in Utopia.» Im Sommer 1835, vier Jahre nach seiner epochalen Reise in die Vereinigten Staaten, besuchte Alexis de Tocqueville England und traf dort unter anderem mit dem berühmtesten Sozialphilosophen der Zeit, John Stuart Mill, zusammen. Der erklärte ihm, wie man England zu verstehen habe, worüber der Franzose später in «Journeys to England and Ireland» berichten sollte: «Unsere Gewohnheiten oder die Natur unseres Temperaments ziehen uns auf keine

Weise in die Richtung genereller Ideen. Geistige Zentralisierung aber ist auf Ideen gegründet – der Hang der Macht, sich auf uniforme und allgemeine Weise mit den gegenwärtigen und zukünftigen Bedürfnissen der Gesellschaft zu befassen. Wir haben Regierungen nie von so erhobenem Standpunkt aus konzipiert.»

MAGNA CHARTA

Geld, Geld, Geld – Kriege verschlingen eine Unmenge davon. König Johann, der von 1199 bis 1216 regierte, wusste ein Lied davon zu singen, sah er sich doch in Frankreichs Westen, den Stammlanden der Normannen, dem französischen Herrscher Philipp II. aus dem Haus der Kapetinger gegenüber, der ihm Stück für Stück seine Besitztümer streitig machte. Dann, bei der Schlacht von Bouvines, 1214, verlor Johann fast alle, darunter das Herzstück, die Normandie. Philipp II. ließ ihm gnädig noch Aquitanien, die Heimat seiner Mutter Eleanor, sowie einen kleinen Teil von Poitou. Johanns französische Abenteuer endeten katastrophal.

In England rührte sich Unwillen unter den Notabeln des Reiches. Der König hatte zuletzt so gut wie gesetzlos regiert, hatte die *curia regis*, das etablierte Konsultationsorgan, vernachlässigt und Steuern für seine militärischen Expeditionen erpresst, wo er nur konnte. Auch die Kirche sah sich zunehmend durch seine Interventionen in ihrer Eigenständigkeit bedroht. Kurzum: Aufstand lag in der Luft. Dieser entlud sich ein Jahr nach Bouvines, als die mächtigsten Barone des Landes sich am 10. Juni 1215 in London einfanden und den König zu einer Zusammenkunft herausforderten. Johann, vielfach geschwächt, willigte ein.

So kommt es am Montag, dem 15. Juni 1215, auf einer Themse-Insel bei Runnymede, zwischen Staines und Windsor gelegen, zu dem historischen Tag der Magna Charta, des ersten Dokuments der Verfassungsgeschichte, in dem ein Herrscher sich mit seinem Siegel bereit erklärt, Gesetz und Recht über sich anzuerkennen, wie es auch jedem anderen Bürger des Reiches oblag. Es ist Hochmittelalter, und schon nimmt auf der britischen Insel, gleichsam einem Außenposten des Weltgeistes, die Herrschaft des Rechts ihren Anfang, auch wenn solch große Perspektiven dem Verständnis der Zeit völlig fremd waren. An Festlegungen für die Zukunft dachte niemand. Und doch sollte sich der Geist der Magna Charta zum Motor der englischen (und später der amerikanischen) Geschichte entwickeln. Das Dokument wurde zu einer Bibel der Freiheit.

Wenig bekannt ist, dass es bereits vor der Magna Charta eine englische Charter of Liberties gab, eine Charta der Freiheiten. Heinrich I., vierter Sohn des Eroberers, proklamierte 1100, im Jahr seiner Thronbesteigung, eine Vereinbarung mit dem Adel, worin er bestimmte Rechte von Baronen und Bischöfen wiederherstellte, die sein Bruder und Vorgänger auf dem Thron missachtet hatte. Ganze Passagen dieser Charter of Liberties, an die man sich erst wieder zur Zeit des Aufbegehrens gegen König Johann erinnerte, fanden dann wörtlich Eingang in die Magna Charta, weshalb diese gelegentlich auch als «Magna Charta Libertatum» bezeichnet wird. Kontinuität, eine englische Spezialität.

Aber mit seinen 63 Artikeln stellte das Dokument von 1215 etwas ganz Neues dar. Aus dem Toleranz-Versprechen Heinrichs I. wird jetzt ein Rechtsanspruch. Ein Quantensprung. Drei der in der Magna Charta beschriebenen Freiheiten gehören noch heute zum *statute law* des Vereinigten Königreichs. Darunter am bedeutsamsten Artikel 39, die Beschreibung des Habeas corpus: «Kein freier Mann darf aufgegriffen oder gefangen gesetzt, enteignet oder entrechtet werden, es sei denn durch auf Recht beruhendem Urteil von seinesgleichen oder durch die Gesetze des Landes.» Auch Artikel 1, der von der Freiheit der englischen Kirche handelt, ist weiterhin gültig, wie auch Artikel 13 mit seiner Garantie der Freiheit der City of London, des heutigen Finanzdistrikts, wo der Lord Mayor das Sagen hat, außerhalb der Macht des Bürgermeisters von London, und wohin selbst der Monarch seinen Fuß nicht ohne Erlaubnis des Lord Mayor setzen darf.

In der Geschichte des *free-born Englishman* und seiner Institutionen kommt freilich dem Artikel 61, dem längsten des Dokuments, überragende Bedeutung zu. Er hat als «Sicherheitsklausel» Geschichte gemacht, wird hier doch zum ersten Mal das Wort *security* angesprochen, das heißt die Sicherheit der Untertanen vor der Willkür der Majestät. An dieser Stelle stimmt der König fast einer Selbstentmachtung zu, auf jeden Fall einer deutlich umschriebenen Einschränkung seiner Macht: «Die Barone des Reichs mögen aus ihren Reihen fünfundzwanzig wählen, die ‹mit all ihrer Macht› auf die Einhaltung des Friedens und der Freiheiten im Lande zu achten haben, wie sie in diesem Freibrief umschrieben sind. Sodass, wenn Wir oder unser Rechtsvertreter oder unsere Bailiffs und andere unserer Bediensteten die Artikel des Friedens und der Sicherheit verletzen […], diese 25 Barone namens des ganzen Landes Uns Not und Einschränkung zufügen dürfen auf jede Weise, die ihnen möglich ist, namentlich, indem sie Burgen, Ländereien und andere Unserer Besitztümer beschlagnahmen, bis nach ihrer Einschätzung Wiedergutmachung geschehen ist, und dass sie danach Uns erneut Gehorsam leisten.»

Ein umstürzender Gedanke: Der Herrscher gibt in einer bestimmten Situation, wenn er nach dem Urteil Berufener die Ordnung des Landes verletzt hat, die Macht an das Kollegium der Notabeln ab, sodass er in solcher Lage König nur noch dem Namen nach ist. Kein Wunder, dass Johann die Magna Charta sofort widerrief, kaum hatten die Adligen London verlassen. Auch Papst Innozenz III., vom König zum Oberlehnsherrn Englands berufen, verurteilte das Dokument scharf, da es in seinen Augen gegen den Grundsatz der Königsmacht von Gottes Gnaden verstieß, gegen die kein Ungehorsam zulässig sei. Die (lateinisch verfasste) Magna Charta kam ihm «widerlich, abscheulich, schändlich» vor, ein «Verstoß gegen die Religion».

Der Text aber konnte nicht mehr aus der Welt geschafft werden. Auch nicht Artikel 14, der für die parlamentarische Geschichte Englands ebenso wichtig werden sollte wie Artikel 61 für das Verhältnis zwischen Herrscher und Beherrschten. Darin wird ein *common council of the realm*, ein gemeinsamer Rat des Reichs, ins Leben gerufen, der nicht nur wie bisher über Steuerfragen und andere Angelegenheiten des Landes zu befinden habe. Der Kreis der Teilnehmer wird erweitert: Nicht nur der hohe Adel und Klerus, nein, durch rechtsbefugte Abgesandte des Königs wie Bailiffs und Sheriffs sollen auch solche Männer aus den Gemeinden eingeladen werden, die der Krone als untergeordnete Lehensnehmer verbunden sind. Zu diesem «Gemeinsamen Rat» gehören damit erstmals auch Mitglieder unterhalb der höchsten Adelsstufe, Ritter zunächst, später, nach Johann, aufsteigende *burghers* oder *burgesses* aus Städten und Gemeinden, die bald zusammen mit dem Ritterstand, der *landed gentry*, dem niederen Adel, einen eigenen Machtfaktor der sich herauskristallisierenden Gesellschaft bilden werden.

Der *common council* wird jetzt nicht mehr so sehr als eine dem König in Treue verbundene Institution, wie sie noch die *curia regis* war, definiert, sondern als ein Instrument zum Wohle des Ganzen. Das hebt Artikel 14 ausdrücklich hervor. Da wird den Teilnehmern zum Beispiel in Aussicht gestellt, sie dürften sich in Notsituationen vom Treueeid gegenüber dem König lösen und den Eid der Gefolgschaft auf den Rat übertragen. Es treffen sich demnach Artikel 14 und Artikel 61 in einem deutlich artikulierten Recht auf Widerstand in Ausnahmesituationen. Im «Großen Rat», wie er später heißen wird, darf man das Protoplasma des englischen Parlamentarismus erkennen, das erste Anzeichen einer vom König unabhängigen Institution.

SIMON DE MONTFORT STELLT DIE WEICHEN ZUR MODERNE

Die institutionelle Machtfrage rückte nach 1215 in den Mittelpunkt. Dazu muss man wissen, dass sich der Hochadel nach König Johann verstärkt auf England als das eigentliche Feld seiner Betätigung zu konzentrieren begann. Ursprünglich besaßen die normannischen

Barone ja Pfründe in England und Frankreich, und so lebten sie lange Zeit wie in gespaltener Identität, als Herren von Territorien beiderseits des Kanals. Je mehr aber von ihrem französischen Besitz verloren ging, desto mehr sahen sie sich auf England verwiesen als die Spielwiese ihrer Ambitionen. Ihr Widerstand gegen die kriegerischen Verwicklungen in Frankreich wuchs, das Misstrauen gegenüber dem französischen Einfluss am englischen Hof auch, der aber unter den Plantagenets, dem neuen Herrscherhaus, am Traum eines dualen Empire festhielt. Fest hielt aber auch der Hochadel, inzwischen etabliert in seinen ihm anvertrauten Gemarkungen (den *shires*), an seiner Selbstständigkeit, vor allem dem Recht, sich selbst zu verwalten. Davon wollte König Heinrich III., Johanns Nachfolger, nichts wissen. Er sah sich noch immer als der Vikar Gottes, während die Barone dagegenhielten, sie seien die Vertreter der Kommunität des ganzen Reichs.

Der aus dem Französischen stammende Begriff der *communes* trat jetzt immer mehr nach vorne. Das «House of Commons», das britische Unterhaus, als «Kammer der Gemeinen» zu übersetzen, ist nicht korrekt. Es war immer Repräsentant der Gemeinden, eben dieser *communes*. Erst im bürgerlichen Zeitalter mit seiner neuen Klassenordnung las man in «Commons» fälschlicherweise so etwas wie «Commoners», die Gemeinen, also den am weitesten vom Adel entfernten Stand. Der auch heute noch offizielle Titel des Unterhauses bringt die tatsächlichen Zusammenhänge ins Bewusstsein. Er lautet: «Die Ehrenwerten Ortschaften des Vereinigten Königreichs von Großbritannien und Nordirland, im Parlament versammelt».

Heinrich III. war als Neunjähriger seinem Vater auf den Thron gefolgt. Das hatte für Adel und Klerus, die im Namen des minderjährigen Königs die Geschäfte führten, den Vorteil, dass man frei walten konnte entsprechend den Vorgaben der Magna Charta. Damit war es, kaum war der König volljährig, vorbei. Die alten Konflikte meldeten sich zurück, auch die teuren Verwicklungen in Europa. Selbst auf ein Abenteuer in Sizilien ließ sich der König ein.

Das war der berühmte Strohhalm, der den Rücken des Kamels brach, wie man in England zu sagen pflegt. Die Barone waren in Aufruhr. Ihr Anführer, der aus einem französischen Adelsgeschlecht stammende Simon de Montfort, trommelte für die Einsetzung eines Ausschusses von 24 Adligen, die den künftigen Kurs des Reiches beratend mitzubestimmen hätten. Man traf sich am 12. April 1258 in Oxford und gebar ein Dokument, das als «Provisions of Oxford» in die Geschichte eingegangen ist. Kernpunkte dieser Vorkehrungen: Ein künftiger Kronrat aus 15 Adligen und zwölf Vertretern aus der *community of the realm* solle in Zukunft den König beraten, seine Amtsgeschäfte überwachen und den Haushalt kontrollieren. Dreimal jährlich sei ein *parliament* (vom französischen *parler* – sprechen) einzuberufen, das die Arbeit des Kronrats zu begutachten habe.

Der König willigte nolens volens ein und leistete auf Drängen der Notabeln seinen Eid auf diese Provisions of Oxford. Doch nur zum Schein. Denn vier Jahre später, 1262, ließ er sich durch eine päpstliche Bulle von seinem Eid befreien und beschwor damit einen regelrechten Bürgerkrieg herauf. Beide Seiten, die Montfort- und die Königspartei, rüsteten auf. In der Schlacht bei Lewes (Sussex), am 12. Mai 1264, gerieten Heinrich, ein Bruder von ihm sowie die beiden Söhne, darunter Kronprinz Eduard, in Gefangenschaft.

Das war die Stunde de Montforts, französischer Graf und 6. Earl of Leicester. Für 15 Monate wurde er Alleinverwalter des Landes. Noch im Dezember berief er ein neues Parlament ein, das erste in der englischen Geschichte ohne königliches Plazet. Es tagte vom 20. Januar bis zum 15. Februar 1265, auf der Basis der Provisons of Oxford. Dabei führte de Montfort ein Novum ein: Neben dem Hochadel ließ er je zwei Ritter (*knights*) aus allen Grafschaften, den *shires*, und je zwei *burgesses* aus den urkundlich verbrieften Markt- und Burgflecken, den *boroughs*, einladen. Der Earl of Leicester erwies mit der Erweiterung der Teilnahmeberechtigung an seinem Parlament der neuen Klasse, der *gentry* und den *burghers*, seine Reverenz, düpierte damit aber den etablierten Hochadel. Viele davon kehrten ihm nun den Rücken und liefen ins Königslager über. Mit der Gefangennahme des Königs war de Montfort in ihren Augen ohnehin zu weit gegangen. Als Heinrich III. und der Kronprinz schließlich fliehen konnten, gruppierten sich seine Getreuen und konnten Leicester am 12. August 1265 bei Evesham in Worcestershire besiegen, wobei dieser das Leben verlor. Wie ein Heiliger wurde er lange Zeit über in England verehrt, als «protector gentis Angliae», wie es in einer zu seinem Andenken geschaffenen Liturgie der Zeit hieß.

Ein lateinisch geschriebenes Langgedicht eines anonym gebliebenen Minoritenmönches von 1264 erfasst den Geist jener Jahre wie im Brennspiegel. Der König, so spricht es das Poem aus, dürfe nicht vergessen, dass auch er ein Knecht Gottes sei, denn nur in dem Maße, in dem er selbst Gehorsam und Liebe übe, könne er sie von seinen Untertanen beanspruchen. Daraus folgert der Dichter, dass, wenn der Herrscher irrt und sich nicht bessert, er auch von ebendiesen Untertanen zur Rechenschaft gezogen werden könne. Hatte nicht genau das schon der Artikel 61 der Magna Charta postuliert – das Recht, sich gegen königliche Willkür zu erheben? Die Vorstellung, dass Gesetz und Recht über der Krone stehen, war 50 Jahre nach dem Tag von Runnymede bereits tief ins allgemeine Bewusstsein eingedrungen.

EDUARD I.: DIE «MUTTER DER PARLAMENTE» SCHÄLT SICH HERAUS

Etwas Bemerkenswertes geschieht unter Eduard I., dem Sohn Heinrichs III., der 1272 nachrückt. Der König, der allen Grund hätte, sich für den Aufstand unter de Montfort zu rächen und dessen parlamentarische Neuerungen schleunigst vergessen zu machen – ausgerechnet dieser König tut alles, um den Rebellen zu rehabilitieren, indem er dessen sieben Jahre zuvor begonnene Reformen aufgreift und sie entschlossen fortentwickelt. So konnte die von ihm im November 1295 einberufene Versammlung zu Recht das *model parliament* werden, das Musterparlament, vorausweisend für die nachfolgende Geschichte sowohl in Bezug auf die Breite, in der die Stände vertreten waren, als auch auf die Geschäftsordnung. Schon in der Einberufungsproklamation legte der König ein Zeugnis seines Denkens ab: «Was alle berührt, soll von allen gebilligt werden, und klar ist auch, dass gemeinsame Gefahren durch Maßnahmen beantwortet werden sollten, die von allen gemeinsam verabschiedet wurden.»

Auch Eduard I. brauchte Geld, das war der unmittelbare Ansporn für 1295. Wales und Schottland sollten gezähmt werden. Wales wurde es, Schottland nicht, das im Übrigen mit Frankreich paktierte, ein besonderes Ärgernis. Wales bekam als Zuckerbrot für seine Eingemeindung ins Reich die Zusage, dass hinfort der Erstgeborene, der Thronerbe, den Titel «Prince of Wales» führen werde, was seit 1301 ohne Unterbrechung befolgt worden ist. Und die Vertretung im Parlament wurde immer breiter, im Musterparlament von 1295 waren es schon 341 Köpfe. Darüber hinaus gewährte der König eine weitere Konzession: Es durften dem Parlament Petitionen und Beschwerden eingereicht werden, sodass das Volk hier eine Stimme gewann, mit der es sich artikulieren konnte. Wollte der König beim Parlament Gehör finden für seine Steuer- und Finanzpläne, musste er als Gegenleistung sein Ohr auch anderen Desiderata leihen.

Das Musterparlament von 1295 war musterhaft auch darin, dass es die künftige Unterteilung in zwei «Häuser» aufscheinen ließ: hier die Kronvasallen oder *Lords*, dort die *landed gentry* und Bürger aus ländlichen und städtischen Gemeinden, die *Commons*. Die Voraussetzung zum Zwei-Kammer-System war geschaffen. Dabei wurde das Bündnis zwischen der *gentry* und der Bürgerschaft zu einem soziologischen Phänomen von großer Tragweite. Die *gentry*, mit ihrem breit gestreuten Grundbesitz, und die aufstrebenden Berufe mit ihrem wachsenden ökonomischen Gewicht verflochten ihre Interessen und bildeten eine neue Mittelschicht, die wesentlich zur Stärkung der zweiten Kammer beitrug und prägend für die Gesellschaft insgesamt werden sollte.

Aber 1295 traf man sich noch *unicameral*, also gemeinsam. Erst beim Oster-Parlament von 1343 unter Eduard III. tagten die *Com-*

mons zum ersten Mal getrennt vom hohen Adel und Klerus. Der Krieg gegen Frankreich hatte begonnen, und der König wollte sich dadurch stärken, dass sein Programm, vor allem die Finanzierung, von beiden Häusern getrennt bestätigt wurde. Die *Commons* erhielten später in der St. Stephen's Chapel des Westminster-Palastes ihren Tagungsort, wo sie im Chorgestühl der Kirche ihre Plätze einnehmen durften. Dieses Design, die sich gegenüberliegenden Reihen des Chorgestühls, hat sich bis in die Zeit der Entwicklung der politischen Parteien erhalten, ja, es kam dem Zwei-Parteien-System geradezu entgegen, wie man am House of Commons noch heute sehen kann. Die Sitzbänke laufen noch heute parallel auf den Speaker zu (er taucht als Figur zum ersten Mal 1376 auf), der an jener Stelle thront, wo in der Zeit der St. Stephen's Chapel der Altar gewesen war. Das britische Parlament weist somit anders als die meisten übrigen demokratischen Versammlungen keine Rundform auf, sondern jene eigentümliche konfrontative Bankanordnung, in der man den Gegner besonders gut aus nächster Nähe angreifen kann. Dass das Chorgestühl frommer Zeiten zu diesem Muster der parlamentarischen «Schlachtordnung» geführt hat, ist ein besonders apartes Detail der britischen Geschichte.

Der Begriff «House of Commons» bürgerte sich schließlich in der zweiten Hälfte des 14. Jahrhunderts ein, vom «House of Lords» sprach man erstmals 1544 in der Zeit Heinrichs VIII. Eine Regierung mit Ministern und Kabinetten sollte sich erst unter den neu entstehenden politischen Parteien 150 Jahre später herausschälen. Auch hingen die Könige noch lange Zeit an der Idee des Herrschers von Gottes Gnaden. Aber er stand unter dem Gesetz, nicht darüber: Das war der entscheidende Gewinn dieser Jahrhunderte. Jedoch, er blieb umstritten, bis es darüber zum Bürgerkrieg kam, schließlich zum Abschied von den Stuart-Königen, die sich den neuen Errungenschaften nicht bequemen wollten.

5

DIE ENGLISCH-
FRANZÖSISCHE
ERBFEINDSCHAFT

ABER NEIN DOCH: AM LIEBSTEN MIT PREUSSEN!

Auch die Briten hatten einen Erbfeind. Nicht Deutschland, nein. Deutsche und Briten mögen sich in zwei Weltkriegen bis zur Erschöpfung bekämpft haben, und diese Erinnerung mag unsere Sicht voneinander bis heute trüben, mehr freilich auf britischer als auf deutscher Seite. Aber die deutsch-britische Rivalität ist ein historischer Spätling, ein Nachzügler auf der großen Weltbühne wie die verspätete Nation der Deutschen selbst. Sie entwickelte sich erst als Folge der Bismarckschen Reichsgründung und war binnen dreißig Jahren zu einem den Frieden bedrohenden Konflikt herangewachsen.

Doch einem geopolitisch zwanghaften Dualismus entsprang diese Rivalität nicht. Im Gegenteil. Deutsche und Engländer sprachen oft von sich als den germanischen Vettern und wurden darin namentlich von dem großen französischen Verfassungsphilosophen Montesquieu bestätigt. Der hatte in seinem grundlegenden Werk vom «Geist der Gesetze» (1748), dem ein mehrjähriges Studium der englischen Verhältnisse an Ort und Stelle vorausgegangen war, die These aufgestellt, die Engländer hätten ihre Freiheit von den Germanen geerbt, sie sei eigentlich «in den germanischen Wäldern erfunden» worden. Man könne, so schrieb Montesquieu, in der «Germania» des römischen Historikers Tacitus nachlesen, wie bei den Germanen der Schutz des individuellen Eigentums absoluten Vorrang besessen habe. Und beruhe nicht darauf, auf *property* und *liberty*, auf Landbesitz und Freiheit, das Geheimnis der ungeschriebenen englischen Verfassung?

Zweimal, im Siebenjährigen Krieg (1756–1763) und bei Waterloo, 1815, standen Engländer und Preußen sogar Seite an Seite gegen Frankreich. Auf der britischen Insel griff während der kurzen Allianz mit Preußen im 18. Jahrhundert geradezu Begeisterung für Friedrich den Großen um sich. Großbritannien, in Personalunion mit Hannover verbunden, hatte nach Ausbruch der kriegerischen Auseinandersetzungen mit Frankreich um die Besitzungen auf dem nordamerikanischen Kontinent und in Indien einen Angriff der Franzosen auf Hannover befürchtet. Man suchte Hilfe bei Preußen und verbündete sich mit ihm 1756 in der Konvention von Westminster. Der Jubel über den neu gewonnenen Bundesgenossen, der nun Englands «Festlandsdegen» gegen den Erbfeind Frankreich spielen durfte, kannte keine Grenzen. Überall huldigte man dem «preußischen Helden» als «Verteidiger der Freiheit» und – aus britischer Sicht besonders wichtig – als «Bollwerk des Protestantismus». Preußens König wurde zum englischen Volkshelden, den man in Hymnen, Liedern und Gedichten von epischer Länge feierte. Keramik- und Porzellanmanufakturen verewigten sein Konterfei, Wirtshäuser waren glücklich, wenn sie sich jetzt «The Old King of Prussia» nennen konnten.

Nach dem Siebenjährigen Krieg war es dann schnell mit Begeisterung und Allianz vorbei: Frankreich war besiegt, in Europa und in Übersee, und England konnte zu seiner alten Rolle als argwöhnischer Hüter der *balance of power* in Europa zurückkehren, vorzugsweise ungebunden. Erst in den Napoleonischen Kriegen erneuerte sich auch die Nähe zu Preußen wieder, konnte die Waffenbrüderschaft zwischen Wellington und Blücher bei Waterloo noch einmal den alten Mythos zurückrufen.

Die germanischen Vettern. Selbst noch nach dem Ersten Weltkrieg meldeten sich britische Stimmen, man habe eigentlich auf der falschen Seite gekämpft, «unsere natürlichen Feinde waren die Franzosen», wie Robert Graves in seinem Erinnerungsbuch «Good-Bye to All That» aus Meinungen von studentischen Kriegsteilnehmern zitiert. Aber auch auf manche Angehörige der *lower classes* in der englischen Truppe traf dies zu. Dazu George Orwell in «England, Your England» von 1941: «Die Arbeiterklasse kam aus dem Krieg heim mit einem Hass auf alle Europäer, ausgenommen die Deutschen, deren Mut man bewunderte.» Den Vogel schoss ausgerechnet der führende englische Militär ab, Feldmarschall Haig, der seinem Tagebuch anvertraute: «Im nächsten Krieg werden wir hoffentlich mit Deutschland marschieren anstatt mit Frankreich.» Einem Erwin Rommel und dem kämpfenden deutschen Heer zollte das britische Militär auch im Zweiten Weltkrieg höchsten Respekt. Als in den 30er-Jahren des vorigen Jahrhunderts Appeasement um sich griff, reiste Lord Londonderry, bis 1935 Luftfahrtminister im Kabinett von Premierminister Stanley Baldwin, nach Berlin, um Möglichkeiten eines deutsch-englischen Ausgleichs zu prüfen. Privat notierte er, gleichsam als Merksatz seiner Mission, «die rassenmäßige Verwandtschaft zwischen beiden Völkern, die ein grundsätzlich freundliches Gefühl füreinander empfinden, von dem man nicht behaupten kann, dass es zwischen uns und den Franzosen besteht».

Wie denn auch, wo eine jahrhundertelange Geschichte der Feindschaft Engländer und Franzosen verband, lange, ehe beide in der Moderne ankamen und einen gemeinsamen Feind fanden. Ein neuer Kontrahent, Deutschland, forderte beide heraus, und die gemeinsame Konfrontation mit ihm führte sie zusammen. Das «cordiale», das Herzliche in der «Entente», die Paris und London im April 1904 schmiedeten, nachdem sie ihre Kolonialdifferenzen in Afrika beigelegt hatten, war ziemlich aufgesetzt, der Not gehorchend, die Deutschland hieß. Drei Jahre nach der Entente cordiale trat sogar Russland dem Bündnis bei, das damit zur Tripelentente wurde. London saß damit ausgerechnet mit jenen beiden Mächten in einem Boot, die es die längste Zeit über bekämpft hatte, Russland im «Großen Spiel» am Khyberpass und im Ringen um die Ausgänge des

Schwarzen Meeres, Frankreich im Kampf um Europa und die Vor-
herrschaft in Übersee.

Die deutsche Politik konnte den russischen Part in der Tripelentente am wenigsten verstehen. Wie – unsere germanischen Vettern
verbünden sich mit den verachteten Slawen gegen uns? Ein Verrat
am gemeinsamen Erbe. Wozu das «perfide Albion» doch fähig war!
«Die germanischen Engländer», rief der Kaiser entrüstet aus, würden
also «mit Franzosen und Russen gegen ihre Stammesgenossen kämpfen.» Dieses Nichtverstehen war Teil der Fehlkalkulationen, die auf
deutscher Seite den Marsch in den Krieg begleiteten. Der deutsche
Hass auf England, der im Ersten Weltkrieg den auf alle anderen Gegner weit überstieg, hatte viel mit diesem Bruderkrieg mit den als verwandt empfundenen Briten zu tun.

NAPOLEON, JEANNE D'ARC
UND DER MYTHOS VON AZINCOURT

In den englisch-französischen Annalen spricht man zweimal von einem hundertjährigen Krieg. Der erste, den die Geschichtsschreibung
ausdrücklich als solchen bezeichnet, verlief mit Unterbrechungen
von 1338 bis 1453 und ging um die alte Frage, die schon das vorige
Kapitel überschattete: Wem gehört Frankreich? «No king of England,
if not king of France», so sollte Shakespeare 1599 in «König Heinrich V.» diese Zeit zurückrufen – «kein König Englands ohne Frankreichs Thron». Vom zweiten hundertjährigen Krieg reden Historiker
heute eher inoffiziell. Man datiert seinen Beginn mit Wilhelm III.
von Oranien, der 1689, kaum war er zur Sicherung der protestantischen Erbfolge in England König geworden, Frankreichs Ludwig XIV.
den Krieg erklärte, zur Sicherung seiner, Wilhelms, holländischen
Stammlande. Aus den Kabinettskriegen des 18. Jahrhunderts ging
England dann als die stärkste Kolonialmacht hervor, auf Kosten
Frankreichs, das seine Besitzungen in Quebec und Indien an das britische Weltreich verlor. Den Siebenjährigen Krieg führten Frankreich
und England ja wie schon erwähnt auf drei Kontinenten – in Europa,

Nordamerika und Indien. Man nennt ihn daher nicht zu Unrecht auch den ersten Weltkrieg der neueren Geschichte. Frankreich rächte sich, indem es sich im amerikanischen Unabhängigkeitskrieg militärisch auf die Seite der Aufständischen stellte. Die Kapitulation der englischen Truppen unter dem Herzog von Cornwallis wurde 1781 in Yorktown von einem französischen General in Empfang genommen, dem Marechal de France Graf Rochambeau.

Die letzte Runde der Erbfeindschaft, 1792–1815, sollte die bitterste werden. Ein kurzes Kapitel nur, in dem die Rivalität sich allerdings zu ideologischer Todfeindschaft steigerte. «Du musst einen Franzosen hassen wie den Teufel», unterwies Nelson einen jungen Schiffsmaat. Die Furcht der Briten vor einer Invasion, wie sie Napoleon plante, rührte an Abgründe von Angst und Abscheu. Schon der revolutionäre Terror in Paris hatte auf der Insel die Abwehrkräfte mobilisiert.

Und die Karikaturisten. William Hogarth, James Gillray, Isaac Cruikshank und Thomas Rowlandson wetteiferten darum, Frankreich in den blutigsten Farben der Niedertracht zu zeichnen. Rowlandson verglich auf zwei Blättern die «British Liberty» mit der «French Liberty». Auf dem einen sieht man Marianne als flammende Megäre, gesträubtes Haar, wirrer Mund, in der Hand einen Dreizack mit einem aufgespießten Kopf in der Mitte, während im Hintergrund an einem Laternenpfahl ein Opfer baumelt. «British Liberty» zeigt die sitzend ruhende Britannia, Magna Charta als Flugblatt in der einen, die Waage der Gerechtigkeit in der anderen Hand, während im Hintergrund der Wind die Segel eines Schiffes bläht. Marianne tritt mit ihrem rechten Fuß auf den Hingerichteten, zu Britannias Füßen schläft friedlich ein Löwe.

Stereotypen einer Feindschaft, aus leidenschaftlichem Anti-Republikanismus gespeist. Die Regierung William Pitts griff zu drakonischen Gesetzen, einschließlich solcher gegen verdächtige Ausländer, um die Flamme der Revolution in England nicht lodern zu lassen. Charles James Fox, eine der großen Figuren im Parlament auf Seiten der Whigs, wie man die Liberalen damals nannte, wetterte gegen die

THE CONTRAST
1793
BRITISH LIBERTY. FRENCH LIBERTY.

RELIGION, MORALITY, | ATHEISM. PERJURY
LOYALTY OBEDIENCE to the LAWS, | REBELION TREASON ANARCHY, MURDER,
INDEPENDANCE, PERSONAL SECURITY | EQUALITY, MADNESS, CRUELTY, INJUSTICE,
JUSTICE, INHERITANC PROTECTION of | TREACHERY INGRATITUDE, IDLENESS,
PROPERTY INDUSTRY NATIONAL Prosperity | FAMINE NATIONAL & PRIVATE RUIN,
HAPPINESS. WHICH IS BEST? MISERY.

Thomas Rowlandson, Karikaturist
und Maler, zeichnet während der
Französischen Revolution den
Kontrast zwischen britischer und
französischer Freiheit

konterrevolutionäre Hysterie im Lande. Nie war «British Liberty» in
ihrem Geburtsland so gefährdet. Ein europäischer «Clash of civiliza-
tions», der dem Abgeordneten Sir Edmund Burke erlaubte, mit seiner
Schrift «Reflections On the Revolution In France» (1790) eine
Kampfansage an den französischen Geist zu formulieren und England deutlicher als bisher zu definieren.

Vor dem Hintergrund dieser Geschichte klingt es wie ein großes
Understatement, wenn der frühere französische Außenminister Dominique de Villepin vor wenigen Jahren über das französisch-briti-
sche Verhältnis schrieb, es gleiche «einer einzigartigen Mischung aus
Irritation und Faszination».

Aber Villepin hatte nicht unrecht – die Faszination hat sich nach
jedem Ausbruch der Feindschaft immer wieder neu eingestellt. Der
englische Kanal, an seiner schmalsten Stelle nur 35 Kilometer breit,

war trennendes und bindendes Element, wobei das Bild, das man sich jeweils vom Gegenüber machte, half, die eigene Identität umso schärfer zu erfassen. Zwillinge, die bei der Geburt getrennt wurden und erst nach langen Epochen zueinanderfanden. In die Zwischenzeit fielen Daten, an denen die Engländer sich wärmen konnten wie an der Gewissheit ihrer Überlegenheit: Azincourt 1415, Blenheim 1704, Quebec 1759, Trafalgar 1805, Waterloo 1815. Auf der Skala der Erregungen rangierte der Verlust der amerikanischen Kolonien nicht sonderlich hoch, und damit auch nicht die Schmach von 1781. Im Gegenteil: Der Abzug aus Neuengland machte neue Kräfte frei für die Expansion des Empire. Schon 1786 fand sich der Marquis von Cornwallis als Generalgouverneur von Indien wieder; Yorktown hatte seine Karriere mitnichten beendet.

Nationen kommen schnell über Niederlagen hinweg, wenn neuer Lorbeer winkt. Nur sechs Wochen nach dem 21. Oktober 1805, der vernichtenden See-Niederlage bei Trafalgar, konnte Napoleon mit seinen Truppen bei Austerlitz nahe dem mährischen Brünn am 2. Dezember das Kriegsglück zu seinen Gunsten wenden. Der «Elefant» und der «Wal», als die Napoleon Frankreich und England bezeichnete, befanden sich auf getrennten Wegen. Schon zwei Monate vor Trafalgar hatte der Kaiser damit begonnen, seine Truppen aus Boulogne abzuziehen, wo sie in Vorbereitung lagen für die Invasion Englands. Die führende Landmacht musste einsehen, dass ihre Kräfte nicht ausreichten, die führende Seemacht niederzuringen. Die Stoßzähne des Elefanten würden dem Wal nicht beikommen können – seine Chancen lagen anderswo.

Eine allmähliche Erkenntnis. Noch im Herbst 1797 hatte Napoleon vor der Regierung des *Directoire* in Paris verkündet: «Frankreich muss die englische Monarchie zerstören oder damit rechnen, selbst von diesen intrigierenden und unternehmungsreichen Inselleuten zerstört zu werden. Lasst uns alle Anstrengungen auf die *Navy* konzentrieren und England auslöschen. Danach wird uns Europa zu Füßen liegen.» Von dieser Ansage ging nur der zweite Teil in Erfüllung – die *Navy* erwies sich als unüberwindlich. Auch gegen Napoleons Kontinentalsperre, die gegen England verhängte Wirtschaftsblockade, wusste man sich zu wehren, mit einer Gegensperre über den von Frankreich besetzten Kontinent, was böses Blut weckte unter neutralen Nationen, die dadurch ihren europäischen Handel gefährdet sahen. Das sollte sich schließlich bis zum britisch-amerikanischen Krieg von 1812 bis 1814 hochschaukeln.

Vom Auslöschen des Gegners träumte man im Übrigen nicht nur auf französischer Seite. In einem seiner zahlreichen Briefe von Bord der «Victory» im Monat von Trafalgar schreibt Admiral Lord Nelson: «Es ist Auslöschung, was unser Land will, nicht bloß einen Sieg von 23 Schiffen über 33 – ehrenvoll, aber nutzlos im größeren Rahmen, Buonaparte im Mark zu treffen.» Der größere Rahmen verlangte am Ende dann doch ein Sichmessen mit Frankreich auf dessen stärkster Ebene, zu Land. Bei Waterloo gelang es mit vereinten Kräften. Und der Walfisch sicherte für die nächsten hundert Jahre eine Pax Britannica. Napoleon war auf St. Helena in sicherer Verwahrung, die Briten seine Wächter.

Die Bilder, die sich Länder voneinander machen, können den Mythos streifen. Jeanne d'Arc wurde in England nicht zu einem solchen. Opfergestalten, die man selbst verschuldet, sind nicht das ideale Thema für Überhöhungen. Anders in Frankreich, wo «La Pucelle», wie Johanna sich nannte, ins Pantheon der Nation gehört. Dass John Lancaster, der 1. Herzog von Bedford, das Mädchen nach seinem zweiten Prozess am 30. Mai 1431 in Rouen den Tod auf dem Scheiterhaufen sterben ließ, mit dem Segen kirchlicher Institutionen, entsprach der grausamen Logik der englischen Herrschaft. Lancaster war Regent in Frankreich für seinen unmündigen Neffen, Heinrich VI., der Norden Frankreichs die Region, die ihm militärisch unterstand. Sie wurde bedrängt von allen Seiten, und da kam den Engländern ein Schauprozess, bei dem sie ihr zu Hause so hochgehaltenes Recht schmählich missachteten, als abschreckende Maßnahme nur recht. Freilich, der Tod in Rouen half ihnen wenig. Auch wenn Lancaster im Jahr der Hinrichtung Jeanne d'Arcs den Herrscherknaben Heinrich VI. in Notre-Dame in Paris rasch zum König von Frankreich krönen ließ – die nationale Welle der Franzosen sollte dem eigenen König Karl VII., den «La Pucelle» mit großer politischer Wirkung ein Jahr zuvor in Reims zur Krönung geführt hatte, die Herrschaft über ganz Frankreich und den Sieg über die Engländer eintragen. Auch tobte in England zur selben Zeit der Rosenkrieg zwischen den Häusern Lancaster und York. Schlechte Zeiten für die Sicherung auswärtiger Besitztümer.

Heinrich VI. sollte in Shakespeares Königsdramen drei große Teile einnehmen. Doch es war sein Vorgänger, Heinrich V., der dank Shakespeares Feder zum nationalen Mythos aufstieg. Als das Drama «König Heinrich V.» entstand, um 1599, war Calais, der letzte Brückenkopf Englands in Frankreich, schon seit 40 Jahren geräumt, aber die Erinnerung an bestimmte Höhepunkte aus dem Krieg, Siege in Crécy, Poitiers und, alle überragend, 1415 Azincourt, spukte weiter durchs kollektive englische Gedächtnis als das Memento heroischer Taten. Das goss Shakespeare in seine unübertroffene Sprache, und «König Heinrich V.» sollte dem englischen Nationalstolz für lange Zeit Begründung und Kraft liefern. Der Appell des Königs vor der Schlacht von Azincourt, «Cry ‹God for Harry, England, and Saint George!›» – «Ruft: Gott mit Heinrich! England! Sankt Georg», wurde seit Shakespeare zum Schlachtruf des nationalen Widerstands, wann immer ein äußerer Feind drohte. Noch gegen Ende des Zweiten Weltkrieges, 1944 – der Feind hieß jetzt Deutschland –, verfilmte man das Drama mit Laurence Olivier in der Hauptrolle als Epos heldenhafter Unbeugsamkeit.

Wie treffend spießte Shakespeare in diesem Stück Stereotypen auf, die auf englischer wie französischer Seite zu seiner Zeit (und oft seitdem) vom Gegenüber zirkulierten. Verweichlicht, dem losen Leben hingegeben, voll unbegründeten Stolzes, so sah man von England aus die Franzosen, «the confident and over-lusty French». Vor dieser Formulierung musste August Wilhelm Schlegels klassi-

Shakespeare, «König Heinrich V.»:
«Ruft ‹Gott mit Heinrich! England!
Sankt Georg!›»
Laurence Olivier als Heinrich V.
in der Schlacht von Azincourt (1415),
in der Verfilmung des Dramas aus
dem Kriegsjahr 1944

sche Übersetzung kapitulieren – «die muntern, selbstvertrauenden Franzosen» bleibt weit hinter dem Original zurück. Auch die französische Seite wirft bei Shakespeare mit nationalen Klischees um sich. «Ist nicht ihr Klima neblicht, rauh und dumpf?», höhnt der Connetable in der 2. Szene des 3. Aktes über «les Anglais» und fährt fort: «Kann ihre Gerstenbrüh', gesottnes Wasser, / Ein Trank für überrittne Mähren nur, / Ihr kaltes Blut zu tapferer Hitze kochen?» Doch bleibt als Erinnerung auch die grandiose Geste der Versöhnung am Schluss des Dramas zwischen den verfeindeten Königen Heinrich V. und Karl VI., «auf dass die zwist'gen Staaten, / Frankreich und England, deren Küsten selbst / Vor Neid erblassen vor des anderen Glück, / Den Hass beenden».

Vor Neid erblasst ob Englands Glück war auch Voltaire, der von 1726 an zweieinhalb Jahre auf der Insel zubrachte und die Summe seiner Erfahrungen 1734 in «Letters Concerning the English Nation» niederlegte. Das Buch, in Paris gleichzeitig als «Lettres philosophiques» auf den Markt gekommen, sollte geradezu eine Welle der Anglomanie in Frankreich auslösen. Vernunft und Freiheit sah Voltaire in England verwirklicht, hymnisches Lob kam ihm über die Lippen. «Ihr Rechtssystem erlaubt es den Engländern, sich öffentlich gemäß der Freiheit ihres Gewissens zu äußern», lautete einer der Kernsätze. Die Engländer hätten als einziges Volk «die Macht des Königs limitiert», und zwar durch Widerstand gegen ihn: «Der römische Bürgerkrieg endete in Unfreiheit, der englische in der Freiheit.»

Geradezu sensationell wirkte auf das noch weithin absolutistisch regierte Frankreich, was Voltaire über das frühindustriell keimende England und seinen Unternehmergeist zu sagen wusste. Nach einem Besuch der Börse kam er geradezu ins Schwärmen: «Die Börse ist als Ort verehrenswürdiger als viele Gerichtshöfe. Wie der Handel die Bürger des Landes bereichert, so leistet er gleichzeitig einen Beitrag zu ihrer Freiheit.» Am meisten frappierte den französischen Besucher, dass auf der Insel selbst Adlige sich industriell betätigten: «Ich möchte doch wissen, was nützlicher ist: ein scharwenzelnder Aristokrat, nach der Mode gepudert, der weiß, zu welcher Uhrzeit der König aufsteht und zu Bett geht, und der sich Airs von Grandeur und Staat gibt, oder ein Geschäftsmann, der von seinem Büro Aufträge nach Surat und Cairo schickt und damit zum Glück der Welt beiträgt.» Kein Wunder, dass es später von Voltaires England-Buch hieß, mit ihm sei die erste Bombe gegen das Ancien Régime geworfen worden.

Die Bewunderung für die geschäftstüchtigen Engländer, die Napoleon später als «a nation of shopkeepers» verspotten wird, ist bei Voltaire noch grenzenlos. Das Bedürfnis, seinen Landsleuten dies bewunderte Bild zur Nachahmung zu empfehlen, ebenfalls. Sein neues Drama «Zaïre» hatte der Autor 1732 pointiert einem englischen Gönner gewidmet, «M. Falkener, Geschäftsmann», und dem Seidenhändler in einem Begleitbrief geschrieben, er genieße die Gelegenheit, «meinem Land zu berichten, wie in England der Businessman in so hohen Ehren steht». Beim Staatsbesuch in London im März 2008 schien Präsident Sarkozy direkt daran anzuknüpfen, als er die Hochachtung rühmte, «welche in dieser Nation dem Unternehmer, dem Kaufmann entgegengebracht wird». Gordon Brown revanchierte sich, indem er die englisch-französischen Beziehungen als «entente formidable» in den höchsten Himmel hob. Dass die Hochachtung vor dem angelsächsischen Wirtschaftsmodell binnen weniger Monate auf französischer Seite – und nicht nur dort – Risse erhielt, steht auf einem anderen Blatt.

Was Voltaire über die Beziehung zwischen dem Adel und dem Kommerz vortrug, erfasste ein Spezifikum der englischen Gesellschaft, das im alten Europa einmalig war. In England hatte sich seit dem 12. Jahrhundert im Hochadel die Usance durchgesetzt, den Grundbesitz nicht an alle Kinder zu vererben, sondern nur an den Erstgeborenen. Gleiches galt auch für den Titel, ob Herzog, Markgraf, Graf oder Baron. Das Gesetz der «Primogenitur» bedeutete mithin, dass alle nicht erstgeborenen Söhne des höheren Adels, kaum waren sie dem Elternhaus entwachsen, sich in den gehobenen bürgerlichen Berufen durchschlagen mussten, ob in der Kirche, dem Militär, der Jurisprudenz. Oder eben auch, als die Klasse der Kaufleute und des Handel treibenden Bürgertums zur tragenden Schicht aufstieg, in der Beletage der Ökonomie, in der Börse, den Banken oder den kolonialen Handelsgesellschaften.

Der englische Adel musste sich also von frühesten Zeiten an einem mobilen System öffnen, in dem die jüngeren Söhne des Hochadels als niederer Adel zusammen mit der *gentry* und dem freien Bürgertum eine Klasse bildeten, die nach allen Seiten offen war. Wer aus dem Hochadel stammte, konnte, wenn der älteste Bruder starb, nachrücken in Titel und Manor House; verdiente *Squires* oder Gentlemen, wie sie bald heißen sollten, konnten der Ehre eines höheren Titels teilhaftig werden, so wie auch der aufstrebende Bürger, der damit den Aufstieg in den niederen Adel schaffte. Die Gruppen bauten gegeneinander keine Kastengrenzen auf, sondern verstärkten die soziale Mobilität noch durch Heiraten untereinander. Ein venezianischer Reisender berichtete 1497 an die Botschaft Venedigs in London, dass ihm in England besonders diese hohe strukturelle Mobilität aufgefallen sei. So wisse er von dem jüngeren Bruder des Herzogs von Suffolk, dass er, arm, aber von bestem aristokratischen Stamm, die reiche Witwe heiraten wolle, bei der er logiere.

Die Leute schnell aufsteigen zu lassen, galt auch deshalb als empfehlenswert, weil es den Steuereinnahmen zugutekam, anders als in Frankreich, wo der Adel kaum oder überhaupt nicht besteuert wurde. Man sieht: Immer diente Frankreich den Engländern als Folie, von der sich ihre eigene Gesellschaft vorteilhaft abhob. Das traf vor allem auf einen Bereich zu, der auf der Insel eine zentrale – und in Europa einmalige – Rolle spielte: das Jury-System, das Prozessrecht mit Geschworenen. Sir John Fortescu, Lordkanzler Heinrichs VI., ist dafür eine erstklassige Quelle, mit seinem Traktat von 1461 «Learned Commendation of the Politique Laws of England», zum Nutzen und Frommen seines Herrschers geschrieben. Sir John erinnert daran, dass man Geschworene, also Bürger mit dem nötigen Standing in der Gesellschaft, nicht zu vergessen dem nötigen Grundbesitz, erst einmal finden müsse. Das sei vielleicht in städtischen Gemarkungen nicht so schwer, aber auf dem Lande, wo die Gerichte ebenfalls zu tagen hatten? Eine rhetorische Frage, die der gelehrte Kopf rasch beantwortet, indem er beide Länder vergleicht, auf die sein Herrscher Anspruch erhob. England weist, so argumentiert Sir John, dank seines ausgefächerten Bürgertums auch auf dem Land genügend Reichtum und Status auf, sodass sich Kandidaten für die Jury leicht finden lassen. In Frankreich dagegen würde das nicht gelingen, da außer in Städten und von Stadtmauern umzogenen Orten nur wenige

Menschen jenseits des Adels «irgendeinen Landbesitz aufweisen oder andere unbewegte Habe». Auf dieses Argument kam später auch Alexis de Tocqueville zurück, als er in «L'Ancien Régime» (1856) die «illiterate und ignorante ländliche Bevölkerung im Frankreich des 18. Jahrhunderts» ins Gedächtnis rief.

Dass in England der Adel in Ökonomie und Handel aufsteigen konnte, beeindruckte Voltaire, aber skandalisierte die Franzosen. Handel und Kommerz waren für den französischen Adel kein Aufstieg, sondern ein Abstieg. Erst die Revolution sollte mit den alten feudalen Zöpfen ein Ende machen.

CHARLES DE GAULLE HATTE EIN PROBLEM MIT DEN ENGLÄNDERN – UND SIE MIT IHM

Irritation und Faszination. Von der Ersteren empfand die englische Seite in den 60er-Jahren des vorigen Jahrhunderts eine ganze Menge, als Frankreichs Staatspräsident Charles de Gaulle zweimal die Bewerbung Großbritanniens um eine Mitgliedschaft in der Europäischen Wirtschaftsgemeinschaft (EWG), wie die Europäische Union damals noch hieß, ablehnte. Mit seinem ersten «Non» im Januar 1963 hatte de Gaulle sich lange Zeit gelassen – der Antrag der Tory-Regierung unter Harold Macmillan hatte schließlich schon seit dem August 1961 vorgelegen. In der Zwischenzeit hatte der Franzose sehr genau in die britische Debatte hineingehorcht. Harold Wilson, damals Schattenminister in der Labour-Opposition, machte sich im Unterhaus zum Anwalt des Commonwealth, mit süffisanten Hieben in Richtung EWG: «Wenn wir die Wahl haben, steht es uns jedenfalls nicht zu, unsere Freunde und Familienmitglieder zu verhökern für den problematischen und eher nebensächlichen Vorteil, Waschmaschinen in Düsseldorf verkaufen zu können.» Auf dem Parteitag im Oktober 1962 donnerte der Chef der Labour-Partei, Hugh Gaitskell, unter anhaltendem Beifall, ein Beitritt Großbritanniens zur EWG komme dem «Ende Britanniens als eines europäischen Staates» gleich: «Es bedeutet das Ende von tausend Jahren Geschichte.» Auch wusste de Gaulle natürlich, dass England 1960 die European Free Trade Association (EFTA) mitgegründet hatte, als Gegengewicht zur EWG.

Wie zur Bestätigung von de Gaulles Skepsis gab der frühere US-Außenminister Dean Acheson Anfang Dezember 1962 vor der Graduiertenklasse der amerikanischen Militärakademie West Point auch noch jenes später viel kolportierte Urteil ab: «Großbritannien hat ein Empire verloren und eine neue Rolle noch nicht gefunden.» Als Macmillan dem französischen Präsidenten im November 1962 in Rambouillet auch noch von dem bevorstehenden Treffen mit Präsident Kennedy berichtete, bei dem die Briten sich in das atomare Konzept der Amerikaner einbinden lassen mussten, war das Fass voll: De Gaulle teilte dem Besucher seine beabsichtigte Ablehnung mit. Macmillan muss den Tränen nahe gewesen sein; jedenfalls berichtet de Gaulle anschließend dem Kabinett, er habe dem Briten tröstlich zugesprochen: «Ne pleurez pas, Milord» – «Weinen Sie nicht, Milord.»

Tröstlich oder giftig? Eine Revanche für Jahrhunderte britischer Überlegenheit? Für die kühle Behandlung, die der General während seines Londoner Exils im Zweiten Weltkrieg erlitten zu haben glaubte? Für den Tod der 1297 Seeleute an Bord der französischen Flotte, die Anfang Juli 1940 von den Briten in Mers-el-Kébir an der algerischen Küste versenkt wurde, damit sie nicht in die Hände der Nazis fiel? Auf der Pressekonferenz am Morgen des 14. Januar 1963 blieb de Gaulle höflich, wenn auch mit dem leisen Ton grandseigneuraler Herablassung, die das Nein fast noch bitterer machte: «Großbritannien ist ein insulares, ein maritimes Land. Die Natur, die Struktur und die Konjunktur, die Großbritannien eigen sind, unterscheiden sich zutiefst von denen der Länder auf dem Kontinent.» Das England der *balance of power* und der *splendid isolation* hätte sich durch diese Beschreibung bestätigt und geschmeichelt gefühlt. Das Großbritannien, das – endlich – die Tür nach Europa suchte, nicht mehr.

Im Mai 1967 kam das zweite Nein aus Paris, diesmal nur zwei Wochen nach der neuerlichen, von Premierminister Harold Wilson im Unterhaus angekündigten Neubewerbung. Erneut befleißigte sich de Gaulle in der Begründung eines herablassenden, fast aufreizenden Argwohns: «Bis das große und großartig begabte englische Volk die tiefgreifende wirtschaftliche und politische Umwandlung vollzogen hat, die es ihm gestatten wird, der EWG beizutreten, muss noch gewartet werden.» Die Zeitgenossen, auch die Karikaturisten, kommentierten seine zweimalige Ablehnung des britischen EWG-Beitritts brutaler: «Es kann nicht zwei Hähne auf dem Misthaufen geben.»

Der Franzose lebte aus alten Bildern. Darunter auch aus jenem, das die Welt später in seinen Memoiren nachlesen konnte. De Gaulle erzählt darin von einer Übereinkunft, die er 1940 in seinem Londoner Exil mit Churchill glaubte erzielt zu haben. Der zukünftige Gründer der Fünften Republik schreibt: «Churchill und ich einigten uns bescheiden darauf, dass wir aus den Vorfällen, die das Abendland zum Einsturz gebracht hatten, folgende zwar banale, aber endgültige Schlüsse ziehen wollten: England ist letzten Endes eine Insel, Frankreich das Kap eines Kontinents und Amerika eine andere Welt.»

Irritation oder Faszination. Für Franzosen, die heute ihren Wohnsitz auf die Insel verlegt haben, 350 000 davon allein nach London, ist das keine Frage mehr. Und «Le Shuttle» bringt jeden, der bezahlt, in 135 Minuten von St. Pancras in London zur Gare du Nord und umgekehrt. Paris und London sind Nachbarn, heikle Nachbarn zuweilen, die «Frogs» hier, «Les Rosbifs» dort. Wenn der Brite eine versteckte Sottise loswerden will, ist Frankreich noch immer ein lohnendes Ziel. So 2004 bei der Parade am französischen Nationalfeiertag des 14. Juli auf den Champs-Élysées. Der britische Offizier, der die Abteilung der Household Cavalry stolz an Jacques Chirac vorbeidefilierte und dabei salutierte, ritt ein Pferd mit dem Namen – Azincourt.

6

IM RÜCKENMARK DER NATION: DER PROTESTANTISMUS

HEINRICH VIII. DEFINIERT DIE STAATSRÄSON NEU

Unter allen Kirchen, die sich im 16. Jahrhundert von Rom abspalteten, nimmt die Church of England als ein Eckpfeiler der Nation eine Sonderstellung ein. Sie erwuchs nicht wie die Reformation in Deutschland aus volkstümlichem Boden, nicht aus innerlichem religiösen Drang. Vielmehr verdankt sie ihr Entstehen primär dem Kalkül eines Monarchen, Heinrichs VIII., der die Kirchenfrage zu einer Machtfrage der Tudor-Dynastie erhob (und sie ganz nebenbei dem unersättlichen Geldbedarf seiner Politik unterwarf). Damit war auf der Insel von Anfang an die Reformation an das nationale Interesse gebunden, wenn nicht geradezu gekettet. Früh also verschmolz die Church of England mit der englischen Identität und Protestantismus made in England wurde *das* staatstragende Element. Die Abwehr von Versuchen, den protestantischen Bestand Englands zu schwächen oder ihn gar zu untergraben, wurde neben der Abwehr potenzieller Invasoren der Zwillingsantrieb nationaler Politik überhaupt. Man könnte daher von der Church of England mit einem modernen Terminus als einer «embedded church» sprechen, einer in die Nationalgeschichte eingebetteten und von dieser in Beschlag genommenen Kirche. Anders als jede vergleichbare kirchliche Institution in anderen Ländern spiegelte sie die Entwicklung der Gesellschaft in allen Etappen, begleitete sie und nahm sie in sich auf.

Der Eigenwille Englands auch in Kirchenfragen hatte sich freilich lange vor Heinrich VIII. und seinem Bruch mit dem Papst

Heinrich VIII. (1509–1547) nach
einem Gemälde von Hans Holbein,
1537

gezeigt. Schon die Magna Charta von 1215 proklamierte, wie wir gesehen haben, im ersten ihrer 63 Artikel die Unabhängigkeit der Kirche, und das hieß damals und seitdem immer auch das Recht der katholischen Hierarchie, sich zu beschweren über unliebsame Eingriffe der römischen Zentrale, seien es finanzielle Bürden oder bürokratisch-kirchliche Anmaßungen. Und die antipäpstliche Einstellung des heimischen Klerus wuchs und verband sich mit anti-dogmatischen Tendenzen. Auf dem Konzil von Lyon 1254 legten die Abgesandten der englischen Kirche feierlich Protest ein, unter Auflistung aller päpstlichen «Erpressungen». Robert Grosseteste, Bischof von Lincoln und bedeutender Theologe seiner Zeit, schloss sich dem Protest an: «Das Patrimonium der Kirche von England, das für die Andacht Gottes, den Unterhalt seiner Geistlichen und der Armen Christi da ist, wird von Feinden aus fernen Landen usurpiert. Möge England sich erheben und diesen Schimpf zurückweisen, der seiner Mutterkirche angetan wird.» Die Sprache des Kirchenfürsten, auch er ein *free-born Englishman*.

Einhundert Jahre später startete der Oxforder Theologe John Wycliffe eine regelrechte Kampagne gegen römischen Machtwillen und den Verfall christlicher Bescheidenheit. Sein Protest ging weit über einen Grosseteste hinaus und berührte bereits tiefste Glaubensinhalte. Wycliffe predigte gegen Heiligen- und Reliquiendienst, gegen den Zölibat und die Transsubstantiation, die Lehre, wonach sich Brot und Wein beim Abendmahl in Fleisch und Blut Christi verwandeln, und nahm damit weitgehend vorweg, was die Reformatoren im Gefolge des Bruchs mit Rom nach Heinrich VIII. zu Grundlagen des neuen Glaubens erheben würden.

Jedermann kennt die Namen der sechs Frauen Heinrichs, sie haben sich lebhaft der Geschichte und den Geschichtsbüchern eingeprägt: Katharina von Aragon, Anne Boleyn, Jane Seymour, Anna von Kleve, Catherine Howard, Catherine Parr. Die Loslösung von Rom wird entsprechend gerne dem *sex drive* des mächtigen Tudor-Königs zugeschrieben, der sich in der Frage der Scheidung von seiner ersten Frau, die ohne männlichen Erben blieb, nicht von Rom hineinreden lassen wollte. Was man dabei freilich übersieht, ist, wie zentral die Sorge um einen männlichen Thronfolger im Denken des Königs verankert war. Denn die Tudor-Monarchie, 1485 von Heinrichs Vater Heinrich VII. gegründet, galt alles andere als gefestigt, hatte sich Heinrich VII. doch gegen etliche Prätendenten wehren müssen, die ähnlich wie er einen Anspruch auf Thron und Krone erhoben. Sein Sohn war wie besessen von dieser Frage, von der immer gefährdeten Stabilität der Tudor-Dynastie. Es war dieses Verlangen nach dem Thronerben, das zum Bruch mit Rom führte; die dynastische Frage wurde für Heinrich VIII. wichtiger als die Treue zum Papsttum.

Doch kann man nicht sagen, dass unter ihm der Katholizismus in England abgeschafft wurde. Den Glauben hat Heinrich, der katholisch erzogen wurde und sich zeitlebens als Katholik empfand, nicht antasten wollen. Der Papst verlieh dem Monarchen 1521 sogar den Ehrentitel «Defensor Fidei», Verteidiger des Glaubens, in Anerkennung einer Streitschrift gegen Luther, in der Heinrich die Sakramente gegen diesen verteidigt hatte. «F. D.» (Fidei Defensor) findet sich bis heute auf den englischen Münzen neben dem Kopf der Königin.

Der Paradigmenwechsel unter dem Tudor-Monarchen war nicht so sehr eine anti-katholische als eine politisch-nationale Revolution. Nicht gegen den Katholizismus war der vom Parlament gebilligte Suprematsakt von 1534, mit dem Heinrich VIII. zum Kopf der englischen Kirche wurde, gerichtet, sondern gegen den Papst als auswärtigen Souverän und alle Untertanen, die sich weiter an dessen Weisungen gebunden fühlten. Ein Souveränitätskonflikt also, keine Stiftung einer neuen Religion. Die katholische Lehre selbst behielt Heinrich VIII. so weit wie möglich bei. So hieß es in demselben Statut, das die Hoheit Roms über den englischen Katholizismus abschaffte, «dass alle bestehenden Kirchengesetze und sakramentalen Verfügungen, welche den Gesetzen und Gewohnheiten des Reiches und dem Vorrecht des Königs nicht entgegenstehen, so lange in Kraft bleiben sollen, bis darüber anders befunden wird».

Der Abfall vom Papst, dem «Bischof von Rom», ging also auf zwei Motivationen zurück: sich in der Frage des männlichen Thronerben nicht durch ein päpstlich-theologisches Diktat gegen Scheidungen hineinreden zu lassen und die nationale Eigenständigkeit Englands jetzt auch in Fragen der Kirche zu demonstrieren und zu etablieren. Im Grunde beginnt mit Heinrich VIII. die englische Großmachtpolitik – das Postulat der freien Hand in allen Belangen der Politik, einschließlich denen der Kirche. Auf Heinrich, den Souverän auch in Kirchenfragen, musste nun jeder Gläubige den Eid schwören. Thomas Morus und Erzbischof John Fisher taten es nicht. Sie wurden hingerichtet wegen Hochverrats, das heißt wegen Insubordination gegenüber der Macht im Lande, da sie weiterhin am Papst als der obersten Instanz in Kirchenbelangen festhielten.

«Anglicana Ecclesia», so formuliert es der Text des Suprematsakts vom Dezember 1534, «annexed and united to the imperial crown of this realm» – «die englische Kirche, vereinigt und vereint mit der imperialen Krone dieses Reiches». Das war deutlich: Kirche und

Staat vereint unter dem Dach der Nation. Immer wieder sprach Heinrich VIII. seitdem von seinem Reich als einem «empire entire unto itself» – modern übersetzt: einem Imperium allein auf eigene Rechnung. Es sollte unter Elisabeth I., der Tochter Heinrichs VIII., seinen ersten Höhepunkt erreichen. Äußeres Zeichen der neuen Machtentfaltung war der Aufbau einer eigenen Flotte, womit Heinrich das Vehikel schuf für die spätere imperiale Ausdehnung Englands – auch für die Verteidigung gegen römisch-katholische Bedrohungen, wie sich bereits 1588 bei der Abwehr der spanischen Armada zeigen sollte.

Aber das «empire entire unto itself» verabschiedete gleichzeitig tausend Jahre seines christlichen Kulturerbes. Als Erstes wurden ab 1535 sukzessive alle 800 Klöster des Landes aufgelöst, ihre Kirchen zerstört und als Steinbrüche missbraucht, das Besitztum der Orden preiswert dem Landadel als neuer Grund und Boden überlassen. Das trieb dem Staatssäckel ungeahnte Pfründe ein und dem Adel wachsenden Status. Es war der größte Transfer von Landbesitz in England seit der normannischen Eroberung. Tiefer noch schnitt die kulturelle Revolution: Ein wahrer antiklerikaler Hooliganismus griff um sich, der mit dem Mittel des Staatsterrors das bildliche Erbe des englischen Mittelalters stürmte. Pilgerstätten, Heiligenschreine, Kirchenkunst jeder Art fielen dem Vorschlaghammer der Kommissare von Thomas Cromwell, Heinrichs Erstem Minister, zum Opfer. Unersetzliche Wandmalereien wurden geschändet und übertüncht, Alterbilder zerbrochen und durch großflächige Bibelworte und die Zehn Gebote ersetzt, das Visuelle machte dem Verbalen Platz.

Doch dieser Akt eines kollektiven Vandalismus zeitigte eine unerwartete Folge: das Aufblühen des Englischen als eines literaturfähigen Mediums der Kommunikation. Die Menschen entdeckten ihre Vorliebe zum eigenen Idiom, zum Diskurs in der eigenen Sprache – erst bei der Interpretation der jetzt auf Englisch vorliegenden Heiligen Schrift, dann in der allmählichen Aneignung der Lebenswelt insgesamt. Aus den Trümmern eines Erbes christlicher Devotion, die plötzlich als «römische Idolatrie» verdammt wurde, erwuchs eine neue, aufklärerische Tradition – Englands Nationalliteratur. Es ist ein ironischer Kommentar zu dem Bildersturm, der unter Heinrich VIII. begann und sich bis in die Zeit des Lord Protectors Oliver Cromwell einhundert Jahre später fortsetzen sollte, dass ohne diesen gewalttätigen Kulturbruch ein Shakespeare, ein Marlowe, Bunyan, Donne oder Milton nicht denkbar gewesen wären. Das Wort wurde zum Mittelpunkt, die Sprache, das Drama, die Redekunst.

Was aber wurde aus den «Kirchengesetzen und sakramentalen Verfügungen», die nach 1534 zunächst in Kraft blieben? Nun, auch Ritus und Glaubensbekenntnis entwickelten sich allmählich zu neuer englischer Eigenart, zum größten Teil freilich erst nach dem Ableben des allerkatholischsten Königs. Ihm folgte sein minderjähriger Sohn Eduard VI., gestützt durch Regenten, auf den Thron, und in dieser Ära konnte der Erzbischof von Canterbury, Thomas Cranmer, die eigentliche protestantische Umwandlung der englischen Kirche durchsetzen, was ihm unter Heinrich VIII. als Häresie angekreidet worden wäre. Unter seiner Führung verloren sich Schritt für Schritt die katholischen Glaubensinhalte, eine Entwicklung, die schließlich unter Elisabeth I. 1563 in den noch heute gültigen «39 Artikeln» ihren doktrinalen Abschluss fand. Bilder-, Heiligen- und Marienverehrung wurden abgeschafft, ebenso der Zölibat und die Ohrenbeichte, und unter den Sakramenten blieben nur zwei verbindlich: Taufe und Abendmahl, Letzteres ohne Transsubstantiation. Mit dem «Book of Common Prayer» stiftete Cranmer aber auch das bis heute verwendete Andachtsbuch der Anglikaner und zugleich eine erste klassische Blüte des Englischen – einen sprachlichen Wegbereiter der literarischen Renaissance.

Sanft vollzogen sich die Übergänge des 16. Jahrhunderts nicht. Unter Maria I. (1553–1558), der «Blutigen», die den Katholizismus wieder einzuführen suchte, sowie unter der großen Elisabeth (1558–1603), die das Steuer erneut in Richtung des anglikanischen Glaubens herumwarf, mussten Hunderte von Anhängern beider Konfessionen ihr Leben lassen, auf dem Schafott oder dem Scheiterhaufen. Thomas Cromwell verlor noch unter Heinrich VIII. sein Leben, Thomas Cranmer unter Maria I. Hofintriganten waren mit Vorwürfen wie Hochverrat und Ketzerei schnell zur Hand, die Reformation fraß viele ihrer Kinder. Was ihr half, in England zu überleben, war nicht die Kraft des neuen Glaubens, den viele, auch wenn sie Lippenbekenntnisse ablieferten, noch lange heimlich ablehnten. Es war vielmehr seine Fundierung in der Staatsraison, sein Verschmelzen mit dem nationalen Interesse, das eine klare Trennung gebot von den katholischen Vormächten Spanien und Frankreich.

Was den Ritus anging, so entschied sich Elisabeth I. für einen Anglikanismus mit katholischen Elementen. Eine Anekdote aus ihrer Zeit spricht für große Flexibilität und die Kunst des mittleren Weges. Als die Königin einmal gefragt wurde, ob die Leute sich weiter nach Art der Katholiken zu bekreuzigen hätten, gab sie zur Antwort: «Alle können, keiner muss, aber einige sollten» – «all can, none must, some ought.»

Die Interessen der katholischen Minderheit dagegen erlitten seit einem misslungenen Attentat katholischer Verschwörer am 5. November 1605 einen Rückschlag, von dem sie sich über Jahrhunderte nicht erholen sollten. Im «Gunpowder Plot» hatte eine Gruppe Adliger um Guy Fawkes versucht, König Jakob I. und das gesamte Parlament bei dessen Eröffnung in die Luft zu sprengen. Doch der geplante Anschlag wurde durch eine Indiskretion rechtzeitig aufgedeckt. Der Status der Katholiken lag seither vollends ruiniert da, die Symbole ihres Glaubens wurden bei den jährlichen 5.-November-Freudenfeuern verlacht und geschmäht, mit der Puppe des «Guy» auf der Spitze der Scheiterhaufen.

Auf ihre Emanzipation mussten die Katholiken bis 1829 warten. Selbst der große Aufklärer John Locke hatte ihnen in seinem «Toleranz-Brief» von 1689 die Bürgerrechte abgesprochen: «Diejenige Kirche kann im Staat nicht geduldet werden, deren Glieder durch ihren Glauben gleichzeitig einem auswärtigen Souverän verpflichtet sind.»

Der Subversionsverdacht gegen die «Papisten» saß tief. Zumal die Insel sich noch zweimal im 18. Jahrhundert durch katholische Aufstände, von Frankreich mitgeschürt, bedroht sah, 1715 und 1745. Alles fügte sich zu einem klaren Feindbild. Der Anti-Katholizismus ging in die Gene der Briten ein. Dafür hatte der Übertritt des Landes zum Protestantismus für England die gnädige Folge, dass ihm die Zerrissenheit, wie sie der Dreißigjährige Krieg dem europäischen Kontinent bescheren sollte, erspart blieb.

NORDIRLAND: HÄLT DER RELIGIONSFRIEDE?

Ian Paisley, presbyterianischer Geistlicher aus Belfast, war die letzte Figur, die im Vereinigten Königreich aus absoluter Rom-Feindschaft politisches Kapital zu schlagen wusste. Seit Jugendzeiten hatte er sich jeder Kooperation mit Katholiken als «Pakt mit dem Teufel» widersetzt. Paisleys Extremismus trug mit dazu bei, den Friedensprozess in Nordirland während langer Jahre zu lähmen. Viele Terroristen auf protestantischer Seite im nordirischen Bürgerkrieg beriefen sich auf die Rhetorik dieses Feuer speienden Geistlichen. Doch ist der Reverend Ian Paisley, inzwischen 83 Jahre alt, von einem Saulus zum Paulus geworden, und seine Partei, die Democratic Unionist Party, sitzt heute Seite an Seite mit den einst verhassten Katholiken auf der Regierungsbank in Belfast.

Dass die beiden verfeindeten Religionsgruppen im irischen Teil des Vereinigten Königreichs überhaupt zu politischer Koexistenz, ja zur Zusammenarbeit in einer Allparteienregierung gefunden haben, gilt mit Recht als eine der erstaunlichsten Metamorphosen der jüngeren britischen Geschichte. Über 3500 Menschen sind in Nordirland während einer 30 Jahre langen Bürgerkriegszeit, von 1969 bis 1998, ums Leben gekommen, Opfer sektiererischen Mordens durch paramilitärische Untergrundgruppen auf protestantischer wie katholischer Seite. Dabei verlief der Konflikt nicht nur entlang religiöser Trennlinien. Er reichte und reicht noch heute auch in die Tiefen nationaler Loyalität. Denn die katholische Bevölkerung Nordirlands schwört auf die Zugehörigkeit ihrer Provinz zum übrigen Teil der Grünen Insel, der (katholischen) irischen Republik, von der sie nach der Unabhängigkeit Irlands von britischer Herrschaft in den 20er-Jahren des 20. Jahrhunderts getrennt wurde. Die Protestanten Nordirlands hängen ihrerseits mit ebenso glühender Überzeugung an der Zugehörigkeit zu Großbritannien und zur britischen Monarchie. In den Wohnsiedlungen mit Mehrheiten der einen oder der anderen Seite sieht man unterschiedliche Nationalfahnen gehisst – die irische Trikolore in Grün-Weiß-Orange gegenüber dem britischen Union Jack. Eine Provinz – zwei Loyalitäten. Wie sollte dieser gordische Knoten jemals durchschlagen werden?

1998 schien es gelungen zu sein, als sich die zerstrittenen Parteien in dem in die Geschichte eingegangenen «Karfreitagsabkommen» von Belfast einigten, eine Regionalregierung zu bilden – Teil der von London eingeleiteten Regionalisierung (*devolution*) des Vereinigten Königreichs. Doch Ian Paisleys Democratic Unionist Party (DUP), der fundamentalistische Flügel der nordirischen Protestanten, boykottierte das Abkommen: Mit der katholischen Sinn-Fein-Partei zusammenzuarbeiten, die weiter für die irische Wiedervereinigung eintritt und deren militärischer Teil, die Irish Republican Army (IRA), verantwortlich war für viele Morde an Protestanten während der Bürgerkriegsjahre, erschien den protestantischen Hardlinern wie ein Ausverkauf von irischen Interessen. Auch eine Splittergruppe der IRA, die radikale «Real IRA», fühlte sich nicht an das Belfaster Abkommen gebunden, sondern verübte noch im August 1998 den blutigsten Bombenanschlag überhaupt gegen den Friedensprozess: 29 Personen kamen dabei in dem Städtchen Omagh ums Leben.

Erneut verhärteten sich die Fronten. Erst als Paisleys Partei in den Bürgerschaftswahlen von 2004 zur stärksten protestantischen Gruppierung in Ulster – wie man Nordirland seit alters her nennt – aufgestiegen war, zeichnete sich ein Umschwung zu neuer Kooperationsbereitschaft ab. Sollte die Provinz sich weiter von London aus verwalten lassen, während Wales und Schottland bereits Jahre autonomen Regierens erlebten? Heute stellt die Ulster Unionist Party als stärkste Fraktion in Stormont, dem Belfaster Parlament, den «Ersten Minister» (vergleichbar einem Ministerpräsidenten), Sinn Fein den stellvertretenden Regierungschef. Die Regionalisierung der Randzonen des Vereinigten Königreichs ist damit komplettiert.

Doch was sich auf der politischen Ebene an Koexistenz aufgebaut hat, spiegelt noch lange nicht die Wirklichkeit am Boden, das heißt in der Bevölkerung. In der Hauptstadt Belfast und anderen Städten Nordirlands trennen weiterhin sogenannte *peace lines* die protestantischen und katholischen Stadtteile. Eine euphemistische Bezeichnung: Diese «Friedenslinien» bestehen in Wahrheit aus hohen Mauern und Stacheldrahtzäunen mit kleinen Durchlässen zum Aus und Ein. Die Menschen dahinter bleiben weiterhin vom jeweils anderen Teil der religiös gespaltenen Gesellschaft getrennt, kein Politiker könnte riskieren, für die Beseitigung dieser Markierungen zu plädieren. Der viel gerühmte Friedensprozess hat eben in manchen urbanen Siedlungen, in zumeist unteren sozialen Schichten, noch keine Versöhnung herbeigeführt; die Wunden des erbarmungslosen Bürgerkriegs sind noch lange nicht verheilt, und nur Mauern halten manche Menschen davon ab, erneut aufeinander loszugehen. Aber ein gewaltiger Schritt in die Zukunft ist dennoch gelungen, der auch durch gelegentliche Rückfälle in Terror-Morde wie im Frühjahr 2009 nicht mehr rückgängig gemacht werden dürfte.

WARUM SELBST TONY BLAIR AUF 1701 RÜCKSICHT NEHMEN MUSSTE UND GEORG FRIEDRICH HÄNDEL ÜBER 1714 BESONDERS GLÜCKLICH WAR

Der Protestantismus als britische Staatsraison war auch nach den Tudor-Monarchen noch lange nicht gesichert. Die Stuart-Könige Karl II. (1660–1685) und Jakob II. (1685–1688) hatten unter dem Einfluss des französischen Herrschers Ludwig XIV. sogar gefährliche Neigungen entwickelt, den Absolutismus einzuführen und mit ihm auch wieder den Katholizismus und die Idee einer Monarchie von Gottes Gnaden. Das hätte leicht das Ende des *free-born Englishman* und seiner stetig gewachsenen parlamentarischen Freiheiten bedeuten können. In der Glorreichen, das heißt der unblutigen Revolution von 1688/89 vertrieb man daher den letzten sich offen katholisch bekennenden Herrscher Englands, Jakob II., installierte den protestantischen Oranier Wilhelm auf dem vakanten Thron und verabschiedete 1701 den Act of Settlement and Succession. Er enthielt die gesetzliche Festlegung der dynastischen Folge in England allein über den Protestantismus, womit schließlich 1714 die deutsche Hannoveraner Linie auf den britischen Thron kam.

Wie es dazu kam? Nun, keines der siebzehn (sic) Kinder der Königin Anne (1702–1714) hatte die Mutter überlebt, und daher suchte man bei ihrem Tod angestrengt nach den letzten Spuren der protestantischen Stuarts – und fand sie in Hannover. Sophie, die Witwe des 1698 verstorbenen Kurfürsten Ernst August, war eine Enkelin des schottischen Stuart-Königs Jakob VI., den die Welt besser kennt als Jakob I., den Nachfolger Elisabeths I. auf dem englischen Thron; mit ihm waren England und Schottland 1603 unter ein und demselben Monarchen miteinander verschmolzen, wenn auch noch nicht zum «Vereinigten Königreich Großbritannien», das erst durch den Act of Union von 1707 entstand. Sophie, Jakobs Enkelin, starb aber wenige Wochen vor Queen Anne, und so rückte ihr kurfürstlicher Sohn Georg Ludwig am 1. August 1714 als Georg I. in die englische Thronfolge.

Niemand war glücklicher über diese Entwicklung als Georg Friedrich Händel, den die Engländer bald als «ihren» George Frederick Handel eingemeinden sollten. Er weilte gerade mit einem Stipendium der Königin Anne in London, als sein Kurfürst, an dessen Hannoveraner Hof er als Kapellmeister letztlich hätte zurückkehren müssen, sich plötzlich als König in England wiederfand. Das erlaubte Händel, ebenfalls dort zu bleiben. Damit begann seine einzigartige Karriere als englischer Komponist, der, von einer machtvollen

Monarchie und ihrer Ausstrahlung angezogen, zu musikalischem Weltruhm aufstieg.

Großbritannien handelte, wenn es um die dynastische Absicherung seines Königshauses ging, immer sehr kosmopolitisch. Die Normannen waren Franzosen, der erste Tudor-König Heinrich VII. ein Waliser, Jakob I. Schotte, Georg I. Deutscher, Viktoria ebenfalls aus deutscher Familie. Dass Georg V. 1917 aus dem königlichen Familiennamen Sachsen-Coburg-Gotha flugs das Haus Windsor machte, entsprang der anti-deutschen Stimmung im Lande während des Ersten Weltkriegs. Darauf musste der König reagieren, dem man ohnehin allzu große Nähe zu seinen deutschen Verwandten – der Kaiser war sein Cousin – nachsagte. Als Wilhelm II. von der Namensänderung hörte, parierte er mit einem denkwürdigen Bonmot: Er freue sich schon, ließ er wissen, auf die nächste Aufführung von Otto Nicolais komischer Oper «Die lustigen Weiber von Sachsen-Coburg-Gotha».

Der Act of Settlement and Succession von 1701 sah vor, «dass alle Personen, die sich zum päpstlichen Glauben bekennen oder einen Papisten heiraten wollen, ausgeschlossen werden, dass sie unfähig sein sollen, Krone und Regierung dieses Königreichs zu erben oder zu besitzen». Diese Warnung ereilte sogar noch im Jahr 2007 den ältesten Enkel der Queen, Peter Phillips, Sohn der Princess Royal, Prinzessin Anne. Er stand damals als Zehnter in der Reihenfolge der Thronerben, war aber im Begriff, eine katholische Kanadierin zu heiraten, Autumn Kelly, was ihn seinen Platz in der Thronfolge gekostet hätte, streng nach dem Gesetz von 1701. Die junge Frau wollte ihrem Zükünftigen ein solches Opfer aber nicht zumuten, und so konvertierte sie vor der Eheschließung rasch zum Anglikanismus. Jetzt kann sich ihr Mann ausruhen auf seinem Platz Nummer zehn der britischen Thronfolge, die Dinge haben wieder ihre alte Ordnung.

Prominentes Opfer war auch Tony Blair, der frühere Premierminister, verheiratet mit einer Katholikin aus irischer Einwanderer-

familie und loyal dem Glauben seiner Frau und den katholisch er-
zogenen Kindern ergeben. Ob der Act of Settlement auch für ihn
bindend war oder nicht, hätte kontroverse Diskussionen hervorgerufen, denen er dadurch taktvoll aus dem Wege ging, dass er sich den
lange gehegten Wunsch, zum Katholizismus überzutreten, erst im
Dezember 2007 erfüllte – sechs Monate nach seinem Abschied von
Downing Street.

Die Aufhebung des Gesetzes von 1701, mit seinem antikatholi-
schen Affekt, wird heute auf der Insel stark diskutiert. Prinz Charles,
der Thronfolger, will sich gar laut eigenem Bekenntnis als König
nicht mehr «Verteidiger des Glaubens» nennen, sondern «Verteidiger von Glauben», in Anerkennung der multi-religiösen Natur des
Königreichs heute. Sollte man die etablierte Kirche nicht ohnehin
ganz aus ihrer Verklammerung mit dem Staat lösen, sie ent-etablie-
ren («disestablish») und ihr dadurch neues Leben, neue Konzentration auf ihre christliche Mission einhauchen? Schöne Ideen. Aber
die Folgen, die es für die Verfassung hätte, wenn der Monarch nicht
mehr Gouverneur der Church of England wäre und der Staat ohne
seine institutionelle Verankerung im Protestantismus auskommen
müsste – diesen Bruch mit der Tradition will im Grunde niemand
wagen, allen Diskussionen zum Trotz.

Ohnehin erlitten alle aufrechten Protestanten Englands im April
2005 einen riesigen Schock, als sei die Insel dabei, von einem Dorn-
röschenwald der katholischen Restauration verschluckt zu werden.
Was war geschehen? Das komplette britische Establishment hatte
sich vor dem Katafalk mit dem Sarg des soeben verstorbenen polni-
schen Papstes Johannes Paul II. verneigt und ihm während der
Exequien in Rom die letzte Ehre erwiesen. Unter den Notabeln war
auch der Thronfolger, Prinz Charles, der diesem Anlass zuliebe
den Termin seiner Eheschließung mit Camilla Parker-Bowles sogar
um einen Tag verschob, vom 8. auf den 9. April. Ihm zur Seite fand
sich das Oberhaupt der anglikanischen Kirche, Erzbischof Rowan
Williams, der später zur Inauguration des neuen Papstes erneut

nichts Besseres zu tun hatte, als nach Rom zu eilen. Erstaufführungen allesamt, quer zur britischen Geschichte. Dem plötzlich aufflutenden Interesse der Öffentlichkeit an der katholischen Kirche hielt die Wochenzeitschrift «The Spectator» wie zur Vergewisserung entgegen: «Großbritannien ist nicht römisch-katholisch. Das Papsttum steht für autokratische und hierarchische Prinzipien und den Glauben an Dogmen, was alles dem britischen Staat zutiefst fremd ist.»

Die größere Toleranz allem Katholischen gegenüber geht freilich Hand in Hand mit einer steigenden Indifferenz gegenüber jeglicher etablierter Religion. Seit Langem ist das auffallendste Merkmal der Church of England ihre schleichende Auszehrung. Die katholische Kirche mag keine wesentlich bessere Glaubenspraxis ihrer Eingeschriebenen aufweisen. Aber sie besitzt in der Institution des Papsttums ein Mittel augenfälliger Ausstrahlung. Besonders wenn dieses ein Vierteljahrhundert lang von einem Magier der Kommunikation verkörpert wurde wie Johannes Paul II.

7

VON DER HIN-
RICHTUNG KARLS I.
ZUR GLORREICHEN
REVOLUTION:
DIE KONSTITUTIO-
NELLE MONARCHIE

«MEIN GEWISSEN UND MEINE EHRE»: DER TOD DES KÖNIGS

Der 30. Januar 1649 war ein kalter Tag, und Karl I., oben auf seinem
Schafott, das man ihm vor der Banqueting Hall in der Straße Whitehall gerichtet hatte, bat um einen warmen Umhang gegen die Unbill
des Wetters. «Die Jahreszeit ist so bitter, ich könnte das Zittern bekommen, aber die Leute würden meinen, es sei die Angst. Ich kann
eine solche Unterstellung nur weit von mir weisen.» Man hatte den
Stuart-Monarchen am 27. Januar verurteilt, als «Tyrannen, Verräter,
Mörder und öffentlichen und unversöhnlichen Feind des Commonwealth von England». Über ihn zu Gericht hatten 70 Mitglieder aus
dem ehemaligen Long Parliament gesessen, das der Armeegeneral
Oliver Cromwell im Dezember 1648 durch einen Untergebenen,
Oberst Thomas Pride, von allen Königstreuen und gemäßigten Protestanten hatte säubern lassen. Von ehemals 429 Mitgliedern waren
nur mehr knapp 100 in diesem «Rumpfparlament» übrig geblieben,
das Cromwell mit Juristen und anderen Persönlichkeiten aufstocken
ließ, um Gericht halten zu lassen über den König; es nahmen aber
nur etwa 70 Personen an den Sitzungen teil, 59 unterschrieben später das Todesurteil.

Heftig befehdete Karl während des Prozesses dieses Gremium.
«Ein König kann von keiner höheren Jurisdiktion auf der Erde vor
Gericht gestellt werden. Und die Commons waren nie als Judikative
berufen. Aber es geht hier nicht nur um mich, es sind *freedom* und

liberty meines Volkes, für die ich stehe, da könnt ihr argumentieren, wie ihr wollt.» Eindringlich hielt er seinen Richtern vor: «Denkt daran, dass ich euer rechtmäßiger König bin, und welche Sünden ihr über eure Häupter bringt und welches Strafurteil Gottes über dieses Land. Bedenkt es wohl, sage ich, bedenkt es wohl, ehe ihr von einer Sünde zu einer noch größeren schreitet.» Dass der König schon bei Erhebung der Anklage laut und verächtlich lachte, wird ihm vor seinen Richtern nicht geholfen haben. Aber er war sich seiner Sache und seiner Salbung absolut sicher, darüber feilscht ein König von Gottes Gnaden nicht: «Was mir wertvoller ist als mein Leben, ist mein Gewissen und meine Ehre.» Ein Schlusswort hatte man dem Monarchen verweigert, da er sich zur Anklage formal nicht geäußert hatte, nicht mit Ja oder Nein, womit er nach altem Brauch sein Recht verwirkt hatte, ein abschließendes Plädoyer in eigener Sache führen zu dürfen.

Doch jetzt, am Morgen des 30. Januar, sprach er es doch von seinem Schafott herab, als Vermächtnis an die Geschichte: «Ich muss euch sagen, dass Freiheit und die Rechte des Volkes darin bestehen, eine Regierung zu haben, deren Gesetze den Menschen ihr Leben und ihr Gut zumeist überlassen. Es geht nicht darum, dass das Volk Anteil besitzt an der Regierung, damit hat es nichts zu tun. Ein Untertan und ein Souverän sind zwei deutlich verschiedene Dinge. Hätte ich mich zu einer willkürlichen Änderung der Gesetze bequemt unter dem Druck des Schwertes, hätte ich nicht hierherzukommen brauchen. Und daher sage ich euch, ich bin der Märtyrer des Volkes.»

«Ein Untertan und ein Souverän sind zwei deutlich verschiedene Dinge»: Dieser Satz ist der Schlüssel zur englischen Geschichte des 17. Jahrhunderts, zum Streit zwischen Krone und Parlament über die Fragen, die eigentlich im 14. Jahrhundert bereits geklärt schienen, darunter das Prinzip, dass auch die Krone unter dem Gesetz stehe. Die Stuarts nach Jakob I. (1603–1625) ließen nichts unversucht, um diesen Konsens zu ignorieren. Karl I. gab das Bild des absolutistischen

Herrschers, willkürlich in seiner Leutseligkeit, immer auf Kriegsfuß mit dem Parlament. Von 1629 bis 1640 regierte er sogar, ohne es auch nur einmal einzuberufen; die nötigen Steuern, die er sich eigentlich hätte bewilligen lassen müssen, holte er sich durch andere drücken-de Maßnahmen im Lande. Das Volk murrte, auch weil man wegen seiner Frau, Henrietta Maria von Frankreich, eine katholikenfreundlichere Politik des Monarchen befürchtete. Die wachsende Bewegung der protestantischen Sekten, unter denen die Puritaner den größten Zulauf verzeichneten, wurde vor den Kopf gestoßen durch eine neue Politik anglikanischer Uniformität, die der Erzbischof von Canterbury, William Laud, entschieden durchzusetzen sich vornahm: Auch die Hierarchie der Kirche ist, so befand er, eine göttliche Einrichtung, mit der Krone als dem Gipfel. Missliebige Personen wurden durch einen geheimen königlichen Gerichtshof, die berüchtigte Star Chamber, ohne Rechtshilfe und Öffentlichkeit abgeurteilt.

Schon 1628 machte sich der größte Rechtsgelehrte seiner Zeit, Sir Edward Coke (gesprochen «Cook»), zum Befürworter einer «Petition of Rights», die im Mai das Parlament passierte und dem König vorgelegt wurde, als Beschwerdeliste gegen seine Übergriffe und Unterlassungen. In der britischen Verfassungsgeschichte kommt dieser «Petition of Rights» große Bedeutung zu, nahm sie doch vieles von dem vorweg, was dann die «Bill of Rights» vom Februar 1689 rechtskräftig besiegelte. Schon die Petition schrieb fest, dass Steuern nur vom Parlament gebilligt werden können, dass in Friedenszeiten kein Kriegsrecht verhängt werden darf und dass Häftlinge die Rechtfertigung ihrer Inhaftierung durch Rekurs auf Habeas corpus anzweifeln dürfen. Karl versprach, das Dokument «allergnädigst» zu berücksichtigen – eine Wortwahl, für die ihn Sir Edward ausdrücklich rügte. Im Juni gab der König sein Plazet für die Petition – um sie gleich wieder zu vergessen.

Aber seine Macht war nicht mehr unbegrenzt, die Nemesis wartete schon. In Schottland verkalkulierte sich der König vollständig, als er über Bischof Laud und dessen Helfer das anglikanische

Kirchenrecht der unabhängig gewordenen kalvinistischen schottischen Kirk überstülpen wollte. Eine Nation in Waffen erhob sich, das kleine Heer des Königs hätte nichts dagegen verrichten können. Kleinlaut gab Karl nach und musste der schottischen Generalversammlung ihr Prärogativ über die anglikanische Kirche zugestehen.

Neue Sturmwolken brachen 1641 in Irland los, wo ein Aufstand nach Eingreifen königlicher Macht rief, aber das Parlament, misstrauisch gegenüber dem Herrscher, diesem nicht die Kontrolle über die Armee überlassen wollte. Nur ausdrücklich vom Parlament ausgewählte militärische Anführer sollten die Expedition in Irland leiten. Wieder schätzte der Stuart das Spiel vollkommen falsch ein. Am 4. Januar 1642 drang er persönlich mit einer Wachmannschaft in die Räume des Unterhauses vor, um die fünf Anführer der Resolution zur Berufung der Heerführer festzunehmen. Diese aber waren durch eine Indiskretion der Kammerzofe Henrietta Marias gewarnt worden und hatten sich rechtzeitig durch Flucht in die Londoner City in Sicherheit gebracht. Eine Woche später kehrten sie im Triumph nach Westminster zurück.

Nie wieder hat ein britischer Monarch seitdem den unantastbaren Bezirk des Unterhauses betreten. Noch heute, wenn die Königin alljährlich das neue Sitzungsjahr des Parlaments eröffnet, vollzieht sich ein kunstvolles Rollenspiel, das an den Übergriff Karls I. von 1642 erinnert. Wenn die Königin sich im Oberhaus niedergelassen hat und die Commons bitten lässt zu erscheinen, um sich die Verlesung der Queen's Speech – der Regierungserklärung von «Her Majesty's Government» – aus dem Munde der Monarchin anzuhören, wird ihrem in schwarzen Gamaschen gekleideten Herold die Eingangstür zum Unterhaus vor der Nase zugeschlagen, als Zeichen, dass sich die Commons in ihren Geschäften nicht durch die Krone inkommodieren lassen möchten. Dreimal muss der Bote mit seinem Stab, dem *black rod*, an die Tür schlagen, ehe man ihn hereinlässt zum Verlesen der Einladung der Königin. Zur gleichen Zeit übrigens hält der Buckingham Palace einen Parlamentarier als symbolische Geisel gefangen – man kann ja nie wissen, was dem Staatsoberhaupt im feindlichen Milieu des Parlaments alles blühen mag ...

Die Würfel waren nach Karls unbedachter Aktion im House of Commons gefallen. Beide Seiten appellierten an die Öffentlichkeit zur Unterstützung ihrer Position, wobei sich auch im Parlament Risse zeigten: Die Königstreuen wünschten keinen Kampf auf Spitz und Knopf gegen den Monarchen. Militärisch schieden sich die royalistischen «Kavaliere» von den nonkonformistischen «Rundköpfen», so benannt nach ihrem im Gegensatz zum wallenden Haar der Kavaliere geschorenen Kopf. Unter den Rundköpfen dominierten, angeführt von Oliver Cromwell, die Puritaner, die mit Gebeten und Psalmengesängen in die Schlachten des Bürgerkrieges ziehen sollten. Karl pflanzte im August 1642 das Kriegspanier auf, aber seine Milizen kamen trotz Anfangserfolgen gegen die New Model Army Cromwells nicht auf. Dieser hatte einen neuen Typus von Militär gedrillt, mobile Kräfte, die anders als die jeweils örtlichen Milizen landesweit operierten und in Disziplin und Gefolgschaft, beflügelt von der religiösen Inspiration ihres Generals, das Muster einer neuen nationalen Armee abgaben. Bei Naseby in Leicestershire, den östlichen Midlands, mussten sich die Königstreuen 1645 schließlich kriegsentscheidend geschlagen geben. Und Bischof Laud endete, wie vor ihm der Earl of Strafford, unter dem Beil.

Aber der König selbst gab sein Spiel noch nicht auf. Er verlegte sich jetzt auf sein altes Intrigieren, um seine Gegner gegeneinander auszuspielen. Als Erstes versöhnte er sich mit den Schotten, mit dem abenteuerlichen Versprechen, er werde ein schottisches, streng presbyterianisches Kirchenregiment in England einführen, wenn man ihm nur ein Heer zur Niederschlagung der puritanischen Truppen bereitstellen würde. Gleichzeitig verhandelte Karl mit gemäßigten Mitgliedern des Parlaments, denen er das Gegenteil dessen versprach, was er gerade den Schotten konzediert hatte: Einführung einer eingeschränkten anglikanischen Bischofskirche ohne schottischen Einfluss, Kontrolle des Parlaments über alle Milizen sowie die Annullierung aller seiner früheren parlamentsfeindlichen Erklärungen.

Als die Schotten, auf die (Hinter)list des Königs eingehend, im Norden Englands einfielen, stellte sich ihnen Cromwells Armee bei Preston im sogenannten Zweiten Bürgerkrieg siegreich entgegen. Der König, in dem man mit Recht den Anstifter dieser neuen Kriegsrunde sah, wurde gefangen genommen. Der Rest ist, wie man sagt, Geschichte.

OLIVER CROMWELL: DAS KÖNIGLOSE INTERREGNUM

Die Hinrichtung des Königs war ein Schock für das Volk, viele sahen in Karl den Märtyrer, als den er sich vor seinem Tode selbst bezeichnet hatte. Schon am Tag seiner Beisetzung auf Schloss Windsor, dem 8. Februar, erschien ein Buch mit dem Titel «Eikon Basilike: Das Porträt Seiner Heiligen Majestät in Ihren Einsamkeiten und Ihren Leiden». Cromwell und die Armee erkannten sofort die subversive Qualität der Schrift und baten John Milton, den Sekretär des neu gebildeten Staatsrats, dagegen anzuschreiben, was Milton noch im gleichen Jahr mit seinem «Eikonoklastes» tat. «Die Menschen», so argumentierte er, «exorbitant und exzessiv in allen ihren Gefühlen, sind manchmal geneigt, sich nicht nur religiöser Idolatrie hinzugeben, sondern auch einer zivilen, indem sie ihre Könige als Götzen verehren.» Wie könne man aber nur so weit gehen, so fuhr er mit kaum gebremster Verachtung für den Plebs fort, ausgerechnet die Erinnerung an diesen Mann hochzuhalten, «der mit mehr Hinterlist unsere Freiheiten unterminierte und die Tyrannei zu einer Kunstform erhob als je ein britischer König vor ihm».

Scharfe Worte. Schon lange vor seinem erst in späteren Jahren geschriebenen epischen Hauptwerk, «Das verlorene Paradies», war John Milton als begnadeter Pamphletist und Verteidiger dessen aufgetreten, was wir heute die Bürgerrechte nennen würden. 1644 hatte er in seiner Schrift «Areopagitica» glanzvoll für die Pressefreiheit gefochten, die durch eine im Parlament vorbereitete neue Zensur ein-

geengt werden sollte. Diese Freiheit zu beschneiden, so Milton, sei
etwa so erfolgreich, wie wenn ein reicher Gutsbesitzer des Abends
seinen Park abschlösse und damit glaube, er habe die Vögel ausge-
sperrt. Den Königsmord verteidigte dieser frühe Radikalrepublikaner
dann in seinem Plädoyer von 1651 mit dem bezeichnenden Langti-
tel «Verteidigung des Volkes von England bezüglich seiner Rechte,
Könige und Magistratspersonen zur Rechenschaft zu ziehen, sie
nach gebührender Überlegung abzusetzen und dem Tode zuzufüh-
ren». Freiheit, nicht Gefolgschaft war seine Devise.

Oliver Cromwell (1649–1658) auf
seinem Sockel vor der Westminster
Hall, dem ältesten Teil des Palastes
von Westminster, des britischen
Parlaments

Am 17. März 1649 schaffte das Rumpfparlament per Beschluss die Monarchie ab, nachdem man bereits am Tag zuvor ähnlich mit dem Oberhaus verfahren war. Am 19. Mai folgte dann die Ausrufung der Republik – das Wort freilich vermied man und ersetzte es durch den Begriff des «Commonwealth of England»: «England soll hinfort als ein Commonwealth oder *free state* regiert werden, durch die höchste Autorität dieser Nation, nämlich Repräsentanten des Volkes im Parlament und diejenigen, die diese unter sich als Minister ernennen und einsetzen zum Wohle des Volkes.»

Immer wenn sich eine neue Herrschaft «zum Wohle des Volkes» in den Sattel hebt, darf man misstrauisch sein, was denn das bedeute. Repräsentativ für das Volk zum Beispiel war das Parlament von Anfang an nicht, nur noch 90 Mitglieder gehörten ihm an, durch Nachwahlen wurden es 125. Ganze Landesteile waren ohne Vertretung; London hatte einen, Wales drei Abgeordnete, die Grafschaften Herefordshire, Lancashire, Hertfordshire und Cumberland gar keine. Mit dem Militär, in dessen Reihen der «Independentismus» dominierte, war außerdem eine außerparlamentarische Kraft herangewachsen, die jetzt ihren eigenen Druck auszuüben begann. Cromwell hatte aber noch andere Geister gerufen, radikale Gruppen wie die «Levellers», die nach einer sozialistischen Republik verlangten, nach Abschaffung des Eigentums: Grund und Boden sollte gleichmäßig an alle verteilt werden, die Unterschiede von Arm und Reich verschwinden. Solche Gleichheitsbestrebungen musste der General als Gefahr für das Gemeinwohl ansehen; er konnte sie nur unterdrücken.

Chaos meldete sich an, Ordnung musste etabliert werden. Wofür hatte man schließlich eine Armee? Das erste Exempel statuierte der neue Machthaber an den aufsässigen Iren. Im Sommer 1649 rückte er mit einer 15 000 Mann starken Truppe an, die sich aufführte wie Barbaren. In Städten wie Wexford und Drogheda nahm das «Werkzeug Gottes» wahllos Rache für die Aufstände von 1641, Massenmord war an der Tagesordnung, ganze Landstriche wurden verwüstet. Der abgrundtiefe Hass der Iren auf den englischen Nachbarn rührt aus jener Zeit der Mordlust und Grausamkeiten, welche die New Model Army in Irland praktizierte.

Aber auch zu Hause stieg die Unruhe, denn die Armee ließ nicht locker: Sie forderte gar allgemeine Wahlen! Ein neuer Bürgerkrieg drohte, das Rumpfparlament war nicht bereit, sich selbst zu entmachten. Also entmachtete Cromwell es selbst, des Zanks zwischen den Commons und der Armee überdrüssig. Am 20. April 1653 betrat er mit dem Schwert in der Hand, begleitet von seinen Soldaten, das Unterhaus und verjagte die Versammelten unter berühmten Beschimpfungen: «Es ist höchste Zeit, dass ich euren Sitzungen an diesem Ort ein Ende bereite, den ihr durch eure Verachtung jeder Tugend entehrt und durch die Praxis jedes Lasters beschmutzt habt. Ihr seid die Feinde guten Regierens, ein Pack gedungener Halunken, die wie Esau das Land für ein Linsengericht verkaufen würden. Gibt es irgendeine Tugend, die noch unter euch verblieben ist, ein Laster, das ihr nicht besitzt? Ihr habt nicht mehr Religion als mein Pferd; Gold ist euer Gott. Ihr seid der ganzen Nation unerträglich verhasst geworden, ihr habt hier schon viel zu lange gesessen für das wenige Gute, das von euch ausgeht. Im Namen Gottes, geht!» Worte, die den Briten des Jahres 2009, empört wie sie waren über ihre skandalbelasteten Parlamentarier, wie aus der Seele gesprochen vorkamen.

Mit dem Schwert war das Parlament gegen den König vorgegangen, vom Schwert wurde es auseinandergetrieben. England hatte keinen König, kein Oberhaus und kein Unterhaus mehr. Aber Cromwell versuchte es noch einmal mit dem repräsentativen Prinzip. Er ließ die Armee aus im ganzen Land eingesammelten Listen 140 ehrenwerte Notabeln auswählen, eine puritanische Elite, die man bald «das Parlament der Heiligen» nannte, ein sarkastisches Wort, denn die «Heiligen» machten rasch durch bürokratischen Fanatismus von sich reden, der nichts an der alten Ordnung unberührt ließ, vor allem nicht die Eigentumsverhältnisse, *property*, das heilige Gut des *freeborn Englishman*. Im Januar 1654 wurde Oliver Cromwell zum Lord

Protector erhoben, England hatte seinen Diktator, vom Parlament gebilligt, einen Monarchen ohne Monarchie.

Doch das Volk lehnte ihn innerlich zunehmend ab, während es unter seinem Regime litt. Um die Ordnung besser aufrechterhalten zu können, hatte der Alleinherrscher das ganze Land in zehn Distrikte unterteilt, die jeweils einem Generalmajor mit eigenem Truppenkontingent unterstanden. Deren Offiziere wurden angehalten, die lokalen Behörden zu kontrollieren und das Volk zu einem puritanischen Lebenswandel zu zwingen. Eine Frühform des Talibanismus zog ein, so könnte man sagen. Kurt Kluxen hat es in seiner «Geschichte Englands» in Erinnerung gerufen: «Pferderennen, Hahnenkämpfe, Tanz, Schauspiel und andere frivole Vergnügungen wurden verboten, die Gasthäuser geschlossen und ein Polizeisystem aufgerichtet.»

Der Lord Protector reagierte praktisch mit permanentem Ausnahmezustand, mit dem Militär als Instrument der Unterdrückung. Die tiefe Abneigung der Engländer gegen ein stehendes Heer im eigenen Land geht auf diese Erfahrung zurück. Cromwell sprach von seinen Maßnahmen als einer «grausamen Notwendigkeit» – ein Vorgriff auf die Begründung, mit der 140 Jahre später Robespierre in Frankreich Schrecken verbreiten sollte. Auch mit dem Parlament schaltete er nach Gusto: War es ihm nicht genehm, löste er es auf und ließ es in verkleinerter Zahl neu antreten. Er war verdammt, die Fehler, die man Karl I. angekreidet hatte, seinerseits zu wiederholen. Als das verkleinerte Parlament ihm 1658 die Königswürde anbot, musste er unter dem Druck der Armee ablehnen, was das Parlament bedauerte: Ein Monarch würde eindeutiger unter dem Gesetz stehen als ein alleinherrschender Protektor.

Außenpolitisch brachte Cromwell mit der Navigationsakte von 1651, die dem niederländischen Handelsmonopol den Kampf ansagte und 200 Jahre in Kraft bleiben würde, England einen Schritt weiter auf dem Weg zur unbeschränkten Seemacht. Importierte Waren durften nur noch auf englischen Schiffen oder den Schiffen des

Herkunftslandes transportiert werden, und auch im Handel mit seinen Kolonien etablierte Cromwell das Prinzip: nur auf englischen Schiffen. Darüber entspann sich 1652–1654 der erste Englisch-Niederländische Krieg, der mit einer Niederlage Hollands endete. Im Frieden von Westminster wurde der englischen Marine die Kontrolle über die Seegebiete um England zugestanden, und Holland musste die Navigationsakte anerkennen, womit es seine Führung im Seehandel einbüßte. Doch zur Dominanz auf den sieben Meeren brauchte es dringend mehr Beruhigung im Innern, die das Commonwealth aber nicht bieten konnte. Die innere Ordnung stand auf dem Spiel, als Cromwell 1658 starb.

DER RESTAURIERTE STUART-KÖNIG KARL II.
PROVOZIERT DAS PARLAMENT

Richard Cromwell war nicht daran interessiert, in die Fußstapfen des Vaters zu treten. Der Landedelmann in ihm bevorzugte das geruhsame Leben. Wieder stand die Armee vor der Not zu handeln. Deren Führer John Lambert und Charles Fleetwood stürzten die Protektoratsherrschaft, lösten den Staatsrat auf und setzten das von Cromwell 1653 eigenhändig auseinandergetriebene Rumpfparlament wieder ein, mit nur noch 42 Köpfen. Eine machtlose Gruppe, die der weiter um sich greifenden Anarchie nicht Herr wurde. Erneut handelte die Armee und zwang das Häuflein der Commons diesmal, das alte, nie legal aufgelöste Parlament von 1640 einzuberufen, mit allen jenen Mitgliedern, die 1648 daraus entfernt worden waren. Selbstauflösung und Neuwahlen folgten, unter Aufsicht des Militärs, aber unter Wahrung der Kontinuität durch das Parlament. Und dieses, das neue «Konventionsparlament», beschloss im Frühjahr 1660, Karl II., den ältesten Sohn des hingerichteten Königs, auf den Thron zurückzuholen. Es konnte keine andere Lösung als diese geben. Das Volk wollte es, die Parlamentarier sahen es ein, keine andere Macht war da, die Ordnung im Lande unter akzeptablen Bedingungen wiederherzustellen.

Eine blutige Strafe erwartete die Königsmörder. Wer nicht fliehen konnte, wurde festgesetzt und zur schlimmsten aller Hinrichtungsmethoden verurteilt: dem Aufhängen, der Entleibung und der Zerstückelung der Leiche («hanged, drawn and quartered»). Aber es regte sich Abscheu unter vielen, die dem schrecklichen Vorgang beiwohnten. Nur zehn Verurteilte wurden auf diese Weise abgeschlachtet, die Übrigen verschwanden im Tower. Doch selbst bereits vor 1660 Verstorbene fanden keine Ruhe. Cromwell und zwei Richter des Tribunals, das Karl I. zum Tode verurteilt hatte, darunter der Vorsitzende John Bradshaw, wurden exhumiert und in ihren Leichentüchern aufgeknüpft, ehe man ihre Schädel weithin sichtbar vor dem Palast von Westminster aufgespießt zur Schau stellte. Samuel Pepys notierte in seinem Tagebuch, das Schauspiel habe besonders die Hofdamen äußerst ergötzt.

Karl II. fand sich ausgerechnet in der Religionsfrage mit seinem Parlament bald über Kreuz. Verheiratet mit der portugiesischen Infantin Katharina von Braganza, neigte er selbst dem Katholizismus zu und gab mit zwei Erklärungen seine Absicht kund, weitgehend Toleranz gegenüber Dissidenten und Katholiken zu praktizieren. Das Parlament aber wollte von Nachsicht in religiösen Fragen nichts wissen. Stattdessen gewannen das alte Staatskirchenprinzip von Bischof Laud und die Idee der kirchlichen Uniformität wieder an Boden – der protestantische Dissens wurde ins Abseits der Nonkonformität gedrängt, der Katholizismus ausgeschlossen. Mit dem Act of Uniformity verloren alle Geistlichen, die den erforderten Eid und die Benutzung des revidierten «Book of Common Prayer» verweigerten, ihre Ämter. Das steigerte sich mit der Test-Akte von 1673, der zufolge auch jeder zivile und militärische Amtsträger neben der Feier des Abendmahls nach anglikanischem Ritus vor einem öffentlichen Gericht zusätzlich den Eid auf die kirchliche Suprematie leisten musste. Dadurch verlor der jüngere Bruder des Königs, der Herzog von York und spätere Jakob II., sein Amt als Lord High Admiral, da er zum Katholizismus konvertiert war.

Von seinem Vater hatte der neue König eine fatale Neigung zu Intrige und Geheimdiplomatie geerbt, und da er zum Hof Ludwigs XIV. enge Beziehungen unterhielt, war Frankreich der natürliche Partner in diesem Spiel. Um sich Gelder und Truppen ohne die Zustimmung des Parlaments zu verschaffen, schloss er 1670 in Dover einen abenteuerlichen Geheimvertrag: Für Soldaten und Finanzmittel versprach er als Gegenleistung, zum Katholizismus zu konvertieren und in England den Absolutismus nach französischem Vorbild einzuführen. Auch wollte Karl auf der Seite Frankreichs gegen das holländische und das spanische Kolonialreich vorgehen und sich Frankreichs Hegemonie in Europa unterordnen. Doch der Wankelmut überkam ihn, als er 1677 mit Rücksicht auf die antikatholische und antifranzösische Haltung des Parlaments seine 15-jährige Nichte Mary, Jakobs Tochter, mit dem niederländischen Statthalter Wilhelm von Oranien verheiratete, dem Heros der protestantischen Mächte. Ohne es zu wissen, hatte der Stuart damit die Richtung angedeutet, aus der schließlich 1688 die Glorreiche Revolution kommen sollte: aus Holland.

Inzwischen erreichte der Verdacht gegen papistische Machenschaften in England einen Siedepunkt. Eine neue Katholikenverfolgung setzte ein, der viele Unschuldige zum Opfer fielen. Am Entschiedensten aber reagierte wiederum das Parlament, indem es 1679 eine Exclusion Bill vorbereitete mit dem Ziel, Jakob von der Thronfolge auszuschließen und stattdessen einen unehelichen Sohn des Königs, den Herzog von Monmouth, als protestantischen Nachfolger vorzusehen.

DIE GEBURT DER PARTEIEN AUS DEM STREIT UM DEN KATHOLISCHEN JAKOB STUART

Doch die Parlamentarier waren gespalten. Es sagt sich so leicht, den legitimen Erben von der Thronfolge auszuschließen. Noch umgab eine fast religiöse Aura die Kontinuität des Königshauses. Der Eingriff in das alte göttliche Recht, das unantastbare Erbrecht der

Dynastie – kam er nicht einem Frevel gegen die Ordnung gleich, war er nicht ein Schritt zu weit, bei aller Unbeliebtheit des Monarchen?

Exklusionisten und Anti-Exklusionisten bezogen die Barrikaden, die «Country Party», wie man Erstere auch nannte, gegen die «Court Party», die Partei des Hofes, in der sich die Legitimitätsfrage auf die Ablehnung des parlamentarischen Eingriffs in die natürliche Erbfolge konzentrierte. Hinter beiden Gruppen stellte sich die Öffentlichkeit wie in geteilter Schlachtordnung auf, es wurde der erste regelrechte Parteienkampf in der englischen Geschichte. Er formierte sich auch deshalb so leicht und schnell, weil beide Seiten sich mit handlichen Schimpfworten belegten, die bald zu gängiger Münze wurden. Die Country Party nannte ihre Gegner in der Court Party «Tories», was ursprünglich irische Banditen außerhalb der bürgerlichen Ordnung meinte; diese, nicht faul, bedachten die Verunglimpfer mit einem eigenen abschätzigen Namen, «Whigs» (von Whiggamore), einst ein Terminus für schottische Vieh- und Pferdetreiber.

So zerbrach der Kompromiss der Restauration von 1660. Die Tories verteidigten die Einheit von Monarchie und anglikanischer Bischofskirche, verbunden mit dem Prinzip der «non-resistance» gegenüber der höchsten Gewalt. Die Whigs, die sich fast 200 Jahre später in «Liberale» umtauften, definierten sich als Anhänger des wahren Protestantismus, den sie mit den Rechten des *free-born Englishman* in eins setzten. Neben das göttliche Recht stellten sie den Gedanken des Naturrechts, mit einer Ordnung, die auf menschlichen Vereinbarungen beruhte. Der Kontrast führte zu eingängigen politischen Trennlinien: Gehorsam gegen Widerstandsrecht, staatskirchlicher Konformismus gegen protestantische Freiheit, Uniformität gegen Toleranz. Der Anführer der Exklusionisten, der 1. Earl of Shaftesbury – dessen Enkel, der 3. Earl of Shaftesbury, im 18. Jahrhundert zu einem der führenden Geister Englands wurde –, lieferte sich am 15. November 1680 im Oberhaus mit seinem Widerpart auf der Tory-Seite ein siebenstündiges Rededuell, das die Gegensätze in imponierender Größe aufscheinen ließ.

Aber Shaftesbury kommt noch eine andere historische Bedeutung zu: Er war der Erste, der moderne Techniken des Wahlkampfes einsetzte, sich Agenten und Zuträger suchte, die mit Pamphleten und Briefen regelrechte Feldzüge starteten für die Position der Whigs, und er führte so jenen lärmenden Wahlbetrieb ein, der seitdem, in der Formulierung Kurt Kluxens, «das Vorrecht der nicht stimmberechtigten Engländer» wurde. Wir haben einen guten Zeugen für dieses Phänomen – Theodor Fontane. Der beschrieb in dem Buch über seinen zweiten Aufenthalt auf der Insel 1852 («Ein Sommer in London»), wie er einmal, aus Anlass der «Middlesex-Wahl», diesen Wahlbetrieb erlebte. Bannergroße Schlagworte empfingen die Besucher schon am Eingang zu einem offenen Feld: «Sturz der Intoleranz!», «Triumph bürgerlicher und religiöser Freiheit!», so hießen die Slogans der Zeit. Aber die sich da heiser schrien und dem jeweiligen Kandidaten zujubelten auf seiner Plattform, hatten weder Wahlrecht noch Stimme im Parlament; sie kamen dem deutschen Besucher vor wie eine «Rotte außerhalb des Wahlrechts, nur mit dem Schimpfrecht ausgestattet». Dieses «Schimpfrecht» wusste der Earl of Shaftesbury als Erster zu aktivieren, und die Folgen für die allmählich sich herausschälende politische Kultur ließen nicht lange auf sich warten.

Denn mit seiner gezielten Agitation brach der Earl auch in die alten Seilschaften im Parlament ein. In die gepflegten Abhängigkeitsverhältnisse konnten sich jetzt von Wahl zu Wahl – es fanden während der Exclusion Crisis zwischen 1679 und 1681 dreimal Wahlen statt – auswärtige Kandidaten einmischen und den Inhabern bestimmter Parlamentssitze ihren Anspruch streitig machen. Allerdings erwies sich all dies Agitieren als kontraproduktiv für die Whigs: Tories und Krone verbündeten sich schließlich unter dem Eindruck solcher Exzesse, Shaftesbury musste fliehen, und der «Rye House Plot» von 1683, ein amateurhaft eingefädelter Attentatsplan gegen Karl II. und seinen Bruder, tat ein Übriges, die Whigs, die Country Party, zu diskreditieren.

Für alle Katholiken und Nonkonformisten war es eine große Enttäuschung, dass der dem Katholizismus zuneigende Monarch sich jetzt ganz auf die Tories stützte, die Whigs aus den meisten öffentlichen Ämtern vertrieb und eine Art Tory-Despotismus entstehen ließ, der den Grundkonflikt nicht löste, sondern ihn nur vertagte. Derweil ging das Hofleben in französischer Opulenz weiter. Der König starb nach 25 Jahren an der Macht, nicht ohne noch auf dem Sterbebett zur katholischen Religion konvertiert zu sein. Die innere Ordnung aber stand auf Messers Schneide, nichts war seit Oliver Cromwell gewonnen als neue Unsicherheit.

JAKOB II. ODER DAS ENDGAME

Für diese labile Lage fehlte dem neuen König, Jakob II., der seinen Katholizismus offen zur Schau trug, jedes Gespür. Unbekümmert ernannte er zahlreiche katholische Amtsträger und entband sie von allen Bestimmungen der Test-Akte. Die Rekatholisierung schritt voran. Selbst Tory-Friedensrichter, die treuesten der Treuen, setzte er ab; sie hatten eben die falsche Religion. Im Gefühl absolutistischer Macht verkannte Jakob vollkommen, dass der Geist des Widerstands, kaum gezähmt, nur einer geringen Provokation bedurfte, um sich zurückzumelden. Das geschah prompt, als der König 1688 befahl, den Text einer Erklärung, mit der er vor allem religiöse Dissidenten auf seine Seite ziehen wollte, von den Kanzeln des Landes verlesen zu lassen. Die anglikanischen Bischöfe bestürmten ihn mit einer Petition, den Verlesungsbefehl zu stornieren. Umsonst. Sieben Bischöfe, die sich dennoch widersetzten, kamen ins Gefängnis.

Damit riskierte der von jeglicher politischer Vernunft verlassene Monarch das Bündnis mit Kirche und Staatspartei, den Tories. Hatten die nicht auf dem Boden der «non-resistance»-Lehre ihre Loyalität zur Krone bekundet? Jetzt machte Jakob ausgerechnet seine wichtigsten Anhänger zu neuen Feinden. Jetzt übernahmen auch sie jene Grundsätze, deretwegen sie in der Exclusion Crisis die Whigs so heftig befehdet hatten. Der *free-born Englishman* ließ sich auch unter den Legitimisten nicht verleugnen, wenn man ihn so reizte, wie der König es tat. Vielleicht aber hätte die Kirche noch eine Zeit lang stillgehalten und die Ära Jakobs II. einfach ausgesessen; die Nachfolger, William und Mary in Holland, zeichneten sich doch ab. Konnte man nicht wenigstens bis dahin warten?

Nein, man konnte nicht, denn ein Ereignis schob sich dazwischen, das alle diese Perspektiven über den Haufen warf: Maria von Modena, nach dem Tod von Anne Hyde Jakobs zweite Ehefrau, gebar 1688 einen Sohn, James Francis Edward Stuart, und die Hoffnung auf die holländische Lösung schwand für die Kirche und die Tories dahin, wenn man beim göttlichen Recht der dynastischen Erbfolge bleiben wollte. Jetzt drohte in der Tat die Rekatholisierung Englands. Der Konflikt lag eigentlich schon in der Tatsache begründet, dass ein katholischer Herrscher Haupt der anglikanischen Kirche war, deren Anspruch auf Uniformität er gar nicht gerecht werden konnte und es auch nicht wollte. Dieser Gegensatz zur Staatskirche unterminierte Jakobs Herrschaft von Anfang an, es war ein labiles Konstrukt, das über kurz oder lang zusammenbrechen musste.

Das geschah nun unter den Auspizien der Thronnachfolge durch einen katholischen Erben. Die Menschen erschauerten. Auf dem Kontinent war die Gegenreformation auf dem Vormarsch; in Frankreich hatte Ludwig XIV. das Edikt von Nantes aufgehoben und die Hugenotten, die französischen Protestanten, vertrieben, von denen 50 000 auf der Insel Zuflucht fanden; und England drohte durch einen katholischen Erben den Protestantismus, das wichtigste Ingredienz seiner Identität, zu verlieren. Tories und Whigs waren sich einig zu handeln.

Der Prozess gegen die sieben Bischöfe endete am 30. Juni 1688 mit Freispruch. Schon wenige Stunden später verließ ein Bote London in Richtung Holland, mit einem von sieben Lords aus dem Oberhaus, vier Whigs und drei Tories, unterschriebenen Schriftstück, das Wilhelm von Oranien bat, in England zu intervenieren: «Die Menschen dieses Landes sind äußerst unzufrieden mit der jetzigen Aufführung der Regierung in Betreff ihrer Religion, ihrer Freiheiten und ihrer Eigentumsverhältnisse, die allesamt grob verletzt worden sind; sie haben eine solche Sorge um die sich täglich verschlechternde Lage, dass wir Eurer Hoheit versichern können, es sind neunzehn von zwanzig Teilen des Volkes, die einen Wandel herbeisehnen.» Das war Hochverrat an der Krone und dem göttlichen Recht der Erbfolge, unblutiger zwar als die Enthauptung Karls I., aber, wie sich herausstellen sollte, in seinen Konsequenzen noch sehr viel weitreichender.

Wilhelm nahm die Einladung an und bereitete die Invasion vor. Am 5. November 1688, dem Jahrestag des Gunpowder Plot von 1605, landete er in Torbay in Devon mit einer stattlichen Armee von 25 000 Mann; Widerstand blieb aus. Schon im Oktober hatte der niederländische Statthalter einen längeren Text tausendfach auf der Insel verteilen lassen, in dem er seine friedlichen Absichten kundtat. Das wirkte. Mit einer nach geltendem Recht völlig ungesetzlichen Initiative hatte das Parlament den größten Widersacher des französischen Absolutismus in Europa, Wilhelm von Oranien, auf den englischen Thron gehoben und sich damit als Herr der Geschichte erwiesen.

DIE GLORREICHE REVOLUTION VERÄNDERT VIELES: DAS 18. JAHRHUNDERT WIRD EIN ENGLISCHES

Jakob II. verließ am 28. Dezember des Jahres England in Richtung Frankreich, wobei er das große Staatssiegel demonstrativ in der Themse versenkte, zum Zeichen, dass keine weitere Maßnahme nach ihm mehr Legitimität beanspruchen könne. Er war so weit von der Realität entfernt wie sein Vater, der noch kurz vor seiner Enthauptung verkündete, ein Untertan und ein Souverän seien «zwei deutlich verschiedene Dinge». So verstand auch der geflohene König die Welt einfach nicht mehr, wenn er glaubte, es gäbe keine Instanz außer ihm, die Macht legitimieren könnte. Das Parlament griff auf eine andere Legitimation zurück, auf die Magna Charta und das Recht des *free-born Englishman* aus ältester Zeit. Dabei begründete man das Ende der Stuarts mit der Verletzung des «Urvertrages» zwischen König und Volk durch Jakob II. Schon kam die Formel von dem «divine right of kings», vom göttlichen Recht der Könige, nicht mehr vor, die naturrechtliche Vertragstheorie gewann die Oberhand, John Lockes politische Philosophie begann sich abzuzeichnen.

In der von Rubens' herrlichen Deckengemälden geschmückten Banqueting Hall versammelten sich am 13. Januar 1689 die «Lords Spiritual and Temporal, and Commons, in Westminster», um dem holländischen Prinzen und seiner englischen Gemahlin eine Deklaration der Rechte vorzulesen, die als «Bill of Rights» in die Geschichte eingehen sollte. Wilhelm und Mary waren Enkel des enthaupteten Königs, Karls I.; die Geschichte führte sie jetzt an den Ort zurück, von dem ihr Großvater seinen letzten Gang angetreten hatte. Den Thron aber besteigen durften der Prinz und die Prinzessin nur unter den Bedingungen des Parlaments, die man ihnen jetzt vorlas:

Der König hat kein Recht, Gesetze ohne Zustimmung des Parlaments aufzuheben (1); er kann auch kein Gesetz oder dessen Anwendung durch königlichen Dispens aussetzen (2); der König darf kein Geld zur Verfügung der Krone eintreiben ohne Zustimmung des Parlaments (3); die Untertanen haben das Recht, sich mit Petitionen an den König zu wenden, und dürfen dafür nicht benachteiligt werden (4); es ist gegen das Gesetz, ein stehendes Heer in Friedenszeiten im Königreich aufzubauen oder zu unterhalten, es sei denn durch Billigung durch das Parlament (5); Wahlen zum Parlament sind frei (6); die Freiheit, die Debatten und das Prozedere im Parlament können durch kein Gericht außerhalb des Parlaments angeklagt oder in Frage gestellt werden (7); übertrieben hohe Kautionen oder Geldstrafen sind weder erforderlich, noch dürfen grausame und unübliche Strafen verhängt werden (8); damit man Beschwerden nachgehen kann und Gesetze überarbeitet, verstärkt und bewahrt werden können, soll das Parlament oft einberufen werden (9).

Erst nach dieser Verlesung verkündete das Parlament seinen Willen, «dass William und Mary, Prinz und Prinzessin von Oranien, zum König und zur Königin von England, Frankreich und allen dazugehörenden Dominien erklärt werden». Der Anspruch auf Frankreich war, wie man sieht, noch immer nicht aufgegeben; tatsächlich nannten sich die englischen Monarchen bis 1815 auf offiziellen Dokumenten auch «König von Frankreich». Die «Declaration of Rights» wurde bald als «Bill of Rights» vom Parlament verabschiedet – und erfuhr in den zehn Zusatzartikeln zur amerikanischen Verfassung von 1791, die ebenfalls «Bill of Rights» heißen sollten, ihre welthistorische Verlängerung.

Es war die Geburtsstunde der konstitutionellen Monarchie: Es ging nun nicht mehr um die göttlich abgeleitete Hoheit des Monarchen. Ein rechtsgeschützter Vertrag zwischen Krone und Parlament hatte den Absolutismus endgültig verbannt, der *free-born Englishman* hatte sich durchgesetzt.

Dabei behielten der Oranier-König Wilhelm III. und viele Monarchen nach ihm weiterhin bestimmte Hoheitsrechte, wie das Recht auf Ernennung der Minister, Einberufung und Beendigung der parlamentarischen Sitzungsperiode, die Leitung der Außenpolitik, auch die Entscheidung über Krieg und Frieden sowie das Recht zum Abschluss von Bündnissen mit auswärtigen Mächten. Aber der König war gut beraten, dabei auf Konsens mit dem Parlament zu achten, und dieser Umstand, das Ringen und Feilschen um politischen Einfluss beim König und um den Einfluss des Hofes im Parlament, wurde auf hundert und mehr Jahre hinaus zum Muster der englischen Politik. Bis die Monarchie sich im 20. Jahrhundert endgültig in ein zeremonielles, aber tragendes Dekor der englischen Verfassung verwandelte. Nach 1700 konnte, wenn dem Volk bestimmte Entscheidungen in Westminster nicht gefielen, eine scharfsinnige Feder wie der große Alexander Pope spöttisch vom «divine right of kings to govern wrong» schreiben, vom «göttlichen Recht der Könige, falsch zu regieren». Dieses Recht haben sie heute nicht mehr. Sie können sich allenfalls falsch verheiraten, wie der Prinz von Wales in seiner ersten Ehe mit Diana Spencer.

Auch der Hochadel und die *gentry* zogen für ihren *way of life* nach 1689 die Konsequenzen. Der Drang nach einem Leben auf dem Lande, weit weg von den Londoner Geschäften, wurde prägend, auf Scharwenzeln bei Hof war niemand mehr angewiesen. Man gab sich im Sommer seinem Landsitz, der Manor, hin sowie dem Ausbau seiner Ländereien, im Winter lockte die Stadt mit ihren urbanen Attraktionen. So entstand, was der Historiker Lewis Namier Englands «amphibische Kultur» genannt hat, das Leben in zwei Welten, der Stadt und der *countryside*. Ein Stilwandel trat begleitend hinzu, bei den Möbeln, in der Silberkunst, vor allem in der Gartenarchitektur. Der strenge französische Stil, wie André Le Nôtre ihn in Versailles vorgemacht hatte, wurde als Vorbild abgehängt und durch die Kultur des *landscape gardening* ersetzt. Parks von weit nach Europa ausstrahlender Faszination entstanden im 18. Jahrhundert, poetisch von Pope und anderen Literaten untermalt, die «überraschende» Eingriffe in die natürliche Anordnung empfahlen, ein «embellishment of nature», eine Verschönerung der Natur durch neue Perspektiven für die Sicht, eingesprenkelte klassizistische Bauten und lieblich überbrückte Seen. Auf Natur und Freiheit lag die Betonung, nicht mehr auf barocken absolutistischen Stilformen. Europa pilgerte nach England, um sich von diesen natürlichen Gärten inspirieren zu lassen. Das 18. Jahrhundert begann französisch und endete englisch.

Das galt für Deutschland in ganz besonderem Maße. Fürst Friedrich Franz von Anhalt-Dessau reiste gleich viermal in Begleitung seines Freundes, des klassizistischen Architekten Friedrich Wilhelm von Erdmannsdorff, auf die Insel und holte sich dort die Anregung für sein Gartenreich in Wörlitz, den ersten Park der englischen Art im übrigen Europa. Und Lord Rumford schenkte München später den Englischen Garten. In der Literatur entthronte Lessing das französische klassische Drama mitsamt dessen Herold, dem einflussreichen Leipziger Literaturtheoretiker Johann Christoph Gottsched, und setzte Shakespeare, den von Gottsched Verbannten, an seine Stelle. Eine «englische Invasion» ohnegleichen folgte. Die literarische Gesellschaft Deutschlands wurde von Begeisterung für englische Romane geradezu überspült, der Kult der Empfindsamkeit in Lyrik und Erzählung schlug hohe Wellen, an Edward Youngs «Nachtgedanken» schulte der junge Goethe sein Englisch, Ossians Volksliedton ergriff die Gemüter, fast jede kunsttheoretische Schrift der Engländer und Schotten in den Jahren 1760 bis 1780 wurde übersetzt und in kritischen Organen besprochen. Mit Hilfe des verwandten englischen Geistes rufe er den deutschen Geist zur Besinnung und Selbsterkenntnis auf, schrieb Johann Gottfried Herder.

Was aber war an der Glorreichen Revolution revolutionär? Mit den späteren Revolutionen in Frankreich oder gar in Russland oder der Befreiung der Kolonien in Amerika von englischer Herrschaft hatte das Ereignis von 1688/89 wenig gemeinsam. Edmund Burke lieferte sich über diese Frage am Ende des 18. Jahrhunderts einen berühmten Streit mit dem anglikanischen Geistlichen Richard Price. Dieser hielt vor seiner Gemeinde am hundertsten Jahrestag der Landung Wilhelms in Devon eine begeisterte Predigt, die offenbar von den gerade erlebten französischen Ereignissen mit inspiriert war. Der Sieg von 1689, so legte Reverend Price dar, habe «die Ketten gesprengt, die der Despotismus lange für uns geschmiedet hatte». Solche Sätze klangen dem Wortführer der Tories im Unterhaus, Edmund Burke, viel zu französisch. Das evolutionäre Prinzip der englischen Geschichte auch nur terminologisch in die Nähe zu dem verhassten Umsturz in Frankreich zu setzen, hielt der große Redner und Konservative für eine gefährliche Verirrung, auf die man sofort etwas entgegnen müsse. So entstanden Burkes bahnbrechende «Reflections on the Revolution in France» (1790), das Bekenntnis zum Grundsatz englischer Kontinuität, dem Widerpart zu allen Abräumunternehmungen der Geschichte.

Burke argumentierte, dass rein nichts an der «Glorious Revolution» revolutionär gewesen sei. Keine Innovation lag vor, keine neue Idee, vielmehr die vernünftige Bestätigung alter Rechte. Der eigentliche Radikale war nach Burkes Auffassung Jakob II.; das englische

Volk dagegen stellte 1688/89 nur die Normallage wieder her, den Status quo ante: «Die Revolution wurde gemacht, um unsere uralten und unzweifelhaften Gesetze und Rechte zu bewahren, sowie jene alte Konstitution der Regierung, welche unsere einzige Garantie ist für das Recht und die Freiheit. Allein die Idee der Fabrikation einer neuen Regierung genügt schon, uns mit Abscheu und Horror zu erfüllen. Wir wollten zur Zeit der Revolution, und wir wünschen es noch heute, dass wir in allem, was wir besitzen, das Erbe unserer Vorväter erkennen.»

Gerade dass sie so wenig änderte, war für Burke das Glorreiche an der Revolution. Keine universellen Menschenrechte wurden 1688 verkündet, sondern alte Erbrechte des Engländers. Burkes Landsmann Thomas Paine, der Künder der Revolution in Amerika, widersprach mit «The Rights of Man» (1791). Aber die universalen Rechte, die er im Gefolge der Revolution in Frankreich verkündete, stellten für Edmund Burke und seine Zeitgenossen einen dezidierten Bruch mit der Vergangenheit dar, einen Bruch mit der alten Kultur – nicht Freiheit, sondern Entfremdung werde die Folge sein. Diese Debatte sollte geradezu ein roter Faden werden in der späteren intellektuellen Auseinandersetzung in Europa. Marx und Engels verstanden nicht, warum die arbeitende Klasse Englands keine Revolution anzettelte, und auch Heine beklagte, dass «kein Prinzip im Parlament diskutiert [wird], nur Nutzen oder Schaden der Dinge». Der Grund dafür war dem Frankreich-Verehrer klar: «Keine gesellschaftliche Umwälzung hat in England stattgefunden.»

WAS JOHN LOCKE FÜR UNS HEUTE BEDEUTET – UND FÜR AMERIKA

Auf dem Schiff, das am 12. Januar 1689 Prinzessin Mary von Oranien nach England brachte, befand sich auch ein Gentleman von 55 Jahren, ein Arzt und Philosoph, der in seinem Gepäck die Manuskripte einiger Werke, die während seines Exils in Holland entstanden oder vollendet worden waren, mit sich führte. Der Mann hielt sich unter diversen Decknamen bei Freunden versteckt, da er sich als

Anhänger der Whigs vor den Stuart-Spionen in Acht nehmen musste. Seine Werke, die bald sukzessive erscheinen sollten, brachte er anonym heraus, so vorsichtig war er auch nach seiner Heimkehr noch; erst nach seinem Tode, 1704, wurde die Autorschaft, zu der er sich in seinem Testament bekannte, enthüllt. Sein Name sollte bald zu einem europäischen Begriff für die englische Aufklärung werden. In unserer Geschichte darf er nicht fehlen.

John Locke war ein Freund des 1. Earl of Shaftesbury, der in der Exclusion Crisis um die Thronnachfolge Jakobs II. die führende Rolle gespielt hatte und ebenfalls hatte fliehen müssen. In Shaftesburys Haushalt war Locke früher ärztlicher Berater sowie Erzieher des Enkels, des 3. Earl of Shaftesbury, in den klassischen Sprachen. Die Auseinandersetzungen um die Religionsfrage, auch die Aufkündigung des Edikts von Nantes durch Ludwig XIV., hatten den Philosophen in seinem Exil tief beunruhigt. In dem 1689 veröffentlichten «Letter Concerning Toleration» zog er dem Staat entsprechend enge Grenzen. Der Staat solle sich, statt mit Glaubensfragen und dem allgemeinen Seelenheil, lieber «mit bürgerlichen Interessen» befassen, die Locke definierte als «Leben, Freiheit, Gesundheit, Abwendung von körperlicher Qual und Besitz von äußeren Dingen wie Geld, Land, Häuser, Möbel und dergleichen». Hinter dem Duktus des Präzeptors sprach ein Mann des reinen, praktischen Common Sense.

Das nächste Werk, sein philosophisches Opus magnum, «An Essay Concerning Human Understanding» von 1690, vertiefte diese Gedanken. «Die höchste Vervollkommnung der intellektuellen Natur des Menschen», so konnte man jetzt lesen, «liegt in dem sorgfältigen und dauerhaften Streben nach wahrem und fundiertem [solid] Glück.» Nach irdischer Glückseligkeit zu streben, mag uns Heutigen als selbstverständlich vorkommen, war aber als Postulat im 17. Jahrhundert noch reinste Häresie, wo die Seligkeit erst nach dem Tode in den Armen Gottes zu erwarten war.

Knapp hundert Jahre nach Locke aber trugen seine Ideen in den englischen Kolonien in Amerika unerwartete Frucht. Thomas Jefferson erwies sich als kundiger Leser der Werke des Philosophen, dessen Name längst zu einer Losung unter den amerikanischen *freedom fighters* geworden war. Jefferson griff Lockes Forderung an den Staat auf, sich vorrangig um «Life and Liberty» des Bürgers zu kümmern, ließ die *property*-Frage beiseite, borgte sich aber Lockes andere Auffassung vom «Streben nach dem wahren und fundierten Glück» zu neuer Formulierung an entscheidender Stelle der Unabhängigkeitserklärung: «dass die Menschen von ihrem Schöpfer mit gewissen unveräußerlichen Rechten ausgestattet sind, und dass dazu Leben, Freiheit und das Streben nach dem Glück gehören». Den Schutz von «life, liberty and property» hatte Locke in seinem nächsten Hauptwerk, «The Second Treatise of Civil Government», von 1690 dem Staat als zentrale Aufgabe zugewiesen. Jeffersons Änderung dieser Trias zu «life, liberty and the pursuit of happiness» wird zu Recht als Geniestreich des Autors der *Declaration of Independence* angesehen. Aber nur die wenigsten wissen, dass auch das dritte von Jeffersons «unveräußerlichen Rechten» – das Streben nach dem Glück – John Lockes praktischem Geist entsprungen war.

Mit dem freilich ein Philosoph wie Nietzsche nichts anzufangen wusste. «Das ist keine philosophische Rasse, diese Engländer», zürnte er in «Jenseits von Gut und Böse» (1886). «Im Kampf mit der englisch-mechanistischen Welt-Vertölpelung waren Hegel und Schopenhauer einmütig. [...] Hobbes, Hume und Locke sind eine Erniedrigung und Wert-Minderung des Begriffs ‹Philosophie› für mehr als ein Jahrhundert.»

Mit Hobbes hatte Locke im Übrigen selbst ein Hühnchen zu rupfen. Der Autor des «Leviathan» (1651) stand noch ganz unter dem Eindruck des gerade überstandenen Bürgerkrieges. Für ihn war das reine Walten des Naturrechts und Naturzustands ein «Krieg aller gegen alle». Den könne nur ein starker Souverän verhindern, postulierte Hobbes, an den jeder sein ihm angeborenes Naturrecht übertragen sollte: Er allein könne die Sicherheit aller garantieren. Locke widerspricht. Die Idee, dass die Menschen ihr Naturrecht an nur einen abgeben, der das seine als Einziger, nämlich als Souverän, behält und schrankenlos ausüben darf, sei lächerlich: «Wer so denkt, hält die Menschen für töricht.»

Knapp 40 Jahre liegen zwischen dem «Leviathan» und dem «Second Treatise of Civil Government»: Die Botschaft der Bill of Rights durchweht Lockes staatspolitisches Opus mit neuer Zuversicht, wie sie einem Hobbes im Bürgerkrieg nicht zur Verfügung stand. Es wird das Grundbuch seiner Zeit. Die Beziehung zwischen König und Volk wird jetzt als Treuhandverhältnis beschrieben, welches alle bindet. Das heißt: Wenn der Herrscher seine Verpflichtung auf den Schutz von Leben, Freiheit und Eigentum nicht erfüllt, haben die Regierten das Recht, ihn zu stürzen. O-Ton Locke: «Ein Herrscher, der versuchen sollte, seine Macht willkürlich zu gebrauchen, muss zum allgemeinen Feind und zur Pest der Menschheit erklärt und entsprechend behandelt werden.»

Für Locke sind Naturgesetze Gesetze der Vernunft. Muss man nicht anerkennen, dass der Mensch nach seinem Vorteil strebt? Das ist sein gutes Recht, solange er dabei nur die Moralgesetze beachtet. 1776, im Jahr der amerikanischen Unabhängigkeitserklärung, erkennt auch Adam Smith in seinem Hauptwerk über den «Wohlstand der Nationen» im Eigeninteresse des Menschen einen Urtrieb, der sich im Gesamt der Gesellschaft zum Wohle aller auswirke. Uns sind heute unter dem Eindruck der Finanzkrise Zweifel daran gekommen, wie weit der Optimismus eines John Locke oder Adam Smith noch trägt. Das Vertrauen in die Qualität unserer etablierten Ordnung ist erschüttert. Locke für seinen Teil hätte geantwortet, dass nicht der Mensch, sondern fehlende Gesetze zur rechtzeitigen Eindämmung die Krise verschuldet haben. Dabei könnte er bescheiden auf seine wohl berühmteste Sentenz hinweisen: «Wo das Gesetz endet, beginnt die Tyrannei.» Auch die Tyrannei ungezügelter Gier. Das Locke-Zitat findet sich unter anderem auf der Stirnwand des Bundesstaatsgerichts in Phoenix, der Hauptstadt des US-Staates Arizona.

8

WAS UNS DIE DEUTSCHEN ANGLOMANEN DES 18. JAHRHUNDERTS ÜBER DAS HEUTIGE ENGLAND ERZÄHLEN

VORAB: DER KONTRAST DER VERFASSUNGEN

England bot im Jahrhundert nach der Glorreichen Revolution das Bild eines vorbildlichen Staates, in dem es Rechte und Freiheiten und einen Verfassungskonsens gab wie sonst nirgends in den alten Staaten Europas. Erst recht nicht in den vielen deutschen Kleinstaaten, wo die Obrigkeit unangefochten das Sagen hatte und bestenfalls Toleranz den Platz einnahm, auf dem eigentlich Rechte hätten thronen müssen. Kein Wunder, dass sich europäische Reisende, aus Deutschland zumal, in großer Zahl auf den Weg machten, um das englische Wunder an Ort und Stelle zu bestaunen. «Wer aus dem Wohnzimmer der Tugend kömmt», spöttelte Georg Christoph Lichtenberg, der England nach seinen drei Aufenthalten dort als seine zweite Heimat ansah, «ich meine aus den kleinen Städten Deutschlands nach London», der konnte etwas erleben. Die Berichte darüber hatten immer auch den Zweck, dem heimischen Publikum einen Spiegel vorzuhalten und das Bild von jenseits des Kanals zur Nachahmung zu empfehlen. Dabei trifft vieles von dem, was die deutschen Anglomanen des 18. Jahrhunderts entdeckten, noch immer zu. Ihre Berichte lassen sich daher als vorzügliche Quelle zum Verständnis auch des heutigen England lesen. Das sei hier versucht.

Eine kurze Gegenüberstellung des konstitutionellen Zustands in deutschen Landen und auf der Insel ist freilich nötig, damit man sich besser in die Köpfe dieser England-Reisenden hineindenken kann. Ein gutes Beispiel für die deutsche Seite stellt noch das Preußen 150 Jahre später dar. Das Gefälle zu England in puncto Parlamentarismus und Bürgerrechte war auch damals noch immer ausgeprägt – wie viel stärker muss dieser Unterschied 150 Jahre früher empfunden worden sein. Wir nehmen als Stichtag das Datum der Eröffnung des Vereinigten Preußischen Landtags, den 11. April 1847. Prinz Albert von Sachsen-Coburg-Gotha, der sehr fortschrittlich gesinnte Gemahl von Königin Viktoria, hat große Hoffnungen in den preußischen König Friedrich Wilhelm IV. gesetzt und Andeutungen von ihm so verstanden, als wolle der Monarch Vorreiter eines deutschen liberalen Konstitutionalismus werden. Ausdrücklich gratuliert Albert ihm daher zur Einberufung des Vereinigten Preußischen Landtags. Doch hält König Friedrich Wilhelm IV. zur Eröffnung den Abgeordneten vor, «daß es keiner Macht der Erde jemals gelingen soll, Mich zu bewegen, das natürliche, gerade bei uns durch seine innere Wahrheit so mächtig machende Verhältnis zwischen Fürst und Volk in ein conventionelles, constitutionelles zu wandeln, und daß ich es nun und nimmermehr zugeben werde, daß sich zwischen unseren Herrn Gott im Himmel und dieses Land ein beschriebenes Blatt gleichsam als zweite Vorsehung eindränge, um uns mit seinen Paragraphen zu regieren und durch sie die alte, heilige Treue zu ersetzen».

Wie um den Parlamentariern alle Illusionen zu nehmen, fügt er hinzu: «Das aber ist Ihr Beruf nicht: Meinungen zu repräsentieren, Zeit- und Schulmeinungen zur Geltung bringen zu wollen. Das ist völlig undeutsch und obendrein völlig unpraktisch [...], denn es führt nothwendig zu unlösbaren Konflikten mit der Krone, welche nach dem Gesetze Gottes und des Landes und nach eigener Bestimmung herrschen soll, aber nicht nach dem Willen von Majoritäten regieren kann und darf.»

Albert und seine Königin waren entsetzt. Viktoria schrieb später an ihren Onkel Leopold, den König der Belgier: «Dieses ewige Nachvorn und Zurück meines armen Freundes, des preußischen Königs, ist katastrophal.» 15 Jahre nach dieser Rede des preußischen Monarchen bemerkt Bismarck gegenüber dessen Nachfolger Wilhelm I. in der Unterredung vom 22. September 1862, die zu seiner Ernennung als preußischer Ministerpräsident führen wird: Es gelte zu kämpfen um die Entscheidung «zwischen königlichem Regiment oder Parlamentsherrschaft». Um Letztere abzuwenden, befürworte er auch «eine Periode der Diktatur».

DER RÜDE TON GEGENÜBER DER OBRIGKEIT
UND DIE LUST AN DER PROVOKATION

Am besten, wir nähern uns dem englischen 18. Jahrhundert und den Entdeckungen, welche die deutschen Anglomanen dort machten, mit Hilfe einiger Vorkommnisse der jüngsten Zeit. Im Februar 2009 meldete sich wieder einmal einer dieser Provokateure, mit denen die britischen Medien reich gesegnet sind, zu Wort und feuerte eine Breitseite gegen den Regierungschef Gordon Brown wegen der Art, wie dieser die Finanzkrise meistere. Jeremy Clarkson leitet ein populäres TV-Programm in der BBC, wo er neue Automodelle vorstellt, und schreibt in der «Sunday Times» eine Kolumne, mit hoher Einschaltquote. Seine Verbalinjurien sind Legende, die Beschwerden gegen ihn auch, aber die Narrenfreiheit der Rede kennt in England keine Grenzen. Manche Witze des Mr. Clarkson leiden an Ermüdung, so etwa, wenn er ein neues BMW-Modell mit hochgestreckter Heil-Hitler-Hand begrüßt. Diesmal musste der britische Premier dran glauben, mit dessen Politik zur Bekämpfung der Finanzkrise der Vorreiter des losen Mundwerks offenbar nicht übereinstimmt: «Ich halte Gordon Brown für einen einäugigen schottischen Idioten.»

Gegenüber den wütenden Protesten vor allem aus Schottland entschuldigte er sich am darauffolgenden Tag: «Ich habe nichts gegen die Schotten und entschuldige mich bei allen Menschen mit Behinderungen.» Gordon Brown ist, wie man weiß, seit einer Rugbyverletzung in seiner Jugend auf dem linken Auge blind. Zwei Entschuldigungen? War das nicht ein bisschen zu viel für einen attestierten Rüpel? Clarkson muss um seinen Ruf als Enfant terrible gefürchtet haben, daher setzte er gleich nach: «Es tut mir leid, Brown einen einäugigen schottischen Idioten genannt zu haben – aber das mit dem Idioten: Nein, dafür entschuldige ich mich nicht.»

Der Casus erinnert an einen berühmten Vorfall im Sommer 1999, als die «Sunday Times» einen Starschreiber, A. A. Gill, auch er für seine Ausfälle berüchtigt, ob gegen Waliser, Hundehalter oder wen auch immer, nach Berlin, Weimar und Buchenwald schickte für einen aktuellen Deutschland-Report. Der erschien schließlich als Aufmachertext im Farbmagazin des Blattes. Eine Reportage mit viel Gift: «Wir alle hassen doch die Deutschen», so krönte der Autor sein Urteil. «Den Hunnen zu hassen, ist vielleicht das einzige wirkliche Band, das alle Nichtdeutschen verbindet.»

Es hagelte Zuschriften von Briten, die sich damit nicht identifizieren wollten. Auch die deutsche Botschaft in London wurde mit Bekundungen großer Sympathie für Deutschland geradezu überschwemmt. Der damalige Botschafter Gebhard von Moltke, sonst wohlweislich zurückhaltend mit Kommentaren zu den britischen Medien, hielt die Zeit für gekommen, sich zu rühren. In einem zwei Absätze langen Brief an den Chefredakteur der Zeitung monierte er: «Sie werden keinen ähnlichen Artikel über Großbritannien in irgendeiner deutschen Zeitung finden, nicht nur weil es nicht unser Stil ist, sondern weil man es für vollkommen unverantwortlich hielte.»

Aber «Unverantwortlichkeit» bildet geradezu eine Erkennungsmelodie der britischen intellektuellen Tradition. Das Niveau der Polemik mag gesunken sein, aber die Lust zu provozieren blüht unverwelklich. Sie entspringt dem Reflex, dass Macht, dass eigentlich jeder von seinem Podest heruntergeholt zu werden verdient, um die Relationen wieder zurechtzurücken. Der Widerspruch gegen Karl I. – «Monarch und Untertan sind zwei gänzlich verschiedene Dinge» – hallt durch die Zeiten wie ein ewiger Aufstand. «Ich bleibe bei dem ‹Idiot›.» Vor Jahren stürmte Henry Kissinger aus einer Radiosendung der BBC, weil der Interviewer ihm ohne Betäubung – das heißt ohne Schonung – auf dem Kambodscha-Zahn herumbohrte und mehr wissen wollte über Kissingers Involvierung in die kontroverse Entscheidung 1970, Kambodscha zu bombardieren. Den inquisitorischen Ton wollte sich der frühere Außenminister nicht bieten lassen. Der Interviewstil britischer Medien gegenüber Politikern ist respektlos, oft geradezu rüde. Und nicht nur der Stil der Medien. Max Beloff, einst Doyen der englischen Politikwissenschaft, verglich einmal in der «Times» Tony Blair mit Adolf Hitler, wegen Blairs vermeintlich vergleichbarer Sucht nach politischer Allmacht.

Wie aber stand es mit dieser «Unverantwortlichkeit» im England des 18. Jahrhunderts? Ein guter Zeuge ist der in Kopenhagener Diensten stehende Diplomat Helferich Peter Sturz, der im Herbst 1768 den dänischen König Christian VII. auf einer Reise nach London und Paris begleiten durfte und seine brieflichen Berichte an einen Hannoveraner Hofrat später mit dessen Einwilligung publik machte. In seinem fünften Brief aus London, vom 25. September 1768, schildert Sturz ein, modern gesprochen, «Aha-Erlebnis». Im St. James Park begegnet ihm leibhaftig König Georg III. mit kleinem Hofstaat, der den Monarchen «in schweigender Ehrfurcht umgibt». Alles verbeugt sich tief vor Majestät und dem «glänzenden Haufen» der Großen um ihn herum. «Wer die hiesige Verfassung nicht kennt», folgert Sturz aus dem Gesehenen, «glaubt, nicht im Lande der Freiheit, sondern an dem Hof eines morgenländischen Sultans zu sein.»

Das ist aber nur der Beginn der Geschichte. Sturz fährt fort: «Wenige Schritte von diesem Schauspiel, in dem Café zu St. James, findet man dann ein öffentliches Blatt, das über die Regierung mit aufrührerischem Frevel lästert. Lange kann [der Besucher] sich nicht entscheiden, welche von beiden Erscheinungen ein Traum war: er weiß den Widerspruch nicht zu erklären; endlich glaubt er […], daß das Hofgepränge nur eine leere Theaterpracht und die Zeitung der Geist und die Stimme eines zügellosen Volkes ist. Welche Bosheit, ruft er aus, bringt die gepriesene Freiheit hervor! Wie eingeschränkt ist die Gewalt des Monarchen, der diesen Trotz nicht bändigen kann! Jeder arme Teufel preist aufrichtig sein Schicksal, daß er nicht König von England ist. Dennoch ist ein englischer König, sobald er nicht eigenwillig, sondern nach den Gesetzen regiert, ein mächtiger und auch ein glücklicher Herr.»

Später, im zehnten Brief, diesmal aus Paris, berichtet Sturz von einer Unterhaltung mit dem Philosophen Claude Adrien Helvétius, der ihm von zwei Besuchen in Berlin und London erzählt: «Ich ging nach Berlin, um einen König, und nach England, um ein Volk zu sehen.»

Eine gute Dosis «zügelloses Volk» bekommt selbst die heutige Queen auf dem Höhepunkt ihrer öffentlichen Verehrung zu spüren, und zwar von den Karikaturisten, die damit bewusst ein Gegengewicht schaffen zum Übermaß der Hochachtung vor der lang dienenden Elisabeth II. Zum Jahr ihres Goldenen Thronjubiläums, 2002, stiftete ihr der anti-royalistische «Guardian» ein bitterböses Cartoon. Da sah man die Monarchin in schwarzer bodenlanger Gewandung auf der Toilette zurückgelehnt, im seitlichen Profil, den starren stirngerunzelten Blick nach vorn gerichtet, auf dem Kopf die etwas schief sitzende Krone, neben ihr die Toilettenrolle aus lauter 5-Pfund-Scheinen, an der Wand das grinsende Porträt eines der jüngeren Royals in ausgeflippter Pose, vor ihr aus dem Boden ragend eine schon rauchende Lunte, und dazu der höhnische Spruch »50 glorreiche Jahre auf dem Thron». Angesichts einer solchen Behandlung der Monarchin ließe sich der oben zitierte Satz des deutschen Botschafters aus seinem Beschwerdebrief an die «Sunday Times» umwandeln, und er träfe genauso zu: «Keine ähnliche Karikatur über das deutsche Staatsoberhaupt würde sich in irgendeiner deutschen Zeitung finden, nicht nur weil es nicht unser Stil ist, sondern weil man es für vollkommen unverantwortlich hielte.»

England lebt nach anderer Tradition. Der *free-born Englishman* hat lange vor anderen Europäern seine Freiheit durchgesetzt; entsprechend länger ist die Dehnbarkeit und Flexibilität des Gemeinwesens auch unter den Angriffen des «zügellosen Volkes» und seiner Rohheit getestet worden. Der verstorbene Ralf Dahrendorf, als Lord Dahrendorf lange Zeit unsere prominenteste Brücke nach England, hat einmal die Vorliebe des Engländers für Provokation so erklärt: «Zunächst einmal lieben die Engländer alles, was Anstoß erregt und verschroben ist, und sie empfinden großes Vergnügen daran, politisch unkorrekt zu sein. Dabei sind sie sich oft nicht darüber im Klaren, dass man sie im Ausland ernster nimmt, als sie die Welt jenseits des Kanals namens ‹Europa› nehmen.»

Das Stilmittel Provokation ist erst recht dem englischen Humor eigen. Eine Satire-Serie wie «Monty Python's Flying Circus» konnte nur in England entstehen, was vor allem für den Filmklassiker des Monty-Python-Teams gilt, «Life of Brian», der ebenso abend- wie kontroversefüllend war. Darin wird ein junger jüdischer Mann irrtümlicherweise für den Messias gehalten und schließlich zusammen mit anderen gekreuzigt. Selbst wer den Film noch nicht gesehen hat, wird gewiss schon einmal dem Schlusschor begegnet sein, den die zum Kreuzestod Verdammten lachend vor sich hin pfeifen, «Always look on the bright side of life» – schau immer auf die heitere Seite des Lebens. Heiter fanden viele Zeitgenossen den Film ganz und gar nicht, weder in England noch in den USA, wo er im August 1979 uraufgeführt wurde, noch andernorts. Es hagelte Proteste wegen angeblicher Blasphemie. Malcolm Muggeridge, ein wortgewaltiger britischer Kritiker, nahm besonderen Anstoß an der Schlussszene, «wo eine Menge Gekreuzigter eine Revuenummer absingen». Die britische Satire kennt keine Grenzen, ebenso wenig wie die Meinungsfreiheit. Erst die Terrorbedrohung der letzten Jahre hat dieser Freiheit neue Leitplanken gesetzt.

Johann Wilhelm von Archenholtz aus Danzig-Langfuhr hielt sich zwischen 1769 und 1779 insgesamt sechs Jahre lang in England auf und galt mit seiner Zeitschrift «Literatur und Völkerkunde» und dem 1785 folgenden Buch «England und Italien» als *der* England-

Experte seiner Zeit. Auch er stellt sich hinter das Volk und seine Zügellosigkeit: «Sie nennen mit Recht die Pressefreiheit das große Palladium ihrer Freiheiten. Der Missbrauch derselben wird unendlich von dem großen Nutzen überwogen, den der gute Gebrauch dem Gemeinwesen gewährt.» Ja, Archenholtz konstatiert: «Es wäre unmöglich, dass dieses Reich, wo der König die Quelle aller Ehrenstellen, Würden und zum Teil auch aller Reichtümer ist, bis zu unseren Tagen ein freier Staat geblieben wäre, wenn es die wohltätige Pressefreiheit nicht bewirkt hätte.»

Wie das freie Wort die britische Gesellschaft veränderte, begründet der Autor in einer luziden Passage: «Das Bewußtsein der Freiheit und des Schutzes der Gesetze verursacht natürlich, daß der gemeine Mann gegen Vornehme, ja selbst gegen die ersten Männer des Staates nur geringe Achtung zeigt, es sei denn, daß sie sich durch ihr Betragen Popularität erworben haben. Die Schranken, welche Ehrenstellungen und Reichtum veranlassen, sind nicht stark genug, um die Ideen von Gleichheit zu vernichten. Sogar gegen die königliche Würde wird oft wenig Achtung erwiesen. Man sieht den König als die vornehmste Magistratsperson an, die von der Nation bezahlt wird.»

«Die vornehmste Magistratsperson», auch noch ausgehalten von der Nation: Angesichts solcher Dienstbeschreibung verschwindet die Aura der Majestät fast vollständig, und keine Schranke hält mehr davon ab, mit dieser Person auch seinen Spaß zu treiben, wie schon Sturz registrierte, wenn er in den Gazetten «aufrührrerischem Frevel» begegnete. Der zeigte sich besonders in der Ära Georgs III. in der Karikatur, die damals ihren ersten Höhepunkt erlebte, vielleicht ihren größten überhaupt. Königliche Würde stand zum allgemeinen Spott frei. Es war nicht von ungefähr, dass mit den Spöttern auch der Dandy seiner großen Zeit entgegenging.

Der Engländer lernte, sich von der Macht nicht ungebührlich beeindrucken zu lassen. Man kann es als eine subtile Variante von Résistance begreifen. Es gibt eine Radioaufnahme der BBC aus dem

Jahr 1940, während des Luftkrieges über England, wo ein Reporter in den Schächten der Londoner U-Bahn die dort untergebrachten Menschen über ihre Reaktionen auf die Vorgänge über Tage befragt. Gerade hat das Mikrofon eine alte Dame erreicht, da hört man das Krachen einer neuen Detonation bis in die U-Bahn-Station hinunter. Die alte Lady, als welche man sie an der Stimme erkennt, reagiert spontan: «Dieser Hitler! Ist das ein Zappelphilipp!» («a fidget!»)

DER ÜBERWACHUNGSSTAAT VON HEUTE:
EINE NEUE HERAUSFORDERUNG FÜR DEN *FREE-BORN ENGLISHMAN*

Das aufmüpfige Naturell des Briten wird freilich in der Gegenwart von den neuen Mächten der *political correctness* stark in seine Schranken gewiesen. Gegen die hilft auch kein Spott, weil sie jeden Verstoß in Bereichen, die sie für Tabu oder sakrosankt erklären, durch öffentliche Sanktionen unnachgiebig ahnden. Dabei legt das Zusammenleben in einer multiethnischen Gesellschaft besondere Rücksichten nahe; die Empfindlichkeiten nehmen zu, die Beschwerdenehmer auch. Als vor Jahren der Streit um die Mohammed-Karikaturen in einer dänischen Zeitung die muslimische Welt auf die Barrikaden trieb, reagierten ausgerechnet die britischen Medien besonders zurückhaltend: Keine einzige Zeitung druckte die inkriminierten Cartoons nach. Im Jahr davor waren in London die Terror-Bomben hochgegangen, und das Land trug noch an seinen Verwundungen.

Mag solch ein Beispiel aus seiner Situation heraus erklärbar und selbst für Kritiker verständlich sein, so haben die Engländer heute andererseits den Eindruck, sie müssten sich auf Schritt und Tritt in Acht nehmen vor verbalen Unachtsamkeiten im Alltag. Der Überwachungsstaat ist überall. Die CCTV-Kameras an Tausenden von Straßenecken haben in Einzelfällen geholfen, Kapitalverbrechen rascher aufzuklären – aber ihre Präsenz wirft einen unguten Schatten auf das Lebensgefühl, und den Briten wird allmählich unheimlich, wie die Bürokratie sich zunehmend auch in anderen Bereichen einmischt, mit Datensammlungen ungesicherter Verwahrung, mit Direktiven örtlicher Behörden, von der Müllbeseitigung bis zu Parklizenzen, die den Bürger, der sich nicht an die Normen hält, einzuschüchtern versuchen. Vieles davon mag übertrieben sein, geschürt von *civil liberty*-Gruppen, die den *free-born Englishman* und seine Freiheit in Gefahr sehen. Aber die politischen Parteien, darin unterstützt von den Medien, geben ihnen recht. Der bevormundende *nanny state*, der «Kindermädchenstaat», der alles besser weiß, wird zur Signatur der Zeit.

Das wirkt besonders anstößig in einem Land, welches keinem Staatsbegriff huldigt, wie er, mit fast metaphysischen Nebentönen, etwa im deutschen Denken seit Hegel tief verankert ist. Nur einmal, in Thomas Hobbes' «Leviathan» von 1651, hat ein britischer Philosoph unter dem Eindruck des Bürgerkrieges im Staat als der dominierenden Instanz das Heil zu definieren versucht. Mentalitätsbildend in der englischen Geschichte wurde die gegenteilige Attitüde: ein großes Misstrauen gegenüber den staatlichen Institutionen und ihrem Potential zu Übergriffen. Ein Sozialtheoretiker wie Herbert Spencer veröffentlichte 1884 sogar eine Schrift, die schon in ihrem Titel die Gegnerschaft zum Staat intonierte: «Man versus the State». Die leidenschaftliche Diskussion um die Ein-führung eines Personalausweises in Großbritannien, seit Jahren unentschieden geführt, enthüllt noch heute diese fast feindselige Grundeinstellung des Briten gegenüber den Instanzen staatlich-bürokratischer Macht. Auch das Misstrauen gegenüber «den Politikern», so dramatisch bestätigt durch den Spesenskandal der jüngsten Zeit, hat hier seine Wurzel.

DER ENGLÄNDER UND SEIN PATRIOTISMUS ...

Man lässt den englischen Patriotismus allgemein mit Shakespeare anheben, namentlich seinen Königsdramen, die der Nation ein Bild ihrer Gefährdungen, aber auch ihrer Triumphe und Einzigartigkeit vor Augen stellten, an dem der Patriotismus sich erwärmen konnte.

Jedes englische Schulkind kennt den Päan, den John of Gaunt in «Richard II.» vorträgt:

> Dies Volk des Segens, diese kleine Welt,
> Dies Kleinod, in die Silbersee gefasst,
> Die ihr den Dienst von einer Mauer leistet,
> Von einem Graben, der das Haus verteidigt
> Vor weniger beglückter Länder Neid;
> Der segensvolle Fleck, dies Reich, dies England.

Freilich, die Engländer mussten nicht auf das elisabethanische Zeitalter warten, um von ihrer Einzigartigkeit als Volk überzeugt zu sein. Lange vor Shakespeare wussten europäische Reisende von dieser stolzen Gesellschaft zu berichten. Der wichtigste Zeuge ist jener venezianische Besucher, der seinen Botschafter Andrea Trevisano in London ausführlich darüber ins Bild setzte, was er auf seinen Reisen in England vorfand. Darunter dies: «Sehr arrogant, selbstsicher und misstrauisch gegenüber Ausländern, denen sie mit großer Antipathie begegnen in der Annahme, dass diese nur auf die Insel kommen, um sie zu beherrschen. Es gibt keine Menschen, die es ihnen gleichtun können, und keine Welt außer England. Wenn sie einen gut aussehenden Ausländer sehen, sagen sie: ‹Er sieht wie ein Engländer aus. Schade, dass er kein Engländer ist.› Wenn sie mit ihm etwas Wohlgeformtes teilen, fragen sie: ‹Wird so etwas auch bei Euch hergestellt?›»

Das erinnert an ein Erlebnis Voltaires während seiner Londoner Jahre. In besten Pariser Seidenkleidern und seiner modischen Perücke wandert der Philosoph, so geht die Anekdote, einmal durch einen Londoner Park und wird dabei von einer grölenden Meute angegangen. Voltaire rettet sich auf ein nahe stehendes Podest, von dem aus er seinen Peinigern, die Situation entschärfend, zuruft: «Tapfere Engländer! Bin ich nicht schon unglücklich genug, nicht unter euch geboren zu sein!?» Woraufhin die *free-born hooligans*, versöhnt, den Gast auf ihren Schultern im Triumph in seine Wohnung tragen.

Wie alt diese Bilder sind. Im vierten Stück des dritten Buches seiner «Oden» verspricht der römische Dichter Horaz den Musen, dass, wenn sie nur bei ihm blieben, er sich dem tobenden Meer, der glühenden Wüste aussetzen werde, ja dass er sogar «die gegenüber Fremden wilden Britannier besuchen» wolle. Eine hübsche Steigerung – vom tosenden Meer über die glühende Wüste zu den wilden Britanniern ... Ein moderner Übersetzer, Will Richter, überträgt diese Stelle idiomatischer: «Will ich die fremdenfeindlichen Briten besuchen». Das lässt den missratenen Bruder des Patriotismus mit anklingen: die Xenophobie.

Auch bei diesem Thema kommt uns ein deutscher Anglomane des 18. Jahrhunderts entgegen. Friedrich August Wendeborn versah mehr als 20 Jahre lang als Pastor an einer deutschen Kirche in London geistlichen Dienst und wurde in dieser Zeit nahezu anglisiert. In vier Bänden (1784–1788) legte er eine der besten Beschreibungen der Insel aus seiner Zeit vor: «Der Zustand des Staats, der Religion, der Gelehrsamkeit und der Kunst in Großbritannien gegen Ende des 18. Jahrhunderts». «Aus der Eigenliebe der Engländer entsteht die Verachtung des Fremden», schreibt Wendeborn, «die heutigen Engländer [sind] auf den Namen *Britons* bis zum Lächerlichen stolz.»

Auch Wendeborn erzählt von einer Begegnung, die eine Stelle in dem Bericht des venezianischen Reisenden anno 1497 fast wörtlich bestätigt, wie auch Voltaires ironischen Ausruf, mit dem er sich von seinen Drangsalierern freikaufte: «In einer Oxforder Gesellschaft von Gelehrten machte mir ein sehr geschickter und redlicher Mann nach einer langen und vertrauten Unterredung das folgende Kompliment: ‹You look and think like an Englishman. It is a pity you are not born in this country›.» «Sie sehen aus und denken wie ein Engländer – schade, dass Sie nicht in diesem Land geboren sind.» Das ruft nach einem Kommentar, den uns der feinsinnige Pastor Wendeborn denn auch nicht vorenthält. «Ich weiß nicht, ob eine sonst nicht übel gemeinte Unhöflichkeit, die den Nationalstolz zum Grunde hat, weiter gehen kann», merkt er mit englischem Understatement an. Doch hütet er sich, den Beleidigten zu spielen; viel mehr interessiert ihn der Vergleich zwischen Engländern und Deutschen. Dabei trifft er den Nagel auf den Kopf, diesmal auch auf den deutschen: «Ein geschickter Engländer redet von seiner Person, von seiner Würde und seinem Stande mit Bescheidenheit, von seinem Vaterlande mit Lobsprüchen und einer Art von Enthusiasmus. Dahingegen ein deutscher sogenannter feiner Herr in seine Verdienste und Titel verliebt ist und sich nur zu schämen scheint, wenn er sagen soll, daß er ein Deutscher ist.»

... STOSSEN AN EIN IDENTITÄTSPROBLEM

Doch mit Enthusiasmus redet der Engländer heute von seinem Land eher wenig. Die Gegenwartskrise nagt an seinem Nationalstolz. Auch gehört zum Patriotismus eine klare Vorstellung davon, wer man ist. Was aber ist englische Identität? Die liegt im Argen, seit die Labour-Regierung vor zehn Jahren mit der Dezentralisierung ernst machte und die Regionen, Wales und Schottland vor allem, sich mit neuem Stolz auf ihre von England verschiedene Eigenart berufen können. Wenn aber die britische Insel in der Beschreibung ihres Selbst in ihre Teile zerfällt – wohin dann mit dem «Englischen»?

Premierminister Brown hütet sich als Schotte wohlweislich, gerade darauf eine Antwort zu geben. Er versucht stattdessen seit Langem, um den Zusammenhalt des Vereinigten Königreichs zu stärken, «Britishness» hervorzuheben, und empfiehlt dies auch den Pädagogen des Landes. Der Union Jack, die Nationalfahne, stehe für die klassischen Tugenden von Toleranz und Offenheit, für Inklusion aller Rassen, Hautfarbben und Religionen auf der Insel. Das klingt wie ein britisches Pendant zum deutschen «Verfassungspatriotismus»: Die demokratischen Werte sind es, die uns beschreiben. Wie schon David Hume schrieb: Die Freiheit macht den Nationalcharakter der Engländer, sprich: der Briten aus.

Doch winkt die Gesellschaft eher müde ab bei dem Versuch, sie patriotisch festzunageln. Man schwenkt weiterhin enthusiastisch seinen Union Jack, wenn alljährlich am letzten Abend der *Proms*, der Konzertsaison in der Londoner Royal Albert Hall, «Rule, Britannia! Britannia, rule the waves» aufbraust – und kehrt am Tag danach zum Alltag seiner Sorgen zurück, die unerschöpflich sind in Zeiten der Finanz- und Wirtschaftskrise. Aber schon davor war kein Korb mehr zu gewinnen mit britischer Identität. Im Jahr 2007 schrieb die «Times» einen Wettbewerb aus für das Motto, das den Begriff «Britishness» am besten wiedergeben könnte. Mit weitem Abstand siegte der Slogan «Kein Motto bitte, wir sind Briten». «No motto please, we are British»: Der Historiker David Starkey argumentiert sogar, es sei unmöglich, «Britishness» zu unterrichten, denn «eine britische Nation gibt es nicht». Eine englische aber auch nicht, dafür aber ein umso stärkeres Gefühl für England als den Inbegriff dessen, was die Insel «im Innersten zusammenhält». Nur – was ist das?

Schaut man auf den gegenwärtigen Büchermarkt und die Titel, die das Rennen machen, so könnte man glauben, das Land steuere seinem Untergang entgegen. Verwahrlosende Jugend, zerbrechende Familienstrukturen, Gettoisierung in den Städten, die nicht gelingende Integration von zu vielen Einwanderern, die öffentlichen Dienste, die nicht mehr nachkommen angesichts der Überbeanspruchung, das Schwinden der Geschichte aus dem Horizont einer sich verflachenden Kultur: Die Beschwerdeliste ist lang. Früher galt als Faustregel, dass die Briten mit dem Gefühl, sie stünden mit dem Rücken zur Wand, besonders gut fertig werden, da sie neue Kräfte oft dann in sich entdecken, wenn es ihnen besonders schlecht geht. Ob das auch für die Zukunft gilt? Darüber streiten die Geister. Hier nur eine kleine Anthologie der Untergangsprophetien:

Peter Hitchens: «The Abolition of Britain – From Winston Churchill to Princess Diana» (1999, Neuauflage 2008). «The Broken Compass: How British Politics Lost its Way» (2009). Andrew Marr: «The Day Britain Died» (1999). Roger Scruton: «England – An Elegy» (2000). A. A. Gill: «The Angry Island» (2005). George Walden: «Time to Emigrate?» (2006). Quentin Letts: «50 People Who Buggered Up

Britain» – «50 Leute, die Britannien versaut haben» (2008). In diese Liste gehört auch Melanie Phillips mit «Londonistan – Wie Britannien dabei ist, einen Terrorstaat im Staat zu errichten» (deutsch 2006). Darin untersucht die Autorin das Thema der islamistischen Bedrohung, aber auf eine Weise, die selbst zum Gegenstand der Kontroverse wurde. Doch teilen viele die Beunruhigung der streitbaren Kolumnistin.

Jede/r der hier Genannten singt ihre/seine eigene Elegie, aber ein gemeinsamer Nenner sticht dennoch hervor: Großbritannien landet im moralischen Chaos, die Schulen erziehen nicht mehr, die überarbeiteten Eltern sowieso nicht, das Land ist hoffnungslos überschuldet, die Immigration wird unkontrollierbar. Selbst ein ideologisch so schillernder Kopf wie Rowan Williams, der Erzbischof von Canterbury, ist mit dem Anführer der konservativen Opposition David Cameron der Auffassung, dass die britische Gesellschaft eine «broken society» sei, eine zerbrochene oder zerbrechende Gesellschaft. Er zitiert die Obsession mit dem Celebrity-Kult, die Anbetung des großen Geldes, die zunehmende Dysfunktionalität in zu vielen Familien. Auch Williams gibt offen zu, dass Multikulturalität als liberales Feigenblatt missbraucht wurde, wo in Wirklichkeit oft Vernachlässigung, wenn nicht gezieltes Wegschauen an der Tagesordnung war. Die Doppelkrise der Finanzkultur und der politischen Klasse haben ein Übriges getan, fast so etwas wie einen nationalen Kater entstehen zu lassen.

Eine Umfrage der «Times» mit der Frage nach dem größten Fehler der englischen Geschichte war enthüllend in dem, was die Antworten alles an Selbstironie zutage beförderten. Darunter diese, die weit oben in der Gewinnerliste landete: Wir haben unsere Sträflinge nach Australien abgeschoben und sind selbst in England geblieben …

Gegen diese Flut der Selbstzweifel trat 2007 ein Autor an, der mit seinem Buch «This Little Britain – Wie ein kleines Land die moderne Welt bauen half» die Insel auf den Boden positiverer Tatsachen zurückzuholen suchte. Harry Bingham geht die grassierende *self-*

deprecation, dieser Habitus, sich selbst herabzusetzen, wenn vielleicht auch nur ironisch, zu weit und auf die Nerven, wie eine nationale Seuche. So macht er seinen Landsleuten, ein wahrer Samariter für ihre geschundene Seele, mit einem faktenreichen, fesselnden Buch das Angebot, die Augen einmal weg von der Krise der Gegenwart zu erheben. Bingham und viele Gleichgesinnte hoffen, dass diese Krise nicht das letzte Wort behält. «Land of hope and glory, mother of the free», Englands zweite Nationalhymne, als die man A. C. Bensons Verse, von Edward Elgar vertont, gerne bezeichnet – sie erlebt heute eine ihrer größten Herausforderungen.

WIE SICH DIE BRITEN HERUNTERSPIELEN

Für die Selbstironie der Briten, eine typische Spielart ihres *sense of humour*, gibt es so viele Erklärungen wie Köpfe. Wahrscheinlich spielt auch hier die Glorreiche Revolution mit ihren Folgen hinein: In dem Moment, wo die Herrschaft und der Bürger auf einer Stufe des Rechts ankommen und die *checks and balances* parlamentarischer Kontrolle die Macht übernehmen, nimmt auch der Plebs sich selbst zum Thema vor – spöttisch, wenn es sein muss. Als wolle selbst der gemeine Mann der Verführung zu eigener Wichtigtuerei jede Begründung entziehen. Viel Ernst in England ist versteckter Unernst, was auch für manche der oben zitierten Jeremiaden gilt. *Self-deprecation*, die Herabsetzung des Eigenen, gehört zum Spiel.

Im Jahre 1782 begab sich Karl Philipp Moritz auf eine mehrwöchige Reise zu den Briten, worüber er mit «Reisen eines Deutschen in England» ein anschauungsgesättigtes Büchlein vorlegte, das bis heute verlegt wird und mit seinen Beschreibungen aus dem Unterhaus der damaligen Zeit sogar Eingang gefunden hat in britische Quellensammlungen zur eigenen Parlamentsgeschichte. Moritz ist in Deutschland besser bekannt mit seinem Entwicklungsroman «Anton Reiser», doch während den «Reiser» heute nur die germanistische Fachwelt liest, erfreuen sich Moritz' aus großer Einfühlungsgabe geschöpfte England-Aufzeichnungen weiterhin allgemeiner Beliebtheit. Diesem Augen- und Ohrenzeugen kann man sich anvertrauen.

Wie Fontane nach ihm verfolgt auch Moritz einen dieser inzwischen beliebten parlamentarischen Wahlkämpfe, aber anders als sein Landsmann 70 Jahre später kann er dem Schauspiel nur Positives abgewinnen. Denn hier schnappt er Wichtiges über «den englischen Pöbel» auf, wie er ihn fast liebevoll nennt: «Die Verachtung des Volks gegen den König geht erstaunlich weit. Our King is a blockhead! hab ich wer weiß wie oft sagen hören; indem man zur gleichen Zeit den König von Preußen mit Lobsprüchen bis in den Himmel erhob. Dieser habe einen kleinen Kopf, hieß es, aber hundertmal so viel Verstand darin als der König von England in seinem ziemlich dicken Kopfe. Ja, bei einigen ging die Verehrung gegen unseren Monarchen so weit, dass sie sich ihn im Ernst zum Könige wünschen. Nur wunderten sie sich über die große Menge Soldaten, die er hält, und daß allein in Berlin eine so große Anzahl davon einquartiert sind, da sich in London nicht einmal ein Trupp von Soldaten von des Königs Garde darf blicken lassen.»

«Der König ist ein Dummkopf»: Wenn das schon 1782 gesagt werden durfte, wird die Invektive eines Jeremy Clarkson gegen Gordon Brown («ein Idiot») 227 Jahre später vielleicht nicht mehr so anstößig klingen. Uns interessiert hier vor allem, wie die Canaille so freimütig ihren «blockhead» Georg III. gegen Preußens Alten Fritz eingetauscht hätte, der in England noch in Erinnerung war aus der Zeit der Allianz mit ihm 1756. Wollte man aber wirklich «im Ernst» lieber den Preußen zum König haben? Vielleicht doch lieber nicht. Denn was war der intellektuelle Vorsprung, den man Friedrich bereitwillig konzedierte, gegenüber «der großen Menge Soldaten», die dieser sich hielt? Viel zu bedrohlich für eine Gesellschaft, die mit starkem Militär im eigenen Land unter Oliver Cromwell unangenehme Bekanntschaft schließen musste. Das Klagelied über den Herrscher ist also nur eine Tarnung, hinter der die Vorzüge des eigenen Landes schüchtern versteckt werden. Im Zweifelsfalle also doch lieber England.

George Orwell bringt es wieder einmal auf den Punkt: «Der Engländer wird immer bereit sein, Ausländer für cleverer zu halten, als er selbst es ist, es aber als einen Affront gegen Gott und die Natur ansehen, von Ausländern beherrscht zu werden» («England, Your England», 1941).

DIE ÖFFENTLICHE REDE: EINE KUNST, DIE KARRIEREN BEFLÜGELT

Der rüde Ton im öffentlichen Diskurs, wie er schon den deutschen Anglomanen des 18. Jahrhunderts auffiel, findet besonders weiten Auslauf im britischen Parlament. Karl Philipp Moritz zog es daher an diesen Ort immer wieder mit magischer Kraft. «Ich ziehe die Unterhaltung, die ich dort finde, den meisten anderen Vergnügungen vor», schreibt er in seinem England-Buch. In Deutschland konnte er kaum erleben, was er da hörte: «Sehr auffallend waren mir die offenbaren Beleidigungen und Grobheiten, welche die Parlamentsmitglieder einander oft sagten, indem der eine zum Beispiel aufhörte zu reden, und der andere unmittelbar darauf anfing: ‹it is quite absurd›, u.s.w. Es ist höchst ungereimt, was der right honourable gentleman, mit diesem Titel beehren sich die Parlamentsmitglieder vom Unterhause, eben jetzt vorgetragen hat.»

In diesen «Beleidigungen und Grobheiten» steckte und steckt natürlich auch eine gute Dosis Theatralik, wobei die Höflichkeitsfloskeln das, was der Redner sagen will, in ein bühnenreifes Kostüm kleiden. Dabei trägt das Oberhaus sein eigenes Kleid. Selbst solche im Unterhaus gebräuchlichen Wendungen wie «the honourable gentleman / lady», «my honourable friend» oder «the honourable member» dieses oder jenes Wahlkreises haben im Oberhaus ihr abweichendes Pendant. Dort kann, dort darf es nur heißen «my noble friend» oder wahlweise, wenn man sich an einen Richter oder Rechtsanwalt wendet, «my noble and learned friend» oder, ist es ein

Blick ins voll besetzte britische
Unterhaus während der Fragestunde
des Premierministers, bei der nicht
alle 649 Abgeordneten Platz finden

Militär, «my noble and gallant friend». Die Form macht die Musik, und die Verwendung des Nachnamens ist in beiden Kammern verpönt. Auch redet man sich immer nur in der dritten Person an.

Moritz hatte das Glück, noch Redner von Format zu erleben, Edmund Burke auf Tory-Seite, Charles James Fox, seinen großen Gegenspieler, auf der Seite der Whigs. Auch waren damals noch lange Reden üblich, wie sie der jüngere Pitt bis zur Vollendung beherrschen sollte. Im späteren 19. Jahrhundert strömte man auf die Besuchergalerie des House of Commons, um zu erleben, wie Benjamin Disraeli und William Gladstone die Klingen kreuzten. Die politische Auseinandersetzung wurde zur Bühne.

Auch Heine, der eigentlich dem perfiden Albion nicht verzeihen konnte, dass es seinen geliebten Napoleon gefangen genommen und in die Verbannung verbracht hatte, fand während seines London-Aufenthalts 1827 das Unterhaus und seine Verhandlungen von unwiderstehlicher Anziehungskraft. Der Witz der Reden, so spürt man an den «Englischen Fragmenten», kam Heines eigenem *sense of humour* sehr entgegen. Enthusiastisch schreibt er: «Je wichtiger ein Gegenstand ist, desto lustiger muss man ihn behandeln. Das wissen die Engländer, und daher bietet ihr Parlament auch ein heiteres Schauspiel des unbefangensten Witzes und der witzigsten Unbefangenheit; bei den ernsthaftesten Debatten, wo das Leben von Tausenden und das Heil ganzer Länder auf dem Spiele steht, kommt doch keiner von ihnen auf den Einfall, ein deutsch-steifes Landständegesicht zu schneiden oder französisch-pathetisch zu deklamieren.

Wie ihr Leib, so gebärdet sich alsdann auch ihr Geist ganz zwanglos. Scherz, Selbstpersiflage, Sarkasmen, Gemüt und Weisheit, Malice und Güte, Logik und Verse sprudeln hervor im blühendsten Farbenspiel, so dass die Annalen des Parlaments uns noch nach Jahren die geistreichste Unterhaltung gewähren. Wie sehr kontrastieren dagegen die öden, ausgestopften, löschpapiernen Reden unserer süddeutschen Kammern, deren Langweiligkeit auch der geduldigste Zeitungsleser nicht zu überwinden vermag.»

Heute zählt im Unterhaus eher der (manchmal gut einstudierte) rhetorische Hieb, wie jeden Mittwoch zur «Prime Minister's Question Time», und erst recht die Begabung (wenn man sie hat), darauf schlagfertig zu antworten. Unübertroffen sind auch die Momente des *comic relief*, der Überwältigung durch Komik und reine Farce, wenn die Abgeordneten in einem ihrer Anfälle von Schulhofmanieren ein Mitglied des Hauses wieder einmal roh verspotten. Ende 2008 traf es den Anführer der Liberaldemokraten im Unterhaus, Nick Clegg. Der hatte in jugendlicher Unbedachtsamkeit im Herbst dem Magazin «GQ» ein schlagzeilenträchtiges Interview gegeben, denn dem Frager war es gelungen, den 42-jährigen, der mit einer Spanierin verheiratet ist, in die heikle Frage seiner vorehelichen Beziehungen zu verstricken. «Gab es welche?» «O.K.; aber nie sehr lange». «Wie viele?» «Nicht so viele wie bei dir, da bin ich sicher», antwortete der noch immer arglose Mr. Clegg. «Na, von wie vielen reden wir denn dann – 10, 20, 30?» «Nicht mehr als 30», beichtete der in die Ecke Gedrängte, «eigentlich viel weniger als das.»

Der Strick war geknotet. Während der Fragestunde des Premierministers am 10. Dezember 2008 erhielt eben dieser Nick Clegg das Wort und versuchte, mit einer persönlichen Anekdote zu beginnen, wie man das gerne tut zur Untermalung eines Sachproblems: «In mein Wahlkreisbüro kam neulich eine alleinstehende Mutter...» Schallendes Gelächter unterbrach den Armen spontan: «Nummer 31! Nummer 31!» Sein Reden ging in allgemeinem Gejohle unter. Ähnlich verfuhr man mit dem früheren Tory-Chef Iain Duncan Smith, dessen hervorstechendstes Charaktermerkmal in seinem ruhigen, drucklosen Auftreten lag. Aus dieser Not versuchte er auf einem Parteitag der Konservativen eine Tugend zu machen, indem er drohend-freundlich die Zähne bleckte: «Do not underestimate the determination of a quiet man.» – «Unterschätzen Sie nicht die Entschlossenheit eines stillen Mannes.» Immer wenn «IDS» danach an die *dispatch box* des Unterhauses trat, den Tisch, über den hinweg sich die Parteiführer von der ersten Bankreihe aus beharken, legte die Labour-Fraktion geschlossen den Finger an den Mund und zischte: «Pssst! Pssst», was die Karriere des Tory-Chefs beenden half. Ein Spott, der tötete.

Noch unbeantwortet ist die Frage, wie die Oberhaus-Reform aussehen soll, die Tony Blairs Regierung mit dem «House of Lords Act» von 1999 anstieß. Bis 1958 war die obere Kammer im Besitz des Erbadels gewesen, aus dessen Reihen sich ihre Mitglieder, die *peers*, einzig rekrutierten. Danach setzte sich immer stärker das Recht des jeweiligen Premierministers durch, verdiente Personen ins Oberhaus zu berufen, sodass bis 1998 bereits 500 solcher ernannter *life peers* (sogenannter *lifers*) neben 750 *hereditary peers* (dem alten Erbadel) koexistierten. 1999 kam dann das große Abschmelzen: Das Sitzrecht wurde nur noch 92 Mitgliedern der Aristokratie zugebilligt. Damit war das Oberhaus zum überwiegenden Teil ein Haus der Ernannten geworden. Aber sollte es im nächsten Schritt nun auch eine gewählte Kammer werden, wie es Reformer forderten und fordern? Die Frage spaltet die politische Klasse; mehrere Vorstöße, einen bestimmten Prozentsatz der Lords aus Wahlen zu rekrutieren, verliefen bislang im Sande. Kritiker halten dagegen, ein gewähltes Oberhaus könnte nur eine ungute Konkurrenz zum Unterhaus ergeben und die Trennlinie zwischen einem gesetzgebenden Körper und einem beratenden müsste immer unschärfer werden. Das Prinzip der Ernennung aufgrund von Verdiensten und Erfahrungen, das gerade das Ausland am britischen House of Lords rühmt, ja beneidet, sollte auf jeden Fall bewahrt bleiben und nicht dem plebiszitären Prinzip von Wahlen geopfert werden.

An diesem Punkt stand die Debatte lange, festgefahren im Umfeld einer Reformbereitschaft, die nicht genügend durchdacht war. Doch die Skandale, die im Jahre 2009 beide Kammern ereilten, werden voraussichtlich neue Bewegung in den Reformgedanken bringen; der Ausgang ist offen.

Unabhängig von diesen Fragen ist, wer in Großbritannien rhetorisches Talent besitzt, noch heute auf bestem Wege zum Erfolg. Daran hat sich seit Jahrhunderten nichts geändert. In elisabethanischer Zeit gehörten rhetorische Übungen anhand klassischer Texte, etwa Cicero, zum Schulcurriculum der gehobenen Schichten. Die Dramen Shakespeares verdanken ihre deklamatorische Kraft auch dieser Schulung. Noch heute wäre der Brite, dem römischen Vorbild entsprechend, am liebsten ein «vir bonus dicendi peritus» – ein guter Mann, gewandt in der Rede. Erst recht, wenn er die Jurisprudenz ansteuert. Sie ist in England unterteilt in den *solicitor*, gleichsam den Stubenhocker des Metiers, der den jeweiligen Fall vorbereitet, und den *barrister*, den Mann an der *bar*, der Gerichtsschranke, der den Fall, sei es als Verteidiger oder als Ankläger, vor dem Richter und, bei gravierendem Anlass, auch vor Geschworenen vorzutragen hat. Barrister wird nur, wer neben der juristischen Materie auch die Kunst der Rede beherrscht, in möglichst hohen Graden.

Der deutsche Staatstheoretiker Adam Müller beschrieb in seinem Vorlesungszyklus der «Zwölf Reden über die Beredsamkeit und deren Verfall in Deutschland» (1812) das britische Unterhaus mit seiner rhetorischen Kultur als das Gravitationszentrum einer politisch selbstbewussten Nation: «England hat durch die Gewalt und den Reiz seiner Rede eine Art von Weltherrschaft vorbereitet – dagegen die Demütigung unsers deutschen Volkes, welches diese Kunst eigentlich nie besessen und welches das Wort nie bei der Hand gehabt, sondern meistens in der Feder [hat] erkalten lassen.»

Etwas im Naturell des Engländers tendiert zur öffentlichen Repräsentation, oder sagen wir besser: zur Selbstdarstellung; sie scheint ihm angeboren zu sein. So ist zum Beispiel das Fernsehen den Briten auf den Leib geschrieben. Der Entertainer, der Rhetoriker, der Händler – sie schöpfen aus der gleichen Quelle: der Kunst, den Kunden, den Konsumenten, den Zuhörer oder Zuschauer zu fangen durch Überzeugung, Verführung oder Überwältigung. Die öffentliche Figur, die einer macht, zählt viel. In allen britischen Schulen gelten Debattierclubs als begehrte Foren, wo man übt, im rhetorischen Zweikampf die Oberhand zu behalten. Die Oxford Union, der Oxforder Studentenverband, inszeniert in ihren Redeveranstaltungen, bei der namhafte Persönlichkeiten die Klingen kreuzen, Debattenkunst vom Feinsten. In London haben zwei pfiffige Medienunternehmer ein Forum namens «Intelligenz hoch zwei» gegründet, dessen Debattierabende über Themen der Gegenwart, mit Duellanten und Sekundanten, lange im Voraus ausverkauft sind.

Die politische Kultur Englands ist agonal, auf Wettkampf abgestellt, wozu ein Wahlrecht passt, in dem es wie beim Pokalfinale nur einen Gewinner geben kann. Es gehört eine sportliche Nation dazu, so viel Ungerechtigkeit, ja geradezu Unfairness zu verkraften, wie sie dem britischen Wahlrecht innewohnt: Nur die Stimmen des Gewinners zählen, alle anderen fallen weg. Auch das gehört zum öffentlichen Format, das der Brite sich gerne zulegt: Haltung bewahren, auch verlieren können, «take it on the chin and move on» – den

Kinnhaken einstecken und weitermachen. Der Rhetor und der Stoiker sind Verwandte in Kaltblütigkeit.

Heinrich von Kleist erzählt unter seinen «Anekdoten» von zwei englischen Boxern, aus Portsmouth der eine, der andere aus Plymouth, die es ein für alle Mal und in einem öffentlichen Schaukampf wissen wollten, wer von ihnen der größte im Lande sei. Jedes Mal, wenn einer von ihnen einen schweren Schlag landete, quittierte das Opfer diesen Treffer mit Worten höchster Anerkennung. Sie schlugen sich wund und blutig, nicht ganz nach heutigen Regeln – aber sie unterließen es nie, den Gegner für seine gelungenen Schläge zu loben. Das ging so lange, bis der Mann aus Plymouth, die Augen verdrehend, mit dem letzten empfangenen Stoß in den Tod sank, nicht ohne vorher laut «Das ist auch nicht übel!» gerufen zu haben.

So weit mag es der Sportsgeist der Engländer nicht unbedingt mehr treiben, aber das Bedürfnis, öffentlich Fasson zu zeigen und etwas darzustellen, ist unübersehbar. Das fiel auch Fontane auf, der in «Ein Sommer in London» (1854) einige der besten Beobachtungen darüber angestellt hat, «wie das Repräsentationsgelüst den Engländer mit der Macht einer fixen Idee beherrscht. Dies Gelüst erzeugt natürlich auch eine besondere Begabung, und der allerunbedeutendste Engländer hat mehr Form, Haltung und Rednertalent als ein ganzes Kollegium deutscher Stadträte zusammen genommen.»

Fontane, 32-jährig, teilte damals eine Wohnung mit einem jungen Waliser, «einem Menschen von gewöhnlicher Bildung und mäßigen Naturanlagen»: «Als aber sein Geburtstag heran kam und wir ihn mit einer lustigen Festlichkeit überraschten, verbeugte er sich gegen uns ohne einen Anflug von Verlegenheit und hielt eine Ansprache, die mich durch ihre Feinheit und Abrundung in Erstaunen setzte. In Deutschland hätten wir unter einer gemütlichen Gesichterschneiderei jedem einzelnen die Hand gedrückt und hinterher erklärt, vor Rührung nicht sprechen zu können.»

«Der Deutsche lebt, um zu leben, der Engländer lebt, um zu repräsentieren», ist Fontanes Schlussfolgerung. Und schnippisch hängt er an: «Der Engländer repräsentiert immer, ich glaube, auch wenn er allein ist. Er weiß: Übung macht den Meister.» Das wusste vor allem Churchill, der viele seiner besten Reden und parlamentarischen Auftritte sorgfältig einstudierte, weil er um den Effekt einer gelungenen oratorischen Leistung wusste. Von Churchill sagte man, er habe «die englische Sprache mobilisiert und in die Schlacht geführt», anders als Goebbels und Hitler, die Ähnliches mit der deutschen Sprache versuchten, jedoch als Verführung in den Untergang. Der Unterschied zwischen demokratischem und totalitärem Einsatz von Sprache ist niemals deutlicher und zeitgleicher an den Tag getreten als damals.

Überwältigt vom rhetorischen Feuer eines George Canning, des damaligen Außenministers, zeigte sich Fürst Hermann von Pückler-Muskau in seinen England-Erinnerungen, «Briefe eines Verstorbenen». Er beschreibt einen Unterhaus-Auftritt des Politikers im Jahre 1827 auf eine Weise, die wir, gebrannte Kinder der Geschichte, nur mit gespaltenen Gefühlen lesen können: «Ich fühlte tief, daß die höchste Gewalt, die der Mensch auf seine Mitmenschen ausüben kann, nur in dem göttlichen Geschenk der Rede liegt! Dem großen Meister nur in dieser ist es gegeben, Herz und Gemüt einer ganzen Nation in jene Art von magnetischem Somnambulismus zu versetzen, wo ihr nur blindes Hingeben übrigbleibt und der Zauberstab des Magnetisieurs über Wut und Milde, über Kampf und Ruhe, über Tränen und Lachen mit gleicher Macht gebietet.»

Vielleicht haben wir auf Grund unserer Geschichte ein Misstrauen in uns wachsen lassen gegenüber funkelnder Rhetorik und setzen bei öffentlichen Reden lieber auf Nummer sicher – auf Langeweile. Schon Kant hatte ja in seiner «Kritik der Urteilskraft» (1790) die politische Beredsamkeit «eine hinterlistige Kunst» gescholten, «welche die Menschen als Maschinen in wichtigen Dingen zu einem Urteile zu bewegen versteht, das in ruhigem Nachdenken alles Gewicht bei ihnen verlieren muss». Diese Sorge teilen die Briten nicht, wohl weil sie lange Erfahrung haben mit der «institutionellen

Absicherung der freien Debatte» (Peter Philipp Riedl) und überhaupt gerne verkaufen wie auch sich gerne etwas verkaufen lassen. Zwar nie eine Diktatur, aber eben doch das Goldene Zeitalter der straflosen Verschuldung, das «in ruhigem Nachdenken alles Gewicht bei ihnen» hätte verlieren können, rechtzeitig, vor dem grausamen Zerplatzen der Blase.

9

VOM EMPIRE

WIE GOETHE UND HEGEL
SICH ENGLISCHEN STOLZ ERKLÄRTEN

Für Engländer der gehobenen Klasse, für junge Gentlemen, war es zu Beginn des 19. Jahrhunderts ein Muss, auf ihrer Grand Tour durch Europa auch bei dem damals berühmtesten Deutschen vorzusprechen: Goethe. Keine erfreuliche Störung für den Vielbeschäftigten. Aber die Besucher inspirierten ihn dazu, sich Rechenschaft abzulegen, wes Geistes Kind denn diese jungen Engländer seien und was sie so anders mache als die jugendlichen Vertreter anderer Gesellschaften. Die Insel stand damals auf dem Höhepunkt ihres Ruhmes als Welt- und Industriemacht, Nationalstolz beflügelte die Schritte. Was der venezianische England-Reisende von 1497 schon zu seiner Zeit als Grundgefühl der Insulaner beschrieb – «es gibt keine Menschen, die es ihnen gleichtun können, und keine Welt außer England» –, es bestätigte sich 320 Jahre später vollauf. Goethe erklärte sich dies in einem Gespräch mit Eckermann am 28. März 1828 so:

«Die Engländer scheinen überhaupt vor vielen anderen etwas voraus zu haben. [...] So jung und siebzehnjährig sie hier auch ankommen, so fühlen sie sich doch in dieser deutschen Fremde keineswegs fremd und verlegen; vielmehr ist ihr Auftreten und ihr Benehmen in der Gesellschaft so voller Zuversicht und so bequem, als wären sie überall die Herren und als gehöre die Welt überall ihnen. Das ist es denn auch, was unseren Weibern gefällt und wodurch sie in den Herzen unserer jungen Dämchen so viele Verwüstungen anrichten. Als deutscher Hausvater, dem die Ruhe der Seinigen lieb ist, empfinde ich oft ein kleines Grauen, wenn meine Schwiegertochter mir die erwartete baldige Ankunft irgendeines neuen jungen Insulaners ankündigt. Ich sehe im Geiste immer schon die Tränen, die ihm dereinst bei seinem Abgange fließen werden. – Es sind gefährliche junge Leute; aber freilich, daß sie so gefährlich sind, das ist eben ihre Tugend. [...]

Es liegt nicht in der Geburt und im Reichtum. Sondern es liegt darin, daß sie eben die Courage haben, das zu sein, wozu die Natur sie gemacht hat. [...] Wie sie auch sind, es sind immer durchaus komplette Menschen. Auch komplette Narren mitunter, das gebe ich gerne zu. [...] Das Glück der persönlichen Freiheit, das Bewußtsein des englischen Namens und welche Bedeutung ihm bei anderen Nationen beiwohnt, kommt schon den Kindern zu Gute.»

Mit der Glorreichen Revolution hatte England den entscheidenden Schritt in die Moderne getan, und das Resultat war in Weimar leibhaftig zu besichtigen. Die Insel hatte einen Vorsprung von «mindestens zwei Generationen» (Manfred Schlenke) vor dem übrigen Europa erzielt. Die Stabilität nach innen war durch die Herausbildung der parlamentarischen Monarchie und des Religionsfriedens im Zeichen des Protestantismus gesichert. So konnten große Kräfte zum Vorantreiben der industriellen Revolution freigesetzt werden, die das Land zur ersten Handels- und Wirtschaftsnation der Erde aufsteigen ließ. *Laisser-faire* dominierte das Lebensgefühl, gepaart mit dem Eindruck allgemeiner Unverwundbarkeit, vor dem Hintergrund unangefochtener Weltgeltung – das war der Phänotyp, den Goethe unter den jugendlichen Engländern antraf.

Über das Empire und den Nationalstolz der Engländer machte Hegel zur gleichen Zeit in Vorlesungen zur «Vernunft in der Geschichte» unter anderem diese Bemerkung: «Frägt man einen Engländer, so wird jeder von sich und seinen Mitbürgern sagen, sie seien die, die Ostindien und das Weltmeer beherrschen, den Welthandel besitzen. Diese Taten machen das Selbstgefühl des Volkes aus.»

Ein Auftreten, «als gehöre die ganze Welt ihnen», dazu «das Bewusstsein des englischen Namens» (Goethe), das «Selbstgefühl des Engländers» (Hegel): All dies stützte sich, daran bestand bei beiden offenbar kein Zweifel, wesentlich auf den unter europäischen Mächten singulären Erfolg Englands, seine Beherrschung der Meere und des Welthandels. Nach der Niederwerfung Napoleons bestand an dieser Dominanz kein Zweifel mehr, und man nahm das Faktum, ob in Weimar, Berlin oder sonst wo auf der Welt, tunlichst zur Kenntnis.

EIN WELTREICH, DAS VON EINEM LAND MIT ZWEI PROZENT DER WELTBEVÖLKERUNG GEBAUT WURDE

Wie es dazu kam, wie aus einer Insel am nordwestlichen Rand des Kontinents, die bis zum 16. Jahrhundert nur den Ärmelkanal vor sich sah und jenseits desselben Frankreich als Teil eines dualen Reiches – wie aus diesem Spätling des Zeitalters der Entdeckungen das größte Imperium der modernen Geschichte wurde, das ist und bleibt eine der faszinierendsten Erzählungen der Neuzeit. Die Wirtschaftsdaten allein sind noch in der Nachbelichtung atemberaubend. Zwischen 1760 und 1830 zeichnete das Vereinigte Königreich für zwei Drittel des Wachstums der europäischen Industrieproduktion verantwortlich, sein Anteil an der weltweiten Herstellung von Industriewaren wuchs in dieser Zeit von 1,9 Prozent auf 19,9 Prozent. Um die Mitte des 19. Jahrhunderts produzierte Großbritannien 53 Prozent des Eisens auf der Welt und 50 Prozent der Stein- und Schieferkohle, während man nahezu die Hälfte der weltweiten Baumwollproduktion absorbierte und verarbeitete. Sein Energieverbrauch aus Kohle und Erdöl war 1860 fünfmal so groß wie selbst der der USA und sechsmal so groß wie der Frankreichs. Ein Drittel der Handelsschiffe der Erde segelte unter britischer Flagge, zwei Drittel des Welthandels mit Fertigwaren wurden über England abgewickelt. Und das bei einer Gesellschaft, die zwei Prozent der Bevölkerung auf der Erde und zehn Prozent der in Europa ausmachte. Bis Ende des

19. Jahrhunderts umfasste das Weltreich ein Viertel der Erdbevölkerung und ein Drittel der Weltlandmasse.

War das britische Militär daran beteiligt? Nur in geringem Maße. Schon Adam Smith hatte in «Der Wohlstand der Nationen» (1776) geschrieben, Militärausgaben seien eigentlich per se «unproduktiv», da sie keinen Mehrwert schafften wie eine Fabrik oder ein Bauernhof. Man solle daher die Kosten so gering wie möglich halten, gerade hoch genug, vor allem bei der Navy, um Großbritannien «vor Gewalt und Invasion durch andere Gesellschaften» zu schützen. Der Historiker Paul Kennedy hat in seinem richtungweisenden Buch «Aufstieg und Fall großer Mächte» die Personalstärke des britischen Militärs in der Zeit zwischen 1816 und 1880 mit der von Englands Nachbarn verglichen, mit erstaunlichem Resultat: In England blieb die Zahl fast unverändert gleich, einmal waren es 255 000, dann 248 000 Mann. In Frankreich stieg sie im gleichen Zeitraum von 132 000 auf 544 000, in Preußen von 130 000 auf 430 000 im Deutschen Reich. Die Größe der britischen Wirtschaft der Zeit spiegelte sich also keineswegs in ihrem Militär und dessen Ausstattung. «Ein Imperium, das sich über ein Viertel der Erdoberfläche erstreckte, setzte zur Beherrschung eine Armee ein, die kleiner war als die der Schweiz», schreibt Harry Bingham in «This Little Britain». Und die sich zur Not mit in Europa angeheuerten (oder gepressten) Soldaten aushalf, in Indien dann mit einheimischen *sepoys*. Kolonialoffiziere wussten, dass ihr Weltreich auf der Schiene von Minimalbudgets lief – in der zweiten Hälfte des 19. Jahrhunderts machte sich auf Seiten der liberalen Partei sogar die Ansicht breit, man könne ganz auf die «Organisation Empire» verzichten, da doch der Handel blühe. Was wolle man schließlich mehr? Der erste *global player*, ohne Zweifel. War es Zufall, dass schon Shakespeare für ein Theater schrieb und in diesem spielte, welches «The Globe» hieß?

Die stetige Ausweitung der Handelsvorteile im Kontext der Eroberung neuer Märkte setzte eine weltmachtpolitische Flexibilität voraus, in der Peter Wende, Autor von «Das britische Empire – Geschichte eines Weltreichs», die große Leistung dieses modernen Imperiums und die Grundlage seiner langen Dauer erkennt. In der Tat unterscheidet sich das britische Expansionsmodell von dem aller anderen europäischen Kolonialreiche vor allem darin, dass es keinen einheitlichen Zentralismus praktizierte, kein Gesamtkonzept den jeweiligen Stützpunkten oder Siedlungen überstülpte, sondern sich immer den Verhältnissen vor Ort anpasste, wie sie sich, oft ohne Billigung der Zentrale, entwickelten unter der Leitung der *men on the spot*, der Pioniere an der Front. Sir John Seeley mag übertrieben haben mit seinem berühmten Bonmot, England habe sein überseeisches Reich «in einem Anfall von Geistesabwesenheit» erworben. Wahr daran ist aber, dass sich angesichts fehlender imperialer Vorgaben die Ausdehnung des britischen Einflusses in einer dauernden Dialektik zwischen Zentrale und Peripherie abspielte, ein Tauziehen unter den Bedingungen diverser Gegebenheiten an entlegenen Enden der Welt.

Die Zäsuren der Expansion nachzuzeichnen, ist nicht schwer. Angefangen hatte es mit englischen Freibeutern, *privateers*, die mit königlicher Billigung im 16. Jahrhundert Jagd auf spanische Schiffe machten, die, reich beladen aus Madrids westindischen Besitzungen oder den Silberminen Perus kommend, die Meere durchkreuzten in Richtung Heimat. Unter diesen «sea dogs», wie man sie nannte, waren große Namen wie Francis Drake, Martin Frobisher, Humphrey Gilbert oder John Hawkins, die nach vergeblichen Versuchen, die «Nordwestpassage» zum sagenumwobenen China zu entdecken, sich auf Beutezüge spezialisierten und dabei – wie Francis Drake 1577–1580 – fast zufällig zu ihrer ersten Weltumseglung kamen.

Doch bald drängten Londoner Kaufleute, auch in den holländischen und portugiesischen Handel in Asien vordringen zu dürfen, und so begann im Dezember 1600, noch unter Elisabeth I., mit der Gründung der Ostindien-Kompanie der erste privatwirtschaftliche Ausflug Englands in ferne Zonen künftigen Besitzes. Handel, nicht Eroberung, war die Devise. Peter Wende fasst die Genese des Empire unter dem modernen Begriff der *Public/Private Partnership* zusammen, kam der Besiedlungsanstoß doch in der Regel aus Kaufmannskreisen, die sich mit einer königlichen Charta auszustatten suchten für ihre Vorstöße nach Übersee, zunächst konzentriert auf Neuengland. Dort entstand auch das, was man das «Erste Empire» nennt, das sich freilich anders entwickeln sollte, als die Zentrale gedacht hatte. Dass London diesen Besitz aufs Spiel setzte und verlor, erklärt sich – paradoxerweise – mit dem Fehlen gerade jener Tugend, welche die Briten ansonsten auszeichnete: Flexibilität. Die Selbstverwaltung der Kolonien, schon weitgehend konzediert, ging nicht bis zur vollen Gewährung von Rechten, wie sie im Mutterland seit der Glorreichen Revolution die Norm waren.

Edmund Burke sah die Krise kommen. Es ist falsch, warnte er, «einen ausgewachsenen Mann in einer Babywiege schaukeln zu wollen». Seine Schlussfolgerung, dass nur «die Freiheiten eines britischen Bürgers» die Klammer sichern könnten zwischen der Zentrale und Neuengland, verhallte. In der Amerika-Frage war König Georg III. gegen jeden Rat immun. Dabei wollte Burke keineswegs den englischen Rechtsanspruch auf die Kolonien aufgeben. Sein Glaube ähnelte dem des Michail Gorbatschow 200 Jahre später: Durch Beseitigung der gröbsten Missstände ließe sich die Situation vielleicht doch noch retten. Danach möge, so empfahl Burke, «a policy of wise and salutary neglect» folgen – «eine Politik kluger, heilsamer Vernachlässigung». Zu spät – der Aufruhr war nicht mehr einzufangen. Mit ihrem Schlachtruf «Keine Besteuerung ohne parlamentarische Vertretung» («no taxation without representation») lagen die Rebellen übrigens ganz auf der Linie der Worte Eduards I. aus dessen Einberufungsproklamation zum Musterparlament von 1295: «Was alle berührt, soll von allen gebilligt werden, und klar ist auch, dass gemeinsame Gefahren durch Maßnahmen beantwortet werden sollten, die von allen gemeinsam verabschiedet wurden.» Ergo: Wer kein Mitspracherecht hat, keine Stimme im Londoner Parlament, der wird sich auch keiner Steuerauflage von dort beugen. Die Kolonisten waren, wenn auch exterritorial, legitime Teilhaber der Magna Charta und der Bill of Rights von 1689. Das wurde zu Hause nicht begriffen.

Georg III., der den Verlust Neuenglands zu verantworten hatte, sah dennoch keinen Grund, untröstlich zu werden. Er strafte den Vorgang mit rührender Verachtung, wie der Fuchs, dem die Trauben zu hoch hängen. In einem Brief nach der Unterzeichnung des Pariser Vertrages (1783), der die neue Lage besiegelte, schrieb er über diese welthistorische Zäsur: «Ich kann nicht schließen ohne anzumerken, wie vernünftig ich die Abtrennung Amerikas vom Empire finde, und wie elend mir zumute wäre, wenn ich nicht fühlte, daß kein Vorwurf darüber auf mich zurückfällt, und wenn ich nicht zusätzlich wüßte, wie doch unter den Einwohnern Amerikas Schurkenhaftigkeit ihr hervorstechendstes Merkmal darstellt, ein Übel, das sie am Ende ohnehin zu Fremden in unserem Königreich hätte werden lassen.»

Die Ironie wollte es, dass der Verlust Neuenglands zur eigentlichen Blüte des Empire überleitete. Unbeschadet des Debakels blieben die ehemals französischen Territorien in Kanada und Neufundland sowie die Besitzungen Frankreichs in Indien in englischer Hand, wie bereits nach dem Siebenjährigen Krieg im Frieden von Paris 1763 festgelegt. Und der Handel mit der entstehenden amerikanischen Nation entschädigte reichlich für den Verlust der administrativen Kontrolle über Neuengland. Ganz abgesehen von der langfristig wichtigsten Konsequenz: dass sich in Amerika eine englisch geprägte, mit der *rule of law* imprägnierte Gesellschaft etablierte, die den Werten des Mutterlandes, auch wenn dieses im Ringen um Neuengland versagt hatte, neue Geltung verschaffte. Auf dem Grund der bis heute lebendigen *special relationship* Großbritanniens mit den USA liegt dieses Bewusstsein eines gemeinsamen Familienerbes, das auch den beiden Kriegsverbündeten F. D. Roosevelt und Winston Churchill die Feder führte, als sie am 14. August 1941 auf dem britischen Schlachtschiff «Prince of Wales» in Placentia Bay, Neufundland, die Atlantic Charta formulierten und verkündeten.

Indien wurde das neue Juwel des «Zweiten Empire», und wie um zu unterstreichen, wie nahtlos das Ende in der Neuen Welt zu einem neuen Kapitel in Indien überleitete, wurde der Marquis von Cornwallis, der 1781 in Yorktown hatte kapitulieren müssen, nur fünf Jahre später zum Generalgouverneur auf dem Subkontinent ernannt, mit dem Auftrag, Reformen, vor allem eine effiziente staatliche Verwaltung, durchzusetzen. Gleichzeitig gewährte das Parlament der Ostindien-Kompanie die Erneuerung ihrer Charta, jedoch mit der ausdrücklichen Mahnung, dass nur friedlicher Handel Gewinne garantiere, Kriege hingegen vor allem Kosten verursachten. Die indischen Aufstände in der Mitte des 19. Jahrhunderts überstiegen freilich die militärischen Kräfte des 1600 als Handelsgesellschaft gegründeten Unternehmens bei Weitem, sodass seine Rechte 1858 endgültig an die Krone übergingen. Auch dies ist ein Beispiel dafür, wie aus bestimmten Situationen heraus jeweils neue politische Verantwortungen auf London zukamen, ohne dass irgendein Generalplan diese Entwicklung geleitet hätte.

Der Erwerb des Weltmachtstatus wäre nicht verständlich, würde man dabei nicht ein zentrales Phänomen mit berücksichtigen: die Bereitschaft der Briten seit den Anfängen der Kolonisierung in Virginia und Massachusetts, in die neuen Territorien auszuwandern und dort ihr Glück zu suchen. Darin unterschied sich das englische Kolonialreich fundamental von allen europäischen Konkurrenten, etwa dem spanischen oder französischen. Während bei Letzteren die Personalpräsenz des Mutterlandes in Übersee sich weitgehend mit den Beamten der Kolonialverwaltung erschöpfte, drängte es eine immer weiter wachsende Zahl der britischen Bevölkerung, den sich weitenden Horizonten zu folgen. Unternehmerlust, Abenteuerdrang und die Aussicht auf wirtschaftliche und soziale Verbesserung, wie sie so schnell in England nicht zu haben gewesen wäre, lenkten die Schritte über die eigenen Grenzen hinaus.

Die Zahlen dieser erstaunlichen Migration verblüffen. Bis Ende der 1820er-Jahre haben wir es mit 250 000 Auswanderern zu tun, ein

Jahrzehnt später sind es bereits eine halbe Million, die bis 1883, dem Jahr der Veröffentlichung von John Seeleys «The Expansion of England», auf zehn Millionen angestiegen sind. 1930 leben 15 Millionen Briten in ihrem kolonialen Übersee, weit weg von der Heimat und doch auch wieder nicht, da die starke Besiedlung mit eigener Bevölkerung ein unverwechselbar englisches Ambiente schuf, in dem es einem vorkommen konnte «wie zu Hause». Die Briten haben, so schrieb Seeley, nicht nur «die halbe Welt erobert, sondern sie auch bevölkert». Damit bezog sich der Historiker – und bezogen sich unsere obigen Zahlen – vor allem auf die von Weißen besiedelten Dominien wie Kanada, Australien, Neuseeland und Südafrika.

INDIEN ...

Indien war ein anderer Fall. Der Subkontinent der vielen Rassen und Sprachen musste jede Aussicht auf «ein zweites England» ausschließen. Ohnehin gab es in den Zeiten der Ostindien-Kompanie wenig Versuche, aus Indien mehr zu machen als eine Domäne neuen britischen Reichtums. Gegen diese Politik zog Edmund Burke mächtig zu Felde. Die Kompanie habe in Indien mit tyrannischer Willkür gehandelt und «die Menschenrechte verletzt», wetterte er im Unterhaus: «Kein Austausch mit der heimischen Bevölkerung, kein anderes Interesse an dem Land als das eigene Vermögen zu mehren.» Nachdem es Burke gelungen war, dem ersten Generalgouverneur Indiens, Warren Hastings, in einem Verfahren persönliche Bereicherung anzulasten und ihn damit zu Fall zu bringen, gewann England ein neues Leitmotiv für sein Auftreten in Indien: Es hieß «benevolenter», wohltätiger Imperialismus, auch «Treuhänderschaft», was größere Achtung für Tradition und Zivilisation der Inder mit einschloss.

Doch wie sich der Kooperation der Beherrschten vergewissern? Erst musste London bei sich selbst eine neue Beamtenelite heranziehen, die sich dann mit Kräften vor Ort verschränkte und diese in den nötigen administrativen Aufgaben unterwies. Im Jahr 1835 schrieb der Historiker Thomas Macaulay, der einige Zeit lang im Beraterstab des Generalgouverneurs in Indien die Lage studieren konnte, in seinem Abschlussbericht, worauf es ankomme: «Wir sollten unsere Ressourcen darauf verwenden, das zu unterrichten, was sich am meisten lohnt zu wissen; dass sich Englisch als Sprache mehr lohnt als Sanskrit oder Arabisch und dass die Eingeborenen lieber Englisch als Sanskrit oder Arabisch lernen möchten. [...] Bei unseren beschränkten Mitteln das ganze Volk erziehen zu wollen, ist freilich unmöglich. Wir sollten daher im Augenblick alles daransetzen, eine indische Klasse zu formen, die den Dolmetscher spielen könnte zwischen uns und den Millionen, die unter unserer Verwaltung stehen – eine Klasse von Personen, die indisch ihrem Blut nach sind, aber englisch in Geschmack, Ansichten, Moral und Intellekt.»

Also doch ein England auch in Indien, die Einpflanzung englischer Kultur, des englischen *way of thinking* auch unter Hunderten von Millionen auf dem Subkontinent. Als später die Freihandelsbewegung argumentierte, man solle das Empire in einen Welthandelsverbund überführen, gelang es Disraeli, über Indien und die Parole vom «Erhalt des Kolonialreichs» die Briten neu für dasselbe zu gewinnen und vor allem in der Arbeiterklasse einen Empire-gebundenen Patriotismus zu wecken. Viel trug dazu 1876 die Erhebung Königin Viktorias zur «Kaiserin von Indien» bei: Der britische «Raj» (gesprochen «radsch» – ein Hinduwort für «Herrscher») wurde als Oberbegriff für die britische Hoheit auf dem Subkontinent neu im Bewusstsein der Briten verankert. Ein Parvenü der Macht dagegen wie Wilhelm II. verspottete seine Großmutter gerne als «Kaiserin von Hindustan».

Der indische Besitz litt an krassen Disproportionen, vor allem im Personalbereich. Auf dem Höhepunkt ihres Kaiserreichs verwalteten knapp 300 000 Briten im zivilen und militärischen Bereich eine Bevölkerung von über 400 Millionen Menschen. Das war nur mit dem Rezept, das Macaulay empfohlen hatte, möglich: Heranbildung einer indigenen Beamtenelite sowie eines schlagkräftigen Kontingents

Königin Viktoria (1837–1901),
seit 1876 auch Kaiserin von Indien,
in einer Aufnahme aus dem Jahr
ihres goldenen Thronjubiläums, 1887

von *sepoys*, indischen Soldaten, mit denen die britischen militärischen Kapazitäten wesentlich ergänzt wurden. Die indischen Streitkräfte in englischen Diensten sollten sich bald als Feuerwehr auf vielen kolonialen Schauplätzen in Asien und Afrika einen Namen machen; noch in beiden Weltkriegen zeichneten sie sich durch besonderen Einsatz an der Seite der westlichen Alliierten aus.

Dafür rumorte es in der indischen intellektuellen Elite, die auf englischen Privatschulen und Universitäten ausgebildet war, hörbar. In seinem Essay «The Voyage of English» (2007) erinnert Alan Watson an Mahatma Gandhi, der in London Jura studiert hatte und danach in Indien als Rechtsanwalt tätig war und der 1908 klagte: «Ist es nicht schmerzhaft, dass ich, wenn ich ein Gericht betreten will, meine Muttersprache nicht benutzen darf? Ist das nicht absurd, ein Zeichen von Versklavung?» Seine Bewegung des «passiven Widerstands», der sich auch Jawaharlal Nehru anschloss, später erster Premierminister Indiens, beschleunigte das Ende des britischen «Raj», bis sich 1947 der Subkontinent in ein vornehmlich von Hindus und Sikhs bevölkertes Indien und das muslimische Pakistan teilte.

Die Prägung durch englisches Recht, englische Gewohnheiten, englische Sprache blieb dagegen, bis heute. Und die Prägung im Sport: Kricket ist *der* Nationalsport der Inder, mehr noch als in dem Land, das es erfunden hat. Wie stark bei aller Verbitterung aus den Jahren des Befreiungskampfes die englische Erziehung nachwirkt, bekannte Nehru einmal ungeschminkt und nicht ohne einen gewissen Stolz (er hatte das Eliteinternat Harrow besucht, später in Cambridge Biologie und in London Jura studiert): «In meinen Vorlieben und Abneigungen war ich vielleicht mehr Engländer als Inder. Ich kehrte nach Indien zurück mit einem Vorurteil zugunsten Englands und der Engländer, das größer nicht sein konnte.»

... UND DAS COMMONWEALTH

Heute hat das Imperium von einst sich längst in das «Commonwealth of Nations» verwandelt, das sich 1931 mit dem «Statute of Westminster» offiziell konstituierte. Der Begriff Commonwealth selbst ist viel älter – wir kennen ihn aus der Zeit des Lord Protectors Oliver Cromwell. Man bezeichnet daher Cromwells Herrschaft gelegentlich auch als das «Old Commonwealth». Vier amerikanische Bundesstaaten nennen sich ebenfalls «Commonwealth»: Massachusetts, Virginia, Pennsylvania und Kentucky. In der Gründungsurkunde des «Commonwealth of Massachusetts» (1780) zum Beispiel findet sich bereits jener Satz, der auch die Idee des britischen Commonwealth inspirieren sollte: «Diese politische Assoziation beruht auf dem freiwilligen Zusammenschluss von Individuen; sie wird von bestimmten Gesetzen zum Wohle aller regiert.» Der Satz kehrte 1971 als «freely associated members of the British Commonwealth» wieder, im Kommuniqué der Mitgliedsstaaten, die auf ihrer Konferenz in Singapur als gemeinsame Ziele «Menschenrechte, Demokratie, freien Handel und Weltfrieden» festlegten.

Dieser freiwillige Zusammenschluss ehemaliger britischer Kolonien zum «Commonwealth of Nations» umfasste noch 1955 nur acht Staaten, neun Jahre später bereits 20, heute 53. Es kann seine deklarierten Ziele nicht erzwingen, jedoch durch die Möglichkeit temporären Ausschlusses eines Mitglieds Druck ausüben in Richtung demokratischer Reformen. Pakistan, das nach der Unabhängigkeit seines Ostteils, Bangladesch, zwischen 1972 und 1989 demonstrativ dem Commonwealth fernblieb, verlor seinen Mitgliedsstatus danach zum ersten Mal 1999, als Präsident Pervez Musharraf sich an die Macht putschte. 2004 wurde das Land wieder aufgenommen, dann 2007 erneut herauskomplimentiert, im Mai 2008 wieder als Mitglied zugelassen. Eine Drehtür. Kulturhistorisches Band sind die demokratischen Werte, die englische Sprache und, *last but not least*, die Treue zur Queen, die zwar nur in sechzehn Commonwealth-Staaten auch Staatsoberhaupt ist, aber von allen als symbolisches Oberhaupt der «Commonwealth family of nations» anerkannt wird; 1,9 Milliarden Menschen gehören heute zum Klub. Darunter seit 1995 erstmals ein Land, das nie Teil des Empire war: Mosambik. Alle deutschen Royalisten können also hoffen …

Über die Geschichte des Empire erfährt heute ein deutscher Oberschüler im Unterricht im Übrigen mehr als sein britisches Pendant. Multikulturalität hat die Briten vorsichtig werden lassen, und so machen sie in der Schule um ihr einstiges Weltreich meist einen großen Bogen. Unsicher, wie das Thema bei den vielen Schülern, deren Herkunft auf ehemalige Kolonien zurückgeht, ankäme, kapitulieren sie in der vorweggenommenen Annahme, die Reaktion würde negativ ausfallen. So bleiben dieses britische Kapitel und seine welthistorische Bedeutung, mit allen Schattenseiten, die es in Indien und Afrika auch gab, unterbelichtet. In Indien: Es grenzte an Ausbeutung, dass Großbritannien zur Förderung der eigenen Textilproduktion die indische darniederhielt und praktisch ausschaltete. In Afrika: Der Großvater väterlicherseits des neuen amerikanischen Präsidenten Barack Obama wurde während des Mau-Mau-Aufstands in Kenia in den 50er-Jahren des 20. Jahrhunderts von den englischen Overlords übel zugerichtet, ja gefoltert. Wie in einem letzten Aufbäumen gegen sein Ende legte das Empire in Afrika rassistische, menschenverachtende Züge an den Tag. Die US-Historikerin Caroline Elkins hat in ihrer mit dem Pulitzer-Preis geehrten Studie «Britain's Gulag. The Brutal End of Empire in Kenia» (2005) dieses Kapitel eingängig beschrieben.

Aber das Ende lässt kein verlässliches Urteil zu über die Gesamtbilanz der Epoche britischer Weltmacht, die schließlich über 250 Jahre lang währte. Ein Kronzeuge wie Nelson Mandela, geboren 1918, der Befreier Südafrikas aus dem Verlies der Apartheid, schilderte einmal vor einem Londoner Publikum seine Jugendjahre in Natal so: «Sie dürfen nicht vergessen, ich wurde in einer britischen Schule erzogen, und zu der Zeit war Großbritannien das Beste, was es überhaupt auf der Welt gab. Ich habe nie den Einfluss abgeschüttelt, den Britannien und die britische Geschichte auf unsere Kultur ausübten. Wir erblickten im Vereinigten Königreich das Zentrum der Welt, und es zu besuchen war ein richtiger Kitzel für mich, denn ich besuchte das Land, auf das ich stolz war. Sie müssen auch daran denken, dass Großbritannien die Heimat der parlamentarischen Demokratie ist, und als Menschen, die wir gegen jede Form der Tyrannei kämpfen, sahen und sehen wir in Ihrem Land auch den größten Unterstützer unseres Kampfes gegen die Apartheid.»

SKLAVENHANDEL: EIN DUNKLER FLECK WIRD BESEITIGT – UND AFRIKA ALS OBJEKT DER KOLONIALPOLITIK ENTDECKT

In einem Punkt müssen wir uns korrigieren. Ein spezifischer Aspekt der Geschichte des Empire ist durchaus populär in der britischen Debatte: der Sklavenhandel und was dieses schmachvolle Geschäft für die Bereicherung des Mutterlandes bedeutet hat. Das gibt vorzüglichen Anlass zur Vergangenheitsbewältigung auf britische Art, und die gleichen Gruppen, die das Empire am liebsten aus der Geschichte verschwinden ließen, holen es beim Thema Sklavenhandel hervor als gute Gelegenheit, Abbitte zu verlangen. In der Tat hat Großbritannien allen Grund, sich in dieser Frage schuldig zu bekennen. Nur darf man nicht vergessen, wie verstrickt alle Kolonialmächte in die Ökonomie des Sklavenhandels waren und welche Hilfe ihnen dabei zuteil wurde aus dem Inneren Afrikas selbst. Doch eine Erklärung ist keine Entlastung. Nie befreit der Vergleich mit anderen von eigener Schuld.

Den Anfang unter den europäischen Mächten machte Portugal, das im 15. Jahrhundert daranging, die Westküste Afrikas zu erschließen, und bis etwa 1600 an der Goldküste nahe dem heutigen Ghana ein Sklavenhandelsmonopol errichtet hatte. Danach übernahm auf rund 50 Jahre Holland die Führung, bis die Briten gegen Mitte des 17. Jahrhunderts nach bescheidenen ersten Erfahrungen groß einstiegen und ihre ökonomische Macht auf den Ergebnissen unentlohnter Sklavenarbeit in den Plantagen der Neuen Welt aufzubauen begannen. Dort fehlte es an Arbeitskräften, da die Eingeborenen nicht nur den Waffen, sondern mehr noch den Krankheiten der europäischen Eroberer massenhaft erlegen waren. Es ging also darum, für Amerika und Westindien Arbeitssklaven zu finden, die auch unter tropischen Bedingungen Schwerstbelastungen ertrugen und gegen die Krankheiten dieser Regionen resistent waren. Das Klima bedingte die Suche nach neuen Quellen der Arbeitskraft: Afrika wurde der ideale Kandidat.

«Triangular trade» lautete der magische Name, Handel im Dreiecksverfahren. Die britischen Schiffe verließen die führenden Häfen Bristol, Liverpool und London in Richtung Westafrika, tauschten Wohlfeiles wie Glas, Wolle, Messing, Tücher, Feuerwaffen, Alkohol gegen eine Ladung Schwarzer, die man für gutes Geld über den Atlantik an ihre Zielorte brachte, von wo die Schiffe, mit Baumwolle, Zucker und Rum beladen, alles nahezu kostenfrei erwirtschaftet, nach England zurückkehrten, mit traumhaften Gewinnspannen für Eigner und Shareholder. Man geht innerhalb der Gesamtzahl von zwölf Millionen Verschleppten von dreieinhalb Millionen aus, die

allein auf britischen Schiffen in den Arbeitshöllen des Westens ange-
liefert wurden – falls sie die *middle passage*, die Fahrt über den Atlantik, in unmenschliche Enge gepfercht, überhaupt überstanden; etwa
15 Prozent der Verladenen schafften es nicht. Es gab Fälle, wo Schiffs-
führer Dutzende von erkrankten Schwarzen einfach über Bord werfen
ließen, um später Schadensersatz für diesen «Verlust von Eigentum»
vom Versicherer zu kassieren. Freilich war ein (über)lebender Sklave
immer noch am wertvollsten.

Diesem Handel verdankte England im 18. Jahrhundert seinen
Aufstieg zur wirtschaftlichen Großmacht, auch das Erblühen seiner
Städte, seiner herrschaftlichen Landhäuser, vieler Banken, auch der
Bank von England oder einer Versicherungsagentur wie Lloyds. Besonders das Königshaus mischte als Aktionär bei einschlägigen Unternehmen kräftig mit, und selbst die Church of England war sich
nicht zu schade, von Sklaven bewirtschaftete Plantagen auf Jamaika
und den nahe gelegenen Inseln zu unterhalten.

1807 verbot London endlich den Handel mit Sklaven, die Abschaffung der Sklaverei in den Kolonien selbst erfolgte 1833, immerhin 30 Jahre vor Abraham Lincolns Emanzipationsproklamation und
den über 600 000 Toten, welche der nicht zuletzt um die Sklaven-
frage geführte Amerikanische Bürgerkrieg fordern sollte. Brasilien
verbot die Sklaverei offiziell erst 1888.

In das schmachvolle Geschäft waren viele Kulturen verstrickt,
nicht zuletzt schwarze Königreiche an Afrikas Westküste, die selbst
Sklaven, schwächeren Nachbarstämmen abgejagt, hielten oder sie in
Zahlung gaben für importierte Waren. Denn bei der eigentlichen
Jagd nach Menschenware mussten sich die Europäer nicht die
Hände schmutzig machen – sie hätten sie im Klima der Tropen oh-
nehin kaum überlebt. Sklaven wurden von alters her auch über eine
Handelsroute von der südlichen Sahara zum islamischen Nord-
rand des Kontinents verkauft, wo Sklavenhaltung sich ausdrück-
licher Billigung erfreute, solange sie nicht Angehörige des eigenen
Glaubens betraf. Die Verachtung des Arabers für den Schwarzafrika-

ner hat eine lange Tradition; man begegnet ihr noch in unserer Zeit in der Drangsalierung der schwarzen Bewohner Darfurs im westlichen Sudan durch die Milizen der muslimischen Janjaweed.

Aber es ist die britische Mentalitätsgeschichte, die uns hier am meisten interessiert. Der Freiheitsraub an den Schwarzen, die man ohnehin unterhalb des Homo sapiens ansiedelte, bedauernswerte, aber austauschbare Wesen, machte den meisten Zeitgenossen zunächst nicht sonderlich zu schaffen. Man sah keinen Widerspruch zwischen der Sklavenpraxis und James Thomsons Hit von 1730 «Rule, Britannia! Britannia, rule the waves» mit seinem schmissigen, noch heute beliebten Refrain «Britons never, never, never shall be slaves» – «Briten werden nie und nimmer Sklaven sein». Diese Schizophrenie zu bekämpfen, setzte sich eine Vereinigung im Süden Londons zum Ziel, die «Clapham-Sekte», in der sich den Evangelikalen nahestehende paternalistische Sozialreformer zusammenfanden und den rhetorisch begabten Tory-Abgeordneten William Wilberforce zur Speerspitze ihrer Kampagne erkoren. Die erste *pressure group* der Geschichte trat auf den Plan, man sammelte Sympathisanten, ließ das Parlament mit Hunderten von Petitionen bestürmen, die erste 1787, bis die Lobby der Plantagenbesitzer sich unter der Wucht des aufgewiegelten Zeitgeistes geschlagen geben musste. Die Kampagne um das Ende des Sklavenhandels sollte für die Sozialreformen des 19. Jahrhunderts so musterbildend werden wie 1679 der Streit um den Ausschluss des katholischen Jakob Stuart von der königlichen Erbfolge für die Bildung der britischen Parteien.

Dabei darf man der Sympathieaufwallung für die Schwarzen, wie Wilberforce und seine Mitstreiter sie zu erzeugen verstanden, keine modernen Menschenrechtsideen zugrunde legen. Es ging den Kritikern der Sklaverei weniger um die Achtung von Rechten der Betroffenen als um die christliche Botschaft von der Brüderlichkeit unter den Menschen, die kaum glaubhaft sein konnte, solange ein Teil der Menschheit wie eine Ware behandelt wurde. Erschüttert hatte die Öffentlichkeit 1789 den Lebensbericht des ehemaligen Sklaven

Olaudah Equiano zur Kenntnis genommen, einem aus Nigeria stammenden naturalisierten Briten, der die entwürdigenden Umstände von Sklavenhandel und Sklavenhaltung aus eigener Erfahrung schildern konnte.

Gaben Moral und Gewissen also den letzten Ausschlag für das Ende von Sklavenhandel und Sklavenhaltung? Das würde ökonomische und juristische Aspekte außer Acht lassen. Tatsächlich änderte sich zum Ende des 18. Jahrhunderts die globale Wetterlage auf vielfältige Weise. Unvergessen ist die Rebellion der Sklaven im französischen St. Domingue, dem heutigen Haiti, im August 1791, unter Toussaint L'Ouverture – eine erfolgreiche Rebellion, die schon 1804 zur Unabhängigkeit Haitis führte. War das Leben auf den Plantagen, wo auf einen weißen Besitzer zehn Sklaven kamen, auf Dauer also nicht äußerst gefährdet? So viel Risiko für Rum und Zucker? Auch in England lag ein Paradigmenwechsel in der Luft. Das Industriezeitalter klopfte an die Tür, mit den Webereien Lancashires und der Midlands expandierte die heimische Wirtschaft, und der Profit, billige Arbeitskräfte, auch Kinderarbeit, waren im Mutterland zu haben, auch neue Verbraucherschichten wuchsen heran. Das Ende der Abhängigkeit vom *triangular trade* war abzusehen.

Hatte Lord Mansfield im Übrigen nicht schon 1772 in einem aufsehenerregenden Prozess um einen seinem Besitzer in England entflohenen Schwarzen befunden, dass das englische Common Law keine Haltung von Sklaven vorsehe? Allein dieser Rechtsentscheid hatte über Nacht annähernd 15 000 in England lebende Farbige freigesetzt, von denen später viele überredet werden konnten, sich in dem vom Sklavenhandel befreiten Sierra Leone anzusiedeln, das denn auch prompt 1808 die erste britische Kolonie auf dem Schwarzen Kontinent wurde.

Eine neue Perspektive schien auf, die den Sklavenhandel erübrigen würde. Denn auf Afrika als einen neuen Markt konzentrierte sich sehr rasch das in Opportunitäten denkende Empire. Unter allen

Rohstoffen war es besonders Palmenöl, das man dringend als neues Schmier- und Gleitmittel für den rapide wachsenden Maschinensektor benötigte. Die Seemacht sah weiter und erkannte früher als andere, dass es bald nicht mehr um Afrikas Sklaven, sondern um Afrikas Rohstoffe gehen würde. Wie aber vom unehrenhaften Menschenhandel zu ehrenhafter Wirtschaft kommen? Großbritannien antwortete machtpolitisch, indem es nach 1807 mit einer ständigen Marine-Präsenz, dem «West Africa Squadron», die Rolle eines selbsternannten Polizisten übernahm, Sklavenschiffe anderer Nationen enterte und leerte und sich so mit den honorigsten Motiven ganz allmählich in eine *pole position* im Wettlauf um Afrika vorschob. Auf dem Wiener Kongress 1814/15 gelang es London, eine Absichtserklärung aller Teilnehmerstaaten zur Ächtung des Sklavenhandels durchzusetzen. Der Weg war gefunden, aus einem noblen Ziel, einmal erreicht, das Instrument zu schmieden für die Expansion des britischen Empire ins Herz von Afrika.

ENGLANDS *BALANCE OF POWER*-POLITIK

Zur Geschichte des Empire gehörte eine Außenpolitik, die bald als Politik des Mächtegleichgewichts, als *balance of power*, von sich reden machte. Die beste Definition dieses Begriffs gibt uns Winston Churchill in einer Rede vor Unterhausabgeordneten seiner Partei, den Tories, im März 1938:

«Über 400 Jahre lang ist es die Außenpolitik Englands gewesen, der stärksten, aggressivsten, der dominierenden Macht auf dem Kontinent entgegenzutreten. Ob Philipp II. von Spanien, Ludwig XIV., Napoleon oder Wilhelm II. von Deutschland – es wäre leicht gewesen, sich dem Stärksten anzuschließen und die Früchte seiner Eroberungen mit ihm zu teilen. Doch sind wir den schwierigeren Weg gegangen, verbanden uns mit den jeweils schwächeren Mächten, führten sie zusammen und besiegten und frustrierten den militärischen Tyrannen auf dem Kontinent, wer immer er war, welche Nation auch immer er anführte.»

Fragt man heute englische Politiker nach der Politik des Mächtegleichgewichts, so antworten sie einhellig, das Kapitel sei abgeschlossen und spiele im Denken der Insel keine Rolle mehr. So Tony Blair 2003 in einer Rede in Warschau: «Souveränität heißt für uns heute nicht mehr, wechselnde Bündnisse einzugehen, sondern eine große Macht darzustellen in einer dauerhaften Europäischen Union.» Das Credo ist ehrlich gemeint. Doch England, das immer aus dem sicheren Abstand seiner Meeresexistenz die Geschicke Europas und der Welt beurteilte, tut sich schwer damit, seine Gewohnheit einer abwartenden Haltung abzulegen und sich rundum überzeugt in den Geschäften des Kontinents zu engagieren. Gute Absicht und der historische Reflex sind zwei verschiedene Dinge. George Orwell argumentierte sogar, die *balance of power*-Politik habe die englische Liebe für den Underdog hervorgebracht: Auf den Schwächeren kommt es an, ihn gilt es zu unterstützen.

Mit dem Konzept einer *balance of power* blieb England nicht allein. Auch die europäische Allianz, die sich im Spanischen Erbfolgekrieg 1701–1714 gegen Ludwig XIV. verbündete, war sich einig, dass unter den großen Reichen Europas Gleichgewicht bestehen müsse, zur Vermeidung der Hegemonie eines Einzelnen. Das Wort von dem «juste équilibre des Puissances» fand denn auch im Frieden von Utrecht 1714 Eingang in die entsprechenden Dokumente. Ein großer Gewinn für die britische Diplomatie. Sie sah mit dieser Übereinkunft ihr stabilitätsorientiertes Prinzip im europäischen Hinterhof installiert, was ihr als der Balanciererin eine Schiedsrichterrolle zuspielte und ihr gleichzeitig erlaubte, sich verstärkt auf die Expansion in Übersee zu konzentrieren.

Ludwig Dehio schreibt in seinem klassischen Buch «Gleichgewicht oder Hegemonie» (1947), England sei «der beredte Beschützer des Gleichgewichts auf dem Festlande gewesen – zugleich aber im Stillen Verfechter des eigenen Übergewichts in der Welt». In der Tat bestand außerhalb Europas kein Gleichgewicht, sondern britische Vormacht auf den Ozeanen. «Im Stillen» war England in den 200

Jahren zwischen 1714 und 1914 über lange Zeiträume verdeckte Vormacht auch in Europa.

Was aber hatte Großbritannien an militärischen Kräften etwaigen Verbündeten auf dem Kontinent beim Widerstand gegen einen vermeintlichen Hegemon anzubieten? Nicht viel. Die historische Vernachlässigung der eigenen Landstreitkräfte zugunsten der Navy konnte für eine aktive Politik der *balance of power* problematisch werden. Großbritannien löste die Frage, indem es sich bei europäischen Kampagnen, schon im Kampf gegen Ludwig XIV., auf eine Festlandsarmee stützte, die zu großen Teilen aus fremden, namentlich deutschen Kontingenten bestand. Auch mit Geldzuwendungen an die Verbündeten konnte man den mangelnden eigenen Personalbeitrag wettmachen; an Geld fehlte es der immer wohlhabender werdenden Kolonialmacht nicht. Das Modell funktionierte erneut im Bündnis mit Friedrich dem Großen im Siebenjährigen Krieg. Preußen trug die Hauptlast bei der Absicherung des mit England in Personalunion verbundenen Hannover gegen einen möglichen französischen Übergriff. London zahlte. So konnte es sich dem Gegner Frankreich vor allem im Kampf um Kolonialbesitz in Kanada und Indien stellen und ihn dort ausschalten. Damals kam das Wort vom «Festlandsdegen» in Umlauf – der Macht, die auf dem europäischen Kontinent jeweils in britischem Interesse handelte.

Ein Balancierer muss sehr genau den Unterschied zwischen potenziellen und akuten Problemlagen beachten, um sich nicht eher festzulegen, als bis es absolut unausweichlich wird. So bestand Außenminister Castlereagh auf dem Aachener Kongress von 1818 darauf, England aus der Heiligen Allianz zwischen Russland, Österreich und Preußen, der sich später viele Staaten anschlossen, herauszuhalten, trotz Drängens des russischen Zaren Alexander I. Vordringlicher als solch ein Club war es für London nach den Napoleonischen Kriegen, Frankreich wieder in die europäische Pentarchie aufsteigen zu lassen, das Konzert der fünf großen Mächte Russland, Österreich, Preußen, Frankreich und Großbritannien. Stabilitätspolitik. Frankreich trat der Heiligen Allianz 1818 bei. Den Briten aber war der Gründungstext zu vage mit seinem Bekenntnis zu abstrakten Grundsätzen wie «Gerechtigkeit, Liebe und Frieden» sowie den «Wohltaten, welche die göttliche Vorsehung über die Staaten ausgegossen hat». Überhaupt sah die Restauration in Europa zu sehr nach Wiederherstellung des Gottesgnadentums aus, eine Idee, von der sich die Briten 1689 endgültig verabschiedet hatten.

Abstand muss man wahren, nicht gleich beitreten, sondern erst beobachten, was spielt. Darüber verfasste Castlereagh ein vertrauliches Papier: «Wenn die territoriale Balance in Europa in Unordnung gerät, kann sich die britische Regierung wirkungsvoll einmischen. Aber sie ist die letzte in Europa, von der man erwarten könnte oder die es selber unternehmen würde, sich festzulegen auf irgendeine Frage abstrakter Natur. [...] Man wird uns an unserem Platz finden, wenn akute Gefahr das System in Europa bedroht; aber dieses Land kann nicht und wird nicht handeln auf der Grundlage von abstrakten und spekulativen Prinzipien von Vorsichtsmaßnahmen.»

Englands Nicht-Intervention war sogar eine wesentliche Voraussetzung für die europäische Mächtekonstellation, in der die deutsche Reichsgründung möglich wurde. Dabei war Londons Zurückhaltung nicht etwa Ausdruck englischer Schwäche, sondern Folge von Englands weltpolitischem Machtanstieg. Im Sommer 1866 stellte Benjamin Disraeli in einer Unterhausrede fest: «England ist nicht länger bloß europäische Macht, es ist vielmehr die Metropole eines großen maritimen Reiches, das sich bis zu den Grenzen der entferntesten Ozeane erstreckt.» Gegenüber Europa konnte sich die Insel mithin leisten, die Haltung einer *splendid isolation* einzunehmen.

Auch das Rumoren im deutschen Vormärz beobachtete London aus der Distanz eingeübter Reserviertheit. Typisch dafür die Reaktion von Außenminister Lord Palmerston auf das liberale Memorandum des Fürsten Carl von Leiningen, das dieser 1847 ihm und dem preußischen Monarchen über Prinz Albert hatte zugehen lassen und in dem die Umrisse einer künftigen deutschen Einigung unter einer

Verfassungsordnung nach englischem Vorbild skizziert waren. Palmerston an Albert: «Wir müssen abwarten und dürfen uns nicht festlegen.» Noch im April 1848, die Aufstände in den deutschen Bundesstaaten loderten bereits, urteilte Sir Robert Peel, bis 1846 britischer Premierminister, im Gespräch mit dem preußischen Gesandten in London, Christan Karl von Bunsen: «Ihr Deutschen [...] sprecht auf der Ebene emotionaler Regung über die Zukunft. Wir hören in einer skeptischen Stimmung zu. Beschleunigt die Dinge, etabliert ein gefestigtes, starkes Deutschland, und dann tretet an uns heran; ihr werdet uns auf halbem Wege wartend finden.»

DAS «PERFIDE ALBION» UND DER DEUTSCH-BRITISCHE GEGENSATZ UNTER WILHELM II.

«Auf halbem Wege wartend»: Kein Wunder, dass Englands Balancepolitik vielfach als kasuistisch, als nur dem Opportunitätsprinzip folgend dargestellt wurde, was ihm bald den pejorativen Namen «perfides Albion» eintrug, das verräterische, doppelzüngige Albion. Der alte, eher poetische Terminus für die Insel, Albion, erlebte so im politischen Kontext, verbunden mit dem passenden Adjektiv, seine negative Umdeutung. Etliche Länder hatten Grund, sich über englische Hinterlist zu beschweren. Österreich zum Beispiel. Am Ende des Spanischen Erbfolgekrieges (1701–1714) ließ London diesen seinen Verbündeten einfach fallen und schlug sich auf die französische Seite, auf die von Philipp von Anjou und dessen Anspruch auf die spanische Krone. Denn Österreichs Erzherzog Karl, den man ursprünglich als Thronerben in Spanien unterstützt hatte, war durch den plötzlichen Tod seines Bruders Leopold I. Kaiser in Wien geworden, und damit eröffnete sich die Möglichkeit einer spanisch-österreichischen Habsburger Großmacht: Dafür hatte England den Krieg nicht geführt. Also wurde jetzt mit Frankreich verhandelt, ohne den Bündnispartner Wien auch nur davon zu unterrichten.

Perfides Albion. Das dachte man auch in Preußen, als London den Vertrag von Westminster (1756) nicht erneuerte, die Allianz mit

Preußen im Siebenjährigen Krieg, weil diese ihren Dienst nach der Niederlage Frankreichs erfüllt hatte. Perfides Albion hieß es ebenfalls in Frankreich zur Zeit Napoleons, der in der *nation of shopkeepers* (eine Prägung von ihm) nichts als verschlagene Krämer witterte. Das Schlagwort von den englischen Krämern und dem perfiden Albion sollte schließlich im Ersten Weltkrieg zu den beliebtesten Vokabeln der deutschen England-Hasser werden. Eine frühe Propagandakarte aus dem Krieg zeigt den Grafen Zeppelin in kaiserlicher Phantasieuniform, wie er über den Kanal nach England blickend nachsinnt. Dazu der Vers: «Im Westen weilt Graf Zeppelin. / Dort schaut er ernst zum Meere hin / Und denkt: England – für Falschheit, List / Du sicher bald gerichtet bist.»

Ein Zwillingsbruder des perfiden Albion war für Kritiker der englische Heuchler, der Freiheit, Recht und Moral mühelos mit seinem Drang nach wirtschaftlicher und politischer Macht zu verbinden wusste. Das beschrieb man mit einem englischen Wort, dem «cant» («Heuchelei»). Theodor Fontane, immer mit dem Ohr am Boden der deutsch-englischen Beziehungen, lässt in seinem letzten Roman, «Der Stechlin» (1898), Pastor Lorenzen im Gespräch mit dem alten Stechlin den Grundtenor der gehobenen wilhelminischen Gesellschaft englischem *cant* gegenüber anschlagen. «Es hat für mich eine Zeit gegeben», trägt Lorenzen vor, «wo ich bedingungslos für England schwärmte. Nicht zu verwundern. Hieß es doch damals in dem ganzen Kreise, drin ich lebte: ‹Ja, wenn wir England nicht mehr lieben sollen, was sollen wir dann überhaupt noch lieben?› Diese halbe Vergötterung habe ich noch ehrlich mit durchgemacht. Aber das ist nun eine hübsche Weile her. Sie sind drüben schrecklich runtergekommen, weil der Kult von dem goldenen Kalbe beständig wächst; lauter Jobber und die vornehme Welt obenan. Und dabei so heuchlerisch; sie sagen ‹Christus› und meinen Kattun.»

Dabei war keine Epoche in der jüngeren deutschen Geschichte mehr der Jagd nach Geld und Gold ergeben als die wilhelminische. Doch das kehrte die Gesellschaft, selbst heuchlerisch bis auf die

König Eduard VII. (1901–1910) und
sein Neffe Kaiser Wilhelm II. in voller
Helmbusch-Montur im Landauer
auf dem Pariser Platz in Berlin

Knochen, am liebsten unter den Teppich, um desto angenehmer in
der vermeintlichen Überlegenheit des deutschen Geistes baden zu
können.

Das Deutsche Reich und Wilhelm II. lagen in tiefem Hader mit
England über dessen Gleichgewichtspolitik. Die aufstrebende Macht
rieb sich an einem Prinzip, das sie als Einengung ihrer eigenen Ambitionen verstand – in Europa Hegemon zu werden. Zunächst hatte
der Kaiser in naiven Vorstellungen geschwelgt, wie sie später auch
Hitler hegte: England und Deutschland sollten sich gewissermaßen
den Kuchen teilen – das Meer den Briten, den Deutschen Europa.
Nach der Beerdigung von Queen Viktoria, seiner Großmutter, im
Januar 1901 verriet Wilhelm seinem Onkel, König Eduard VII.: «Wir
sollten eine deutsch-englische Allianz bilden, Du, um über die Meere
zu wachen, während wir für das Land verantwortlich wären; mit

solch einer Allianz würde keine Maus in Europa sich ohne unsere Erlaubnis zu rühren wagen.» Das war ahnungslos gesprochen gegenüber Englands eisernem Grundsatz, keine Hegemonialmacht auf dem Kontinent zu dulden, und ahnungslos auch gegenüber der eingeschränkten Aktionsfreiheit des englischen konstitutionellen Monarchen, des «King in Parliament».

Doch der Kaiser lernte schnell hinzu. In einem Brief an Reichskanzler Bernhard von Bülow aus dem gleichen Jahr klagte er, Lord Salisbury, der britische Premierminister, sei «von der Idee besessen, es gebe ein Gleichgewicht der Kräfte in Europa. Es gibt kein Gleichgewicht der Kräfte in Europa als mich, mich und meine fünfundzwanzig Korps.» Dem britischen Außenminister erklärte er: «Das Gleichgewicht der Kräfte in Europa bin ich.» Während der Juli-Krise 1914 am Vorabend des Weltkrieges nahm der Hass des Kaisers auf England «immer pathologischere Formen» an, wie sein Biograf John C. G. Röhl schreibt. In Randnotizen auf diplomatischen Dokumenten ließ der in die Ecke Gedrängte seinem Wahn freien Lauf. Wiederholt wetterte er gegen «dieses verhasste, verlogene, gewissenlose Krämervolk» mit seiner «pharisäischen Friedensheuchelei» eines Kräftegleichgewichts in Europa, das nichts anderes bedeute als «die Ausspielung aller europäischen Staaten zu Englands Gunsten gegen uns!» Und er bekräftigte: «Wenn wir uns verbluten sollen, dann soll England wenigstens Indien verlieren.» Röhl folgert, «dass die Empörung des Kaisers über Großbritanniens unzweideutiges Festhalten an einem Gleichgewicht der Kräfte in Europa die Welt dem Krieg einen merklichen Schritt näher brachte». Große Diskussionen hat in diesem Zusammenhang das Buch des britischen Historikers Niall Ferguson, «Der falsche Krieg» (1998), ausgelöst, das – entgegen etablierten Interpretationen – London einen Gutteil der Schuld an der Entstehung des Ersten Weltkrieges zumisst.

10

1848/49: «WIE STOLZ UND UNVERSEHRT ENGLAND DOCH DASTEHT INMITTEN DER REVOLUTIONEN RINGSUM»

WAS MARX UND ENGELS IN ENGLAND NICHT VERSTANDEN

Ein junger Wuppertaler Fabrikantensohn, 22 Jahre alt, wurde 1842 nach Manchester geschickt, zur kaufmännischen Lehre bei Ermen & Engels, einer Textilfirma, die sein Vater zusammen mit seinem britischen Partner betrieb. Drei Jahre später, inzwischen wieder in Deutschland, veröffentlichte Friedrich Engels «Die Lage der arbeitenden Klasse in England». Das Adjektiv «epochal» ist nicht übertrieben: Mit fesselnder Beobachtungsgabe geschrieben, lag hier das erste Buch seiner Art vor, das sich hellsichtig und mit faktenreicher Eindringlichkeit einem damals noch weitgehend übersehenen Aspekt der industriellen Revolution widmete: der horrenden Verelendung – wie die Sozialisten mit Recht sagten – eines Großteils der lohnabhängigen Bevölkerung in den von Slums umringten Industriestädten der führenden Handelsnation ihrer Zeit, England.

Dass die Insel für ihre Vorreiterrolle bei der Industrialisierung prädestiniert war, hatte einen sozialgeschichtlichen Grund. Im 14. Jahrhundert, nach der Großen Pest von 1348/49, in der England nahezu die Hälfte seiner Bevölkerung verlor, ging es mit der Nachfrage nach Agrarprodukten steil nach unten, sodass ehemals ausgedehnte Agrarflächen jetzt in Schafweiden umgewandelt wurden. Damit avancierte die Wolle zum Fundament der englischen Wirtschaft. Wie geschaffen für halbindustrielle Weiterverarbeitung, eignete sie sich vorzüglich zum Handel als Massenware. Nicht das arbeitsintensive Kunsthandwerk wie auf dem Kontinent wurde somit für den englischen Merkantilismus maßgebend, sondern die durch Handel erwirtschaftete Gewinnspanne (Hans-Dieter Gelfert). Man setzte weniger auf Spitzenqualität in kleiner Stückzahl als auf Standardqualität in großen Massen, und in England entwickelte sich eine Gesellschaft des Handels und der Märkte: Das Schaf lenkte, wenn man so will, das Land auf das Grundprinzip der Industrialisierung. Und noch heute thront der Lord Speaker im Oberhaus auf einem rot bespannten Wollsack als dem Symbol dieser Tradition.

In einem hymnischen, englisch geschriebenen Grußwort an «the working class of Great Britain» machte Friedrich Engels in seinem Buch von 1845 den Menschen, unter denen er drei Jahre lang gelebt hatte, Mut: «Ich fand, dass ihr mehr seid als nur Engländer, Angehörige einer einzelnen, isolierten Nation; ich fand, dass ihr Menschen seid, Angehörige der großen und internationalen Familie der Menschheit, die erkannt haben, dass ihr Interesse und das des ganzen Menschengeschlechts die gleichen sind. [...] Seid standhaft, lasst euch nicht entmutigen – euer Erfolg ist gewiss; und jeder einzelne Schritt vorwärts auf dem Wege, den ihr zu gehen habt, wird unserer gemeinsamen Sache dienen, der Sache der Menschheit.»

In dieser Passage verrät sich ein den Ideen der Französischen Revolution entlehntes Denken, das der Internationalität der «Menschheit» Vortritt einräumt gegenüber jedem nur nationalen Horizont. Engels, der mit seinen Beschreibungen so viel dafür tat, England als Problemkind der industriellen Moderne ins Bewusstsein zu heben, verstand nicht die Mentalität der Entrechteten und ihre Anhänglichkeit an ein System, das ihm, dem Beobachter, überreif vorkam, abgeräumt zu werden. Ein Missverständnis. Engels sah scharf und analysierte genau, aber seine Schlussfolgerungen – wie auch später die von Karl Marx, der 1849 als Flüchtling in London ankam – übersahen die eigentliche Veranlagung des Engländers. Thomas Macaulay sollte es in seiner «Geschichte Englands seit der Thronnachfolge

Jakobs II.» (1848–1855) bald präzisieren, in Anlehnung an Burke und die Ergebnisse der Glorreichen Revolution: «Weil wir eine konservierende Revolution im 17. Jahrhundert hatten, hatten wir keine zerstörende im 19. Jahrhundert.» Das ließ sich auch mit moderner Agitation nicht umkehren. Evolution, nicht Revolution war die Geschäftsgrundlage der englischen Geschichte.

Die Nähe zum Ort der Anschauung, aus der sie schöpften, verleitete auch Karl Marx in seinem Hauptwerk «Das Kapital» (1867) zu der Überzeugung, hier müsse es passieren, hier werde das Proletariat sich erheben, um das herrschende System vom Thron zu stoßen. «England ist der klassische Boden für diese Umwälzungen» – schon dieser Satz aus dem Vorwort zu Engels' Buch war an der britischen Mentalität vorbei geschrieben. Engels hätte nur seinen ersten Eindrücken von der Insel folgen sollen. Schon bald nach der Ankunft in Manchester 1842 resümierte er in einem seiner Briefe: «Die Engländer werden immer noch von der gewaltsamen Revolution durch ihren Respekt vor dem Gesetz, der ihnen angeboren ist, zurückgehalten.» Auch Fontane nannte später die Erwartung eines gewaltsamen Umsturzes in England «absurd». Doch just auf einen solchen sollten sich Marx und Engels festlegen. Das gemeinsam verfasste «Kommunistische Manifest» brauchte doch seine Probe aufs Exempel! Die Chartisten machten ihnen Mut, eine Bewegung, die mit öffentlichen Massenprotesten auf die Not der Industriearbeiter aufmerksam machte. Nach einer solchen Großdemonstration im Hyde Park am 26. Juni 1855 schrieb ein jubelnder Marx an seinen Freund, der seit 1850 wieder in Manchester bei Ermen & Engels arbeitete: «Die englische Revolution begann gestern im Hyde Park.» Die Enttäuschung danach focht den Philosophen nicht an. Er war der Prototyp eines deutschen Denkers, über den zur Zeit Hegels an der Berliner Universität schon ein geflügelter Witz zirkulierte. Ein Student fragt den berühmten Professor, was denn passiere, wenn die Wirklichkeit sich nicht seinen Ideen entsprechend verhalte – worauf Hegel antwortet: «Umso schlimmer für die Wirklichkeit.»

Im Juli 1866, bei einer neuerlichen Arbeiterdemonstration, schlägt Marx' Herz wieder einmal höher. Wird es zur Kollision kommen? Wird der revolutionäre Funke überspringen? Nein, wieder nichts. Kein Blut ist geflossen, bedauert er in einem Brief an Engels. «Diese dickköpfigen John Bulls, deren Schädel gerade für die Knüppel der Konstabeln erschaffen zu sein scheinen, werden nichts ohne einen wirklich blutigen Zusammenstoß mit den herrschenden Mächten erreichen», schreibt er missgelaunt. Aber er macht sich Hoffnung: «Zuerst braucht der Engländer eine revolutionäre Erziehung – und zwei Wochen würden dazu genügen.» Zwei Wochen? Vielleicht zwei Jahrtausende.

Die schönste Erklärung, warum Marx und Engels mit ihrer Erwartung der proletarischen Revolution in England in die Irre liefen, findet sich in Winston Churchills Buch über seinen Vater, den Tory-Politiker Randolph Churchill, von 1906: «Für ihn bestand kein Grund», schreibt der Sohn, «warum die arbeitenden Massen des Volkes nicht zu den Hauptverteidigern jener althergebrachten Einrichtungen werden sollten, mit deren Hilfe ihre Freiheit und ihr Fortschritt erkämpft worden waren.»

KARL MARX IM LESESAAL DES BRITISH MUSEUM

Eine unverzichtbare Rolle für Marx und sein entstehendes Œuvre spielte die British Library, damals noch dem British Museum angegliedert. Ohne das Museum hätte es kein «Das Kapital», keine «Kritik der politischen Ökonomie», keinen «historischen Materialismus» gegeben. Im Lesesaal des British Museum stürzte sich der Philosoph in das von ihm selbst so genannte «verdammt involvierte Material» der Wirtschaftsgeschichte und -theorien, machte sich Berge von Exzerpten aus Adam Smith, David Ricardo, John Stuart Mill und anderen, und zwar «von 9 am Morgen bis 7 am Abend», wie er einem Freund mit einem Schuss Selbstmitleid schrieb, ein besessen Studierender, anders als jene von ihm verspotteten deutschen Emigranten, diese «demokratischen Einfaltspinsel», die ihre

Inspiration «von oben» bezögen und sich dabei «völlig unnötig anstrengten».

Besonders wertvoll, neben den Buchbeständen, sollten sich für Marx die offiziellen «Empiricist Reports» der Regierungen des viktorianischen England erweisen, seit den 30er-Jahren des Jahrhunderts angelegte amtliche Analysen und Auswertungen der gesellschaftlichen Zustände des Landes im jeweiligen Stadium seiner Industrialisierung. Diese Kommissionsberichte, Reports aus Schulen, Fabriken und *workhouses* waren keine frühen soziologischen Mußeübungen gelangweilter Beamter, sondern gezielte Versuche, dem Keim revolutionärer Bewegungen auf die Spur zu kommen, über die sich die Politik seit dem Anwachsen der Chartisten große Sorgen machte. Das empirische Material aus Marx' Hauptwerk, seine Vertrautheit mit englischen juristischen, ökonomischen und sozialen Hintergründen erklärt sich aus der Kenntnis dieser amtlichen Befunde. Marx war der erste Wissenschaftler, der sie einsah, sie auswertete und für seine ökonomische Theorie nutzbar machen konnte. Nirgendwo sonst hätte er ein ebenso ergiebiges Material einsehen können, wie die Buchbestände der Library und die regierungsamtlichen Untersuchungen es zur Verfügung stellten.

Und nirgendwo sonst als in England hätten er und Tausende von Flüchtlingen in der nach 1848 auf dem Kontinent erneuerten Restauration die Freiheit der Niederlassung erhalten. Großbritannien war das einzige europäische Land, das keine Ausländer auswies oder sie an ausländische Mächte auf deren Wunsch hin auslieferte. Mehrere Bitten der preußischen Regierung in dieser Richtung, Marx, Engels und andere Gesuchte betreffend, wurden von London abgelehnt. «Unsere heilige Pflicht der Gastfreundschaft steht Personen aller Meinungen offen», hielt Premierminister Lord Russell fest. Die Aliens Bill von 1793, ein Gesetz, das nach der Französischen Revolution Asylanten wegen hoher revolutionärer Ansteckungsgefahr fernhielt, sollte zwar nach 1848 neu eingebracht werden; aber Parlament und Öffentlichkeit waren dagegen. Allerdings wurde Marx durch die

Beamten von Scotland Yard beschattet, die ihn als «den notorischen deutschen Agitator» beschrieben, «den Kopf der ‹International Society›, einen Anwalt kommunistischer Prinzipien». Das reichte, um seine Bewerbung um einen britischen Pass – er wollte die deutschen Bäder aufsuchen können ohne Angst vor Festnahme – abzulehnen. Aber er war frei, zu veröffentlichen und zu agitieren: Das hätte damals kein anderer Staat geduldet.

EUROPA VEREINIGT SICH AUF DER BRITISCHEN INSEL …

Der Engländer genoss Freiräume schon zu einer Zeit, als unter den autoritären Regimen Europas die Menschen an so etwas wie Rede- oder Pressefreiheit nicht einmal zu denken wagten. 1844 hielt es zum Beispiel Ferdinand Freiligrath für ratsam, Deutschland den Rücken zu kehren, weil die bevorstehende Veröffentlichung seiner Sammlung politischer Gedichte «Ein Glaubensbekenntnis» ihm sicheren Arrest eingetragen hätte. Mary Howitt, eine vielgelesene Autorin ihrer Zeit, war erstaunt. Einer Bekannten schrieb sie: «Unser lieber Freund Freiligrath ist seit einiger Zeit bei uns im Exil, und das wegen Geschriebenem, welches wir Engländer nur sehr harmlos nennen können, das aber in Deutschland als aufwieglerisch gilt.» Über das Leben der deutschen Emigranten im viktorianischen England hat Rosemary Ashton 1986 eine faszinierende Studie vorgelegt, «Little Germany».

Ein breiter Strom von Flüchtlingen aus den 48er-Revolutionen Kontinentaleuropas hatte sich auf die Insel ergossen, «Seevögel, die gen Land fliegen vor dem Sturm», wie Hector Berlioz, der damals als Dirigent in London weilte, es nannte. Politiker, Schriftsteller, Aufständische, die von den Staatsapparaten ihrer Länder unterdrückt und verfolgt wurden – die britische Hauptstadt wurde so etwas wie das Zentrum eines vereinten Europas der Verfolgten. Hier begegneten Deutsche wie Carl Schurz (der später in die USA emigrierte und dort Karriere machte), Arnold Ruge, Gottfried Kinkel oder Malwida von Meysenbug dem Italiener Giuseppe Mazzini, Lajos Kossuth aus

Ungarn oder Alexander Herzen, dem Russen. Auch gestürzte Häupter waren darunter, so der nach der Februar-Revolution 1848 aus Paris geflohene Bürger-König Louis Philippe, den der englische Konsul in Le Havre auf eine Fähre nach Newhaven zu schmuggeln wusste, in grotesker Verkleidung. «Wie stolz und unversehrt England doch dasteht inmitten der Revolutionen ringsum», notierte sich der große Diarist seiner Zeit, Charles Greville.

Unter den Flüchtlingen befanden sich für kurze Zeit auch zwei, welche die Reaktion, der man nach London entkommen war, geradezu verkörperten: Kronprinz Wilhelm von Preußen, der spätere Kaiser Wilhelm I. (in London von März bis Juni 1848) und Fürst Metternich (in London von März 1848 bis November 1849), Kanzler Österreichs und Namensgeber jenes Systems, gegen das der Liberalismus so lange vergeblich gekämpft hatte. Der Hohenzollernprinz und der Fürst im Dienst der Habsburger waren auf Anraten ihrer Stäbe nach London ausgewichen, um sich vor den Unruhen in ihren eigenen Hauptstädten eine Zeit lang in Sicherheit zu bringen. Derweil saß im Lesesaal des British Museum der ebenfalls geflüchtete Marx und versenkte sich in seine Studien zur Revolution des Proletariats. Der Gedanke allein ist faszinierend: Die leibhaftige Repression der Heiligen Allianz, Metternich, neben dem Vater eines Systems, das in der Zukunft zu noch größerer Repression führen sollte, Karl Marx, beide kurzfristig zur gleichen Zeit in London, unerkannt voneinander irgendwo in der Weltstadt ihre Schritte kreuzend.

... ABER VERSTEHT DIE ENGLISCHE KLASSEN-GESELLSCHAFT NICHT

Was von dem England, das die Flüchtlinge vorfanden, ist noch heute lebendig? Bei aller Bewunderung für den englischen Konstitutionalismus und die Rechte des *free-born Englishman:* So richtig verstehen konnte man dieses Volk dennoch nicht; Marx war nicht der einzige Begriffsstutzige. Diese fügsamen Menschen, gesetzestreu, ohne Wahlrecht und Stimme (bis zur zweiten Wahlrechtsreform von 1867 gab es überhaupt nur eine Million wahlberechtigter Männer im ganzen Land) – Ausländer schüttelten den Kopf darüber, wie Engländer zum Beispiel das Recht auf Eigentum verteidigen konnten, auch wenn sie selbst keines besaßen. Am meisten befremdete, wie hörig diese Menschen ihrem Klassendenken waren. Auch Fontane zog am Ende seines England-Buches von 1854 kritisch Bilanz: «Es gibt kein Land, das – seiner bürgerlichen Freiheiten ungeachtet – der Demokratie so fern stünde wie England und begieriger wäre, teils um die Gunst des Adels zu buhlen, teils den Glanz und Schimmer desselben zu kopieren. Daher die stereotypen Formen des englischen Lebens: Der Kleine wetteifert mit dem Großen, der Arme mit dem Reichen, und innerhalb dieses Wettkampfes zieht der Niedrigstehende doch wieder den Hut vor dem Lord.»

Den Hut zieht heute niemand mehr vor einem Lord, doch die Klassengesellschaft und das Denken in ihren Kategorien, das den Kritikern um 1850 so sehr aufstieß, ist lebendig wie eh und je. Fontane beschreibt nichts anderes als eine *upwardly mobile society*, getrieben von dem Streben nach der jeweils nächsthöheren Stufe der klassenmäßigen Erfolgsleiter. Von den Menschen der *working class* über die *lower middle class* zur *middle class*, dann zur *upper middle class*, schließlich zur *upper class*. Es kommt nicht unbedingt darauf an, dass man an diesem Wettbewerb teilnimmt (viele können oder schaffen es nicht), solange man nur die Usancen seiner Klasse befolgt und Demarkationslinien nach oben und unten beachtet.

Ganz London ist in seinen Postleitzahlen nach Klassen eingeteilt, auf freiwilliger Basis, natürlich. In W3 zum Beispiel, mit seiner immer bunter werdenden Mischung aus neu Zugezogenen und Asylanten aus aller Herren Länder, würde sich kaum jemand niederlassen, der sich zur *upper middle class* rechnet, eine erstklassige Erziehung hinter sich und eine glänzende Berufsaussicht vor sich hat. Da muss am besten eine Adresse mit einem N dahinter gefunden werden, von Notting Hill zu Highgate, Hampstead oder Regent's Park, auch wenn man dort für sein Geld vielleicht nur einen Winzling von einer Adresse bekäme. Hauptsache, die Visitenkarte stimmt. Giuseppe Mazzini bat einmal den ersten Mann der englischen Sozialwissenschaft seiner Zeit, John Stuart Mill, ihm dieses merkwürdige Phänomen zu erklären. Mill antwortete ihm brieflich: «Die Engländer, durch alle Ränge und Klassen, sind im Grunde, ihrem ganzen Gefühl nach, Aristokraten. Sie haben zwar gewisse Vorstellungen von Freiheit und legen einigen Wert auf sie; aber die Idee der Gleichheit ist ihnen geradezu fremdartig, ja anstößig. Sie haben nichts dagegen, wenn viele Menschen über ihnen stehen, solange nur einige da sind, die unter ihnen rangieren.»

Dass es da immer noch jemanden unter einem gibt, ist besonders wichtig. Kate Fox, die Autorin von «Watching the English – The Hidden Rules of English Behaviour» (2004), ist unverblümt in ihrer Analyse: «Jede Klasse in England verachtet besonders die unter ihr stehende, und die Vorstellung, man könnte für ein Mitglied dieser angrenzenden Klasse gehalten werden, ist einem daher besonders zuwider.» Der verächtliche Blick nach unten wird ergänzt durch den verklärten nach oben: Nachahmung ist die Devise, nicht Neid. Woher stammt das Liebesverhältnis des Engländers zur *front door*, dem Eingang auf ebener Erde zur eigenen Behausung, einem Eingang, den man mit niemandem teilt? Es ist Aristokratie *en miniature*, Kopie des großen Herrn und seiner Manor draußen auf dem Lande, ein Stück Snobismus auch. Nur ein Volk, das auf *property* und seine «front door» als das nationale Credo schwört, wird sich derart für Hausbesitz verschulden, wie es die Briten besonders in den letzten Jahrzehnten getan haben. Wer in diesem Land zur Miete wohnt, darf sich kaum der Nationalkultur zurechnen. Treppenhaus? Hausordnung? Nein, «my home is my castle». Abstand war nicht nur ein Grundprinzip der Politik, Abstand hält auch der Engländer gerne zum Nächsten. Es ist Teil seiner Souveränität. Schon Fontane sprach in seinen Londoner Notizen von der «anererbten Abgeschlossenheit» des englischen Charakters.

Selbst die Sozialwohnungen, die in den 30er-Jahren des 20. Jahrhunderts vermehrt gebaut wurden, ahmten in kleinen Details herrschaftliche Architektur nach: Reihenhäuser zwar, hatten sie doch ihr *bay window*, ihren Erker, und natürlich ihre eigene Eingangstür. Der große Durchbruch bei der arbeitenden Bevölkerung Englands gelang Margaret Thatcher, als sie diese von städtischen Kommunen verwalteten Sozialwohnungen den Mietern zum Kauf anbieten ließ: Zugreifen war die Antwort, sein eigener Herr werden, adliger Erbe. Über Nacht wurden aus *social housing*-Bewohnern Mitglieder der *property-owning classes*, der hausbesitzenden Klasse. «Das Proletariat von Hammersmith», hatte Orwell geschrieben, «wird sich nicht erheben und die Bourgeoisie von Kensington massakrieren: Dafür ist es nicht verschieden genug.»

Auch Heinrich Heine war in seinen «Englischen Fragmenten» zu einem ähnlichen Schluss gekommen, auf seine unnachahmlich ironische Weise: Der Engländer sei durchaus «mit jener Freiheit zufrieden, die seine persönlichen Rechte verbürgt und seinen Leib, sein Eigentum, seine Ehe, seinen Glauben und sogar seine Grillen unbedingt schützt.» Weit geduldiger als ein Franzose ertrage daher der Engländer «den Anblick einer bevorrechteten Aristokratie». Das eigene Haus ist der Schlüssel: «Was kümmert einen freien Engländer die Hofkomödie zu St. James! Wird er doch nie davon belästigt, und verwehrt es ihm ja niemand, wenn er in seinem Hause ebenfalls Komödie spielt.» Und seinen eigenen Garten pflegt, wie wir hinzufügen müssen. Denn auch der Garten ist Bestandteil des großen britischen Nachahmungsrituals – des Hangs, herrschaftlichen Stil zu kopieren. Zur «amphibischen Kultur» gehört eben auch die *countryside*, wie sie der eigene Garten als Ahnung heranweht.

II

DER KATASTROPHE
ENTGEGEN

DIE ENGLÄNDER UND IHRE
FRIEDLICHEN GERMANISCHEN VERWANDTEN

Am 12. Mai 1901 stellt der 26-jährige Abgeordnete Winston Churchill anlässlich der Heeresreformdebatte im Unterhaus die Frage, ob man sich wohl darüber im Klaren sei, was ein moderner europäischer Krieg bedeute. Ein großer Historiker in nuce meldete sich prophetisch zu Wort:

«Wir dürfen einen solchen Krieg nicht als ein Gesellschaftsspiel betrachten, an dem man mit Glück und Geschick einen Abend lang teilnimmt, um sich dann mit dem Gewinn in der Tasche nach Hause zu begeben. So ist das nicht. Ein europäischer Krieg kann nur ein grausamer, herzzerbrechender Kampf sein, der auf Jahre hinaus die jungen Männer der Nation in Anspruch nehmen, unsere gesamte Friedensindustrie stilllegen und sämtliche Lebensenergien der Gemeinschaft auf ein einziges Ziel konzentrieren wird. Es erstaunt mich immer wieder, mit welcher Seelenruhe und Leichtfertigkeit nicht nur Abgeordnete, sondern sogar Minister von einem europäischen Krieg sprechen. Es hat sich nämlich eine große Veränderung vollzogen, die das Haus zur Kenntnis nehmen sollte. Heutzutage, da riesige Völker in äußerster Erbitterung gegeneinander geworfen werden, da die Hilfsmittel der Wissenschaft und Zivilisation alles beiseitefegen werden, was die entfesselte Wut mildern könnte, kann ein europäischer Krieg nur mit dem Ruin der Besiegten und der kaum weniger verhängnisvollen Erschöpfung des Siegers enden. Die

Demokratie ist rachsüchtiger als die Kabinette! Die Kriege der Völker werden schrecklicher sein als die Kriege der Könige.»

Im Rückblick sind wir alle klüger, aber dass Deutsche und Briten sich einmal in den Fängen jener «entfesselten Wut» wiederfinden würden, wäre zur Mitte des 19. Jahrhunderts niemandem eingefallen ihnen zu weissagen, sie sich selbst am allerwenigsten. Die Mehrzahl der Briten trug das Bild eines biedermeierlich-freundlichen Gegenübers bei sich, der Deutsche mochte philosophisch vielleicht ein bisschen rigoros sein, aber schien sich ansonsten friedlich auszuruhen auf der Stufe seiner politischen Rückständigkeit und einer damit einhergehenden Verträumtheit. «Die Gedanken sind frei», lautete ein oft inbrünstig geschmetterter deutscher «Popsong» der Zeit, «aber an die Politik wagen sie nicht zu rühren, wegen der vielen Verbote», schrieb William Howitt in «The Rural and Domestic Life of Germany» (1842). Schon viel früher hatten Schiller und Goethe in ihren «Xenien» ähnlich gedichtet: «Deutschland? Aber wo liegt es? Ich weiß das Land nicht zu finden, / Wo das gelehrte beginnt, hört das politische auf.»

Deutschland-Reisen waren unter Engländern sehr beliebt, seit Thomas Cook, der erste europäische Tourismus-Veranstalter, die von ihm erfundenen Gruppenreisen mit Vorliebe ins Land der Germanen lenkte. Die erste Tour dieser Art führte nach Köln, Mainz, Mannheim und Heidelberg. Es war das romantische Rheinland, das die Briten am meisten anzog; von ihm hatte schon Lord Byron in seinem Versepos «Childe Harold» (1812–1818) geschwärmt, und just aus dieser Dichtung las ein gewisser Mr. Green seinen Mitreisenden laut vor, als sie gerade den Drachenfels bei Bonn passierten. Sieben Mal hatte auch William Turner, der Maler, zwischen 1817 und 1844 Deutschland und Österreich bereist und wie die meisten seiner reiselustigen Landsleute nichts als gastfreundliche Behäbigkeit im bunten Panorama der deutschen Kleinstaaten vorgefunden. Die prächtige Landschaft zog ihn magisch an, keine politischen Spannungen lenkten ihn ab; 1848 lag noch fern.

Vor allem deutsche Musik stand auf der Insel in hohem Ansehen, seitdem Händel die Tradition des Oratoriums mit entsprechend großen Chören neu begründet hatte. Felix Mendelssohn erzielte mit der englischen Erstaufführung seines «Paulus» in Liverpool wahre Begeisterungsstürme, was das Birmingham Music Festival dazu bewog, bei dem Komponisten ein neues Oratorium in Auftrag zu geben, «Elias». Die Uraufführung am 26. August 1846 in der Town Hall von Birmingham übertrumpfte als Chor-Ereignis alles bisher in England Gehörte: 396 Sänger wirkten mit, wovon 300 eigens in einem Sonderzug aus London herbeigeholt werden mussten. Der Enthusiasmus des Publikums übertraf selbst alles, was man in London hundert und mehr Jahre zuvor unter Händels Taktstock erlebt hatte. Noch in Birmingham erreichte den Komponisten ein offizielles Dankesschreiben aus dem Buckingham Palace, worin er als der «Elias der neuen Kunst» gefeiert wurde.

Wie mit der Musik, so mit der deutschen Bildung: Ihre Fama reichte in England weit. Charles Dickens, unermüdlicher Kritiker des sozialen Elends in seinem Land, stellte in seiner Zeitschrift «Household Words» einmal einen beißend ironischen Vergleich zwischen deutscher und englischer Erziehung an, zum Hohn der Letzteren. Ein fiktiver Charakter namens Bendigo Buster lästert über die Deutschen: «Nette, unenglische Menschen! Dabei könnte es einem geradezu wehtun, nein, es ist richtig gemein, wie sie ihre Kinder mit Kenntnissen anfüllen. Sie haben da dieses Wort, wie eine Paranuss, ‹Schulpflichtigkeit›, was bedeutet, dass die Pflicht zum Unterrichten der Kinder eine Art moralisches Gesetz ist für einen Staat und seine Bürger.»

Reinste Torheit!, regt sich Mr. Buster auf: «Was Schulen angeht, so handelt England ganz nach seinem praktischen guten Verstand. [...] Als Nation bemüht sich England nicht viel um die Erziehung der Massen; etwa 45 Prozent von ihnen können nicht lesen: Das ist es, was ich Praktischsein nenne.»

Nicht alle englischen Deutschland-Reisenden sahen nur Positives. Etwa ein gewisser Edmund Spencer, der zwischen 1834 und 1836 das Land durchstreifte und darüber später seine «Sketches of Germany and the Germans» veröffentlichte; der Cambridger Germanist James Bowman hat ihn kürzlich als Quelle wiederentdeckt. «Geld wird einen Deutschen nicht bewegen, seine gewohnten Bahnen zu verlassen», liest man da, das Land sei «schwerfällig, ernsthaft und dem Denken hingegeben, nicht schnell in der Auffassungsgabe oder dem Handeln, ja kaum schnell in irgendetwas. Der Deutsche mag es überhaupt nicht, gedrängt zu werden.» Mr. Spencer, Angehöriger einer risikofreudigen Gesellschaft, wird vielleicht dem Witz begegnet sein, den man sich schon damals über «die Deutschen» erzählte. Der Deutsche, so geht dieser Versuch einer nationalen Typisierung, kommt nach seinem Tode auf dem Weg in die Ewigkeit an eine Weggabelung, die in zwei Richtungen weist. Auf dem einen Schild steht: «Zum Himmel». Auf dem anderen «Zu Vorträgen über den Himmel». Es war ausgemachte Sache, welche Richtung der Deutsche als Erste nehmen würde. Die Vorträge waren doch allemal vorzuziehen, wo das Schild «Zum Himmel» doch möglicherweise nur ein übertünchtes «Zur Hölle» darstellte.

Spöttisch manchmal, aber grundsätzlich wohlwollend blickten englische Literaten auf ihre germanischen Verwandten. In seinem Bestseller-Roman «Vanity Fair» (1847/48) karikiert William Thackeray die deutsche Kleinstaaterei anhand eines exemplarischen Fürstentums, das er «Pumpernickel» nennt; Thackeray hatte sich über deutsche Zustände bei einem früheren Besuch in Weimar ein eigenes Bild verschaffen können. In seinem Roman begegnet man Figuren wie «Graf und Gräfin Schlusselback», einem «Prinzen von Potzenthal» oder einer «Madame de Schnurrbart». Auch «Gräfin Fanny de Butterbrod» gehört zum Ensemble, nicht weniger als «the lovely Princess of Humbourg-Schlippenschloppen». Solch absurde Behandlung lässt Thackeray auch den französischen und britischen Akteuren angedeihen, der britische Botschafter in Pumpernickel heißt bei ihm gar «Lord Bandwurm». Namenskalauer gehörten seit Langem zur satirischen Praxis. Dickens persifliert in seinem ersten Roman

«The Pickwick Papers» (1836/37) den Fürsten von Pückler-Muskau, der als ausländischer Dandy im London der Regency-Zeit, der frühen Jahrzehnte des 19. Jahrhunderts, Furore machte, als «Lord Smorltork». Thackerays Roman amüsierte auch die deutschen Leser ungemein, schon 1849 lag die Übersetzung vor («Jahrmarkt der Eitelkeiten»), ein Beispiel, dass dem Land die Fähigkeit, über sich selbst lachen zu können, Vorurteilen zum Trotz durchaus nicht abging.

Geradezu ehrfurchtsvoll behandelten Autoren wie Samuel Taylor Coleridge, Thomas Carlyle, Matthew Arnold oder George Henry Lewis das Land Goethes, Beethovens und Friedrichs des Großen. Carlyle, eine der bedeutendsten Federn des viktorianischen Zeitalters, setzte sich intensiv mit den deutschen Dichtern auseinander und lieferte mit seiner Biografie Friedrichs II. ein Beispiel seiner Verehrung für charismatisches Heldentum – es war das Buch, das Hitler noch in seinen letzten Tagen im Bunker der Reichskanzlei las. Matthew Arnold, berühmter Kulturkritiker, wies in «Culture and Anarchy» auf die Vorzüge der deutschen Bildung hin, während der Literaturkritiker G. H. Lewes die erste umfassende Goethe-Biografie überhaupt vorlegte, «Life of Goethe» (1855). Sie erschien schon zwei Jahre später zweibändig auch auf Deutsch und wurde ein durchschlagender Erfolg; über Jahrzehnte gehörte sie in jede gutbürgerliche deutsche Bildungsbibliothek.

DER TON ÄNDERT SICH

Königin Viktorias älteste Tochter, ebenfalls eine Viktoria, kurz Vicky genannt, heiratete am 25. Januar 1858 den preußischen Kronprinzen Friedrich, und neue Hoffnungen keimten in England auf ein liberales Preußen der Zukunft. Friedrich, darin eng seinem Schwiegervater Albert folgend, war ein überzeugter Anhänger der konstitutionellen Monarchie. Der Weg in eine solche schien mit ihm als Thronerben auch in Preußen vorgezeichnet, und England würde sein engster Verbündeter. Mit Vicky in Berlin war ein wichtiger Pfeiler dieser Konstruktion an seinem richtigen Platz.

Aber die Geschichte sollte anders laufen. Das Konstrukt zerbrach, der Segen blieb aus, und das lange vor dem unglücklichen Tod von Vickys Ehemann, dem «99-Tage-Kaiser» Friedrich III., im Jahr 1888. «Die Engländerin», wie man die Prinzessin am preußischen Hof verächtlich nannte, machte so ungefähr alle Fehler, die man nach dem Schulbuch der internationalen Verständigung tunlichst vermeiden sollte. Sie strich, wo sie nur konnte, die Überlegenheit Englands in allen Bereichen der politischen Verfassung und des gesellschaftlichen Fortschritts heraus und suchte ihren Erstgeborenen, Wilhelm, im Tauziehen zwischen seinen beiden Erbteilen energisch auf das englische einzuschwören. Das misslang spektakulär, mit der Folge, dass Wilhelm sein Leben lang von Hassliebe zum Land seiner Mutter gepeinigt wurde.

«Britanniam esse delendam», pflegte er schon als Jugendlicher zu tönen, ein spielerischer Cato der letzten Tage: Im Übrigen bin ich der Meinung, Großbritannien müsse zerstört werden. «Ich will bis zum letzten Tropfen alles englische Blut aus meinen Adern verlieren!», hörte man das Kind aufstampfen; aber in einer Unterredung mit US-Präsident Theodor Roosevelt bekräftigte Wilhelm später: «Ich liebe England einfach!» Das wollte er auch die Engländer glauben machen, unter anderem mit dem berüchtigten «Daily Telegraph»-Interview vom 28. Oktober 1908 («Ich bin ein Freund Englands, stehe aber mit dieser Meinung in Deutschland allein!»), in dem er wie ein ungebetener Freier um Britannia auftrat. Keine Chance.

Mit der Reichsgründung 1871 änderte sich die englische Perzeption von Deutschland schlagartig. Vorbei die verträumten Germanen im Flickenteppich ihrer diversen «Pumpernickels». Traf man zu Anfang des Deutsch-Französischen Krieges noch auf eine latent prodeutsche Stimmung, so schlug diese um, als sich im Dezember 1870 deutsche Kanonen auf Paris richteten. «Ich höre, man bombardiert Paris!», schreibt Königin Viktoria am 28. des Monats gramvoll an ihre Tochter in Berlin. «Zu meiner Verzweiflung schlagen die Gefühle den Preußen gegenüber hier in mehr und mehr Bitterkeit um.»

Die Tochter teilt die Besorgnisse ihrer Mutter, so im Frühjahr 1871: «Was mich sehr quält: Die Animosität zwischen unseren beiden Ländern. Sie ist so gefährlich und kann leicht großes Leid bringen. Ich lebe in beständiger Angst, dass die Bande, die einmal unsere beiden Länder zu ihrem gegenseitigen Vorteil vereinten, bald zerschnitten sein könnten.» Die Antwort aus London lässt nicht lange auf sich warten: «Wie schwer mein Weg ist, wo mir Misstrauen und Verdächtigungen entgegenschlagen wegen meiner Verwandtschaften und Gefühle. Die wachsende Feindschaft zwischen den beiden Ländern – die, das muss ich sagen, in Preußen anfing und von Bismarck geschürt und ermutigt wurde – erlebe ich als große Trauer und Sorge. Aber ich kann es mir nicht erlauben, eine Kluft zwischen mir und meinem Volk entstehen zu lassen.»

Schon am 9. Februar 1871, nach der Ausrufung des Deutschen Reiches, hatte Disraeli, damals Anführer der Tory-Opposition, im Unterhaus seine berühmte Prophezeiung abgegeben: «Die Balance der Macht ist vollkommen zerstört worden, und das Land, das davon am meisten in Mitleidenschaft gezogen ist und die Folge dieser großen Veränderung am meisten spürt, ist England.» Die «Times», wie immer Wortführer des Establishments, schrieb 1876: «Wir sind nicht eifersüchtig auf das neue Reich. Eine enorme Macht ist da plötzlich in unserer Mitte entstanden, und wir werden interessiert beobachten, welche Zeichen ihres Charakters und ihrer Absichten sie an den Tag legt.»

KONKURRENZ, KONKURRENZ.
UND DANN AUCH NOCH EINE FLOTTE!

Nicht eifersüchtig? Das Deutsche Reich ging jedenfalls mit Riesenschritten daran, den wirtschaftlichen Rückstand zur führenden Industrienation, Großbritannien, aufzuholen. Chemie, Stahl, Elektrowaren, Eisenbahnbau: In allen diesen Kategorien hatte Deutschland die britische Insel bis 1910 eingeholt, wenn nicht überholt. Selbst die Bevölkerung wuchs auf deutscher Seite schneller als auf der Insel.

Bei der Reichsgründung 1871 standen 41 Millionen Deutsche 32 Millionen Briten gegenüber. Bis 1913 waren es 67 Millionen auf deutscher, aber nur 46 Millionen auf britischer Seite.

Einen solchen Konkurrenten konnte man aus London nicht einfach nur «interessiert beobachten», wie die «Times» geschrieben hatte. Denn auch im außereuropäischen Raum war Deutschland angetreten mitzuspielen, vor allem beim Wettlauf um Afrika. Der Schritt von Bismarcks Interessenpolitik zur Wilhelminischen Weltpolitik zwang Großbritannien, mehr und mehr aus seiner *splendid isolation* herauszutreten. Was war aus Preußen geworden, das noch Außenminister Castlereagh 1814/15 bis an den Rhein sich hatte ausdehnen lassen, als Bollwerk und Festlanddegen gegenüber Frankreich! Als Konrad Adenauer im Dezember 1945 in seinem Rhöndorfer Haus Besuch von Noel Annan erhielt, einem Stabsoffizier unter den englischen Besatzern, fragte er diesen verschmitzt, ob er ihm, Adenauer, wohl den größten Fehler nennen könne, den die Briten in ihrer Deutschlandpolitik je gemacht hätten. Annan, von Haus aus Historiker, gab die Frage an Adenauer zurück, wie uns Hans-Peter Schwarz in seiner Biografie des ersten Bundeskanzlers mitteilt, und Adenauer antwortete: «Es war beim Wiener Kongress, als Sie törichterweise Preußen als Wacht gegen Frankreich und gegen einen zweiten Napoleon an den Rhein gestellt hatten.» Das Problem mit einer Politik, die auf dem Erhalt des Gleichgewichts beruht, besteht eben auch darin, dass nicht immer ganz klar ist, wo die Bedrohung für dieses Gleichgewicht gerade liegt oder woher sie kommen mag.

Am Ende des 19. Jahrhunderts wussten es die Briten allzu gut, nur war die Gefahr mit neuen Bündnissen allein nicht zu bannen. Denn der Kaiser und seine Regierung hatten sich zum Ziel gesetzt, England auf dem traditionellen Gebiet seiner Stärke herauszufordern – beim Flottenbau. Die Marinedoktrin der Briten sah einen *two-power*-Standard vor: Die Royal Navy müsse mindestens so stark sein wie die Flotten der beiden nachfolgenden Mächte zusammen. Das aber würde sich angesichts der deutschen Aufrüstung nicht lange halten lassen. Zwei Flottengesetze, 1898 und 1900, passierten den Reichstag, drei Novellierungen folgten, der Chef des Reichsmarineamts, Admiral Alfred von Tirpitz, hatte sich durchgesetzt, die Stahl-Barone an der Ruhr und die norddeutschen Werften auch, und der Kaiser bekam seinen Willen. Robert M. Massie kommentiert in seinem Buch «Die Schalen des Zorns. Großbritannien, Deutschland und das Heraufziehen des Ersten Weltkrieges» (1993) ironisch: «Eigentlich trieb den Kaiser nur der Wunsch, auch solche Schiffe zu bauen, und der Plan, auch einmal eine so schöne Flotte wie die englische zu besitzen.»

Der Plan fand freilich in der Bevölkerung großen Anklang. Das Aufholbedürfnis und der Wunsch, von John Bull als gleichberechtigt anerkannt zu werden, waren weit verbreitet und gaben dem deutschen Imperialismus wichtige Impulse. Außenminister Bernhard von Bülow brachte es in der Reichstagsdebatte vom 6. Dezember 1897 auf den Punkt: «Im neuen Jahrhundert muß Deutschland entweder der Hammer oder der Amboß sein. Mit einem Wort, wir wollen niemanden in den Schatten stellen, aber wir verlangen auch unseren Platz an der Sonne.» Man hatte es satt, englische Überlegenheit aufgetischt zu bekommen, und erst recht hatte es Wilhelm satt, permanent von seiner Mutter belehrt zu werden, wie England doch das größte Reich unter der Sonne sei, dazu berufen, die übrige Welt zu zivilisieren.

Schon das Frankfurter Paulskirchen-Parlament von 1848/49 hatte den Anspruch eines künftig vereinten Deutschland auf eine starke Flotte bekräftigt. In Heinrich Heines nachgelassenen Gedichten findet sich eine glänzende Satire auf diesen deutschen Drang zum Meer, 50 Jahre vor dem Ausbruch der deutsch-britischen Rivalität zur See. Heine nennt sie ein «nautisches Gedicht». Es ist einem breiteren Publikum so gut wie unbekannt und darf daher an dieser Stelle unsere Erzählung in vollem Wortlaut schmücken. Man ist hingerissen von diesen Zeilen:

Unsere Marine

Wir träumten von einer Flotte jüngst,
Und segelten schon vergnüglich
Hinaus aufs balkenlose Meer,
Der Wind war ganz vorzüglich.

Wir hatten unsern Fregatten schon
Die stolzesten Namen gegeben,
Prutz hieß die eine, die andre hieß
Hoffmann von Fallersleben.

Da schwamm der Kutter Freiligrath,
Darauf als Puppe die Büste
Des Mohrenkönigs, die wie ein Mond
(Versteht sich ein schwarzer) grüßte.

Da kamen geschwommen ein Gustav Schwab,
Ein Pfizer, ein Kölle, ein Mayer;
Auf jedem stand ein Schwabengesicht
Mit einer hölzernen Leier.

Da schwamm die Birch-Pfeiffer, eine Brigg,
Sie trug am Fockmast das Wappen
Der deutschen Admiralität
Auf schwarz-rot-goldnem Lappen.

Wir kletterten keck an Bugspriet und Rahn
Und trugen uns wie Matrosen,
Die Jacke kurz, der Hut beteert,
Und weite Schifferhosen.

Gar mancher, der früher nur Tee genoß
Als wohlerzogener Eh'mann,
Der soff jetzt Rum und kaute Tabak,
Und fluchte wie ein Seemann.

Seekrank ist mancher geworden sogar,
Und auf dem Fallersleben,
Dem alten Brander, hat mancher sich
Gemütlich übergeben.

Wir träumten so schön, wir hatten fast
Schon eine Seeschlacht gewonnen –
Doch als die Morgensonne kam,
Ist Traum und Flotte zerronnen.

Wir lagen noch immer im heimischen Bett
Mit ausgestreckten Knochen.
Wir rieben uns aus den Augen den Schlaf,
Und haben gähnend gesprochen:

«Die Welt ist rund. Was nützt es am End',
Zu schaukeln auf müßiger Welle!
Der Weltumsegler kommt zuletzt
Zurück auf dieselbe Stelle.»

Ein prophetischer Schluss, der die historische Vergeblichkeit, die nach 1900 wie eine Nemesis über die deutsche Politik hereinbrechen sollte, ironisch vorwegnimmt.

DIE DIPLOMATEN AUF DER SUCHE NACH EINER ANTWORT – DOCH 1914 GEHEN IN EUROPA DIE LICHTER AUS

Wie die Gefahr eindämmen, die aus Londoner Sicht mit Deutschland heranwuchs? Eyre Crowe, Abteilungsleiter im Außenministerium mit Hauptgebiet Westeuropa, fasste das Problem in einer berühmt gewordenen Denkschrift vom 1. Januar 1907 zusammen. Zunächst wiederholt er Bedrohliches, vorsichtig verpackt. Man «könnte folgern», dass Deutschlands «im Ganzen unruhige, explosive und verwirrende Tätigkeit» bewusst den vitalen Interessen Englands entgegenlaufe, dass es Hegemonie anstrebe, «zuerst in Europa und schließlich in der Welt.» Ein «kluger deutscher Staatsmann» würde die Grenzen erkennen, auf die sich jede Weltpolitik beschränken muss.» Aber dann ändert sich der Ton: «Solange England dem allgemeinen Grundsatz der Aufrechterhaltung des Gleichgewichts der Macht treu bleibt, wäre seinen Interessen nicht damit gedient, wenn Deutschland auf den Rang einer schwachen Macht herabgedrückt würde, da dies leicht zu einem französisch-russischen Über-gewicht führen könnte, was für das britische Reich ebenso furchtbar, wenn nicht sogar noch furchtbarer wäre.»

Einen Monat später sekundiert der gerade ausgeschiedene Staats-sekretär des Außenministeriums Lord Sanderson seinem Kollegen: «Es wäre ein Unglück, wenn man Deutschland glauben ließe, dass, in welche Richtung es sich auch bewegen mag, ihm der britische Löwe im Wege stehen wird. Es muss Bereiche geben, in welchen deutsche Unternehmungen sich entfalten können, ohne dass dabei wichtige britische Interessen verletzt werden. Und es wäre klug, wenn Deutschland in solchen Fällen unseren guten Willen erwarten dürfte.»

Zu den Bereichen, «in welchen deutsche Unternehmungen sich entfalten können», zählte die britische Politik vor allem die Frage der Kolonien. Da hatte Deutschland großes Interesse entwickelt, und es müsste doch möglich sein, so räsonierte man in London, über den Umweg dieser «Peripherie» den Zentralkonflikt in Europa zu ent-schärfen. Schon zweimal waren sich Briten und Deutsche in Koloni-alfragen einig geworden: 1890 beim Helgoland-Sansibar-Vertrag und 1898 in einem Vertrag über die afrikanischen Kolonien Portugals, der besagte, dass nach einem möglichen wirtschaftlichen Zusam-menbruch Portugals und der Verpfändung seiner Kolonien dieser Be-sitz zwischen London und Berlin aufgeteilt werden sollte. Nach lang-wierigen Verhandlungen war es sogar gelungen, im Oktober 1913 den Vertrag zu erneuern und seine territorialen Bestimmungen zu verfeinern. Auch das lange von England angefeindete deutsche Pres-tige-Objekt einer Bagdad-Bahn wurde noch im Juni 1914 einver-nehmlich geregelt und paraphiert, eine britische finanzielle Beteili-gung an dem Projekt inbegriffen.

Aber an der Flottenfrage scheiterten alle Versuche zu einem deutsch-britischen Ausgleich. Große Hoffnungen ruhten noch auf der «Haldane Mission» im Februar 1912. Der Kriegsminister Viscount Haldane unterbreitete Tirpitz und dem Kaiser ein Verhandlungspapier mit drei Punkten: Englands Marineüberlegenheit müsse anerkannt werden; das deutsche Flottenprogramm sei anzuhalten oder, wenn möglich, zurückzufahren; im Gegenzug wolle man dem deutschen Wunsch nach kolonialer Expansion nicht im Wege stehen, sei sogar begierig zu hören, wie man dabei helfen könne. Schließlich bittet London um Vorschläge, wie man sich beiderseitig versichern könne, sich keiner Aggression von dritter Seite gegen einen der beiden Vertragspartner anzuschließen.

Der Kaiser und sein Admiral zogen andere Karten, forderten eine Neutralitätsgarantie des Vereinigten Königreichs, was für England den Bruch der Entente mit Frankreich und Russland bedeutet hätte. Das Flottensupremat der Briten konnte die deutsche Seite nicht akzeptieren. Junior-Partner Englands zu werden bei einer national so aufgeputschten Frage, wäre auch von der eigenen Öffentlichkeit nicht mehr hingenommen worden. Freie Hand bei kolonialer Expansion war zwar verlockend, aber in Europa duldete das deutsche Ansehen keine Schmälerung. Dabei war ein Teil des deutschen Flottenbauprogramms durch die seit 1908 in Dienst gestellte neue Generation britischer Schlachtschiffe, die gefürchteten «Dreadnoughts», schon fast marginalisiert. Ganz abgesehen davon, dass die mit Kohle befeuerten deutschen Schiffe in ihrer Reichweite den englischen mit Öl betriebenen ohnehin unterlegen waren; die deutsche Hoffnung stützte sich daher mehr und mehr auf die U-Boot-Waffe. Aber verhandelt wurde mit Haldane, als stünde man kurz vor Erfüllung seiner maritimen Träume. Dabei hatte Lloyd George, damals Finanzminister, in einer historischen Rede in Londons Mansion House schon im Juli 1911 einen Frieden um jeden Preis abgelehnt: Das wäre «eine Erniedrigung für ein großes Land wie das unsere».

Inzwischen schraubte sich in beiden Ländern die feindselige Hysterie immer höher. In England hatten Bücher über imaginierte deutsche Invasionspläne Hochsaison. «Als Wilhelm kam», lautete einer dieser Bestseller, mit dem Untertitel «Eine Geschichte über London unter den Hohenzollern». Nach dem normannischen Er oberer William nun der preußische Wilhelm und «Germania rules the waves». Die deutsche Seite ihrerseits stürzte sich in einen Kulturkampf gegen die englische «schmutzige Flut des Kommerzialismus», wie es Werner Sombart in seinem Kriegsbuch «Händler und Helden» (1916) formulierte. Der Philosoph Max Scheler setzte «deutschen Heroismus» gegen «englischen Krämergeist», und Thomas Mann glaubte in seinen späten «Betrachtungen eines Unpolitischen» (1918) mit dem Schnittmuster «deutsche Kultur» gegen «westliche Zivilisation» fast so etwas wie eine kulturelle Erbfeindschaft zwischen «Deutschtum» und den demokratischen Grundsätzen Frankreichs, Englands und der USA zu erkennen.

Selbst Shakespeare entkam diesen Exzessen nicht. In dem Maße, in dem deutscher Tiefsinn, deutsches Wesen sich etwa von 1860 an stärker gegenüber den britischen Krämern in Szene zu setzen wusste, wurde auch er in den Kampf um kulturelle Überlegenheit hineingezogen. Dieser Autor passte einfach nicht zur britischen «Zivilisation», zur Nation der *shopkeepers* – er musste deutscher Kultur entstammen! «Nostrifizierungskampagne» hieß das Ganze, ein Fall von kultureller Einvernahme durch Einbildung. Hermann Ulrici, der erste Präsident der Deutschen Shakespeare-Gesellschaft, wollte schon 1867 Shakespeare «verdeutschen», ihn «ent-englisieren». So sah es endlich auch Gerhart Hauptmann 1915: «Es gibt kein Volk, auch das englische nicht, das sich ein Anrecht wie das deutsche auf Shakespeare erworben hätte. Shakespeares Gestalten sind ein Teil unserer Welt, seine Seele ist eins mit unserer geworden; und wenn er in England geboren und begraben ist, so ist Deutschland das Land, wo er wahrhaftig lebt.»

Aber die Krone setzte Ernst Lissauer der Rivalität zwischen den germanischen Vettern auf, mit seinem 51 Zeilen langen Poem «Hassgesang auf England» von 1914:

Nimm du die Völker der Erde in Sold,
baue Wälle aus Barren von Gold,
bedecke die Meerflut mit Bug um Bug,
du rechnest klug, doch nicht klug genug.
Was schert uns Russe und Franzos'!
Schuß wider Schuß und Stoß um Stoß.
Wir kämpfen den Kampf mit Bronze und Stahl
und schließen Frieden irgend einmal.
Doch werden wir hassen mit langem Haß,
Haß zu Wasser und Haß zu Land,
Haß des Hauptes und Haß der Hand,
Haß der Hämmer und Haß der Kronen,
drosselnder Haß von siebzig Millionen,
sie lieben vereint, sie hassen vereint,
sie haben alle nur einen Feind:
England!

Sir Edward Grey, Englands Außenminister, prägte 1914, als der Krieg bevorstand, einen Satz, der bald berühmt werden sollte: «The lamps are going out all over Europe; we shall not see them lit again in our lifetime.» – «Die Lampen gehen in ganz Europa aus; wir werden sie zu unseren Lebzeiten nicht mehr eingeschaltet sehen.»

12

VON NACHKRIEG ZU
VORKRIEG ZU ...

**ENGLAND KOMMT DEM BESIEGTEN DEUTSCHLAND
ENTGEGEN**

«Mit dem Ruin der Besiegten und der kaum weniger verhängnisvollen Erschöpfung des Siegers»: Genau so, wie der junge englische Abgeordnete für den Wahlkreis Oldham, Winston Churchill, es 1901 mehr geahnt als vorausgesehen hatte, endete der Große Krieg, wie der Erste Weltkrieg in der angelsächsischen Literatur bis heute oft genannt wird. Groß waren die Opfer (fast neun Millionen Soldaten auf allen Seiten), groß die wirtschaftliche Not und groß die Vergeltungssucht, am meisten auf französischer Seite. Schließlich hatte Frankreich auf eigenem Territorium riesige Kriegsverwüstungen hinnehmen müssen, der historische Hass auf den Erzfeind Deutschland hatte neue Nahrung erhalten.

England sah es, wieder einmal, anders. Alte Reflexe und Sorgen um das europäische Gleichgewicht traten sofort wieder zutage, im Osten stand mit dem kommunistischen Russland ein neuer Machtfaktor vor der Tür: Konnte es da im britischen Interesse liegen, Frankreich die Deutschen demütigen zu lassen und das europäische Kernland einem Status dauernder Zweitrangigkeit auszusetzen? Großbritannien hatte viel an dem Versailler Friedensvertrag zu bemängeln. Die Briten vermissten unter anderem jeden Versuch einer Regelung zum wirtschaftlichen Wiederaufbau Europas. Deutschland sollte zahlen, zahlen, zahlen. War das alles? Gewiss, auch Lloyd George brauchte deutsche Reparationen, um die britischen Kredite an die USA zurückzahlen zu können. Aber damit konnte sich die Frage der europäischen Zukunft nicht erschöpfen.

Zu einem der schärfsten Versailles-Kritiker wurde der Ökonom John Maynard Keynes, der Leiter der Delegation des britischen Finanzministeriums bei der Friedenskonferenz. Schon 1919 veröffentlichte er seine Brandschrift «Die ökonomischen Folgen des Friedens», in der er die Rachementalität der Alliierten gegenüber Deutschland frontal anging, mit prophetischen Vorgriffen auf die Zukunft: «Wenn der europäische Bürgerkrieg damit enden sollte, dass Italien und Frankreich jetzt ihren momentanen Sieg ausnutzen, um das darniederliegende Deutschland zu zerstören, dann laden sie sich ihre eigene Zerstörung auf.» Englands Premier David Lloyd George stimmte zu. Schon in einer Denkschrift an seinen französischen Gegenüber Georges Clemenceau und den amerikanischen Präsidenten Woodrow Wilson vom 25. März 1919, dem sogenannten Fontainebleau-Memorandum, hielt er fest: «Die größte Gefahr, die ich in der gegenwärtigen Lage sehe, ist die, dass Deutschland sich mit dem Bolschewismus zusammentun und seine Hilfsmittel, seinen Verstand, seine breite Organisationskraft den revolutionären Fanatikern zur Verfügung stellen könnte, deren Traum es ist, die Welt mit Waffengewalt für den Bolschewismus zu erobern. [...] Ich würde deshalb beim Frieden die Versicherung in den Vordergrund stellen, dass wir Deutschland [...] die Rohstoffe und die Märkte der Welt zu den gleichen Bedingungen, wie sie für uns selbst gelten, öffnen und alles Mögliche tun wollen, um dem deutschen Volk zu helfen, dass es wieder auf seine Füße kommt. Wir können nicht zugleich Deutschland verkrüppeln und erwarten, dass es uns bezahlt.»

Die Bedeutung dieser britischen Stimmen für die Einstellung der Insel gegenüber Deutschland nach 1918 ist kaum zu überschätzen, sie geben den Tenor ab für die folgende Entwicklung. Die Hysterie der Vorkriegs- und Kriegszeit verschwand wie ein Spuk, übrigens auch in Deutschland; stattdessen griff in England rasch eine pazifistische Stimmung um sich. In welchem anderen europäischen

Land hätte ein Kriegsdienstverweigerer Premierminister werden können, wie Ramsay MacDonald 1924 in Großbritannien? «Nur» 740 000 Kriegstote hatte England zu beklagen, die Hälfte der französischen Zahl und weit weniger als die 1,8 Millionen deutschen Gefallenen. Aber der Blutzoll hinterließ bleibende Wunden in einem Land, das von der Realität moderner Landkriege vor 1914 keinen Begriff hatte. «Nie wieder Krieg», war das dominante Gefühl; um jeden Militäretat musste im Unterhaus gefeilscht werden, die Tendenz wies zur Abrüstung.

Und zu einem neuen Einvernehmen mit Deutschland, dem nach allgemeiner Auffassung in Versailles großes Unrecht zugefügt worden war. Die britische Politik verhielt sich entsprechend und durchkreuzte die Linie Frankreichs, wo sie nur konnte. Heftig fiel die Kritik an der französischen Besetzung des Ruhrgebiets 1923–1925 aus, und mit mäßigender Zurückhaltung trat man in der Frage der deutschen Reparationen auf. 1935 waren es die Briten, die eine ordnungsgemäße Völkerbundabstimmung im Saarland befürworteten über die künftige Zugehörigkeit dieses Gebietes.

Erneut kollidierten London und Paris, als am 7. März 1936 Hitler im Rheinland einmarschieren ließ und damit die Entmilitarisierungsbestimmung des Versailler Vertrages wie auch eine entsprechende Verfügung aus dem Locarno-Vertrag von 1925 brach. Frankreich forderte Sanktionen, wenn nicht mehr. England lehnte ab. Auf der Sitzung des Völkerbundrates trug Londons Vertreter eine Begründung vor, die in Paris das perfide Albion wach werden lassen musste: «Es ist offensichtlich, dass der Einmarsch der deutschen Truppen in das Rheinland eine Verletzung des Versailler Friedensvertrages darstellt. Dennoch liegt in dieser Aktion keine Bedrohung des Friedens vor, und sie erfordert keinen unmittelbaren Gegenschlag. Zweifellos schwächt die Neubesetzung des Rheinlandes die Macht Frankreichs, aber sie schwächt in keiner Weise seine Sicherheit.»

Schon am Tage nach dem Einmarsch hatte Außenminister Anthony Eden in einem Memorandum abwiegelnd erklärt, dass es nicht so sehr um die Tatsachen gehe, die Hitler geschaffen habe, als um «die Art und Weise des deutschen Vorgehens, die wir bedauern». Dann fiel ein folgenschwerer Satz: «It is the appeasement of Europe as a whole that we have constantly before us.» – «Es ist die Befriedung/Beschwichtigung Europas als Ganzes, die uns beständig vor Augen steht.»

«APPEASEMENT» – GUT GEMEINT UND AHNUNGSLOS

Es war wohl das letzte Mal, dass in einem offiziellen britischen Dokument der damaligen Jahre das Wort «appeasement» in so unschuldiger Weise verwendet wurde. Aber Eden reflektierte nur eine allgemeine Stimmung: Die Friedenssehnsucht und die Entschlossenheit, nicht in einen neuen Krieg hineingezogen zu werden, waren im Lande überwältigend. Ein Mahner wie Churchill galt als überspannte Kassandra. Kein Politiker mit Regierungsverantwortung hätte es wagen können, wegen des Rheinlandes, das die öffentliche Meinung den Deutschen zusprach, einen Konflikt vom Zaun zu brechen. Das dachte Neville Chamberlain sogar noch zweieinhalb Jahre später bei der Sudetenkrise: Ging es da nicht um deutsches Territorium, um das man tunlichst keinen Krieg führen sollte, noch dazu, wo man militärisch im September 1938 gar nicht ausreichend gerüstet war?

Viel Verständnis zeigte Winston Churchill in seinem Nachruf auf Chamberlain, im Unterhaus im November 1940, für das Umfeld, in dem sein Vorgänger operierte. Seinen Zuhörern und sich stellte der Kriegspremier die rhetorische Frage, was denn die Hoffnungen damals waren, denen man gerade auf der Insel so inständig anhing, ehe Hitler sie zerstörte. Es waren, so sagte Churchill, einige der «nobelsten und wohltätigsten Instinkte des menschlichen Herzens – die Liebe zum Frieden, das Bemühen um Frieden, das Ringen um Frieden, das Streben nach Frieden, auch unter großer Gefahr». Klingt das nicht nach einer nachträglichen Apologie der Beschwichtigungspolitik, und das ausgerechnet von ihrem größten Gegner?

Nein, antwortete Ian Kershaw, der führende Hitler-Forscher, auf eine entsprechende Frage 2008 in einem Interview mit der «Welt». «Der Versuch einer friedlichen Lösung auch des 1938er Konflikts, einschließlich des Konzepts der Beschwichtigung, war vom Standpunkt der Zeitgenossen nur zu verständlich. Zu einem ‹dirty word› wird Appeasement erst dann, wenn man den Drangsalierer, den Tyrannen, einzufangen versucht auf Kosten eines Schwachen, wie es damals mit der Tschechoslowakei geschah. Dann hat Appeasement nichts mehr mit der Suche nach Frieden zu tun, die ehrenhaft ist, sondern mit politischer Gewichtung, mit einem Preis des Friedens, und der ist unehrenhaft.»

Hitler hatte es mit den Briten der Zwischenkriegszeit leicht – die Sympathie für die in Versailles unfair behandelten Deutschen konnte er voll für seine Zwecke nutzen. Die pazifistische Grundströmung ohnehin. Der Widerwille gegen Krieg brachte es mit sich, dass man Hitlers Intentionen nicht sah, nicht sehen wollte oder sie einfach nicht einzuschätzen wusste. Im Übrigen galt über lange Zeit hinweg der Bolschewismus als die weitaus größere Bedrohung. «Hitler und Mussolini sind doch gegen den Kommunismus, also müssen sie unsere Freunde sein», beschrieb George Orwell später die Tendenz in der öffentlichen Meinung jener Jahre. Im Umgang mit modernen Diktaturen besaß die britische Diplomatie keine Erfahrung. Sie hatte sich zu lange in Gegenden bewegt, wo die Feinde Englands versöhnt oder austariert werden konnten und die maritime Weltmacht am Ende die Oberhand behielt. «Aber die Welt Europas war nicht so gestrickt», schreibt John Mander in «Our German Cousins»: «1938 war England verwundbarer als jemals seit Trafalgar.»

Was wusste man überhaupt von Europa? Der Weit- und Weltblick des Empire konnte auch ein Handicap sein, wie schon Bismarck bei seinem ersten Besuch in London, 1862, entdecken musste, als er mit führenden Köpfen wie Lord Russell, Palmerston und Disraeli zusammentraf. Lothar Gall berichtet von zwei Briefen Bismarcks nach diesen Begegnungen. Der eine an Kriegsminister Albrecht von Roon:

«Die Leute sind dort über China und die Türkei sehr viel besser unterrichtet wie über Preußen», schreibt er, und an seine Frau: «Es war recht schön da, aber über Preußen wissen die englischen Minister weniger wie über Japan und die Mongolei, und klüger wie unsere sind sie auch nicht.»

Wie desensibilisiert gegenüber der heraufziehenden Gefahr der englische Geist der Zeit war, enthüllte schlagend die berühmt-berüchtigte Debatte der Oxford Union vom 9. Februar 1933 über das Thema: «Dass dieses Haus unter keinen Umständen für seinen König und sein Land kämpfen wird». Die These wurde nach stürmischer Aussprache mit 275:153 Stimmen angenommen. Die Presse reagierte gespalten: Der «Daily Express» sprach von «leicht benommenen jungen Kommunisten, die möglicherweise auf Unreife plädieren werden angesichts ihrer unanständigen Tat». Der liberale «Guardian» äußerte sich milder: Muss man den Widerwillen der Jugend nicht verstehen, angesichts der Art, wie Kriege früher «for King and Country» eingefädelt wurden? Churchill äußerte sich im Unterhaus empört: Man könne förmlich sehen, «wie verächtlich sich die Lippen junger Männer in Deutschland, Italien oder Frankreich kräuseln, wenn sie die Botschaft lesen, welche die Universität Oxford im Namen der Jugend Englands aussendet».

Ein Strom prominenter Briten machte sich nach Berlin auf, um Hitler und dem neuen Deutschland seine Reverenz zu erweisen oder einfach nur zu sehen, was sich da tat in dem neuen Wunderreich. Adlige, Politiker, auch der alte Lloyd George, königliche Hoheiten wie der Herzog von Windsor, Pressezaren – alle Schichten der Gesellschaft waren vertreten. Nach seinem ersten Treffen mit Adolf Hitler, im Januar 1936, beschreibt Lord Londonderry den Diktator als «gütigen Mann mit fliehendem Kinn und einem beeindruckenden Gesicht». Hitler wolle gar nicht kämpfen, behauptet er zu wissen, «tatsächlich schaudert ihm vor einem Krieg». Edith, Lady Londonderry, große Society-Dame im Familienpalast an Londons Park Lane, geht noch einen Schritt weiter und schwärmt von Hitler als einem «Mann

mit wunderbaren, weit sehenden Augen, schlicht, würdevoll, bescheiden». Später wird sie an ihn schreiben: «Sie und Deutschland erinnern mich an das Buch Genesis des Alten Testaments.»

Lord Rothermere, einflussreicher Inhaber der Associated News-
papers-Gruppe, mahnt im Juli 1933 in seiner hauseigenen «Daily
Mail»: «Ich rate allen jungen Engländern und Engländerinnen dringend, sich die Fortschritte genau anzuschauen, die das Nazi-Regime
in Deutschland macht. Sie sollen sich dabei nicht verleiten lassen
von den Falschdarstellungen seiner Gegner. Die geringfügigen Missetaten einzelner Nazis werden versinken vor dem immensen Gewinn, den das neue Regime schon jetzt für Deutschland gebracht
hat.» Selbst Anthony Eden, damals Staatsminister für Völkerbund-
angelegenheiten im Außenministerium, schreibt nach einer Begegnung mit Hitler im Februar 1934: «Bei einer Sache bin ich mir
sicher – das neue Deutschland von Hitler und Goebbels ist dem alten
eines von Bülow vorzuziehen.»

Am meisten war die politische Klasse davon beeindruckt, wie der
Diktator mit dem Kommunismus umgegangen war. Halifax weilte
als Lord President of the Council – ein Amt mit Kabinettsrang – im
November 1937 auf Sondierungsbesuch bei Hitler und notierte sich
danach in seinem Tagebuch: «Obwohl es viel am Nazi-System gab,
das die britische Meinung tief verletzte, war ich nicht blind, was Hitler für Deutschland getan und was er [...] mit der Vertreibung des
Kommunismus aus seinem Land erreicht hatte.»

Der Doyen der britischen Militärhistoriker, Michael Howard,
fand einmal für die Phase der deutsch-britischen Beziehungen zwischen 1900 und 1940 eine originale Deutung, der man schlecht wi-
dersprechen kann: «Die Briten entwickelten bald mehr Schuldge-
fühle wegen Versailles als die Deutschen wegen des Krieges selbst.
Dieses Gefühl der ‹Friedensschuld› brachte die Appeasement-Politik
hervor, die von einer späteren Generation dann als neue ‹Kriegs-
schuld› der Verantwortlichen dargestellt wurde. [...] Daher meine
These: Während die keimende Feindschaft zwischen Großbritan-

nien und Deutschland eine der Hauptursachen des Ersten Weltkrieges war, war der Versuch der Briten, mit Deutschland wieder freundschaftlich umzugehen, ironischerweise eine ebenso wichtige Ursache für den Zweiten Weltkrieg.»

MISSVERSTANDENE KONZILIANZ

Es ist englische Art, sich indirekt zu äußern, mit Understatement und den Anzeichen großer Bereitschaft, dem Gegenüber eine faire Chance zu geben. Was aber ist, wenn die Raubeine dieser Welt für die Zwischentöne des englischen Stils keinen Sinn haben und hinter Höflichkeit und Konzilianz die Entschlossenheit überhören oder übersehen, die sich am Ende doch herausschält? Die Frage berührt die Psychologie der Haltung, mit der die britische Politik in beiden Weltkrisen des 20. Jahrhunderts den Deutschen gegenübertrat. Die Generationen eines Sir Edward Grey, eines Eden, Halifax oder Chamberlain hatten die Gentleman-Schule der britischen Diplomatie durchlaufen, waren zwar durch und durch imprägniert mit dem nationalen Interesse, aber eben auch mit der Usance, dasselbe mit Anstand, Umgänglichkeit und dem Willen zum friedlichem Ausgleich zu vertreten, und zwar so weit wie möglich. Wurde diese Tradition falsch verstanden, war sie hinderlich, wo eine unenglische, direkte Art dem deutschen Gegenüber früher und entschiedener reinen Wein eingeschenkt hätte?

Die Französin Odette Keun veröffentlichte 1937 ein Buch unter dem Titel «I Discover the English». Darin geißelte sie «englisches Kompromisslertum» als unentschieden und halbherzig – mithin als wenig hilfreich in den Krisen der Zeit. Zwei Jahre später, im Juni 1939, begegnet Arnold Toynbee, der große Kulturhistoriker, in Bonn zum letzten Mal einem alten Bekannten, Richard Kuenzer, der Kontakte zum Widerstand hatte (und dafür noch Ende April 1945 hingerichtet wurde). Kuenzer bestürmt den Wissenschaftler, Chamberlain und Halifax zu bewegen, «mit Hitler grob umzugehen», wie Toynbee in seiner Sammlung von Erinnerungen, «Acquaintances» (1967), notiert. «Ich kenne die Engländer», sagt Kuenzer, «ich weiß, dass, wenn sie wenig sagen, sie viel meinen. Aber die Nazis kennen die Engländer nicht. Wenn eure Staatsmänner daher die gedämpfte Sprache englischer Gentlemen führen, schließen die Nazis daraus, dass diese sanften Typen es eigentlich nicht so ernst meinen. Wenn eure führenden Figuren weiter so wie Gentlemen reden, geht die letzte Chance dahin, Hitler von einem Krieg abzuhalten. Bitte bringen Sie diesen Punkt unbedingt dem Premier und dem Außenminister nahe.»

Toynbee bemerkt, dass sein deutscher Gesprächspartner einen wichtigen Punkt angeschnitten habe, aber die genannten Herren hält er gleichzeitig «für unfähig, im Sinne der Empfehlung von Kuenzer zu handeln. Sobald sie ihren Mund aufmachen mit der Absicht, Billingsgate zu sprechen», also die grob-direkte Sprache der Händler auf Londons Fischmarkt Billingsgate, «würde nichts anderes als dasselbe alte gentlemanartige Understatement über ihre Lippen kommen, es könnte auch gar nicht anders sein. Dies ist die einzige Sprache, die sie beherrschen.»

John C. G. Röhl glaubt, das hier angesprochene Phänomen könnte auch vor dem Ersten Weltkrieg eine Rolle gespielt haben. In einem Interview mit dem «Spiegel» 2004 merkte er an, London habe sich noch im Sommer 1914 in Berlin um einen Ausgleich bemüht, was die andere Seite womöglich falsch verstand, als Signal, dass England im Kriegsfall letztlich doch neutral bleiben wolle: «Insofern kann man sagen, dass die Briten den Fehler gemacht haben, zu freundlich gewesen zu sein.» So verkündete auch Chamberlain noch im März 1939, die britische Politik sei immer noch die gleiche, nämlich «den Frieden zu sichern durch Beseitigung berechtigter Anlässe für einen Krieg, bei Fortsetzung eines Programms der Aufrüstung». Aber von Aufrüstung wollte Oppositionsführer Clement Attlee auch 1939 noch immer nichts hören: Die Hitler-Diktatur, so meinte er zu wissen, falle doch «allmählich in sich zusammen».

Winston Churchill schrieb Anfang der 30er-Jahre an der bereits erwähnten umfangreichen Biografie seines Vorfahren John Churchill, Herzog von Marlborough, des großen Feldherrn des Spanischen Erbfolgekrieges. Der erste Band von «Marlborough. His Life and Times» erschien 1933, der vierte und letzte 1938, zur Zeit des Münchner Abkommens zur Beilegung der Sudetenkrise. An der Entwicklung in Deutschland nahm der 1874 Geborene gleichwohl großen Anteil, sah aber durchaus nicht vom Tag der Machtergreifung Hitlers an in diesem jenes Menetekel, vor dem er später nicht müde wurde zu warnen.

Ja, wir wissen sogar von einem Versuch Churchills, mit Hitler schon vor 1933 zusammenzutreffen: Er wollte ihm die Idee eines Bündnisses zwischen Großbritannien, Deutschland und Frankreich vortragen. Putzi Hanfstaengl, Hitlers Presseberater für Auslandsfragen, sollte die Begegnung in einem Münchner Restaurant inszenieren. Dort ließen sich Churchill, seine Frau und Hanfstaengl denn auch nieder und begannen mit dem Essen, dem sich Hitler zugesellen würde. Der trat auch ein – doch zehn Meter vor dem Tisch, wo die drei dinierten, drehte er plötzlich ab und verschwand. Man kann unendlich spekulieren, was der Zeitgeschichte mit diesem nicht zustande gekommenen Treffen zwischen Hitler und Churchill entging. Die Stunde ihres Duells war noch nicht gekommen.

Wie viele Beobachter der deutschen Dinge war auch Churchill anfänglich bereit, dem Führer «the benefit of the doubt» zu geben, Punkte zu konzedieren, die für ihn sprachen. Noch im November 1935 beschrieb er in einem Beitrag für das «Strand Magazine» unter der Überschrift «The Truth about Hitler» den Führer als eine «mystery», aber doch auch als den Mann, «welcher der großen germanischen Nation ihre Ehre und ihren Seelenfrieden zurückgeschenkt und sie sicher, hilfsbereit und stark in den Kreis der europäischen Familie zurückgeführt hat». Dann aber stellt der Autor wieder einmal eine seiner historischen Prognosen, mit der ihm eigenen Sprachgewalt: «Die Zukunft wird entscheiden, ob Hitler seinen Platz einnehmen kann in der Walhalla, neben Perikles, Augustus, Washington, oder im Inferno der Verachtenswürdigkeit, neben Attila und Tamerlan. Es mag genügen festzustellen, dass im Augenblick beide Möglichkeiten offenstehen.»

Ähnlich hatte sich auch de Gaulle in den 30er-Jahren einmal geäußert, als er Deutschland beschrieb als «eine Tiefsee, aus der die Netze der Fischer Monster und Schätze heraufziehen». Nach seinem Aufsatz vom November 1935 begegnen wir in Churchill nur noch dem Mahner vor dem kommenden Unheil. Das ging gegen den Strich der öffentlichen Meinung und vertiefte Churchills politische Isolation. Doch der politische Horizont verdunkelte sich weiter, aus Churchills Warnungen wurde Realität. Nach dem Einmarsch Hitlers in der Tschechoslowakei im März 1939 notierte sich Chamberlain in seinem Tagebuch: «Winstons Chancen verbessern sich in dem Maße, wie Krieg zu einer Möglichkeit wird.» Zu einer Wirklichkeit wurde er mit dem Überfall Hitlers auf Polen und nach der Kriegserklärung Großbritanniens an Deutschland am 3. September 1939, und am 10. Mai 1940, dem Tag, an dem die deutsche Wehrmacht in Holland und Belgien einmarschierte, wählte das Unterhaus Churchill als Nachfolger Chamberlains zum Premierminister. «Ich fühlte eine tiefe Erleichterung», schreibt Churchill in seinen Kriegsmemoiren über diesen Augenblick. «Endlich hatte ich die Macht über das Ganze und konnte Befehle geben. Ich hatte das Gefühl, mit dem Schicksal zu wandeln. Mein ganzes vergangenes Leben schien mir jetzt nichts als eine Vorbereitung gewesen zu sein – eine Vorbereitung auf diese Stunde und diesen Test.»

Am 13. Mai bat der neue Premier das Unterhaus um eine Vertrauensabstimmung für seine Allparteien-Regierung, wobei er jenes Wort prägte, das wie viele Wendungen aus seinen Kriegsreden in den Sprachschatz Englands und der Welt eingehen sollte: «Ich habe nichts anzubieten als Blut, Mühsal, Tränen und Schweiß» – «I have nothing to offer but blood, toil, tears and sweat.» Den Satz wiederholte Churchill später in einer Radioansprache, damit niemand im Zweifel darüber sein konnte, wie realistisch er, bei aller Entschlossenheit, die Lage einschätzte. Im Gespräch mit General Ismay, seinem Militärberater, ging er weiter: «Armes Volk. Sie vertrauen mir, aber ich kann ihnen für ziemlich lange Zeit nichts als Desaster anbieten.»

DREI TAGE IM MAI 1940, DIE DEN KRIEG ENTSCHEIDEN

Das erste wartete schon – Dünkirchen. Das englische Expeditionsheer und die mit ihm verbündeten französischen Soldaten waren hoffnungslos eingeschnürt an der französischen Kanalküste und mussten ihrer Vernichtung entgegensehen. Doch dann kam die wundersame Wende: Ein Befehl auf deutscher Seite, den Vormarsch der eigenen Truppen zwischen dem 24. und dem 26. Mai 1940 zum Halten zu bringen, gab den Alliierten willkommene Gelegenheit, mit der Evakuierung ihrer Soldaten nach England zu beginnen. Sie wurde zur größten Rettungsaktion der Kriegsgeschichte.

Doch nicht dies führte zur Wende, die den Krieg entscheiden würde. Die Weiche, auf die es ankam, stellte Churchill in London zur selben Zeit, als er einzelnen Mitgliedern seines Kabinetts und dem Drängen vor allem von französischer Seite widerstand, über Mussolini als Zwischenträger in Friedensverhandlungen mit Hitler einzutreten. Das Drama jener Tage ist mehrfach beschrieben worden, so in John Lukacs' «Five Days in London, May 1940» (1999) oder zuletzt im ersten Kapitel von Ian Kershaws «Wendepunkte. Schlüsselentscheidungen im Zweiten Weltkrieg» (2008).

Wie sah das Denken aus, von dem Churchill sich leiten ließ? Den französischen Bitten damals zu widerstehen, war nicht leicht. Mit Berlin in Verhandlungen zu treten, sah man in Paris als letzte Rettung aus einer militärisch ausweglosen Lage. Nichts schien logischer als der Gedanke, eine Lösung zu suchen, wo auf dem Schlachtfeld Kapitulation drohte. Im britischen Kriegskabinett vertrat vor allem Halifax die Position, Verhandlungsmöglichkeiten auszuloten. Er galt aus der Vorkriegszeit als verkappter (oder nicht so verkappter)

Appeaser und stützte sich jetzt mit der Emphase des Diplomaten auf das Wort «reasonable» – vernünftig. Was vernünftig ist, soll man nicht ausschlagen. Gehört das nicht zur besten britischen Tradition von Common sense und Pragmatismus?

Churchill sah die Falle sofort: Frieden könne man haben – unter deutscher Dominanz. Eine Verhandlungsstrategie via Mussolini sei nicht nur vergeblich, «sondern bringt uns in tödliche Gefahr». Warum vergeblich?, konterte Halifax. Wie könne man das wissen, ehe es nicht probiert worden sei? In der Tat sagt ein berühmtes englisches Sprichwort: «The proof of the pudding lies in the eating» – erst muss man den Nachtisch essen, ehe man weiß, wie er schmeckt.

Winston Churchill (1874-1965):
«Ich habe nichts anzubieten als Blut, Mühsal, Tränen und Schweiß.»

Alles sehr vernünftig. Und Monsieur Reynaud, der französische Premierminister, wartete dringend auf die englische Beschlussfassung.

Am 28. Mai erreicht das Drama den Höhepunkt. Churchill hat seine Gedanken auf den entscheidenden Punkt hin zugeschliffen. Jetzt, so sagt er, leben wir noch aus freier Entschlossenheit des Handelns, erhobenen Hauptes und ungebeugt. Aber wer sich in diesem Stadium der deutschen Stärke einmal vom Verhandlungstisch erheben müsse, weil seine Forderungen nach Freiheit, nationaler Unabhängigkeit und Sicherung des Empire nicht erfüllbar sind, der würde feststellen, dass seine Willenskraft, die ihm jetzt noch zur Verfügung steht, gebrochen ist. Die Öffentlichkeit würde in bitterste Gefühle gestürzt, würde Verhandlungen um der Verhandlungen willen verlangen. Churchill hält dagegen: «Nationen, die kämpfend in die Knie gehen, werden auch wieder aufstehen, aber solche, die aufgeben, sind erledigt.»

Das Hin und Her im Kreis der fünf entscheidenden Männer wird gegen Abend unterbrochen, und Churchill stellt sich einer erweiterten Gruppe von 25 Ministern und Staatssekretären zur Aussprache. Sein wichtigster Punkt: Es sind zum jetzigen Zeitpunkt keine besseren Verhandlungsergebnisse mit Hitler zu erzielen, als wenn wir weitermachen und den Krieg durchstehen. Verhandeln? Die Deutschen werden unsere Flotte verlangen, unter dem Namen Abrüstung, unsere Stützpunkte, wir wären ein Sklavenstaat mit einer britischen Marionetten-Regierung, vielleicht unter Oswald Mosley, dem Anführer der faschistischen «Schwarzhemden». Sein Resümee: «Natürlich werden wir weiterkämpfen, was immer in Dünkirchen passiert.» Während er redet, sind aber erst 17 000 Soldaten evakuiert worden. Churchill wäre, wie er durchblicken lässt, mit 50 000 schon überglücklich. Bis zum 4. Juni werden es dann 224 301 britische und 111 172 französische sein.

Die Zustimmung zu Churchills Vorschlag, weiterzukämpfen und einem Verhandlungsfrieden auch nicht gedanklich nahezutreten, fiel überwältigend aus. Man trat an ihn heran, klopfte ihm auf die

Schulter, jubelte. «Ich war sicher», schreibt er in seinen Kriegsmemoiren, «dass jeder meiner Zuhörer bereit wäre, lieber sein Leben, seine Familie und seinen Besitz zerstören zu lassen als nachzugeben. In dieser Haltung repräsentierten sie das House of Commons und fast unser ganzes Volk.» Das Telegramm an Reynaud vom Abend des 28. Mai war entsprechend eindeutig in seiner Ablehnung.

Die Rettung der Truppen von den Kanalstränden einen Sieg zu nennen, hütete sich Churchill ausdrücklich. «Ein Rückzug ist kein Sieg», war seine Formel. Der Sieg, den er feiern konnte, war ein anderer: die Nation unter seiner Führung zum Weiterkämpfen motiviert zu haben, und das in der Stunde, da England als einziges noch unerobertes Land dem Beherrscher des Kontinents gegenüberstand. Dieses Gefühl, ein vereintes Volk hinter sich zu wissen, inspirierte Churchill zu seiner berühmten Unterhaus-Rede vom 4. Juni 1940: «We shall fight on the beaches, we shall fight on the landing grounds, we shall fight in the fields and in the streets, we shall fight in the hills; we shall never surrender» – «wir werden uns niemals ergeben.» Vor dem Hintergrund des gefährlich gewachsenen Defätismus – die Mehrheit der Briten sah sich gegenüber Deutschland auf verlorenem Posten – kann man Churchills Leistung, die Nation aufgerichtet zu haben, nicht hoch genug ansetzen.

Am 20. Juni verfasste der Premier eine äußerst knapp gefasste Geheimnotiz: «Wenn es Hitler nicht gelingt, Großbritannien zu besetzen oder zu zerstören, hat er den Krieg verloren.» Die Weiche, die Churchill Ende Mai 1940 stellte, war mithin kriegsentscheidend. Aber zu welchem Preis für die Insel! Sebastian Haffner formuliert es in seiner Churchill-Monografie unverblümt: «Mit seinem Widerstand hat Churchill die physische, wirtschaftliche und imperiale Existenzgrundlage Englands aufs Spiel gesetzt – die physische hat er bewahrt, die Wirtschaft ruiniert, das Empire verloren.» Aber bewahrt wurde mehr als die physische Existenz der Briten – bewahrt wurde die Freiheit des *free-born Englishman* und zurückgewonnen die Freiheit vieler unterdrückter Völker.

Hitlers Antwort auf Churchills Weigerung, in Verhandlungen einzutreten, ließ nicht lange auf sich warten. Am 16. Juli 1940 erteilte er seine «Direktive Nr. 16»: «Da England, trotz seiner militärisch aussichtslosen Lage, noch keine Anzeichen einer Verständigungsbereitschaft zu erkennen gibt, habe ich mich entschlossen, eine Landungsoperation vorzubereiten. Zweck dieser Operation ist es, das englische Mutterland als Basis für die Fortführung des Krieges gegen Deutschland auszuschalten und, wenn es erforderlich sein sollte, in vollem Umfang zu besetzen. [...] Das Unternehmen führt den Decknamen ‹Seelöwe›.» Es war nach Napoleon zum ersten Mal, dass eine Kontinentalmacht die seit Wilhelm dem Eroberer von fremden Truppen unbesetzte Insel in ihre Gewalt zu bringen hoffte.

Eine seegestützte Invasion konnte aber nur gelingen, wenn zuvor die Royal Air Force ausgeschaltet war. Also folgte «Direktive Nr. 17» vom 1. August: «Um die Voraussetzungen für die endgültige Niederringung Englands zu schaffen, [...] befehle ich Folgendes: Die deutsche Fliegertruppe hat mit allen zur Verfügung stehenden Kräften die englische Luftwaffe möglichst bald niederzukämpfen.» Diese Hoffnung aber schwand während der folgenden Battle of Britain mehr und mehr, sodass der Zeitpunkt der Landung, ursprünglich für den 15. September vorgesehen, immer weiter verschoben werden musste, bis die Invasion nach dem Einfall Hitlers in der Sowjetunion im Juni 1941 ganz aufgegeben wurde.

Parallel zu Heer und Marine plante auch die SS für die «Operation Seelöwe». Sechs Einsatztruppen des SS-Sicherheitsdienstes (SD) waren vorgesehen – für London, Bristol, Birmingham, Liverpool, Manchester und Edinburgh –, um hinter den Kulissen aufzuräumen, sollte die Invasion gelingen. Passend dazu hatte man eine Broschüre vorbereitet, unauffällig-harmlos «Informationsheft Großbritannien» genannt, das Manual des Herrenmenschen für seine Zeit in England. Es ist eines der faszinierendsten Dokumente aus der deutsch-britischen Beziehungsgeschichte. Das Büchlein bot zweierlei: Beschreibung von Land, Leuten und Organisationen sowie eine detaillierte Liste von Personen, die man nach der Landung in Schutzhaft nehmen wollte.

Von englischer Art spricht der Text mit kaum verhohlenem Respekt. Immer wieder meldet sich die traditionelle deutsche Bewunderung für die Vettern auf der anderen Seite des Kanals zu Wort, oft auf peinliche Weise. «Das Widersprüchliche und Willkürliche an den Briten» glaubt die Schrift entdeckt zu haben, «was man auch an der Struktur ihrer Sprache ablesen kann». Attribute des englischen Nationalcharakters seien «Skrupellosigkeit, Disziplin, kühles Kalkulieren und ruchloses Handeln». Bei der Beurteilung der Eliteerziehung an den englischen Privatschulen bricht es aus dem Verfasser geradezu hervor: «Das ist der Ort, an dem der zukünftige Gentleman erzogen wird, der Gentleman, der kaum eine Vorstellung von ausländischer Kultur besitzt und in Deutschland die Verkörperung des Bösen sieht, doch der zugleich britische Macht für unantastbar hält. Alleiniger Zweck dieses Erziehungssystems ist es, Menschen von starkem Willen und grenzenloser Energie heranzubilden, welche geistige Themen für Zeitverschwendung halten, aber die menschliche Natur kennen und wissen, wie man herrscht. Dies sind wohlerzogene Leute, die in ihrer gewissenlosen Art englische Idealvorstellungen repräsentieren und den Sinn ihres Lebens einzig in der Beförderung der Interessen der herrschenden Klasse erblicken.»

Im Grunde war diese Passage, wie viele andere, nichts als eine verkappte Beschreibung eigener Art, projiziert auf einen Gegenüber, in dem man sich selbst unausgesprochen spiegelte, an dem man sich hochstilisierte. Das entsprach ganz Hitlers eigenem Denken. Noch am 19. Juli 1940 hatte er vor dem Reichstag uneingeschränkten Respekt für England und das Britische Empire durchblicken lassen, in vielem sein – wenn auch missverstandenes – Vorbild. Zum außenpolitischen Programm seiner Regierung, so ließ er die Abgeordneten in der Berliner Kroll-Oper wissen, habe immer «die Herbeiführung des gleichen Verhältnisses zu England» gehört – verräterisches Bekenntnis eines Diktators, der zur Großmacht seiner Zeit aufzuschließen hoffte, Echo der Sehnsucht, die schon den letzten Kaiser umtrieb.

Die englische Veröffentlichung des Informationshefts, unter dem Titel «The Nazi Invasion Plan für Britain», kam 2000 einer Sensation gleich, wusste man doch bis dato selbst in Deutschland von nur drei Exemplaren der Schrift, die nach Kriegsende den Alliierten in die Hände gefallen waren; die Hauptbestände, 20 000 Stück, hatte ein Luftangriff in Berlin vernichtet. Einem größeren Kreis bekannt wurde nach dem Kriege lediglich die auch der englischen Version angehängte sogenannte schwarze Liste – das Verzeichnis von 2820 besonders gesuchten Personen, die sofort nach erfolgter Invasion verhaftet werden sollten.

Ein Who's Who der besonderen Art, gründlich auch darin, dass hinter jedem Namen vermerkt war, welcher Abteilung im Reichssicherheitshauptamt (RSHA) die/der Genannte nach der Festnahme zuzuteilen sei. Also: «Astor, Lady, London, deutschfeindlich, RSHA IV E 4.»; «Churchill, Winston Spencer, Ministerpräsident [sic], Westerham/Kent, Chartwell Manor, RSHA, VI A 1.»; «Attlee, Clemens [sic], Führer d. Labour-Partei, RSHA II B 4.» Politiker, Künstler, Verleger, Emigranten, Presseleute, Wissenschaftler und Gewerkschafter – wer aufgeführt war, durfte sich nach 1945 besonders prominent fühlen. Wer nicht, erblasste bei der Vorstellung, von den Nazis für harmlos oder – schlimmer – für deutschfreundlich gehalten worden zu sein.

Nach allem, was die Briten über die Despotie der Nazis in besetzten Ländern erfuhren, konnten sie nicht im Zweifel darüber sein, was auch ihnen blühte, sollten die Deutschen bei ihnen landen und sich ausbreiten dürfen. Einzelnen, die als Anti-Nazis bestens bekannt waren, schwante mehr. Harold Nicolson, Parlamentarischer Staatssekretär im Informationsministerium und anerkannter Mann der Feder (das «Informationsheft» teilt ihn RSHA VI G 1 zu), schrieb am 26. Mai 1940 besorgt an seine Frau, die Schriftstellerin Vita Sackville-West: «Um Dir jede Demütigung zu ersparen, solltest Du eigentlich eine Giftkapsel bereithalten und damit, wenn nötig, abtreten. Ich werde mir ebenfalls eine besorgen. Ich fürchte mich überhaupt nicht vor einem so schrecklichen und plötzlichen Tod. Was ich wirklich fürchte, ist gefoltert und erniedrigt zu werden. Nur – wie an solche Kapseln herankommen? Ich werde meine Arztfreunde fragen.» Am 19. Juni dann seine «beruhigende» Mitteilung: «Ich habe jetzt das Gewünschte und werde Dir Deine Hälfte am Sonntag mitbringen. Es sieht alles ganz einfach aus.»

Einen eigenen Teil, 22 Seiten lang, widmet die Schrift dem britischen Geheimdienst und seinen Gliederungen, wobei der Autor den Leser kennerisch warnt: «Wir müssen uns von konventionellen Vorstellungen einer straffen Organisation befreien, besonders von diesem deutschen Bedürfnis nach präzisem Detail, nach Trennschärfe und Definition.» Während er «Konfusion» geradezu als organisatorisches Prinzip der britischen Dienste ausmacht («Engländer sind nicht konsequent»), glänzt der Verfasser gleichzeitig mit einer für spätere britische Augen horrenden Fülle an Kenntnissen und Einblicken, wie sie auf der Insel selbst bis weit in die 60er-Jahre unter Verschluss gehalten blieben. Kein Wunder, dass Whitehall den Inhalt dieses «Gestapo Handbook» nicht früher als 2000 hat herauslassen wollen.

Für die SD-Broschüre verantwortlich zeichnete der Leiter der Gruppe IV E im Reichssicherheitshauptamt, der für die polizeiliche Spionageabwehr zuständige SS-Standartenführer Walter Schellenberg. Schellenberg besaß Informationen aus erster Hand. Zwei Agenten, Captain Sigismund Payne Best und Major Richard Stevens, waren ihm im November 1939 bei Venlo, im holländischen Grenzgebiet, in eine sorgfältig gelegte Falle gegangen und nach Berlin verschleppt worden. Die Broschüre teilt stolz Einzelheiten aus den Verhören dieser beiden mit. An einer Stelle habe Captain Best geäußert, «dass die Briten in der Lage seien, ihr bürokratisches Durcheinander vollkommen zu transformieren, und zwar dann, wenn ihr Land in unmittelbarer Gefahr stecke. Sie wüchsen in solcher Situation zu ihrem formidablen Selbst heran.» Das wird wie arglos wiedergegeben und nahm doch hellsichtig – ohne ihn zu nennen – Winston Churchill vorweg, der England für den Widerstand gegen Hitler-Deutschland «transformieren» sollte.

1964 wurden die Briten nachträglich geschockt durch einen in ihrem eigenen Land produzierten Invasionsfilm, «It Happend Here». Aber der Schock lag nicht etwa darin, dass dieser Film, wie man hätte erwarten können, den deutschen Besatzer, der zu allem fähig ist, kolportierte. Nein, die eigentlichen Schurken waren die Kollaborateure, nach der Devise: Der Faschismus kann unter den richtigen Bedingungen überall entstehen, und überall können Menschen ihm verfallen.

BOMBEN ÜBER DEUTSCHLAND –
AUCH IN ENGLAND NOCH IMMER EINE WUNDE

Mit dem Untergang Dresdens sind nachdenkliche Briten bis heute nicht versöhnt. Die Zweifel, ob die Vernichtung der Stadt so kurz vor dem nahen Kriegsende zu rechtfertigen war, haben sich längst zum Urteil verdichtet: Sie war es nicht. Die tragische Konsequenz eines zur gegenseitigen Vernichtung geführten Krieges fand im Flächenbombardement deutscher Städte ihre höchste Aufgipfelung. Hilft es zur Erklärung, darauf hinzuweisen, dass in der Schlussphase des Krieges deutsche V-1- und V-2-Waffen weiterhin Zerstörung auf Antwerpen, Paris und London regnen ließen? Eine V-2 schlug noch am 27. März 1945 im Osten Londons ein und tötete 134 Menschen. Die öffentliche Meinung in Großbritannien hätte es nicht verstanden, wenn die militärische Führung auf Schonung des Gegners geschaltet hätte, wo dieser bis zum Ende Vernichtung betrieb.

Unwohlsein äußerte Churchill selbst schon 1943, als man ihm Bilder der Verwüstungen in Deutschland vorlegte. «Gehen wir nicht zu weit?», fragte er mehr rhetorisch als entschlossen, Einhalt zu gebieten. Sein Memorandum vom 28. März 1945 an General Ismay, den Vorsitzenden des britischen Generalstabs, fiel, wenn auch spät, eindeutiger aus: «Der Moment scheint mir gekommen, wo die Frage der Bombardierung deutscher Städte allein zum Zwecke der Erhöhung des Terrors, auch wenn wir andere Vorwände nennen, überprüft werden sollte. Die Zerstörung Dresdens bleibt eine ernste Frage an die alliierte Bombardierungspolitik.»

Die «ernste Frage» beantwortete Max Hastings in seinem Klassiker von 1979, «Bomber Command», eindeutig: «Die Auslöschung deutscher Städte im Frühjahr 1945 ist ein bleibender Schandfleck.» Wenige Jahre später pflichtete ihm John Grigg in seinem Buch «The Victory that Never Was» bei: Die Ausradierung deutscher Städte qua Flächenbombardement «war ebenso nutzlos wie bestialisch». Auch George Kennan, der amerikanische Diplomat, kam bei einem Besuch Hamburgs kurz nach Kriegsende zu einem klaren Urteil: «Ich fühlte die unerschütterliche Überzeugung in mir», schrieb er, «dass ein kurzfristiger militärischer Vorteil niemals solch riesige, gedankenlose Vernichtung von Zivilisten und materiellen Werten rechtfertigen konnte.» Noch vor wenigen Jahren schrieb nach einem Besuch Dresdens der Architektur-Kritiker des Londoner «Evening Standard», Rowan Moore: «Ob die Einäscherung der Stadt vergeben werden kann oder nicht – als tragischer Fehler im Krieg gegen die Barbarei erinnert sie uns noch heute auf schockierende Weise daran, wie viel grausame Rohheit die Nation des warmen Biers und des Kricket ihrerseits entfesseln konnte.»

Arthur («Bomber») Harris war im Februar 1942 Leiter des Bomber Command geworden und schickte Welle auf Welle von Luftflotten über den Kanal, mit immer tödlicherer Fracht, in der Annahme, die Vernichtung aus der Luft würde die deutsche Kriegsmoral zusammenbrechen lassen. Ein fataler Irrtum, wie die englische Politik an der Haltung der eigenen Bevölkerung während des «Blitz», der Luftschlacht über England, hätte feststellen können: Die Menschen schlossen sich noch enger zusammen, je schlimmer die Zerstörung unter ihnen wütete. Nun, so reagieren Demokratien, dachte man an höherer Stelle. Aber in einer Diktatur? Dort müssten die Menschen doch froh sein, endlich ihr Joch abschütteln zu können angesichts der herannahenden Katastrophe. Niemand verstand, wie effizient der Nazi-Terror nach innen wirkte und die Gesellschaft an jeder unabhängigen Regung hinderte. Niemand bedachte, dass eine schutzlos dem «Bombenterror» (so das gängige Wort) ausgelieferte und obendrein total gegängelte Bevölkerung sich im Zweifelsfalle eher enger um das Regime scharen würde.

Selbst Harris sah schließlich ein, dass seine Rechnung nicht aufging. Ihm blieben nur der Automatismus der Zerstörung sowie die Hoffnung, dass bei noch größerem Schaden die einmarschierenden Truppen wenigstens weniger Mühe haben würden. Siehe seine Notiz vom Februar 1945: «Persönlich halte ich die noch verbleibenden deutschen Städte für nicht den Knochen eines einzigen britischen Grenadiers wert.» Er hatte das berühmte Wort Bismarcks offenbar gut memoriert, dass «der ganze Balkan nicht die gesunden Knochen eines einzigen pommerschen Grenadiers wert» sei.

Doch es gab einen Kritiker der Luftstrategie auf englischer Seite, der sich nicht ruhigstellen ließ: der anglikanische Bischof von Chichester, George Bell. Unablässig griff Bell die Politik des Flächenbombardements an, so am 17. April 1941 in einem Leserbrief an die «Times»: «Es ist barbarisch, unbewaffnete Frauen und Kinder bewusst zum Angriffsziel zu machen.» Ganze Städte auszulöschen, nur weil sich in einigen ihrer Bereiche militärische oder industrielle Einrichtungen befanden, hielt er für eine krasse Verletzung des Gebots der Verhältnismäßigkeit. Auch den Erzbischof von Canterbury, William Temple, versuchte er als Mitstreiter zu gewinnen, hatte dieser doch bei Kriegsbeginn genau vor diesem Punkt, dem Angriff auf Innenstädte des Feindes, gewarnt. Doch seit der Bombardierung der mittelenglischen Stadt Coventry in der Nacht zum 15. November 1940, bei der 554 Zivilisten starben und die mittelalterliche Kathedrale in Schutt und Asche sank, war Temple anderen Sinnes geworden und verteidigte die britische Luftkriegsführung als «schicksalhafte Notwendigkeit». Das war die herrschende Meinung. Bell blieb isoliert, seine Interventionen galten als Propagandahilfe für die Nazis und lösten jedes Mal heftige Proteste aus. In Churchills Umgebung nannte man ihn «notorisch», und das Foreign Office, das Außenministerium, sprach von ihm nur als «this pestilent priest».

«Wir werden ihre Städte ausradieren!», hatte Hitler am 4. September 1940 gedroht, «und zwar steigend Nacht für Nacht.» Dazu reichten die Kräfte auf deutscher Seite immer weniger. Den letzten großen Angriff während der Battle of Britain flog die Luftwaffe am 10. Mai 1941 gegen London. Punktuelle Vergeltung übte man noch im April 1942 auf historische Städte wie Bath, Exeter und Canterbury (sogenannte «Baedeker-Angriffe»), als Antwort auf die Vernichtung Lübecks und Rostocks. Doch der Krieg lenkte die deutsche militärische Anstrengung immer mehr nach Osten, und die eigenen Städte wurden Opfer gnadenloser Vergeltung aus der Luft. Doch auch auf britischer Seite war der Blutzoll hoch: England verlor 55 000 Piloten und Navigateure, und wenn man Harris den «Metzger» (*butcher*) nannte, hatte das auch mit dieser für die Briten fast untragbar hohen Opferzahl zu tun. Sie lag noch über der Zahl der während des Zweiten Weltkriegs durch deutsche Bomben auf britischem Boden umgekommenen Zivilisten, rund 42 000.

Neue Debatten brachen in England in den Jahren 2006 und 2007 aus, als der Moralphilosoph A. C. Grayling in seinem Buch «Among the Dead» die Flächenbombardierung deutscher Städte ein «Kriegsverbrechen» nannte und Jörg Friedrich mit der englischen Übersetzung seines Buches «Der Brand» Furore machte. Davon unterschied sich, weil nicht auf Kontroverse zielend, Keith Lowe mit seiner ebenfalls 2007 erschienenen Dokumentation der «Operation Gomorrha», der Zerstörung Hamburgs Ende Juli 1943: «Inferno – The Destruction of Hamburg 1943». Das entriss ein für die Briten fast unbekanntes Kapitel des Luftkrieges dem Vergessen. In der Tat pflegte die englische Debatte bis dahin fast ausschließlich auf Dresden zu schauen als den Stein des Anstoßes. Dabei war Hamburg der erste Testfall einer Bombardierung, deren Intensität zu jenem Feuersturm führte, dem später auch Dresden zum Opfer fiel. Auch reichte die Zahl der Toten in Hamburg, die man heute auf 35 000 schätzt, an

Dresden heran, und Lowe wie Grayling schlagen in diesem Zusammenhang eine Gedankenbrücke zu Hiroshima und Nagaski.

Die Wunde, wie man sieht, ist in England alles andere als verheilt. Adam Tooze, ein Cambridger Historiker, begrüßt die genannten Veröffentlichungen, weil sie «an der unschuldigen Saga unseres Sieges kratzen, die wir gerne in Bezug auf den Krieg konservieren». Er braucht sich nicht zu sorgen. Schon vor längerer Zeit wurde in Großbritannien ein gemeinnütziger Verein gegründet, der Dresden Trust, der mit seinen öffentlichen Sammlungen zur Finanzierung des Wiederaufbaus der Dresdner Frauenkirche beitrug. Versöhnungsbereitschaft ist seine Motivation. Der Trust stiftete das Turmkreuz mit dem Strahlenkranz sowie die goldene Erdkugel, die krönenden Punkte der neu erstandenen Kirche. Gefertigt wurden sie in der Londoner Silberschmiede von Alan Smith, dessen Vater an der Bombardierung Dresdens teilgenommen hatte. Sein Vater, so berichtete Alan Smith, habe danach «post-traumatischen Stress entwickelt, der ihn über Jahre mit Horror erfüllte».

Vom «entsetzlichen Leid des Krieges auf beiden Seiten» sprach Elisabeth II. während ihres Staatsbesuchs in Deutschland im November 2004. «Der Wiederaufbau der Dresdener Frauenkirche ist für uns alle eine Inspiration», fügte die Monarchin hinzu. Das war ein pikanter Kontrapunkt zu ihrer Mutter. Die Queen Mother hatte bei der Einweihung des Arthur-Harris-Denkmals in London im Mai 1992 den Chef des Bomber Command als «inspirierenden Anführer» gepriesen. Der «inspirierende Anführer» der Vernichtung deutscher Städte und die wiedererstandene Frauenkirche als «eine Inspiration für uns alle»: Darin liegt für die Briten die nicht auflösbare Dialektik dieses Kapitels ihrer Geschichte.

I 3

ZU NEUER
PARTNERSCHAFT

UMERZIEHUNG UND *INDIRECT RULE*

Was tun mit den besiegten Deutschen? Die Debatten darüber hatten schon im Krieg hin und her gewogt. Doch zu keinem Zeitpunkt gab es so etwas wie eine gültig von allen Beteiligten abgesegnete Politik für die Zeit der britischen Besatzung oder das besetzte Deutschland insgesamt. Schließlich musste Nazi-Deutschlands erst endgültig niedergeworfen werden, nach der Devise der Alliierten: «Keine Politik diesseits bedingungsloser Kapitulation». Erste Ideen hatten sich immerhin um den Begriff der «Mobilisierung von Schuldbewusstsein» kristallisiert – die deutsche Bevölkerung sollte für die Dimension des Versagens von Demokratie und Humanität sensibilisiert werden. Hinzu kam die Idee, Großbritannien als ein Vorbild freiheitlicher Strukturen zu projizieren.

Schon 1943 hatte Viscount Cecil of Chelwood in einer Oberhaus-Debatte ein Wort verwendet, in dem die Westdeutschen nach dem Krieg die Politik der Besatzer am besten zu erkennen glaubten: *re-education*. Chelwood stellte die rhetorische Frage, was nach der Zerstörung des Nazismus und der Entwaffnung Deutschlands wohl geschehen werde – nur um sich selbst die Antwort zu geben: Dann werde Deutschland die Chance erhalten, «sich neu zu erziehen» («to re-educate herself»). Der Terminus war zu keiner Zeit offizieller Begriff der britischen Politik, aber für die Deutschen erhielt er den Status amtlicher Beschreibung der Demokratisierungskampagne, so geflügelt wie das andere Stichwort für die Entnazifizierung, der «Fragebogen». Und er bürgerte sich salopp bei den Besatzern selbst ein.

Wenn das «Informationsheft Großbritannien» des SD von 1940 kommenden deutschen Besatzern hatte erklären wollen, wer denn England und die Engländer seien, so gingen die Briten jetzt den umgekehrten Weg und erläuterten ihrem Militärpersonal in einer schon 1944 gedruckten kartonierten Broschüre, mit was für Leuten sie bei den Deutschen würden rechnen müssen. «Man mag es seltsam finden, dass die Deutschen, bekannt für ihre Brutalität, gleichzeitig sehr sentimental sind», stand da schwarz auf weiß. «Sie lieben melancholische Lieder; sie bemitleiden sich leicht selber; selbst kinderlose ältere Ehepaare bestehen auf ihrem Weihnachtsbaum. Die Mischung aus Sentimentalität und Herzlosigkeit verrät nicht gerade einen gut ausbalancierten Kopf. Die Deutschen finden es schwer, ihre Gefühle unter Kontrolle zu halten; sie haben eine Spur von Hysterie an sich und können sich oft leidenschaftlich aufregen über irgendeine kleine Sache, die schiefgeht.» Der eigene Soldat wird ermahnt: «Je tiefer du im deutschen Nationalcharakter gräbst, desto mehr wirst du merken, wie verschieden die Deutschen von uns sind. Lass dich also nicht von ersten Eindrücken irreleiten.» Übrigens «wissen die Deutschen nicht, wie man Tee kocht, dafür sind sie Experten mit Kaffee, auch wenn sie im Augenblick nur Kaffee-Ersatz trinken».

Dass die Deutschen mitnichten so verschieden waren von den Engländern, wie das Büchlein es behauptete, entdeckte bald eine große Zahl von Besatzungssoldaten, die nach der Aufhebung des anfänglichen Fraternisierungsverbots ihre «Frauleins» fanden, nicht nur als *girl friends*, sondern als Ehepartner für ein oft glückliches gemeinsames Leben.

In der britischen Besatzungszone – Norddeutschland, Westfalen, dem nördlichen Rheinland – lebten damals 23 Millionen Menschen, etwa die Hälfte der Gesamtbevölkerung Großbritanniens, und 25 000 Angestellte der britischen Kontrollkommission in Deutschland mussten mit dieser Verwaltungsaufgabe fertig werden. Überfordert zu werden drohte das Mutterland, wo Lebensmittel wie in Deutschland rationiert waren, schon von der Ernährungskrise in seiner Zone. Im Winter 1945/46 sah London sich gezwungen, seine strategische Kartoffelreserve anzugreifen, um die hungernden Deutschen am Überleben zu halten. Im Parlament fragte ein Abgeordneter nach dem Sinn solcher Opfer für ein Land, das den Briten noch bis vor Kurzem mit tödlichem Verderben gedroht habe. Aber die Aufgabe musste bewältigt werden. Dafür entwickelte man schon früh die Idee, Deutsche – sofern nicht kompromittiert – in Verwaltungs- und andere Aufbauarbeiten einzubeziehen. *Indirect rule* hieß das Prinzip, nach dem man regieren wollte – eine Maxime, die so politisch vernünftig wie ökonomisch sinnvoll war.

Dabei unterlief den Besatzern im Rahmen der *indirect rule* eine Personalentscheidung, von der die Nachkriegsgeschichte Deutschlands ungemein profitieren sollte: Konrad Adenauer, schon im April 1945 von den vordringenden Amerikanern wieder als Oberbürgermeister in Köln eingesetzt, wurde von dem britischen Gouverneur der Rheinprovinz, Fallschirmbrigadier John Ashworth Barraclough, am 9. Oktober 1945 gefeuert. Grund: Versagen bei der Trümmerbeseitigung, mangelnde Energie und Initiative, insbesondere beim Bau von Unterkünften für den Winter. Michael Thomas, Liaison-Offizier für General Templer, den Oberbefehlshaber in der britischen Besatzungszone, erinnerte sich in seinen Memoiren «Deutschland, England über alles» (1986), wie emphatisch Barraclough in einem Gespräch mit ihm seine Entscheidung begründet hatte: «Der Kerl ist unfähig! Köln ist die am schlechtesten aufgeräumte Stadt der britischen Zone, [...] nur politische Intrigen waren gesponnen. Wir brauchen jetzt keine Politik, wir brauchen aufgekrempelte Ärmel, um das Land wieder in Gang zu kriegen.» Der erste Bundeskanzler hat später schmunzelnd gemeint, er verdanke den Briten seinen Aufstieg in der Nachkriegszeit. Die Demission aus dem Kölner Amt habe ihn frei gemacht für den politischen Weg, an dessen Anfang die Organisation der rheinischen CDU stand, deren Führung er im Februar 1946 übernahm – dem Monat, in dem London die politischen Parteien in seiner Zone neu zuließ.

Wie stand Adenauer später zum englischen Gegenüber? Den besten Rapport hatte er noch mit Winston Churchill; sie waren fast gleichaltrig, Jahrgang 1874 der eine, 1876 der andere. Kühl dagegen waren seine Beziehungen zu Harold Macmillan, Premierminister ab 1957. London fand freilich zu Adenauer auch nicht leicht Zugang – sein Misstrauen gegenüber der britischen Politik, vor allem in Bezug auf Moskau, entnervte oft. Warum Adenauer mit den Briten letztlich nicht recht warm wurde, kommentierte Hans von Herwarth, der 1955 erster deutscher Botschafter in London nach dem Zweiten Weltkrieg wurde, in seinen Memoiren («Von Adenauer zu Brandt», 1990) so: «Die britische Mentalität stand ihm ferner als die französische. Nach meinem Eindruck irritierte ihn die in sich ruhende Selbstsicherheit der englischen politischen Klasse. Solche Vorlieben und Abneigungen haben durchaus ihre Auswirkungen auf die Politik.»

Doch die Besatzer hatten keine Zeit, ihrer personalpolitischen Entscheidung vom Oktober 1945 lange nachzuhängen. Sie waren voll beschäftigt mit der «Projektion Großbritannien». Die Genesung des deutschen Patienten verlangte nach einem Modell, an dem er sich orientieren konnte. Was bot sich Besseres an als die manifeste Ausstrahlung der britischen demokratischen Institutionen? Seit den Tagen des Empire hatte England nicht mehr so fest an die schicksalhafte Bestimmung seiner Mission geglaubt wie in diesen Jahren, als der Versuch unternommen wurde, «to make Germany safe for democracy». Eine Direktive des Foreign Office vom September 1945 formulierte stolz: «Unsere Demokratie ist die stärkste in der Welt. Exportiert, kommt sie unter sorgfältiger Pflege in den unterschiedlichsten Ländern neu zum Erblühen.» Blühende demokratische Landschaften stiegen vor dem inneren Auge der Briten auf. In Wilton Park (Buckinghamshire) etwa, ursprünglich ein *re-education*-Lager für deutsche Kriegsgefangene, wurden nach 1947 ausgewählte

Deutsche auf den Wiederaufbau der demokratischen Kultur ihres Landes vorbereitet, darunter etwa Rainer Barzel, Ralf Dahrendorf und Hildegard Hamm-Brücher. Hinzu kam seit 1950 die jährliche Königswinter-Konferenz, ein Forum der Aussprache und Wiederannäherung zwischen führenden Politikern, Vertretern der Wirtschaft und der Medien aus beiden Ländern.

Der angelsächsische Idealismus dieser Anfangsjahre des deutschen Wiederaufbaus ist oft belächelt, die zugrunde liegende Prämisse kultureller Überlegenheit ebenso oft gerügt worden, auch von Briten selbst. Noel Annan zum Beispiel, der uns bereits in einem Gespräch mit Konrad Adenauer über die Fehler der britischen Außenpolitik begegnet ist, gab in einem Rückblick auf die Besatzungsjahre diese Einschätzung zum Besten: «Mitglieder der Militärverwaltung kamen sich eher wie unter zukunftsoffenen Beduinen vor; sie neigten anfänglich dazu, die Deutschen wie intelligente Eingeborene zu behandeln.» Andere warnten vor der Versuchung, «den Eroberten die Kultur des Eroberers überzustülpen» – was bei der Projektion Großbritannien kaum zu vermeiden war.

Gleichwohl, die überwiegende Mehrheit der Deutschen erkannte durchaus, dass ihr Selbstwert mit dem Wiederaufbau der demokratischen Kultur aufs Engste zusammenhing. «Demokratie» wurde somit letztlich ein Selbstläufer, so unwiderstehlich wie unter den Kindern die Schulspeisung in der britischen Zone. Hinzu kam der Import von lang entbehrter angelsächsischer Literatur, von westlicher Unterhaltungsmusik, kurz: die allgemeine Attraktivität des entspannteren anglo-amerikanischen *way of life*. Und die deutsche politische Elite konnte an die Idee eines deutschen Liberalismus anknüpfen, der seit hundert Jahren auf seine Erfüllung wartete. Dass große Teile der deutschen Bevölkerung sich bis in die 50er-Jahre hinein als wehrlose Opfer des Nationalismus ansahen, stand auf einem anderen Blatt. Vergangenheitsbewältigung wurde in der Not der Gegenwart erst einmal vertagt.

Entschieden mussten sich die Engländer dem Druck der Franzosen widersetzen, die das wirtschaftliche Herzstück der britischen Zone, die Ruhr-Industrie, gerne internationalisiert gesehen hätten. Noch war der Montangedanke nicht gereift, der genau dies, die Internationalisierung von Kohl und Stahl in Deutschland, aber unter anderen Vorzeichen, zu seinem Kern machen sollte. London trug sich stattdessen mit einer Idee, die auf die Schaffung einer neuen Verwaltungseinheit aus Westfalen und dem industriellen Raum Rhein-Ruhr hinauslief. In einer solchen Einheit ließen sich mit Hilfe der politisch eher konservativen Bevölkerung des ländlichen Westfalens die kommunistischen Tendenzen in den Industriestädten besser austarieren. Das Projekt lief 1946 unter dem Tarnnamen «Operation Ehe» an, und schon im Juli wurde in London das neue Bindestrich-Land «Nordrhein-Westfalen» aus der Taufe gehoben.

Als der frisch gewählte Ministerpräsident Rudolf Amelunxen am 2. Oktober 1946 im halbzerstörten Düsseldorfer Opernhaus den ersten NRW-Landtag eröffnete, griff er in seiner Eingangsrede auf bewährte Prinzipien der britischen Demokratiegeschichte zurück, darunter auch das Recht auf Widerstand. Ein heikler Punkt unter den Deutschen damals, herrschte doch noch immer die Meinung vor, in den Tätern des 20. Juli 1944 eher «Landesverräter und Deserteure» (Amelunxen) zu sehen. Dem stemmte sich der erste NRW-Chef wie ein John Locke der letzten Tage entgegen, als wollte er dessen «Second Treatise of Civil Government» von 1689 den Deutschen von 1946 als neues Grundbuch ihres Denkens vermachen. Widerstand sei «eine geheiligte Pflicht der Bürger» und müsse es immer sein, rief er aus, «wenn eine Regierung die verfassungsmäßig gewährleisteten Rechte und Freiheiten missachtet». Im Übrigen könne Demokratie nur gelingen, «wenn jeder Droschkenkutscher auf der Straße weiß, daß der Staat nicht Sache der Regierung, sondern seine eigene Sache ist». Noch in den frühen 50er-Jahren verwendete die Deutsche

Bundespost einen gereimten Werbestempel, der Amelunxen erfreut haben muss: «Kritik am Staate steht dir zu. / Doch denk daran: Der Staat bist du!» Demokratisierungskampagnen.

Weniger zukunftsweisend als die Gründung des neuen Bindestrich-Landes war ein anderer britischer Plan: die Ruhr-Industrie zu verstaatlichen. Der Gedanke spiegelte wider, was in England selbst zu diesem Zeitpunkt auf Hochtouren lief, seit im Juli 1945 die Labour-Partei in einer Erdrutschwahl an die Macht gekommen war, auch mit dem Versprechen der Verstaatlichung der britischen Industrie. Der *free-born Englishman* hatte sich durch die reglementierte Kriegswirtschaft an weitgehende öffentliche Kontrolle gewöhnt und erwartete vom Staat auch für die Friedenszeit allen Segen – im Gegensatz zu der Philosophie, die Margaret Thatcher Großbritannien wieder einpflanzen sollte, der Philosophie des freien Unternehmertums, der Privatisierung, der Selbstständigkeit. Die britischen Pläne fanden auch bei der nordrhein-westfälischen CDU, zum Kummer ihres Fraktionsvorsitzenden im Düsseldorfer Landtag, Konrad Adenauer, viele Anhänger, was sich im «Ahlener Programm» der Partei vom Februar 1947 deutlich zeigte. Ein Gesetz zur Verstaatlichung der Kohle wurde 1948 vom Landtag auch verabschiedet, trat aber nicht mehr in Kraft, weil die Briten es auf Druck der Amerikaner kassieren mussten. Uncle Sam war eingeschritten: Kohlebergwerke waren «nationales Vermögen» und unterlagen damit der Entscheidung der künftigen deutschen Regierung, nicht einer Landesregierung. Es war klar, wer unter den Besatzern in Deutschland letztlich das Sagen hatte. Washington konnte und wollte nicht dulden, dass eine so wichtige Industrieregion wie die Ruhr Spielball britischer Sozialisten wurde.

WIE ADENAUER VERGEBLICH UM ENGLAND RINGT ...

Aber was war mit Frankreich und Deutschland? Man musste ihnen helfen, ihre Erbfeindschaft hinter sich zu lassen. Dazu fühlten sich, gar nicht so überraschend, die Engländer aufgerufen, bei denen der

Gleichgewichtsgedanke nach 1945 in neuer Verkleidung zurückkehrte. Gegenüber der übermächtig gewordenen Sowjetunion bedurfte es eines starken Gegenpols, sollte die Nachkriegsordnung nicht einer gefährlichen Bedrohung ausgesetzt werden. Aus dieser Erkenntnis heraus hatten die USA bereits 1947 den Marshallplan aufgelegt, die Briten nahmen den Ball auf und wurden später mit Anthony Eden als Außenminister auch Vorreiter bei dem Plan, die Bundesrepublik in die Nato zu integrieren. Frankreich wurde ebenfalls versorgt: Auf Londoner Betreiben erhielt das Land den Status einer Siegermacht, damit das Recht auf eine eigene Besatzungszone in Deutschland sowie einen permanenten Sitz im Sicherheitsrat der UNO.

Zur Aussöhnung Frankreichs mit Deutschland machte Winston Churchill in einer berühmten Rede in Zürich am 19. September 1946 den entscheidenden Vorschlag, den er seinen Zuhörern genüsslich unterbreitete: «Ich werde jetzt etwas sagen, was Sie erstaunen wird: Der erste Schritt zur Wiedererschaffung der europäischen Familie muss eine Partnerschaft zwischen Frankreich und Deutschland sein. Es kann keine Wiederbelebung Europas geben ohne ein geistig großes Frankreich und ohne ein geistig großes Deutschland.» Es war die Rede, in der Churchill auch «eine Art Vereinigte Staaten von Europa» an die Zukunftswand warf, wobei er aber England mehr als Sponsor denn als aktiven Teilnehmer sah.

Wie stark der Gedanke der deutsch-französischen Aussöhnung die britische Politik prägte, erwies sich bis in die Anfangsjahre der französischen Fünften Republik. Adenauer verhielt sich gegenüber General de Gaulle, der 1958 Präsident geworden war, anfänglich reserviert. Was konnte man von diesem General für die Zukunft schon erhoffen? Von dieser Skepsis versuchte Harold Macmillan den deutschen Kanzler abzubringen. «Sie müssen ihn aufsuchen!», riet er ihm. «Es ist entscheidend, dass Sie sich mit Frankreich verständigen. Und vergessen Sie auch nicht, dass Deutschland den Krieg verloren hat. Deshalb müssen Sie als Erster auf de Gaulle zugehen.»

Hans von Herwarth, dem wir diese Notate verdanken, fügt in seinen Memoiren hinzu: «Jahre später, als de Gaulle und Adenauer ihre enge Partnerschaft eingegangen waren, die sich zuungunsten Englands auszuwirken begann, meinte Macmillan zu Adenauer lächelnd: ‹Ich bedauere, Herr Bundeskanzler, dass Sie meinen damaligen Rat etwas zu weitgehend befolgt haben.›»

Dabei hatte sich Adenauer, unbeschadet seiner Kölner Erfahrungen mit den Briten, um diese als unverzichtbare Mitspieler in Europa wie in einem ewigen Ringen bemüht. Die Nachkriegspolitik Londons, noch stark auf ihre weltweite Rolle ausgerichtet, hielt der Deutsche allerdings bei einem so überstrapazierten Land für realitätsfern. In einem Brief vom 5. November 1946 schreibt er: «Die Engländer betreiben eine Politik zuwider ihren eigenen Interessen. Sie können ihre Weltstellung nur erhalten als Führer eines wirtschaftlich geeinten und politisch ausgeglichenen Westeuropa.» Dabei sei die innere Stabilität und liberale Tradition Großbritanniens, «die sich deutlich von Kontinentaleuropa abhebt», sei die Einigung des Kontinents unverzichtbar, schreibt er in einem anderen Brief des gleichen Jahres. Man habe größtes Interesse daran, dass Großbritannien sich als eine europäische Macht fühle.

Aber bei Londons überseeischen Verpflichtungen, von denen ein Teil – so in Indien – bald abgewickelt werden musste, waren die Beziehungen zu Deutschland immer nach-, wenn nicht untergeordnet. Adenauer spürte das. So konnte es nicht ausbleiben, dass seine Hoffnungen oft tiefer Skepsis wichen. Auf einer Sitzung des CDU-Parteivorstandes Anfang 1950 klagte er: «Großbritannien legt sich quer gegenüber allen Bestrebungen zur Integration Europas. England fühlt sich mehr als ein Nachbar Europas denn als europäische Nation». Die Erwartungen bezüglich einer aktiven Rolle Londons in Europa mussten also zurückgeschraubt werden. Auf dem Höhepunkt der Diskussionen um eine Europäische Verteidigungsgemeinschaft (EVG) gab sich der Kanzler im März 1953, wiederum vor dem Bundesvorstand seiner Partei, sehr bescheiden, was London, und sehr offen, was Paris anging: «Es ist mir sehr lieb, wenn Großbritannien in der zukünftigen EVG einen gewissen Einfluss hat, damit wir mit den mehr oder weniger hysterischen Franzosen nicht allein sind.» Aber sein Urteil über England verfestigte sich, bis er auf einem Treffen der Jungen Union in Konstanz 1958 feststellte: «Meine Damen und Herren, ich kann et nur wiederholen, Jrooßbritannien is kein europäisches Land.»

… UND DER DEUTSCHE BUNDESTAG GEGEN FRANKREICH EINE ENGLANDFREUNDLICHE PRÄAMBEL DURCHSETZT

Am Ende war die Freundschaft mit den «mehr oder weniger hysterischen Franzosen» der einzige Weg. Dabei ergab sich eine fatale Terminkoinzidenz: Am 14. Januar 1963 lehnte de Gaulle in Paris die britische Bewerbung um Mitgliedschaft in der EWG ab, aber nur acht Tage später unterschrieben Adenauer und der Präsident in der französischen Hauptstadt den deutsch-französischen Freundschaftsvertrag, «die Krönung meines Lebenswerkes», wie der Bundeskanzler mehrfach hervorhob. Das brachte die deutschen Volksvertreter auf den Plan: Die beiden Daten, unglücklich miteinander verkettet, schienen das falsche Signal auszusenden. Fritz Erler, Fraktionsführer der SPD, fragte am 6. April im Bundestag mokant, ob man für die Freundschaft zwischen Deutschen und Franzosen «mit der Entfremdung Großbritanniens» zahlen müsse?

Rasch bildete sich eine Mehrheit im Parlament, die dem Vertrag mit Frankreich einen entsprechend klärenden Text vorauszustellen wünschte. De Gaulle ärgerte sich, Adenauer war besorgt. Aber die Abgeordneten bestanden auf der Präambel zum deutsch-französischen Freundschaftsvertrag. Der Text vom 16. Mai hob unter anderem hervor, dass die Einigung Europas auf dem begonnenen Wege fortgesetzt werden müsse, und zwar «unter Einbeziehung Großbritanniens und anderer zum Beitritt gewillter Staaten». Die Bonner politische Elite war nicht gewillt, ihre Wertschätzung Englands der noch so begehrten Aussöhnung mit Frankreich zuliebe aufzugeben und die Insel aus den politischen Erwägungen über die europäische Zukunft auszuschließen. Auch waren die Parlamentarier entschieden dagegen, sich von de Gaulle in eine Wahl zwischen «Atlantikern» und «Europäern» drängen zu lassen. Die deutsche Politik wollte beides sein – atlantisch *und* europäisch, und für beides brauchte man Großbritannien.

Charles de Gaulle sah in der Präambel eine Verwässerung des Freundschaftsvertrages mit Deutschland. Seine Enttäuschung fasste er in ein elegisches Bild: Solche Verträge sind wie junge Mädchen, sie haben leider nur eine kurze Blüte …

Das Bemühen um England auf deutscher Seite ging auch unter Adenauers Nachfolgern weiter. Ludwig Erhard bekräftigte 1966 die deutsche Unterstützung für den britischen EWG-Beitritt, und der auf der Insel hoch angesehene Willy Brandt betonte bereits in seiner ersten Regierungserklärung am 28. September 1969: «Im Zusammenhang der europäischen Stimmen darf die britische Stimme keinesfalls fehlen, wenn Europa sich nicht selbst schaden will.» Im März 1970 fügte er vor dem britischen Unterhaus (es war das erste Mal, dass ein deutscher Bundeskanzler eingeladen wurde, dort zu sprechen) das Bekenntnis eines klassischen deutschen Anglophilen hinzu:

«Die Europäische Gemeinschaft wird unmittelbar durch die Tradition Großbritanniens bereichert werden: durch die geschichtliche Erfahrung des Weltreichs, durch seine weiterhin bestehenden weltweiten Verbindungen, den Sinn für fremde Kulturen, durch die praktische politische Begabung, aber auch durch den Einfallsreichtum, die Tüchtigkeit und die Modernität des britischen Volkes.» Tatsächlich trug die Überzeugung der deutschen Politik von der Unverzichtbarkeit Großbritanniens im Prozess der europäischen Einigung wesentlich dazu bei, der Insel nach der zweimaligen Ablehnung durch Charles de Gaulle den Beitritt zur damals noch so genannten Europäischen Wirtschaftsgemeinschaft (EWG) zu ermöglichen.

14

«EIN FREMDER
IN EUROPA»:
GROSSBRITANNIEN
UND DIE EU

WIE DIE INSEL SICH IM VERHÄLTNIS ZUM KONTINENT SIEHT

So viel hat unsere Erzählung bisher ergeben: Wir haben es bei Groß-britannien mit einer europäischen Nation zu tun, die aus der Ge-schichte des Kontinents nicht wegzudenken ist, auch wenn die Insel oft abgelenkt war durch den Bau ihres außereuropäischen Weltrei-ches. Zu Anfang kämpfen normannische Barone und deren Ab-kömmlinge 400 Jahre lang um ihren Anspruch auf ein Doppelreich: Heinrich II., im 12. Jahrhundert, hat mehr Untertanen in Frankreich als in England; noch im 15. Jahrhundert wird Heinrich VI. sowohl in der Westminster Abbey als auch in Notre-Dame zu Paris gekrönt. Da-nach kehrt England Europa den Rücken, es sei denn, es wird ge-zwungen, einem potenziellen Eroberer wie Philipp II. von Spanien 1588 die Stirn zu bieten. Dem Ausbau des Empire tritt dann die Gleichgewichtspolitik zur Seite, wodurch Europa neue Bedeutung in der britischen Politik gewinnt: Durch wechselnde Bündnisse soll die jeweils stärkste Macht daran gehindert werden, europäischer Hege-mon zu werden.

Kraft seiner Mission eines Balancierers fühlte sich England also durchaus europäisch und war fest davon überzeugt, den Kontinent mehrfach vor der Unterjochung durch eine Vormacht gerettet zu ha-ben. Ludwig XIV. musste seine holländischen Besitzungen räumen, Napoleon wurde zur See zum ersten Mal an seine Grenzen erinnert. Am Abend vor der Schlacht von Trafalgar (20. November 1805) trug Nelson in sein Tagebuch dieses Gebet ein: «Möge Gott, der Herrscher, den ich anbete, meinem Land und zum Nutzen von Europa insgesamt einen großen und glorreichen Sieg schenken.» Premierminister Pitt der Jüngere ergänzte diesen Gedanken bei der Gedenkfeier für den Seehelden am 9. November des gleichen Jahres in Londons Mansion House: England als Vorbild werde es schaffen, «dass Europa gerettet wird».

Gewiss, Bündnisse waren oft von nur kurzer Dauer, der Opportunität unterworfen und von Phasen der Zurückhaltung abgelöst, wenn die Insel sich nicht festlegen wollte. Aber im Ersten Weltkrieg schickt das Land ein Expeditionsheer nach Flandern, von wo eine Dreiviertelmillion Soldaten nicht mehr heimkommt. Im Zweiten Weltkrieg riskiert man, dem braunen Diktator allein zu trotzen. Während seiner gesamten Geschichte – zweimal in großem Stil, 1848/49 sowie in der Zeit der nationalsozialistischen Verfolgungen auf dem Kontinent – bildet England einen Leuchtturm der Freiheit für viele vom europäischen Kontinent Vertriebene. Dabei werden «The Hitler Emigrés», wie Daniel Snowman in seinem gleichnamigen Buch (2002) eindrucksvoll nachweist, für England zu einer großen Bereicherung. Namen wie Karl Popper in der Philosophie, Nikolaus Pevsner in der englischen Architekturgeschichtsschreibung, Ernst Gombrich in der Kunstgeschichte oder George Weidenfeld, der Verleger und internationale Brückenbauer, sind aus der Kulturgeschichte der Insel nach dem Zweiten Weltkrieg nicht wegzudenken.

Als Dean Acheson, US-Außenminister der Nachkriegszeit, im Dezember 1962 seinen berühmten Kommentar abgab, England habe «ein Empire verloren, aber noch keine neue Rolle gefunden», antwortete Premierminister Harold Macmillan mit einem offenen Brief, Acheson unterliege «einem Irrtum, der von ziemlich vielen Leuten in den letzten 400 Jahren begangen wurde, einschließlich Philipp II. von Spanien, Ludwig XIV., Napoleon, dem Kaiser und Hitler». Angesichts dieses Resümees darf es niemanden wundern, unter den Mandarinen der britischen Politik und den führenden Historikern des Landes überwiegend der Meinung zu begegnen, England sei kein

antieuropäisches, es sei seinen Werten nach ein grundsätzlich pro-
europäisches Land: für Freiheit und Selbstbestimmung, politische
und ökonomische, für jeden Underdog, der Hilfe suchend an Englands Türen klopft, für freien Handel, ein Vorbild auch als eine friedlich koexistierende multi-ethnische Gesellschaft.

Warum ist die Insel dennoch anders? Es liegt an der Exekution
von Politik: England hat immer auf eigene Rechnung entschieden
und gehandelt, mit allen Risiken des Scheiterns, hat seinen Teil in
die Geschicke des Kontinents eingemengt und ihn wieder abgezo-
gen, wenn es dies für ratsam hielt. Dass Mehrheitsbeschlüsse die
Hoheit souveräner Regierungen überlagern können, war für das
britische historische Empfinden schwer zu erlernen. Nach 1945 erschien eine solche europäische Integration von britischer Warte
aus auch nicht dringlich. Verhinderung eines neuen europäischen
Krieges? Dafür hatte man den Brüsseler Pakt von 1948 geschlossen
(aus dem später die Westeuropäische Union hervorging), ein Militär-
bündnis zwischen Frankreich, Großbritannien und den Benelux-
Staaten, sowie den Nato-Vertrag von 1949. Das würde reichen.

Adenauers Diktum, England sei für ihn «kein europäisches
Land», traf nur in einer Hinsicht zu: dass die Insel für supranationale
Integration, die als neue Idee auf dem Tisch lag, in ihrer Geschichte
kein Präzedens fand und wiederholte Einladungen, sich anzuschließen, zunächst ausschlug. Vergessen darf man auch nicht, dass Großbritannien 1945 mit seiner Nationalgeschichte im Reinen war, anders als die Deutschen, die vor der ihren schier davonlaufen wollten,
oder Länder wie Italien oder Frankreich, die lädiert aus dem Krieg
hervorgegangen waren. Dank seiner weitgehend intakten Nationalgeschichte fühlte sich das Königreich in seiner Singularität bestätigt.
Warum sie gegen ein übernationales Konzept austauschen?

DIE «VERPASSTEN GELEGENHEITEN» SEIT 1945

Hugo Young spricht in seinem Standardwerk über die Geschichte Großbritanniens in Europa nach 1945 («This Blessed Plot», 1998) kritisch von lauter «verpassten Gelegenheiten». Aber die waren vor dem Hintergrund der englischen Geschichte unausweichlich, im Sinne von Goethes «So musst du sein, / Dir kannst du nicht entfliehen». Die Zeugnisse, die dies belegen, sind Legion. Con O'Neill, in den 50er-Jahren an der britischen Botschaft in Bonn tätig, rekapitulierte im Blick auf die Montanunion: «Dass es eine Behörde geben könnte mit Hoheit über Entscheidungen nationaler Regierungen, war etwas, das wir einfach für grotesk und absurd hielten.» 1955, zwei Wochen bevor die Außenminister der sechs Gründungsstaaten der Europäischen Wirtschaftsgemeinschaft (EWG) ihr historisches Treffen in Messina auf Sizilien abhielten, überbrachte Belgiens Außenminister Paul-Henri Spaak den Briten persönlich den Entwurf zur EWG, aber erhielt als Antwort: «Es kann natürlich keine Frage sein, dass wir uns jemals einer supranationalen Organisation anschließen werden.» Russell Bretherton, den Whitehall dann in der Zeit bis 1957 wenigstens aus Höflichkeit zu den Besprechungen über die Römischen Verträge zur Gründung der EWG abgestellt hatte, belehrte seine europäischen Kollegen: «Gentlemen, ihr versucht hier etwas auszuhandeln, das ihr nie auszuhandeln imstande sein werdet; und wenn doch, wird es niemals ratifiziert. Aber wenn es ratifiziert werden sollte, wird es nie funktionieren.»

Stephen Wall, der wie Hugo Young Bilanz zieht, jedoch aufgrund seiner diplomatischen Erfahrungen an vorderster Front der britischen Europa-Politik, nennt sein Buch passend «Ein Fremder in Europa» («A Stranger in Europe», 2008), worin frei von Polemik die Andersartigkeit Englands im Konzert der europäischen Partner hervortritt.

Das Empfinden der Andersartigkeit der politischen Tradition verführte die britische Elite zu gelegentlichen Demonstrationen ihrer alten, tief sitzenden Arroganz gegenüber dem Kontinent. Solche Hybris kam diesseits des Kanals nicht gut an, um es höflich auszudrücken. Nach dem Treffen in Messina Anfang Juni 1955, bei dem nicht nur die britische Politik, sondern auch die britische Presse nicht anwesend war – fesselnder schien damals der Prozess vor dem Schwurgericht Old Bailey gegen zwei Brüder, die unglücklicherweise auch Messina hießen, wegen Zuhälterei und Drogenhandel –, meinte Finanzminister R. A. Butler, er habe «von irgendwelchen archäologischen Ausgrabungen in einer alten sizilischen Stadt gehört», an denen Großbritannien aber nicht beteiligt gewesen sei. Im September 1955 wurde Harold Macmillan, damals Außenminister, zu einem Treffen seiner europäischen Kollegen nach Nordwijk eingeladen, doch ließ er durch seine Mitarbeiter wissen: «Sagt ihnen, ich sei gerade mit Zypern beschäftigt.» Was ist eine Zusammenkunft europäischer «Archäologen» gegenüber einer brennenden Frage des verlöschenden Empire!

Ein Kabinettspapier des gleichen Jahres hielt fest, es sei «im englischen Interesse, dass der Gemeinsame Markt zusammenbricht». Wie gut für England, dass er das nicht tat, denn dreißig Jahre später war für Margaret Thatcher der europäische Binnenmarkt von allerhöchstem Interesse. Aber da hatte England unter ihrer Führung neue wirtschaftliche Dynamik entfaltet, und seine Unternehmer sahen in Europa einen lukrativen Markt. Dafür waren der Premierministerin auch Mehrheitsbeschlüsse recht. Im Übrigen hatte Außenminister Peter Carrington schon 1980 festgestellt: «Britische Außenpolitik muss von nun an wesentlich im europäischen Rahmen geführt werden.»

Sir Julian Bullard, britischer Botschafter in Bonn von 1984 bis 1988, berichtete, wie Helmut Schmidt ihm einmal seine «bekannte Geschichte» vorgetragen habe: dass er anglophil aufgewachsen sei, aber von der Geschichte der britischen Beziehungen zur Europäischen Gemeinschaft «in die Arme der Franzosen getrieben» wurde. Auf dem Dubliner EG-Gipfel 1979 brachte Margaret Thatcher Schmidt derart in Rage, dass er um ein Haar den Sitzungssaal verlassen hätte.

Der Vorbehalt der Briten gegenüber dem sich integrierenden Europa lag auch in ihrer Mentalität begründet, in dem, was Kate Fox, ähnlich wie George Orwell, «die antitheoretischen, antidogmatischen, antiabstrakten Elemente des englischen Empirismus und seiner Tradition» nennt. Jeremy Paxman sekundiert in «The English»: «Die Vorstellung vom Ziel entwickelt sich bei den Engländern immer langsam, weil sie zu allen Zeiten nur wenig Sinn für politische Theorie entwickelt haben.»

So konnten Reibereien besonders mit den philosophisch ganz anders gepolten Deutschen nicht ausbleiben. Bei ihnen als den Schrittmachern der Integration entdeckte man besonders jene Vorliebe für eine «Papierwüste aus institutionellen Projekten», die Außenminister Geoffrey Howe 1984 bei einem Besuch in Bonn beklagte. Schon den Genscher-Colombo-Plan vom November 1981, mit dem die europäische politische Zusammenarbeit vertieft werden sollte, bezeichnete das Foreign Office in einer internen Studie als «langatmig und germanisch» und sprach von den «mehr theologischen Themen» des Vorschlags, in denen man die deutsche Handschrift zu erkennen glaubte. Das erinnert an das, was George Bernard Shaw in einer Rezension der englischen Übersetzung von Marx' «Das Kapital» geschrieben hatte: «Die Metaphysik darin kann man sich sparen.» Nach dem ersten Treffen zwischen Margaret Thatcher und Bundeskanzler Helmut Kohl Anfang 1983 erhielt die Britische Botschaft in Bonn aus der Londoner Zentrale die Nachricht, die Premierministerin «sei nicht besonders erpicht darauf, in naher Zukunft den einigermaßen langatmigen Vorträgen Herrn Kohls ausgesetzt zu werden». Noch Botschafter Sir Christopher Mallaby kabelte im Mai 1991 ans Foreign Office: «Die Deutschen lieben instinktiv Rahmenstrukturen und Organisationen.»

DIE EISERNE LADY

Sir Henry Tizard, Berater des Verteidigungsministeriums, verfasste 1949 ein vertrauliches Papier über die britische Position in der Welt, das der gängigen Meinung in Whitehall diametral widersprach und wohl deshalb rasch in die Archive verbannt wurde: «Wir haben von uns selbst das Bild einer Großmacht, die nur zeitweilig durch ökonomische Schwierigkeiten gehandicapt ist. Wir sind aber keine Großmacht mehr und werden niemals wieder eine sein. Wir sind eine große Nation, aber wenn wir uns weiter wie eine Großmacht aufführen, werden wir bald auch aufhören, eine große Nation zu sein.»

Sir Henry – das konnte er nicht wissen – hatte die Rechnung ohne die Periode des Niedergangs gemacht, die England in den 70er-Jahren des 20. Jahrhunderts erleben sollte. Damals kam den Briten sogar das Gefühl, wenigstens einer großen Nation anzugehören, vollkommen abhanden, von Großmacht ganz zu schweigen. Streiks beherrschten das Land, schon unter der Regierung von Edward Heath wurde im Winter 1973/74 der Strom an drei Tagen in der Woche rationiert, die Menschen mussten zum Einkaufen Kerzen auf ihren Trolleys montieren. 1976 bettelte Premierminister James Callaghan beim Internationalen Währungsfonds um eine Milliardenanleihe, die mit für England erniedrigenden Auflagen gewährt wurde. Dann kam der «Winter des Missvergnügens» 1978/79: Tote wurden nicht beerdigt, der Müll nicht mehr abgeholt, die Ratten feierten Festwochen, die Bergarbeiter streikten, und das Militär musste herbei, um die Energieversorgung zu sichern.

Nach Winston Churchill im Mai 1940 war Margaret Thatcher im Mai 1979 der zweite britische Regierungschef, «zu dem es keine Alternative gab», wie Sir Geoffrey Howe eingängig kommentiert hat. Das Land war am Ende. Doch in einem Akt singulärer Kühnheit zerstörte Frau Thatcher den Konsens der britischen Nachkriegspolitik, auf dessen Basis sich in oft nur kurzen Abständen Labour und Tories in der Regierung abgelöst hatten, ohne Vorteile für das

Gemeinwohl. Ohne die Thatcher-Revolution wäre New Labour nicht
möglich gewesen. Sie ist der Schlüssel selbst zum heutigen Großbritannien.

Der Aufbruch in stürmisches Unternehmertum auf der Insel begann in Thatchers Ära, sie befreite die Kredit- und Finanzmärkte von
strangulierenden Kontrollen und brachte mit der Kombination aus
Privatisierung und Deregulierung England wieder auf die Straße zum
wirtschaftlichen Gewinn. Dabei betonte sie immer die persönliche
Verantwortung des Einzelnen. Aber gerade die ging in den Jahren
seit ihrem Abgang mehr und mehr verloren, bis nackte Gier und das
Spiel mit unkalkulierbaren Risiken das Land an den Rand einer Katastrophe brachten.

In ihrer Kompromisslosigkeit war Margaret Thatcher eine unbri-
tische Figur, fast «teutonisch», wie oft angemerkt worden ist. «The
lady's not for turning», war ihr Lieblingssatz – mit dieser Dame gab

es kein Umkehren. Moskau, beeindruckt bei aller Gegnerschaft, prägte für sie den Ehrentitel «Eiserne Lady». 1975 hatte sie Edward Heath als Parteiführer «erlegt», 1984 siegte sie, was niemand vor ihr geschafft hatte, auch über die Bergarbeiter unter deren radikalem Anführer Arthur Scargill. Zuvor, 1982, hatte die argentinische Junta unter General Galtieri ihr auch noch den Gefallen getan, die Falkland-Inseln zu besetzen. Die Rückeroberung wurde, um Churchills Wort zu übernehmen, Thatchers «finest hour».

Lauter Triumphe «against the odds», gegen alle Gewinnchancen: Margaret Thatcher durfte denken, wieder eine große Nation anzuführen. Vielleicht eine Großmacht? Als solche sah man sie persönlich im politischen Kontext ihrer Zeit durchaus; nur in wenigen Generationen tauchen Begabungen auf, wie sie sich in der Eisernen Lady versammelten. «Wir haben aufgehört, eine Nation auf dem Rückzug zu sein», verkündete sie 1983 stolz. Das war der Hintergrund, der ihr erlaubte, in Europa so aufzutreten, wie sie es tat, unter anderem mit ihrer berühmt-berüchtigten Forderung nach einem Rabatt auf den britischen Beitrag zum Brüsseler Haushalt. «I want my money back», lautete ihr Schlachtruf. 1984 gab man ihr, entnervt, nach. Damals warnte Präsident Mitterrand seinen Europa-Minister Cheysson vor der Britin: «Sie hat die Augen von Caligula, aber die Lippen von Marilyn Monroe.» Dass die gleiche Entschlossenheit, mit der sie ihr Programm umsetzte, auch der Anlass ihres Sturzes wurde, gehört zur Tragik dieser Frau. Ihr Starrsinn, gerade auch in der Europa-Frage, verwandelte sich in Hybris; Nemesis folgte.

MARGARET THATCHERS DEUTSCHLANDBILD
UND DAS FORTWIRKEN IHRER SICHT VON EUROPA

Groß an Frau Thatcher war allerdings auch ihre Fähigkeit, an alten Axiomen der britischen Politik festzuhalten, darunter der Politik eines Mächtegleichgewichts. Ihre Generation war in der Zeit der braunen Diktatur groß geworden und musste erleben, dass keine *balance of power* dem Tyrannen mehr beizukommen vermochte, nachdem er einmal zu voller Größe herangewachsen war. Ihr Deutschlandbild war damit für alle Zeiten festgelegt und wie man das Land in der Mitte Europas in Schach halte, die für sie entscheidende Frage. Durch Integration natürlich, sagten Franzosen und andere. Nein, war ihre Antwort, das würde den deutschen Einfluss in Europa erst recht vergrößern. Wir hätten dann ein deutsches Europa vor uns. «Ein wiedervereinigtes Deutschland», so argumentierte sie seit 1989, nachzulesen in ihren Memoiren «Downing Street Years» (1993) unter der Überschrift «Das deutsche Problem und das Gleichgewicht der Macht», «ist einfach zu groß und zu mächtig, um in Europa einfach ein Spieler unter vielen zu sein.» In dem Buch nennt Thatcher die deutsche Neuvereinigung «die einzige Niederlage» ihrer Außenpolitik.

Eigentlich war es ihre zweite. Denn noch im Jahr des Mauerfalls hatte sie mit aller Kraft – aber vergeblich – für eine Modernisierung der atomaren Kurzstreckenwaffen auf deutschem Boden plädiert: Das deutsche Vorfeld sei unverzichtbar im Konzept der Abschreckung. Dabei hatten die Abrüstungsschritte zwischen Moskau und Washington diese Waffen bereits nahezu obsolet gemacht. Der Streit brachte damals sogar – ein seltener Vorgang – den Bundespräsidenten auf den Plan, Richard von Weizsäcker, der im Denken der Premierministerin überholte Kategorien zu entdecken meinte und ihr öffentlich heftig widersprach.

Erstaunlich offen aber legte Margaret Thatcher noch drei Jahre nach ihrem Rücktritt 1990 in ihren Memoiren ihre Bedenken auf den Tisch: «Deutschland ist seiner Natur nach eher eine destabilisierende als eine stabilisierende Kraft in Europa, die nur durch das militärische und politische Engagement der USA und die engen Beziehungen zwischen den anderen zwei größten souveränen Staaten, Frankreich und Großbritannien, ausbalanciert werden kann.» Die Russen seien sich dessen ebenfalls bewusst, schreibt sie, aber leider hätten deutsche Kredite und Investitionen sie ruhiggestellt. Auch Frankreich ist für die Eiserne Lady eine Enttäuschung: Mitterrand hätte sich den deutschen Interessen widersetzen sollen. Aber er verlasse sich eben zu sehr auf die deutsch-französische Achse, und der Ruck, sich davon zu befreien, habe sich als «zu schwierig für ihn» erwiesen.

Ihr Blick ist rückwärts gerichtet: «Seit Bismarck hat Deutschland unberechenbar zwischen Aggression und Selbstzweifel geschwankt. [...] Niemand versteht das ‹deutsche Problem› besser als die modernen Deutschen. Der wahre Ursprung ihrer *angst* ist dieses Wissen um sich selbst.» Zu dieser Analyse passte das unvergessliche Seminar in Chequers, dem Wochenendsitz der britischen Premierminister, im März 1990, wo Frau Thatcher mit namhaften britischen und amerikanischen Historikern zusammentraf, um über die deutschen Nationaleigenschaften zu diskutieren. Angeblich diskutierte die Gesprächsrunde in Chequers folgende Charakteristika der Deutschen: «aggressiv, dickköpfig, herrschsüchtig, sentimental, darauf aus, geliebt zu werden, voller Minderwertigkeitskomplexe etc.». Charles Powell, Thatchers Privatsekretär und Protokollant des Treffens, bestritt später diese Wiedergabe. Aber wir wissen aus Thatchers eigenen Worten und den Erinnerungen weiterer Zeitzeugen nur zu gut um ihr Problem mit dem deutschen Problem.

War sie die Einzige mit solchen Vorbehalten? Keineswegs. Laut Jacques Attalis Tagebuch «Verbatim III» – Attali war lange Jahre enger Berater des französischen Präsidenten – sagte Mitterrand am 30. November 1989 zu Hans-Dietrich Genscher, dem Bundesaußenminister: «Entweder wird die deutsche Vereinigung nach der europäischen Vereinigung hergestellt, oder Sie haben ein Dreierbündnis Frankreich, Großbritannien, Russland gegen sich, und das Ganze endet als Krieg.» Ein solches Dreierbündnis gab es schon einmal, 82 Jahre zuvor. Die Macht der alten Bilder. Doch schon am 25. Mai 1990 klang es bei Mitterrand, laut Attalis Notat, ganz anders: «Gorbatschow wird wieder von mir verlangen, dass ich mich der deutschen Wiedervereinigung widersetze. Ich würde es mit Vergnügen tun, wenn ich glaubte, dass er bei der Stange bleibt. Aber warum soll ich mich mit Kohl überwerfen, wenn Gorbatschow mich drei Tage später fallen lässt?» Für die Wiedervereinigung stark machte sich dagegen, jedenfalls nach außen hin, der damalige italienische Ministerpräsident Giulio Andreotti. Erst nach Einsicht in DDR-Akten erfuhr Helmut Kohl, dass sich Andreotti privat äußerst scharf gegen den deutschen Gang der Dinge ausgesprochen hatte. Der Bundeskanzler, so berichtete John Major später, habe «immer Margaret Thatcher verteidigt als die Einzige, die ehrlich genug war, ihre Ansicht in aller Öffentlichkeit vorzutragen».

Auch ihre Meinung zur europäischen Integration stand unerschütterlich fest, am klarsten formuliert in ihrer Rede vor dem Europa-College in Brügge im September 1988. «Mein erstes Leitprinzip ist dies: Bereitwillige und aktive Kooperation zwischen unabhängigen souveränen Staaten ist der beste Weg, eine erfolgreiche Europäische Gemeinschaft zu bauen.» Immer wenn sich die britische Regenbogen-Presse in bekannt euroskeptischer Art dieses Themas bemächtigt und mehr solcher Deklarationen der Unabhängigkeit fordert oder wenn die EU wieder einmal in ihre Einzelegos zu zerfallen droht, hört man prominente Namen wie den Oxforder Politikwissenschaftler Timothy Garton Ash größere europäische Kohäsion einfordern, ein stärkeres europäisches Profil in der Zeitgeschichte; und dabei wird auch London in die Pflicht genommen.

Das politische Lager nickt dazu meist zustimmend – ein verdächtiger Reflex, in dem ehrliche Überzeugung, *political correctness* und Nachbeten ein labiles Junktim eingehen. Was ist die Wirklichkeit? In den Römischen Verträgen, dem Urtext der Europäischen Union, 1957 verabschiedet, begegnet uns zum ersten Mal offiziell die Formel von der «immer engeren Union zwischen den Völkern Europas». Tony Blair, der im Februar 2006 – damals noch Hausherr in Downing Street – im St. Antony's College in Oxford eine Grundsatzrede zu England und Europa hielt, machte aus der bekannten Formulierung eine «immer engere Union zwischen frei kooperierenden souveränen Regierungen». Fast gleichlautend hatte es Margaret Thatcher, die vielgescholtene, gesagt.

Gleichklang findet man auch in Bezug auf einen anderen Pfeiler der britischen Außenpolitik, die USA. Die *special relationship* zur amerikanischen Familie und zu Washington ist unverändert strategisches Axiom. Wie John Major 1996 in einem Interview ausführte: «Im Gegensatz zu jeder anderen europäischen Nation sind wir genuin gespalten in der Frage unserer Interessen – Europa oder die USA? Aber warum künstlich wählen, wenn unsere Interessen fast gleichmäßig verteilt sind auf zwei große Blöcke – Amerika und Europa? Meine Antwort ist: Wir wären ja verrückt, da eine Wahl zu treffen.»

So herrscht, wenn man genau hinsieht und die Spruchbänder des Tages außer Acht lässt, fast so etwas wie eine Große Koalition der Grundüberzeugungen, aus denen die politische Klasse Großbritanniens schöpft. Dazu gehören die *special relationship* mit den USA, europäische Integration so weit wie nötig, aber Souveränität so weit wie möglich – und die Unwahrscheinlichkeit einer Übernahme des Euro in naher Zukunft. Das Thema Euro ist durch die Finanzkrise plötzlich wieder hochgekommen, doch in Wahrheit erneut weit in den Hintergrund gerückt. David Marsh wagt in seinem fesselnden Buch «Der Euro. Die geheime Geschichte der neuen Weltwährung» (2009) die – ironische – Prognose, man könnte «vielleicht für 2025» damit rechnen, dass die Briten den Euro übernehmen. Die Konstellation, in der sich Großbritannien dem europäischen Währungsraum anschließen würde, ist heute noch nicht abzusehen, aus sachlichen Gründen nicht und auch aus psychologischen nicht. So bleibt es jedem überlassen, über diesen Punkt nach Herzenslust zu spekulieren. Gleichwohl bleibt die allgemeine Frage relevant, die Hans-Friedrich von Ploetz, von 1999 bis 2002 deutscher Botschafter in London, im Juli 2000 in einem Gespräch mit der Chefredaktion des Massenblattes «The Sun» aufwarf: «Was wollen Sie für Großbritannien? Nur die Rolle des europäischen Zuschauers? Ist das Ihre Version der britischen Geschichte?»

Man kann das Kapitel über England und Europa nur mit einem lakonischen Kommentar des Präsidenten der EU-Kommission José

Manuel Barroso abschließen, der nach Tony Blairs letztem Auftritt in Brüssel im Juni 2007 meinte: «Ich muss ehrlich sagen, dass in Großbritannien die Debatte um Europa noch immer nicht gewonnen ist.»

15

DER KOPF
DER «FIRMA»:
DIE QUEEN

Von ihren Schlafgemächern auf Windsor Castle, ihrer bevorzugten Residenz, kann sie in der Ferne den neuen Terminal Five des Flughafens Heathrow sehen, wie er sich gen Osten hin abzeichnet. Schon früher hatte Windsor unter dem Düsenlärm der von Heathrow aufsteigenden Maschinen zu leiden, mehr noch unter den landenden. Wer jemals in Begleitung das Schloss besucht hat, weiß, dass die Konversation anhalten muss, wann immer ein gerade im Anflug befindliches Flugzeug über Windsor hinwegdüst. Ein beliebter Witz, mit dem Europäer sich gerne über die angeblich naiven Amerikaner lustig machen, geht so: Ein amerikanisches Ehepaar besucht gerade Windsor und fühlt sich durch den Fluglärm arg belästigt. Darauf der Mann zu seiner Frau: «Darling, ich verstehe nicht, warum die das Schloss so nah am Flughafen gebaut haben.»

Elisabeth II. in ihrem 800 Jahre alten Gemäuer ficht das nicht an. Sie wirkt seit ihrem 80. Geburtstag 2006 besonders gelöst und entspannt, Aufatmen ist die Losung. Endlich einmal keine Skandalgeschichten aus dem Innern der Familie. Endlich keine Enthüllungen mehr aus dem Diana-Jenseits oder anderen Dunkelkammern des Einst. Selbst das dornigste aller Probleme, die Beziehung zwischen ihrem ältesten Sohn und seiner Geliebten, ist aus dem Wege geschafft. Charles und Camilla Parker Bowles, die Herzogin von Cornwall, sind getraut und mit dem Segen des Erzbischofs von Canterbury, dem Primas der Anglikaner, in ihr gemeinsames Leben entlassen. Wer hätte das noch 2002, zur Zeit des goldenen Thronjubiläums der Queen, vorauszusagen gewagt. Damals hieß es, der Thronerbe, als künftiger Monarch auch Kopf der anglikanischen Kirche, die Scheidungen nicht anerkennt, habe nur eine Wahl des Verzichts – entweder auf den Thron oder auf Camilla als Ehefrau.

Dieser Widerspruch zwischen Neigung und Tradition wurde zugunsten des Prinzen gelöst: Charles musste weder auf eine zweite Ehefrau noch auf die Erbfolge verzichten. Freilich, wann seine Zeit auf dem Thron gekommen sein mag – das steht in den Sternen. Noch wiegt sich die Nation in der Vorstellung, die Queen werde es immer geben. Beneidenswert gesund und fit, wie bis ins hohe Alter ihre Mutter, die Queen Mother, absolviert die Monarchin ihre Pflichten mit immerwährendem Stoizismus. Hunderte von Terminen pro Jahr, Dutzende von Auslandsreisen – der Debatte um das höhere Rentenalter kann diese für Staat und Commonwealth Dauerverpflichtete nur amüsiert zuhören.

Laut der ungeschriebenen Verfassung ist sie auch gar nicht pensionierbar. Der britische Monarch hat, wie der Papst, in den Sielen zu sterben. Abzudanken oder zugunsten der nächsten Generation zu verzichten, ist nicht vorgesehen. Wenn der Herrscher durch Krankheit regierungsunfähig wird, wie einst Georg III., übernimmt der Thronnachfolger die Rolle als Regent, aber nie als König, solange der Vorgänger/die Vorgängerin noch lebt. Als dennoch einmal ein englischer König abdankte – Eduard VIII. im Dezember 1936 –, war das Königtum in den Grundfesten erschüttert. Davon wurde die spätere Queen tief geprägt. Dass der Thronerbe, ihr Onkel, damals die Pflicht gegenüber der Nation und ihrer heiligsten Institution aufkündigte, um einer zweimal Geschiedenen willen – die Erinnerung daran stand auch beim Charles-und-Camilla-Kompromiss vor vier Jahren Pate. Bloß keine neue Verfassungskrise, kein neues Entweder – oder!

«Nicht geboren zu regieren, aber vom Charakter her dazu eminent geeignet», so hat Sarah Bradford, ihre Biografin, Elisabeth II. beschrieben. Das findet seit der Thronbesteigung vor 57 Jahren alle

Welt so. Als die Nachricht vom Tode ihres Vaters 1952 die 25-jährige Prinzessin und ihren Mann in Kenia erreichte, war ihre erste Frage: «Welche Formalitäten muss ich in dieser Stunde erfüllen?» Gefasstheit und emotionale Disziplin hatte Georg VI. seiner Ältesten mit großem Bedacht eingepflanzt, seit ihre Thronfolge Ende 1936 unausweichlich geworden war.

«Sind wir jetzt auf immer König?», fragte die sechsjährige Margaret ihre ältere Schwester bei der Abdankung des Onkels. «Ja», so deren Antwort. Darauf Margaret, erschrocken: «Du meinst, dann wirst du eines Tages Queen?» «Ich denke schon», so die lapidare Antwort der Zehnjährigen. «Ich dien», steht als Motto im Wappen des Prince of Wales. «Dieses noble Wort», so verkündete Elisabeth an ihrem 21. Geburtstag in einer Radioansprache an das Commonwealth, sei für sie Leitmotiv auf ihrem künftigen Weg. Man kann diese innere Bereitschaft der jungen Frau fast nur wie eine Lebensweihe beschreiben, eine mystische Unterwerfung. Aus dieser Quelle hat die Queen bis heute geschöpft, darin die eigene Familie und deren strauchelnde Mitglieder weit überragend. Und zwar so weit, dass sie zeitweilig schon wieder aufhörte, Vorbild zu sein. Jedenfalls hat ihr Erstgeborener immer geklagt über seine verlorene Kindheit, über die nie präsente Mutter, bei der die Verpflichtungen des Amtes unzweifelhaft vor denen gegenüber den eigenen Kinder rangierten.

Das liegt weit zurück. Alle Fehler verblassen vor der Besichtigung einer einzigartigen Lebensleistung. Einzigartig auch in der Art, wie sich die Königin von ihren beiden Schreckensjahren, 1992 und 1997, erholt hat, zu neuer Zuversicht und zu neuer Stärkung der Monarchie. Deren Zukunft hing in diesen beiden Jahren am seidenen Faden. Das Volk begehrte auf: Albträume von Schlagzeilen, eine dysfunktionale Familie, lauter zerbrochene Ehen. Drei der vier Königskinder sind geschieden, zwei neu verheiratet, was zu der Zeit, als Elisabeths Schwester Margaret sich in einen geschiedenen Rittmeister verliebt hatte, undenkbar gewesen wäre: Sie musste sich von dem Mann trennen. Als ein Feuer im November 1992 Teile von Windsor

Castle verwüstete, lehnte das Parlament ab, für die nicht versicherten Verluste die Staatskasse zu bemühen – den Wiederaufbau möge das Staatsoberhaupt tunlichst aus öffentlichen Spenden oder eigenem Vermögen bezahlen. Der nächste Schock: Steuern auf die Einkünfte der Monarchin, ein historischer Affront! Und die königliche Luxusjacht «Britannia» wollen wir auch nicht mehr finanzieren, bitte schön. Stilllegen, ausmustern. Das wurde 1997 zur gefährlichen Metapher für die Monarchie selbst, als die Königin auf den Tod der geliebten Diana, Prinzessin von Wales, anfänglich wie gefühlsgehemmt reagierte. Der Film «The Queen» hat es noch einmal in der brillanten Darstellung durch Helen Mirren in Erinnerung gerufen. Nur langsam fand das Volk damals zu seiner Königin zurück.

Doch Wunden verheilen. Elisabeth II. erlebte schon zur Zeit ihres goldenen Thronjubiläums 2002 neue Höhen der Beliebtheit. Eine historische Persönlichkeit steht vor den Nachgeborenen, die immer nur die Skandale der Windsors vor Augen hatten. Auch Charles ist unverkrampfter geworden und geht seiner alten Leidenschaft nach, sich in aktuelle Debatten einzumischen, sei es über moderne Architektur, Umwelt- oder Ernährungsfragen. Protokollarisch riskant, kann er sich als Prinz noch leisten, was er als König hinter größerer Diskretion verstecken müsste.

In allen Wechselfällen seit 1952 personifiziert die Königin geradezu jene Kontinuität, die schon Walter Bagehot in seinem Klassiker «Die englische Verfassung» (1867) als wichtigstes Merkmal der britischen Monarchie herausstellte. Elf Premierminister kamen und gingen bisher in diesem zweiten elisabethanischen Zeitalter, was ein weiteres Charakteristikum unterstreichen könnte, das Bagehot am konstitutionellen Königtum Großbritanniens ausmachte: «Es wirkt als eine Maske. Es ermöglicht, dass unsere wirklichen Herrscher wechseln, ohne dass es achtlose Leute erfahren.» Ganz so unbemerkt gehen die «wirklichen Herrscher» heute zwar nicht mehr über die Bühne, wie es Bagehot in seiner Ironie beschrieb. Aber in allen Veränderungen bleibt das Urmeter weiterhin bei der monarchischen

Tradition, die von niemandem beständiger repräsentiert wird als von der immerwährenden Queen selbst. Sie bezeugt Geschichte wie sonst kein Staatsoberhaupt der Welt. Einmal wöchentlich, meist dienstags, empfängt sie den Bewohner von Downing Street 10 und bespricht mit ihm die Vorgänge in Politik und Gesellschaft. Der Fundus ihres zeithistorischen Wissens ist inzwischen stupende und erlaubt ihr, nicht bloß höflicher Gesprächspartner zu sein, sondern Beraterin und Stichwortgeberin für die wechselnden Spitzen der Exekutive. Noch immer muss, wer eine Regierung bilden will, bei der Königin um Erlaubnis nachsuchen, pro forma natürlich nur. Aber auch ein solches Detail gehört zu den Formen, in denen ein Land, das auf Kontinuität schwört, sich wiedererkennt.

Tony Blair, der bei Antritt der Königin noch nicht einmal geboren war, bewegte sich daher in einem BBC-Interview auf festem Boden, als er meinte, die Monarchie sei «gesichert». Sie ist es, und das in einem Land, wo immer mal wieder auch republikanische Gelüste wach werden. Blairs Ehefrau Cherie zum Beispiel beharrte auf ihrem Dissens gegenüber einer Tradition wie dem Hofknicks: Sie verweigerte ihn. Das bewog die Queen zu einer pointierten Reaktion, die, was sonst so gut wie nie geschieht, aus der Vertraulichkeit des Hofes an die Öffentlichkeit geriet: «Ich spüre förmlich, wie sich Cherie Blairs Beine versteifen, sobald ich den Raum betrete.» Eine Kostprobe jenes Humors, den man Elisabeth seit ihrer Jugend nachsagt, den sie jedoch hinter der Fassade der Proprietät und dem Ernst ihres Wesens versteckt hält.

Da hat es ihr Mann, Prinz Philip, der Herzog von Edinburgh, leichter, unverkennbar wie er ist in seiner rüden, zum Sarkasmus neigenden Kruste. In einer Zeit der *political correctness* ist der «Duke» der komplett Unangepasste, ein erfrischender Kontrast zur protokollarisch perfekten Elisabeth. Philip ist seinen eigenen Weg gegangen innerhalb des britischen Establishments, das er, der griechisch-deutsche Außenseiter, herzlich zu verachten gelernt hat, während er ihm gleichzeitig seine unverwechselbare Art eingepflanzt hat, mit dem

Fettnäpfchen als heraldischer Signatur. Denn alles, was sich nicht gehört, ist des Herzogs Spezialität. Nicht viele Menschen oder Gruppen können in den vergangenen Jahrzehnten seinem manchmal ätzenden Witz entgangen sein. Einen früheren Generalsekretär des Commonwealth, einen Nigerianer, der in Landestracht vor ihm stand, sprach er mit den Worten an: «Sie sehen ja aus, als wenn Sie gerade ins Bett gehen wollten!» Auf einem Empfang für Behinderte frotzelte er einen der Besucher an: «Wozu brauchen Sie einen Stock, wo Sie doch im Rollstuhl sind?» Und Helmut Kohl begrüßte er bei einer Zusammenkunft fröhlich-frech mit «Guten Tag, Herr Reichskanzler!»

Doch käme niemand auf den Gedanken, den Herzog von Edinburgh auf diese seine Eigenart zu verkürzen. Man weiß, dass Philip privat höchst charmant, ja liebenswürdig sein kann, nachdenklich und mit natürlichem Humor begabt. Wie Elisabeth nimmt auch ihr Mann die Staatspflichten sehr ernst, alle diese Auftritte und Zeremonien, und das mit seinen 88 Jahren. 780 gemeinnützige Organisationen nennen Prinz Philip als ihren Ehrenvorsitzenden, mehr als vier Millionen junge Leute im Alter zwischen 14 und 18 Jahren haben seit 1956 an dem «Duke of Edinburgh Award» teilgenommen, einem Programm zur Charakterbildung, zur körperlichen und sozialen Ertüchtigung.

Woher dann dies manchmal wie schroff wirkende Wesen? Das hat sich ein Mensch zugelegt, der in seiner Jugend, vernachlässigt von den Eltern und seinen griechisch-deutschen Verwandten, jahrelang wie abgestellt war in den Internaten Salem, Cheam und Gordonstoun. Hart gegen sich selbst und die Umstände, später auch gegen den ihm gegenüber zunächst kühlen Hof, hat er sich durchgebissen. Seiner emotionalen Kondition eignete seitdem eine gewisse Kompromisslosigkeit, die am meisten der Älteste zu spüren bekam, Prinz Charles, schon als Philip ihm die strenge Internatserziehung in Gordonstoun verordnete – der Vater war an ihr gewachsen, der Sohn sollte sie hassen. Seinem eigenen Biografen gegenüber, Jonathan

Königin Elisabeth II. 1954 im Ornat des Hosenbandordens, gemalt von Pietro Annigoni

Dimbleby, verriet Charles vor Jahren manche Einzelheiten aus der Zeit dieses äußerst gespannten Vater-Sohn-Verhältnisses. Auch ließ er über Prinz Philips Eigenarten manche Indiskretion fallen, so über dessen Abneigung, in Konzerte zu gehen – er wolle «nicht angerührt werden»: «I don't want to be moved by it.» Doch «der alte Stänkerer», als den sich der Duke schon mal bezeichnet, geht unentwegt in jede neue Runde seiner Vita, auch seiner Ehe, die 2009 bereits 62 Jahre währt.

Man hat vergessen, was die strahlende Erscheinung der jugendlichen Königin Elisabeth II. einst dem trostlosen Nachkriegsgrau Englands an Farbe zufügte. Nicht nur Englands: Sie wurde zur ersten modernen Celebrity, und das mit globaler Ausstrahlung, dank des flügge gewordenen Fernsehens. Lange vor Diana, Prinzessin von Wales, war Elisabeth «Königin der Herzen», als welche Blair die unglückliche Lady Di nach ihrem Unfalltod bezeichnete. Elisabeth und ihre bildhübsche Schwester Margaret bescherten der Regenbogen-presse von damals willkommene Auflagesteigerungen. Der elf Tage während Staatsbesuch der Königin 1965 in der Bundesrepublik Deutschland glich einem Huldigungszug.

Glamour und Ehrerbietung – das war kein Gegensatz. Wenn in den 50er- und 60er-Jahren in britischen Kinos nach der letzten Vorstellung die Nationalhymne erklang, erhoben sich die Zuschauer wie selbstverständlich. Mit solcher Ehrfurcht mag es vorbei sein, aber geblieben ist die tiefe Verwurzelung des Königtums in der britischen Psychologie. Eine Zeitung wie der «Guardian» versucht zwar hin und wieder, seiner anti-royalistischen Neigung nachzugeben, meist mit der Beschwerde, was der Unterhalt der Windsor-Kernfamilie – der Queen, Prinz Philips, Charles' und seiner beiden Söhne – den Steuerzahler im Jahr koste. Aber die Summe von knapp 40 Millionen Pfund nimmt sich bescheiden aus gegenüber dem, was heute englische Fußballclubs für einzelne Spieler auf dem Transfermarkt zu zahlen bereit sind. Überdies spielt die Monarchie ihre Unterhaltskosten allemal ein, mit globaler Attraktivität und den Devisen, die dadurch ins Land gelockt werden. «Value for money», sagt der Ökonom dazu.

Derweil übt der Kopf der «Firma», wie man die Windsors gerne nennt, übt die Queen auf ihren morgendlichen Ausritten durch Windsor Park munteren Trab, mit Kopftuch, ohne Helm – den sie ablehnt –, ungeschwächt trotz ihrer 83 Jahre, ein beruhigendes Bild des Immergleichen.

ANHANG

ZEITTAFEL

55/54 v. Chr. Zwei Feldzüge Caesars in Britannien

43 Beginn der römischen Eroberung der Insel unter Kaiser Claudius

122–135 Bau des Hadrianswalls, der nördlichen Begrenzung des römischen Besitzes

um 400 Sächsische Piraten dringen vermehrt auf die Insel vor

ca. 410 Die römische Armee beginnt mit dem Abzug

6. Jh. Beginn der Christianisierung

500–600 Erste angelsächsische Königreiche

800–900 Zeit der Wikinger-Einfälle

878 Alfred, König in West-Sachsen (Wessex), besiegt die dänischen Wikinger und drängt sie auf das von ihnen in England besetzte Gebiet, den Danelag, zurück

um 940 Wessex, Mercia, Northumbria und der Danelag werden vereint; ein neuer Name für das Gebiet entsteht erst später

1016 Knut, Herrscher der Dänen, Norweger und der Hebriden, wird zum König des neuen Inselreichs gewählt; er führt den Namen «Englaland» ein

1066 Wilhelm, Herzog der Normandie, besiegt bei Hastings (Kent) den letzten angelsächsischen König, Harald. Beginn der normannischen Eroberung Englands

1154 Mit Heinrich II. beginnt die Herrschaft der Plantagenets

1215 Magna Charta

1295 Eduard I. beruft das *model parliament* ein

1314 Unter Robert the Bruce siegen die Schotten bei Bannockburn über die Engländer und besiegeln damit auf Jahrhunderte ihre Unabhängigkeit

1338–1453 Hundertjähriger Krieg zwischen England und Frankreich

1348–1375 Die Pest reduziert die englische Bevölkerung um fast ein Drittel

1415 Bei Azincourt besiegt Heinrich V. die Franzosen

1431 Jeanne d'Arc stirbt in Rouen auf dem Scheiterhaufen

1485	Mit Heinrich VII. beginnt die Herrschaft der Tudors
1533	Heinrich VIII. (1509–1547) lässt seine Ehe mit Katharina von Aragon annullieren
1534	Die päpstliche Hoheit über den englischen Katholizismus wird beendet und der König zum Haupt der englischen Kirche erklärt
1536	Beginn der Auflösung der Orden und Klosterkirchen
1558	Mit Calais verliert England seinen letzten französischen Besitz
1558–1603	Elisabeth I.
1587	Hinrichtung von Maria Stuart
1588	Sieg über die spanische Armada
1600	Gründung der Ostindischen Handelsgesellschaft
1603–1625	Beginn der Herrschaft der Stuarts. Jakob I. (Jakob VI. von Schottland) regiert Schottland und England in Personalunion
1607	Erste englische Kolonie in Jamestown, Virginia
1642–1646 und 1648/49	Englischer Bürgerkrieg
1649	30. Januar: Hinrichtung Karls I. Abschaffung der Monarchie
1653–1658	Protektorat Oliver Cromwells
1660	Restauration der Monarchie unter Karl II.
1679	Habeas Corpus Act
1685–1688	Jakob II. versucht, England zu rekatholisieren
1688/89	Glorreiche Revolution: Auf Drängen des englischen Parlaments landet Wilhelm, Prinz von Oranien, mit einer Streitmacht im Westen Englands. Das Parlament hebt ihn als Wilhelm III. auf den englischen Thron. Bill of Rights
1701	Im Act of Settlement wird die englische Thronfolge auf protestantische Erben beschränkt. Beginn des spanischen Erbfolgekrieges
1707	Vereinigung von England und Schottland zu Großbritannien
1714	Mit Georg I. kommt das Haus Hannover auf den britischen Thron
1756–1763	Siebenjähriger Krieg, den Frankreich und England vor allem in ihren amerikanischen und indischen Kolonien ausfechten
1775–1783	Amerikanischer Unabhängigkeitskrieg
1781	Lord Cornwallis kapituliert bei Yorktown
1801	Union von Irland und Großbritannien
1805	Sieg Lord Nelsons über die französische Flotte bei Trafalgar
1807	Das Parlament beschließt das Ende des Sklavenhandels
1815	Schlacht von Waterloo. Napoleon wird auf einem englischen Schiff in die Verbannung nach St. Helena gebracht
1829	Emanzipation der Katholiken

1837	Mit Königin Viktoria (1837–1901) endet die Personalunion Groß-
	britanniens mit dem Königreich Hannover
1858	Die Verantwortung für Indien geht von der Ostindischen Handels-
	gesellschaft auf die britische Regierung über
1867	Kanada wird britisches Dominion
1876	Königin Viktoria erhält den Titel «Kaiserin von Indien»
1899–1902	Burenkrieg
1900	Gründung der Labour-Partei
1904	England und Frankreich schließen die Entente cordiale
1907	Tripelentente zwischen Großbritannien, Frankreich und Russland
1911	Der Parliament Act beendet das legislative Vetorecht des Oberhauses
1914–1918	Erster Weltkrieg. Das Empire geht auf der Seite Englands in den Krieg
1917	König Georg V. ändert aufgrund der anti-deutschen Stimmung den
	Namen der königlichen Familie von Sachsen-Coburg-Gotha zu Windsor
1919	Vertrag von Versailles. John Maynard Keynes warnt in «The Economic
	Consequences of the Peace» vor Vergeltung gegen Deutschland
1921	Gründung der Republik Irland. Sechs Grafschaften im Norden Irlands
	kommen als Provinz Ulster zum neuen «Vereinigten Königreich von
	Großbritannien und Nordirland»
1936	Rheinlandbesetzung. London verhindert Sanktionen gegen Deutsch-
	land. Dezember: Eduard VIII. verzichtet auf den Thron
1938	Münchner Abkommen mit Hitler, der Höhepunkt der britischen
	Appeasement-Politik
1939–1945	Zweiter Weltkrieg
1940	10. Mai: Winston Churchill wird Premierminister
1943	Teheran-Konferenz: Die Alliierten einigen sich auf die Forderung der
	bedingungslosen Kapitulation Deutschlands
1945	Labour gewinnt bei den ersten Unterhauswahlen nach dem Krieg,
	neuer Premierminister wird Clement Attlee
1946	Churchill spricht in Fulton, Missouri, von einem «Eisernen Vorhang,
	der sich über Europa gesenkt» habe, und skizziert in Zürich «eine Art
	von Vereinigten Staaten von Europa»
1947	Großbritannien entlässt Indien, Pakistan und Burma in die Unabhän-
	gigkeit
1951–1955	Churchill erneut Premierminister
1952	Königin Elisabeth II. folgt auf ihren Vater, Georg VI.
1956	Suez-Krise
1960	Die Entkolonialisierung in Afrika beschleunigt sich
1963	Frankreichs Präsident Charles de Gaulle legt gegen den britischen
	Antrag auf Beitritt zum Gemeinsamen Markt sein Veto ein

1969	Beginn der Bürgerkriegsunruhen in Nordirland (Ulster)
1973	Großbritannien wird zusammen mit Irland und Dänemark Mitglied der Europäischen Wirtschaftsgemeinschaft (EWG)
1976	Wirtschaftskrise: Die britische Regierung muss beim Internationalen Währungsfond um eine Milliarden-Anleihe nachsuchen
1978/79	«Winter des Missvergnügens»: Eine Welle von Streiks erschüttert Großbritannien
1979–1990	Margaret Thatcher Premierministerin
1982	Falkland-Krieg
1986	*Big bang* in der Londoner City: Die britische Finanzwirtschaft wird dereguliert, eine neue Unternehmerkultur wird angestoßen
1990	Bei den «2+4-Verhandlungen» um Deutschlands Wiedervereinigung fällt Außenminister Douglas Hurd eine versöhnende Rolle zu. Sturz Margaret Thatchers durch ihre eigene Partei
1992	16. September: «Schwarzer Mittwoch». Unter dem Druck globaler Spekulationen löst die Regierung John Major das britische Pfund aus dem Europäischen Währungssystem (EWS)
1994	Tony Blair wird Labour-Vorsitzender und zwingt seine Partei auf den von Thatcher vorgezeichneten marktwirtschaftlichen Kurs
1997–2007	Tony Blair Premierminister
1998	April: Karfreitagsabkommen über den Friedensprozess in Nordirland. August: Terror-Anschlag im nordirischen Omagh
1999	Beginn der Regionalisierung (*devolution*): Wales und Schottland stimmen für autonome Regierungen in Cardiff und Edinburgh
2005	Bombenattentate von islamistischen Terroristen auf das Londoner Nahverkehrsnetz mit 52 Opfern
2007	In Schottland verliert Labour seine traditionelle Dominanz und wird in der Regierung von der Scottish National Party (SNP) abgelöst. In Nordirland schließt Ian Paisley, Anführer der protestantischen Democratic Unionist Party (DUP), Frieden mit der katholischen Partei Sinn Féin und bildet mit ihr eine Allparteien-Regierung. Tony Blair tritt vorzeitig als Premierminister zurück. Sein Nachfolger Gordon Brown muss im Herbst zum ersten Mal in der britischen Geschichte eine Bank, die Northern Rock, verstaatlichen. Beginn der Auswirkungen der weltweiten Finanz- und Wirtschaftskrise auf Großbritannien
2009	Ein Spesenskandal erschüttert das Unterhaus. Die Labour-Partei erreicht bei den Kommunalwahlen mit 23 Prozent und bei der Wahl zum Europäischen Parlament mit 15,7 Prozent der Stimmen einen Tiefpunkt in ihrer Geschichte

Oxford

London

England

Winchester

Canterbury

Dover

Calais

FLANDERN

Heiliges
Römisches Reich

Ärmelkanal

Kanalinseln

Rouen

Reims

Caen

Château-
Gaillard

Gisors

Marne

NORMANDIE

Seine

Paris

BRETAGNE

MAINE

BLOIS

CHAMPAGNE

Le Mans

Montmirail

ANJOU

Orléans

Pontigny

Angers

Fréteval

Loire

Seine

Fontevrault

Chinon

Vézelay

POITOU

BURGUND

Poitiers

AQUITANIEN

Limoges

Atlantischer
Ozean

Angoulême

Dordogne

Rhône

Bordeaux

Garonne

GASCOGNE

TOULOUSE

Avignon

Toulouse

Besitztümer Heinrichs II.
und abhängige Gebiete

Mittelmeer

Besitztümer des französischen Königs
und abhängige Gebiete

0   50   100   150 km

Frankreich unter Heinrich II.
(1154–1189)

ANHANG
ZEITTAFEL, KARTEN
262 263

Das Britische Empire 1922

Großbritannien mit Dominien und Kolonien
(Ägypten 1914 unter brit. Schutzherrschaft)

Britische Interessensphäre in Persien

entssee

Pazifischer Ozean

lästina **Irak**
Zypern Bagdad
iro **Trans-**
pten **jordanien**
Katar Karatschi Delhi
Maskat
Anglo- **Oman**
Ägypt. Bombay **Indien** Kalkutta **Burma**
Sudan Aden *Sokotra*
run **Brit.-Somaliland** Colombo **Brit.-**
ganda *Ceylon* **Malaiische** **N.-Borneo**
Kenia *Malediven* **Staaten** Singapur
(Brit.-Ostafrika) *Borneo*
Nairobi
ganjika *Sansibar* *Seychellen* · *Chagos-I.*
Neuguinea
1.- Njassaland *Papua* *Salomonen*
esien *Kokos-I.* Port Moresby
Salisbury
S.-Rhodesien *Mauritius* *Neue Hebriden*
Betschuanaland *Nauru*
Swasiland **Australien** *Gilbert- u.*
frik. Union Basutoland *Ellice-I.*
stadt Fremantle *Fidschi-I.*
r Guten
nung Sydney
Melbourne *Tasmanische*
Tasmanien *See*
Prinz-Edward-I. **Neuseeland**
Indischer Ozean

Weihaiwei
Hongkong

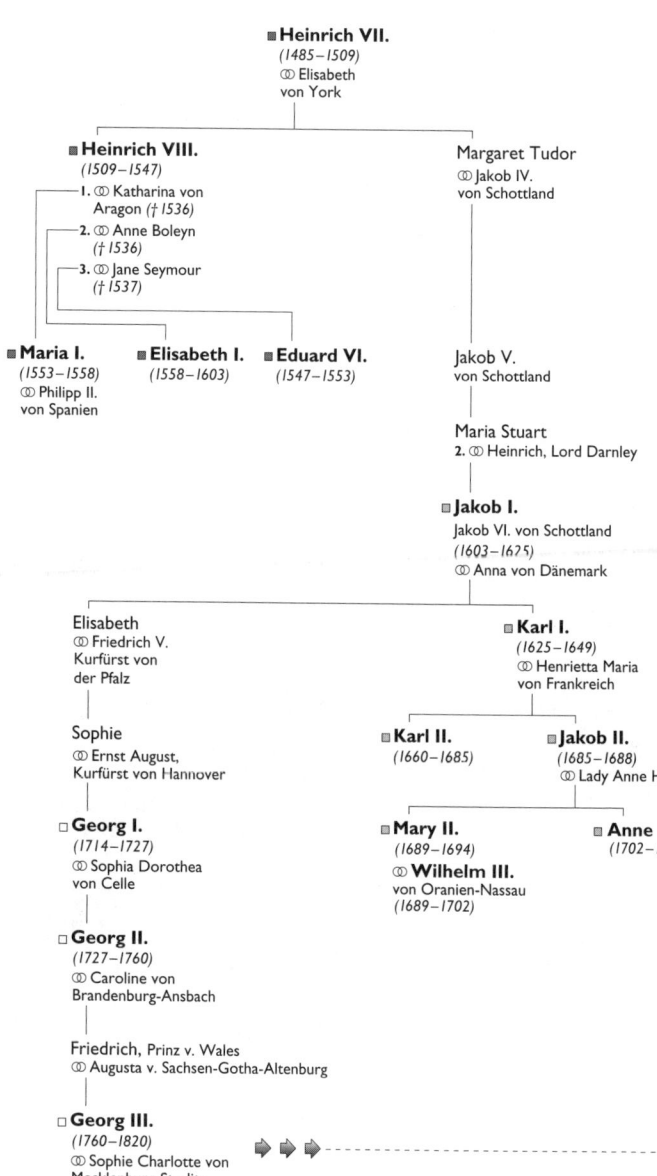

■ **Heinrich VII.**
(1485–1509)
ⓜ Elisabeth
von York

■ **Heinrich VIII.**
(1509–1547)
1. ⓜ Katharina von
Aragon *(† 1536)*
2. ⓜ Anne Boleyn
(† 1536)
3. ⓜ Jane Seymour
(† 1537)

Margaret Tudor
ⓜ Jakob IV.
von Schottland

■ **Maria I.**
(1553–1558)
ⓜ Philipp II.
von Spanien

■ **Elisabeth I.**
(1558–1603)

■ **Eduard VI.**
(1547–1553)

Jakob V.
von Schottland

Maria Stuart
2. ⓜ Heinrich, Lord Darnley

■ **Jakob I.**
Jakob VI. von Schottland
(1603–1625)
ⓜ Anna von Dänemark

Elisabeth
ⓜ Friedrich V.
Kurfürst von
der Pfalz

■ **Karl I.**
(1625–1649)
ⓜ Henrietta Maria
von Frankreich

Sophie
ⓜ Ernst August,
Kurfürst von Hannover

■ **Karl II.**
(1660–1685)

■ **Jakob II.**
(1685–1688)
ⓜ Lady Anne Hy

□ **Georg I.**
(1714–1727)
ⓜ Sophia Dorothea
von Celle

■ **Mary II.**
(1689–1694)
ⓜ **Wilhelm III.**
von Oranien-Nassau
(1689–1702)

■ **Anne**
(1702–17

□ **Georg II.**
(1727–1760)
ⓜ Caroline von
Brandenburg-Ansbach

Friedrich, Prinz v. Wales
ⓜ Augusta v. Sachsen-Gotha-Altenburg

□ **Georg III.**
(1760–1820)
ⓜ Sophie Charlotte von
Mecklenburg-Strelitz

**Stammtafel der britischen Dynastien
seit der Tudor-Zeit**

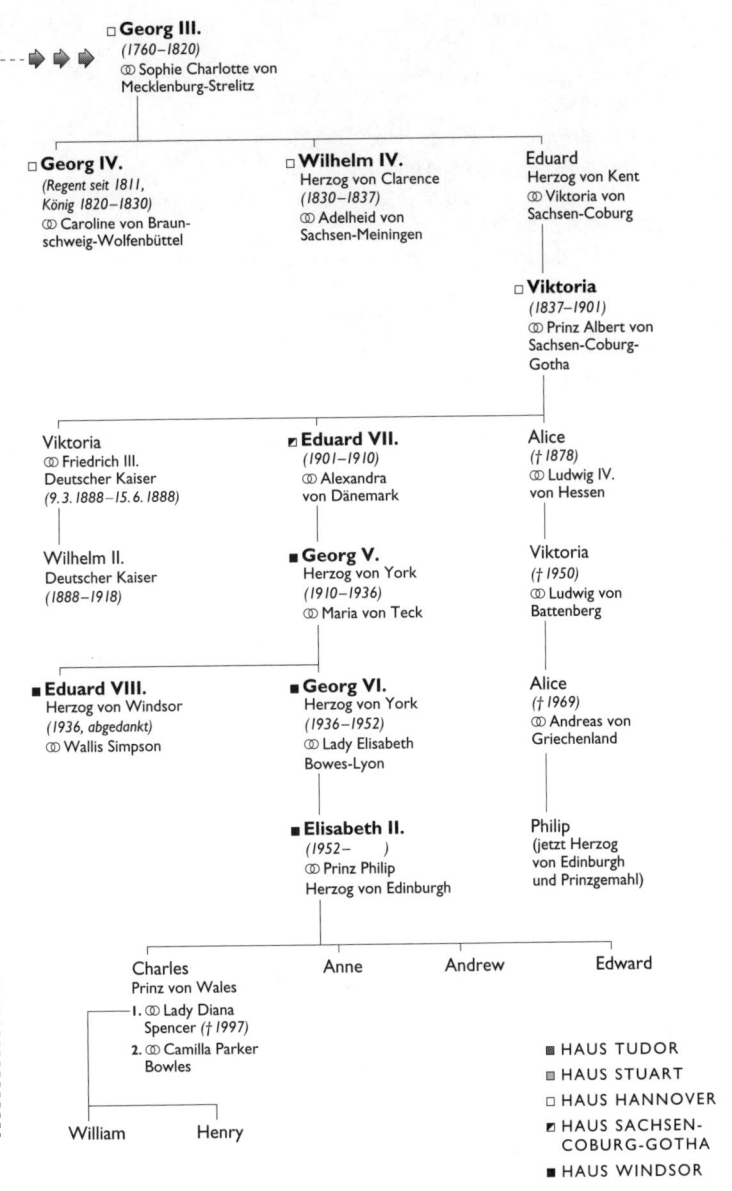

Georg III.
(1760–1820)
∞ Sophie Charlotte von
Mecklenburg-Strelitz

Georg IV.
*(Regent seit 1811,
König 1820–1830)*
∞ Caroline von Braun-
schweig-Wolfenbüttel

Wilhelm IV.
Herzog von Clarence
(1830–1837)
∞ Adelheid von
Sachsen-Meiningen

Eduard
Herzog von Kent
∞ Viktoria von
Sachsen-Coburg

Viktoria
(1837–1901)
∞ Prinz Albert von
Sachsen-Coburg-
Gotha

Viktoria
∞ Friedrich III.
Deutscher Kaiser
(9. 3. 1888–15. 6. 1888)

Eduard VII.
(1901–1910)
∞ Alexandra
von Dänemark

Alice
(† 1878)
∞ Ludwig IV.
von Hessen

Wilhelm II.
Deutscher Kaiser
(1888–1918)

Georg V.
Herzog von York
(1910–1936)
∞ Maria von Teck

Viktoria
(† 1950)
∞ Ludwig von
Battenberg

Eduard VIII.
Herzog von Windsor
(1936, abgedankt)
∞ Wallis Simpson

Georg VI.
Herzog von York
(1936–1952)
∞ Lady Elisabeth
Bowes-Lyon

Alice
(† 1969)
∞ Andreas von
Griechenland

Elisabeth II.
(1952–   )
∞ Prinz Philip
Herzog von Edinburgh

Philip
(jetzt Herzog
von Edinburgh
und Prinzgemahl)

Charles
Prinz von Wales
1. ∞ Lady Diana
Spencer *(† 1997)*
2. ∞ Camilla Parker
Bowles

Anne   Andrew   Edward

William   Henry

■ HAUS TUDOR
▨ HAUS STUART
□ HAUS HANNOVER
▰ HAUS SACHSEN-
COBURG-GOTHA
■ HAUS WINDSOR

LITERATURHINWEISE

Ashton, Rosemary: Little Germany. Exile and Asylum in Victorian England. Oxford 1986.

Buruma, Ian: Anglomania – Europas englischer Traum. München 2002.

Davison, Peter: Orwell's England. London 2001.

Ferguson, Niall: Empire. How Britain Made the Modern World. London 2003.

Fontane, Theodor: Wanderungen durch England und Schottland. 2 Bde. Hg. v. Hans-Heinrich Reuter. Berlin 1998.

Fox, Kate: Watching the English. The Hidden Rules of English Behaviour. London 2004

Gelfert, Hans-Dieter: Typisch Englisch. Wie die Briten wurden, was sie sind. München 2002.

Ders.: Madam I'm Adam. Eine Kulturgeschichte des englischen Humors. München 2007.

Kastendieck, Hans u.a. (Hg.): Großbritannien. Geschichte – Politik – Wirtschaft – Gesellschaft. Frankfurt a.M. 1999.

Kershaw, Ian: Hitlers Freunde in England. Lord Londonderry und der Weg in den Krieg. München 2005.

Ders.: Wendepunkte. Schlüsselentscheidungen im Zweiten Weltkrieg. München 2008.

Kluxen, Kurt: Geschichte Englands. Stuttgart 1976.

Marsh, David: Der Euro. Die geheime Geschichte der neuen Weltwährung. Hamburg 2009.

Maurer, Michael (Hg.): O Britannia, von deiner Freiheit einen Hut voll – Deutsche Reiseberichte des 18. Jahrhunderts. München/Leipzig 1992.

Paxman, Jeremy: The English. A Portrait of a People. London 1999.

Posener, Alan: William Shakespeare. Hamburg 2001.

Röhl, John C. G.: Der Kaiser und England. In: Victoria & Albert, Vicky & The Kaiser. Ein Kapitel deutsch-englischer Familiengeschichte. Hg. v. Wilfried Rogasch. Berlin 1997.

Schmitt, Carl: Land und Meer. Stuttgart 2001.

Schwanitz, Dietrich: Englische Kulturgeschichte von 1500 bis 1914. Frankfurt a.M. 1996.

Thatcher, Margaret: Downing Street No. 10. Die Erinnerungen. Düsseldorf 1993.

Wall, Stephen: A Stranger in Europe. Britain and the EU from Thatcher to Blair. Oxford 2008.

Wende, Peter: Großbritannien 1500–2000. München 2001.

Ders.: Das britische Empire. Geschichte eines Weltreichs. München 2008.

Winder, Robert: Bloody Foreigners. The Story of Immigration to Britain. London 2004.

Young, Hugo: This Blessed Plot. Britain and Europe from Churchill to Blair. London 1998.

© Verlag C. H. Beck oHG, München 2009
Gestaltung und Satz: a.visus, Michael Hempel, München
Gesetzt aus Stone und Gill
Druck und Bindung: CPI – Ebner & Spiegel, Ulm
Gedruckt auf säurefreiem, alterungsbeständigem Papier
(hergestellt aus chlorfrei gebleichtem Zellstoff)
Printed in Germany
ISBN 978 3 406 57849 6

www.beck.de

**GROSS-
BRITANNIEN**

Amst

London ●

Brüssel ●

Paris ●   L

E

● Madrid

KATE SUMMERSCALE

DIE VERFEHLUNGEN
EINER LADY

DER FALL
DER MRS ROBINSON

Aus dem Englischen von
Susanne Röckel

BLOOMSBURY BERLIN

Die Originalausgabe erschien 2012 unter dem Titel
Disgrace. The Private Diary of a Victorian Lady
bei Bloomsbury Plc, London
© Kate Summerscale 2012
Für die deutsche Ausgabe
© 2012 Bloomsbury Verlag GmbH, Berlin
Umschlaggestaltung: Rothfos & Gabler, Hamburg
Typografie: Birgit Thiel, Berlin
Gesetzt aus der Life von Greiner & Reichel, Köln
Druck und Bindung: Pustet, Regensburg
Alle Rechte vorbehalten
Printed in Germany
ISBN 978-3-8270-0921-0

www.bloomsbury-verlag.de

Zum Andenken an meine Großmütter Nelle und Doris
und an meine Großtante Phyllis

INHALT

In einem Buche las die Frau, allein und matt,
Auf dessen Umschlag sich ihr Mädchenname fand.
Manch eine Träne nässt' des lieben Buches Blatt,
Doch schlug sie's zu, als nun der Gatte vor ihr stand.

Er kam – sie sprachen – ein paar Worte bloß,
Kalt und gefasst, ganz ohne Streit,
Und als die Zimmertür sich wieder schloss,
Da stand der Gattin Inn'res offen, schrecklich weit.

Sie kannte Liebe aus bezaubernden Romanen,
Liebe, die schmerzt, doch niemals fehlt;
Baut' sich Paläste voller edler Herrn und Damen,
Genoss die Flüge in die Märchenwelt.

Und bittre Klage stieg ihr in die Kehle,
So schwer war ihres echten Lebens Last,
Saß viele Stunden grübelnd über ihrer Seele,
Freudlos, schwankend, ohne Rast.

Gesicht in Händen, kniete sie sich nieder,
Die Wolke brach, der Regen fiel,
Ach! Misstönend sind des Lebens Lieder,
Und vor diesem armen Herzen bleiben Dichter still.

A. [William Allingham], »A Wife«,
in *Once a Week*, 7. Januar 1860

VORWORT

Im Sommer 1858 begannen an einem Londoner Gericht die ersten Scheidungsprozesse von Angehörigen der englischen Mittelschicht. Bis dahin konnte eine Ehe nur durch ein individuelles Parlamentsgesetz geschieden werden, ein Verfahren, das für nahezu die gesamte Bevölkerung unerschwinglich war. Das neue Scheidungsgericht konnte Ehen sehr viel preisgünstiger und schneller auflösen. Einen derartigen Prozess zu gewinnen war indes immer noch schwierig – ein Mann musste beweisen, dass seine Frau eine Ehebrecherin war, während eine Ehefrau nachzuweisen hatte, dass ihr Gatte sich zwei ehewidrige Straftatbestände hatte zuschulden kommen lassen –, doch es gab bereits Hunderte von Klägerinnen und Klägern, die mit Geschichten von Verrat und Zwist, von brutalen Männern und insbesondere von liederlichen Frauen aufwarten konnten.

Am Montag, dem 14. Juni, einen Monat nachdem die erste Scheidungsklage vor dem neuen Gericht verhandelt worden war, hatten es die Richter mit einem außergewöhnlichen Fall zu tun. Henry Oliver Robinson, ein Bauingenieur, klagte auf Scheidung von seiner Frau Isabella, die Ehebruch begangen haben sollte. Als Beweis legte er ein von ihr geführtes Tagebuch vor. In den fünf Tagen des Prozesses wurden Tausende der vertraulichen Einträge Isabella Robinsons vor Gericht verlesen, und fast jedes Wort davon wurde in den Zeitungen wiederholt. Ihr Tagebuch war detailliert und sinnlich, es klang abwechselnd euphorisch und bedrückt, und in seiner Verruchtheit war es gottloser als jeder zeitgenössische englische Roman. Im Geist ähnelte es Flauberts *Madame Bovary*, einem Buch, das 1857 nach einem aufsehenerregenden Prozess wegen Verstoßes gegen die guten Sitten, die Religion und die öffentliche Moral in Frankreich veröffentlicht worden war, doch als so anstößig betrachtet wurde, dass man es erst in den 1880er Jahren ins Englische übersetzte. Wie in Flauberts Roman stand auch in Isabella Robinsons Tagebuch eine neue und verstörende Figur im Mittelpunkt: eine Frau aus der Mittelschicht, ruhelos und unglücklich, die sich nach Leidenschaft sehnte. Zur Verwunderung all jener, die die Textauszüge in der Presse lasen, schien Isabella Robinson ihre öffentliche Anprangerung herausgefordert und liebevoll dokumentiert zu haben.

BUCH I

Der heimliche Freund

Warum habe ich mich dem einzigen vertrauten Freund meiner schwersten und bösesten Stunden wieder zugewandt? Die Antwort lautet: Weil ich einsamer denn je bin – obgleich mein Mann eben jetzt im Nebenzimmer sitzt und schreibt. Das Elend ungezählter Frauen ist auch mein Los geworden, und da mich niemand hören will, muss ich aufs Neue zur Feder greifen, um meinem beklommenen Herzen ein wenig Luft zu verschaffen …

Wilkie Collins, *Der rote Schal* (1866)

1. KAPITEL

Hier darf ich schauen, ungesehn
Edinburgh, 1850–52

Am Abend des 15. November 1850, einem Freitag, machte sich Isabella Robinson bei mildem Wetter auf den Weg zu einer Gesellschaft in der Nähe ihres Zuhauses in Edinburgh. Ihre Kutsche holperte über die breiten, gepflasterten Chausseen der georgianischen New Town und hielt vor einer Reihe von Sandsteinhäusern, die im Schein der Straßenlaternen einen runden Platz umstanden. Sie stieg aus und erklomm die Stufen zum Royal Circus Nummer 8, bis sie vor einer großen schimmernden Bronzetür mit einem hellen Glasviereck darüber stand. Es war der Wohnsitz von Lady Drysdale, einer reichen Witwe, die in der ganzen Stadt bekannt war. Als Isabella und ihr Gatte im Herbst nach Edinburgh gezogen waren, hatte man sie dieser Dame empfohlen.[1]

Elizabeth Drysdale war als Gastgeberin hochgeschätzt, sie war lebhaft, großzügig und willensstark, und ihre Soireen zogen originelle, progressive Köpfe an: Schriftsteller wie Charles Dickens, der 1841 eine Gesellschaft bei den Drysdales besucht hatte; Ärzte wie der Geburtshelfer und bahnbrechende Anästhesist James Young Simpson; Verleger wie Robert Chambers, der Gründer des *Chambers's Edinburgh Journal*; sowie viele Künstler, Publizisten, Natur- und Altertumsforscher und Schauspielerinnen. Auch wenn Edinburgh als Zentrum der schottischen Aufklärung seine glanzvollsten Tage hinter sich hatte, konnte es sich immer noch einer lebhaften intellektuellen und sozialen Szene rühmen.

Ein Diener führte Isabella in die inneren Räume.[2] Gas flammte in einem Leuchter und warf sein Licht auf den Steinboden und das glänzende Messing und Holz des Geländers, das sich an der Treppe entlang nach oben wand. Die Gäste legten ihre Hauben, Mäntel und Muffe, Zylinder und Überröcke ab und gingen die Stufen hoch. Die Damen trugen tief ausgeschnittene Kleider aus schimmernder Seide und glänzendem Satin, mit glatten Oberteilen, die eng über gefütterte, mit Stäbchen verstärkte Korsetts gezogen wurden. Ihre mit Rüschen besetzten und mit Bändern und Biesen geschmückten Röcke wurden von Unterröcken in Form gehalten. Ihr Haar war in der Mitte gescheitelt, über die Ohren zurückgezogen und zu Knoten geschlungen, in denen Federn oder Spitzenborten steckten. Am Hals und an den Handgelenken prangten Juwelen; unter den Kleidern sahen Stiefeletten aus Seide oder offene Schuhe aus Satin hervor. Die Herren folgten ihnen in Fräcken und Westen, sie hatten Krawatten umgebunden und trugen plissierte Hemden, enge Hosen und Lackschuhe.

Isabella war begierig nach Gesellschaft. Ihr Mann Henry war oft auf Geschäftsreise, und selbst wenn er zu Hause war, fühlte sie sich einsam. Er sei ein »unpassender Partner«, schreibt sie in ihr Tagebuch, »ungebildet, kleinkariert, von schroffem Temperament, selbstsüchtig, stolz«.[3] Während sie sich danach sehnte, über Literatur und Politik zu sprechen, Gedichte zu schreiben, Sprachen zu lernen und die neuesten Essays über Wissenschaft und Philosophie zu lesen, war er »ein Mann, der nur das Geschäftsleben kannte«.[4]

In den hohen, luftigen Empfangsräumen des ersten Stocks wurde Isabella Lady Drysdale und dem jungen Paar vorgestellt, das mit der Dame zusammenlebte: ihrer Tochter Mary und ihrem Schwiegersohn Edward Lane. Der siebenundzwanzigjährige Lane war Anwalt, geboren in Kanada und ausgebildet in Edinburgh; im Augenblick studierte er und bereitete sich auf eine neue Laufbahn als Mediziner vor. Isabella war hingerissen von ihm. Er sei »gutaussehend, lebhaft und gutgelaunt«, berichtet sie dem Tagebuch, kurzum: »faszinierend«. Später machte sie sich, wie viele Male zuvor, dafür Vorwürfe, dass sie für die Reize eines Mannes so empfänglich war. Doch es gelang ihr nicht, ihn zu vergessen.

Im gleichen Monat, in dem sie Edward Lane kennenlernte, machte Isabella eine Reise an die Nordsee, wo sie am Strand über ihre vielen Fehler nachsann. Als Engländerin aus gutem Hause war sie mit ihren siebenunddreißig Jahren in ihren Augen bereits in jeder Rolle gescheitert, die eine viktorianische Lady auszufüllen hatte. In ihrem Tagebuch zählt sie ihre Mängel auf: »(...) die Irrtümer meiner Jugend, das provozierende Verhalten meinen Brüdern und meinen Schwestern gegenüber, der Eigensinn gegenüber meiner Gouvernante, mein Ungehorsam und die Pflichtvergessenheit gegenüber meinen Eltern, mein Mangel an Beständigkeit im Leben, die Art meiner Ehe und mein Verhalten in dieser Ehe, mein einseitiges und oft grobes Verhalten meinen Kindern gegenüber, mein leichtfertiges Verhalten als Witwe, meine zweite Ehe und alles, was danach kam.« Sie habe sich, sagt sie, schuldig gemacht »der Ungeduld in Prüfungen«. Sie sei gefühlsmäßig unstet, lege zu wenig »Selbstzucht« an den Tag und verfolge das Gute nicht entschlossen genug, was sie zu einer schlechten Mutter, Tochter, Schwester, Ehefrau, Schülerin und Geliebten mache.[5]
Dann zitiert sie ein Gedicht von Robert Burns:

Du weißt, du hast geschaffen mich
Voll wilder Leidenschaft,
Und ihrer Stimme Zauberklang
Erlag oft meine Kraft.[6]

Einige der Fehler in Isabellas schonungslosem Katalog können anhand der gesicherten Fakten ihres Lebens nachgezeichnet werden. Sie wurde am 27. Februar 1813 im Londoner Stadtteil Bloomsbury geboren und im Mai desselben Jahres in der Kirche St Pancras auf den Namen Isabella Hamilton Walker getauft.[7] Ihr Vater Charles war der zweite Sohn des früheren Hauptbuchführers von George III.; ihre Mutter Bridget war die älteste Tochter einer Minenerbin aus Cumbria und eines Parlamentariers der Whigs. Als Isabella ein Baby war, kaufte ihr Vater ein Anwesen im Dorf Ashford Carbonel in Shropshire, an der Grenze von England und Wales. Dort, in einem Herrenhaus aus rotem Backstein am Fluss Teme, wuchs sie auf, trotzte ihren Eltern und ärgerte ihre Geschwister.

Isabellas Mutter stellte dieses Haus, Ashford Court, später als eine Idylle für Kinder dar: Es gab »einen großen hübschen Garten«, erzählt sie einem ihrer Enkel, »dazu viele grüne Felder & hübsche Wege & einen langen Fluss & ein Boot darauf«, außerdem »junge Lämmer & Kühe & Schafe & große Pferde & kleine Pferde und dazu Hunde & Katzen & kleine Kätzchen«.[8] Das Haus war umgeben von 230 Morgen Land, Wiesen, Weiden, Koppeln, Hopfenfeldern und Obstgärten.[9] Ein Rasenhang führte zum Flussufer, und in der Ferne erhoben sich bewaldete Berge. Isabellas Vater, Dorfjunker und Friedensrichter, besaß den gesamten Grund des Dorfes und kaufte weiteres Land hinzu; 100 Morgen bewirtschaftete er, der Rest wurde verpachtet.

Isabella und ihre sieben Geschwister[10] wurden zuerst von einem Kindermädchen und dann von einer Gouvernante betreut, in deren Obhut die vier Schwestern blieben, während die vier Brüder in ein Internat geschickt wurden. Eine Gouvernante unterrichtete typischerweise moderne Sprachen, Mathematik und Literatur, doch ihre Hauptaufgabe war es, vollendete junge Damen hervorzubringen, die sich auf das Klavierspiel, aufs Tanzen, Singen und Zeichnen verstanden. Isabella, das älteste der Mädchen, fühlte sich durch diese Ausbildung eingeschränkt. Schon als Kind sei sie, wie sie sich später erinnert, »eine unabhängige & beharrliche Denkerin«[11] gewesen.

Im August 1837, einige Wochen nach der Thronbesteigung von Königin Victoria, heiratete Isabella als erste der Walker-Töchter. Die Zeremonie fand in der Kirche St Mary unweit ihres Elternhauses statt.[12] Isabella war vierundzwanzig, ihr Bräutigam Edward Collins Dansey war ein verwitweter Kapitänsleutnant von dreiundvierzig Jahren.[13] Ihre geringschätzigen Äußerungen über die Art ihrer Ehe lassen darauf schließen, dass es keine Liebesheirat war; später sagt sie, dass sie aus einem Impuls heraus geheiratet habe, getrieben von »eigensinniger Leidenschaft«.[14] Dennoch war es eine für beide Seiten vorteilhafte Verbindung. Edward Dansey stammte aus einer alten ortsansässigen Familie, den früheren Eigentümern des Landsitzes von Isabellas Vater. Er brachte 6000 Pfund mit in die Ehe,[15] Isabella mit 5000 Pfund, die ihr Vater für sie aufgebracht hatte, fast ebenso viel. Dieses Kapital hätte ein komfortables Einkommen von etwa 900 Pfund im Jahr abgeworfen.

Nach der Hochzeit zog das Paar in den nahe gelegenen Marktflecken Ludlow, wo Isabella im Frühjahr 1841 einen Sohn, Alfred Hamilton Dansey, zur Welt brachte.[16] Zu Beginn des neunzehnten Jahrhunderts habe es in Ludlow viele Bälle gegeben, berichtet Henry James.[17] »Mrs Siddons spielte dort, Catalani sang. Die Heldinnen von Miss Burney und Miss Austen hätten dort leicht ihre ersten Liebesaffären erleben können.« Das Haus der Danseys – erbaut 1625 und Mitte des siebzehnten Jahrhunderts um acht venezianische Fenster an der Frontseite erweitert – lag in nächster Nähe eines Ballsaals in der Broad Street, einer malerischen Straße, die zum Teme hinabführte.[18] Isabella und ihre Familie wurden herzlich in den Kreis der Gesellschaft von Shropshire aufgenommen.[19]

Doch im Dezember 1841 wurde Edward Dansey von einem auf den anderen Tag wahnsinnig. Isabellas Mutter berichtet einer Verwandten, dass »der arme Mr Dansey völlig verwirrt« sei und »beständige Zuwendung & unaufhörliche Wachsamkeit« verlange. Sie schreibt, dass Isabellas achtzehnjähriger Bruder Frederick nun im Haus der Danseys in Ludlow wohne, »um dem armen leidenden Mann zu Diensten zu sein & seiner Schwester in dieser äußerst schmerzhaften Prüfung beizustehen«.[20] Fünf Monate später starb Dansey im Alter von siebenundvierzig Jahren an einer »Krankheit des Gehirns«.[21]

Edward Dansey hatte Alfred bereits Geld überschrieben, doch nach seinem Tod fiel alles, was er besaß, an Celestin, seinen Sohn aus erster Ehe, einen jungen Leutnant der Royal Bombay Fusiliers.[22] Isabella, die nichts erbte,[23] kehrte mit ihrem Baby wahrscheinlich nach Ashford Court zurück.

Zwei Jahre lang war sie Witwe, bevor sie Henry Oliver Robinson vorgestellt wurde, einem irischen Protestanten, sechs Jahre älter als sie selbst. Möglicherweise wurde das Treffen von Henrys Schwester Sarah arrangiert, deren Mann Anwalt und Stadtrat im zwanzig Meilen südlich von Ludlow gelegenen Hereford war. Henry kam aus einer Familie wandernder Handwerker und Unternehmer. In Londonderry, seiner Geburtsstadt, hatte er eine Brauerei geleitet, die 36 000 Liter Alkohol im Jahr produzierte,[24] und jetzt war er zusammen mit einem Bruder in London im Schiffsbau und in der Zuckerfabrikation tätig. Seit 1841 war er Mitglied im Institute of Civil Engineers, einer Körperschaft, die die Angelegenheiten des relativ neuen, schnell wachsenden Berufs regelte; 1850 gab es etwa 900 Ingenieure in Großbritannien.[25]

Isabella wies Henrys Heiratsanträge zweimal zurück, doch als er den dritten Antrag stellte, nahm sie ihn an: »Ich ließ es geschehen, dass mich andere von meinen Zweifeln & meiner Abneigung abbrachten«, erklärt sie später in einem Brief, »& ließ mir fast mit offenen Augen die Fesseln einer gefürchteten Ehe anlegen, als wäre es mir vom Schicksal so bestimmt.«[26] Als einunddreißigjährige Witwe mit Kind konnte sie es sich nicht leisten, wählerisch zu sein. Diese Heirat würde ihr zumindest die Möglichkeit eröffnen, über die Grenzen ihres ländlichen Winkels hinauszugelangen, neue Orte zu sehen und neue Leute kennenzulernen.

Nach der Hochzeit in Hereford am 29. Februar 1844 zogen Henry und Isabella nach London in ein Haus in Camden Town, wo nach etwas weniger als einem Jahr ihr erstes Kind Charles Otway geboren wurde.[27] Er wurde nach Isabellas Vater auf den Namen Charles getauft, während es für den Namen Otway in keiner der beiden Familien einen Vorgänger gegeben zu haben scheint. Isabella wählte ihn vielleicht zu Ehren von Thomas Otway, einem populären Dramatiker der Restaurationszeit, der Stücke über tugendhafte und unglückliche Damen schrieb. Ihr Kosename für den zweiten Sohn, der ihr Lieblingssohn wurde, lautete Doatie.

Bald nach Otways Geburt zog die Familie nach Blackheath Park, eine teure neue Wohngegend am Londoner Stadtrand. Ihr Haus lag zwei Meilen südlich von Greenwich, von wo eine Fähre regelmäßig zu den Robinson-Eisenwerken am Nordufer der Themse übersetzte. Henry und sein Bruder Albert entwarfen und bauten dampfgetriebene Schiffe und Zuckerrohrmühlen in Millwall, im sumpfigen Osten der Stadt.[28] In ihrer Fabrik produzierten sie Eisenblech, Motoren und Bauteile, und sie beschäftigten mehrere Hundert Männer beim Bau von Schiffen und Zuckerraffinerien. Bei einem ihrer Projekte, das 100 000 Pfund einbrachte, entwarf Albert fünf Schiffe für den Ganges; sie wurden in Millwall gebaut und auseinandergenommen, nach Kalkutta verschifft (was vier Monate dauerte) und dort unter Alberts Aufsicht wieder zusammengesetzt.[29] Nach 1848 stieg auch ihr jüngerer Bruder Richard in das Geschäft ein, ebenso der bahnbrechende Schiffsarchitekt und -ingenieur John Scott Russell. Die Firma, die jetzt Robinson & Russell hieß, ließ in den folgenden drei Jahren ein Dutzend Seeschiffe vom Stapel laufen. Das erste war die *Taman*, ein von der russischen Regierung in Auftrag gegebenes eisernes Paketschiff, das regelmäßig auf dem Schwarzen Meer zwischen Odessa und Tscherkessien verkehren sollte. Am Tag des Stapellaufs der *Taman* im November 1848 versammelte sich eine große Menschenmenge, viele auf Dampfschiffen und in Ruderbooten, um das Schiff zu sehen, das die Rampe entlangglitt, zunächst langsam, dann mit einer letzten, schnellen Abwärtsbewegung in den Fluss hinein.[30]

Henrys Heirat mit Isabella hatte ihm nicht nur Geld, sondern auch Status verschafft.[31] Wie bereits bei ihrer ersten Ehe hatte Isabellas Vater ihr kurz vor der Hochzeit 5000 Pfund »allein zu ihrer eigenen Verfügung« überschrieben;

dies war die übliche Praxis, um das Gesetz zu umgehen, das einem Mann das Verfügungsrecht über den gesamten Besitz seiner Frau zusprach. Die Zinsen dieses Kapitals – etwa 430 Pfund im Jahr – wurden von den Treuhändern (ihrem Vater und ihrem Bruder Frederick) auf ein Konto überwiesen, das auf ihren Namen beim Bankhaus Gosling & Co. in der Londoner Fleet Street eingerichtet worden war. Doch fast sofort nach der Eheschließung schlug Henry vor, dass Isabella alle ihre Schecks unterschrieb und ihm aushändigte; er würde sie dann nach Gutdünken einlösen, um ihre häuslichen und persönlichen Ausgaben zu begleichen. Isabella stimmte zu. Henry war »ein Mensch von sehr gebieterischem Wesen«, erklärt sie später, und »um Differenzen, die sich zwischen uns ergeben könnten, so weit wie möglich zu verhindern«,[32] wollte sie ihm seinen Willen lassen. Henry gab Isabella Bargeld, damit sie die Rechnungen der Handwerker und den Lohn der weiblichen Dienstboten bezahlen konnte, Dinge für den Haushalt und Kleider für sich selbst und die Kinder kaufen konnte. Er überließ ihr ein wenig Taschengeld und gab ihr den Auftrag, über Einnahmen und Ausgaben Buch zu führen. Die Ausgaben der Familie Robinson beliefen sich auf etwa 1000 Pfund im Jahr, was bedeutete, dass sie zu dem einen Prozent der Reichsten des Landes gehörten und sich in den höheren Rängen der oberen Mittelklasse bewegten.[33]

Doch Henry eignete sich noch weitaus mehr an. Als Isabellas Vater Ende 1847 starb und seiner ältesten Tochter weitere 1000 Pfund hinterließ,[34] hob Henry mit einem der von Isabella unterschriebenen Blankoschecks unverzüglich die gesamte Summe ab und investierte sie unter seinem Namen in Aktien der London & North Western Railway.[35] Er ließ die Zinsen zwar auf Isabellas Konto überweisen – zu dem er ohnehin als Einziger Zugang hatte –, doch er behielt das Kapital. Isabella gab an, dass Henry auch versuchte, den Familiennamen seines Stiefsohns Alfred Dansey zu verschweigen, um sich selbst in den Besitz seines Erbes zu bringen, und sich so 2000 Pfund aus dem Vermögen des Jungen aneignete.[36] Henrys Habsucht gegenüber, sagt Isabella, habe sie sich »unentschlossen« verhalten, sie sei zu oft »passiv geblieben«. »Obwohl ich nur zu gut wusste, dass mein Mann gemein & habgierig war«, schreibt sie, »habe ich mich nicht gegen seine Übergriffe gewehrt, sondern ließ zu, dass er mir eine Sache nach der anderen wegnahm.«

Im Februar 1849 brachte Isabella ihr drittes und letztes Kind zur Welt, Alexander Stanley.[37] Zur Zeit seiner Geburt befand sie sich in einem Stadthaus am Meer in Brighton, das man von London mit einem schnellen Zug in zwei Stunden erreichen konnte. Vermutlich hatte sie sich aus gesundheitlichen Gründen dort einquartiert. In diesem Jahr verfiel sie in eine tiefe Niedergeschlagenheit, die von schweren Kopfschmerzen und Menstruationsproblemen begleitet war, und Dr. Joseph Kidd aus Blackheath diagnostizierte Zeichen einer »uterinären Erkrankung«.[38] 1849 war Henry sechs Monate geschäftlich in Nordamerika unterwegs. Isabella begann, Tagebuch zu schreiben. Einsam und krank, wie sie war, wurde das Tagebuch bald zu ihrem Freund und vertrauten Gefährten.

»Ich weiß nicht, an wen ich mich wenden soll«, erzählt sie ihm, »denn eine dumpfe Last aus Schwermut und namenloser Traurigkeit bedrückt meine Seele. Ich habe keines Menschen Zuneigung, keine Liebe, denn das verdiene ich nicht. Meine lieben Jungen sind der einzige Hoffnungsstrahl, der mir noch bleibt.«[39] Wenn sie sich ihren Söhnen gegenüber auch nicht immer einwandfrei verhielt – es gab Schläge, wenn sie sich ärgerte, und sie zog Doatie den anderen vor –, so war ihre Liebe für sie in ihren dunkelsten Stunden doch ihre Rettung. Sie schreibt, dass sie mit ihnen durch ein Band »von ungewöhnlicher Stärke« verbunden sei.

Wie viele Frauen des neunzehnten Jahrhunderts benutzte Isabella ihr Tagebuch, um ihre Schwächen, ihren Kummer und ihre Sünden zu bekennen. Beim Schreiben überprüfte sie ihr Verhalten und ihre Gedanken; sie rang mit ihren Fehlern und versuchte wieder auf den Pfad der Tugend zu gelangen. Doch indem Isabella ihre starken und widersprüchlichen Gefühle dokumentierte, hinterließ sie zugleich ein schriftliches Zeugnis für die Nachwelt. Unversehens war sie dabei, eine Geschichte zu erzählen, die täglich fortgesetzt wurde und in der sie selbst die gedemütigte und verzweifelte Heldin war.

Nach Henrys Rückkehr aus Amerika zogen die Robinsons nach Edinburgh, weil diese Stadt für ihre liberalen und nicht übermäßig teuren Schulen bekannt war. Hier konnten sie ihren Söhnen eine gute Erziehung angedeihen lassen, ohne dass die Kinder von zu Hause ausziehen mussten.[40] Henry mietete ein sechsstöckiges Granithaus für seine Familie, Moray Place 11, für etwa 150 Pfund im Jahr.[41] Moray Place war das luxuriöseste Bauprojekt in der New Town, ein Zwölfeck auf abfallendem Gelände; etwas weiter nördlich ging es durch Gärten voller Haselnusssträucher und Rhododendren direkt zum Water of Leith. Die wuchtige Pracht von Moray Place war nicht jedermanns Sache. »Es ist eingewendet worden«, heißt es in einem Fremdenführer von 1851, »dass die Schlichtheit des Stils und die massive Schwere dieser Bauten etwas Feierliches und Düsteres ausstrahlen, was dem Charakter unserer heimischen Architektur widerspricht.« Die Robinsons hatten vier Dienstboten:

einen Hausknecht, eine Köchin, ein Hausmädchen und ein Kindermädchen.[42]

Im Haus führte eine breite Treppe zu den Empfangsräumen im ersten Stock und zu den Schlafzimmern darüber. Die Wohnräume waren groß, hoch und holzgetäfelt, und hohe Fenster öffneten sich auf ein grünes Rondell vor dem Haus und auf einen Garten in Dreiecksform an seiner Rückseite. Am Ende der Treppe befand sich ein kuppelförmiges Oberlicht, auf dessen Stuckfries Putten zwischen stilisiertem Blattwerk umhertollten oder sittsam ruhten und lasen.

Eine schmalere Treppe führte weiter zu den Kinderzimmern im obersten Stock. Von den rückwärtigen Fenstern der Schlafzimmer ihrer Söhne aus konnte Isabella das Dach des Royal Circus Nummer 8 sehen und dahinter den Turm von St Stephen, der Kirche, in der drei Jahre zuvor Edward Lane die Tochter von Lady Drysdale, Mary, geheiratet hatte.

Isabella war häufig zu Gast im Haus der Lanes und Drysdales. Es lag eine Viertelmeile nordöstlich von ihrem eigenen, und zu Fuß oder mit der Kutsche war man in wenigen Minuten dort. Sie wurde zu den Familiengesellschaften eingeladen – an einem Abend in Isabellas erstem Jahr in der Stadt gab Lady Drysdale ein großes Kinderfest, an einem anderen ein »Erdbeerfest«[43] –, und sie schloss Bekanntschaft mit anderen aus ihrem Kreis: erfolgreichen Schriftstellerinnen wie Susan Stirling[44] und einflussreichen Denkern wie dem Phrenologen George Combe. Laut Charles Piazzi Smyth, dem schottischen Hofastronomen, war Lady Drysdale »eine große Förderin jeglicher Wissenschaft und Literatur«.[45] Eine weitere Freundin, die Kunstkritikerin Elizabeth Rigby, beschreibt sie als »für mich einzigartig bei ihrem glückverströmenden Tun (…). Nie habe ich eine warmherzigere und uneigennützigere Frau kennengelernt.«[46] Lady Drysdale war eine eifrige Philanthropin, die ein großes Herz für alle Entrechteten hatte, italienische Revolutionäre, polnische Flüchtlinge – und nun auch für Isabella, die Ehe-Exilantin.[47]

Isabella hatte ihren Mann nie geliebt, und als sie nach Edinburgh zogen, hasste sie ihn bereits. Eine Fotografie von Henry aus dieser Zeit[48] stimmt mit ihrer Beschreibung von ihm überein; er wirkt hochmütig und beschränkt. In Rock, Weste, Hemd und Krawatte sitzt er steif und aufrecht da und umklammert mit der rechten Hand den silbernen Knauf eines Spazierstocks; er hat eine magere Brust und eine schmale Taille und ist ein selbstsicher blickender Mann mit einer langen Nase im ebenso langen Gesicht. Isabella berichtet, dass sie darauf bedacht sei, Henrys private Angelegenheiten nicht auszuspionieren,[49] doch inzwischen hat sie herausgefunden, dass er ihr eine Geliebte und zwei uneheliche Töchter verschweigt. Sie ist zu der Überzeugung gelangt, dass er sie nur wegen ihres Geldes geheiratet hat.

Sie war nun fast jeden Tag bei den Lanes und Lady Drysdale zu Besuch.[50] Arthur, der älteste der Lane-Söhne, kam oft zu ihr, um mit ihren Söhnen zu spielen, besonders nachdem Mary Lane Anfang 1851 ein zweites Kind geboren hatte, William. Mit Edward Lane sprach Isabella über Poesie und Philosophie, diskutierte mit ihm über neue Ideen und ermutigte ihn dazu, Aufsätze zu schreiben und zu publizieren. Im Gegensatz zu Edward hatte Henry kein Interesse an Literatur; Isabella beklagt sich darüber in einem Brief an eine Freundin: Er sei unfähig, »auch nur eine einzige Gedichtzeile, welche ich vortrug, zu analysieren & zu interpretieren, ganz gleich, ob es sich um ein Gedicht von mir oder von anderen Leuten handelte!«.[51] Edward lud sie und ihre Söhne oft ein, ihn und Arthur zu begleiten, wenn sie ans Meer fuhren;[52] »Atty« war ein zarter Knabe, und Edward war daran gelegen, ihn körperlich zu kräftigen, indem er regelmäßig mit ihm an die Küste fuhr, in einem Phaeton, einer schnellen, offenen Kutsche mit federnder Karosserie und vier hohen Rädern. Isabella und Edward saßen am Strand von Granton, einige Meilen nordwestlich der Stadt, und sprachen über Gedichte, während sie die Kinder im Auge behielten, die zwischen den Felsen im Sand spielten.

An einem grauen Sonntagnachmittag am 14. März 1852 machte Isabella einen Spaziergang durch New Town. Der dreijährige Stanley befand sich wohl in der Obhut des Kindermädchens, einer Irin namens Eliza Power, Otway und Alfred hingegen, sieben und elf Jahre alt, begleiteten ihre Mutter. Die drei gingen die Straße hoch, die vom Moray Place abging, erreichten den höchsten Punkt des Hangs und wanderten dann zur Princes Street hinunter, einer breiten Allee am südlichen Rand der New Town. Eine Reihe gleichartiger Häuser säumte die eine Seite der Straße. Auf der gegenüberliegenden Seite begrenzte lediglich ein Eisengeländer den Gehsteig, dahinter lag ein Steilhang, und man hatte einen weiten Blick über die Schlucht zu den geschwärzten Wohnhäusern der Old Town am jenseitigen Hang: »Die Stadt lag wie verschleiert vor uns«, schreibt Isabella in ihr Tagebuch, »Kirchtürme, Kuppeln, Straßen, der Hafen von Leith, der Frith und im Vordergrund kleine, muffige Behausungen neben zehn Stockwerke hohen Häusern.«

Vor Isabella lag der Abgrund, der Reich und Arm trennte; ihr Blick schweifte von den leeren, aufgeräumten Straßen des modernen Edinburgh zu den geschäftigen, vertikal angeordneten Armenvierteln der Altstadt. Das Gelände zwischen New und Old Town war zu Beginn des Jahrhunderts trockengelegt und abgeflacht worden, und 1842 waren in der Talenge Eisenbahngleise gelegt worden. Obwohl sich bereits einige Läden an der Princes Street angesiedelt hatten, war der Spaziergang auf diesen Straßen ein einsames Vergnügen. Sonntags war das Gebiet ganz verlassen. Die Geschäfte waren geschlossen, in den Wohnhäusern waren die Vorhänge zugezogen. Isabella wünschte, sie könnte in das geheime Labyrinth jenseits des Bahndamms gelangen. »Ach, dachte ich, jedes dieser Dächer verbirgt menschliches Leben mit all seinen geheimen Freuden und Leiden. Gewiss hat so mancher Bewohner dieser Häuser eine Geschichte, die aufregend und sonderbar ist. Wenn ich sie kennen würde, würde ich vielleicht feststellen, dass sie meine eigene Traurigkeit und Einsamkeit lindern könnten. Es mag Herzen geben, welche ebenso mit ihrem Schicksal hadern wie meines; allerdings sind nur wenige, glaube ich, des Lebens so überdrüssig.«[53]

»Ich ging mit meinen Jungen wieder nach Hause«, fährt sie fort. »Ich liebe und schätze sie von Herzen, und ich würde meinen Mann für immer verlassen, wenn mir mein liebster Otway dadurch nicht entrissen würde.« Hätten sie und Henry sich getrennt, hätte sie das Sorgerecht für Alfred, das Kind ihres ersten Ehemanns, und womöglich für Stanley behalten – ein Gesetz von 1839 erlaubte es einer von ihrem Mann getrennt lebenden Frau zum ersten Mal, das Sorgerecht für jedes ihrer Kinder zu beantragen, das jünger war als sieben, vorausgesetzt, sie besaß einen guten Charakter. Doatie allerdings wäre sicher bei seinem Vater geblieben.[54]

Isabella war um halb sechs wieder zu Hause und versuchte, ihre innere Unruhe zu dämpfen: »Spielte Psalmen, schrieb Tagebuch, las, rauchte Zigarre; die Jungen bis neun bei mir. Fühlte mich etwas weniger traurig.« Zu lesen, Klavier zu spielen und sich mit Kindern zu beschäftigen, das war für eine viktorianische Frau der Mittelschicht die konventionelle Art, sich die Zeit zu vertreiben. Das Rauchen von Zigarren dagegen zählte nicht dazu, es war eine entschieden rebellische und unweibliche Pose.[55]

Am Samstag, dem 27. März 1852, plante Isabella einen Ausflug mit ihren Kindern. Sie lud Edward ein, sie zu begleiten, und mietete einen Wagen samt Kutscher, der beide Familien nach dem Mittagessen abholen sollte. Henry war nicht da.

Es war ein kalter, heller Morgen. »Wollte zeitig fertig werden für die Fahrt«, schreibt Isabella, »auf die ich mich, fast ohne es zu wollen, so freute, doch diese Freude war mit einer schrecklichen Furcht gemischt, dass irgendetwas das in Aussicht stehende Vergnügen trüben könnte, wie es in meinem Fall fast immer passiert.«

Der Tag fing schlecht an: Sie war zu spät aufgestanden, was bedeutete, dass sie einen Termin versäumte, und ein Glas Sherry vor dem Essen war die Ursache »nebulöser Kopfschmerzen«. Sie ärgerte sich über das ungezogene Benehmen ihrer Söhne im Garten. »Ich aß in aller Eile«, berichtet sie dem Tagebuch, »und verließ dann unverzüglich das Haus, damit mir die Heiterkeit des Tages nicht verlorenging.«

Vor dem Haus Royal Circus 8 entdeckte Isabella, dass ihre Furcht gerechtfertigt gewesen war: »Nach einigen Verzögerungen und noch mehr Konfusion erfuhr ich, dass Mrs L. ebenfalls mitkommen würde, und da wusste ich, dass ich die schöne Hoffnung auf ein angenehmes Tête-à-Tête für diesen Tag begraben musste. Ich konnte sie und Atty kaum begrüßen, und es gelang mir nicht, gutgelaunt und fröhlich zu erscheinen.« Isabella hatte sich daran gewöhnt, Edward ganz für sich zu haben.

Die zwei Familien machten sich auf den Weg, die drei Jungen auf den Außenplätzen der Kutsche, die drei Erwachsenen im Innern. Sie fuhren in nördliche Richtung zum Meer und dann westwärts entlang der Küste, an dem neuen Hafen von Granton vorbei. Das Gespräch in der Kutsche war »formell und verworren. Mr L. las aus Gedichten von Coleridge und Tennyson vor.« Sie sprachen über einen von Edward verfassten Aufsatz »über das Fällen von Augenblicksurteilen, welchen kein Wissen zugrunde liegt«; er war auf Isabellas Anregung hin entstanden und an diesem Morgen in *Chambers's Edinburgh Journal* erschienen. Nach fünf Meilen hielt die Kutsche vor einer Reihe weißgekalkter Cottages in dem kleinen, an der Mündung des Almond gelegenen Seeort Cramand, wo die Ausflügler den steilen Pfad zu einem geschützten, sonnigen Platz am Ufer erklommen, Decken ausbreiteten und sich zum Lesen niederließen. Im Norden lag die felsige grüne Insel Cramond, zu der man bei Ebbe zu Fuß über das Watt gelangen konnte.

Mary Lane machte sich mit den Jungen auf, um Ginster zu pflücken, und ließ Isabella und Edward allein, doch »in meinem Herzen kam keine rechte Fröhlichkeit auf«, sagt Isabella. Sie sprachen miteinander – »über das Leben, über Kanaa, über Besitz, über Reichtum und über die Geburt (...), über Niedergeschlagenheit, Erziehung, Armut etc.« – und lasen einander »ein paar zusammenhanglose Passagen unserer Dichter vor«, darunter, nach Isabellas Erinnerung, Samuel Taylor Coleridges Ode *Dejection* (*Niedergeschlagenheit*).[56] Das Gedicht beschreibt eine Stimmung, die ihrer eigenen ähnelte: Von einem »erstickten Gewicht« ist darin die Rede, einem »Kummer ohne Schmerz, leer, düster und öde«, einem »müden, leidenschaftslosen Kummer,/der keine natürliche Befreiung findet, keine Erleichterung/durch Worte oder Seufzer oder Tränen«.

»Als die Sonne sank, standen wir auf«, schreibt Isabella, »stiegen in die Kutsche und unterhielten uns über dieses und jenes (...), von meiner Seite gänzlich ohne Teilnahme; bewunderte nur pflichtschuldig die schöne Aussicht.«

In der Stadt setzte die Kutsche die Lanes am Royal Circus ab, und Isabellas »ausgehungerte Jungen« kletterten von den Außenplätzen herunter, um zu ihr einzusteigen. Um halb sieben waren sie wieder zu Hause, und Isabella fühlte sich »so verdrießlich, entmutigt, bekümmert und bedrückt wie nie zuvor«.

Sie warf sich vor, bei den Lanes einen schlechten Eindruck hinterlassen zu haben. »Mrs Lane sah mehr als einmal kalt und ratlos aus«, schreibt sie, »er war steif, das Kind war müde, niemand war dankbar oder erfreut.« Ihren Freunden gegenüber wahrte sie für gewöhnlich die Fassung und offenbarte sich einzig ihrem Tagebuch, doch an diesem Tag war ihre Unzufriedenheit nur allzu deutlich sichtbar gewesen. »Ich habe acht Shilling für nichts und wieder nichts ausgegeben«, schreibt sie, hin- und hergerissen zwischen Selbstmitleid und Selbstverachtung. »Lieber Gott! Warum verwandelt sich alles, was ich plane und wünsche, in solche Bitternis? Der Fehler liegt fraglos bei mir selbst. Ich sehne mich nach Dingen, die mir nichts wert sein sollten. Ich finde es unmöglich, zu lieben, wo ich lieben, und mich der Liebe zu enthalten, wo ich nichts dergleichen empfinden sollte.«

»Mein Inneres ist in Aufruhr«, bekennt sie, »ein wirres Gemisch aus Gut und Böse. Ich bin meiner selbst so überdrüssig und kann doch nicht sterben.«[57]

Dann erhielt sie einen Brief – eine »kalte Zeile« – von Edward. Sie hatte vorgehabt, am nächsten Morgen zusammen mit seiner Familie eine Predigt des Reverend Dr. Thomas Guthrie zu hören, einem der Führer der Free Church of Scotland, und nun teilte Edward ihr mit, dass der Gottesdienst nicht stattfinden werde. Isabella ging um Mitternacht zu Bett, ich »legte mich auf mein trauriges und einsames Lager, krank und matt im Herzen«. Wenn schon der Ausflug so gründlich misslungen war, gab wenigstens das Tagebuch ihr Trost: »Empfand traurige Erleichterung, indem ich die Geschichte eines verlorenen Tages niederschrieb.« Das Missbehagen in Worte zu fassen bedeutet Entlastung. Das gilt auch für die Tagebuchschreiberin und Protagonistin von Anne Brontës *Die Herrin von Wildfell Hall*, einem Roman des Jahres 1848, in dem es heißt: »Es ist erleichternd für mich, die Umstände zu beschreiben, die meinen Frieden zerstört haben.«

Vierzehn Tage nach dem Ausflug nach Cramond fühlt Isabella sich erneut von ihren Gefühlen für Edward Lane gequält: »Sehr schöner, klarer, heiterer Tag«, berichtet sie am Mittwoch, dem 7. April. »Elend und ungewöhnlich deprimiert.«

Sie stand spät auf. Henry war schlechtgelaunt und grob, und sie schrieb einen Brief an ihre Mutter, in dem sie sich über ihn beklagt. Dann besuchte sie Mary Lane am Royal Circus. »Mrs L. sehr freundlich; sie hat ein angenehmes und liebenswürdiges Wesen, das jeden Kummer schmelzen lässt wie Eis in der Sonne.« Beim Treffen mit dem Rest der Familie fühlt Isabella sich jedoch von Edwards scheinbarer Gleichgültigkeit verletzt. Er »plauderte mit jedermann im Zimmer und war fröhlicher und gesprächiger als sonst«, doch »von nachlässigem Benehmen, und er sah mich kaum an«. Die Lanes brachten sie in einem Einspänner nach Hause. »Mir war elend zumute; und als ich vor meiner Tür ausstieg und mich von ihnen verabschiedete, war meine Hand kalt wie Marmor, und ich spürte, dass ich fehl am Platze war in ihrer Gesellschaft.« Sie stahl sich ins Haus und in ihr Zimmer und vermied es dabei, Henry zu begegnen. Wie viele wohlhabende Paare der Zeit hatten sie getrennte Schlafzimmer. Von Eliza, dem Kindermädchen, erfuhr sie, dass die Jungen wohlauf waren, dann ging sie schlafen »und schlief wie tot«.

Nach dieser Enttäuschung wurde Isabella von Edward Lanes erneuerter Aufmerksamkeit nur umso mehr erregt. Am 13. April, einem schönen, warmen Dienstagmorgen, stand sie um elf Uhr auf und setzte sich in den Garten, um ein Buch der Gebrüder Schlegel zu lesen, den Begründern der deutschen Romantik und Fürsprechern von Liebe und Freiheit. Alfred war in der Schule, Otway dagegen fühlte sich nicht wohl und war mit Stanley zu Hause geblieben. Um vier Uhr ging Isabella einkaufen, und um fünf holte sie Atty Lane am Royal Circus ab, um ihn zu sich mitzunehmen. »Kinder spielten im Garten«, schreibt sie. »St. sehr zum Streiten aufgelegt; er ist aufbrausend und leidenschaftlich.« Um acht Uhr abends brachte sie Atty zurück zu Lady Drysdale, dann ging sie mit Edward, Mary und »Miss R.«, einer weiteren Freundin, zu einem Vortrag über Homer. Es war einer von mehreren Vorträgen, die im April dieses Jahres in der Philosophical Institution in der Queen Street gehalten wurden; initiiert hatte sie John Stuart Blackie, der neue Professor für Griechisch an der Universität von Edinburgh.[58] Nach seinen eigenen Angaben war Professor Blackie ein »geschmeidiger und beschwingter« Redner, der seine Zuhörer so fesselte, dass sie ihm nicht nur aufmerksam folgten, sondern »in einen Zustand von augenfälligem Hochgefühl und Entzücken« gerieten.[59] Im Hörsaal saß Isabella neben Edward und Mary. Der Vortrag des Professors sei »amüsant und originell« gewesen, schreibt sie. Vorher und nachher plauderte sie mit Edward. »Wir sprachen von Spitznamen und von ernsten Charakteren, und ich war frohgemut, sehr erregt durch seine Anwesenheit. Wir lachten viel.«

Auch während des zehnminütigen Rückwegs plauderten sie weiter. »Mrs L. und Miss R. gingen außer Hörweite vor uns her. Wir sprachen vom Wetter, deklamierten Gedichte über das Thema, erörterten Homer, Shakespeare, Talent etc.« Höchst vergnügt und aufgeregt kam Isabella zu Hause an. »Diese Spaziergänge im Dunkeln sind sehr interessant«, schreibt sie, »und als ich mich in mein einsames Bett legte, war ich zu unruhig, um zu schlafen, und wälzte mich stundenlang hin und her.«

Bei der Gesellschaft am Royal Circus am 15. November 1850 hatte Isabella auch den Verleger und Schriftsteller Robert Chambers kennengelernt, ein Bär von einem Mann mit dichtem, welligem Haar.[60] Sie waren Nachbarn: Von den rückwärtigen Fenstern des Hauses der Robinsons sah man die rückwärtigen Fenster des Hauses von Robert und Anne Chambers an der Doune Terrace. Robert war einer der führenden Literaten der Stadt; mit seinem Bruder William leitete er die beliebte progressive Zeitschrift *Chambers's Edinburgh Journal*, die sich in einer Woche über 80 000 Mal verkaufte. In den ersten zwei Monaten nach ihrem ersten Zusammentreffen hatte Chambers schon zweimal bei den Robinsons gespeist, und die Robinsons hatten zwei Gegeneinladungen angenommen. Im Mai des nächsten Jahres besuchte Isabella während Henrys Abwesenheit eine Abendgesellschaft im Haus der Chambers', an der auch die Bestsellerautorin Catherine Crowe, ebenfalls aus der unmittelbaren Nachbarschaft, und die junge Schauspielerin Isabella Glyn teilnahmen.[61] Etwa zu dieser Zeit begann Isabella Robinson auch, dem *Chambers's Edinburgh Journal* Gedichte zu schicken.

Das einzige veröffentlichte Gedicht, das ihr eindeutig zugeschrieben werden kann, »An ein Bild, von einer Dame«, erschien mit der Signatur »IHR« in der Nummer vom 2. August 1851.[62] Es beschreibt die geheime Sehnsucht einer Frau nach einem Mann, der einer anderen gehört. Sie kann den Mann selbst nicht in aller Offenheit betrachten, und so widmet sie sich stattdessen einem kleinen Porträt von ihm. Da sie ihm ihre Gefühle nicht mitteilen kann, gesteht sie sie diesem Bildnis. Sie sagt ihm: »Vergebens traf ich, liebte ihn / Des Abbild du mir bist.« Trotz des höchst romantischen Tons ist das physische Begehren des lyrischen Ichs nicht zu verkennen: »Wie süß auf dem verschlossnen Männermund / Sich Halt und Liebe einen / Ich seh' dich stark und voller Mut / So will mir kein andrer scheinen.« Ihr Geliebter ist wie das Porträt unschuldig an ihrem Begehren – »ganz ruhig und reglos / Merkt er nicht meinen Blick« –, und sie glüht vor Eifersucht auf die Frau, die er ihr vorgezogen hat: »Zerrissen ist mein Herz«, schreibt die liebeskranke Dame, »mein Innerstes versengt.«

Isabellas Tagebuch war das Äquivalent dieses Bildes, ein Memento des Mannes, den sie liebt, ein Ort, an dem sie vertraulich spricht, um in der Öffentlichkeit Stillschweigen wahren zu können. Das lyrische Ich des Gedichts gelobt, ihre Gefühle geheim zu halten – »Gebet und Schweigen sind allein mein Teil« –, doch indem sie ihre Gedanken in Worte fasst, hat sie dieses Versprechen bereits halb gebrochen.

Tagebuch wie Gedicht enthüllten Isabellas Gefühle und verbargen sie zugleich. Doch sie besteht auf dieser vertrauten und verschwiegenen Sphäre: »Hier wird kein Auge mich erspähn/Von Tadel frei sind meine Träume/Hier darf ich schauen, ungesehn/Und lieben stets – alleine.«

2. KAPITEL

Armer lieber Doddy
Edinburgh, 1840–52

Edward Wickstead Lane, der Gegenstand von Isabellas Liebe, wurde 1823 geboren und entstammte einer presbyterianischen Familie aus der französischsprachigen Stadt Terrebonne im kanadischen Quebec.[63] Bald nach seiner Geburt zog die Familie in die Nachbarstadt Montreal, wo sein Vater Elisha Arbeit als Angestellter bei einem schottischstämmigen Großhändler fand. Als Edward neun Jahre alt war, starb seine Mutter, und fortan lebten er und sein vierjähriger Bruder Arthur in der Obhut des Vaters.[64] Elisha Lane und sein früherer Brotherr bauten ein Geschäft auf, das Schnaps, Fleisch und Korn importierte.[65] Ende der 1830er Jahre war Elisha reich genug, um seine Söhne nach Edinburgh zu schicken, wo sie erzogen werden sollten. Nach nur einem Jahrzehnt betrug das Firmenvermögen bereits 70 000 Pfund.[66]

Die Jungen wohnten bei einer Familie in New Town[67] und besuchten die renommierte Edinburgh Academy, wo Edward und Elizabeth Drysdales Sohn George rasch enge Freunde wurden. Während Edward ein kontaktfreudiger Junge war, zeigte sich George Drysdale leicht erregbar und gehemmt. Beide waren sie ausgezeichnete Schüler: 1840 wurde Edward zum »Dux der Akademie« ernannt – der höchste Ehrentitel in der Schule – und im Jahr darauf George. Edward gewann Preise für seine Leistungen in Französisch und Englisch, mündlich wie schriftlich,[68] George glänzte in Latein, Englisch, Französisch und Mathematik. Später studierte George Altphilologie in Glasgow, wo er im ersten Jahr sechs Auszeichnungen erhielt. Edward ging an die Edinburgh University, um Jura zu studieren. Er wurde immer wieder für seine Eloquenz gelobt und 1842 zum Mitglied des berühmten Debattierclubs der Speculative Society gewählt.[69] Als Student mietete Edward sich im Haus Nummer 30 des Royal Circus ein, in unmittelbarer Nähe des Hauses, das die Drysdales seit seiner Erbauung 1820 bewohnten. Er verkehrte mit mehreren Mitgliedern der Familie: mit Georges Eltern, Sir William und Lady Drysdale,[70] Georges jüngerem Bruder Charles und besonders mit seiner älteren Schwester Mary.

Mary war eine kleine, empfindsame junge Frau, gescheit, gefühlvoll und arglos. In Isabella Robinsons Tagebuch taucht sie häufig als eine unschuldige Figur auf, die das leidenschaftliche Interesse ihrer Freundin an ihrem Ehemann offenbar nicht bemerkt. Doch Mary und Edward waren durch geteiltes Leid verbunden, das Isabella in ihrem angespannten Kreisen um sich selbst entgangen sein mag. Ihre Sorge betraf George, Marys geliebten Bruder und Edwards besten Freund, dessen Probleme begannen, als er neunzehn war, im Jahr 1843.[71]

Er war Student in Glasgow,[72] als sein Vater, Sir William, im Juni an Cholera starb; zwei Wochen später erlag sein älterer Halbbruder William Drysdale in Indien derselben Krankheit. George erlitt einen Zusammenbruch, verließ die Universität und kehrte in das Haus seiner Mutter am Royal Circus zurück.[73]

Die Familie und ihre Freunde berieten sich. Um George dabei zu helfen, wieder zu Kräften zu kommen und seine geistige Gesundheit wiederzugewinnen, begleiteten ihn sein Bruder Charles und sein Freund Edward, der gerade seine juristische Abschlussprüfung abgelegt hatte, 1844 auf einer Wandertour durch Europa. Doch als sie in Wien Station machten, verschwand George. Nach einer verzweifelten Suche fanden Charles und Edward lediglich seine Kleider am Ufer der Donau. Georges Leiche wurde nicht aufgefunden, und die beiden Kameraden kehrten mit der Nachricht seines Todes nach Schottland zurück. »Die Mutter und die Freunde des Verstorbenen waren zutiefst unglücklich und betrübt«, berichtet Lord Cockburn, ein angesehener Edinburgher Richter, der ebenfalls am Royal Circus wohnte; George sei, wie er sagt, »einer der begabtesten und liebenswürdigsten jungen Männer gewesen, welche ich je kennengelernt habe«.[74] Die Zeitungen verkündeten, dass George beim Baden in der Donau ertrunken sei, und sein tragisches Ende wurde Gegenstand der diesjährigen Preisgedichte unter den Studenten der Edinburgh Academy.

Etwa zwei Jahre später, im März 1846, tauchte George wieder auf. Er bat seine Familie um Vergebung. Statt sich umzubringen, bekannte er, habe er seinen Tod vorgetäuscht. Lord Cockburn berichtet in einem Brief an einen Freund, dass George »in einem Zustand schrecklicher Verzweiflung« gewesen sei, »weil er fürchtete, die in ihn gesetzten Erwartungen nicht erfüllen zu können«. Er habe daher geglaubt, »es bereite seinen Freunden weniger Kummer, seinen Tod beklagen zu müssen als seinen Misserfolg«; dass es nach Selbstmord aussah, habe er verhindert, indem er vorgab, ertrunken zu sein. Goethes Roman *Die Leiden des jungen Werthers*, erschienen 1774, hatte vermutlich dazu geführt, dass junge Männer in der Nachfolge ihres Helden scharenweise Suizid begingen, und Cockburn vermutete, dass George unter einer »plötzlichen Germanisierung seiner Birne« gelitten habe. Doch es wundert und verwirrt ihn, dass der allseits beliebte Junge sich so irrational und grausam verhalten konnte: »Die Herzlosigkeit seines Benehmens ist mir völlig unverständlich.« Der Schreck der Drysdales angesichts seiner »Auferstehung«, sagt Cockburn, sei »vielleicht größer gewesen als ihre Trauer bei seinem Tod«.

George hatte eine sonderbare Art der Selbstauslöschung gewählt; statt sein Leben zu beenden, hatte er seine Identität und seine Vergangenheit abgestreift. Trotz ihrer Freude bei seiner Rückkehr müssen seine Mutter und seine Geschwister, wie Cockburn es beschrieb, auch ratlos und verletzt gewesen sein. Dennoch drückt Mary in einem Brief an eine Freundin in Tasmanien nur Mitgefühl für ihren verlorenen jüngeren Bruder aus: »Unser liebster, unser vergötterter Junge ertrank nicht in der Donau, sondern lebt und ist wohlauf & gegenwärtig in unserer Mitte; erst letzten Donnerstag traf er hier ein. (…) Armer, armer Junge, armer lieber Doddy, er hat an Geist und Körper viel gelitten, seit wir schieden, doch nun ist er durch die Güte des allmächtigen Vaters sicher auf den Weg zurück zu seiner glücklichen Familie geleitet worden.« Obwohl es ihm nicht sehr gut gehe, fährt sie fort, mache seine Heilung Fortschritte, und sein Geist sei »gereinigt und erniedrigt, doch auch gestärkt worden durch die Prüfungen, die er erfuhr«.[75]

John James Drysdale, Sir Williams Sohn aus einer früheren Ehe, kam aus Liverpool, um George zu untersuchen. Er war vierzig Jahre alt und einer der führenden Homöopathen in England, Redakteur des homöopathischen Lehrbuchs *Materia Medica* und des *British Journal of Homeopathy*. Die von ihm vertretene Theorie – die selbst unter den liberalen Ärzten Edinburghs umstritten war – lautete, dass Lösungen medizinischer Substanzen in fast nicht mehr feststellbarer Verdünnung Heilungen bewirken könnten.[76] Nach der Untersuchung seines Halbbruders diagnostizierte John Drysdale einen durch Überarbeitung bedingten Nervenzusammenbruch und wies die Familie an, George von Büchern fernzuhalten.

Mary schrieb ihrer Freundin, dass George in den vergangenen zwei Jahren »unter zeitweiligem Druck auf das Gehirn, der durch übermäßiges Studieren herbeigeführt worden war«, gelitten habe, »wodurch er außerstande war, den Schritt zu überdenken, den er tat, & getrieben vom Gefühl des Leidens, reiste er nach Ungarn, wo er seitdem gelebt hat, als Englischlehrer im Dienst des einzigen Sohnes eines dortigen Adligen & von dessen Familie mit der größten Freundlichkeit behandelt, und sogar mit tiefem Gefühl und Vertrauen«. Am Ende ließ der Druck auf Georges Gehirn nach, »& dann ruhte er nicht, bis er es möglich machen konnte, uns alle wiederzusehen«.[77]

Die Familie war wie benommen vor Freude, George wiederzusehen. »Wir können ihn gar nicht genug anschauen, ihm gar nicht genug zuhören, dem armen Mann«, schreibt Mary, »die Vergangenheit erscheint ihm & uns wie ein schrecklicher Traum, aus dem wir gerade erst erwacht sind, um zu erfahren, was Glück & Dankbarkeit bedeuten.« Sie fand ihn sanfter, freundlicher, warmherziger denn je. »Unsere liebe Mama hat sich vor Glück um viele Jahre verjüngt, seit unser Liebling zurückkehrte, & das traurige Gesicht des lieben Charlie hat sich aufgehellt, & wir alle sind so glückselig, dass wir mit niemandem auf der Welt tauschen würden.« Ihr Bruder John, der Homöopath, versicherte ihnen, dass Georges gesundheitlicher Zustand sich bessern werde und dass er eines Tages vielleicht sogar fähig wäre, einen

Beruf auszuüben. In der Zwischenzeit sollten sie ihn »gut vor jeglicher Verführung zum Studieren bewahren«.

Die Familie Drysdale und Edward Lane müssen die Wahrheit geahnt haben. Georges Zustand war weniger das Ergebnis von intellektuellem Stress als von dem, was er seine »geheime Schande« nannte: einer Sexualneurose. In einem anonymen Werk, das er später veröffentlichte, beschrieb er sich selbst als einen jungen Mann »von tatkräftiger, wissbegieriger und erotischer Veranlagung, jedoch von fast weiblicher Schüchternheit«. »In Schottland«, erklärt er, »wo die sexuellen Regeln womöglich strenger sind als in jedem anderen Land und wo die sogenannte Fleischeslust so weit wie möglich stigmatisiert und kontrolliert wird, bilden sexuelle Scham und Schüchternheit eine große *nationale* Krankheit und verursachen mehr Unglück unter jungen Leuten, als man sich vorstellen kann.« Mit fünfzehn entdeckte er zufällig die Masturbation und fand heraus, dass diese Praxis »eine einfache Weise der Befriedigung von Leidenschaften« herbeiführte, »die lange die Ursache von Unruhe und Qual für seine lebhafte Phantasie gewesen waren«. Etwa ein Jahr lang masturbierte George zwei oder drei Mal pro Tag. Als er mit siebzehn in Glasgow sein Studium aufnahm, litt er unter unwillkürlichen nächtlichen Samenergüssen und fürchtete, dass sein Trieb ihn zu beherrschen beginne, ihm seine Kraft raube und ihn schließlich in den Wahnsinn treiben werde. Genau zu dieser Zeit starben sein Vater und sein Halbbruder, und er kehrte bestürzt nach Hause zurück.

1844, auf der Europareise mit Edward und Charles, stellte George fest, dass er seinen Lastern noch immer verfallen war. Das quälte ihn so sehr, dass er beschloss, seinen eigenen Tod zu fingieren. Später, als er unentdeckt in Ungarn lebte, ließ er seinen Penis kauterisieren – das heißt, die Nervenenden wurden abgetötet, indem man ein Metallstäbchen in die Harnröhre einführte, das in eine ätzende Flüssigkeit getaucht war. Dieser Prozedur unterzog er sich sieben oder acht Mal.

Auch 1846, nach seiner Rückkehr zu seiner Familie in Schottland, suchte George noch nach Heilung. Im Mai reiste er auf den Kontinent, um sich behandeln zu lassen. In diesem Sommer schrieb Mary einen Brief an den Verleger John Murray, der die Familie kannte, und bat ihn inständig darum, George zu helfen; ihr Bruder sei allein in Paris, erklärte sie ihm, und warte dort auf die Behandlung des französischen Arztes Claude François Lallemand. Sie erwähnte nicht, dass Lallemand vor kurzem eine Arbeit publiziert hatte, in der er zwanghaftes Masturbieren als Zeichen einer gefährlichen Krankheit diagnostizierte. In seiner Studie über spontane Ejakulation, die 1842 auf Französisch[78] und 1847 auf Englisch herauskam, führte er aus, dass Körper und Geist durch exzessive Samenergüsse beeinträchtigt würden. Die Arbeit von Lallemand und anderen französischen Forschern initiierte eine das ganze Jahrhundert hindurch anhaltende panische Verunsicherung von Moral und Medizin.[79] Die Masturbation war die dunkle Begleiterscheinung des von der viktorianischen Gesellschaft so hochgeschätzten Individualismus, die Verkörperung der Gefahren von Intimität und Selbstvertrauen.[80] Von einem Mann wie George Drysdale konnte man sich vorstellen, dass er sich in Büchern und Träumen verlor und sich nach innen wendete, um in einem Phantasiereich ein zügelloses Leben zu führen.

Mary erklärt Murray, dass Edward Lane mit George nach Frankreich gefahren sei, dass jedoch Edward sich dann gezwungen gesehen habe zurückzukehren. Murray solle einen

Freund in Paris bitten, George in seinem Hotel aufzusuchen, damit er »sich nicht mehr so einsam fühlt wie jetzt, der Arme«. Sie und ihre Familie fürchteten »die böse Wirkung, die große Einsamkeit auf das Gemüt des lieben George ausüben könnte«. Indem sie auf die »böse Wirkung« der Einsamkeit zu sprechen kommt, wollte sie vielleicht auf Georges wiederkehrende Suizidgedanken anspielen; vielleicht wusste Murray auch von Georges sexuellen Problemen. Mary fügt ein PS hinzu, in dem sie den Verleger um Diskretion bittet: »Ich bitte Sie, Ihrem Freund gegenüber nichts von Georges Vergangenheit zu erwähnen, wir hoffen ja inständig, dass der Arme sie selbst bald vergisst.«

Der Anlass für Edward Lanes unvermittelte Flucht aus Paris in diesem Sommer war wahrscheinlich ein Unglücksfall in seiner eigenen Familie.[81] Sein jüngerer Bruder Arthur hatte 1845 die Abschlussprüfung der Edinburgh Academy abgelegt und war zu seinem Vater nach Kanada zurückgekehrt. Am 26. Juni 1846 besuchte er das Theatre Royal in Quebec, um sich ein Diorama anzusehen: Auf große Stoffbahnen gemalte Szenen wurden so beleuchtet und bewegt, dass magische Effekte von Entwicklung und Auflösung entstanden. Als am Ende des Abends der Vorhang fiel, streifte er die Flamme einer umgeworfenen Camphen-Lampe, und im nächsten Moment brannte zuerst die Bühne, dann auch der Zuschauerraum. Die Menge stürzte zum Ausgang, doch der Durchlass war zu eng, und das Feuer verbreitete sich zu schnell: Binnen Minuten starben sechsundvierzig Männer, Frauen und Kinder. Ein Überlebender sah den achtzehnjährigen Arthur in seinen letzten Augenblicken, »halb am Boden liegend, mit beiden Beinen in der Masse sich windender Menschen verkeilt«. Er schien »verzweifelt zu kämpfen; bald verdeckten ihn die alles einschließenden Flammen«.[82]

Ein Jahr nach Arthur Lanes Tod und George Drysdales Auferstehung heirateten Edward Lane und Mary Drysdale. Die Hochzeitszeremonie fand im Juni 1847 statt, Braut und Bräutigam waren vierundzwanzig Jahre alt.[83] George hielt sich ebenfalls in Edinburgh auf, fuhr bald darauf aber wieder auf den Kontinent, wo Edward und Mary ihn auf ihrer Hochzeitsreise in Straßburg trafen. Mary berichtet, dass ihr Bruder nie besser ausgesehen habe: »Er war in bester Stimmung«, »überglücklich«, sie zu sehen, »denn inzwischen war er seine Einsamkeit leid geworden«.[84] In dem Buch, das er später publizierte, erklärt George, dass Lallemand ihm den Rat gegeben habe, es mit Geschlechtsverkehr zu versuchen, und er dieser Empfehlung gefolgt sei. Der Erfolg war unverkennbar. Der Verkehr mit Prostituierten heilte ihn von seinem übermäßigen Drang zur Masturbation.

Äußerlich blieb George schüchtern und reserviert. Eine junge Frau aus seinem Bekanntenkreis beschreibt ihn später als »freundlich, aber distanziert, sanft, aber erdrückend; er hatte ein hartes, schottisches Gesicht, war schweigsam, ernst und gelehrt und dabei moralisch und geistig undurchdringlich wie ein riesiger Berg oder eine Mauer aus Granit«.[85] Nach der Krise blieb seine Familie ihm nah. Edward hatte sein Jurastudium inzwischen beendet und wurde 1847 als Rechtsanwalt in die renommierte Faculty of Advocates aufgenommen, dennoch zog er zusammen mit der Familie Drysdale im gleichen Jahr nach Dublin, wo George Medizin studieren wollte. Charles Drysdale hatte in Edinburgh ein Jahr lang Mathematik studiert (wo er der Beste seines Jahrgangs war), danach ein weiteres Jahr in Cambridge und schrieb sich nun im Trinity College in Dublin ein, um Ingenieur zu werden. Es war ein seltsamer Schritt, gerade zu dieser Zeit nach Dublin zu ziehen: Irland hatte mit einer großen Hungersnot zu kämpfen, die von der Kartoffelfäule ausgelöst worden war, und Hunderttausende von Iren starben an Hunger und Krankheiten oder wanderten aus.

In Dublin wurde Mary schwanger, und Lady Drysdale bat James Young Simpson, einen Freund aus Edinburgh, ihr einen lokalen Arzt zu empfehlen, der ihrer Tochter während der Wehen Chloroform verabreichen konnte; Simpson hatte die betäubende Wirkung des Gases in jenem Jahr in einem Experiment in seinem Haus in New Town nachgewiesen.[86] 1848 brachte Mary Lane in Dublin einen Jungen zur Welt. Er wurde Arthur George genannt, zu Ehren der Brüder von Mary und Edward.

1849 zog die Familie zurück nach Edinburgh. Edward, der seine Mutter mit neun Jahren verloren hatte, fügte sich willig in die gütige Herrschaft, die Lady Drysdale im Haushalt des Royal Circus Nummer 8 ausübte. Er beschloss, den Beruf aufzugeben, für den er sieben Jahre lang ausgebildet worden war, und stattdessen George in die Medizin zu folgen. Vielleicht waren die Leiden seines Schwagers der Anlass zu diesem Schritt, im Verbund mit seinem Interesse an der neuen Wissenschaft. Ein medizinischer Abschluss war damals in England die einzige wissenschaftliche Ausbildungsmöglichkeit, und die Fakultät von Edinburgh war dafür bekannt, dass sie sowohl praktische Fähigkeiten wie auch intellektuell anspruchsvolles theoretisches Wissen vermittelte. Beide jungen Männer immatrikulierten sich im Herbst 1849.

Als Medizinstudent arbeitete Edward am Edinburgh Royal Infirmary, einem Krankenhaus mit vielen Patienten aus der Arbeiterklasse. Was er dort zu sehen bekam, bestürzte ihn, und mehr und mehr kam er zu der Überzeugung, dass die konventionelle Medizin – mit Blutegeln und Klistieren,

Aderlässen und Quecksilberbehandlungen – nichts nütze und manchmal sogar der Gesundheit schade. Das Royal Infirmary, schreibt er in seiner Abschlussarbeit, setze die Kranken sogar erhöhter Infektionsgefahr aus, indem ansteckende Patienten auf die Normalstationen verlegt würden; er berichtet, dass er zwei Menschen kenne, die aufgrund dieser Praxis gestorben seien.[87] Er malt die wirkungslosen und schmerzhaften Behandlungen der Krankenhausärzte nicht weiter aus, doch zweifellos war er bei vielen dieser Kuren Zeuge. 1849 gab es zum Beispiel einen Patienten, einen etwa dreißigjährigen Seemann, der wegen eines abdominalen Aneurysmas behandelt wurde. Jahrelang wurde er immer wieder zur Ader gelassen und mit Blutegeln behandelt (bis zu vierzehn auf einmal), bis er sich schließlich mit einer Überdosis von Eisenhutblättern selbst aus seiner Not erlöste.[88]

Edward bemerkt »den totalen Mangel von Büchern jeglicher Art« auf den Stationen des Krankenhauses und beklagt »die vollkommene geistige Leere«, unter der die Patienten litten: »Die Wirkung auf die Stimmung, das ist deutlich sichtbar, ist so schlecht wie irgend möglich, (...) und die bedrückte Stimmung wirkt sich auf die Gesundheit aus.« Um diesem Übel abzuhelfen, bat er Charles Dickens, dem Hospital Gratisausgaben der Wochenzeitschrift *Household Words* zu überlassen, die der Schriftsteller herausgab;[89] Robert Chambers bat er um Ausgaben des *Chambers's Edinburgh Journal*. Beide sagten zu. Auch der neue Bestseller *Onkel Toms Hütte* von Harriet Beecher Stowe war bei den Patienten beliebt.

Während seiner Zeit im Krankenhaus begann Edward, über humanere und natürlichere Weisen der Behandlung von Krankheiten nachzudenken, über Heilmethoden, die den Einklang von Geist und Körper berücksichtigten.[90] Er kam zu der Überzeugung, dass die Umwelt die Aussichten eines Menschen auf Wiederherstellung seiner Gesundheit beeinflussen könne. Den Kranken ginge es wahrscheinlich besser, führt er in seiner Abschlussarbeit aus, wenn sie in Hospitälern in den Vorstädten oder auf dem Land untergebracht wären, wo sie sich in hellem Licht und reiner Luft auf behutsame Weise bewegen und gymnastische Übungen machen konnten, umgeben vom Anblick, den Geräuschen und Gerüchen der Natur. Die Insassen des Royal Infirmary hätten lediglich Zugang zum »trüben Gefängnislicht einer feuchten, grausüberwucherten Grünanlage, die eine schmuddelige Mauer mehr schlecht als recht vom Geratter einer vielbefahrenen Durchgangsstraße abschottet«. Er bittet seine Ärztekollegen, »die immensen Hilfsmittel« anzuerkennen, die die Natur zum Zweck ihrer Selbstheilung aufzubringen in der Lage sei, und sie mit den »zwergenhaften, tastenden und allzu oft nur zufällig wirkenden Mitteln« zu vergleichen, die Menschen bestenfalls bereitstellen könnten.

Auch Edwards Schwager stand der traditionellen Medizin skeptisch gegenüber. John, der Homöopath, der am Liverpool Medical Institute arbeitete, wurde 1849 relegiert, weil er darauf bestand, Cholera-Opfern homöopathische Heilmittel zu verabreichen – mit großem Erfolg, wie er behauptete.[91] George hatte für sich entdeckt, dass die Medizin nicht in der Lage war, Onanie zu heilen; einzig die natürliche Heilung durch sexuellen Verkehr hatte ihn gerettet. 1851 verließ er erneut die Universität, diesmal, um an einem geheimen Projekt zu arbeiten, seinem Buch über Sex.

Wie George Drysdale war Isabella Robinson leicht erregbar und depressiv, ehrgeizig und voller Ängste. Auch ihr waren sexuelle Wünsche Anlass zur Sorge. Ihre Lust, so glaubte sie, habe sie dazu gebracht, allzu schnell zwei schlechte Ehen einzugehen, und jetzt veranlasse sie sie, sich nach Edward Lane zu sehnen. Er war nicht der einzige Gegenstand ihrer Zuneigung: Ein weiterer – unbekannter – verheirateter Gentleman in ihrem Kreis behauptete, dass Isabella ihn mit Briefen überhäuft habe, um ihn zu verführen, und dass er sich am Ende nur von ihr habe befreien können, indem er seine Frau bat, sie nie mehr in ihr Haus zu lassen.[92] Doch in Edinburgh lernte Isabella immerhin, sich auf neue Art und Weise mit ihren erotischen Bedürfnissen auseinanderzusetzen. Ihr Lehrer war George Combe, eine Koryphäe des Drysdale-Kreises und Pionier der Phrenologie in Großbritannien. Der zweiundsechzigjährige Combe war ein magerer, hochgewachsener Mann mit breitem Mund, starken Wangenknochen und sehr hoher Stirn. Er lebte mit seiner Frau Cecilia, einer Tochter der Schauspielerin Sarah Siddons, in New Town.[93]

Als Isabella Combe 1850 kennenlernte, wurde er für sie ein Ersatzvater. Ihre Hochachtung für ihn, sagt sie, sei »von eher kindlicher Natur«.[94] Für sie ist er »der Vertreter eines klareren & spirituelleren Glaubens, als er je den Menschen gepredigt wurde«.[95] Mrs Combes Cousine Fanny Kemble meint ebenfalls, er sei »ein Mann von einzigartiger Biederkeit, Rechtschaffenheit und Reinheit in Geist und Charakter und höchst gerecht und unparteiisch in seinem Urteil; er war äußerst gütig und menschlich und einer der maßvollsten Menschen, die mir je begegnet sind«.[96] Auch Marian Evans, die später unter dem Pseudonym George Eliot als Schriftstellerin berühmt werden sollte, gehörte zu seinen Freunden und Bewunderern: »Ich denke oft an Sie«, schreibt sie ihm, »wenn ich mir jemanden herbeiwünsche, dem ich all die

Widrigkeiten und Kämpfe mit meiner eigenen Natur bekennen könnte.«[97]

Combes Buch *The Constitution of Man in Relation to External Objects* erschien 1828 und erreichte bis 1851 eine Auflage von 90 000 Stück.[98] Das von Robert Chambers verlegte Werk war ungeheuer umstritten: Seine Hauptthese lautete, dass der Mensch es akzeptieren solle, den Naturgesetzen unterworfen zu sein; das Geheimnis von Gesundheit und Zufriedenheit sei eher in der Wissenschaft als in der Religion zu finden. In *A System of Phrenology*, erschienen 1843, legt Combe ausführlich dar, dass die Gefühle der Menschen in ihren Köpfen lokalisiert seien und dass ihr Charakter aus dem Umriss ihres Schädels erschlossen werden könne. Dass die Phrenologie sich mit Dellen und Beulen beschäftigte, wurde oft lächerlich gemacht, doch die Prinzipien der neuen Wissenschaft waren radikal und von größter Wirkung: Combe sagte immer wieder, dass Geist und Seele ihren Sitz im Gehirn hätten, dass Geist und Körper unteilbar seien, dass unterschiedliche Teile des Gehirns unterschiedliche Funktionen hätten und dass die menschliche Natur mehr in der Materie als in Seele oder Geist gründete. Das entscheidende Bild der Theorie – ein in nummerierte Segmente aufgeteiltes Gehirn – wurde zum Modell einer neuen Wissenschaft des Geistes.

Bald nach ihrem ersten Treffen in Edinburgh untersuchte Combe Isabellas Gehirn. Er erklärte ihr, dass sie ein ungewöhnlich großes Kleinhirn (oder Cerebellum, lokalisiert direkt oberhalb des Nackens) habe. Das Kleinhirn sei der Sitz des Geschlechtstriebs – Männer hätten typischerweise ein größeres Cerebellum als Frauen, was man an ihren breiteren Nacken erkennen könne, genau wie Tiere mit einem starken Geschlechtstrieb, etwa Widder, Stiere und Tauben, besonders ausgeprägte Nackenpartien besäßen.[99] Ein weiterer Patient von Combes, der neunjährige Prince of Wales, besaß einen ähnlich geformten Schädel. Als Königin Victoria und Prince Albert den Phrenologen wegen der Erziehung ihrer Kinder konsultierten, bemerkte er, dass der Geschlechtstrieb des Prinzen groß sei »und vermutlich bald Anlass zur Sorge geben wird«.[100] Combes eigene »amative Region« sei klein, wie er sagt: Er habe »die wilde Frische des Morgens« nicht kennengelernt, auch in seiner Jugend nicht.[101]

Franz Joseph Gall, der deutsche Arzt, der um 1800 die Phrenologie begründete, behauptete, den Sitz des Geschlechtstriebs entdeckt zu haben, als er eine nymphomanische Witwe behandelte. »Während eines heftigen Anfalls stützte er ihren Kopf«, erklärt George Combe in *A System of Phrenology*, »und dabei fielen ihm Hitze und Größe ihres Nackens auf.« Combe geht in diesem Buch, das sich an ein großes Publikum wendet, nicht näher auf das Thema ein, verweist aber Medizinstudenten auf seine Übersetzung einer Gall'schen Untersuchung, *On the Functions of the Cerebellum* (1838), in der die Geschichte der zitternden Witwe im Einzelnen erzählt wird: »Die Erstarrung, die sie hatte zu Boden fallen lassen, war so groß, dass sich Nacken und Wirbelsäule stark nach hinten bogen. Unvermeidlich endete die Krisis mit einer orgasmischen Emission, die von konvulsivischer Wollust und wahrer Ekstase begleitet wurde.« Das Cerebellum zählte seitdem zu den bekanntesten phrenologischen Regionen.[102] In einem allgemeinmedizinischen Handbuch von 1853 bestätigt Thomas John Graham: »Sitz der Liebeslust ist das Cerebellum, am Grund des Gehirns; bei Erregung durch irgendeine Ursache und wenn der Erregung unter bestimmten Umständen nicht nachgegeben wird, wird dieses Organ immer größer, bis es zur Störung anderer Funktionen kommt, wodurch Hypochondrie, Konvulsionen, Hysterie und selbst Wahnsinn auftreten können.«

Combe erläuterte, dass Isabellas stark ausgeprägter Geschlechtstrieb umso gefährlicher wirken könne, da ihre Fähigkeiten zu Vorsicht und Geheimhaltung, angesiedelt oberhalb der Ohren zu beiden Seiten des Schädels, wenig entwickelt seien; Letzteres bedeutete, dass sie zu Impulsivität und Indiskretion neige. Vielleicht am beunruhigendsten war der Befund, dass ihr Organ für Ehrfurcht kaum sichtbar war: Die Krone ihres Kopfes war vertieft, was bedeutete, dass ihr der Respekt vor irdischer und himmlischer Autorität fehle. Isabella sei nicht nur eine sexuelle Enthusiastin, sie sei auch gleichgültig gegenüber Gesetz, Religion und Moral.

Combe fand allerdings zwei Regionen in Isabellas Kopf, die Sehnsucht nach der guten Meinung anderer anzeigte: Die breiten, wellenförmigen Absätze am Hinterhaupt ließen deutlich die Suche nach Anerkennung und die Neigung zu besonderer Anhänglichkeit erkennen. Combe behauptete, dass diese Kopfform oft bei Frauen und bei Franzosen zu beobachten sei, aber auch bei Hunden, Maultieren und Affen. Das bedeutete, dass Isabella danach trachte, anderen zu gefallen, und vor Eitelkeit, Ehrgeiz und übergroßem Hunger nach Lob bewahrt werden müsse. Ihre deutlich ausgeprägte Anhänglichkeitsregion – direkt unterhalb der Region der Sucht nach Anerkennung situiert und charakteristischerweise bei Frauen ebenfalls größer als bei Männern – zeige ihre Neigung, starke Bindungen aufzubauen, manchmal zu unpassenden Objekten oder Menschen. Um die Eigenschaften dieser Gehirnregion zu illustrieren, zitierte Combe ein Gedicht von Thomas Moore:

Das Herz ist wie ein Rankenspross,
Allein kann's nicht gedeihen;
Erst wenn es findet ein' Genoss',
Wächst's unentwegt – zu zweien.

Die Phrenologie zeigte Isabella, dass die gegensätzlichen Bereiche ihres Gehirns für ihr ruheloses Wesen verantwortlich waren – ihr flutendes Begehren und ihre Anfälle von Verzweiflung. Sie bot ihr eine wissenschaftliche Erklärung für ihre emotionalen Schwierigkeiten und zugleich die Aussicht auf Verbesserung ihrer selbst. Gall hatte verkündet, dass seine neue Wissenschaft den »doppelten Menschen« im eigenen Inneren erkläre und den Grund dafür aufzeige, warum Gefühl und Verstand so oft in Konflikt gerieten. Indem sie ihre eigene Natur zu erkennen lernte, hoffte Isabella, sie korrigieren zu können. Die höheren Fähigkeiten – intellektuelle Anlagen und moralische Empfindungen – wollte sie dazu nutzen, die widerspenstigen Teile ihres Gehirns unter Kontrolle zu halten. Sie beschloss, sich von der »Selbstliebe« zu befreien, die ihr anerzogen worden sei, und »vernünftig, mäßig und selbstbeherrscht« zu werden.

»Ich kann mir nur wünschen und danach streben, mich zu bessern«, schreibt sie im Februar 1852 in ihr Tagebuch, auch wenn sie einräumt, dass dies »wegen meiner leidenschaftlichen Gefühle, meiner außergewöhnlichen Sucht nach Anerkennung, der Unausgewogenheit meines Gemüts und des frühen Unglücks einer schlechten Erziehung ungewöhnlich schwierig« sein werde. Einerseits behauptete die Phrenologie, dass Menschen ihr eigensinniges Selbst in den Griff bekommen könnten, andererseits, dass sie als machtlose animalische Organismen ihrer physiologischen Konstitution ausgeliefert seien. Isabella fühlte sich oft wie eine

Leibeigene von ihrem deformierten Gehirn abhängig. »Ich weiß nicht, wie ich mich irgendwie anders machen kann«, schreibt sie. »Mein Herz hängt an jenen, die mir nicht helfen können, und stößt jene zurück, die ich lieben sollte. Gott helfe mir! Wie unnütz und glücklos ist mein Leben! Wie unzufrieden bin ich mit mir selbst – und dennoch verharre ich im Bösen.«

Auch die Schriftstellerinnen Anne und Charlotte Brontë glaubten an die Phrenologie.[103] Die Protagonistin der *Herrin von Wildfell Hall* stellt fest, dass der Schädel ihres leichtfertigen alkoholsüchtigen Ehemanns am oberen Teil eine Delle aufweist – dort, wo sich die Region der Ehrfurcht befinden sollte: »Der Kopf sah ganz richtig aus, doch als ich meine Hand darauf legte, sank sie – besonders in der Mitte – tief in dichten Locken ein.« Die Heldin von Charlotte Brontës *Jane Eyre* aus dem Jahr 1848 spricht davon, dass alle Menschen ihre Fähigkeiten üben müssten. Jane wird wie Isabella von ihrer Leidenschaft getrieben. »Ich konnte nichts für diese Unzufriedenheit; die Rastlosigkeit lag in meiner Natur. Manchmal trieb sie mich so um, dass ich ruhelos im dritten Stock oben im Gang hin und her ging und mich den Wunschbildern überließ, die meine Phantasie mir vorgaukelte, Bildern voll Abenteuer, Leben und Leidenschaft.«

Anders als die meisten Wissenschaftler glaubten Phrenologen, dass die Gefühle und Triebe von Männern und Frauen im Wesentlichen gleich seien. »Frauen hält man immer für sehr ruhig«, sagt Jane Eyre, »aber Frauen fühlen genauso wie Männer.«

Während Isabellas Zeit in Edinburgh blieben George Drysdale und Edward Lane Freunde. Sie machten Spaziergänge in der Stadt, oder sie fuhren zum Meer, zu zweit oder in

Gesellschaft ihres gemeinsamen Freundes Robert Chambers.[104] Alle drei segelten 1851 in stürmischem Wetter von Hull aus nach Schweden, um Zeugen einer totalen Sonnenfinsternis zu werden. »Es war ein gespenstischer Anblick«, berichtet ein weiterer Teilnehmer dieser Reise, »die Sonne war umgeben von einem bleichen Lichtschein und hing schwarz in einem düsteren, bleigrauen Himmel.«[105] Edward Lane maß die exakte Dauer der Sonnenfinsternis mit einem Schiffschronometer; es war so dunkel, dass er eine Kerze anzünden musste, um die Zeit abzulesen.

Alle Mitglieder der Freundesgruppe hatten ein ausgeprägtes Interesse an wissenschaftlichen Phänomenen. Robert Chambers war nicht nur ein erfolgreicher Verleger und Journalist, er war auch der anonyme Autor des Buches *Vestiges of the Natural History of Creation*, einer proto-evolutionären, wagemutig materialistischen Darstellung der Entstehung der Erde. Es wurde von vielen verdammt: Der Verfasser, so eine zornige Rezension in der *Edinburgh Review*, »glaubt (...), dass Geist und Seele (...) nichts als Träume seien, dass nichts zählt als die materiellen Organe und dass er den Geist abwiegen könne wie der Metzger den Braten (...). Er vertritt die Meinung, dass die menschliche Familie (...) aus vielen Arten bestehe und dass alle von Affen abstammten.«[106]

Seit der Veröffentlichung 1844 wurde darüber gerätselt, wer der Verfasser des Buches sei.[107] Man verdächtigte George Combe, als den berühmtesten der Gruppe, ebenso wie Catherine Crowe, die in *The Night Side of Nature* 1848 versuchte, natürliche Erklärungen für scheinbar übernatürliche Phänomene zu finden. Von Mrs Crowe wusste man, dass sie an unkonventionellen wissenschaftlichen Experimenten teilnahm, um die Verbindungen zwischen Geist und

Körper, sichtbaren und unsichtbaren Kräften zu erforschen. Hans Christian Andersen sah, wie sie 1847 im Haus von Dr. Simpson Äther inhalierte. »Miss Crowe und eine weitere Dichterin tranken Äther; mir kam es vor, als wäre ich mit zwei Wahnsinnigen zusammen – sie lächelten mit offenen toten Augen.«

George Combes Phrenologie, Edward Lanes medizinische Theorie, Robert Chambers' Geologie, Catherine Crowes Seelenforschung und George Drysdales Philosophie der Sexualität entsprangen alle derselben Quelle. Ihre Gedanken drehten sich darum, dass die Welt und die Menschen nichts Festgelegtes seien, sondern sich in dynamischer Bewegung befänden, dass sie natürlichen, nicht übernatürlichen, Gesetzen unterworfen seien und dass sie sich im Lauf der Zeit veränderten.

In seinem Tagebuch von 1839 beschreibt Combe, wie er das pulsierende Gehirn eines achtjährigen Mädchens in New York berührte.[108] Das Mädchen hatte einen Unfall gehabt, der Schädel war gebrochen, und das Gehirn war freigelegt worden. Combe erregte verschiedene Gefühle in dem Kind – Scham, Stolz, Vergnügen – und spürte, wie unter seiner Hand die diversen Regionen anschwollen, wodurch er die Empfindung hatte, »wie unter einem Seidentuch die Bewegungen eines Blutegels« zu spüren. Es war, als berührte er die Gedanken und Emotionen des Kindes, als hätte sich dessen Gefühlswelt in Fleisch und Blut verwandelt.

Combes Versuche, den Schädel nach Hinweisen auf das in ihm enthaltene Leben zu durchforsten, waren Isabellas Versuchen vergleichbar, ihr Leben zu entziffern, indem sie ihre Erfahrungen im Tagebuch dokumentierte. Wie Herbert Spencer, der Ökonom und Philosoph, der seine Lebenserinnerungen als eine »Naturgeschichte meiner selbst«[109]

bezeichnete, stellte sie ihre persönliche Entwicklung dar. Indem sie Tagebuch schrieb und das Gelesene immer wieder las, hoffte Isabella, ihr fremd gewordenes, widersprüchliches Selbst zu durchschauen; sie wollte die Haut durchdringen, die sie von der Außenwelt abtrennte, und so ins Innere ihres eigenen Kopfes gelangen.

3. KAPITEL

Die lautlose Spinne
Berkshire, 1852–54

Im Frühjahr 1852 verzeichneten Henry Robinsons Geschäfte einen dramatischen Rückgang, und die Familie sah sich gezwungen, Edinburgh zu verlassen. Isabella wurde von den Freunden getrennt, die sie unterstützt hatten. Albert und Richard Robinson zogen sich aus dem Londoner Eisenwerk zurück, und Henry musste sich mit seinem Anteil am Betriebsvermögen bescheiden und den Rest verloren geben.[110] Zudem musste er ihrem Vater die 3000 Pfund zurückzahlen, die dieser in das Geschäft gesteckt hatte. Um seine Verluste wettzumachen, eröffnete Henry ein Büro in der Moorgate Street in der Londoner City, wo er den Verkauf von Zuckerrohrmühlen an Plantagen in den Kolonien betrieb.

Henrys Vater James hatte seine erste Zuckerrohrmühle 1840 patentieren lassen. Bei Plantagenbesitzern warb er damit, dass seine Mühlen das Zuckerrohr effizienter walzen und kochen konnten als die »sorglosen Schwarzen«, die das Material »mit vielen Unterbrechungen und in ungleichmäßigen Bündeln, einmal zuviel, einmal zu wenig«, bearbeiteten.[111] Seit der Abschaffung der Sklaverei im britischen Empire in den 1830er Jahren suchten die Plantagenbesitzer nach Alternativen zur Lohnarbeit. Die Robinson-Zuckerrohrmühlen wurden nach Java, Kuba, Mauritius, Bourbon, Barbados, Bermuda und Natal exportiert; im indischen Tirhoot gaben die Arbeiter den drei gewaltigen Maschinen sprechende Spitznamen: Rattletrap, Blowhard und Goliath of Gath.[112] Henry vervollkommnete die Erfindungen seines Vaters. 1844, im Jahr seiner Heirat mit Isabella, erhielt er das Patent auf eine Vorrichtung, die die Anzahl der Walzen zur Auspressung der Zuckerrohrstangen erhöhte und die Anlage des Vakuumbehälters, in dem der Saft in Sirup umgewandelt wurde, verbesserte.

1852, während Henry damit beschäftigt war, sein Geschäft auf die Beine zu stellen, ließen Isabella und ihre Söhne sich nie auf Dauer häuslich nieder. Sie wohnten in verschiedenen Orten in den schottischen Highlands und eine Zeitlang in einem Hotel in Scarborough, einem beliebten Ferienort an der Küste von Yorkshire. Isabella war gern in der Nähe von Seen und Flüssen. Die Highlands seien ihr lieber als die »prachtvollen und schönen« Täler von Südwales, berichtet sie Combe in einem Brief, weil es in Wales »im Allgemeinen gar kein Wasser gibt«.[113]

Mit ihren Jungen besuchte sie ihre Familie in Shropshire und bat ihre schottischen Freunde, ihr dorthin zu schreiben. Im April war in Ashford Bowdler, weniger als eine Meile von Ashford Carbonel entfernt, eine Eisenbahnstation eröffnet worden, wodurch es für Angehörige und Freunde leichter geworden war, die Familie zu besuchen.[114] Das Haus in Ashford Court hatte sich geleert. Zwei von Isabellas jüngeren Geschwistern, Caroline und Henry, waren in den 1830er Jahren gestorben;[115] ihr älterer Bruder John war Anfang 1840 nach Tasmanien ausgewandert, und ihre Schwester Julia war nach ihrer Heirat mit Henry Robinsons jüngerem Bruder Albert 1849 nach London gezogen. Die verwitwete Bridget, die inzwischen dreiundsechzig Jahre alt war, lebte nun nur noch mit ihren zwanzig- und neunundzwanzigjährigen Söhnen Christian und Frederick zusammen. Frederick war im November 1847 Rechtsanwalt geworden, aber als ein Monat später sein Vater starb, fiel ihm – als dem ältesten in England verbliebenen Sohn – die Aufgabe zu, sich um die Verwaltung des Gutes zu kümmern.

Im Frühsommer notiert Isabella im Tagebuch einen Tag, an dem sie die Lanes als ihre Gäste auf dem Land empfängt. Vielleicht wohnten Edward und Mary in Ashford Court. Isabella führt sie mit dem Stolz der Besitzerin auf dem Grundstück und dem angrenzenden Land herum. Doch da sie weder ihre Mutter noch ihre Brüder erwähnt, mochten die Lanes sie in einem gemieteten Haus irgendwo anders besucht haben. Wie gewöhnlich war Henry nicht zugegen.

Am Morgen des 30. Mai, Pfingstsonntag, kamen Mary und ihre Kinder um elf Uhr zu Isabella in ihr Schlafzimmer. Mrs Lane sei »sehr freundlich«, schreibt Isabella, »und als die kleine Gruppe (zu der ihr Spaniel gehört) an mein Bett trat, spürte ich so recht ihren bezaubernd frohen, gemütvollen Geist und sehnte mich danach, das Leben so zu lieben und zu genießen, wie sie es taten«. Die Lanes hatten beschlossen, an diesem Tag nicht zur Kirche zu gehen. Edward war in seinem Zimmer und schrieb, und später machte die ganze Familie einen Ausflug. Isabella stand mittags auf und traf im Garten mit ihnen zusammen, um »ihre ironischen Beileidsbekundungen mein Unwohlsein betreffend entgegenzunehmen«. Sie scheint zu viel getrunken zu haben und sich in Katerstimmung zu befinden, da ihre Freunde sie aufziehen, und das sich daran anschließende Geplauder dreht sich um »Selbstsucht, schädliche Neigungen und Gewohnheiten«.

Während die Jungen im Garten spielten, führte Isabella Edward und Mary zu einem »Hügel voller Blumen«, den sie bewunderten. Dann saßen sie zusammen und redeten über »große Männer«, zum Beispiel Samuel Taylor Coleridge und George Combe. Sie diskutierten über die Probleme, die Edward in seinem Beitrag im *Chambers's Edinburgh Journal* im vergangenen März angesprochen hatte: »Biegsamkeit des Charakters, entschiedene Meinungen, juristische Sorgfalt, geistige Vorbehalte und dass jedes Problem zwei Seiten hat.« In seinem Essay hatte Edward seine Leser dazu angehalten, sich jede Version einer Geschichte anzuhören, bevor sie sich ein Urteil bildeten. »Die Selbstliebe gibt Anlass zu so viel Voreingenommenheit«, schreibt er, »und es gibt so viel Leichtsinn im Umgang mit der Wahrheit und so viel unschuldige Fehlerhaftigkeit in der Darstellung eines Ereignisses, dass man keiner Partei trauen kann.« Menschen seien gar dazu imstande, sich selbst zu beschwindeln, sagt er weiter, und könnten selbst in ihren Fehlannahmen aufrichtig sein.[116]

»Mr L. war nicht so lebhaft wie gestern«, bemerkt Isabella, »doch er war sehr sanft und charmant. Nach einer kleinen Kabbelei gingen wir auf die Straße hinaus und kletterten einen steilen Hang hinauf, wo wir innehielten, um die herrliche Aussicht zu genießen.«

Bald darauf kehrten sie ins Haus zurück, und Edward las Isabella eine Passage aus einem Essay von Percy Bysshe Shelley vor (in diesem Jahr war eine neue Ausgabe der Prosa des Dichters erschienen). Isabella war von Shelleys Ausführungen nicht überzeugt. »Als Phrenologin«, schreibt sie, vertrete sie eine andere Ansicht zur Psychologie des Menschen. Als Mary mit den Jungen kam, gingen sie alle zusammen zum Essen. Viele Familien der oberen Mittelschicht nahmen zu dieser Zeit schon ihre Hauptmahlzeit mittags ein,[117] die Robinsons behielten aber die ältere Gewohnheit bei, nachmittags ausführlich zu essen und sich abends zum Tee zu versammeln. Das Sonntagsdinner war eine besonders aufwendige Angelegenheit, und Isabella machte das von ihren Dienstboten zubereitete Essen Freude: Es gab Rindfleisch, Taubenpastete (gerupfte Tauben auf einer Unterlage aus Beefsteak, in Blätterteig gebacken), Knödel (aus Mehl und Talg, gekocht) und Gemüse. Am Ende tranken sie Kaffee und Weinbrand. »Einzig Attys Benehmen war unschön«, schreibt Isabella, »er hat uns an diesem Tag alle geärgert. Schließlich sind wir noch einmal spazieren gegangen.«

Isabella und Edward gingen nebeneinanderher, über Wiesen und Weiden und »bei schönem, kühlem, schattigem Wetter«. Stillschweigend und hoffnungsvoll schrieb sie ihm das unausgesprochene Verlangen zu, das sie selbst empfand. »Eine geraume Weile lang« machten sie Halt bei einer Schaukel. »Ich setzte mich darauf, und Mr L. schickte mich hoch in den Himmel; Mrs L. sah zu.« Dann wurde einer der Lane-Jungen vom Kindermädchen gebracht, und sein »Papa« setzte ihn auf den Schaukelsitz.

Dann spazierten Edward und Isabella allein weiter. Nachdem sie sich für eine Pause niedergesetzt hatten, saßen sie im Schutz eines steilen Hangs schweigend nebeneinander. »F., der Spaniel, ruhte auf meinem Schoß und Mr L. neben mir. Es war genau die Szene, die ich mir gewünscht und mir so oft ausgemalt hatte; jetzt war sie Wirklichkeit.« Sie verweilten eine Stunde und beobachteten eine Gruppe barfüßiger Kinder beim Spielen. Schließlich machten sie sich auf den Heimweg durch eine Baumschonung. »Ich ging mit Mr L. weiter, doch ohne mich bei ihm einzuhängen«, schreibt Isabella, »und sein Gemüt schien von einer leichten Bitterkeit überschattet zu werden.« In der Nähe des Hauses blieben sie stehen. »Ich setzte mich auf unsere Wiese«, schreibt sie, »und er lehnte vor mir am Zaun.«

Sie wurden durch Mary Lane und die Kinder unterbrochen, mit denen zusammen sie das Haus betraten, um die Abendmahlzeit einzunehmen. Isabella kochte selbst den Tee und genoss es, ihn ihren Gästen einzuschenken. In Edinburgh waren gewöhnlich Dienstboten dafür zuständig; auf dem Land ging es weniger formell zu; es kam häufig vor, dass Gastgeberinnen den Gästen Fleisch vorlegten oder sie beim Tee bedienten. »Mr L. saß neben mir«, schreibt Isabella, »und eine Stunde lang sprachen wir über Politik, Abstammung, Vermögen, Arme, Emigration etc.« In den Zeitungen war in dieser Woche immer wieder darüber diskutiert worden, ob englische Gemeinden die Auswanderung von Armen nach Australien finanzieren sollten, weil in Victoria ein Mangel an Arbeitskräften herrschte, seit dort im Jahr 1851 Gold entdeckt worden war.

»Später, um neun Uhr, nachdem wir die Jungen zur sonntäglichen Stunde ins Bett geschickt hatten, saßen wir noch im Garten«, schreibt Isabella. »Mrs L. wurde es kalt, sie zog sich um zehn zurück.« Während Mary sich drinnen am Kaminfeuer wärmte, war Isabella allein mit Edward, und sie sprachen »über Lord Byron, übers Reiten, über Ballons und über Kälte«. Das Thema Ballon mag von den vielen Werbeanzeigen in den Sonntagszeitungen angestoßen worden sein, die auf den Start von Heißluftballons in Londoner Hippodromen und Parks an den Pfingstfeiertagen hinwiesen. Edward »rauchte und plauderte«, schreibt Isabella, »und ich lachte viel«.

Zu späterer Stunde wurde aus ihrem Geplänkel eine ernstere Unterhaltung. Sie sprachen über »den Geist des Menschen, sein Leben, das Grab, Unsterblichkeit, Gott, das Universum, die Vernunft und die kurze, flüchtige Natur des Menschen«. Isabella sagte Edward, dass sie ihren Glauben verloren habe und unter all ihren Freunden die Einzige sei, die sich »von all den Illusionen des Christentums« abwandte. Sie behauptet, mit ihrer neuen Haltung im Reinen zu sein: »Ich sprach von der inneren Ruhe, die ich mir allmählich erworben hatte. Ich sagte, dass die Größe der Wahrheit mich für die verlorenen Hoffnungen entschädigte.« Edward erzählte von einem griechischen Freund, der gerade gestorben war, einem Kommilitonen an der medizinischen Fakultät. »Er sprach voller Traurigkeit«, schreibt Isabella, »und mit tiefem Gefühl.« Edward vertraute ihr auch seine eigenen religiösen Zweifel an: »Er sehnte sich danach, beten zu können, glauben zu können.«

Gemeinsam betrachteten sie den Aufgang des Mondes und lauschten dem knarrenden Ruf des Wachtelkönigs. Edward »schien von der Schönheit der Szene betört zu sein«, wie verzaubert von dem dunklen Garten, und er sagte ihr, er wolle die ganze Nacht wach bleiben. Isabella zitiert an dieser Stelle ihres Tagebuchs eine Stelle aus Henry Longfellows epischem Gedicht *Evangeline*, das, 1847 veröffentlicht, in den frühen 1850er Jahren zum Bestseller wurde. Die »Seele« der liebeskranken Heldin wird darin vom »magischen Mondlicht« mit »unbestimmbarem Sehnen« erfüllt.

Schließlich wandten sich Isabellas Gedanken wieder Mary Lane zu. »Kurz nach elf hatte ich das Gefühl, dass Mrs L. es unfreundlich von uns fände, wenn wir ihr nicht Gesellschaft leisteten«, schreibt sie, »und wir setzten uns zu ihr an den Kamin. Sie war immer noch niedergeschlagen, und ich versuchte, sie aufzuheitern.«

Im Tagebuch ließ Isabella die Ereignisse des Tages Revue passieren, um das Gefühl, eifersüchtig betrachtet und begehrt zu werden, noch einmal genießen zu können. Sie war für die Lanes so lange eine Außenstehende gewesen, die neiderfüllt ihre Ehe betrachtete, dass der Umstand, nun die Ursache für Marys Unwohlsein zu sein, sie insgeheim befriedigte. Auf magische Weise ließ das Tagebuch all die vergangenen Szenen noch einmal entstehen, doch nun analysierte Isabella ihre Sehnsucht nicht mehr, sondern ließ ihr in der Erinnerung freien Lauf. Niemand überwachte sie, niemand prüfte ihre Quellen, es gab keine andere Perspektive als ihre eigene – das Tagebuch beschwor eine Wunschwelt herauf, in der Erinnerungen gefärbt waren von Verlangen. Es tat gut, die Einträge dieses Tages immer wieder zu lesen.

Im Spätsommer 1852 fand Henry für seine Familie eine Villa bei Reading, in Berkshire, von wo er die vierzig Meilen nach London mit dem Zug in etwas mehr als einer Stunde zurücklegte. Reading lag in einem fruchtbaren Tal der Themse; zahlreiche landwirtschaftliche Produkte – Getreide, Bohnen, Kirschen, Zwiebeln, Schweine, Wolle, Lehm für Ziegel, Besenstiele und Butter – wurden auf Kanälen und in Eisenbahnwaggons nach London transportiert.[118] Einem amerikanischen Schriftsteller, der Reading in diesem Sommer besuchte, fielen die Mohnblumen auf, die die Eisenbahngleise säumten: Durch das Fenster eines schnell fahrenden Zuges gesehen, flossen die hellroten Blüten vorbei »wie ein Fluss voll Blut«.[119]

Isabella zog mit den Kindern nach Ripon Lodge, einem freistehenden Haus auf einer Hügelkuppe westlich von Reading, und nach und nach trafen die Möbel ein, die in London eingelagert gewesen waren.[120] Henry fuhr dreimal in der Woche in die Hauptstadt.

Die Jungen gingen nicht zur Schule, und Isabella schrieb an Combe, der sie bezüglich ihrer Erziehung beraten sollte. Alfred, der älteste, war zwar »von fröhlichem Gemüt &

umgänglich«, sagt sie, der siebenjährige Otway hingegen sei »von weniger liebenswürdiger & eigenartigerer Anlage«. Wie sein jüngerer Bruder Stanley, der drei Jahre alt war, habe Doatie »ein ungestümes Wesen & nicht wenig Eigensinn«. Henry beabsichtigte, in Berkshire eine Schule für Jungen aus der Mittelschicht zu gründen und auch seine Söhne dorthin zu schicken; sein Vorbild war die »Säkularschule«, die Combe in Edinburgh gegründet hatte und in der statt Theologie Wissenschaft unterrichtet wurde.[121] Doch Isabella war sich unschlüssig, ob eine Schule für ihren mittleren Sohn geeignet sei und ob er nicht die Disziplin eines Internats brauche.

Ihre Sorgen um die jüngeren Kinder spiegelten die Beunruhigung durch ihre eigene Leidenschaft und ihre eigene Unzufriedenheit. Die Familie war zwar gerade deshalb nach Edinburgh gezogen, damit Isabella die Kinder bei sich behalten konnte, doch nun dachte sie immer öfter, dass das gemeinsame Domizil eben der Ort sei, den sie fliehen müssten.

In gewisser Hinsicht machte Isabella Henry dafür verantwortlich, dass ihre Söhne nicht glücklich waren. »Die Kinder sind so stumm und mutlos, wenn er mit ihnen zusammen ist«, schreibt sie im Tagebuch, »nichts passiert, alles ist Trübsinn, Missmut, Schweigen oder Vorwurf.« Am 26. August war Henry verärgert, als er, aus London kommend, seine Frau beim Auspacken von Möbeln vorfand, während Eliza, das Kindermädchen, einkaufte: »Henry kam um zwölf; war befremdet, da wir indisponiert. E. nicht da, kaufte eilig etwas zum Essen ein. Er böse wegen der Kartoffeln.« Um halb drei fuhr er allein nach Pangbourne, einem fünf Meilen von Reading entfernten Dorf, um nach einem Grundstück für ein neues Haus zu suchen. Isabella fuhr mit Stanley in einer Kutsche nach Whiteknights, zu einem ehemaligen Gutshof, drei Meilen weit in die entgegengesetzte Richtung: »Es gibt einen schönen Park, in dem niemand mehr spazieren geht; das Haus ist unbewohnt; nur manchmal sieht man kleine Gruppen dort, die Tee trinken und umhergehen.« Die Szene gibt ihr den Wunsch ein, »ein ruhiges Fleckchen Erde zu besitzen und mich von den kleinlichen Sorgen und Ärgernissen des Lebens zu befreien«.

Etwas frohgemuter kehrte sie nach Hause zurück, wo Henry ihr jedoch die Laune verdarb: »Abends war er böse, und nach dem Tee gab es einen heftigen Wortwechsel. Der Gedanke quälte mich, dass ich mit ihm leben muss. Sehr unglücklich; elender Tag.« Ihre Welt war geschrumpft. Es gab keine Ausflüge mehr mit Edward, keine Abendessen mit Schriftstellern und Philosophen – nur häusliche Pflichten, die Gesellschaft ihrer Kinder und den griesgrämigen Henry.

In diesem Sommer vollendete Gustave Flaubert in Frankreich den ersten Teil von *Madame Bovary*, einem Werk, das er ein Jahr zuvor begonnen hatte. Wie Isabella Robinson erliegt die Protagonistin des Romans ihrer Einsamkeit und Ermattung, der *ennui* beherrscht ihre Tage: »Ihr eigenes Leben aber war kalt wie eine Bodenkammer, deren Fensterchen nach Norden lag«, schreibt Flaubert, »und lautlos wie eine Spinne wob die Langeweile im Dunkeln ihr Netz in allen Winkeln ihres Herzens.«[122]

Isabellas Unzufriedenheit speiste sich wenigstens zum Teil aus dem Missverhältnis zwischen ihrem Leben und dem Leben ihrer Vorfahren, besonders auf der mütterlichen Seite der Familie. Ihr Vater Charles hatte Bridget Curwen um 1808 bei einem Essen ihrer Eltern in Cumberland kennengelernt, als er sich von Berufs wegen in dieser Gegend aufhielt.[123] Charles hatte in West Yorkshire Land geerbt, aber

Bridgets Vermögen war größer: Als sie 1809 heirateten, wurden auf ihrer Seite 9500 Pfund eingetragen, auf seiner 5000 Pfund.[124]

Die Curwens waren eine alte und mächtige Familie, ansässig in Workington Hall und Ewanrigg Hall an der Küste von Cumberland.[125] Im späten achtzehnten Jahrhundert wurde Bridgets Mutter Isabella von dem Maler George Romney als dunkelhaarige Schönheit mit rosigen Lippen porträtiert.[126] Als Alleinerbin des aus Kohleminen stammenden väterlichen Vermögens war sie siebzehnjährig mit ihrem Cousin John Christian durchgebrannt, was angeblich einem anderen ihrer Cousins, Fletcher Christian, das Herz brach; kurz darauf führte dieser die Meuterei gegen Kapitän Bligh auf der *Bounty* an. Als John Christian Isabella heiratete, nahm er ihren Namen an und schenkte ihr eine Insel auf dem Lake Windermere (Belle Isle oder, ihr zu Ehren, Bella's Isle genannt) sowie einen Diamantring im Wert von 1000 Pfund. John Christian Curwen, wie er jetzt hieß, zog als Whig und Vertreter von Carlisle und später Cumberland ins Parlament ein und wurde berühmt für seine sozialen und landwirtschaftlichen Reformen. Um seine Verbundenheit mit der ländlichen Bevölkerung zu zeigen, tauchte er einmal in der Kleidung eines Bauern aus Cumberland im Unterhaus auf, einen Laib Brot unter dem einen, einen Käselaib unter dem anderen Arm.[127] Seine Frau teilte seine politischen Überzeugungen und setzte sich tatkräftig für das Wohl der Leute auf ihren Ländereien ein.

Isabella Robinson sehnte sich nach einer solchen Rolle. Selbst ihre Mutter hatte aktiv am Leben ihres Gatten teilgenommen, ihm bei der Verwaltung des Gutes geholfen und ihn bei der Arbeit unterstützt.[128] Doch Isabella verfügte nur über ein Haus mit drei oder vier Dienstboten, und Henrys

Welt, seine Fabriken und Geschäfte, war ihr verschlossen. Er stieg in den Zug ein und verschwand in den Eisenwerken und Büros der City, oder er fuhr allein auf Dampfschiffen in die fernen Kolonien, mit denen er Handel trieb.

In Reading habe sie »viele Stunden der Muße«, schreibt Isabella an George Combe, »viel mehr freie Zeit als die meisten anderen Frauen«.[129] Die meisten Damen ihrer Schicht machten nachmittags Besuche oder empfingen Gäste, sie dagegen hatte keine Freundinnen in der Nachbarschaft. Berkshire, schreibt sie, sei »ein hübscher Ort, soweit es Klima & Landschaft betrifft, aber wir haben hier keine Freunde; auch glaube ich nicht, dass es wegen des beschränkten Charakters der Einwohner & so, wie sie sich hier vom Pfarrer leiten lassen, zu ersprießlichen Bekanntschaften kommen wird«.

»Sie können sich nicht vorstellen, wie oft ich mir wünsche, Sie zu sehen & mit Ihnen zu plaudern«, schreibt sie ein anderes Mal, »und wie sehr ich die Klugheit & den Ernst des kleinen Kreises vermisse, zu dem ich mich entweder bei Ihnen oder im Haus Ihrer Freunde gesellen durfte. *Hier* fühle ich mich abgesondert, ich bin jemand, dessen Ansichten – wenn ich es wagte, sie laut werden zu lassen – verurteilt würden, ohne dass man mich auch nur zu Ende anhörte.«

Ihrem Tagebuch, nicht Combe, vertraut sie an, wie sehr sie Edward Lane vermisst. »Spät aufgestanden, steif und matt«, beginnt der Eintrag vom 31. August 1852. »Die Jungen kamen, und dann gingen alle zum Fluss; aber ein Gewitter trieb sie wieder ins Haus, und der Vormittag wurde planlos verbracht. Schrieb an Mutter.« An diesem Tag erhielt Isabella einen Brief von Mary Lane, ein paar freundliche Zeilen, um ihr mitzuteilen, dass Lady Drysdale krank sei und Edward die hydropathische Kuranstalt von Rothesay auf der Insel Bute aufgesucht habe, um eine Verletzung am Fuß zu kurieren. Isabella war enttäuscht, dass Mary ihr schrieb, nicht Edward. »Ach, dachte ich, er hat nichts zu tun und kann derzeit nicht einmal laufen, und doch denkt er nicht an mich.« Sie hatte ihm etliche Briefe geschrieben und ihm Manschettenknöpfe geschenkt, aber auch auf dieses Geschenk hatte er nicht reagiert. »Er schreibt keine Zeile, weder um sich für die Manschettenknöpfe zu bedanken noch um auf meine vielen Briefe zu antworten, und für mich vergeht keine Stunde, ohne dass sich meine Gedanken ängstlich und liebevoll ihm zuwenden.« Sie versuchte, ihm böse zu sein, doch nur Mitleid stieg in ihr auf – für ihn und für sie selbst. »Ich hatte Tränen in den Augen, als ich an ihn dachte, wie er sich dort fühlen muss, mit wehem Fuß und allein, und nicht einmal die tiefe Bitterkeit der Vernachlässigung brachte in mir genügend Stolz hervor, um ihn verachten und vergessen zu können. Eigensinnige und klägliche Stimmung. Diesen ganzen Tag und noch einige danach ging mir die demütigende, leidvolle Wahrheit seiner absoluten Vergesslichkeit nicht mehr aus dem Kopf und füllte mein Herz mit unaussprechlicher Traurigkeit.«

Wenn sie ganz niedergeschlagen war, fürchtete Isabella, dass ihre Gefühle ohnehin für niemanden ins Gewicht fielen, dass ihr Innenleben der Welt höchst gleichgültig war. Sie glaubte inzwischen, dass es keinen Gott und keine unsterbliche Seele gab, und war davon überzeugt, dass nach dem Tod nichts mehr kam: »Alles ist dunkel für mich, wenn ich erst einmal diese Welt verlassen habe«, schreibt sie. Der Verlust ihres Glaubens, sagt Edward Lane später, »scheint ein solcher Schock für sie gewesen zu sein, dass ihr ganzes Leben von einer gespenstischen Wolke aus Depression und *malaise* überschattet wurde«.[130] Wenn andere in ihrer Unzufriedenheit Trost in dem Gedanken fanden, dass dieses Leben nur die Vorbereitung sei auf das nächste, eine Prüfung, die es zu bestehen gelte, um den Lohn zukünftiger Seligkeit zu erhalten, quälte Isabella der Gedanke, dass sie nichts als diese eine unglückliche Existenz hatte. Sie versank in tiefe und allumfassende Schwermut; ihre religiöse Verzweiflung mischte sich mit ihrer Langeweile, ihrem verwundeten Herzen, ihrer Melancholie. Religiöse und romantische Desillusionierung wurden eins.

In dem Versuch, irgendeinen Nutzen aus ihrem Elend zu ziehen, sprach Isabella bei Combe vor, um ihre Ansichten über die Unsterblichkeit zu publizieren. Die falsche Erwartung eines zukünftigen Lebens, sagte sie, fördere geistigen Hochmut und verhindere wissenschaftlichen Fortschritt; wer an den Himmel glaube, kümmere sich nicht genügend um die irdische Welt und ihre Verbesserung. Sie sagte, sie wisse, dass Combe sorgfältig vermieden habe, derart gefährliche Ansichten in seinem eigenen Werk zu formulieren; da sie jedoch kein öffentliches Ansehen zu verteidigen habe, habe sie keinen Grund, »öffentlichem Tadel auszuweichen«.[131]

Combe riet ihr entschieden davon ab, über Religion zu schreiben. Er versuchte sie davon zu überzeugen – wie er zuvor auch andere von diesem Punkt zu überzeugen versucht hatte –, dass die Phrenologie nicht notwendigerweise zum Atheismus führe.[132] Zu diesem Zweck schickte er ihr den Artikel eines Geistlichen über die Beziehung zwischen Körper und Seele. Doch Isabella ließ sich nicht davon beeinflussen. Der Autor, schreibt sie an Combe, »räumt auf mit der überkommenen Meinung, dass Seele & Körper voneinander getrennt sind (…), aber er hält an der Hoffnung fest, dass wir durch einen geheimnisvollen Prozess von Gebet & guten Werken Geist werden könnten & so das ewige

Leben erlangten – eine Folgerung, welche nur komplizierter, doch nicht weniger unwahrscheinlich ist als die Lehre, die er verwirft«.[133] Sie mutmaßt, dass Menschen nach ihrem Tod die Erfahrung eines »Sturzes« machten und zu den Elementen zurückkehrten, aus denen sie bestanden: »Denn warum sollte das menschliche Leben sich so sehr von der tierischen Existenz unterscheiden?« Zumindest sollten Gläubige Demut zeigen: »Angesichts so vieler widersprüchlicher religiöser Meinungen« erstaunt es sie, dass »der eitle Mensch in allen Epochen entschlossen & wütend für seine eigene Denkweise, seine eigene Überzeugung gestritten hat, um nur ja nicht in die Verlegenheit zu kommen, sich die Überzeugung seines Nachbarn anzuhören. Man sollte doch meinen, dass allein das Vorhandensein von so vielen *unterschiedlichen* Doktrinen & Meinungen zumindest zu Zweifeln & einem gewissen Grad von Barmherzigkeit geführt hätte.«

Ungeachtet dessen befolgte sie Combes Rat und unternahm keinen weiteren Versuch, ihre Beobachtungen zu veröffentlichen. »Es gibt Menschen, die es vielleicht nicht kränken, aber doch erzürnen würde, wenn ich es täte«, schreibt sie ihm, »& vielleicht sollte ich nur ein paar Bemerkungen hinterlassen, die von meinen Freunden nach meinem Tod publiziert oder nicht publiziert werden können, wie es ihnen richtig erscheint.« Zögernd, doch mit der Diskretion und Selbstbeherrschung, die man von ihr verlangte, gab sie nach.

George Combe verblüffte das hohe Niveau von Isabellas Beweisführung. Er schreibt ihr: »Sie sind von klarem Urteilsvermögen, überzeugend & verständlich, und es gelingt Ihnen auf überragende Weise, in den Bezug von Ursache & Wirkung einzudringen; Sie stehen weit über dem Durchschnitt auch der gebildeten Frauen.« Als er sich 1853 entschloss, über seine eigenen Ansichten zur Religion zu schreiben, war sie eine der »sehr, sehr wenigen«, die eine Abschrift des Manuskripts erhielt (eine weitere sandte er an Marian Evans). Seinen ersten Lesern trägt er auf, den Inhalt der Schrift unbedingt geheim zu halten. »Ich komme zu dem Schluss, dass es keine übernatürliche Religion gibt«, erklärt er einer anderen Korrespondenzpartnerin. »Wenn der Inhalt dieses Buches bekannt würde (…), müssten wir Edinburgh verlassen.«[134] Isabella sichert ihm Verschwiegenheit zu. »Ich kann Ihnen sicher versprechen, dass ich mich an Ihre Bedingung halten werde. Das Buch werde ich unverzüglich zusammen mit meinen privaten Papieren einschließen und keinem Menschen gegenüber erwähnen, mit Ausnahme, und Ihrer Erlaubnis, von Mr Robinson.« Sie räumt ein, dass Henrys »allgemeine Ansichten liberal sind & er den größten Respekt für Sie hegt« – tatsächlich teilt sie die Begeisterung für den wissenschaftlichen Fortschritt und die säkulare Erziehung mit ihrem Mann –, kann sich jedoch nicht verkneifen, Combe daran zu erinnern, dass Henry kein tiefsinniger Denker sei. »Er hat nur wenig Zeit«, schreibt sie, »und auch nicht die Neigung zu abstrakter Betrachtung.«[135]

Sie stürzte sich in die Lektüre und ins Schreiben. 1852 schickte sie einen Text über Religion an die Zeitung *The Leader*, wohl wissend, dass ihre Meinungen selbst für dieses radikale Blatt wahrscheinlich als zu extrem gelten würden, und *Chambers's Edinburgh Journal* druckte ein weiteres Gedicht von ihr, »einige Zeilen über einige phantasievolle Symbole der Unsterblichkeit, die mir Vergnügen bereiteten«.[136] Im Juni 1853 publizierte diese Zeitschrift einen Artikel über die Ehe, »Eine Frau und ihr Herr«, mit der Unterschrift »Eine Frau«, der möglicherweise aus Isabellas Feder stammte.[137] Die Lebenssituation der Autorin, ihr beschwingter Stil, die große Liebe zu ihren Kindern und ihre undogmatischen Ansichten lassen jedenfalls eine Ähnlichkeit mit Isabella erkennen. Der Text ist Herbert Spencers *Social Statics* verpflichtet, einem unlängst erschienenen Buch, das Isabella in diesem Sommer gelesen und Combe als ein Werk »tiefer & gedankenreicher Philosophie« empfohlen hatte.[138] Die Ehe, sagt Spencer, könne zur »Herabwürdigung einer menschlichen Beziehung führen; was frei und gleichrangig begonnen hat, verwandelt sich in ein Verhältnis zwischen Herrscher und Untertan. Wie poetisch die Leidenschaft auch gewesen sein mag, die die Geschlechter vereint hat, in der kalten Atmosphäre der Herrschaft muss sie zugrunde gehen.«[139]

In gleicher Weise macht die Autorin des Artikels im *Chambers's Edinburgh Journal* geltend, dass die übermäßige Macht eines Ehemanns das Leben seiner Frau ruinieren könne; am Ende sei nur noch Hass übrig – auf ihn und auf sich selbst. Einer Frau werde durch eine schlechte Ehe nicht nur Unrecht getan, sie werde innerlich davon zerstört. Als unbedeutender Satellit des »alles kontrollierenden Planeten«, ihres Ehemanns, werde sie »schwach, träge, auf erbärmliche Weise abhängig«. Im Lauf der Zeit »mag sie sich mit aller Kraft bemühen, mag unter blutigen Tränen danach streben, geduldig und vernünftig und stark zu sein; doch die verkrüppelten Energien eines Lebens können nie mehr gesunden«. Wie eine »weiße christliche Sklavin« müsse sie »still und mit gebändigtem Pulsschlag durch die Welt gehen. (…) Ihr Gesicht muss nach außen hin ruhig wirken, wiewohl die Flammen des Ätna in ihrer Brust toben mögen.« Eine unglückliche Frau, schließt sie, bleibe oft nur deshalb bei ihrem Mann, weil sie es nicht ertrage, von ihren Kindern getrennt zu sein. Denn auch wenn sie für ihre Kinder »übermäßige Zärtlichkeit« empfinde, verliere sie nach dem Ende der Ehe jedes Recht, sie bei sich zu haben.

Robert Chambers sah sich gezwungen, seine Entscheidung zur Publikation dieses Textes zu rechtfertigen. Er fügte dem Artikel ein Postskriptum an: »Unsere Beiträgerin mag vielleicht mit übermäßiger Ernsthaftigkeit einen Fall beschreiben, den wir für außergewöhnlich halten, doch zu Recht hält sie nach Besserung Ausschau. (...) In künftiger Zeit mag deutlich werden, dass es weit weniger gefährlich ist als heute angenommen, wenn man es einer unglücklichen Frau erlaubt, mit ihren Kindern einen unerträglichen Gatten zu verlassen.«

Im Sommer 1853 besuchten Edward und Mary Lane und Lady Drysdale die Robinsons in Ripon Lodge. Henry hatte immer noch mit seinen Zuckerrohrmühlen zu tun. Vor kurzem hatte er ein Patent auf eine Vorrichtung erworben, mit der man eine neue Maschine in eine ältere Mühle einsetzen konnte.[140] Edward hatte seine Prüfung als Arzt abgelegt – er war nicht mehr nur Wundarzt, sondern konnte nun auch selbst Diagnosen stellen – und war auf dem Weg zum Kontinent, wo er mit seiner Familie einen Ferienmonat verbringen wollte. Mary bat Isabella, zwei ihrer Söhne eine Zeitlang bei sich aufzunehmen. Arthur und William waren fünf und zwei Jahre alt, und Isabella hatte sich in Edinburgh gut mit ihnen verstanden. Mary hatte 1852 noch einen weiteren Sohn, Sydney Edward Hamilton, zur Welt gebracht. Er war dunkelhaarig, während seine Brüder blond waren;[141] vielleicht hatte er Isabella zu Ehren den Namen Hamilton erhalten, denn sie und Alfred trugen diesen zweiten Familiennamen.

Die Lanes reisten zusammen mit Lady Drysdale nach Baden-Baden, von wo Edward Isabella mehrmals schrieb.[142] Er hatte bereits mehrere hydropathische Kurorte in Schottland und in Italien die Bagni di Lucca besucht. In einem 1851 verfassten Artikel des *Chambers's Edinburgh Journal* lobte er das toskanische Bad wegen seiner »schattigen Gassen« und des »murmelnden Flusses«.[143] Er war nun dazu fähig und bereit, als Arzt zu arbeiten, und schmiedete Pläne für einen eigenen Kurort, eine luftige Anlage aus Glas, Wasser, Rasen und hellem Sonnenlicht.

Als sie wieder in England waren, machten Edward Lane und seine Familie in Ripon Lodge Halt, um die Jungen abzuholen, und blieben einen Tag und eine Nacht bei den Robinsons.

»Ich sehne mich danach, zu erfahren, ob er an mich gedacht hat und mich vermisste«, vertraut Isabella an einem Tag, den sie nicht mit Datum versieht, dem Tagebuch an, »obwohl ich in Augenblicken ernster Überlegung gar nicht glauben kann, dass er dies tat.« Sie ermahnt sich selbst: »Wie kann jemand, der so beschäftigt, so beliebt und bewundert ist, auch nur einen einzigen Gedanken an eine hässliche und weit entfernte Frau mit plumpen Manieren verschwenden? Lieber Gott! Ich würde meinen letzten Tropfen Blut für ihn geben, wenn das möglich wäre, um ihm Gutes zu tun; bitte nur darum, geliebt zu werden, wenn ich sterbe; und er – warum gibt es nur diesen Unterschied des Gefühls? –, er sieht nur eine frühere Bekanntschaft in mir. Ach!« In Momenten derartiger Niedergeschlagenheit tritt sie sich selbst in den Staub und hebt ihn in den Himmel: Sie sei unattraktiv und ohne Reiz, klagt sie, während er von aller Welt geliebt und geschätzt werde. Noch ihren letzten Blutstropfen für Edward hinzugeben – in diesem Wunsch ist ihre grenzenlose Hingabe versinnbildlicht.

Im nebligen Winter 1853 reisten auch die Robinsons auf den Kontinent, »um den November um seinen Trübsinn zu betrügen«, wie es Henry in einem Brief an Combe ausdrückt.[144] Sechs oder sieben Wochen lang bereiste die Familie die nordfranzösischen Städte Calais, St Omer, Lille und Boulogne. »Hauptsächlich hielten wir uns in dieser letzten Stadt auf«, schreibt Henry, »da sie Mrs Robinson sehr gut gefiel.«

Ende des Jahres wohnte die Familie wieder in Ripon Lodge. Am ersten Tag des Jahres 1854 war Isabella bereits früh am Morgen munter (um Viertel vor acht), machte die Buchhaltung, beendete ihr Tagebuch von 1853 und begann einen neuen Band. Sie wolle sich bemühen, geduldig und pragmatisch mit ihrem launischen Gatten und den Söhnen umzugehen, schreibt sie. Dann: »Heute war es kalt, frostig, mit Ostwind, sonnig und schön bis mittags. Ich schlief nicht gut, fühlte mich beim Aufstehen besser und war fröhlich, sodass sich durch mein sonniges Beispiel auch Henrys Stimmung besserte. Er war lieb mit den Kindern, aber sie schienen recht bedrückt zu sein.«

Henry hatte begonnen, seiner Familie in Caversham ein Haus zu bauen, einem Vorort vier Meilen nördlich von Ripon Lodge, und beim Frühstück erörterte er mit Isabella, welchen Namen man dem Haus geben könne. Dann lasen sie mit den Jungen. Später, als Isabella allein war, zählte sie die Briefe des vergangenen Jahres: »Ich bekam 189 lange und 26 kurze; schrieb 214 lange und 54 kurze.« Sie machte eine Strichliste für alle Briefe und eine Liste aller Verwandten und Bekannten, die gestorben waren, unter ihnen der Bruder ihres ersten Mannes, George Dansey, der »einst ein Freund, doch in letzter Zeit nur noch wie ein Fremder gewesen war«,[145] zwei Tanten mütterlicherseits sowie zwei

Söhne ihres ältesten Bruders John, der mit seiner Familie in Tasmanien lebte.[146] Diese alljährliche Bestandsaufnahme, die zu den Gewohnheiten der Tagebuchschreiber dieser Zeit gehörte, bringt Isabella auf den Gedanken, es mit einem Gebet wenigstens zu versuchen: »Möge der Große Schöpfer des Seins aller Wesen unsere Schritte auf Erden lenken und uns zu der Erkenntnis und der Wahrnehmung des Guten und Geordneten mitten in scheinbarem Gegensatz, Schmerz und Leid führen.«

Um halb eins machte Isabella mit Alfred und Stanley einen Spaziergang. Anfangs sei ihr Ältester »stumpf und verdrießlich« gewesen wie sie selbst, schreibt sie, doch ihre Laune besserte sich durch die kalte Luft und den Anblick der schneebedeckten Berge. Nach ihrer Rückkehr verschlechterte sich Isabellas Stimmung wieder, Henrys wegen: »Essen gut, aber Henry bekrittelt alles.« Da ihr die Führung des Haushalts oblag, richtete sich seine Kritik am Essen gegen sie. »Las nach dem Essen den Kindern vor, dann eine lange Debatte mit ihm wegen seiner Unzufriedenheit. Er schimpfte auf die Dienstboten, verlangte einen eigenen Diener, wollte ein Arbeitszimmer, wünschte, ich wäre eine energischere Haushälterin, beklagte sich über die Kälte und überlegte, weniger Zeit hier und mehr in London zu verbringen.« Sie reagierte ruhig auf die Angriffe und seinen Plan, so wenig Zeit wie möglich mit der Familie zu verbringen. »Ich sagte alles, was mir einfiel, um ihn wieder einigermaßen zur Räson zu bringen; wies auf die Selbstsucht seiner Klagen hin, sagte, es sei doch das Vernünftigste, das Beste aus allem zu machen, und erwähnte einige kleinere Verbesserungen, die wir uns vornehmen könnten.«

Isabellas Verhalten an diesem Tag schien vor allem für sie selbst wichtig zu sein, es war ein in die Tat umgesetzter Neujahrsvorsatz. Sie versuchte, sich den Regeln der Benimmbücher gemäß zu verhalten, wie sie in dieser Zeit im Schwang waren. Sarah Stickney Ellis schreibt in *The Wives of England* (1843), dass es Aufgabe einer Frau sei, sich ihrem Gatten unterzuordnen und voll Hingabe ein behagliches und heiteres Heim zu schaffen.[147] Es sei, schreibt Mrs Ellis, »fraglos das unabänderliche Recht aller Männer, ob krank oder gesund, reich oder arm, klug oder dumm, mit Ehrerbietung behandelt zu werden und in ihrem Haus etwas zu gelten«. Einen Mann glücklich zu machen war die Begabung und das Privileg der Ehefrau. Oder, wie es in der Ballade *The Angel in the House* (1854) von Coventry Patmore heißt: »Der Mann muss Freude haben, doch ihn zu erfreun / Ist Freude jeder Frau.«

Isabella tat ihr Bestes, um Henrys Grobheit und schlechte Laune schweigend zu ertragen, freundlich zu warten, bis die dunklen Wolken seiner Unzufriedenheit sich verzogen hatten. Sie blieb bei ihm, bis sein Ärger sich gelegt hatte, und ging dann mit Alfred noch einmal spazieren: »Es gab fast keinen Wind mehr, und es war sehr angenehm.« Um acht Uhr kamen sie zur Tee-Mahlzeit zurück, und danach diskutierten Isabella und Henry eine weitere Stunde über den Namen des neuen Hauses. Um halb zehn schrieb sie Tagebuch und machte einige Übungen in Latein – obwohl sie mittlerweile gar nicht mehr an Vorlesungen und Kursen teilnehmen konnte wie in Edinburgh, war sie immer noch darauf erpicht, ihre erziehungsbedingten Wissenslücken zu schließen. Um elf Uhr lag sie im Bett. »Und so endete der erste Tag des Jahres«, erzählt sie dem Tagebuch, »nicht ganz unerfreulich, doch in gewissem Maße verdorben durch Henrys Missstimmung«; das »zutiefst Unliebenswürdige seines Charakters« ermüde sie immer wieder und bringe sie auf.

4. KAPITEL

Verworrene Träume
Berkshire und Moor Park, 1854

1854 trat ein neuer Mann in Isabellas Leben, der die Seiten ihres Tagebuchs füllte: John Pringle Thom, ein etwa vierundzwanzigjähriger Schotte, der von Henry als erster Lehrer der von ihm geplanten Schule angestellt worden war.[148] Das Ganze war noch nicht weit gediehen – Henry fand unter den konservativen Bewohnern des Distrikts wenig Unterstützung für sein fortschrittliches Projekt, und sein Geschäft in London ließ ihm wenig Zeit für andere Dinge. Unterdessen zog John Thom nach Reading und begann seinen Dienst als Privatlehrer der Robinson-Jungen.

Am 24. März 1854, einem trockenen, kalten, windigen Tag, kam Thom um halb neun Uhr morgens zum ersten Mal nach Ripon Lodge. Er unterrichtete den neunjährigen Otway, während Isabella die Studien des dreizehnjährigen Alfred und des fünfjährigen Stanley überwachte. Bis sie in die Schule kamen, lagen Erziehung und Ausbildung ihrer Söhne in ihrer Hand. Nach dem täglichen Unterricht plauderte sie mit Thom. »Der junge Mann tat mir aufrichtig leid«, schreibt sie ins Tagebuch, »er war leblos, mutlos und einsam. Mr Robinson hatte ihn nach Reading kommen lassen und schien ihn nun sich selbst überlassen zu wollen. Ich beschloss, ihm zu zeigen, dass ich mir seiner Lage bewusst war.« Auch sie fühlte sich ja von Henry einem öden Provinzleben überlassen.

In den nächsten drei Monaten wurde Isabellas Mitgefühl für den Lehrer ihrer Söhne fiebrig und bedürftig. Abwechselnd befand sie sich in einem »Sturm leidenschaftlicher Erregung« und in »matter und elender« Bedrückung, ohne die Hoffnung aufzugeben, dass schon die nächste Begegnung mit ihm ihr Begehren stillen könnte.

Sie sah den Treffen mit Thom so ruhelos entgegen, als wäre er ihr Liebhaber. »Meine Gedanken flogen oft und mit nicht geringer Angst zu dem geplanten Treffen mit Mr Thom«, schreibt sie in einem undatierten Eintrag, »und doch trieb mich eine unaussprechliche Sehnsucht weiter. Versuchte alles, um mich selbst zu beruhigen, aber vergebens.« Zu ihrer Bestürzung tauchte er zum festgesetzten Zeitpunkt nicht auf. »Würde er auch nur den zehnten Teil meines Interesses an ihm für mich empfinden, hätte er meine Einladung nicht so einfach in den Wind geschlagen. Ich war vernichtet, gedemütigt, wie schon oft bei anderen Gelegenheiten, und verfluchte die erregte Nervosität und anhängliche Leere meines Herzens.«

»Wenn ich nur allein leben könnte«, schreibt sie, »wenn ich all meine Sehnsucht nach Gesellschaft und Teilhabe an geistigen Vergnügungen nur vertreiben könnte, käme ich leidlich zurecht. Aber so ist mein Leben ein einziges Geflecht aus quälender Erregung und Unbeständigkeit. Was soll ich tun?«

Ihre Schwäche für Thom hatte ihre Gefühle für Edward Lane nicht verdrängt, den sie nach wie vor mit Briefen bombardierte. »Von Mr Lane immer noch nichts«, heißt es in einem undatierten Tagebucheintrag, »nicht einmal eine Antwort auf meine Frage, ob er überhaupt noch etwas von mir hören will. War empört und überrascht. Ich nahm an, dass seine persönliche Anwesenheit (er so höflich, so elegant) alles ist, was seine Freunde von ihm haben können. Wenn sie nicht mehr da sind, sind sie vergessen.« Es schien ihr nicht in den Sinn zu kommen, dass Edward mit der Absicht schwieg, einen Schlussstrich unter das Verhältnis zu der in ihn vernarrten Freundin zu ziehen. Sobald Isabella nicht mehr in seiner Nähe war, machte sich seine Besonnenheit geltend. Der Ton seiner seltenen Briefe war notwendigerweise vorsichtig: Später sagte er, dass Mary jedes Wort gelesen habe, das er mit Isabella wechselte.

Niedergeschlagen gestand sich Isabella ein, dass Edward ihre Gefühle womöglich nicht erwiderte. »Habe seine letzten beiden Briefe noch einmal gelesen«, schreibt sie. »Der von Weihnachten machte mir Freude, er ist so frisch und gescheit. Aber immer wenn ich seine Worte lese, fühle ich, wie sehr sich die zahme Freundschaft, die er mir gegenüber hegt und ausdrückt, von der allumfassenden Hochschätzung unterscheidet, welche ich für ihn empfinde. Wünschte, es wäre anders.« Dieser Realismus vermochte allerdings nichts gegen ihre Tagträumerei. »Wenn ich einsam bin und mich freue«, schreibt sie, »kehren seine Stimme, sein äußeres Bild zu mir zurück, und ich sehne mich nach seiner Gesellschaft. Ich fürchte die Zeit, die meine Anziehungskraft untergräbt, aber meine leidenschaftlichen und unbeherrschbaren Gefühle nicht mindert.«

Ihr Schlaf war von sexuellen Phantasien durchsetzt, und diese Träume waren so viel reicher und verführerischer als ihre stumpfen, leeren Tage. »Verworrene Träume von Mr Lane heute Nacht«, schreibt sie am 24. März 1854, »erwachte so erhitzt, als wären sie Realität. Ich dachte an die Dinge, die ich schon während des Mittagsschlafs ständig vor Augen hatte. Ich war abwechselnd niedergeschlagen und erregt, und der Tag war ohne Zusammenhang.«

Die Phrenologen glaubten, dass Träume aus bestimmten Gehirnregionen stammten, die zum Leben erwachten, während die Vernunft schlief. Sie »nehmen an, dass es einige Teile des Gehirns gibt, die sich nicht in Ruhestellung befinden wie andere«, schreibt Catherine Crowe in *The Night Side of Nature*, »sodass, wenn man der Phrenologie glauben will, ein Organ die Eindrücke des anderen nicht korrigieren kann.«[149] Manchmal fand diese Korrektur auch im Wachzustand nicht statt. John Addington Symons erklärt in *Sleep and Dreams* von 1851, dass in solchen Fällen ein Mensch beim Erwachen »in eine neue Welt blickt, die er aus seinem Inneren nach außen projiziert. Mit Hilfe einer üblen Kraft, der unheilvollen Begabung, sinnlich wahrgenommene reale Objekte zu assimilieren, nimmt er sie in Besitz, entkörperlicht sie und verschmilzt sie mit den Schöpfungen seiner Phantasie.«

In einem Traum sieht sich Isabella mit Edward Lane und ihren ältesten Söhnen Alfred und Otway auf der Flucht. Mary Lane verfolgt und überholt sie, und so endet Edwards Ausbruch; doch Isabella, gejagt von Henry und einer Figur, die nur mit »C.« bezeichnet wird, läuft weiter.[150] »Ich hatte noch keinen Traum, der so von meiner ganzen Seele Besitz ergriff«, schreibt sie. »Ich beeilte mich, meine morgendlichen Pflichten zu erledigen, damit ich ihn schnell in Form einer Erzählung niederschreiben konnte; und den ganzen Tag lang konnte ich ihn weder vergessen noch klar unterscheiden, wie viel davon wahr war und wie viel falsch. Lieber Gott! Wie sehr sind wir doch die Marionetten unserer Phantasie!« Dass ihre Träume auf ihre Tage übergriffen, verstörte und erregte sie. Die nächtlichen Traumbilder waren Fragmente einer anderen Welt, Andeutungen von Freiheit. »Träumte die ganze Nacht von abwesenden Freunden, romantischen Situationen und Mr Lane«, lautet ein anderer Eintrag. »Ach, warum sind Träume seliger als das wache Leben?«

Florence Nightingale beschrieb in einem Text der frühen 1850er Jahre die »Akkumulation nervöser Energie«, die sich in Frauen wie ihr selbst sammelte und ihnen, »wenn sie zu Bett gingen (...) das Gefühl vermittelten, sie würden wahnsinnig«.[151] Sie schrieb die Intensität ihrer Träume ihrer »leidenschaftlichen Natur« zu; eine Ehe könne sie »wenigstens von dem Übel des Träumens« befreien. Auch Isabellas Träume gründeten in erotischen Sehnsüchten, und sie schienen wiederum ihre literarischen Ambitionen zu beflügeln, wenn sie morgens mit dem Wunsch erwachte, alles sofort zu notieren. Ihr Verlangen nach Körperkontakt ging in den Schreibwunsch über. »Seltsame, romantische Träume im Morgengrauen, bevor ich aufstand«, schreibt sie. »Im Schlaf habe ich oft das Erzählgerüst eines Romans im Kopf, mit Namen, Szenen und allem, doch eigentlich ohne Verbindung mit meinen eigenen Erlebnissen, und ich sehne mich nach dem stets bereitliegenden Stift eines Schriftstellers, um alles sogleich zu Papier zu bringen.«

Eine der Romanautorinnen, die Isabella in Edinburgh kennengelernt hatte, schien in diesem Jahr ganz in die Welt der Phantasie überzuwechseln. Ende Februar wurde die vierundsechzigjährige Catherine Crowe, die seit langem von ihrem Ehemann getrennt lebte, auf der Straße aufgegriffen; sie war in der Nähe ihres Hauses in der Darnaway Street nackt umhergeirrt. Charles Dickens berichtet von Mrs Crowes sonderbarer Veränderung in einem Brief vom 7. März 1854: Sie »war völlig verrückt geworden – und völlig nackt (...). Am nächsten Tag fand man sie auf der Straße, bekleidet mit nichts als ihrer Keuschheit, einem Taschentuch und einer Visitenkarte. Offenbar hatten ihr Geister eingeflüstert, wenn sie sich so zurechtmache, wäre sie unsichtbar. Jetzt ist sie im Irrenhaus und, wie ich fürchte, hoffnungslos wahnsinnig.«[152]

Catherine Crowe wurde kurze Zeit in einem privaten Asyl in Highgate, nördlich von London, behandelt, und zwar von dem berühmten »Irrenarzt« John Conolly. »Als sie herkam, hatte ihr Wahn sich aufgelöst wie ein Traum«, berichtet Dr. Conolly ihrem Freund George Combe. »Liegt hier nicht der Einfluss einer Epidemie vor, die die Gehirne so vieler Menschen mit Einbildungen verseucht, wie es im Mittelalter der Veitstanz war?« Nach der Behandlung in Highgate reiste Mrs Crowe in den Kurort Malvern, um sich dort hydropathischen Kuren zu unterziehen. In einem am 29. April in den *Daily News* publizierten Brief leugnet sie, den Verstand verloren zu haben, räumt aber ein, im Februar an einer »chronischen Magenentzündung« gelitten und während einer Phase von Bewusstlosigkeit die Vorstellung gehabt zu haben, dass Geister sie leiteten.

Die Geschichte von Mrs Crowes nacktem Umherirren wurde von Robert Chambers bestätigt, der in einem Brief vom 4. März 1854 beschrieb, wie die Freunde der Schriftstellerin sie aus ihrem »entsetzlichen Zustand des Entblößtseins« errettet hätten. Sie hatte geglaubt, unsichtbar zu sein, doch am Ende war sie bar jeglicher Würde und Vernunft, und ihre Verblendung war für alle offenkundig.

Ende Mai gab Henry den Plan auf, eine Schule zu gründen, und kündigte John Thom.[153] Isabella war außer sich. Am Samstag, dem 3. Juni – einem freundlichen Tag mit vereinzeltem Sonnenschein und frischem Nordwind –, schickte sie Alfred, um Thom zu holen. Der Lehrer wohnte in der London Road, am östlichen Ende von Reading. Isabella hatte ihn eine Woche nicht gesehen und machte sich die größten Sorgen, als er nicht sofort kam: »Niedergeschlagen, elend, ruhelos, Tränen in den Augen«. Sie zog sich an und gab Anweisungen für das Mittagessen – immer noch in der Hoffnung, er werde bald kommen. »Um zwölf hörte ich seine Stimme mit den Jungen, war aber zu aufgeregt, um ihm entgegenzutreten, und rannte nach oben, aschfahl, erholte mich ein wenig, ging hinunter und begrüßte ihn schließlich in meinem Zimmer.« Er war offenbar in einem ähnlichen Zustand. »Er sah dünn und bleich aus, aufgewühlt, hoffnungslos. Ich habe nie jemanden gesehen, der sich binnen einer Woche auf so traurige Weise veränderte; seine von schweren Lidern überschatteten großen Augen sahen aus wie blasse Veilchen; seine Wangen waren eingefallen, und es lag etwas ungemein Schwermütiges in seinem ganzen Gebaren. Er sagte, er sei krank gewesen und verzweifelt über die plötzliche Kündigung.« Während er wie entleert schien, schäumte Isabella fast über vor Gefühlen. »Es gelang mir kaum, mich so weit zu beherrschen, dass ich reden konnte, und mein Kopf tat fürchterlich weh; meine Wangen wurden rot, jeden Augenblick traten mir Tränen in die Augen, und meine Stimme versagte.«

Als sie ihre Fassung wiedergewonnen hatte, redeten sie »lange und ernsthaft«. Isabella kritisierte Henry, weil er aus »Stolz und Dickköpfigkeit« John Thom so plötzlich entlassen hatte. Thom gestand, dass er nicht wusste, was er als Nächstes tun solle. »Er beschrieb in allen Einzelheiten sein Leid, seinen verzweifelten Zustand, die Plackerei in Schottland, dass ihm jede Möglichkeit verwehrt war, weil er nicht an der Universität studiert hatte.« Sie war voller Anteilnahme – wie sie selbst war er nicht ausreichend gebildet, machtlos und zu langweiliger Arbeit verdammt –, und sie versuchte ihn aufzuheitern, indem sie ihm eine bessere Zukunft ausmalte: »Wir machten Pläne, die meisten davon hoffnungslos.«

Seine Not lenkte sie von ihrer eigenen ab: »Wir schlenderten eine halbe Stunde lang im Garten umher, und es ging mir besser; sodann aßen wir ganz fröhlich miteinander, doch sein Gesicht war noch immer elendig blass.« Danach saßen sie in ihrem Zimmer zusammen und sprachen über Bildhauerei, Malerei und Italien. Isabella bot Thom Kaffee und Whisky an, und er wurde lebhafter und ging neben ihnen her, als Isabella nachmittags mit ihren Söhnen ausritt. Alfred wurde dann in Thoms Wohnung geschickt – wegen »Dickens etc.«, schreibt sie; vielleicht sammelte Thom Bücher –, und dann begleitete der junge Mann Isabella und die Jungen zu Pferd in den Whiteknights Park. Mit ihren Büchern saßen sie am Ufer des Sees, »redeten aber zu viel, um lesen zu können«. Isabella wollte Thom fünfzehn Pfund schenken, was er ablehnte; sie schrieb sich die Adresse seiner Mutter auf und versprach zu schreiben. »Es war wahrscheinlich unsere letzte Unterredung«, schreibt sie im Tagebuch, »und unsere Gefühle waren intensiv und nicht nur traurig. Er sei froh, sagte er, überhaupt nach Reading gekommen zu sein; und ich war es auch.« Sie blieben im Park, bis der Wächter kam und die Abendschließung ankündigte.

Isabella kehrte mit den Jungen nach Ripon Lodge zurück. Henry kam rechtzeitig nach Hause, um mit ihnen Tee zu trinken und die Mahlzeit einzunehmen; er sei »höflich« gewesen, sagt Isabella. Nach dem Essen schrieb sie und ging um Mitternacht zu Bett.

Als Thom in diesem Monat die Robinsons verließ, bat Isabella ihn dringend, Edward Lanes neue hydropathische Kuranstalt aufzusuchen, die sich in Moor Park bei Farnham in Surrey befand, zwanzig Meilen südlich von Reading.[154] Die Lanes und Lady Drysdale waren im März von Edinburgh dorthin gezogen und hatten die Einrichtung von dem bekannten Hydropathologen Dr. Thomas Smethurst übernommen. Thom folgte Isabellas Bitte in der Hoffnung, dass der Aufenthalt in Moor Park ihn von seiner Abhängigkeit von Tabak, Alkohol und Opium befreien könne.[155] Es kann sein, dass Edward Isabella zuliebe bei dem mittellosen Privatlehrer nicht die üblichen Behandlungskosten veranschlagte.

Moor Park war der Kurort, von dem Edward immer geträumt hatte. Er warb für seine neue Klinik bei seinen Freunden in Schottland und im Anzeigenteil wichtiger Presseorgane wie *Athenaeum*, *The Morning Post* und *The Times*. Jeden Dienstag fuhr er nach London, wo er in einer Praxis in Mayfair zwischen 10.30 Uhr und 12.30 Uhr zukünftige Patienten empfing. Eine Konsultation kostete eine Guinee, und die Kosten für die Kurbehandlung beliefen sich auf drei bis vier Guineen pro Woche; vier Shilling extra kostete es, wenn man einen Badediener anstellte, der einen wusch und schrubbte, und für fünf Shilling wurde das Schlafzimmer beheizt.[156] Edward hoffte, dass auch er und seine Familie von dem Umzug in eine gesündere Umgebung im Süden profitierten. Er sei stets »von zarter Gesundheit« gewesen, sagt Isabella (er litt unter Verdauungsstörungen), und Atty hatte immer wieder Lungenprobleme.[157]

Die Hydropathie wurde in den 1840er Jahren in Schottland und England eingeführt, und bald war sie als Behandlung bei all den vagen, von Ängsten begleiteten Krankheiten der Mitte des neunzehnten Jahrhunderts weit verbreitet.

In Orten wie Bath oder Buxton machten Menschen schon seit Jahrhunderten Wasserkuren, doch ihre neue Version, erfunden von Vincenz Prießnitz in den 1830er Jahren in Schlesien, hatte einen systematischeren wissenschaftlichen Anspruch. Die Theorie besagte, dass unausgewogene Körpersäfte zu einem gesunden Gleichgewicht zurückfänden, wenn man sich heißen und kalten Bädern und Duschen aussetzte.[158] Edward Lane schrieb, dass viele seiner Patienten Opfer eines Wahns seien, entweder seien sie von ihrer Arbeit besessen (die »übermäßige Schufterei des Anwalts, des Staatsmanns oder des Mechanikers«) oder von Drogen und Alkohol (»die suizidären Neigungen des modischen Herrn«).[159] Charles Darwin suchte bei Dr. Lane Hilfe, weil er von Ängsten hinsichtlich seines »ewigen Arten-Buches«[160] heimgesucht wurde, jenes Werkes, das unter dem Titel *On the Origin of Species* bald weltberühmt werden sollte. Er litt unter Blähungen, Übelkeit, Kopfweh und immer wieder auftretenden Ekzemen und Furunkeln. »Ich hatte schon viele Fälle schwerer Verdauungsbeschwerden gesehen«, sagt Edward, »indes kann ich mich nicht erinnern, dass die Schmerzen bei irgendjemandem so schrecklich waren wie bei diesem Mann. Bei den schlimmsten Attacken schien er nahezu vernichtet zu sein vor Qual, das Nervensystem war schwer erschüttert und die zeitweilig daraus resultierende Schwermut fürchterlich.«[161]

Während die Hydropathie bei Intellektuellen beliebt war, wurde sie von den populären Zeitungen als mondän, grotesk oder amoralisch bezeichnet und lächerlich gemacht. Edward schreibt, dass er als Hydropath »gegen den geballten Konservatismus der medizinischen Profession« zu kämpfen habe, um ernst genommen zu werden.[162] Das Wort Hydropathie sei eigentlich irreführend: Prießnitz habe nicht bemerkt, wie viel seine Behandlung auch einer geeigneten Diät und der richtigen Umgebung verdanke. Edward selbst nannte seine Methode die »Naturkur«. Wie der Hydropath in Charles Reades Roman *It is Never too Late to Mend* (1856) »tätschelte er der Natur den Rücken«, während andere sie »mit Knüppeln und Steinen auf den Kopf schlugen«.

Am Dienstag, dem 4. Juli, einen Monat nach dem Abschied von John Thom, besuchte Isabella Moor Park in der Hoffnung, sowohl Thom als auch Edward Lane wiederzusehen. Sie nahm den Zug von Reading nach Ash, was fünfundvierzig Minuten dauerte, und von dort ließ sie sich im Einspänner die wenigen Meilen nach Moor Park kutschieren.[163] Um 10.30 Uhr kam sie an. Eine kiesbedeckte Auffahrt führte zu einem ausladenden weißen dreistöckigen Gebäude. Über der Eingangstür prangte eine Plakette mit dem Wappen von Sir William Temple, einem berühmten Diplomaten und Autor, der im späten siebzehnten Jahrhundert hier seinen Wohnsitz hatte. Temple hatte das 450-Morgen-Grundstück in den 1680er Jahren gekauft, ein halbes Jahrhundert nach dem Bau des Hauses, denn er suchte einen »Rückzugsort«, »die Behaglichkeit und Freiheit eines privaten Ortes, wo ein Mann seine eigene Gangart einschlagen kann«.

Isabella wurde von Lady Drysdale, Mary Lane und einigen ihrer Gäste willkommen geheißen. Der Doktor war beschäftigt, doch am frühen Vormittag traf sie zufällig auf Thom. »Es war uns beiden sehr peinlich«, schreibt sie in ihr Tagebuch. »Ich errötete, und die Augen meines Gegenübers hefteten sich auf mich. Mr Th. stand da und wagte kaum zu sprechen, und auch ich war äußerst schweigsam.«

Im Vestibül des Hauses befand sich auf der einen Seite ein Billardtisch und auf der anderen ein Bücherregal. Dahinter stieg eine Krinolinentreppe empor, die mit ihren ausladenden Eisengeländern, die den Reifröcken der Damen glichen, der stolze Mittelpunkt des Gebäudes war. Die Wände waren mit Lyren und Putten aus Stuck verziert und von einem ovalen Oberlicht gekrönt. Hinter der Treppe führte eine Tür in den Speiseraum. Dort gab es einen Kamin mit geschnitzten Schäferszenen und auf der gegenüberliegenden Seite drei Terrassenfenster, die den Blick freigaben auf einen Springbrunnen im Garten und, weiter entfernt, auf zwei Kanäle und den Fluss Wey. Auf einer Flussinsel ragten ein Sommerhaus und die Überreste einer alten Laube aus dem Dickicht der Bäume hervor.

Rechts von der Terrasse schlossen sich ein Glashaus für Weinreben, eine Orangerie und ein Treibhaus an,[164] daneben lag ein ummauerter Obstgarten, in dem im Sommer Stachelbeeren, Himbeeren und Johannisbeeren geerntet wurden. Links von der Terrasse stand eine riesige Zeder, die mit ihren Zweigen den Rasen überschattete, und eine Sonnenuhr markierte den Platz, an dem das Herz von Sir William Temple nach seinem Tod in einem silbernen Kästchen begraben worden war. Außerdem gab es einen tiefen Keller voller Eis, das man im Winter aus den Kanälen und Flüssen hierherbrachte; ein weiterer Eiskeller war in den Hang gegenüber der Eingangstür gegraben worden.

Es war ein warmer Tag, an dem es immer wieder regnete. In einer kurzen Phase mit Sonnenschein am späten Vormittag ging Isabella mit Atty, der nun sechs Jahre alt war, und einem weiteren Gast, in ihrem Tagebuch als »Kapitän D.« bezeichnet, im Garten spazieren. Ihre Aufmerksamkeit richtete sich allerdings auf John Thom, der auf der anderen Seite der Hecke mit »Mr B.« spazieren ging. (Es handelte sich vielleicht um Robert Bell, einen Patienten von Moor Park, der Thom später eine Anstellung verschaffte.) Sie wechselte einige Worte mit den Herren, hatte aber den Eindruck, dass Thom sich ihr gegenüber distanziert verhielt. »Es war fast so, als würde er mich meiden«, schreibt Isabella, »oder wenigstens nicht meine Nähe suchen.«

Danach zog sie sich zum Essen um und nahm um halb eins ihren Platz an der Tafel ein. Sie saß neben zwei anderen Gästen, »Mrs O. und Mrs K.«: »Mr T. mir gegenüber, und er sprach kein einziges Mal mit mir und sah mich nicht einmal an.«

Nach dem Essen blieb sie eine Zeitlang bei Lady Drysdale in deren Zimmer, dann ging sie in den Garten hinaus und kam dabei an Thom vorbei, der am Billardtisch stand. »Er verließ sofort das Spiel«, schreibt sie, »und als er sah, dass ich allein war, ging er erwartungsvoll mit mir hinaus. Wir spazierten zum Treibhaus, denn es regnete, saßen eine Weile zusammen und plauderten ernsthaft.« In der Orangerie »brachte er mir einen Stuhl und setzte sich ebenfalls, jedoch weit weg von mir. Wir redeten sehr ernsthaft, aber auch hastig und konfus und nicht von den Dingen, die uns am meisten beschäftigten.« Dann gingen sie weiter. »Ich weiß nicht, ob er wirklich schweigsamer ist als gewöhnlich«, schreibt sie, »sonderbar still war er auf jeden Fall; trotzdem, zu wissen, dass er mich verstand und wirklich gern mit mir zusammen war, machte diesen Spaziergang für mich bedeutungsvoll.«

Als sie wieder im Haus waren, erfuhr Isabella, dass Edward inzwischen zurückgekehrt war, etwas gegessen hatte und wieder gegangen war. Zusammen mit den anderen Gästen nahm sie die Tee-Mahlzeit ein, und bald darauf tauchte der Doktor vor dem Speisesaal auf. »Mit einem Sprung durch das offene Fenster war er da und begrüßte mich«, schreibt Isabella, »herzlicher, als ich erwartet hätte. Sehr herzlich schüttelte er meine Hand; sehr freundlich setzte er sich in meine Nähe und stellte viele Fragen nach meinem Wohlergehen.« Sie stellte sich Thom vor, wie er sie beobachtete und Zeuge ihres fröhlichen und entspannten vertrauten Zusammenseins mit dem gutaussehenden Doktor war. Der Gedanke, dass ihre Freundschaft mit Edward Lane andere eifersüchtig machte, erregte sie. »Mr Th. saß mir gegenüber«, schreibt sie, »und tat, als würde er lesen, aber ich weiß, dass er alles genau beobachtete.«

Später versammelten sich die Gäste im Salon im ersten Stock. »Dr. Lane war außerordentlich geistreich; setzte sich auf das Sofa, das ich selbst gewählt hatte, neben dem Klavier und verließ mich nur, um gelegentlich zu singen und einige Worte mit seinen Gästen zu wechseln; doch seine Augen, seine ganze Aufmerksamkeit, seine Worte, alles gehörte mir. (...) Wir sprachen von Liebe, von Dichtung, von seinem Alter, und ich sagte ihm, dass er nie besser ausgesehen habe, auch wenn er behauptete, sich alt zu fühlen; wir sprachen über Musik und seine Lieder; er sang sehr hübsch und mit Vergnügen, ein französisches und ein komisches Lied und noch einige andere, auch eines, das ich mir gewünscht hatte, ›Oh, the Heart is a Free and Fetterless Thing‹.«

Thom saß »den ganzen Abend nicht weit von uns entfernt, ohne dass er sich geregt, gesprochen oder aufgesehen hätte«, fährt Isabella fort, »und doch wusste ich, dass er uns beobachtete und sich unserer Gegenwart bewusst war«. Sie deutet an, dass seine scheinbare Gleichgültigkeit nur seine Eifersucht verdeckt. Nur einmal kam er zu ihr und kniete zunächst neben ihr, während sie sich unterhielten – »wie es Mr L. gerade erst getan hatte«. Sie sprachen über eine Schule, die er in Sydenham gründen wollte, einem eleganten

Londoner Vorort, in dem die Geschäfte florierten, seit dort 1852 der für die Londoner Industrieausstellung im Jahr zuvor gebaute Kristallpalast wiedererrichtet worden war. Isabella riet ihm, Rundbriefe zu schreiben, um für seine Pläne zu werben. »Er sah froh und glücklich aus, während ich sprach«, schreibt sie. Um zehn Uhr verlässt Thom die Gesellschaft, um einen Pfarrer und zwei weitere Gäste aus der Nachbarschaft nach Hause zu begleiten. »Als er später zurückkehrte«, sagt Isabella, »setzte er sich in die Nähe der Tür und war bleich, matt und mutlos wie zuvor.«

Man unterhielt sich und sang bis in die Nacht. Nachdem einige Arien der Eurydike aus Glucks Oper *Orpheus und Eurydike* vorgetragen worden waren, bat Isabella Edward, Alexander Popes »Ode auf den Cäcilientag« zu rezitieren, »was er schließlich tat, sehr einfühlsam, zu meiner nicht geringen Freude«. Glucks Oper und Popes Gedicht thematisieren beide den griechischen Mythos von Orpheus und Eurydike, in dem Orpheus die Geliebte verliert, weil er beim Aufstieg aus dem Hades der Versuchung nicht widerstehen kann, sich nach ihr umzusehen.

Nach den Liedern und Lesungen »und noch ein paar Scherzen und Komplimenten« trennte man sich zu später Stunde. »Ich habe noch nie einen Abend so genossen«, schreibt Isabella. »Meine Kopfschmerzen waren verschwunden und all mein Kummer dazu; die alte Verzauberung durch diese faszinierende Gesellschaft war wieder da, und für mich gab es niemand Anziehenderen als den gutaussehenden, eleganten, lebhaften, charmanten L.«

Mary – »seine kleine Frau«, »so gut, so liebenswürdig, so ahnungslos« – brachte Isabella die geschwungene Treppe hinauf in ihr Schlafzimmer, und Edward folgte bald danach. »Und dann ließen sie mich allein, ich aber schlief nicht; das

Bett war hart, und ich war viel zu aufgeregt, um zu schlafen. Ich wälzte mich herum bis zum Morgen, und da war es schon spät.«

So sehr das Tagebuch Isabella dazu diente, sich immer wieder Tugend zu geloben, diente es auch als Zuflucht für diejenigen Teile ihrer selbst, die vom Eheleben nicht berührt wurden. »Die Frau, die die verschiedenen Pflichten einer Ehefrau und Tochter, einer Mutter und einer Freundin treu erfüllt, beschäftigt sich auf weit nützlichere Weise als diejenige, die unter schuldhafter Vernachlässigung ihrer wichtigsten Obliegenheiten sich täglich in philosophischen und literarischen Spekulationen ergeht oder hoch über der Erde in den verzauberten Regionen von Romanen und Gedichten schwebt«, so steht es in Thomas Broadhursts populärem Handbuch *Advice to Young Ladies on the Improvement of the Mind and Conduct of Life* von 1810.[165] In ihrem Tagebuch schwebte Isabella tatsächlich in den Regionen, die von den Benimmbüchern so verteufelt wurden.

Zurück in Ripon Lodge, stand Isabella am Dienstag, dem 11. Juli, um sieben Uhr auf; in der Nacht hatte es geregnet. Seit dem Besuch in Moor Park in der Woche zuvor war sie niedergeschlagen gewesen, an diesem Morgen jedoch war sie, wie sie sagt, »etwas weniger traurig«. Nach dem Frühstück fuhr Henry nach Caversham, wo er auf einem Grundstück von 25 Morgen ein Haus bauen wollte. Eine »Miss S.« kümmerte sich um die Jungen, während Isabella ihre Haushaltspflichten erledigte. Sie wies den Metzger auf einen Fehler in seiner Rechnung hin, und nachdem er sie korrigiert hatte, bezahlte sie ihn. Um ein Uhr fuhr sie ebenfalls nach Caversham; das neue Haus nahm schon Gestalt an. Auf der Baustelle hatte man einen herrlichen Blick nach Süden, was nach Meinung des Grundstücksmaklers sehr gesund war, doch Isabella brachte nur wenig Begeisterung dafür auf. »Sehr ermattet und konnte es nicht genießen«, schreibt sie. »Saß grübelnd da. Zurück nach sieben. Packte Sachen aus und erledigte einiges. Henry verärgert, schon auf der Baustelle und später auch.«

John Thom hatte ihr geschrieben, der Brief war um zwei Uhr von einem Postboten gebracht worden. Sie las, dass Thom ihr »verändertes Aussehen« und ihr »Kranksein« bedauerte; »er teilt mir mit, dass es ihm bessergehe und er auf Sydenham hoffe. Er schreibt kurz und recht unbefriedigend; kein Wort über meine früheren Briefe; kein Wort über irgendetwas. Jeder Brief zeigt weniger Interesse als der vorhergehende«, heißt es im Tagebuch. In ihrer Vorstellung hatte der junge Mann ihr in Moor Park sehnsüchtige Blicke zugeworfen, aber nun behauptete er, lediglich bemerkt zu haben, dass sie krank aussehe. In einem Anflug von verletztem Stolz fügt sie hinzu: »Es war gut so. Ich muss lernen, ihn der Gesellschaft zu überlassen, die auch ohne mich leben kann; er wird Freunde finden und nie mehr einsam sein.« Sie beneidet Thom um seine Freiheit.

»Von seiner Seite aus ist es jetzt eine kühle Freundschaft«, schreibt sie. »War es je mehr? Ich glaubte es und wurde erneut gestraft, wie so oft, für übermäßige Anhänglichkeit, für die ständige Erwartung, anerkannt zu werden, für meine Erregbarkeit. Wann werde ich ruhig, kalt, gelassen und lobenswert sein? Nie.«

Im nächsten Monat nahm Thom eine Stelle als Privatlehrer des fünfzehnjährigen Maharadschas Duleep Singh an, um mit ihm durch Schottland zu reisen.[166] Der Sikhprinz stand seit seiner Entthronung im Jahr 1849 unter Aufsicht der Britischen Ostindien-Kompanie und war ein Liebling von Königin Victoria, der er 1850 den Koh-i-Noor-Diamanten überreicht hatte.

Vier Tage nach dem Erhalt von Thoms Brief saß Isabella mit der neuesten Ausgabe der literarischen Zeitschrift *Athenaeum*, die die Familie abonniert hatte, im Garten. Sie las eine Werbeanzeige für Moor Park und Texte über Alexander Pope und Harriet Beecher Stowe, die gerade einen Bericht über ihre Reisen in England veröffentlicht hatte.

»Schrieb Passagen aus dem *Athenaeum* ab«, notiert Isabella in ihr Tagebuch, »und las bis um eins im Garten, unter jenem Baum, den ich nie ansehen kann, ohne an mein Abenteuer mit Mr Thom zu denken.« Über die Natur dieses Abenteuers verliert sie kein Wort.

Einen Monat später ist Isabella immer noch mit Thom beschäftigt: Sie spüre ihn in ihrem Herzen, schreibt sie, und könne sich nicht »von seinem Bild trennen«.[167]

Im Sommer 1854 prüfte Henry Isabellas Haushaltsbücher und entdeckte Unregelmäßigkeiten.[168] Sie weigerte sich, sich dafür zu rechtfertigen, und es kam zum Streit.[169] Sie nahm ihm übel, dass er sie überwachte und ihr misstraute, und er war aufgebracht wegen ihrer Nachlässigkeit und ihres Ungehorsams. Isabella gab nicht zu, dass sie für John Thom Geld ausgegeben hatte. Thom hatte zwar die fünfzehn Pfund abgelehnt, die sie ihm zum Abschied hatte schenken wollen, doch sie hatte ihn dazu überredet, in jenem Jahr insgesamt etwa fünfundfünfzig Pfund in Geld und Naturalien anzunehmen – das war etwa ein Zwanzigstel der Gesamtausgaben der Familie.[170] Isabella war der Meinung, dass Henry Thom schäbig behandelt habe, und versuchte, sein Verhalten auf diese Weise wiedergutzumachen. Vor dem Hintergrund ihres Beitrags zum Familienvermögen fühlte sie sich wahrscheinlich dazu berechtigt, etwas von diesem Geld nach ihrem Gutdünken auszugeben.

In diesem Sommer verlangte Henry von seinem jüngeren Bruder Albert die Rückerstattung der 3000 Pfund, die er 1852 an ihren Vater gezahlt hatte. Albert lebte inzwischen mit Isabellas Schwester Julia und einer kleinen Tochter in Westminster;[171] er investierte in riskante Unternehmen, darunter eine Expedition nach Grönland, die Mineralien aufspüren sollte, und ein Projekt zum Bau riesiger Dampfschiffe nach Plänen von Isambard Kingdom Brunel. Als Albert sich weigerte, Henry die geforderte Summe zu erstatten, verklagte Henry ihn. Im August wurde die Sache vor Gericht verhandelt, Henrys Klage wurde stattgegeben und Albert dazu verurteilt, 3335 Pfund an seinen älteren Bruder zu zahlen.[172]

Isabella notiert, dass Henry sich an den finanziellen Misserfolgen anderer weidet. »Er hasst jeden Verdienst«, schreibt sie später an Combe, »und ist neidisch auf jeden Erfolg. Einmal ist er einzig und allein aus dem Grund vor das Konkursgericht gegangen, um sich am Anblick eines einst wohlhabenden Mannes in Not zu ergötzen.«

5. KAPITEL

Ich war so voller Wonne
Moor Park, Oktober 1854

Isabella besuchte Moor Park im Herbst 1854 zwei Mal mit ihren Söhnen, einmal im September und einmal im Oktober.[173] Alfred war inzwischen dreizehn, Otway neun und Stanley fünf. Einerseits wollte sie sich einer hydropathischen Kur unterziehen, andererseits kam sie als Freundin der Familie Lane. Ihre Leidenschaft für Edward loderte noch einmal auf.

Lady Drysdale, Edward und Mary Lane veranstalteten eine Art Gesundheitsparty in ihrem Haus in den Wäldern von Surrey. Elizabeth Drysdale war, in Spitze und schwarzen Brokat gehüllt, »eine zauberhafte Gestalt«, wie sich Henrietta, Darwins Tochter, erinnert, die in den 1850er Jahren Moor Park besuchte.[174] Lady Drysdale hörte zwar nicht mehr allzu gut, doch ihre übrigen Fähigkeiten waren vom Alter unversehrt geblieben. Sie sei »sehr schottisch, voller Leben und Charakter« gewesen, schreibt Henrietta Darwin, »und bevor sie in herzhaftes Gelächter ausbrach, zogen sich die Fältchen um ihre Augen auf höchst beschwingte Weise zusammen; sie verströmte Liebenswürdigkeit und nahm sich mit der ihr eigenen Gastfreundschaft aller Heimatlosen an; sie war nicht nur höchst belesen, sondern konnte auch ausgezeichnet Whist spielen und führte den großen Haushalt äußerst energisch und umsichtig«. Charles Darwin war von der ganzen Familie hingerissen: »Dr. Lane & Frau &

Schwiegermutter gehören zu den nettesten Leuten, die ich kenne.«[175] Der Doktor sei »zu jung – das ist sein einziger Makel –, doch er ist ein Gentleman & höchst belesen«. Weiter lobte er ihn für seine praktische Vernunft und seine Bescheidenheit. Im Gegensatz zu anderen Hydropathen salbadere er nicht »und gibt nicht vor, Dinge erklären zu können, die weder er noch irgendein anderer Arzt erklären könnte«.[176]

Auch George Combe hält Lane für einen »verständigen, gut ausgebildeten Arzt & keinen ignoranten Quacksalber wie viele seiner Profession«; seine Frau ist »eine gescheite kleine Frau«, wenn auch »sehr nervös«; Lady Drysdale ist »die Seele von Moor Park«, »eine großherzige, aktive, gescheite Frau im Besitz eines guten Einkommens«, die »den Haushalt führt« und »die Gesellschaft durch ihr offenes und liebreizendes Wesen & ihre Freimütigkeit bezaubert«.[177] Wie am Royal Circus überließ Edward auch in Moor Park Lady Drysdale gern die Rolle der Hausherrin. Combe bemerkt, dass Lane sich auf seine Frau und seine Schwiegermutter stützt: »Sein ganzes Leben hängt von Frauen ab.«[178]

Combe entdeckt nur zwei Fehler bei dem Trio: »Sie sind so gütig und erwarten so viel Lob von anderen«, schreibt er, »dass sie blind sind für die Defekte von Menschen, die Freunde ihnen vorstellen & ihrer Güte anempfehlen.«[179]

In Moor Park gab es fast keine Trennung zwischen den Patienten und ihren Gastgebern. Da die Wasserkur eine präventive Therapie war, konnten Kranke und Gesunde gleichermaßen ihre wohltätigen Wirkungen genießen. Edward war daran gelegen, seinen Gästen ein wohlwollender Freund zu sein, um so eine Atmosphäre von Toleranz und Offenheit zu schaffen und die Genesung zu fördern. Angenehme Gesellschaft, schreibt er, ebnet den Weg zur Gesundung; sie hebt die Stimmung des Patienten und »ver-

hindert, dass er in Grübelei über seine eigenen Leiden verfällt«.[180] Edward liebte seine Arbeit und war stolz auf seine
Erfolge. »Es gibt, wenn überhaupt, nur wenige Vergnügen
im Leben«, stellt er in einem Brief an Combe fest, »und
eine von ihnen ist, wirklich etwas zur Verbesserung der Gesundheit eines Nächsten beitragen zu können.«[181] Wenn der
Geist ein Teil des Körpers war, wie es die Phrenologen und
andere behaupteten, konnte ein Arzt Glück und gesunden
Menschenverstand ebenso fördern wie physische Gesundheit. Edwards Überredungskünste waren bei der Kur von
entscheidender Bedeutung.

Die Patienten bildeten eine »sehr geistvolle, lebhafte,
angenehme Gesellschaft«, schreibt Combe.[182] Es kamen
Freunde aus Edinburgh und London. Unter den Kurgäs-
ten befanden sich der Logiker Alexander Bain, ein Pionier
der Psychologie, der die »Freundlichkeit und Aufmerksam-
keit«[183] seiner Gastgeber lobte; der Eisenbahningenieur
George Hermans, ein Sohn der Dichterin Felicia Hermans;
Robert Bell, ein Freund der Schriftsteller Thackeray und
Trollope und beliebter Leiter des britischen Literaturfonds;
und die Schriftstellerinnen Sydney Lady Morgan, Georgiana
Craik und Dinah Mulock. Letztere schrieb ihren Bestseller
John Halifax, Gentleman, der 1856 erschien, in einem Zim-
mer mit Aussicht auf die Sonnenuhr im Garten von Moor
Park.

Auch Mary Lanes Brüder George und Charles Drysdale
waren oft zu Gast. Als Charles 1854 Mitglied des Institute
of Civil Engineers wurde (dank einer Empfehlung von Henry
Robinsons ehemaligem Partner John Scott Russell), gab er
als Wohnadresse Moor Park an. George weilte im Herbst
dieses Jahres allerdings in Edinburgh, um sein Medizinstu-
dium abzuschließen – vielleicht aber auch, um nicht in der

Nähe seiner Familie zu sein, wenn sein Sex-Handbuch in den Handel käme.

Jeder Gast in Moor Park erhielt ein Wohnzimmer und ein Schlafzimmer mit Badewanne. Morgens füllten Angestellte die Wannen und rieben die Patienten erst mit nassen, dann mit trockenen Handtüchern ab, bis ihre Haut glühte. Dann gab es kaltes Wasser zu trinken. Alle Gäste aßen gemeinsam (mittags um halb zwei, abends um sieben), plauderten, gingen spazieren und spielten.[184] »Ich habe ziemlich viel Billard gespielt«, erzählt Darwin seinem Sohn, »& bin in letzter Zeit immer besser geworden & kann stolz sein auf ein paar prächtige Stöße!«[185] Edward fuhr mit ihnen über das wellige Heideland zur Bishop's-Palace-Burg in Farnham, nach Waverley Abbey und zum neuen Militärlager in Aldershot. Seit er in Moor Park wohnte, war er stets in gesunder Umgebung und hatte Umgang mit unendlich vielen intelligenten, empfindsamen Damen und Herren. Fast immer hatte er Zugang zu seinen Gästen – als Arzt gelangte er auch in ihre Schlafzimmer, hörte sich ihre Probleme an und untersuchte sie. »Der Arzt hat seine Patienten fast immer im Blick«, schreibt er.[186]

Alle Gäste wurden ermutigt, sich im Park zu ergehen. »Ich schlenderte jenseits der Lichtung ein wenig umher, eineinhalb Stunden lang, & genoss es sehr«, berichtet Charles Darwin seiner Frau in einem Brief, »denn das frische, doch dunkle Grün der großen schottischen Tannen, die Blütenstände an den alten Birken mit ihren weißen Stämmen & in der Ferne der grüne Saum der Lärchen waren wunderschön anzusehen. – Endlich schlief ich auf einer Wiese ein & erwachte mit einem Chor von Vogelstimmen um mich herum & Eichhörnchen, die die Bäume hinaufkletterten, & ein paar lachenden Spechten, & es war die hübscheste ländliche Szene, die ich je sah, & es kümmerte mich nicht im Geringsten, wie irgendeines dieser Tiere sich entwickelt hatte.«[187]

Darwin fühlte sich in Moor Park wohl von den ihn sonst vollständig beherrschenden Gedanken befreit, dabei fand er auf seinen Spaziergängen auch neue Beweise für seine Theorien über die Evolution. Auf der Heide bei Farnham entdeckt er im Heidekraut einen kleinen Wald aus Zehntausenden schottischen Tannen, allesamt verkrüppelt, über zwanzig Jahre alt und nicht höher als zehn Zentimeter. Sie waren von umherziehendem Vieh abgefressen worden. »Welch ein Spiel der Kräfte, welche über Arten & Proportionen der Pflanzen auf jenem kleinen Flecken Gras entschieden! Mir scheint das ein rechtes Mirakel zu sein. Und dann wundern wir uns, wenn irgendein Tier oder eine Pflanze ausstirbt.«[188] Später erwähnt er die kleinen Tannen im dritten Kapitel *der Entstehung der Arten* als Beispiel für Unbeständigkeit und Gewalt in der Natur. Bei genauer Beobachtung verbarg selbst die ländliche Idylle Szenen, die das unermüdliche Wachsen und Streben schöpferischer und destruktiver Kräfte und ihren Kampf gegeneinander zeigten.

Darwin beobachtete mit Vorliebe auch die Ameisen im Wald und auf den Hügeln. »Ich hatte solches Glück in Moor Park«, schreibt er an einen Freund. »Ich entdeckte die seltene Sklaven haltende Ameise & erblickte die kleinen schwarzen Nigger in den Nestern ihrer Herren.«[189] Er bat den Gärtner von Moor Park, John Burmingham, eine gelbe Ameise im Auge zu behalten, die er gesehen hatte, und später teilte ihm Burmingham seine Beobachtungen mit: »Sie hatten eine Menge Eier, aber es waren nur wenige im Haufen oder davor, und circa eine Woche nachdem Sie abgereist waren, trugen sie keine Eier mehr, und bald habe ich sie überhaupt nicht mehr dort gesehen.«[190]

Nach den ersten Tagen in Moor Park verschrieb Edward gewöhnlich intensivere Anwendungen. Darwin nahm täglich Sitzbäder und eine Dusche (dabei wurde ein starker Wasserstrahl auf bestimmte Körperstellen gerichtet).[191] Bei Dyseptikern wie Darwin wurde der Unterleib mit dem Wasserstrahl behandelt; bei Frauen, die unter Hysterie und anderen Krankheiten der Fortpflanzungsorgane litten, war es das Becken.[192] Einige Gäste kurten im Heißluftbad, andere wurden in tropfnasse Tücher gehüllt. Im Heißluftbad saß der Patient auf einem Holzstuhl mit Korksitz und kreisrundem Rahmen; über den Rahmen wurden Decken gelegt und bis zum Kinn gezogen, während unter dem Sitz eine Spirituslampe entzündet wurde. Nach etwa zwanzig Minuten brach heftiger Schweiß aus, der nach Edwards Meinung besonders geeignet war, um Störungen der Leber und des Unterleibs zu behandeln. Bei einer anderen Therapie wurde der Patient in feuchte Tücher gewickelt, auf ein Bett gelegt und mit schweren Wolldecken zugedeckt: »Durch die natürliche Hitze des Körpers wird auf solche Weise starker Dampf erzeugt«, erklärt Edward, »und so befindet sich der Patient sehr rasch in einem behaglichen und beruhigenden warmen Dampfbad.«[193] John Stuart Blackie (der Professor, dessen Vorlesungen Isabella in Edinburgh gehört hatte) findet ein passendes Bild für diese Kur: »Es ist genau so, als würde man ganz sanft und mild zu einem Kuchen gebacken.« Ein weiterer Anhänger dieser Kur befindet, dass man sich nach einem Dampfbad »so heiß wie ein getoastetes Stück Brot, so frisch wie ein vierjähriges Kind und so heißhungrig wie der Vogel Strauß« fühle.[194]

Die Behandlung kräftigte Geist und Sinne. Bei der Wasserkur, schreibt der Romancier Edward Bulwer-Lytton, »dämpft das Bewusstsein der Gegenwart Vergangenheit und

Zukunft; der Geist wird wieder frisch und jung, und man lebt zum Genuss der gegenwärtigen Stunde«.[195] Der Körper prickelte unter eiskalten Wassergüssen, schwitzte in heißem Dampf, entspannte sich unter warmen, nassen Decken. Die Temperatur sei entscheidend, sagte Edward: Hitze beruhige die Nerven, verlangsame den Blutfluss, besänftige Schmerz und trage zum Ausscheiden von Giften bei; Kälte rege den Appetit an, hebe die Stimmung, stärke die Muskeln.

Die Krankheiten, die am besten auf Hydropathie ansprachen, waren Hypochondrie und Hysterie,[196] die beide aus einer Entzweiung von Körper und Seele erklärt wurden.[197] Die Schriftstellerin Dinah Mulock führte die weite Verbreitung der Hypochondrie – ein anderes Wort für die Dyspepsie, unter der Darwin und Edward Lane litten – auf »unseren gegenwärtigen Zustand hoher Zivilisation« zurück. »Seele und Körper scheinen dazu abgerichtet zu werden, einander unaufhörlich zu bekriegen.« Die Opfer waren oft empfindsame intellektuelle Männer; zu den Symptomen gehörten Misanthropie oder Selbsthass; und die Kur bestand laut Dinah Mulock in »Ruhe, natürlichem Leben und einem ungezwungenen Geist«.

Das weibliche Gegenstück dieser Krankheit war die Hysterie. In einem vielbeachteten Werk von 1853 führte Robert Brudenell Carter aus, dass die Hysterie als biologische Störung von einem emotionalen Trauma herrühre: »Diese Störung tritt bei Frauen weit öfter auf als bei Männern – da Frauen nicht nur stärker zu Gefühlen neigen, sondern auch häufiger der Notwendigkeit unterworfen sind, sie zu verbergen.«[198] Für Dinah Mulock war die Krankheit Teil einer allgemeinen weiblichen Malaise: »Ich glaube, es kann kein Zweifel darüber bestehen, dass unter Frauen ein hohes Maß an Unglück existiert; nicht allein das Unglück äußerer Umstände, sondern das der Seele.« Ihrer Meinung nach könne dieses Unglück nur durch die Rückkehr zur Natur geheilt werden, was durch die Anwendung von Wasser, »je kälter, desto besser«, gefördert werde: »Wenn nichts dergleichen getan wird, kann irgendeine diktatorische Idee wie ein quälender Teufel die Gehirnkammern heimsuchen, wodurch schließlich die Monomanie entsteht.«[199]

Um die Patienten von ihren Ängsten abzulenken, ermutigte Edward sie, zu lesen. Die Familie hatte diverse Zeitungen und Zeitschriften abonniert, und in der Bibliothek wurden abends Gedichte rezitiert. Gelegentlich hielten der Doktor und seine Freunde auch literarische Vorträge am Mechanics' Institute in Farnham. Edward Lane sprach über Tennyson, der in Malvern zur Wasserkur gewesen war, bevor er Poet Laureate geworden war; Robert Bells Vortrag beschäftigte sich mit dem Leben Shakespeares.

Wenn Darwin sich zur Kur anmeldete, brachte er stets ganze Stapel von Büchern mit. »Mein Ziel hier ist es, nicht nachzudenken, viel zu baden, viel spazieren zu gehen, viel zu essen & viele Romane zu lesen.«[200] Es machte ihm Spaß, mit Mary Lane über populäre Literatur zu debattieren. Einmal sprachen sie über zwei Romane, die anonym veröffentlicht worden waren, und Mary trug ihre Ansichten mit scharfzüngiger, spielerischer Selbstsicherheit vor: »Mrs Lane stimmt mit mir überein, dass *Betrothed* von einem Mann geschrieben wurde«, berichtet Darwin. »Und kühl fügte sie hinzu, dass *Beneath the Surface* so schlecht sei, dass nur ein Mann der Autor sein könne!«[201] (In Wahrheit wurde das zuerst erwähnte Buch von einer Frau verfasst und das zweite in der Tat von einem Mann, Sir Arthur Hallam Elton.)

Darwin führte auch angeregte Gespräche mit Georgiana Craik, einer dreiundzwanzigjährigen Schriftstellerin. »Ich mag Miss Craik sehr gern«, schreibt er, »obgleich wir Kämpfe ausfechten & uneins sind über alles.«[202]

Edward erinnert sich mit großer Wärme an Darwins Aufenthalte in Moor Park: »Niemand ist je liebenswürdiger, rücksichtsvoller, freundlicher, einfach bezaubernder gewesen. (...) Mit seltenem Takt und Geschmack passte er sich dem geistigen Fassungsvermögen seines Zuhörers an. (...) Er konnte ebenso gut zuhören wie sprechen. Nie predigte oder prahlte er, doch sein Vortrag, ob ernst oder fröhlich (er war beides gleichermaßen), war voller Leben und Würze – schwungvoll, glänzend und lebendig.«[203] Genau diese Eigenschaften – das Feingefühl und der Geist – waren es, die Isabella an Edward anzogen.

Ein hydropathischer Kurort war einer der wenigen Orte im viktorianischen England, an dem unbegleitete Ehefrauen und Töchter neben Junggesellen und verheirateten Männern wohnten.[204] Gelegentlich führte das zu Problemen: Eine Patientin in Moor Park berichtet einer Freundin Combes, dass ein Herr sich ihr gegenüber »widerlich« benommen habe.[205] 1855 veröffentlichte Dinah Mulock eine Kurzgeschichte, »Die Wasserkur«, in der sie die sexuellen Unterströmungen an einem Badeort als wohltuende Kräfte schildert.[206] Der Erzähler, Alexander, leidet unter Schreibblockaden und allgemeinem Unwohlsein: »Mein Körper behindert meine Seele, meine Seele zerstört den Körper.« Sich selbst bezeichnet er als »einen selbstbezogenen, kranken, elenden, hypochondrischen Dummkopf«. Sein Cousin Austin ist ebenso unglücklich, aber während Alexander sein Gehirn überfordert, hat Austin seine Gesundheit durch übermäßiges Rauchen und Trinken untergraben. Die beiden jungen Männer seien, wie Alexander es ausdrückt, »Seelenmörder und Körpermörder«.

Der Kurort, den die beiden aufsuchen, hat große Ähnlichkeit mit Moor Park: ein weißes Gebäude in der Nähe eines bewaldeten Hanges, einige Zugstunden von London entfernt. »Es war ein großes, altmodisches Haus«, sagt Alexander, »herrschaftlich, mit langen Korridoren, die zu durchmessen waren, und hohen Räumen, in denen man frei atmen konnte.« Es gibt etwa zwanzig Patienten »beider Geschlechter und jeden Alters, alle aufgeräumt und vergnügt«. So groß das Gebäude ist, besitzt es doch »die ganze Zwanglosigkeit und Behaglichkeit eines echten Heims«.

Der Doktor, der ihre Kur beaufsichtigt, konfisziert lächelnd Alexanders Manuskript und Austins Zigarre, die Symbole ihres Missbrauchs von Seele und Körper. Er erklärt seine Philosophie: »Bei jedweder Störung des Gehirns, jedwedem Ausfall der seelischen und geistigen Kräfte – bei all den seltsamen Krankheiten, durch die der Körper im Lauf der Zeit Rache nimmt an jenen, die (...) das allgemeine Gesetz der Natur missachteten – dass Seele und Körper an einem Strang ziehen sollen –, kenne ich nichts Heilsameres, als zum Naturzustand zurückzukehren und die Wasserkur zu erproben.« Viele seiner Patienten fühlen sich psychisch bedrängt: »Wir wollen nicht nur den Körper, sondern auch die Seele behandeln. Um unseren Patienten wirklich etwas Gutes zu tun, müssen wir sie glücklich machen.«

Nachdem er sich eine Weile den Wasseranwendungen unterzogen hat, berichtet Alexander: »Mein Kopf fühlte sich klar an – mein Herz pochte mit der ganzen Wärme meiner Jugend.« Er und Austin sind so gründlich verjüngt, dass sie sich in eine Mitpatientin verlieben. Sie entdecken dann, dass sie mit dem Doktor verlobt ist. Der Doktor – »der so zart ist, trotz all seiner inneren Festigkeit und Stärke« – entpuppt sich als der romantische Held der Erzählung. Die Autorin mag ihre eigenen Phantasien über den so sanftmütigen wie bestimmten Edward Lane gehabt haben.

Im September 1854 kam ein Londoner Anwalt nach Moor Park. Man hieß ihn im Haus – das er »überaus behaglich und elegant fand« – willkommen und zeigte ihm das Arbeitszimmer. Dort sprach er mit Edward über Jonathan Swift, der im späten siebzehnten Jahrhundert als Sekretär von Sir William Temple in Moor Park beschäftigt gewesen war. Edward habe sich als »vollkommener Meister und intelligenter Kenner« der literarischen Geschichte des Anwesens erwiesen, schreibt der junge Mann. In den folgenden vier Wochen in Moor Park schüttelte er die »erdrückende Tyrannei des Denkens« ab und erlangte sein körperliches Wohlbefinden zurück. »Wie tiefgehend ist das Vergnügen, wie erlesen die Freude, die wir bisweilen im bloßen Bewusstsein der animalischen Existenz erleben dürfen!«, schreibt er begeistert. »Nennen Sie das sinnlich! Ich nenne es göttlich.«[207]

Am Sonntagmorgen, dem 7. Oktober, kam es irgendwo im Haus zu einer Begegnung von Edward und Isabella. »Dr. Lane bat mich, einen Spaziergang mit ihm zu machen, ich hingegen dachte, er sei bloß höflich«, erzählt sie dem Tagebuch, »und so ging ich ins Kinderzimmer und blieb über eine Stunde bei meinen kleinen Lieblingen.« Er suchte erneut ihre Nähe: »Er warf mir vor, nicht gekommen zu sein, und bat mich noch einmal, mit ihm nach draußen zu gehen.« Sie blieb noch einen Moment bei den Kindern, schloss sich dann aber doch ihm an, »und er führte mich fort, ganz allein, zu unseren Lieblingsplätzen im weiteren Umkreis, auf einem recht versteckten Pfad«.

Edward und Isabella durchquerten die hübsche, von Sir William Temple angelegte Parklandschaft und gingen weiter in den Wald hinein. Es war ein sonniger, warmer Tag in einem Herbst, der schönste seit Menschengedenken. Der Weg zwischen den Bäumen auf der Hügelkuppe war rutschig, weil überall Tannennadeln lagen, und das Licht fiel durch helle breite Zwischenräume im Laub über ihren Köpfen. Nach Osten hin wurde das Tal enger und tiefer; rechter Hand rückte der Fluss näher heran, während der Hang linker Hand steiler anstieg.

Einige Hundert Meter weiter, auf halbem Weg zwischen Moor Park und der Ruine des Zisterzienserklosters Waverley Abbey, befand sich im Sandstein eine tiefe Höhle, deren Öffnung von hängenden Wurzeln und wucherndem Gras verdeckt war. An ihrem Grund floss ein klarer Bach. Sie hieß Mother Ludwell's Cave, nach einer Hexe, die dort einst gelebt haben soll. Gegen Ende des siebzehnten Jahrhunderts hatte in dieser Höhle Jonathan Swift seiner ersten Liebe Esther Johnson, der Tochter von Sir William Temples Beschließer, den Hof gemacht.[208] Swift hatte eine Ode auf den Brunnen geschrieben, an dem er sich mit Esther zu treffen pflegte. Er sah ihn als Mittelpunkt einer intimen, sinnlichen Landschaft mit Dickicht und hohen Bäumen und Wiesen voller Silberschein.[209]

Isabella und Edward gingen die Pfade entlang, die oberhalb der Höhle tiefer in den Wald führten, und erreichten die Hügelkuppe, die mit Farn, Ginster und Heidekraut dicht bewachsen war. Auf der einen Seite sah man die Überreste von Waverley Abbey, auf der anderen die reifen Hopfenfelder und die Heidelandschaft von Farnham. Der reine Duft schottischer Kiefern und der Zitronengeruch junger Douglasfichten lag in der Luft.

»Am Ende wollte ich mich ausruhen«, schreibt Isabella, »und wir setzten uns auf die Decke, lasen im *Athenaeum* und unterhielten uns ohne Unterlass. Irgendetwas war ungewöhnlich in seinem Benehmen, sein Ton, sein Blick waren weicher als sonst, aber ich wusste nicht, was es damit auf sich hatte, und plauderte fröhlich weiter – sprach von Goethe, von Frauenkleidern und was einer Frau steht.« Isabella gab sich einmal intellektuell, ein andermal frivol, sie sprach über die Seele und den Körper, über das Verlangen und über Geld. Die *Athenaeum*-Ausgabe vom 23. September befasste sich mit Goethes berühmtestem Roman *Die Leiden des jungen Werthers* und mit den *Wahlverwandtschaften*; in beiden Büchern – Letzteres war Anfang 1854 ins Englische übersetzt worden – stehen die Ehe und die Übertretung der ehelichen Gebote im Mittelpunkt, und der Rezensent der Zeitschrift fürchtete, dass seine weiblichen Leser ihn beschuldigen würden, sie zu unrechtmäßigen Flirts anzuhalten.[210]

»Wir gingen weiter«, fährt Isabella fort, »und hielten wiederum inne, auf einer Lichtung von unbegreiflicher Schönheit. Die Sonne schien warm auf uns herab, gelbe und braune Farnwedel wuchsen zu unseren Füßen, Gruppen schöner alter Bäume standen in der Nähe, und weit weg schimmerten die blauen Berge. Ich gab mich ganz meiner Freude hin. Auf dem festen, trockenen Heidekraut liegend, lachte und redete ich wie selten zuvor in seiner Gegenwart.« Als sie sich genüsslich ausstreckte, schien die ganze Natur im Einklang mit ihr zu sein.

Und dann geschah etwas Außerordentliches: Die Phantasien, die Isabella ihrem Tagebuch anvertraut hatte, wurden Wirklichkeit: »Ganz plötzlich«, schreibt sie, »gerade als ich meinen Gefährten mit seinem schlechten Gedächtnis aufzog, beugte er sich über mich und rief aus: ›Wenn Sie das noch einmal sagen, küsse ich Sie.‹ Natürlich hatte ich nichts dagegen einzuwenden – hatte ich denn nicht schon so oft von ihm und von diesem Augenblick geträumt?« Mit dem Kuss des Doktors fielen Spannung und Neckerei von ihr ab, und Isabella verfiel in einen Zustand verzückter Betäubung. In der Welt, in die sie eingetreten war, waren die Träume zu Tatsachen geworden, und diese Tatsachen waren entsprechend traumhaft. »An das, was folgte, habe ich fast keine Erinnerung – leidenschaftliche Küsse, geflüsterte Worte, Geständnisse. O Gott! Ich hatte nie gehofft, diese Stunde erleben zu dürfen, in der die Liebe zu mir zurückkehrte. Aber so war es. Er war nervös und verwirrt und gierig wie ich selbst.«

»Am Ende rafften wir uns auf«, fährt sie fort, »und gingen glücklich, furchtsam und fast ohne zu sprechen weiter. Wir schlenderten dahin, ohne auf unsere Schritte zu achten, gelangten dann zu einem Kiefernwäldchen, wo die Aussicht so herrlich war wie auf der anderen Seite, nur noch wilder.«

Als sie zum Park zurückkehrten, trafen sie auf die Brown-Schwestern, Bekannte aus Edinburgh, die gerade angekommen waren. Isabella und Edward »glaubten, es sei nicht notwendig, sich allzu sehr zu beeilen. Sie hatten nichts gesehen – dessen waren wir gewiss. Indem wir uns dazu zwangen, höflich mit ihnen zu plaudern, gelang es uns, jeden Verdacht im Keim zu ersticken; gemeinsam erreichten wir das Haus, zu spät fürs Mittagessen.«

Isabella zog sich auf ihr Zimmer zurück, um sich zum Essen umzukleiden. Sie war »ganz rot und aufgeregt«, als sie wieder hinunterging, »und weder ich noch Dr. L. waren imstande, einem anderen Gast in die Augen zu blicken oder zu reden«. Zu ihrer Erleichterung setzte sich ein Mitpatient – »Mr S.« – neben sie und unterhielt sich mit ihr, und nachher begleitete sie ihn zusammen mit den Kindern und dem Ehepaar Lane in einer Kutsche zum Bahnhof. Sie behielt ihr Geheimnis für sich. »Unsere kleine Gruppe blieb zusammen, doch ein Gefühl heimlichen Glücks glühte in meinem Herzen. Bei der Rückfahrt plauderten wir von gleichgültigen Dingen, und die liebe, unschuldige Mrs L. saß hinter uns mit ihrem hübschen Baby, das unter ihrem Mantel auf ihrem Schoß schlief.«

Nachmittags war Isabella mit Mary Lane und Otway im Stallhof, und danach verlor sie alle aus den Augen außer Stanley, dessen Kindermädchen frei hatte. Ihr jüngster Sohn »rannte in meinem Zimmer herum bis zur Dämmerung«. Dann legte sie sich hin und »döste, überwältigt von Erinnerungen«. Man brachte eine Kerze, in deren Schein sie sich zum Abendessen umzog. Sie wählte ein hellblaues Seidenkleid und war mit ihrem Aussehen zufrieden. »Ich begegnete seinem Blick«, schreibt sie, »als ich beim Gongschlag das Speisezimmer betrat, und ich wusste, dass er die Augen nicht von mir abwenden konnte.«

Nach dem Abendessen machte sich zunächst Lustlosigkeit breit. Während die meisten Gäste sich oben im Salon versammelten, blieb Isabella zurück. »Ich ging mit Alfred ins Vestibül, unwillig, die Treppe emporzusteigen, da ich wusste, dass ich ihn oben nicht mehr allein sehen konnte.« Später lud Lady Drysdale sie ein, ihr in der Bibliothek Gesellschaft zu leisten, wo Edward sie fand, als er vom Stallhof ins Haus kam. Er war »kalt, zitternd, nervös, unwohl«, schreibt Isabella. Alfred ging nach oben, um einer der Schwestern Brown zuzuhören, die eine Gespenstergeschichte vorlas. Edward und Isabella begaben sich in sein Arbeitszimmer.

Es war ein Eckzimmer neben dem Speiseraum, dessen Fenster der einen Seite sich auf den Fluss öffneten und die der anderen auf die Sonnenuhr. Abends, wenn die Läden und Türen geschlossen waren und ein Feuer im Kamin brannte, war es warm und behaglich. Wände und Türen waren so gleichmäßig mit rötlichem Holz getäfelt, dass die Türen in geschlossenem Zustand zu verschwinden schienen; einzig die schmalen Rillen im Holz und der Schimmer der Türknäufe verrieten sie. Durch den schranktiefen Abstand zwischen den Doppeltüren war das Zimmer völlig von den Geräuschen des Hauses abgeschottet.

Edward und Isabella zog es an den Kamin. »Wie der Abend verging, weiß ich nicht«, schreibt Isabella, als hätte sie jedes Gefühl für Zeit und Selbst verloren. »Die Dämmerung war angefüllt mit leidenschaftlicher Erregung, unendlich langen Küssen und nervösen Empfindungen, da die Furcht vor Eindringlingen sich nicht verscheuchen ließ. Doch das Glück überwog.« Edward, schreibt sie, »war besonders zärtlich, beruhigte mich in meiner Aufregung und vergaß keinen Augenblick, dass er ein Gentleman und mein Freund war«. Einmal klopfte Alfred an die Tür des Arbeitszimmers und unterbrach sie. Er sagte dem Doktor, einer seiner Söhne habe darum gebeten, dass er zu ihm ans Bett komme. Edward ging – »zögernd«, sagt Isabella – nach oben. Als er zurückkam, befand sie sich in einem Zustand verzückter Ermattung. Er »küsste sanft meine geschlossenen Augen«, schreibt sie. »Ich wollte meinen Kopf heben, aber es ging nicht.« Er wurde unruhig: »Schließlich riet er mir aus Angst, dass jemand hereinplatzen könnte, zu gehen.« Beim Verlassen des Zimmers ordnete Isabella ihr zerzaustes Haar. »Wenige Augenblicke später war ich im Salon, um halb neun. Glücklicherweise waren nur wenige Gäste dort, und niemandem stand es zu, mir Fragen über meine Abwesenheit oder mein Aussehen zu stellen.«

Im Salon beschäftigte sie sich mit einer Sammlung von Handschriften und plauderte mit anderen Gästen. Edward und Mary kamen gemeinsam nach, und kurz darauf folgte Lady Drysdale. »Was für eine Flucht! Und was für eine gleichmütige Miene konnte ich nun aufsetzen! Es folgte allgemeines Geplauder. Ich hörte zu, und Dr. Lane sprach mit Miss B. über die schönsten Oden von Byron. Als sie gingen, erhob ich mich ebenfalls und war schon im Begriff, mich fortzuschleichen, als Dr. L. mir mit Wärme die Hand gab, so fest, dass er meine Finger mit den Ringen zusammendrückte und ich seinen Druck noch eine Stunde lang spürte.« Edward drückte ihr die Ringe ins Fleisch, wie um ihr die Stärke seines Verlangens deutlich zu machen, die Wirklichkeit ihrer neuen Übereinkunft. Wieder wurde sie überwältigt von der Erinnerung an das, was geschehen war, doch ihre Euphorie war von Furcht durchsetzt.

»Ach!«, endet der Eintrag vom 7. Oktober. »Ich schlief wenig in dieser Nacht, wachte immer wieder auf, begann wieder zu träumen – und dann graute langsam der Morgen.«

Am nächsten Morgen war Isabella erschöpft. Von ihrem Schlafzimmer aus hörte sie Edward mit seiner Frau sprechen. Später kam er zu ihr, um ihr einen langen Brief an einen zukünftigen Patienten aus Edinburgh zu zeigen. »Der Brief war gut geschrieben«, bemerkt sie. Sie legte sich wieder hin. »Ich war müde, ermattet, nervös. Um halb eins klopfte er und bat mich, einen Spaziergang mit ihm zu machen; aber ich lehnte ab und döste weiter.« Bald darauf kam Mary, um nach ihr zu sehen, und sie beschloss, sich anzuziehen.

»Langsam ging ich hinaus«, zu Edward. Sie trafen sich am Fuß der Treppe und schlenderten dann zusammen im Garten und am Wasser umher, ohne viel zu sagen, denn beide waren matt und geschwächt. »Ich sagte, ich habe nicht geschlafen; er sagte, er könne sich vor Schmerzen kaum aufrecht halten. Beide waren wir erregt, verwirrt und nervös, und ich fragte ihn, wie es dazu hatte kommen können, dass er so handelte wie am Sonntag.« Isabella schlug vor, aus dem Tal herauszuspazieren. »Ich wollte das flache Gelände verlassen (denn die Luft war heiß und feucht) und oben auf dem Hügel ein wenig frische Luft schnappen. Wir stiegen also langsam hinauf, und ich ruhte mich auf dem trockenen Farn aus. Was folgte, werde ich nicht aussprechen.«

Die Absage an die Schilderung intimster Momente entspricht einer langen literarischen Konvention. Die frisch verlobte Heldin von Fanny Burneys Roman *Evelina* (1778) beteuert mit der gleichen formelhaften Wendung: »Die darauf folgende Szene kann ich nicht beschreiben, auch wenn jedes Wort eingeprägt ist in mein Herz.« Es gab also Handlungen und Gefühle, die zu heilig – oder zu unfein – waren, als dass man sie dem Papier hätte anvertrauen können. Die verschämte Heldin konnte nur dann leidenschaftlich sein und zugleich höflich erscheinen, wenn die entsprechenden Szenen mit Stillschweigen übergangen wurden – so blieb die Privatsphäre der Liebenden gewahrt, und die zarten Gefühle der Leser wurden nicht verletzt.

Isabella und Edward erhoben sich und gingen »gefasster und heiterer« zum Haus zurück, »eiligen Schritts, weil wir befürchteten, zu spät zu kommen«. Beim Mittagessen vermied Isabella erneut das Gespräch mit Edward: »Ich sprach, so viel ich konnte, mit Lady Drysdale, denn es waren nur wenige Gäste anwesend, und wandte mich von ihm ab, während er mit Miss T. sprach.« Später unternahm sie mit Edward »eine schöne lange Fahrt« in einer Kutsche zur Ruine von Waverley. Die Brown-Schwestern saßen hinter ihnen.

Zwei Tage darauf – am Mittwoch, dem 10. Oktober 1854, Edward Lanes einunddreißigstem Geburtstag – sollte Isabella abreisen.

Noch einmal ging sie mit ihm im Park spazieren. Der Doktor blieb kurz stehen, um mit einer anderen Patientin zu sprechen, und stieß dann wieder zu Isabella und ihrem ältesten Sohn. Sie »schlugen die gewohnte Richtung ein, wanderten diesmal aber auf unbekannten Pfaden, deren bezaubernder Schönheit ich das erste Mal gewahr wurde, erreichten das Kiefernwäldchen und kehrten über Swift's Cottage auf dem unteren Weg« zurück. Das Swift's Cottage war das ehemalige Wohnhaus Esthers, es lag am Hauptweg zwischen Moor Park und Waverley Abbey. 1854 war es von Rosenbüschen umstanden, Moos wuchs auf dem Dach, die Mauern waren umrankt von Clematis und wildem Wein, und draußen annoncierte ein Schild den Verkauf von Ingwerbier.

»Wir sprachen äußerst vertraulich miteinander, aber ein wenig ruhiger«, schreibt Isabella. »Ich flehte ihn an, mir zu glauben, dass meine weibliche Ehre seit meiner Heirat kein einziges Mal verletzt worden war. Er tröstete mich wegen dem, was ich getan hatte, und beschwor mich, mir selbst zu vergeben. Er sagte, er sei mir immer zugetan gewesen und habe stets Mitgefühl für mich empfunden, da mein Gatte mich nicht wertschätze und offensichtlich nicht zu mir passe und, wie er deutlich erkenne, von gewalttätigem und unliebenswürdigem Wesen sei.«

Edward erinnerte Isabella an seine eigene prekäre Situation. »Wir sprachen über sein junges Alter, einunddreißig, den lieben, nichtsahnenden Charakter seiner Frau und darüber, dass er sich lieber die Hand abhacken würde, als ihr Schmerzen zuzufügen.«[211] Eben sprachen sie von Isabellas

118

Unglück – »mein oft so bitteres elendes Leben und mein Wunsch zu sterben« –, als Lady Drysdale und Mary Lane erschienen. Sie fragten Isabella, ob sie einen Einspänner für sie mieten sollten, der sie zum Bahnhof brächte. Frau und Schwiegermutter des Doktors waren so herzlich und vertrauensvoll wie immer: »Sie reagierten freundlich auf meinen Entschluss, um sieben Uhr abzureisen, und gingen ihrer Wege, ohne einen einzigen kalten oder missvergnügten Blick, obgleich ich doch gerade Arm in Arm mit Edward durch jenen einsamen Wald spaziert war und wir so ernst miteinander geredet hatten.«

Um sieben Uhr an diesem Abend brachen Isabella und Edward im Einspänner nach Ash auf, wo die Zugstation lag. Sie saßen nebeneinander in der engen Droschke, Alfred neben dem Kutscher auf dem Bock. Ihre jüngeren Söhne waren nicht bei ihr, vielleicht waren sie mit dem Kindermädchen schon früher abgereist.

»Nie habe ich eine seligere Stunde verbracht als diese«, schreibt Isabella, »ich war so voller Wonne, dass ich gern gestorben wäre, um nie mehr aus diesem Zustand zu erwachen. Ich werde nicht alles berichten, was vorfiel; es wird genügen, wenn ich sage, dass ich mich am Ende in stiller Freude in jene Arme sinken ließ, von denen ich so oft geträumt hatte, und die Locken und das glatte Gesicht küsste, das von solch strahlender Schönheit war; seit wir uns am 15. November 1850 zum ersten Mal begegneten, hat mich dieses Gesicht immer wieder innerlich und äußerlich geblendet.« Während Edward sie küsste, wurde sie von seinen weichen Locken und seiner Haut geradezu überwältigt; der Mann aus Fleisch und Blut wurde eins mit dem Idol ihrer Träume.

Zwischen den Küssen machten sie einander Geständnisse. »Wir sprachen über alles, was früher geschehen war, und erklärten uns«, schreibt Isabella. Edward sagte ihr, er habe seine wahren Gefühle »aus Vorsicht« verborgen und die Unterdrückung dieser Gefühle habe ihm Schmerzen bereitet. Isabella erinnerte ihn an den französischen Roman *Paul et Virginie*, aus dem sie den Gästen in Moor Park hin und wieder vorgelesen hatte, und beichtete, dass sie gewisse Teile des Buches als Botschaft an ihn gerichtet habe. Der 1787 erschienene Roman von Jacques-Henri Bernardin de Saint-Pierre schildert die große Liebe eines jungen Paars, das auf der Insel Mauritius aufwächst; nach der Trennung von Paul kommt Virginie bei einem Schiffbruch ums Leben, und Paul, von Gram zerfressen, stirbt bald darauf.

Edward »hatte immer gewusst, dass ich ihm freundschaftlich verbunden war«, fährt Isabella fort, »doch das ganze Ausmaß meiner Gefühle kannte er nicht und gab zu, dass es niemals auf unzarte Weise ausgedrückt worden sei. Das erleichterte mich. Im Himmel selbst kann es nicht mehr Seligkeit geben als in jenen Augenblicken. Auch wenn das Leben weitergeht, wird die Erinnerung daran nie aus einem Gedächtnis schwinden, das bedrückt ist von so viel Leiden und so wenig Glück; wie zärtlich er mit mir umging und wie sehr er dabei Gentleman blieb – wie wenig selbstsüchtig er war!«

Isabella beschreibt eine romantische Szene, doch das Setting war deutlich halbseiden. Ein Führer des späten achtzehnten Jahrhunderts durch die Welt der Prostitution mit dem Titel *Harris's List of Covent Garden Ladies: Or a Man of Pleasure's Kalendar for the Year* empfahl Kutschen für illegitime Rendezvous: »Die Wellenbewegung der Kutsche mit den hübschen gelegentlichen Stößen trägt in höchstem Maße zum Vergnügen bei, wenn der kritische Augenblick erreicht ist und sich alles Wesentliche am rechten Platze findet.«[212] 1838 waren die Mietdroschkenkutscher und ihre Auftraggeber von dem unmoralischen Treiben in ihren Fahrzeugen so abgestoßen, dass sie vorschlugen, Rouleaus und Kissen im Kutscheninneren abzuschaffen. Isabellas Verhalten in der Kutsche war besonders schamlos: Ein Kind, ihr Sohn, saß auf dem Kutschbock, während sie sich dem unzüchtigen Vergnügen mit Edward Lane hingab.

Als Isabella wieder sittsam an ihrem Tisch saß und ihr Tagebuch schrieb, vielleicht unter den Augen ihrer Kinder oder ihres Mannes, konnte niemand ahnen, welche Bilder ihr durch den Kopf gingen. Indem sie die Begegnungen in ihrem heimlichen Buch festhielt, erschuf sie aufs Neue den erregenden Reiz der Übertretung, der durch die Gefahr der Entdeckung intensivierten Lust.

6. KAPITEL

Die Zukunft ist schrecklich
Boulogne und Moor Park, 1854–56

Ende Oktober 1854, nur wenige Wochen nach ihren Schäferstündchen mit Edward Lane, reiste Isabella mit ihrer Familie in den französischen Fischerort Boulogne-sur-Mer, wo sie den Winter über ein Haus gemietet hatten. Am Hafen führte man die Passagiere zum Zollgebäude, um ihre Pässe zu überprüfen, dann wurden sie am Kai von einer Menge laut durcheinanderrufender Hotel- und Pensionsvertreter in Empfang genommen: »Hôtel de l'Europe! Hôtel des Bains! Hôtel du Londres!« Unmittelbar daneben sortierten die Fischer ihren Fang und reparierten ihre Netze.[213]

Mit Henry, den Söhnen und den Dienstboten wohnte Isabella in einem dreistöckigen Haus in der Rue du Jeu de Paume 21. Das Gebäude lag an einem steilen Hang an der Nordseite des eleganten Tintellerie-Parks, in dem nachmittags in Samt und Seide gekleidete Engländer zu promenieren pflegten. »Wir wohnen nun an einem sehr hübschen Platz in Boulogne«, schreibt Isabella an George Combe, »& die Jungen gehen täglich in die größte höhere Schule, die es hier gibt.«[214] Nach John Thoms Entlassung hatten Alfred und Otway für kurze Zeit eine Schule in Berkshire besucht. Nun gehörten sie zur ansehnlichen Gruppe englischer Jungen im städtischen Gymnasium von Boulogne, einer liberalen Schule, wo sie, wie ihre Eltern hofften, bald lernten, fließend Französisch zu sprechen.

Über 7000 Briten lebten ständig in Boulogne, was einem Viertel der Gesamtbewohnerschaft entsprach; weitere 100 000 reisten jedes Jahr vom englischen Folkstone aus zu kurzen oder längeren Besuchen in die Stadt.[215] Verglichen mit anderen Gemeinden im nördlichen Frankreich war Boulogne ein lebendiger und kosmopolitischer Ort; zudem waren die Lebenshaltungskosten auf dem Kontinent niedriger als in England. Hochsaison war der Herbst, wenn der Himmel auf dieser Seite des Kanals blauer zu sein schien. Es gab zwei englische Kirchen in Boulogne, zwei englische Clubs (mit Billardtischen und britischen Zeitungen) und zwei englische Lesesäle und Leihbüchereien. Unter den englischen Gästen gab es liederliche Leute, die auf der Flucht vor Schulden oder Skandalen waren; andere kamen, um sich von Krankheiten zu erholen. Als Henry Robinson mit seiner Familie hierherzog, während das neue Haus in Berkshire gebaut wurde, setzte er seine Hoffnung darauf, dass sich der Gesundheitszustand seiner Frau besserte, es mit seinen Finanzen aufwärtsging und seine Söhne gutes Französisch lernten.

Einen Monat vor der Ankunft der Robinsons hielt sich Charles Dickens in Boulogne auf. In der Novemberausgabe seiner Zeitschrift *Household Words* erklärte er die Attraktivität des Kurorts so: »Es ist ein helles, luftiges, angenehmes heiteres Städtchen; und wenn man gegen fünf Uhr nachmittags eine der drei gut gepflasterten Hauptstraßen entlangspaziert, wenn köstliche Düfte von Gebäck die Luft erfüllen und man durch Hotelfenster (der Ort ist voller Hotels) auf lange, zum Mittagessen gedeckte Tische blickt, denen fächerförmig gefaltete Servietten einen Anstrich von Luxus verleihen, wird man es mit Recht für ein Städtchen halten, in dem man ungewöhnlich gut essen und trinken kann.«[216]

Auf der Promenade konnte man durch Teleskope die Krei-
defelsen auf der anderen Seite des Kanals erkennen. Bei
gutem Wetter wurden die Strandgäste in hölzernen Bade-
maschinen ein Stück weit ins Wasser gefahren. Dickens war
bezaubert vom Fischerviertel von Boulogne, in dem überall
»große braune Netze über den schmalen, aufsteigenden
Straßen« hingen. Möwen schrien auf den Dächern, und in
den Gassen roch es nach Fisch.

Die Straße der Robinsons führte zur umfriedeten Altstadt hinauf, die Dickens mit einem Märchenschloss verglich; die Häuser der Umgebung seien in den tiefen Straßen
eingegraben wie Bohnenstangen. Überall waren Kinder:
»englische Kinder mit Gouvernanten, die beim Spazierenge-
hen unter schattigen Bäumen Romane lesen, oder Kindermädchen, die auf Bänken sitzen und sich den neuesten
Klatsch erzählen; französische Kinder mit ihren lächelnden
bonnes in schneeweißen Hauben«. Alfred, Otway und Stanley gehörten nun zu diesen Kindern.

In diesem November erschütterten zahlreiche Stürme
die Küste Nordfrankreichs und kündigten einen bitterkalten
Winter an.[217] Henry kehrte nach England zurück, wo er in
den nächsten Monaten seine Geschäfte in London betrieb
und den Bau des Hauses in Caversham überwachte. Das
Wetter war in England sogar noch schlechter: Die Themse
fror zu, und die Fröste in Berkshire verlangsamten die Bauarbeiten. Als Henry im Februar 1855 für einige Tage nach
Boulogne kam, teilte er seiner Frau mit, dass ihr neues Heim
erst im Juni so weit fertiggestellt wäre, dass sie einziehen
könnten.[218]

Isabella hatte womöglich gehofft, in Boulogne den kleinlichen Beschränkungen der Gesellschaft von Berkshire zu
entkommen, nun aber fühlte sie sich schrecklich einsam.

Edward schrieb ihr selten, und im Tagebuch beklagt sie »den unglücklichen Zustand der Seele, die an Schatten und Illusionen hängt«.[219] In ihren Briefen an George Combe schrieb sie ihre Traurigkeit religiöser Verzweiflung zu. Ohne den Glauben an Gott, der sie unterstütze, sagt sie, wisse sie nicht, wo sie Trost und Sinn finden könne – sie habe »nichts Helles, Strahlendes oder Tröstliches«, das sie an die Stelle der Hoffnung auf den Himmel setzen könne.[220] In diesen Worten lag ein Vorwurf: denn sie war Combes rationalen Prinzipien gefolgt und hatte doch nichts anderes als Leere gefunden. Männer wie er, die große Dinge erreichten, könnten sich »mit dem Gefühl, nicht umsonst gelebt zu haben«, trösten, schreibt sie, sie hingegen und zahllose andere Frauen, »die nur still existieren, die Kinder aufziehen (möglicherweise), damit sie in den zwecklosen Fußstapfen jener weitergehen, die vor ihnen lebten – welcher Beweggrund, welche Hoffnung könnte stark genug sein, sie zu befähigen, Prüfungen, Trennungen, Alter & Tod standzuhalten?«. Sie ging nicht auf die unmittelbaren Gründe ihrer Verzweiflung ein, doch die »Prüfungen« und »Trennungen«, die sie erwähnt, waren versteckte Hinweise auf ihre Trennung von Edward. Sie fügt hinzu: »Besser scheint es mir zu sein, nie gelebt zu haben, als durch *Ignoranz* & Verwirrung weiterzugehen ins Land der Vernichtung.«

Doch dann entschuldigt sie sich für ihre Trübsal: »Lieber Mr Combe, ich muss Sie für all das inständig um Vergebung bitten. Ich glaube, Sie werden mir sagen, ich sei krank – & daher in diesen Dingen kein unparteiischer Richter – oder dass jemand mit einer robusteren Veranlagung die Sache anders sähe als ich.« Sie hat niemand anderen, an den sie sich wenden kann: »Von Ihnen allein suche ich Mitteilung oder Belehrung.«

Combe schrieb prompt zurück. »Ist es um Ihre physische Gesundheit gut bestellt?«, fragt er. »Unter dem Einfluss von Gelbsucht sieht ein Auge alle Gegenstände gelb, und ein traurig gestimmter Organismus findet die ganze Schöpfung dunkel & trostlos. Das gilt für den normalen Gläubigen so gut wie für Sie. In ihren Tagebüchern kann man lesen, wie sie in solch einem schlechten gesundheitlichen Zustand an der Erlösung verzweifeln & noch elender werden als Sie, denn die Hölle erwartet sie, & *deren Tore* sind in Ihrem Falle wenigstens geschlossen.«[221] Combe beharrte darauf, dass die Angst des Gläubigen vor der Hölle schlimmer sei als ihre Furcht vor dem »Land der Vernichtung«. Er empfiehlt ihr, weniger zu denken: »Der Intellekt allein füllt das Vakuum des unbefriedigten Begehrens nicht aus.« Pragmatisch und fromm schlägt er ihr vor, ihre Energien durch Werke der Nächstenliebe zu sublimieren. Um sich abzulenken, solle sie etwas Nützliches tun – wie die Nonnen, die in Krankenhäusern arbeiteten. »Um glücklich zu sein, müssen wir selbstlos lieben, und wir müssen unsere Liebe mittels guter Werke in die Tat umsetzen.«

Combe hatte vielleicht das Beispiel Florence Nightingales vor Augen, einer Bekannten seines großen Freundes Sir James Clark, die 1853 ihrer eingeschränkten Existenz entkommen war, indem sie sich in Paris zur Krankenpflegerin ausbilden ließ. Florence Nightingale teilte Edward Lanes medizinische Theorie: »Die Natur allein heilt«, schreibt sie, »was die Pflege tun muss (…) ist, die Voraussetzungen dafür zu schaffen, dass die Natur an dem Patienten ihre Wirkung tun kann.«[222] Am 10. Oktober 1854 – dem Tag, an dem in Isabellas Tagebuch von den Küssen in der Kutsche die Rede ist – trat Nightingale die erste Etappe an auf ihrem Weg nach Osten: Im Frühjahr war der Krimkrieg ausgebrochen, in dem England, Frankreich und das Osmanische Reich gegen Russland kämpften. Als die beherzte Engländerin Konstantinopel erreichte, hatten die britischen Truppen bei Balaclava eine demütigende Niederlage erlitten. Nachrichten über ihre Arbeit für die Verwundeten erreichten England Anfang November.[223]

Eine nähere Bekannte George Combes jedoch hatte versucht, ihrer Umgebung zum Trotz ihre Liebe zu leben: Im Juli 1854 floh Marian Evans mit George Henry Lewes, einem verheirateten Mann, den seit langem nichts mehr mit seiner Frau verband, nach Deutschland. Die beiden gehörten zu den Galionsfiguren des säkularen und progressiven Denkens in England, und ihr Verhalten drohte die Philosophie ihres Kreises in Misskredit zu bringen. Combe war »tief betroffen und betrübt«, als er von der Flucht erfuhr. Zudem war er überrascht, denn seine Untersuchung von Marian Evans' Schädel in den 1840er Jahren hatte nicht auf einen übermäßig großen Geschlechtstrieb hingewiesen (wie sie selbst es erwartet hatte); lediglich die Anhänglichkeitsregion war voluminöser als normal. Im November schrieb Combe einem gemeinsamen Freund: »Ich wüsste gern, ob es in Miss Evans' Familie Wahnsinn gibt; denn ihr Verhalten, mit *ihrem* Gehirn, deutet auf eine krankhafte Verirrung des Geistes hin.«[224] Sie und Lewes hätten durch ihr Benehmen »der Sache der Religionsfreiheit großen Schaden zugefügt«, da ihre Zeitgenossen zu dem Schluss kommen könnten, dass progressives Denken zu moralischer Anarchie führe.

In der Zwischenzeit beendete George Drysdale sein Buch *Physical, Sexual, and Natural Religion*, an dem er vier Jahre lang gearbeitet hatte. Dieses Werk bestätigte und feierte die Verbindung zwischen freiem Denken und freier Liebe. Das vierhundertfünfzig Seiten starke Handbuch, in dem es um Verhütung, Geschlechtskrankheiten und Bevölkerungs-wachstum ging, wurde im Dezember 1854 von dem radikalen Verleger Edward Truelove veröffentlicht. Die Zeitung *People's Paper* begrüßte es als »Bibel des Körpers«, während die Massenblätter es als »Bibel des Bordells«[225] verdammten. Zum Schutz seiner Familie verheimlichte George seine Autorschaft: Auf der Titelseite wurde als Verfasser »ein Student der Medizin« genannt. In verdeckter Form berichtet George in diesem Buch auch von seiner eigenen leidvollen Jugend.

Als junger Mann war er von seiner Scham gelähmt gewesen, doch nun hatte er seine Hemmungen abgeworfen. Er schreibt, dass sexuelles Begehren etwas Natürliches sei, für Männer wie für Frauen, und dass es befriedigt werden müsse. »Jeder Mensch«, heißt es in seinem Buch, »sollte es sich angelegen sein lassen, genug Liebe aufzubringen, damit er die sexuellen Ansprüche seiner eigenen Natur erfüllen kann und damit seine Nächsten ebenso Befriedigung erlangen.« Viele Frauen würden krank, weil sie nicht genügend Geschlechtsverkehr hätten: »Wenn wir den Organen der Weiblichkeit nicht ihre angemessene natürliche Anregung und ein gesundes und natürliches Maß an Ertüchtigung verschaffen, werden überall in unserer Nähe weibliche Krankheiten entstehen.« Bei Frauen wie bei Männern sei ein »starker Sexualtrieb eine sehr große natürliche Tugend. (...) Wenn Keuschheit weiterhin als die höchste weibliche Tugend angesehen wird, wird es unmöglich sein, Frauen echte Freiheit zu geben.«

Masturbation sei, wie George weiter ausführt, unter Frauen ebenso verbreitet wie unter Männern – und eine gefährliche Praxis. Denn es habe »verderbliche Folgen«, wenn die natürlichen Leidenschaften »eingepfercht blieben in den trüben Kavernen des Geistes«. Vehement trat er für Verhütungstechniken ein, sodass man häufigen Sex genießen könne, statt dem Onanismus zu verfallen. Um eine Schwangerschaft zu verhüten, empfahl er den Verkehr acht Tage nach der Menstruation (hier legte er sich zufällig auf eine höchst fruchtbare Phase fest), den Rückzug des Penis vor der Ejakulation (obwohl damit dieselben gesundheitlichen Risiken verbunden seien wie bei der Masturbation), das Auswaschen der Vagina mit warmem Wasser direkt nach dem Verkehr (die von ihm bevorzugte Methode), den Einsatz eines kleinen Schwamms am Gebärmutterhals oder die Benutzung eines Kondoms aus Schafdarm.

Jedes dieser Mittel widersprach der christlichen Lehre, nach der die Fortpflanzung, nicht das Vergnügen, den ersten Zweck der geschlechtlichen Vereinigung bildete. George Drysdale verteidigte die Verhütung mit einem Hinweis auf das einflussreiche Werk von Thomas Malthus, *An Essay on the Principle of Population* von 1798, das sich für eine Kontrolle des Bevölkerungswachstums zur Verhinderung einer katastrophalen Übervölkerung der Erde ausgesprochen hatte. Verhütung könne, wie George ausführt, Armut und Geschlechtskrankheiten beseitigen, aber auch erotische Frustration verhindern. Malthus hatte für einen Verzicht auf Sex plädiert, doch viele viktorianische Liberale nahmen seine Argumente auf, um Verhütung zu rechtfertigen. Unter den Neo-Malthusianern, die sich in den 1850er Jahren in Moor Park trafen, befanden sich George Combe, der Psychologe Alexander Bain und James Stuart Laurie, ein Schulinspektor, der den Robinsons John Thom empfohlen hatte.[226]

George Drysdale hatte ein erstaunlich freimütiges und heiteres Manifest der sexuellen Freiheit verfasst, das einzigartig war in der viktorianischen Literatur, selbst wenn es die

Onanie verteufelte. Für eine verheiratete Frau der Mittelschicht wie Isabella war es allerdings nur von begrenztem Nutzen. Schließlich konnte sie nicht das tun, was George getan hatte: andere dafür bezahlen, dass sie ihre sexuellen Bedürfnisse erfüllten.

Am 29. Januar 1855 stand Isabella um acht Uhr auf; es ging ihr »nicht sehr gut«, da sie einen beunruhigenden Traum gehabt hatte, in dem sie als Kind zusammen mit ihrer Mutter, ihrem Vater und einem ihrer Brüder in einem Garten spazieren ging. Der Traum erinnerte sie daran, dass sie jetzt selbst »in der Mitte des Lebens« stand: »Meine Mutter ist alt und gebrechlich, mein Vater liegt im Grab, meine eigenen Kinder werden erwachsen, als Nächstes ereilt mich mein Los, es dauert nicht mehr lange, und ich bin selbst hinfällig und gehe dahin.« Sie fürchtet, »das große Geheimnis des Lebens niemals zu ergründen«, sondern nur »so zu werden, als ob ich nie gewesen wäre – meine Gedanken, meine Liebe, meine Träume, alles wird zu Staub zerfallen! O Gott! Was für eine leere Farce ist doch das Geschenk des Lebens – wie sehr wünschte ich, dass meine Arbeit getan wäre und ich sie niederlegen könnte; denn mir gereichte sie nie zum Segen.«

Sie macht andere für ihren schlechten Start verantwortlich: »Meine Jugend war zerrüttet von der Bigotterie, Ignoranz und Gedankenlosigkeit der Menschen, die mich aufzogen« – doch sie sieht auch schwerwiegende eigene Fehler: »Ach! Am späten Nachmittag gebe ich mich meiner Trauer über Irrtümer hin, die ich nicht rückgängig machen kann; meine Seele ist verdüstert von Reue und Bitternis. Mit vagen Hoffnungen auf Erfolg strebe ich danach, meine drei Söhne aufzuziehen, die (trotz all meiner Liebe für sie) in besseren Händen sein sollten.« Das Tagebuch hatte die Macht, Isabella zu düsteren Gedanken und einer morbiden Beschäftigung mit sich selbst zu verleiten, sodass sie vor und hinter sich nichts mehr sah als Leere: »Die Vergangenheit ist eine Wüste, die Gegenwart dornig, die Zukunft schrecklich und die Ewigkeit nichts als Leere.«

An ihren Geburtstagen wurde Isabella oft sentimental. »Die Jugend ist beinahe vorüber«, hatte sie geschrieben, als sie neununddreißig wurde. »Ich zittere vor dem Alter, dem ich nun ins Auge sehen muss!« Am 28. Februar 1855, dem Tag nach ihrem zweiundvierzigsten Geburtstag, träumt sie »sehr schmerzlich von einem letzten Spaziergang mit Dr. Lane, von einem qualvollen Abschied, von einer *Entdeckung* und dem beschämenden und elenden Umherwandern in der Welt«. Dies war der erste Eintrag, in dem sie von der Furcht spricht, entdeckt zu werden; sie stellt sich vor, wie sie ihr Leben als Ausgestoßene und gefallene Frau würde beenden müssen. Am 1. März schreibt sie: »Erwachte erschrocken und unglücklich und hatte den ganzen Tag Kopfschmerzen.«

Zehn Jahre zuvor hätte ein Skandal beinahe die Reputation des Curwen-Zweigs von Isabellas Familie ruiniert. Isabellas älteste Cousine Isabella Curwen, die ebenfalls nach ihrer reichen und schönen Großmutter benannt worden war, hatte 1830 John Wordsworth geheiratet, Pfarrer in Moresby, Cumberland, und ältester Sohn des Dichters William Wordsworth. Sie sei »ein Schatz, reinen Herzens und liebenswürdig«, schreibt ihre neue Tante Dorothy Wordsworth, »nur schrecklich schüchtern (...) und immer bemerkenswert bescheiden«.[227] 1843, nach der Geburt ihres sechsten Kindes, wurde Isabella Wordsworth krank, und auf den Rat zweier Ärzte hin begab sie sich nach Rom. Sie bat dann ihren Mann, ihr die Kinder zu bringen, was er im

Sommer 1845 tat.[228] Im Dezember dieses Jahres bekam ihr vierjähriger Sohn Fieber und starb. John gab seiner Frau die Schuld an dem Tod des Jungen und holte die anderen Kinder wieder zu sich. Verzweifelt schrieb sie an ihre Eltern in Cumberland. Sie teilte ihnen mit, dass ihr Mann mit einer sechzehnjährigen Italienerin zusammengewohnt hatte. John hatte diesem Mädchen sein schriftliches Ehrenwort gegeben, dass er sie nach dem Tod seiner kranken Frau heiraten und ihr und ihren zukünftigen Kindern seinen Besitz vermachen werde.

Henry Curwen war entsetzt über die »grausame Weise«, mit der seine Tochter behandelt wurde. Er schrieb an seinen Schwiegersohn und bestand darauf, dass er die Kinder unverzüglich zu ihrer Mutter zurückbringe und nach Cumberland zurückkehre. Weigere er sich, drohte er die Geschichte seiner sexuellen Verfehlung dem Bischof zu hinterbringen.[229] Curwen schrieb auch an William Wordsworth – »den armen alten Dichter«, wie er sagte –, um ihm das schändliche Verhalten seines Sohnes mitzuteilen. Sowohl Henry Curwen als auch William Wordsworth änderten ihr Testament und bestimmten ihre Enkel zu ihren direkten Erben, nicht mehr den fehlgeleiteten John, und Curwen setzte alles daran, der Italienerin Johns Eheversprechen abzukaufen. Letztlich zahlte er sie auch aus, da es in ihrer Macht stand, die Familienehre nachhaltig zu schädigen, und zwang damit seinen Schwiegersohn, sich so zu benehmen, wie Sitte und Anstand es verlangten. John Wordsworth fügte sich, und die Öffentlichkeit erfuhr kein Sterbenswort von der Sache. Isabella Wordsworth kehrte nicht aus Italien zurück; ihre Kinder wurden auf diverse Schulen verteilt. Sie starb 1848 in Bagni di Lucca. John Wordsworth ging drei weitere Ehen ein. Sein Fehltritt blieb geheim: Die Biographen seines Vaters sahen stets nur einen pflichtbewussten Dummkopf in ihm.

Dass Ehebruch vertuscht wurde, war – Kindern, Gatten, Eltern und weiteren Familienmitgliedern zuliebe – gängige Praxis in der Oberschicht. In solchen Kreisen, in denen der Ruf so viel galt, taten die Familien alles in ihrer Macht Stehende, um Vergehen jedweder Art unter den Teppich zu kehren. Etwas anders verhielt es sich, wenn die Ehefrau die Missetäterin war, doch im Prinzip galt: Blieb es in der Familie, konnte das Delikt bewältigt werden. Nur wenn es ein sichtbares Zeichen der Sünde gab, ein geschriebenes Versprechen oder ein Geständnis, konnte sich die Geheimhaltung als schwierig erweisen.

Isabella korrespondierte weiterhin mit John Thom und Edward Lane.[230] Nach einer langen Periode des Schweigens auf Seiten des Arztes schreibt sie im April in ihr Tagebuch, dass »ein süßer, trauriger kleiner Brief« gekommen sei, der »die lange Vernachlässigung wiedergutmachte«. Sie antwortete mit einem »schönen, langen, aber ziemlich düsteren Brief« und stellte sich vor, dass sie einander auf äußerst verhaltene Weise mitteilten, wie sehr sie einander fehlten.[231]

Combe schreibt sie, dass sie sich, seinem Rat folgend, mit der Erziehung der Kinder beschäftige: »Die Überwachung der Fortschritte & des Verhaltens meiner Söhne nimmt mehr Zeit in Anspruch als in England, & daher bin ich in recht heiterer Stimmung. In ihren Mußestunden werden sie auch von Hauslehrern unterrichtet, und ich helfe ihnen, sich auf diese Stunden vorzubereiten.«[232] Zu den neuen Lehrern gehörte ein junger Franzose namens Eugene Le Petit. Trotz seiner gleichmütigen Miene fand Isabella ihn attraktiv, und sie ließ sich selbst von ihm Unterricht geben.

Am Morgen des 9. April korrigierte Monsieur Le Petit einige Übersetzungen, die er Isabella aufgegeben hatte. Er »verließ mich nicht bis zwölf«, schreibt sie; »er hatte etwas sehr Sanftes und fast Fröhliches an sich und sagte, dass ihm der gestrige Nachmittag viel Vergnügen bereitet habe. Er sah besser aus als sonst, und wegen der in mir angelegten Anhänglichkeit dachte ich mehr an ihn und wie sehr es mir gefiel, dass er meine Arbeit billigte, als meinem Frieden zuträglich war.« Sie versucht, sich selbst zu ermahnen: »Dummes Herz, immer musst du solchen Leuten Interesse und Beachtung schenken, die sich keinen Deut um dich kümmern würden, wenn es ihnen keinen Nutzen brächte.«

Zwei Monate später, kurz vor der Rückkehr der Robinsons nach England, gab Le Petit den Jungen Unterricht und half Isabella danach bei einer Übersetzung. Er sei lange geblieben, schreibt sie am 9. Juni, und dann »verflog die Zeit«, weil sie sich so viel zu erzählen hatten, über Religion, Musik und neue Bücher. Le Petit »war sehr fröhlich und freundlich«, fährt Isabella fort, »und versicherte, dass er uns sehr vermissen werde«. Sie fügt hinzu: »Ich glaube aber, das gilt eher für mich als für ihn. Die absolute Kälte seines Benehmens überrascht mich. Andere (die besser aussehen als er) fanden meine Gesellschaft stets durchaus reizvoll, und während ich ihm so viele und immerwährende Freundlichkeiten erwies und bei mir so viel Dankbarkeit zu spüren ist, ist es verwunderlich, dass er keine Herzlichkeit an den Tag legt.« Ohne Henrys Wissen hatte Isabella Le Petit unter anderem ein Klavier im Wert von 30 Pfund zum Geschenk gemacht.[233] Sie sagt sich, dass die unterkühlte Art des Lehrers das Beste für sie sei: »Die Temperamente können so verschieden sein, und schließlich kann ich mich glücklich schätzen, dass er so zurückhaltend ist.«

Im Juni kehrten Isabella und die Jungen nach England zurück und bezogen Balmore House, die große weiße Villa, die Henry in Caversham gebaut hatte. Der Name »Balmore« klang nach Pracht und Größe, da man ihn mit Balmoral in Aberdeenshire assoziierte; dort war 1853 mit den Bauarbeiten für ein Schloss begonnen worden, das Königin Victoria und ihr Gemahl in Auftrag gegeben hatten. Henrys Haus im italienischen Stil war ausgestattet mit einem Treibhaus, einem Wintergarten, schmiedeeisernen Balkonen und Terrassen, einer Remise und Ställen. Das Fundament war aus Zement, es gab doppelte Wände und einen Luftschacht. Das Erdgeschoss hatte drei Empfangsräume, ein Arbeitszimmer und ein Boudoir (ein Privatzimmer für Isabella); in den oberen Stockwerken gab es acht Schlafzimmer, zwei Ankleidezimmer und ein Bad, im Untergeschoss einen Gesinderaum und eine Küche.[234]

Kurz nachdem Isabella das Haus bezogen hatte, fuhr Henry zu Edward Lane nach Moor Park und meldete sie zur Kur an.[235] Vielleicht litt sie wieder unter der »Unterleibskrankheit«, die 1849 bei ihr diagnostiziert worden war, oder sie gab dies vor, um Edward wiedersehen zu können. Henry zahlte 10 Pfund und 10 Shilling für eine vierzehntägige Wasserkur seiner Frau.

Am Donnerstag, dem 21. Juni, traf Isabella mit ihrem ältesten Sohn Alfred in Moor Park ein. Es war Teezeit, und sie wurden von Lady Drysdale und Mary Lane herzlich willkommen geheißen. Edward kam später dazu. Er »sah froh aus, als er mich sah«, schreibt Isabella, doch im Lauf des Abends schien er sich in ihrer Gesellschaft immer unbehaglicher zu fühlen und knüpfte nur halbherzig dort an, wo sie im Herbst des vergangenen Jahres aufgehört hatten. »Ich ging mit ihm hinaus, um den Sonnenuntergang zu betrachten, und gerade rechtzeitig erreichten wir die Hügelkuppe. Wie oft hatte ich mir gewünscht, hier mit ihm zu stehen, nun aber war er müde, reserviert, missgestimmt und traurig und konnte den Anblick des Himmels nicht genießen; im Garten saßen wir in der Laube, erneuerten die Liebe der alten Zeiten, wenn auch nicht so lustvoll.« Wieder im Haus, unterhielten sie sich bis zehn Uhr in gesetzter Form in seinem Arbeitszimmer.

»Ich schätze seine Schönheit und seine Leistungen«, schreibt sie in einem undatierten Eintrag. »Doch da ich selbst keine dieser Gaben besitze, muss ich mich damit begnügen, unbeachtet zu bleiben – übersehen, kaum gelitten. Auch ich verhielte mich einem hässlichen oder unattraktiven Menschen gegenüber auf diese Weise, selbst wenn er mich vielleicht gernhätte. Es liegt in der menschlichen Natur, so zu handeln.«

Wie immer entglitt ihr im Schlaf die Selbstkontrolle: »Nachts vereinten mich glückliche Träume mit dem Idol meiner Seele. Ich war mit ihm zusammen wie früher und sogar noch zärtlicher, denn meine Liebe wurde in gleichem Maße erwidert. Alles hatte ich für ihn geopfert und wäre bereit gewesen zu sterben. Stunde um Stunde währten diese Träume, und nach dem Erwachen lag ich noch lange in einem köstlichen Zustand halben Bewusstseins und halber Erfüllung all des gewünschten Genusses und mit den letzten Zeilen von Shelleys *Epipsychidion* im Ohr – wahr und falsch –, meine Hoffnungen, Wünsche und die vergangene halb erfüllte Seligkeit, alles überlagerte sich in einem einzigen süßen Bild. Ach! Warum nicht ganz erfüllt?«

Percy Bysshe Shelleys bekanntes Gedicht kulminiert in einer Verschmelzung des Dichters und seiner Geliebten:

Dann werden wir Ein Geist, Ein Odem sein
In zweien Körpern – ach! warum in zwein?
In Zwillingsherzen Eine Leidenschaft,
Die wächst und wuchs mit stets erneuter Kraft.[236]

Doch Isabellas rätselhafte Anspielung auf die »halb erfüllte« Seligkeit schien die Unvollständigkeit der körperlichen
Vereinigung mit dem Doktor anzudeuten: Vielleicht war es
nicht zu einem Orgasmus gekommen. Ihre Tagebucheinträge vom Oktober 1854 lasen sich so, als habe sie mit Edward
Verkehr gehabt – auf der Waldwiese, im Arbeitszimmer,
in der Kutsche –, aber vielleicht hatte es sich nur um in-
tensive Küsse und Liebkosungen gehandelt. »Den ganzen
Tag verfolgte mich dieser Traum«, schreibt sie. »Ich habe
noch keinen Menschen so geliebt wie dich, deine Seele und
deinen Körper‹, sagte ich im Traum, und im Wachen hatte
ich diesen Satz immer noch im Ohr.«

Am Sonntag, dem 24. Juni, machten Isabella und Edward einen Spaziergang zur Mother-Ludlam's-Höhle und
unterhielten sich auf der Bank am Brunnen. »Dann führte er
mich durch dasselbe Tal, wo wir zuerst das Glück der Liebe
genossen hatten«, doch die Landschaft »hatte sich verändert
wie er«. Sie sprachen »nur über gleichgültige Dinge«.

Am nächsten Tag verbrachten sie einige Zeit zusammen
im Haus. »Er wollte mir ein Buch mit alten Liedern zeigen
und setzte sich neben mich, um es mit mir zusammen zu betrachten.« Nach einem Spaziergang lasen sie in ihrer »privaten Laube« ein Lied des radikalen und freigeistigen französischen Dichters Pierre-Jean de Béranger. Edward »sprach
von seiner Gesundheit und Berufsaussichten«, schreibt Isabella, »doch er war kalt und traurig. Mir blieb nur noch der
Schrein des Idols, das ich einst verehrte«. Dennoch: »Es

war genug für mein Frauenherz.« Sie wanderten umher, bis es dunkel wurde, und betrachteten dann einige Drucke in seinem Arbeitszimmer. Dort, immerhin, lebten die alten Gefühle wieder auf. Nach »einer langen, leidenschaftlichen, nicht enden wollenden Umarmung« ging Isabella spät zu Bett. Sie war »sehr erregt«. »Träumte die ganze Nacht von ihm«, schreibt sie, »und sann und glühte vor Sehnsucht.«

In einem weiteren undatierten Eintrag ist Edward wieder weit weg. Er »rauchte eine Zigarre«, schreibt sie, »und wir sprachen über das Schicksal des Menschen in der Zukunft und die Welt vor der Erschaffung des Menschen«. Man debattierte in dieser Zeit gern darüber, inwieweit die Entdeckungen der Geologie mit den Annahmen des Christentums zu vereinbaren seien: Wenn es einst eine Welt ohne Menschen gegeben hatte, wie die neuere Geologie es nahelegte, gab es allen Grund zu der Annahme, dass die Menschheit eines Tages auch wieder ausstarb. Doch während Isabella mit Edward über die Leere von Vergangenheit und Zukunft sprach, bemerkte sie, dass er dabei war, sie auch aus seiner Vergangenheit und Zukunft zu löschen. »Die Umgebung, in der wir umherstreiften, war so romantisch, doch in seinem Verhalten fand sich nichts dergleichen. Nie war er kälter gewesen. Er hatte Zeiten und Orte unserer Begegnungen vergessen. Er sprach gefühllos, scherzend, fast selbstsüchtig; der Abend war so lieblich, dass ich fast außer mir hätte geraten können – und dann hätte ich monatelang von diesem Bild träumen können –, indes kühlte ich unvermittelt und, ich glaube, für immer ab, weil keiner meiner Gedanken ihn auch nur im Mindesten zu interessieren vermochte. Ich ging an seiner Seite weiter, müde und geistig wie vernichtet, während er nichts davon ahnte.«

Isabella verließ Moor Park Anfang Juli.[237] Zwei Monate

später kam sie wieder, um die drei Jungen der Lakes mitzunehmen ans Meer. Atty sei »schrecklich zart« und habe ein Brustleiden, schreibt sie, und Edward und Mary seien zu beschäftigt, um selbst mit ihm ans Meer zu fahren. Am 10. Oktober brachte Isabella die Lake-Kinder zu ihren Eltern zurück. Es war Edwards dreiunddreißigster Geburtstag, und sie blieb noch einige Tage in Moor Park. Mary hatte gerade ihren vierten Sohn Walter Temple (wohl nach Sir William Temple) zur Welt gebracht.

Als Isabella am Abend des 10. Oktober Gelegenheit fand, Edward allein zu sprechen, entschuldigte sie sich dafür, ihm einen unbesonnenen Brief geschrieben zu haben. »Ich bat ihn tausendmal um Verzeihung und sagte, wie sehr ich es bedauerte; ich müsse ihn aus einer widernatürlichen Laune heraus geschrieben haben.« Er vergab ihr. »Es sei jetzt alles vorbei, erwiderte er, und wir schieden mit einem dieser langen, zärtlichen Küsse, die meine Seele erschüttern und mich stundenlang sehnsüchtig träumen lassen.«

Am vierten Tag von Isabellas Besuch, dem 14. Oktober, plauderten sie im Salon bis elf Uhr abends. Eine ältere Patientin saß hinter ihnen auf dem Sofa; sie war »zu taub«, um ihr Gespräch zu hören, allerdings auch nicht zu gehen bereit. Schließlich verließ die alte Dame den Raum, und Edward schien sich doch wieder für Isabella zu erwärmen: »Er streichelte mich und verlockte mich, und schließlich begaben wir uns nach einigem Zögern in den angrenzenden Raum und verbrachten eine Viertelstunde in seliger Erregung.« Das Ganze fand wieder im Arbeitszimmer des Arztes statt und war so heftig, so genussvoll und verwirrend, dass Isabella fast kollabierte. »Ich war fast ohnmächtig wegen ihm, konnte ihn kaum gehen lassen, weinte, als er mich bat, die Folgen zu verhindern, und schied schließlich sehr aufgewühlt von ihm. Ich war allein, die Leidenschaft war vertan, ich war betrübt und fand keinen Schlaf; ich wälzte mich hin und her, träumte und glühte bis zum Morgen, und dann war ich zu matt und schwach, um aufzustehen.«

Isabellas unterwürfige Haltung Edward gegenüber an diesem Abend, ihre deliröse Erregung in seinen Armen und die erschöpfte Melancholie, die folgte – all das weist darauf hin, dass etwas Neues zwischen ihnen geschah, und vielleicht hatten sie tatsächlich zum ersten Mal miteinander geschlafen. Indem er Isabella an die »Folgen« erinnerte, scheint Edward sie aufgefordert zu haben, Maßnahmen zur Verhütung einer Schwangerschaft zu ergreifen; die gewöhnlichste postkoitale Vorsichtsmaßnahme war, wie in George Drysdales Handbuch beschrieben, die Vagina mittels einer Spritze auszuwaschen.[238]

Am nächsten Tag schien Edward plötzlich zu Bewusstsein zu kommen, wie riskant seine Lage war, und er teilte Isabella mit, dass ihre sexuelle Beziehung beendet sei. »Der Dr. kam in mein Zimmer«, schreibt sie, »und saß eine lange Weile bei mir, sprach kalt von Leben, Ruf, Zukunft, Vorsicht und meinem Gatten.« Sie versuchte, an sein romantisches Gefühl zu appellieren. »Ich schnitt eine Locke seines schönen Haars ab und sagte, wie sehr ich ihn immer geliebt hätte, sprach von seinen liebevollen Augen, seinem hübschen Gesicht, seinem Mund; er jedoch rührte sich nicht, und wir gingen auseinander, ohne auch nur einen Kuss gewechselt zu haben.« Es war eine demütigende Szene, in der Isabella um den Doktor warb wie ein Mann um eine Frau. Mit verletztem Stolz schließt sie, dass für Edward Bequemlichkeit und Ehrbarkeit wichtiger seien als sie. »Ich sah, dass ich nicht voll und ganz geliebt wurde, obgleich ich vielleicht eine kurzlebige Leidenschaft in ihm weckte, und dass sein Verhalten zuvörderst Rücksicht nahm auf seinen Ruf und sein Wohlbefinden.« Ihre Worte verraten, wie viel sie von ihm erwartet hatte: nicht nur eine Affäre, sondern seine ganze Liebe.

Im November 1855 brachen die Robinsons erneut nach Boulogne auf und überließen Balmore House den Raumausstattern. »Es ist noch lange nicht fertig, auch noch nicht gestrichen und tapeziert; wir müssen es verlassen, damit es fertiggestellt werden kann«, erklärt Isabella Combe; »eigentlich hätten wir schon viel früher ausziehen sollen, doch Mr Robinson musste sich noch um den Garten kümmern, & das hat uns bis jetzt aufgehalten«.[239]

Der vierzehnjährige Alfred war inzwischen Schüler der Queenwood School in Hampshire, einem progressiven Internat mit naturwissenschaftlichem und praktischem Schwerpunkt.[240] »Wir haben allen Grund, mit der Schule zufrieden zu sein, was das betrifft«, berichtet Isabella Combe, der ihnen das Institut empfohlen hatte. »Alfred interessiert sich sehr für Chemie und diverse Zweige der Physik; & er lernt Singen & Gymnastik; außerdem darf er sich in Mußestunden mit Zimmermannswerkzeug in der Werkstatt vergnügen.« Der Direktor »spricht gut vom allgemeinen Betragen unseres Jungen, obwohl er sich beim Lernen aus Büchern nicht gerade hervortut«. Otway und Stanley gingen weiter in Boulogne zur Schule.

Zu Weihnachten 1855 waren die Robinsons zusammen in Frankreich; der Winter brachte erneut heftige Regenfälle und Schnee. Isabella dachte zwar noch an Edward, doch sie flüchtete sich nicht länger in ihre Träume. Wenn er auch jahrelang eine ambivalente Beziehung zu ihr unterhalten hatte, stand nun außer Zweifel, dass er ihr seine Frau und seine Familie vorzog. Der Bann war gebrochen.

Isabella flirtete wieder mit Eugene Le Petit. Diesmal wurde sie von dem jungen Lehrer ermutigt, und Henrys Aufmerksamkeit wurde geweckt. Am 30. Dezember stellte er sie zur Rede. »Beim Tee begann Henry ein höchst unangenehmes Gespräch«, schreibt sie, er »beschuldigte mich der Vertraulichkeit mit der Familie Le P., was völlig aus der Luft gegriffen war; sagte, er wisse, dass ich schreibe und Briefe abschicke und erhalte, und das in aller Heimlichkeit«. Er sei so voller »Misstrauen und Argwohn«, schreibt sie, »dass ich erschrak und mich wirklich quälte«. Sie räumt ein, dass sein Vorwurf berechtigt sei – »das fühlte ich« –, und doch glaubt sie, dass ihre Missetaten »entschuldigt waren durch den harten, beschränkten Geist meines Mannes«. Sie tat, was sie konnte, um seine Verdächtigungen zu entkräften und den Salven seiner Beschuldigungen standzuhalten. Sie stritten weiter bis nach Mitternacht, und am Ende litt Isabella unter »Kopfweh und nervöser Erregung«. Henry schienen die Folgen der stürmischen Auseinandersetzung leidzutun: »Er sagte viele tröstliche Dinge.«

Flüchtig charakterisiert Isabella ihren Mann als verletzlichen Menschen: Er zeigt sich besorgt, reuig, ist fähig, Mitgefühl zu zeigen. Sie beschließt den Tagebucheintrag dieses Tages mit einer Bemerkung von abwehrender Gewissheit: »Es war dann zu spät. Liebe, Respekt, Wohlbehagen, Freundschaft, Geduld gab es nicht mehr; auf meiner Seite war nichts geblieben außer Furcht, Erschöpfung, Abscheu und Zwang. Einzig meine Kinder halten mich noch; wenn sie dereinst aus dem Haus sind, werde ich ihn verlassen.«

Isabellas Wunsch zu fliehen war im Lauf der Jahre immer stärker geworden. Sie sei mit Henry »lange Zeit nicht ausgekommen«, schreibt sie später an Combe, und sie habe ihren Mann oft angefleht, sie freizugeben, »die häufigen Trennungen zwischen uns zu einer permanenten zu machen« und sie mit ihren Söhnen anderswo leben zu lassen. Doch er »hörte mich nicht an«, sagt sie, »weil er dadurch mein Einkommen verloren hätte«. In Fragen von Besitz und Eigennutz sei Henry »gänzlich ohne Redlichkeit«; er sei »nicht das, was man vernünftig nennen könnte«.[241] Sie fühlte sich gelähmt, hin- und hergerissen zwischen der Liebe zu ihren Söhnen und ihrer Sehnsucht nach Freiheit.

Isabella war inzwischen der Meinung, dass die Institution der Ehe tyrannisch und ungerecht sei, und zu Beginn des Jahres 1856 schrieb sie Combe einen Brief, in dem sie die eheliche Verbindung als einen »Aberglauben« bezeichnet.[242] Zur gleichen Zeit wurde öffentlich viel über das Thema diskutiert. 1850 war eine königliche Kommission zur Novellierung des Scheidungsrechts eingesetzt worden, und Reformer und Reformerinnen wie Caroline Norton engagierten sich für die Verbesserung der Lage verheirateter Frauen. 1850 stellte Norton die Ungerechtigkeiten des Ehestandes in einem »Brief an die Königin« dar.[243] »Eine verheiratete Frau in England ist rechtlich inexistent«, schreibt sie. »Ihr Sein wird verschluckt vom Sein ihres Gatten.« Eine Ehefrau könne kein Rechtsverfahren anstrengen, sie dürfe ihr eigenes Einkommen nicht behalten und ihr eigenes Geld nicht so ausgeben, wie sie es wünsche. Sie habe »nicht einmal das Recht auf Besitz ihrer Kleider oder Schmuckstücke; der Gatte kann sie ihr nach Belieben wegnehmen und verkaufen«. Die Identität einer Ehefrau sei der ihres Mannes untergeordnet, selbst wenn das Paar in Wahrheit nur so sehr »eins« sei wie jene sinnreich ineinander verschlungenen Tiergruppenplastiken, »bei dem die einen verzweifelt Widerstand leisten und die anderen von wildem Zerstörungswahn besessen sind«. Caroline Norton sprach aus Erfahrung: Als sie 1836 ihren treulosen, tyrannischen und lasterhaften Ehemann verlassen hatte, hatte er ihr die Kinder weggenommen und das Geld konfisziert, das sie durch ihr Schreiben verdiente. »Ich lebe und ich leide«, schreibt sie an einer Stelle, »doch das Gesetz leugnet meine Existenz.«

George Drysdale hielt die Ehe für »eines der Hauptinstrumente zur Entwürdigung von Frauen«, aber auch für ein Instrument zur Drosselung sexueller Betätigung. »Viele Ehen, die wir um uns herum sehen«, schreibt er in *Physical, Sexual, and Natural Religion*, »sind nicht aus Liebe, sondern aufgrund von Interessen irgendwelcher Art zustande gekommen. Zu diesen Interessen zählen Geld, soziale Stellung oder andere Vorteile. (...) Solche Ehen sind eigentlich nichts anderes als legalisierte Prostitution.«

In diesem Frühjahr wurde Isabella ernstlich krank. Möglicherweise litt sie unter Diphtherie, die zwischen 1855 und 1857 in Boulogne grassierte.[244] Es war die längste und schwerste Diphtherie-Epidemie, die es je gegeben hatte: 366 Menschen starben in der Stadt, 341 davon Kinder. Die medizinische Zeitschrift *The Lancet* berichtet, dass vor allem die englischen Besucher Boulognes vom Ausbruch der Krankheit betroffen seien. In England erhielt die Krankheit daher den Namen »Boulogne-Halsweh«. Zu den Symptomen gehörten geschwollene Atemwege und hohes Fieber.

Im Mai kam Henry eines Tages in Isabellas Krankenzimmer und entdeckte, dass sie delirierte. Ruhelos wälzte sie sich in ihrem Bett herum, und er hörte sie die Namen anderer Männer murmeln. Das erregte erneut seinen Verdacht, und er trat an ihren Schreibtisch und nahm das Tagebuch heraus, das sie aus England mitgebracht hatte. Sie habe es immer vor ihm geheim gehalten, sagt er später.[245]

Vielleicht hatte sie vor fiebriger Zerstreutheit die Schublade unverschlossen gelassen; vielleicht hatte sie halb gewollt, dass er ihr auf die Spur kam und ihr gemeinsames Leben in die Brüche ging. Henry schlug das Tagebuch auf und las.

Er las, dass seine Frau in John Thom und Eugene Le Petit verliebt gewesen war. Er las vom Glück seiner Frau in den Armen Edward Lanes. Er las, dass sie in seiner Gesellschaft nur Hass, Ekel und Furcht empfand und dass sie ihn verlassen würde, wenn Otway und Stanley alt genug wären, um selbstständig leben zu können.

Die Szene glich dem Moment in Anne Brontës *Die Herrin von Wildfell Hall*, in der Arthur Huntingdon das Tagebuch seiner Frau entdeckt. Der zügellose, untreue Mr Huntingdon entreißt Helen ihr Geheimnis. »Ich HASSE ihn«, liest er. »Das Wort starrt mir ins Gesicht wie ein Schuldbekenntnis, doch es ist wahr: Ich hasse ihn – ich hasse ihn!« Huntingdon reagiert mit Schadenfreude. Als er aus dem Tagebuch erfährt, dass sie vorhat, mit ihrem gemeinsamen Sohn zu fliehen und Künstlerin zu werden, konfisziert er ihre Juwelen und verbrennt ihre Pinsel und Staffeleien.

Henry Robinson war wie vom Donner gerührt angesichts der Enthüllungen, und zornentbrannt reagierte auch er sofort. Sobald Isabellas Zustand eine Unterhaltung zuließ, teilte er ihr mit, dass er ihre Tagebücher und Briefe an sich genommen habe. Er werde ihr auch Otway und Stanley wegnehmen und mit ihnen nach England zurückkehren. Bald darauf überquerte er mit seinen beiden Söhnen den Ärmelkanal. Nur Alfred blieb in Frankreich bei seiner Mutter. In Isabellas Schreibtisch in Balmore House fand Henry weitere Tagebücher und Papiere: Artikel, Briefe, Karten und Gedichte. Alles nahm er an sich.

BUCH II

Der Spiegel barst

Hinaus flog ihr Gewebe jach,
Der Spiegel barst mit lautem Krach;
»Nun traf der Fluch mich!« bebt' und sprach
Die Dame von Shalott.

Alfred Tennyson, *Die Dame von Shalott* (1842)[246]

7. KAPITEL

Unmoralischer Lebenswandel
Westminster Hall, 14. Juni 1858

Henrys Vertreter war der Erste, der das Wort ergriff.

»Die Robinsons haben 1844 geheiratet«, stellte der Kronanwalt (*Queen's Counsel*) Montagu Chambers fest.[247] »Mrs Robinson war damals die Witwe eines gewissen Mr Dansey, und sie besaß zwischen 400 und 500 Pfund jährlich zum eigenen Gebrauch. Nach ihrer Eheschließung wohnten die Robinsons in Blackheath, Edinburgh, Boulogne und in der Nähe von Reading. Während ihres Aufenthalts in Edinburgh 1850 machten sie die Bekanntschaft von Mr Lane, der damals die Rechte studierte und später eine Tochter von Lady Drysdale heiratete. Er gründete eine hydropathische Kuranstalt in Moor Park – Eurer Lordschaft vielleicht bekannt als ehemaliger Wohnort von Sir William Temple.«

Die drei Richter am Gericht für Scheidungs- und Ehesachen saßen erhöht auf einem Podium unter einem Baldachin mit roten Vorhängen.[248] Sir Cresswell Cresswell, ein spindeldürrer vierundsechzigjähriger Hagestolz, der mit einer Lorgnette hantierte, war der Vorsitzende; es folgte Sir Alexander Cockburn, dritthöchster Richter des Landes, ein kleiner Mann von fünfundfünfzig mit blauen Augen, die unter leicht geschwollenen Lidern hervorblitzten; er war ebenfalls Junggeselle, hatte aber, wie man wusste, zwei Kinder von einer unverheirateten Frau. Obwohl er sich auf der Richterbank sehr würdig ausnahm, war Cockburn ein bekannter Gesellschaftslöwe, der oft erst im letzten Augenblick ins Gericht kam, kurz bevor die Sitzungen um elf Uhr begannen. Der dritte Richter war der zweiundsiebzigjährige Sir William Wightman. Er war der Erfahrenste: seit siebenundzwanzig Jahren im Amt und seit neununddreißig Jahren verheiratet.[249] Die Richter hatten beschlossen, beim Verfahren der Robinsons keine Geschworenen hinzuzuziehen; sie würden allein zu einem Urteil kommen.[250] Sie trugen Perücken aus Rosshaar und schwere rote Roben mit Hermelinbesatz, unter denen sie in der Junihitze schwitzten.

Durch ein gläsernes Türmchen und die runden Oberlichter in der Kuppel strömte Sonnenlicht in den Gerichtssaal und beschien die langen Tische und Bänke.[251] Auch der Gestank der Stadt drang herein. London litt unter einer Hitzewelle, und noch im Parlament und in den angrenzenden Gerichtshöfen von Westminster Hall roch man das schmutzige Wasser der Themse. Die Temperaturen betrugen an diesem Tag über dreißig Grad Celsius.[252]

Montagu Chambers – ein ehemaliger Soldat und Parlamentarier, achtundfünfzig, mit dichten dunklen Augenbrauen und einer leutseligen, verständnisvollen Art[253] – fuhr fort: »Mr Robinson war als Bauingenieur notwendigerweise oft nicht zu Hause. In der Nähe von Reading hatte er angefangen, für die Familie ein Haus zu bauen. In dieser Zeit erneuerten die Robinsons ihre Bekanntschaft mit den Lanes und kamen oft gemeinsam als Kurgäste nach Moor Park. Doch noch häufiger fuhr Mrs Robinson allein dorthin; und wir werden beweisen, dass der vertraute Umgang der Beklagten miteinander die Aufmerksamkeit einiger Patienten und Dienstboten der Kureinrichtung erregte. Doch Mr Robinson zweifelte nicht an der Treue seiner Frau, bis er im Jahre 1857, während Mrs Robinson erkrankt war, zufällig auf eine erstaunliche Schilderung stieß, die ihm die Augen öffnete über das unkeusche Treiben und die Treulosigkeit seiner Gattin.«

Chambers und die anderen Kronanwälte trugen schwarze Seidenroben, weiße Hemden, weiße Krägen und steife weiße Perücken. Sie saßen mit dem Gesicht zur Richterbank, hinter sich ihre Referendare in Roben aus grobem schwarzem Tuch. Der Rest des Gerichtssaals und die Galerie unterhalb der Kuppel waren mit Zuschauern voll besetzt: Männern in Jacketts, Westen und Krawatten, die ihre Hüte in der Hand hielten, und Frauen, die Spitzenkrägen und weite Röcke trugen und das gescheitelte Haar unter auffallenden Hauben versteckten. Vielleicht befand sich Henry unter den Zuschauern; unwahrscheinlich ist jedoch, dass Isabella oder Edward im Gericht zugegen waren. Vermutlich wurden sie alle drei von ihren Anwälten über die Fortschritte des Verfahrens in Kenntnis gesetzt. Keiner der wichtigsten Beteiligten durfte als Zeuge aussagen.

»Mrs Robinson lag also im Bett«, sagte Chambers, »da fand ihr Gatte etliche Tagebücher in ihrer Handschrift, die auf außerordentliche Weise von dem unmoralischen Lebenswandel seiner Frau erzählten. Es scheint, dass Mrs Robinson Mr Lane in Edinburgh anfänglich nicht besonders mochte, doch binnen kurzem wuchs ihre Verehrung für ihn. Sie beschreibt sogar in allen Einzelheiten, wie er aussieht und welche Kleider er trägt. Es gab eine gewisse Anzahl von Begegnungen 1854 in Moor Park, deren Schilderung den Schluss zulassen, dass Ehebruch begangen wurde.«

Einige Fakten in Chambers' Ausführung waren falsch. Edward Lane war bereits verheiratet, als die Robinsons ihn 1850 kennenlernten, und Anwalt, bevor er begann, Medizin zu studieren. Laut ihrem Tagebuch fühlte sich Isabella sofort zu ihm hingezogen; erst später, als sie sich verletzt fühlt, findet sie Seiten an ihm, die ihr nicht gefallen. Und Henry las ihr Tagebuch im Jahr 1856 und nicht erst 1857. In dieser Phase eines Verfahrens traten oft Fehler auf: Eine Fehlerquelle war das zweigeteilte Anwaltssystem in England. Henry musste seine Geschichte zunächst einem *solicitor* erzählen, der wiederum den plädierenden Anwalt (*barrister*) davon in Kenntnis setzte. Doch das falsche Datum der Lektüre des Tagebuchs war vielleicht kein Versehen. Man erwartete, dass ein Ehemann rasch handelte, wenn er seine Frau bei einer Untreue ertappte, und eine zu lange Verzögerung zwischen der Entdeckung der Untat und dem Prozessbeginn konnte zu seinen Ungunsten ausgelegt werden. »Das Erste, was das Gericht bei einem mutmaßlichen Ehebruch untersucht«, heißt es in einem Scheidungsführer von 1860, »ist der Zeitpunkt, zu dem das Delikt begangen wurde, in Bezug dazu, wann das Delikt dem Kläger bekannt wurde und wann Anklage erhoben wurde.« Eine Verzögerung konnte die Vermutung nahelegen, dass Henry Isabellas Ehebruch gebilligt habe, was seiner Scheidungsklage widersprochen hätte.

»Ich beantrage die Vorlage der von Mrs Robinson geführten Tagebücher«, sagte Chambers. »Sie werden Mrs Robinsons Schuld beweisen, auch wenn ich zugeben muss, dass ich einige Zweifel hege, ob Eure Lordschaft sie gegen Dr. Lane als ausreichend erachten werden.«

Nun erhob sich der Anwalt Edward Lanes, William Forsyth QC. Er erhob Einspruch gegen die Vorlage der Tagebücher als Beweismittel gegen die Beklagten. »Wenn Mrs Robinson des Ehebruchs beschuldigt wird, kann ihr Partner nur Dr. Lane gewesen sein«, argumentierte Forsyth, ein fünfundvierzigjähriger Schotte mit langem Gesicht, »aber ihre Einlassungen oder Geständnisse in den Tagebüchern können nicht als Beweise gegen ihn verwendet werden; sie sollten daher überhaupt nicht benutzt werden.«

Den ganzen Prozess hindurch sollte der Status des Tagebuchs als Beweismittel ein Problem bleiben. Die Regeln besagten, dass es (wie ein Geständnis) gegen Mrs Robinson verwendet werden konnte, nicht jedoch (als Mittel der Anklage) gegen Dr. Lane.

Die Richter berieten sich und verkündeten dann, dass die Tagebücher verwendet werden sollten: gegen die Ehebrecherin und gegen ihren ehebrecherischen Partner. Cresswell erklärte: »Wenn mehrere Personen des Einbruchs oder der Verschwörung angeklagt sind und einer von ihnen ein Geständnis ablegt, bei dem er die anderen beschuldigt, gegen die es keine anderen Beweismittel gibt – dann stimmt es zwar, dass seine Einlassung nicht als Beweis gegen irgendjemand anderen verwendet werden kann, aber ist der Mann selbst damit nicht überführt?«

»Nein«, sagte Forsyth.

Wenn er ungeduldig war, spielte Cresswell nervös mit seiner Lorgnette. Bevor er eine vernichtende Abfuhr zum Besten gab, war seine Miene oft von ungewöhnlich aufmerksamer Höflichkeit. Er sagte zu Forsyth: »Ich würde zu gern wissen, wie der geschätzte Kollege diese Meinung legitimiert.«

Daraufhin zog Forsyth sein Nein zurück, und Isabellas Anwalt, Dr. Robert Phillimore, ließ seinen Plan fallen, gegen die Zulassung der Tagebücher zu protestieren. Er stand auf und sagte, dass er nach der Meinungsäußerung des Gerichts keine Einwendungen mehr habe. Die erste Strategie der Verteidigung – die Nichtzulassung der Tagebücher – war damit gescheitert.

Auf Chambers' Anordnung hin wurden Isabellas Tagebücher dem Gericht vorgelegt. Der Kronanwalt bat den Gerichtsdiener sodann, daraus vorzulesen – auch wenn das Gehörte dazu angetan war, unschuldige Anwesende in Verlegenheit zu bringen. »Das Tagebuch enthält die Namen zweier junger Männer, die Mrs Robinson offensichtlich verderben wollte«, sagte er, womit er die Frau seines Mandanten als eine lüsterne alternde Verführerin hinstellte. »Mein Eindruck ist, dass ihre diesbezüglichen Bemühungen sich als nicht erfolgreich erwiesen, doch möglicherweise stimmt das nicht ganz. Sie klagte sie der Kälte und Zurückhaltung an, geißelte ihren Wunsch, ihr zu entkommen, und daher werde ich, wenn ich es vermeiden kann, ihre Namen nicht nennen, zumal es sich offenbar um recht unerfahrene Männer handelte.«

Dann zeigte Chambers dem Gerichtsdiener die relevanten Passagen in den drei Bänden des Tagebuchs aus den Jahren 1850, 1854 und 1855. An einem langen Tisch unterhalb des Richterpodiums verlas der Gerichtsdiener einen Auszug über die erste Begegnung von Isabella Robinson mit Edward Lane 1850, dann eine Passage über ein Gedicht, das Isabella geschrieben und »Hader« betitelt hatte, und zuletzt einen Auszug über die phrenologische Analyse ihres Gehirns und die Konsequenzen, die sie selbst hinsichtlich ihres Charakters daraus zog.

Dann kam er zu den Texten, die sich direkt auf Henrys Klage bezogen. Der erste war vom 7. Oktober 1854, in ihm ging es um die ersten Küsse von Isabella und Edward im Wald. »O Gott! Ich hatte nie gehofft, diese Stunde zu erleben, nie erwartet, dass die Liebe zu mir zurückkehrte. Doch es geschah.« Der Gerichtsdiener fuhr fort mit einem Auszug vom 10. Oktober, der Isabellas Seligkeit beschreibt, als sie mit Edward in der Kutsche zum Bahnhof von Ash fuhr und sich »am Ende in stiller Freude in jene Arme sinken ließ, von denen ich so oft geträumt hatte«. Die letzten Worte dieser Passage über die »selbstlose« Liebe des Doktors wurden ausgelassen – möglicherweise auf Wunsch von Henry selbst, damit man nicht auf die Idee käme, dass seine sexuellen Praktiken weniger befriedigend seien als die von Edward Lane. Vielleicht schreckte er bei seinem Bemühen, sich seiner Frau zu entledigen, vor dieser Selbsterniedrigung zurück.

Die letzte Passage, die der Gerichtsdiener verlas, war vom 14. Oktober und schildert, wie Edward Isabella im Kurhaus von Moor Park verführte. Sie enthielt auch die Bemerkung Edwards, Isabella solle mögliche Konsequenzen ihrer Begegnung verhindern, was sie in Tränen ausbrechen ließ.

Die Sonntagszeitung *Observer* lehnte es ab, diese Tagebuchauszüge zu veröffentlichen, nicht nur wegen ihrer Anstößigkeit, sondern auch deshalb, weil sie so lebendig geschrieben waren, dass sie die Leser zu erregen vermochten: Es sei »unangemessen, sie in einer Zeitung für die ganze Familie abzudrucken«, erklärt der Herausgeber. »Sie enthalten Schilderungen, die auf fast unzweideutige Weise auf die verbrecherischen Handlungen verweisen, die der besagten unglücklichen Dame zur Last gelegt werden, und sie sind überdies mit so begabter Hand geschildert, dass es gefährlich ist, sie zu lesen. Unter diesen Umständen haben wir es für klüger gehalten, sie der Öffentlichkeit vorzuenthalten.« Der Gedanke, dass gewisse Schriften gefährlich seien – besonders für junge Frauen –, war weit verbreitet: Gewöhnlich warnte man vor französischen Romanen, doch Isabella Robinsons Tagebuch zeigte, dass eine englische Angehörige der Mittelschicht ihre Wohlanständigkeit bereits untergrub, wenn sie einen solchen Text las.

Das Scheidungsgericht untersuchte den Ehebruch vom Standpunkt der geschädigten Partei aus, und so konnten die Zuschauer des Prozesses und die Zeitungsleser die verbotenen Affären einer Frau aus dem Blickwinkel des betrogenen Ehemannes betrachten.[254] Doch Isabellas Tagebuch machte die Perspektive komplexer: Während man sich mit dem Ehemann identifizierte, befasste man sich zwangsläufig auch mit den Gedanken der Ehefrau und nahm ihre Version des Ehebruchs zur Kenntnis.

Nachdem der Gerichtsdiener geendet hatte, ergriff wieder Chambers das Wort. »Ich kann mir nicht vorstellen«, sagte er, »was die Verteidigung dazu sagen wird. Es ist mir zu Ohren gekommen, dass man behaupten wird, was diese Dame schrieb, seien nur Halluzinationen ohne Bezug zu den Tatsachen.« Seine Zeugen würden allerdings die Richtigkeit der Tagebuchtexte in vielen wichtigen Einzelheiten bestätigen, sodass gezeigt werden könne, dass das, »was sie schrieb, sehr wahrscheinlich auch geschehen ist«.

Henry Robinson hatte sieben Zeugen gefunden, die für ihn aussagten: sein Vater, sein Schwager, ein Kindermädchen seiner Söhne sowie ein Gast und drei Dienstboten aus Moor Park. Sie warteten in der großen Westminster Hall, einem Gerichtssaal aus dem vierzehnten Jahrhundert, der nun als überdimensioniertes Vorzimmer für die neueren Gerichtsräume an der Westflanke diente. Hoch über den Zeugen erhob sich der gotische Dachstuhl mit den Stichbalken aus Eichenholz, deren Enden in Schnitzereien schildbewehrter Engel ausliefen.

Chambers rief James Jay als Zeugen auf, einen neunundvierzigjährigen Friedensrichter und Stadtrat, der mit Henry Robinsons Schwester Sarah verheiratet war. Er schritt durch den bogenförmigen Eingang auf der rechten Seite der Westminster Hall bis zur Richterbank und kletterte die Stufen zu einem Zeugenstand mit Balustrade hinauf. Nachdem er vereidigt worden war, bestätigte er, dass er 1844 bei der Heirat von Henry und Isabella in der Kirche von St Peter in Hereford zugegen gewesen sei. Er bezeugte, dass Isabella damals eine Witwe mit einem Kind gewesen war. Einige Jahre, sagte er, hätten die Robinsons in Blackheath gelebt, und wenn er sie dort besuchte, schienen sie sich immer gut verstanden zu haben. Henry sei ein gütiger und liebevoller Gatte.

Man zeigte dem Zeugen die drei entscheidenden Bände des Tagebuchs und fragte ihn, ob sie in Isabellas Handschrift verfasst seien. Er bejahte.

Forsyth fragte Jay, ob er wisse, wie alt Mrs Robinson sei. Jay sagte, er wisse es nicht, schätze sie aber auf etwa fünfzig. Das war das Ende seiner Aussage.

Der nächste Zeuge war Henrys Vater, der in den späten 1830er Jahren mit Frau und Söhnen nach London gezogen war. Ein Gerichtsdiener führte den zweiundsiebzigjährigen James Robinson zur Richterbank, wo er vereidigt wurde. Er bezeugte lediglich, dass Henry und Isabella nach seiner Meinung einträglich miteinander lebten.

Dann kam Eliza Power, das irischstämmige Kindermädchen von Ende vierzig, das die Kinder der Robinsons acht Jahre lang betreut hatte. Sie bestätigte, dass Henry seine Frau gut behandelt habe und dass er, als die Familie in Edinburgh gelebt hatte, manchmal geschäftlich verreist gewesen sei.

Nach dem Gesetz musste der die Scheidung verlangende Ehemann beweisen, dass er sich um seine Frau gekümmert und sie anständig behandelt hatte.[255] Das hatten Henrys erste drei Zeugen bestätigt.

Der nächste Aufruf galt Frances Brown, etwa vierundvierzig Jahre alt, aus Edinburgh.

Im Zeugenstand erklärte Frances Brown auf Chambers' Fragen hin, dass sie Ende 1850 die Bekanntschaft von Mr und Mrs Robinson gemacht habe und dass sie und ihre Schwester dem Ehepaar bei gesellschaftlichen Anlässen häufig begegnet seien. 1854 weilten die beiden Schwestern in Dr. Lanes Heilanstalt in Surrey.

»Im Oktober hielt ich mich bei den Lanes in Moor Park auf«, sagte die Zeugin, »und in dieser Zeit kam Mrs Robinson für drei Tage zu Besuch.«

Ob Dr. Lane und Mrs Robinson eng befreundet gewesen seien, fragte Chambers.

»Sie waren immer schon eng befreundet«, sagte Miss Brown, »mir fiel jedoch nicht auf, dass sie nun engere Freunde waren als früher.«

Chambers fragte sie nach dem im Tagebuch erwähnten Vorfall, bei dem Edward und Isabella nach ihrem Stelldichein am 7. Oktober 1854 mit den beiden Schwestern plauderten. Miss Brown bestätigte, dass es so gewesen sei. »An einem Sonntagnachmittag, ziemlich spät, begegneten wir Dr. Lane und Mrs Robinson. Sie kamen offenbar vom Moor. In der unmittelbaren Umgebung von Moor Park gab es nur wenig Wald. Sie blieben stehen, und wir unterhielten uns.«

Chambers fragte, ob sie sich erinnerte, einem der Söhne von Mrs Robinson an diesem Abend eine Gespenstergeschichte erzählt zu haben, wie es im Tagebuch stand. Sie bejahte. Er fragte, ob sie sich an die Abreise von Mrs Robinson erinnere.

»Als sie Moor Park verließ, war es dunkel, und sie nahm eine Kutsche«, sagte Miss Brown. »Dr. Lane brachte sie zum Bahnhof.«

Im Kreuzverhör stimmte sie dem Satz zu, dass Dr. Lane sich »allen Damen gegenüber, die sich in seiner Obhut befanden, sehr aufmerksam verhielt«. Hatte sie je den Verdacht gehegt, dass es zwischen dem Doktor und Mrs Robinson eine unzulässige Beziehung gegeben habe? Nein, sagte sie, das sei ihr nie in den Sinn gekommen. Sodann fragte der Anwalt der Verteidigung, wie viele verheiratete Damen sich in diesem Oktober in Moor Park aufgehalten hätten und ob Dr. Lane mit irgendeiner von ihnen Spaziergänge in der Umgebung unternommen habe.

»Ich erinnere mich an sieben Damen«, sagte Miss Brown, »einige verheiratet, einige ledig, und Dr. Lane ging des Öfteren mit ihnen spazieren.«

Sie beantwortete eine Reihe von Fragen zur Landschaft um das Haus in Moor Park. Es gebe viele Bäume dort, bestätigte sie, das Moor sei etwa eine Meile weit entfernt. Sie wurde gefragt, ob Mrs Robinson ihren ältesten Sohn Alfred mitgenommen habe, als sie mit Dr. Lane zum Bahnhof fuhr. Ja, sagte Miss Brown, wahrscheinlich habe sie ihn mitgenommen.

Damit wurde Miss Brown entlassen, und der Gerichtsdiener rief Levi Warren auf, einen Stallburschen, der 1854 für Dr. Lane in Moor Park gearbeitet hatte. Warren bestätigte, dass Mrs Robinson gewöhnlich mit ihrem Sohn, »Master Alfred«, nach Moor Park gekommen sei und dass sie oft mit Dr. Lane spazieren gegangen sei. Dann ließ er die Bombe platzen.

»Ich habe sie auch im Sommerhaus gesehen«, sagte er, »er hatte den Arm um ihre Taille gelegt.« Das Sommerhaus, fügte er hinzu, befinde sich auf einer Insel im Fluss und er habe die beiden dort mehr als einmal gesehen.

Warren war der erste Zeuge, der den beiden etwas Ungebührliches vorwarf. In juristischer Sprache handelte es sich um eine »approximative Handlung«.[256] Nur die Aussage eines Tatzeugen, der Mann und Frau *in flagranti* ertappte, wog noch schwerer. Eine approximative Handlung konnte eine geheime Korrespondenz sein oder der Besuch einer Dame bei einem ledigen Mann, bei dem die Fensterläden geschlossen wurden; es konnte der abendliche Besuch eines Mannes bei ihr sein – und hier war es das vertraute Zusammensitzen in einer Laube.

Beim Kreuzverhör kam allerdings heraus, dass Levi Warren voreingenommen war. Er hatte lange für Henry Robinson gearbeitet, und Robinson hatte ihn auch für die Stelle in Moor Park empfohlen. Als er den Kurort verließ (die Arbeit sei zu hart gewesen, er habe sie nicht gemocht, sagte er), habe Henry sich erneut für ihn verwandt, indem er ihn einem anderen Arbeitgeber empfohlen habe.

Die Anwälte der Verteidigung, allen voran Phillimore und Forsyth, wiesen nach, dass Henry Warren über die Ereignisse in Moor Park befragt und ein Privatdetektiv, der ehemalige Polizist Charles Frederick Field, ihm dabei geholfen hatte. Charley Field war ein heiterer, schlauer Mann, dick und skrupellos – das Vorbild für den Inspector Bucket in Dickens' Roman *Bleak House* (1853) –, der seit seinem Abschied bei der Polizei schon etliche Male von Männern angeheuert worden war, die nach Beweisen für die Untreue ihrer Frauen suchten. Die Anwälte fragten Warren, ob es stimme, dass er nach seinem Treffen mit Field dem Butler von Moor Park gesagt habe, er habe Dr. Lane gar nicht mit dem Arm um Mrs Robinsons Taille gesehen. Die Frage lief auf die Feststellung hinaus, dass Warren das Gericht belogen und Henrys Detektiv ihn für seine Falschaussage bezahlt hatte.

Warren verneinte die Frage. Er sagte, dass er zwar mit dem Butler gesprochen habe, ohne allerdinges etwas von einer beabsichtigten Lüge vor Gericht zu erwähnen.

Scheidungsverfahren hingen oft von den Aussagen von Dienstboten und Hotelbediensteten ab, da sie illegitime Beziehungen von Mitgliedern der Mittel- und der Oberschicht am ehesten bezeugen konnten, doch die Richter waren stets auf der Hut vor korrupten oder rachsüchtigen Angestellten. »Die Aussage entlassener Dienstboten sollte mit größter Vorsicht aufgenommen und sorgfältig geprüft werden«, heißt es in einem juristischen Handbuch der Zeit, »sonst dürften wir bald in Angst und Schrecken leben, müssten die Schlingen fürchten, die im eigenen Heim auslägen, und alles, was unserer Behaglichkeit dient, würde in ein Werkzeug des Schreckens verwandelt werden.«[257]

Zwei weitere Dienstboten aus Moor Park wurden aufgerufen. John Thomas Jenkins bezeugte, dass Dr. Lane Mrs Robinson gewöhnlich mehr Aufmerksamkeit geschenkt habe als den anderen Damen.

Ob er je Vertraulichkeiten zwischen den beiden beobachtet habe, fragte ein Anwalt der Verteidigung.

Nein, sagte Jenkins, das habe er nicht.

Sarah Burmingham, die Schwester des Gärtners und Korrespondenzpartners von Darwin, gab Ähnliches zu Protokoll. Sie fügte hinzu, dass Mrs Robinson ihr einmal gesagt habe, der Doktor sehe sehr gut aus und sei »ein faszinierender Mann«.

Es gab einen weiteren Zeugen (die Zeitung nennt seinen Namen nicht), der aussagte, Dr. Lane einmal gesehen zu haben, als dieser aus Mrs Robinsons Zimmer kam; der Mrs Robinson auch in Lanes Arbeitszimmer gesehen und beobachtet hatte, dass beide bei Tisch miteinander flüsterten.

Damit ende der Fall für den Kläger, sagte Chambers.

Nun war die Verteidigung an der Reihe. Doch als Isabellas Anwalt, Dr. Phillimore, begann, seine Argumente vorzutragen, fiel Cockburn ihm ins Wort. In seiner klaren, melodischen Stimme sagte der vorsitzende Richter, dass das vorgelegte Material den Ohren von Damen nicht zuträglich sei. Er schlug vor, dass sich das Gericht für kurze Zeit zur Beratung zurückziehe und bei seiner Rückkehr alle Damen den Saal verlassen haben sollten. Die anderen Richter stimmten zu. Mit demselben Argument legte man den anwesenden Reportern nahe (oder man verbot es ihnen), die darauf folgenden Wortwechsel abzudrucken, sodass weitere Einzelheiten der Sitzung dieses Tages nicht in den Zeitungen erschienen.

Die meisten Kläger, die vor dem neuen Gericht auftraten, waren Männer, die ihre Frauen des Ehebruchs bezichtigten.[258] Nach dem Gesetz konnte eine Scheidung nur ausgesprochen werden, wenn der Ehemann die Untreue seiner Frau bewiesen hatte, während eine Frau nicht nur den Beweis der Untreue ihres Gatten liefern, sondern auch noch nachweisen musste, dass er sie verlassen hatte und sich Grausamkeiten oder sexuelle Untaten wie Bigamie, Inzest, Vergewaltung oder Sodomie hatte zuschulden kommen lassen. Das Messen mit zweierlei Maß beruhte darauf, dass die Ehebrecherin eine Gefahr für die Gesellschaft darstellte. Da sie ihrem Mann das Kind eines anderen Mannes unterschieben konnte, bedrohte eine untreue Gattin die Gewissheiten über Vaterschaft, Verwandtschaft und Erbe, die zu den wesentlichen Stützpfeilern der bürgerlichen Gesellschaft gehörten.[259] Das Urbild der englischen Ehebrecherin war Königin Guinevra, deren Untreue zum Zerfall des Reiches ihres Mannes, des sagenhaften Königs Artus, führte.

Die berühmteste Ehebrecherin der zeitgenössischen Literatur war Madame Bovary, die unter der Langeweile der Provinz leidende Heldin des 1857 erschienenen Romans von Gustave Flaubert. Emma Bovary ist ruhelos, sinnlich, melancholisch und erfüllt von romantischen Idealvorstellungen. Zu ihren Lieblingsbüchern gehört *Paul et Virginie* von Jacques-Henri Bernardin de Saint-Pierre, das auch Isabella Edward gegenüber bei ihrem Liebesgeständnis im Oktober 1854 erwähnte. Emma verliebt sich in einen jungen Kanzlisten, den sie mit Geschenken überschüttet, und in der skandalösesten Episode des Buches – aus der serialisierten Fassung getilgt, doch in der ersten Gesamtveröffentlichung von Flaubert selbst wieder eingefügt – kommt es zum Ehebruch mit ihm in einer Kutsche.

Obwohl der Roman viele Jahre lang nicht auf Englisch erschien, stürzte sich die britische Presse sofort auf das Buch. In einer Rezension in der *Saturday Review* von 1857 wird Emma Bovary als »eine der verworfensten Figuren der Literatur« bezeichnet; der Verfasser behauptet, dass Frauen ihrer Art die Gesellschaft von innen heraus zu zerstören drohen. Er versichert seinen Lesern, dass »unsere Schriftsteller« niemals Sitte und Anstand in einer Weise verletzen würden, wie Flaubert es tat, wobei er auch vor den Risiken warnt, die die englische Schicklichkeit in sich barg. Die nationale Zurückhaltung in puncto Sex könne dazu führen, dass das Verlangen nur umso heftiger angestachelt werde: »Literatur als leichte Kost, die sich ausschließlich mit Liebe beschäftigt und über die wichtigste Seite der Liebe absolutes Schweigen bewahrt, könnte zur Stimulation von Leidenschaften führen, die man im Rahmen des Schicklichen kaum noch anzudeuten vermag.«[260]

Vierzehn Tage vor dem Beginn des Robinson-Prozesses

war das Gemälde einer Ehebrecherin in der Sommerausstellung der Royal Academy, die nur eine Meile westlich
des Scheidungsgerichts lag, zu sehen gewesen. Das zentrale
Bild des Triptychons von Augustus Leopold Egg zeigt eine
Mittelschichtsfamilie in ihrem Wohnzimmer. Der Ehemann
hat soeben erfahren, dass seine Frau ihn betrogen hat. Wie
Henry Robinson entdeckte dieser Ehemann die Verfehlung
seiner Frau anhand von geschriebenen Worten: Er hat einen
Brief gelesen. Nun sitzt er, das Stück Papier in der Hand, zu-
sammengesunken und mit leerem Blick in einem Sessel; auf
dem Teppich liegt ein Porträt des Liebhabers seiner Frau.
Die Ehefrau hat sich zu seinen Füßen hingeworfen, vor
Scham verbirgt sie ihr Gesicht. Die Kinder, zwei Mädchen,
sehen von dem Spiel auf, mit dem sie beschäftigt waren: Sie
hatten in ihrer Ecke ein Kartenhaus gebaut, einen fragilen
Turm, der auf einem Buch von Balzac steht. Neben der Frau
liegt ein halber Apfel auf dem Boden, Symbol des Apfels,
mit dem Eva Adam versuchte. In der anderen Hälfte des Apfels, neben dem Ehemann auf dem Tisch, steckt ein Messer.
    Die Bilder, die die zentrale Szene flankieren, zeigen das
weitere Schicksal der Familie. Nach der Entdeckung ihres
Verbrechens wird die Mutter von ihren Kindern getrennt.
Links sieht man die beiden Mädchen als Heranwachsende,
die arm und traurig zusammen ihr Leben fristen, rechts
die Ehebrecherin mit einem Säugling, wie sie unter der
Waterloo Bridge Schutz sucht. Dieses Bauwerk, eine Meile
nördlich des Scheidungsgerichts gelegen, war ein verrufe-
ner Ort, wo Prostituierte und Selbstmörder ihr Unwesen
trieben.[261] Zwei Theaterplakate an den Brückenbögen an-
noncieren Stücke über schlechte Ehen. Das neueste, Tom
Taylors *Victims*, das im Juli 1857 im Haymarket Theatre Pre-
miere hat, dreht sich um eine Frau, die in ihrer geistigen Ver-

stiegenheit ihren geschäftstüchtigen Ehemann verabscheut und einem blassen jungen Dichter schöne Augen macht.

Eggs Gemälde führt dem Betrachter den Wendepunkt einer scheiternden Ehe vor Augen. In der Ausstellung von 1858 trug das Triptychon keinen Titel. Im Bild ist jedoch ein fiktiver Tagebucheintrag zu erkennen, der an die Stelle eines Titels tritt und die realistische Wirkung der Szene dadurch noch steigert: »4. August. Habe gerade erfahren, dass B. vor zwei Wochen gestorben ist, wodurch seine armen Kinder nun beide Eltern verloren haben. Angeblich hat man *sie* am Freitag nahe des Strandes gesehen, offenbar ist sie obdachlos. Wie tief ist sie gesunken!« Wie bei den meisten zeitgenössischen Darstellungen eines Ehebruchs sieht man auf diesem Gemälde nicht die verbrecherische Handlung selbst, sondern nur die Schmach der Ehefrau.

Dennoch ist die Botschaft des Bildes zweideutig: Einerseits ist es ein moralisches Werk über die schrecklichen Folgen ehelicher Untreue, andererseits sind die Ehebrecherin und ihre Kinder als tragische Figuren dargestellt. Die *Times* bemerkt dazu, dass das Gemälde »nicht einfach zu verstehen« sei. Im *Athenaeum* beurteilt man es als »unkeusch«: »Es muss eine Grenze dessen geben, was Maler malen dürfen, was dem öffentlichen und unschuldigen Blick erlaubt sein sollte, und wir glauben, Mr Egg hat in der Darstellung solcher Schrecknisse diese Grenze überschritten.« Auch im Gerichtssaal ging es um diese prekäre Grenze, die neu verhandelt wurde, indem man im Fall Robinson beide Seiten zu Wort kommen ließ.

8. KAPITEL

Ich habe alles verloren
1856–58

Im Mai 1856 kehrte auf Isabellas Seite Schweigen ein. Das Tagebuch setzt an dem Tag aus, an dem es beschlagnahmt wird. Doch in einer Reihe von Briefen an George Combe skizzieren Isabella, Edward, Henry und Lady Drysdale die Ereignisse der zwei Jahre zwischen Henrys Entdeckung und seiner Scheidungsklage. Die Briefe waren vertrauliche Dokumente und dringliche Unschuldsbeteuerungen ihrer Verfasser in einem. Im Verlauf der Korrespondenz fiel Combe die Rolle zu, als eine Art moralischer Schiedsrichter zu fungieren. Diese unveröffentlichten Briefe, die sich im Archiv der schottischen Nationalbibliothek befinden, haben einen zugleich privaten und öffentlichen Charakter, changieren zwischen der Welt des Tagebuchs und der Welt des Gerichts. Sie enthüllen, wie und warum der Fall vor Gericht kam, trotz der zu erwartenden schrecklichen Konsequenzen für alle Beteiligten.

Im Juni 1856 erholte sich Isabella von ihrer Krankheit und kehrte mit ihrem ältesten Sohn nach Frankreich zurück. Henry weigerte sich, ihr Einlass in ihr gemeinsames Haus zu gewähren,[262] sodass sie mit dem inzwischen fünfzehnjährigen Alfred für kurze Zeit in der Albion Street wohnte, in einem kleinen, schmucken Reihenhaus nördlich des Hyde Park, und dann zwanzig Meilen weiter südlich in einem Cottage in dem Städtchen Reigate in Surrey.[263] In der

»Düsternis & Einsamkeit« ihrer zwei gemieteten Zimmer, schreibt Isabella an Combe, versinke sie in »tiefen & dauerhaften Gram«.[264] Sie war aus der Gesellschaft ausgestoßen und von ihren geliebten Söhnen Otway und Stanley getrennt worden. Diese seien ihr »entrissen« worden, als sie krank war. Henry hatte die Möbel und alle anderen Güter behalten, die sie in die Ehe gebracht hatte, ebenso wie ihre Tagebücher, Gedichte, Essays und Briefe, auch die Briefe von Edward Lane.

»Ich habe alles verloren«, schreibt sie, »aber ich war sorglos & gedankenlos, & so verdiene ich es, zu leiden.« Viele Monate lang befand sie sich »in einem Stadium nahe der Verstörung & dachte ernsthaft über die Selbstvernichtung nach«. Sie sagt, dass nur die Hoffnung auf eine kommende Wiedervereinigung mit ihren Kindern sie vor dem Selbstmord bewahrt habe.

Im Herbst besuchte sie Moor Park und teilte Edward mit, was in Boulogne geschehen war. Sie warnte ihn auch vor Henrys Rache: Nachdem er ihr fast alles genommen habe, was ihr lieb war, werde er nun danach trachten, sie öffentlich zu entehren und die Familie zu zerstören, die sie liebe. Und er sei auf Geld aus.

Isabella erklärt Combe, dass Henry Edward Lane hasse und beneide. »Wenn möglich, wird er seinen Ruin herbeiführen: Er sagte öffentlich, dass er Moor Pk. schließen werde.« Er glaube auch, dass er, indem er Isabella anschwärze, den Großteil ihres Besitzes werde einbehalten können, um sie als »Almosenempfängerin« von sich abhängig zu machen. Henry hatte ihr gesagt, dass er beabsichtige, ihr lediglich 100 Pfund jährlich zum Leben zu lassen.

Henry konsultierte Anwälte. Sein erster Plan war, Edward zu verklagen,[265] doch die Anwälte rieten ihm, dies

nicht sofort zu tun, da er wenig Chancen hatte, den Prozess zu gewinnen, wenn er als Beweis für das Delikt des
Ehebruchs nur Isabellas Tagebuch vorlegen konnte. Nach
dem Gesetz brauchte man dafür zwei Zeugen. Im Dezember
1856 beauftragte er den ehemaligen Polizisten Charley Field,
weitere Beweise gegen Isabella zu sammeln.

Edward leitete noch immer die Kuranstalt in Moor Park,
obwohl ihm eine Magenkrankheit sehr zu schaffen machte.
Als er herausfand, dass Henrys Detektiv seine Dienstboten
ausgefragt hatte, schrieb er an Isabella. Er ließ ihr seinen
Brief durch einen Anwalt namens Gregg überbringen, einen ehemaligen Kurgast,[266] und Isabellas Antwort nahm
denselben Weg. So blieb ihre Korrespondenz geheim. Die
Umschläge ihrer Briefe trugen anderslautende Adressen,
um neugierige Dienstboten, aufmerksame Ehefrauen und
Schwiegermütter abzulenken. Edward hoffte, die ganze Geschichte vor Mary und Lady Drysdale geheim halten zu
können. Er organisierte ein Treffen mit Isabella, um die Lage
zu besprechen.

Edward und Isabella nahmen an, dass Henry vorhatte,
eine eheliche Trennung (*judicial separation*) zu erreichen,
bei der das Paar verheiratet blieb, aber seine ehelichen
Pflichten nicht mehr erfüllen und nicht mehr zusammenle-
ben musste. Isabella versicherte Edward, dass sie in diesem
Fall einen Schuldspruch wegen Ehebruchs annehmen werde.
Auf diese Weise würde sie Edward eine Verwicklung in den
Fall ersparen, und sein Name würde nicht genannt werden.
Später schreibt sie, Edwards letzte Worte seien gewesen,
»komme, was wolle, er wisse, dass er zu Unrecht leide«. Als
Verfasserin des belastenden Tagebuchs akzeptierte sie, dass
die Schuld allein bei ihr lag.

Weder Edward noch Isabella erwarteten, dass Henry

eine Scheidung erwirken wollte, da das Verfahren unter den damaligen Umständen eine außerordentlich komplizierte und teure Angelegenheit war.[267] Nach dem Durchlaufen mehrerer juristischer Instanzen konnte letzten Endes nur ein Parlamentsbeschluss die Ehe auflösen, was Tausende von Pfund kostete.[268] Zwischen 1670 und 1857 waren aus diesem Grund insgesamt nur 325 Scheidungen ausgesprochen worden, durchschnittlich weniger als zwei pro Jahr.

Seit den beginnenden 1850er Jahren war jedoch im Parlament darüber debattiert worden, wie man durch eine Gesetzesänderung das Verfahren gerechter, billiger, einheitlicher und transparenter gestalten könne. Das bedeutete, dass man die Macht der Doctors' Commons – ein Gericht, in dem nach kanonischem Recht geurteilt wurde – beschneiden und sie einem neuen, säkularen Gericht übertragen wollte. Henrys Anwälte sagten, es sei gut möglich, dass es bei Einsetzung eines solchen neuen Gerichts durch das Parlament zu einer Scheidung käme, wenn man nach dem herrschenden kirchlichen Recht erst einmal eine Trennung erwirkt hätte.

Im April beantragte Henry die Trennung, und Ende des Monats erhielt Isabella eine Vorladung des Gerichts.

Im Juli 1857 waren George und Cecy Combe in Moor Park zu Gast, als Edward Lane von Henrys Klage erfuhr und daraufhin endlich seiner Frau und seiner Schwiegermutter das ganze Unheil enthüllte, das ihnen drohte. Sie versteckten ihre Verzweiflung vor den Gästen. Combe notiert in seinem Tagebuch, dass beide Gastgeberinnen plötzlich erkrankt seien. »Mrs Lane ist noch im Bett, sie leidet noch unter dem Übermaß an Sonne bei dem Besuch im zoologischen Garten am 14. Juli«, schreibt er am 25. Juli.[269] »Lady Drysdale ist krank, Puls 120 und Magenverstimmung.« Das Leiden der beiden Frauen gehe ihnen allen sehr zu Herzen.

Es war der zweite Besuch der Combes in Moor Park. George litt unter Verdauungsproblemen, Cecy unter depressiven Verstimmungen und Beklemmungen.[270] Sie genossen ihren Monat im Kurbad. In der Umgebung wurden Weizen und Roggen geerntet, Brombeeren und Limonen standen in Blüte. Die Gäste pflückten riesige Feigen von den Spalierbäumen im Garten und sammelten nachts Glühwürmchen auf den Wegen. »Cecy & ich wandelten im Tal umher«, schreibt George am 25. Juli, »& freuten uns über balsamische Winde & herrliche Landschaft. Wir ruhten lange auf dem trockenen Rasen, & sie sang alte englische Melodien, die mich immer wieder entzücken.«

Gelegentlich störten Nachrichten aus der Außenwelt den Frieden des Ehepaars. Am 9. Juli erwähnt George die Zeitungsberichte über den Prozess gegen Madeleine Smith, Tochter eines Architekten aus Glasgow. Sie war angeklagt, ihren Liebhaber mit Gift ermordet zu haben, weil er sich geweigert haben soll, ihr ihre Liebesbriefe zurückzugeben. In diesen Briefen hatte sich Madeleine Smith offenbar ihrer sexuellen Vergehen gerühmt.[271] Der Richter weigerte sich, die entsprechenden Passagen vorzulesen, denn »womöglich sind derartige Handlungen zwischen Mann und Frau noch nie zu Papier gebracht worden«. Ihr Benehmen an sich war schockierend genug, viel schlimmer aber war das Vergnügen, das sie an den Tag legte, als sie davon sprach. Combe schreibt: »Die Unterseite ihres Gehirns muss sehr breit sein & die Koronalregion mangelhaft entwickelt.« Eine ähnliche Diagnose hatte er Isabella gestellt.

Am 3. August, dem Tag der Abreise des Ehepaars Combe, schienen Mary und ihre Mutter sich erholt zu haben. Die

Lanes und Lady Drysdale gesellten sich zu ihren Gästen, und gemeinsam verabschiedete man die berühmten Freunde. Eine Patientin, eine sechzigjährige Witwe aus Aberdeenshire, erbat sich eine Strähne von Combes Haar. Cecy fand diese Bitte amüsant. »Bei derart schütterem Haar war eine ganze Strähne schwer zu finden«, schreibt auch er, und nach einem letzten heiteren Wortwechsel machte sich das Paar auf den Weg zum Bahnhof.

Edwards Familie war es bis dahin gelungen, die Angelegenheit geheim zu halten, doch Henry Robinson arbeitete gegen sie. Einige Tage nach der Abreise der Combes aus Moor Park besuchte Henry Robert Chambers in Edinburgh und zeigte ihm Isabellas Tagebuch.[272] Er erklärte, dass er es zufällig gefunden habe. Chambers notiert in seinem eigenen Tagebuch: »Am 9. August kam abends H. O. Robinson und las mir Auszüge aus dem Journal seiner Frau vor, wodurch ihre schuldhafte Zuneigung für — — — offenbar wurde. Einzigartige Bloßstellung. Drei Stunden lauschte ich mit unvermindertem Interesse.« Selbst in seinem eigenen Tagebuch nennt Chambers Edward Lanes Namen nicht, da er sich bewusst ist, dass auch seine privaten Aufzeichnungen der Öffentlichkeit bekannt werden können. Henry bat Chambers zwar, nicht über die Sache zu reden, er selbst aber legte anderen Edinburgher Bekannten gegenüber keine Zurückhaltung an den Tag.

Wie er gehofft hatte, etablierte das Parlament wenig später ein säkulares Scheidungsgericht, wodurch die vollständige Auflösung seiner Ehe möglich wurde. Die Regierung von Lord Palmerston wollte mehr Menschen zu einer Scheidung verhelfen, um die Zahl der »irregulären Vereinigungen« im Land zu reduzieren; Frauen sollte es leichter möglich sein, auf legale Weise ihren gewalttätigen Ehemännern zu entkommen, Männer sollten sich ohne kostspielige Verfahren ihrer treulosen Ehefrauen entledigen können. 1858 sollte das Gericht die Arbeit aufnehmen.

In der Zwischenzeit walteten die Richter der Doctors' Commons ihres kirchlichen Amtes. Henry schrieb Otway und Stanley als Internatsschüler der Tonbridge School in Kent ein; er unterzeichnete als Reverend Henry Oliver Robinson, womöglich in der Hoffnung, seine Identität geheim halten zu können.[273] Tonbridge war eine traditionelle private Knabenschule mit etwa 160 Schülern, in der man auf Disziplin und Strenge hielt. Laut einem zeitgenössischen Bericht hatte der Rektor immer einen Stock griffbereit neben sich. Otway spielte in der Rugbymannschaft der Schule, in der es sehr brutal zuging.[274]

Am 3. Dezember 1857 wurde im Consistory Court der Doctors' Commons, in der Nähe der St Paul's Cathedral, über Henrys Scheidungsgesuch entschieden. Es ging um eine Trennung *a mensa et toro*, von Tisch und Bett (*judicial separation*). Die von ihm vorgelegten Beweise, die nichtöffentlich geprüft wurden, bestanden aus Tagebuchauszügen und den Aussagen zweier Dienstboten aus Moor Park. Henrys Gesuch war eines der letzten, vielleicht überhaupt das letzte, über das nach dem alten Recht entschieden wurde.[275] Isabella legte, wie sie es Edward versprochen hatte, keinen Einspruch ein. Das Gericht gab Henrys Gesuch statt, die Trennung wurde ausgesprochen, und am nächsten Tag berichtete die *Times* in einer kurzen Notiz darüber, ohne die Namen der Beteiligten zu erwähnen.[276]

Laut ihrem Ehevertrag behielt Isabella nach der Trennung ihr privates Einkommen, wenn sie auch weniger Zinsen einnahm. Denn eine Wirtschaftskrise Ende 1857 hatte viele Investitionen entwertet. Sie erhielt nun etwa 390 Pfund jährlich, was bedeutete, dass ihr nach den Ausgaben für Alfred in Höhe von 150 Pfund »kaum genug blieb, um das Leben einer Dame zu führen«.[277] Während ihres Lebens mit Henry war Isabella eine der reichsten Frauen ihrer Schicht gewesen, zu der sie sich nun fast nicht mehr zählen konnte – immerhin brauchte man nach allgemeiner Einschätzung mindestens 300 Pfund, um einen bürgerlichen Haushalt mit einem einzigen Dienstmädchen führen zu können.[278] Henry hoffte, ihr Einkommen noch weiter reduzieren zu können.

Er lebte diesen Monat in Balmore House, zusammen mit Otway und Stanley, die Ferien hatten, und mit einer seiner beiden unehelichen Töchter, die er in die Gesellschaft von Reading einführen wollte.[279] Am 12. Dezember, neun Tage nach dem Richterspruch, schrieb er an Robert Chambers und erlaubte ihm, die Einzelheiten des Tagebuchs unter ihren Freunden in Edinburgh bekannt zu machen. Chambers erzählte die Geschichte von Isabellas »leidenschaftlichen und anstößigen«[280] Eskapaden George Combe, der sie seinem Freund Sir James Clark[281] weitererzählte.

Clark, der den Dichter John Keats in Rom während seiner letzten Krankheit behandelt hatte, gehörte zu den von Königin Victoria favorisierten Ärzten; er war es, der Combe die Untersuchung der Köpfe der Kinder des Königspaares ermöglicht hatte. Combe entschuldigt sich wortreich bei Clark dafür, ihn mit den Bewohnern von Moor Park bekannt gemacht zu haben, und fügt hinzu, dass zweifellos Isabella die Schuld an der Affäre trage, während der Doktor eine »traurige Strafe« zu bezahlen habe. Henry Robinson, dies merkt er noch an, habe selbst »das Ehegelöbnis missachtet«.[282]

Edward verbrachte die Weihnachtszeit in London, in

einem sechsstöckigen georgianischen Haus am Devonshire Place in Marylebone. Seine Frau, seine Schwiegermutter, seine Kinder und seine drei Schwäger waren bei ihm. George Drysdale, der 1855 in Edinburgh seine medizinische Abschlussprüfung abgelegt hatte, praktizierte inzwischen als Arzt. Charles war Medizinstudent am University College in London, nachdem er im gleichen Jahr seine Laufbahn als Ingenieur abgebrochen hatte.

Am 28. Dezember 1857 erfuhr Edward von dem Gerücht über seine Verfehlung, und am nächsten Tag schrieb er an Combe. Er leugnet seine Affäre mit Isabella »absolut, entschieden & empört« und behauptet, dass er sich die Tagebucheinträge über ihn nicht erklären könne; Isabella müsse »halb von Sinnen« sein, schreibt er. Sie habe die eheliche Trennung akzeptiert, weil »sie *mir* unabsehbaren Schaden zugefügt hat & sie daher beschloss, meinen Namen nicht mit einem solchen Skandal in Zusammenhang zu bringen«.[283] Zwei Tage später, am 1. Januar 1858, schreibt auch Lady Drysdale an die Combes: »Sie werden meinen feierlichen Worten Glauben schenken, wenn ich erkläre, dass Lane völlig unschuldig ist: Als Mary und ich ihn baten, die unglückliche Frau einzuladen (…), da sie sich zu Hause so elend fühlte, zeigte er sich stets abgeneigt, unseren Bitten zu willfahren, da er Mrs Robinson für langweilig hielt.«[284]

Edward fuhr nach Edinburgh, um sich persönlich der Angelegenheit anzunehmen.[285] Am Samstag, dem 2. Januar, nahm er um 9.15 Uhr den Expresszug, der um 22 Uhr in der schottischen Hauptstadt eintraf. Am nächsten Morgen verbrachte er zweieinhalb Stunden mit George Combe in dessen Haus in der Melville Street. Er verteidigte vehement seine Unschuld. Isabellas Tagebucheinträge seien Einbildungen, sagte er, ihre religiösen Zweifel hätten sie »gänzlich ihres gesunden Menschenverstandes beraubt«. In ihren Zeilen seien »Tatsachen und Vorstellung auf die kühnste Weise vermischt«, und »viel zu oft« lasse sie »ihrer lüsternen & kranken Phantasie die Zügel schießen«. Er behauptete, in Edinburgh nicht mit Isabella geflirtet zu haben;[286] bei ihren Ausflügen an die Küste habe er immer ein Buch mitgenommen, um den »oberflächlichen« Unterhaltungen mit ihr zu entkommen. »Ich habe nie auch nur eine Zeile an Mrs R. geschrieben«, sagte er, »die man nicht laut vorlesen könnte.«[287] Er brannte darauf, Henry wegen Verleumdung zu verklagen, sein Anwalt indes hatte ihm geraten, es nicht zu tun, damit die Geschichte nicht noch größere Kreise zog; »einerlei, ob dem Verfahren Erfolg oder Misserfolg beschieden sein werde«, sein Ruf werde in jedem Fall leiden.

Edwards Empörung war echt. Wahrscheinlich hatte er ihre Beziehung völlig anders empfunden als Isabella. Ihre gefühlvollen Schilderungen von Rendezvous, die Leidenschaft und Sehnsucht, die sie ihm zuschrieb – für ihn mag all das reine Einbildung gewesen sein, und vielleicht erkannte er, dass ihre sentimentalen Phantasien nicht in der Realität, sondern in der romantischen Literatur wurzelten. Die Rhetorik mancher Tagebucheinträge implizierte sexuelle Begegnungen, wo es vielleicht in Wahrheit gar keine gab. Isabella war noch dazu unvorsichtig gewesen: Indem sie das Tagebuch unverschlossen liegen ließ, schien sie ihm und seiner Familie unbewusst schaden zu wollen. Edwards einziges Mittel dagegen war, ihr durch seine eigenen Aussagen Paroli zu bieten und immer wieder zu betonen, dass Isabella sich alles nur ausgedacht hatte. Er wütete gegen seine einstige Freundin. Sie sei »eine rasende & prahlerische Närrin«, schreibt er, »eine böse & verrückte Frau«, die zu »Spinnereien« neige.[288]

Edward war umso aufgebrachter angesichts des Unterschieds zwischen seiner Lage und der von Henry Robinson. Im Tagebuch erscheine Henry als »Inbegriff menschlicher Gemeinheit, Armseligkeit, Schuftigkeit & Grausamkeit«,[289] schreibt Edward an Combe; sein Verhalten habe Isabella »den Wunsch eingegeben, zu fast jedem Preis aus einer Verbindung zu fliehen, die ihr Leben zu einer unerträglichen Qual hatte werden lassen«.[290] Doch dieser entsetzliche Gatte, der bekanntermaßen eine Geliebte und illegitime Kinder hatte, war in den Augen des Gesetzes völlig schuldlos.

George Combe ließ sich von Lane überzeugen. »Der Kummer des armen Lane ging mir wahrlich zu Herzen«, berichtet er Sir James Clark. »Lane liegt am Boden, & Lady Drysdale & Mrs Lane leben in quälender Angst vor der Öffentlichkeit.« Nachdem er Moor Park seinen Freunden so begeistert empfohlen hatte, fühlte Combe sich persönlich für die Ehre des Arztes verantwortlich.[291] Er selbst distanzierte sich zunehmend von Isabella. »Sie legte großes Interesse an der neuen Philosophie an den Tag«, schreibt er Clark, »Mrs Combe & ich haben sie allerdings nie gemocht.« Sie sei »eine gescheite Frau«, und dennoch »waren die Äußerungen ihres Intellekts aufgrund ihrer mangelhaft ausgebildeten Koronalregion kalt und ordinär im Ton, wodurch wir bald jegliches Interesse an ihr verloren«.[292]

Combes Freunde wunderten sich über die Geschichte. Isabella Robinson sei »eine außergewöhnliche Frau«, schreibt Sir James Clark, »die erste (…), die je ihre eigene Schande dokumentierte«.[293] Marmaduke Blake Sampson, Lokalredakteur der *Times* und begeisterter Anhänger der Phrenologie, meint, dass Edward einen Teil der Schuld auf sich nehmen solle, auch wenn er keinen Ehebruch begangen hatte: »Indem er Spaziergänge mit ihr machte & es erlaubte, dass ihrer beider Kinder miteinander Umgang hatten (...), schenkte er ihr so viel Aufmerksamkeit, wie es für einen ernsthaften Mann in seiner gesellschaftlichen Stellung nur möglich war. Er hat Pech angerührt, nun klebt es ihm an der Hand. Würde er die Folgen dessen, was geschehen ist, als rechtmäßige Konsequenzen seines eigenen Mangels an Aufmerksamkeit, Respektabilität und Umsicht erkennen, könnte ich seinen Erklärungen mehr Vertrauen schenken, als es der Fall ist, wenn er sich selbst als Opfer darstellt.«[294]

Zwei Tage nach Edwards Besuch in Edinburgh schrieb Henry Robinson an Combe, um ihm die Sache aus seiner Perspektive zu schildern. Er behauptet, nicht vorgehabt zu haben, Combe die ganze schmerzliche Geschichte zu Gehör zu bringen, doch soeben von Robert Chambers erfahren zu haben, dass er bereits im Bilde sei – und »das gibt mir die Freiheit, einem natürlichen Impuls zu folgen und einem liebenswürdigen und allseits geehrten Bekannten die traurige Geschichte vorzutragen«. Es sei ihm ein Anliegen, jegliche falsche Darstellung, die womöglich von Isabella in Umlauf gebracht worden war, zu korrigieren; er beschreibt seinen Kummer, seine Überraschung, sein Entsetzen beim Lesen des Tagebuchs und bei der »grauenvollen Entdeckung« von Isabellas »Liebschaft« mit Eugene Le Petit, »obwohl es Anlass zur Hoffnung gab, dass sie noch keine verbrecherischen Ausmaße« angenommen habe. Noch entsetzter sei er gewesen, als er las, dass seine Frau seit 1850 »einer sklavischen Leidenschaft für Dr. E. L. verfallen« sei, die 1854 zu »kriminellen Vertraulichkeiten« geführt habe.[295] Er bot Combe an, ihm das Beweismaterial gegen Edward zu zeigen, »strengste Vertraulichkeit« vorausgesetzt.

Combe lehnt ab, da dieser Beweis »die Schwierigkeiten vervielfachen« würde, »denn ich könnte Dr. Lane nicht um

Erklärungen bitten, und wir müssten ihn verurteilen, ohne dass er sich verteidigen kann«.[296]

Sowohl Henry als auch Isabella hatten die Grenze zwischen der privaten und der öffentlichen Sphäre verletzt. Isabella, indem sie in ihrem Tagebuch über Edward schrieb; Henry, indem er es las und ihre Geheimnisse öffentlich machte. Combes Reaktion lief darauf hinaus, die Trennung zwischen frei zugänglichen und vertraulichen Informationen wiederherzustellen. Penibel schied er die öffentlichen Erklärungen von den geflüsterten Behauptungen und die dokumentierten Tatsachen von den Gerüchten. Indem er sich weigerte, das Tagebuch zu lesen, wurde es für ihn selbst auch leichter, an Edwards Unschuld zu glauben.

Edward dankt Combe für seine Unterstützung: »Sie haben mir gegenüber nicht nur als gütiger Freund gehandelt, sondern auch als Ehrenmann – der es, sofern es in seiner Macht steht, nicht so weit kommen lassen will, dass man mich im Dunkeln erdolcht.« Henry handle »hinterhältig« und »bösartig«.

Edward erhofft sich von Combe Schadensbegrenzung. »Ich spreche so aufrichtig zu Ihnen wie ein Sohn zu einem Vater«, schreibt er ihm. Er erinnert ihn an die »besonderen Umstände meiner Stellung, die es so überaus wichtig erscheinen lassen, dass jedwedes öffentliche Aufsehen vermieden wird«.[297] Lady Drysdale argumentiert ähnlich. »Ich darf Sie und Mrs Combe bitten, dieses Schreiben absolut vertraulich zu behandeln«, schreibt sie, »denn jeden Tag wird mir klarer, dass Schweigen unsere einzige Sicherheit ist.«[298]

1857 hatte es einen Skandal gegeben, in den eine andere Mrs Robinson verwickelt gewesen war, und in seiner Folge eine öffentliche Debatte über das Publizieren von privatem Klatsch und Tratsch. Im März hatte die Romanautorin Elizabeth Gaskell eine Biographie Charlotte Brontës veröffentlicht, die 1855 gestorben war. In diesem Buch schildert sie eine Liebesaffäre zwischen Charlottes Bruder Branwell und Lydia Robinson, »einer reifen und bösartigen« verheirateten Frau, die ihn in den 1840er Jahren als Privatlehrer für ihre Söhne engagiert hatte. Laut Elizabeth Gaskell wurde in diesem Fall »der Mann zum Opfer, denn sein Leben war vernichtet und seine Familie der Schmach ausgeliefert«. Im Mai 1857 drohte die betroffene Dame, die jetzt Lady Scott hieß, Gaskells Verleger mit einer Klage, woraufhin das Buch zurückgezogen und der Text verändert wurde.

Als Anfang 1858 das Gericht für Scheidungs- und Ehesachen die Arbeit aufnahm, war Henry Robinson der elfte, der eine Scheidung *a vinculo matrimonii* – eine Lösung der ehelichen Verbindung – beantragte.[299] Diese Form der Scheidung hatte dieselben Folgen wie der Tod eines Gatten: Gewann Henry den Prozess, stünde es ihm wie einem Witwer frei, sich neu zu vermählen.

Das neue Gericht führte die Prozesse öffentlich.[300] Alle sollten sehen, dass hier beschützt und bestraft wurde. Die Richter definierten, was innerhalb einer Ehe erlaubt war, und sie gaben diejenigen, die sich Verfehlungen leisteten, der Schande preis. Zu den wichtigsten Bestandteilen des neuen Scheidungsgesetzes gehörten der Schutz des Eigentums verheirateter Frauen im Fall ihrer Schuldlosigkeit und die Herabsetzung der Standards bei der Beweisführung für einen Ehebruch. Zudem wurde das Verfahren vereinfacht. Vor 1858 hätte Henry Robinson sich eine Scheidung nicht leisten können.

Nachdem Henry bereits die kirchlichen Richter von Isabellas Betrug überzeugt hatte, hatte er allen Grund zu der

Annahme, dass der neue Gerichtshof seiner Klage stattgeben werde. Er brauchte nun nicht mehr zwei, sondern nur noch einen Zeugen für den Ehebruch. Henrys Anwalt musste das Vergehen auch nicht mehr »ohne begründeten Zweifel« nachweisen; da es sich nicht um einen Strafgerichtsprozess handelte, brauchte er die Richter nur noch davon zu überzeugen, dass seine Annahmen wahrscheinlicher waren als Isabellas Rechtfertigungen.

Die Anwälte rieten Henry, den Namen des mutmaßlichen Liebhabers seiner Frau als Mitbeklagten zu nennen, wozu er nach der neuen Rechtslage ohnehin verpflichtet war. Das würde ihm vor allem finanziell zum Vorteil gereichen: Wenn Henry gewann, konnte Edward dazu verpflichtet werden, die Gerichtskosten zu tragen. Im Februar 1858 legte Henry Dokumente vor, die Edward wie auch Isabella belasteten.[301]

Vor dem Kirchengericht hatte Isabella Edward geschützt, indem sie gegen Henrys Klage keine Einwände erhob, doch bei einem säkularen Verfahren konnte sie nicht verhindern, dass Lanes Name ins Spiel kam. Um Edward nun schützen zu können, musste sie den Ehebruch leugnen.

Die Anwälte der beiden Beklagten trafen sich, um ihre Strategie zu beraten. Am 22. April verkündete Isabellas Anwalt,[302] dass sie bestritt, das ihr zur Last gelegte Delikt begangen zu haben. Edward verkündete, dass auch er sich nichts habe zuschulden kommen lassen. Er ließ die Tagebücher auf seine Kosten (150 Pfund) abschreiben, damit sein Anwalt sie zu seiner Verteidigung benutzen konnte.

In den ersten fünf Monaten des Jahres 1858 hatte das Scheidungsgericht 180 Fälle zu bearbeiten.[303] Erst am Montag, dem 10. Mai, wurde die erste Scheidung ausgesprochen, aber danach ging es Schlag auf Schlag: Bereits am Mittag des nächsten Tages hatte das Gericht acht Ehepaare geschieden. »Mir bleibt nur, meiner Zufriedenheit mit der Wirkung des neuen Gesetzes Ausdruck zu verleihen«, sagte Lord Campbell, der Lordkanzler, der das Scheidungsgesetz mitformuliert hatte. »In dieser Hinsicht sind nun alle Klassen gleichberechtigt.«

Zu den ersten Klägern gehörten Anwälte, die die Möglichkeiten des neuen Gesetzes schnell durchschaut hatten, und wie Henry Robinson waren sie moderne Männer der Mittelschicht, die eher an Rache als an Reputation interessiert waren, eher an ihre Freiheit dachten als an den Erhalt der Familienehre. Geschmacklosigkeiten waren an der Tagesordnung. Am 12. Mai beschuldigte ein Anwalt namens Tourle seine Frau, den Sohn ihrer Nachbarn verführt zu haben.[304] Seine Zeugen waren seine Neffen, die Mrs Tourle und den Nachbarssohn »rot und verwirrt« in ihrem Salon angetroffen hatten; ferner sein Diener, der behauptete, gesehen zu haben, dass der junge Mann eines Nachmittags im November 1856 im Speisezimmer seinen Arm um Mrs Tourles Taille legte; ein Kutscher, der sagte, er habe das Paar im Sommer 1857 bei einem Kuss ertappt, und die Angestellten eines Hotels in der Albermarle Street in London, die beschworen, die beiden hätten ein Zimmer geteilt. Aufgrund all dieser Aussagen wurde die Ehe geschieden.

Indem sie Recht sprachen, bestimmten die Richter, was seelische Grausamkeit bedeutete, wie man einen Betrug bewies und wo die Grenzen der Herrschaft eines Mannes über seine Frau und seine Kinder lagen. Das Publikum wurde mit Geschichten von häuslichem Elend geradezu überschüttet. »Mit wem auch immer man über eine gescheiterte Ehe spricht«, heißt es in einem redaktionellen Beitrag in den *Daily News* Ende Mai, »er erwähnt sogleich einen anderen

Fall, was flugs zu einem dritten führt, bis einem der Kopf schwirrt vor scheußlichen Eheszenen.«[305] Selbst Königin Victoria zeigte sich um die Institution Ehe besorgt: »Ich glaube, viel zu viele Leute heiraten«, schreibt sie im Mai an ihre frisch vermählte Tochter Vicky; »schließlich ist der Mensch ein Spielball des Zufalls, und für eine arme Frau ist der Ehestand ein sehr zweifelhaftes Glück«.[306] Charles Dickens, dessen Romane so viel zur Verherrlichung des viktorianisch-bürgerlichen Heims beitrugen, geriet selbst in eine häusliche Krise. Am Freitag, dem 11. Juni, drei Tage bevor der Robinson-Prozess begann, veröffentlichte er einen Text, in dem er erklärte, dass er und seine Frau Catherine einen Trennungsvertrag unterzeichnet hatten. Es handelte sich um eine private Vereinbarung, und so umging Dickens wenigstens die öffentliche Zurschaustellung in einem Gerichtssaal. In den Zeitungen schreibt er, Verunglimpfungen über ihn hätten »wie ein ungesunder Luftzug« seine Leser erfasst, und er wies alle Gerüchte zurück, die ihm zur Last legten, mit einer jungen Schauspielerin oder mit der Schwester seiner Frau Ehebruch begangen zu haben.

9. KAPITEL

Verbrennen Sie dieses Buch und seien Sie glücklich!
Westminster Hall, 15. Juni 1858

Inzwischen hatten die Neuigkeiten vom Robinson-Prozess die Runde gemacht. Als das Gericht um 11 Uhr vormittags zusammentrat, drängten sich auch einige Anwälte von Rang und Namen in den vollbesetzten Saal, unter ihnen der ehemalige Lordkanzler Henry Brougham, der berühmt geworden war, nachdem er in den 1820er Jahren, als George IV. versucht hatte, die Scheidung seiner Ehe zu erwirken, Königin Caroline erfolgreich gegen den Vorwurf des Ehebruchs verteidigt hatte. Lord Brougham wusste vielleicht von Isabellas Vorfahren, die im Prozess nicht zur Sprache kamen: Einst hatte er im Unterhaus neben ihrem Großvater, dem Großgrundbesitzer John Christian Curwen, gesessen, der wie er selbst aus dem Nordwesten Englands stammte.[307] Die ersten Berichte über *Robinson vs. Robinson & Lane* erschienen an diesem Tag in der Presse.

Von den drei Richtern war Sir Cresswell Cresswell mit den Feinheiten des neuen Gesetzes am besten vertraut, da er schon seit Januar dem Gericht angehörte, Sir Alexander Cockburn indes sollte das Verfahren dominieren. Er genoss es, im Rampenlicht zu stehen, und der Robinson-Prozess zog schon jetzt mehr Aufmerksamkeit auf sich als jeder andere, der bisher an diesem Ort verhandelt worden war.[308] Überdies hatte er ein besonderes Interesse an Fällen, in denen Wahnsinn vorgebracht wurde vonseiten des Beschuldigten:

1843 hatte er sich einen Namen gemacht, als er aufgrund von Geisteskrankheit einen Freispruch erwirkte. Am Old Bailey hatte er neun Ärzte in den Zeugenstand gerufen, die aussagten, dass sein Mandant Daniel M'Naghten unter dem Einfluss von »bösen und schrecklichen Sinnestäuschungen« gestanden habe, als er versuchte, den Premierminister Robert Peel zu ermorden. Das Urteil hatte die Vorstellungen über Sinnestäuschung und juristische Verwantwortung revolutioniert; seitdem wurde bei Strafprozessen immer häufiger auf Unzurechnungsfähigkeit plädiert. Ein Anwalt konnte argumentieren, dass sein augenscheinlich gesunder Mandant in einem Augenblick von geistiger Umnachtung ein Verbrechen begangen hatte – oder, wie es die Anwälte in Isabellas Fall versuchten, dass er fälschlicherweise ein Verbrechen gestanden hatte, während er sich in einem Zustand geistiger Verwirrung befand.

William Forsyth QC, Edward Lanes Anwalt, ergriff als Erster das Wort. Gewöhnlich sprach zuerst der Anwalt des Beklagten zu den Richtern, doch Isabella hatte Edwards Anwalt den Vortritt gelassen in der Hoffnung, dass die Anklage gegen ihn niedergeschlagen würde – und damit auch gegen sie. Nun durften seine Anwälte ihre Zeugen ins Kreuzverhör nehmen, während ihre Anwälte nicht dasselbe mit seinen Zeugen tun konnten.

»Mein hochverehrter Kollege hat zugegeben«, sagte Forsyth, »dass er nicht genügend Beweise vorlegen kann, die den Mitbeklagten ernsthaft in Bedrängnis bringen würden, die Folgen jeglichen Verdachts sind jedoch für Dr. Lane so gravierend, dass ich keinesfalls die Gelegenheit versäumen möchte, Euren Lordschaften diese Beweise vorzulegen. Dr. Lanes Ehre, sein Ruf, sein häusliches Glück und die Mittel seiner Existenz stehen auf dem Spiel.«

Das Gericht, fuhr er fort, habe das Tagebuch als Beweis gegen Isabella zugelassen, in Edwards Fall solle es hingegen nicht zur Sprache kommen. Ein Verfahren, in dem es um den Vorwurf des Ehebruchs geht, sei aber auf Sand gebaut, wenn ein solches Beweismittel nicht zugelassen werde, sagte Forsyth. »Wir sehen hier Dr. Lane, einen jungen Mann mit Frau und Familie, der beschuldigt wird, mit einer Frau von fünfzig Jahren Ehebruch begangen zu haben, weil man ihn bei einem Spaziergang mit ihr auf seinem eigenen Gelände gesehen hat, weil man gesehen hat, wie er am Esstisch mit ihr flüsterte und dass sie in seinem Arbeitszimmer war, in dem alle Angehörigen dieses Haushalts ein und aus gingen, und weil man ihn einmal aus ihrem Zimmer hat treten sehen.«

Er erinnerte das Gericht daran, dass der Arzt mit allen Patientinnen in Moor Park Umgang pflegte. »Dr. Lane war von Mrs Lanes Mutter nachdrücklich gebeten worden, Mrs Robinson jedwede Aufmerksamkeit zu erweisen, Ausflüge mit ihr zu unternehmen, mit ihr auszureiten und mit ihr im Park spazieren zu gehen. Es werden gleich Patientinnen aufgerufen, die bezeugen können, dass sie niemals irgendetwas wahrnahmen, was auch nur den Schatten eines Verdachts auf die Beklagten warf. Furchtlos sage ich hier, dass es mit Ausnahme der Aussage des Zeugen Warren in diesem Fall nicht das geringste Indiz gibt, das Anlass böte zum Verdacht. Die Gegenseite hat nicht gewagt, einen einzigen Brief Dr. Lanes an Mrs Robinson vorzulegen, obwohl viele Briefe zwischen ihnen gewechselt wurden. Es wurde gesagt, dass man Dr. Lane aus Mrs Robinsons Zimmer kommen sah; doch es ist eine Tatsache, dass dieser Gentleman die Gewohnheit hat, die Patientinnen in ihren Zimmern aufzusuchen. Vielleicht ging es Mrs Robinson nicht gut. Unter diesen Umständen ist nichts wahrscheinlicher, als dass Dr. Lane ihr einen Besuch abstattete.« Er versicherte: »Ich werde Dr. Lane von jedem noch so kleinen Verdacht befreien.«

Forsyths erster Zeuge war Auguste Giet, der ehemalige Butler von Moor Park, zu dessen Pflichten die Überwachung der Vorratskammer neben dem Arbeitszimmer des Doktors gehört hatte.

Giet sagte aus, dass Levi Warren, der Stallbursche, 1856 von Moor Park nach London gereist sei. Danach habe er ihm erzählt, dass er sich mit dem Detektiv Field und Henry Robinson getroffen habe. Er habe Robinson mitgeteilt, dass er Dr. Lane niemals mit dem Arm um Mrs Robinsons Taille gesehen habe. Und Giet fügte hinzu: »Er sagte auch mir, dass er die beiden tatsächlich nie auf diese Weise zusammen gesehen hat.«

Forsyth legte zwei Briefe vor, die Warren an Giet geschrieben hatte, und zeigte sie dem Butler. Giet bestätigte, dass es Warrens Handschrift war. Forsyth zeigte dem Gericht den ersten dieser Briefe, in dem Warren den Butler bat, über das, was er ihm anvertraut hatte, Stillschweigen zu wahren.

Der Anwalt wollte wissen, ob Giet sich erinnern könne, Mrs Robinson in Moor Park gesehen zu haben. Ja, erwiderte der Butler, aber er habe nie gesehen, dass sie mit Dr. Lane spazieren ging.

Forsyth befragte ihn über das Arbeitszimmer, in dem Isabella und Edward angeblich Ehebruch begangen hatten. Giet bestätigte, dass die Dienstboten oft durch das Zimmer gingen, um den Weg zwischen Vorratskammer und Speisesaal abzukürzen.

Giet durfte nun den Zeugenstand verlassen. Auch ohne seine Aussage wäre es einfach gewesen, das Zeugnis eines unzufriedenen Stallburschen zu erschüttern; nun hatte es für die Richter keinerlei Wert mehr.

Dann rief Forsyth Caroline Suckling in den Zeugenstand, die dreiundfünfzigjährige Gattin von Captain William Suckling, einem entfernten Verwandten Lord Nelsons.[309] Die Sucklings waren regelmäßig in Moor Park zu Gast. George Combe hatte sie dort 1856 kennengelernt; er mochte ihre achtjährige Tochter Florence Horatia Nelson Suckling nicht und beschrieb sie in seinem Tagebuch als »verwöhnte einzige Tochter & Erbin, zu deren Erziehung ich der Mutter einige Ratschläge gab«.[310]

Mrs Suckling sagte aus, dass sie im September 1854 in Moor Park weilte und sich gut an Mrs Robinson erinnere.

»Ich habe nie bemerkt, dass es zwischen dem Doktor und dieser Dame irgendeine besondere Verbindung gab. Ich sah, dass Mrs Robinson mit ihm sprach, und ich selbst schaltete mich oft in ihre Unterhaltung ein; aber Dr. Lane behandelte Mrs Robinson nicht anders als jede andere Dame dort.«

Forsyth befragte Mrs Suckling über Mary Lane.

»Dr. Lane und Mary Lane verstanden sich ausnehmend gut«, sagte Mrs. Suckling. »Sie war ungefähr fünfundzwanzig und gehörte zu Mrs Robinsons Freundinnen.«

Auf die Frage nach Vertraulichkeiten zwischen dem Arzt und Isabella sagte Mrs Suckling, dass sie sie einmal auf der öffentlichen Terrasse vor dem Haus zusammen gesehen habe. »Allerdings hatte er die Gewohnheit, mit jeder Patientin und jedem Patienten immer wieder auf der Terrasse und im Park spazieren zu gehen.«

Mrs Suckling verließ den Zeugenstand, und Forsyth rief Lady Drysdale auf. Edward konnte als Mitbeklagter nicht aussagen, seiner Frau war die Aussage ebenfalls verwehrt.

Doch Lady Drysdale durfte als Zeugin der Verteidigung aussagen.

Sie sagte dem Gericht, dass sie seit der Heirat von Mary und Edward zum Haushalt ihres Schwiegersohns gehöre. Die Lanes seien lange Zeit sehr gut mit den Robinsons bekannt gewesen. Forsyth fragte sie nach Dr. Lanes Verhalten gegenüber Mrs Robinson.

»Er verhielt sich ihr gegenüber ganz genau so wie gegenüber den anderen Damen, die bei uns zu Gast waren«, sagte Lady Drysdale. »Ich bat ihn oft, besonders nett zu Mrs Robinson zu sein.«

»Warum?«, fragte Forsyth.

»Weil ich der Meinung war, dass Mrs Robinson zu Hause unglücklich war«, erwiderte sie.

Forsyth fragte Lady Drysdale, ob sie etwas von den Spaziergängen der beiden wisse.

»Mrs Lane und ich wussten immer davon, wenn der Doktor mit Mrs Robinson spazieren ging oder Ausflüge machte«, sagte sie. »Es war für ihn üblich, mit verschiedenen Damen unseres Hauses Spaziergänge zu machen.«

Hatte sie je bemerkt, dass es zwischen den beiden zu ungebührlichen Vertraulichkeiten gekommen sei?

Nein, sagte Lady Drysdale, sie habe nichts dergleichen bemerkt.

Forsyth hatte keine weiteren Fragen.

Jesse Addams, Montagu Chambers' Assessor, erhob sich zum Kreuzverhör.

Dr. Addams hatte Henry im Dezember des Vorjahres vertreten, als vor dem Kirchengericht die eheliche Trennung verhandelt wurde. Auch Isabella verließ sich vor dem neuen Gericht auf ihren Vertreter vom Dezember, Dr. Phillimore. Ein gewisser James Deane hatte damals Edward vertreten.

Sie alle waren examinierte Anwälte für Zivilrecht und als Kronanwälte dazu berechtigt, an dem neuen Gericht tätig zu sein.

Addams bat Lady Drysdale um eine Schilderung des Temperaments von Mary Lane.

»Meine Tochter ist ein sehr sanftmütiger Mensch«, sagte Lady Drysdale.

Und wie alt war sie zur Zeit der mutmaßlichen Affäre?

»Etwa siebenundzwanzig«, sagte Lady Drysdale.

»Sie hegte keinen Verdacht?«, fragte Addams.

»Sie hegte keinerlei Verdacht gegen ihren Mann«, sagte Lady Drysdale. »Sie hatte keinen Grund dazu.«

Der Anwalt fragte, wie alt Mrs Robinson sei.

»Die meisten Patientinnen sind um die fünfzig«, sagte Lady Drysdale, »vielleicht auch fünfundfünfzig. Ich glaube, Mrs Robinson war fünfundfünfzig, aber ich will lieber nicht zu viel sagen.« Bei diesem Satz gab es Gelächter unter den Zuschauern.

In Wahrheit war Isabella zur Zeit des mutmaßlichen Ehebruchs einundvierzig Jahre alt gewesen. Selbst wenn Lady Drysdale das nicht wusste, musste sie doch wissen, dass ihre eigene Tochter zu dem Zeitpunkt nicht siebenundzwanzig, sondern einunddreißig Jahre alt war.

Einer der Richter fragte Lady Drysdale, wie es zu der engen Verbindung der Robinsons und der Lanes gekommen sei.

»Mrs Robinson ging sehr freundlich mit den Kindern von Dr. Lane um, meinen Enkelkindern«, sagte Lady Drysdale, »und das führte zu einer immer größeren Vertrautheit.«

Lady Drysdale wurde entlassen. Ihr Bericht von dem Vertrauensverhältnis zwischen ihrem Schwiegersohn, ihrer

Tochter und ihr selbst sei »höchst effektvoll und bewegend« gewesen, befand *The Morning Post*.

Forsyths nächster Zeuge war Mr Reed, ein Sachverständiger, der eine topographische Karte von Moor Park vorlegte. Er zeigte, wo sich die Laube befand. Er bezeugte, dass man, wenn man dort stand, wo Levi Warren angeblich gestanden hatte, die Laube nicht sehen konnte, geschweige denn erkennen konnte, dass ein Mann den Arm um Mrs Robinsons Taille gelegt hatte.

Der letzte Zeuge für Edward Lane war Dr. Mark Richardson, ein ehemaliger Wundarzt der bengalischen Armee, der sich 1856 in Moor Park aufgehalten hatte, als auch Mrs Robinson dort weilte. Wie alle anderen Kurgäste bezeugte er, dass Dr. Lane sich ihr gegenüber genauso benommen hatte wie allen anderen Damen gegenüber, die bei ihm Hilfe suchten.

Das Resümee überließ Forsyth seinem jüngeren Partner, John Duke Coleridge, einem Großneffen des berühmten Dichters. Dieser stellte noch einmal fest, dass keine Beweise vorlägen, die Edward Lane belasteten.

Dann erhob sich Phillimore. Seine Aufgabe war nicht leicht – auch deshalb nicht, weil er als Beauftragter Isabellas vor dem kirchlichen Gericht geschwiegen hatte. Doch jetzt galten andere Regeln: Der Kläger musste den Namen des mutmaßlichen Liebhabers seiner Frau nennen.

»Es handelt sich um einen der bemerkenswertesten Fälle, mit denen ich je zu tun hatte«, sagte Phillimore. »Es scheint klar zu sein, dass Mrs Robinsons Tagebücher die einzige Grundlage der Anschuldigungen gegen Dr. Lane darstellen, und sie können nicht gegen ihn verwendet werden. So könnte es geschehen, dass Dr. Lane vom Vorwurf des Ehebruchs entlastet wird, weil es keine Beweise dafür gibt;

und Mrs Robinson könnte geschieden werden aufgrund der Beweise ihres Ehebruchs mit Dr. Lane. Ich muss wohl kaum ausführen, was dieser Tatbestand für den Zustand unserer Rechtsprechung bedeutet.« Wenn Mrs Robinson schuldig gesprochen würde und Dr. Lane als unschuldig gälte, würde das den Moment ihrer intimen Begegnung zugleich real und irreal machen, er wäre eine Tatsache und gleichzeitig reine Erfindung. Es könnte bewiesen werden, dass sie Sex mit ihm hatte, während man ihm dieses Vergehen nicht mehr zur Last legte.

Der pausbäckige, selbstbewusste Robert Phillimore hatte über fünfzehn Jahre lang Erfahrungen als Anwalt für kirchliches und säkulares Recht gesammelt. Das Eherecht kannte er in- und auswendig; und er wusste ebenso viel über die Verfahrenstechniken und persönlichen Strukturen beider Gerichte. Er hatte einen großen Bekanntenkreis und war beliebt; als ehemaliges Parlamentsmitglied sowie als Sohn und Bruder staatstragender Juristen war er auch gut mit dem früheren Kanzler und zukünftigen Premierminister William Gladstone bekannt. (Was er wahrscheinlich nicht wusste, war, dass Gladstone in den 1850er Jahren ein privates Tagebuch führte, in dem er seinen Umgang mit Prostituierten – die »Rettung gefallener Seelen« – und die darauf folgenden Perioden von Reue und unnachsichtiger Selbstverurteilung dokumentierte.)[311]

Cockburn erhob Einwände gegen Phillimores Feststellung, dass der Robinson-Fall absurd geworden sei. Nehmen wir an, eine Frau hat einen Ehebruch gestanden, sagte der Richter, schütze aber durch Nennung eines falschen Namens die Identität ihres Liebhabers. Das Gericht könne dann diesen fälschlich beschuldigten Mann nicht verurteilen, während es durchaus zu einem Urteil gegen sie käme. Er fragte: »Sie würden doch einen solchen Ehemann nicht dazu zwingen, eine solche Frau zu behalten?«

»Mr Robinsons Fall entscheidet sich anhand der von ihm selbst vorgebrachten Klage«, erwiderte Phillimore. »Er hat seine Frau nicht des Ehebruchs mit irgendeinem Unbekannten bezichtigt – oder mit irgendeinem anderen Mann, von dem sie in ihrem abscheulichen Tagebuch so leichtfertig spricht. Er wirft ihr den Ehebruch mit Dr. Lane vor, und wenn dieser Tatbestand nicht bewiesen werden kann, muss die Klage fallengelassen werden. Sie steht und fällt mit Dr. Lanes Schuld oder Unschuld.«

Dann kam Phillimores nächster Schachzug: Er zog die Richtigkeit des Tagebuchs in Zweifel. »Es gibt in unserem Fall keinen Tatbestand, der notwendigerweise den Ehebruch zur Folge hätte«, sagte er. »Wir müssen also dem Geständnis der Gattin glauben, und dieses Geständnis liegt uns in einer ganz neuartigen Form vor: Wir müssen es uns aus gewissen Formulierungen des von der Dame geführten Tagebuchs zusammensuchen. Tagebücher sind sprichwörtlich unwahr. Jeder literarisch Gebildete weiß, dass zum Beispiel Horace Walpole absichtlich Dinge in sein Tagebuch schrieb, die falsch waren.« (In Walpoles in der Mitte des achtzehnten Jahrhunderts verfassten Tagebüchern ging es um die Geschehnisse am Hof von George II. und George III.; sie waren in den 1840er Jahren veröffentlicht worden.)

»Die falsch waren und ihn selbst mit Schande bedeckten?«, fragte Cresswell.

»Nein, ganz im Gegenteil«, erwiderte Phillimore bereitwillig. »Im Allgemeinen versuchte er durch sein Schreiben, seine eigenen Handlungen in ein besseres Licht zu rücken. Indes gibt es genug Leute, die aus einer morbiden Veranlagung heraus sich selbst als schlechter darstellen, als sie sind. Ich darf als Beispiel Rousseaus *Bekenntnisse* zitieren, die viele für den Autor höchst beschämende Dinge enthalten.«[312] Zu diesen »beschämenden« Dingen – von denen die Öffentlichkeit vier Jahre nach dem Tod des Autors Jean Jacques Rousseau im Jahr 1782 erfuhr – gehörte das Eingeständnis, mehrere illegitime Kinder gezeugt zu haben und zu masturbieren.

»Ja«, sagte Cockburn, »aber wir dürfen nicht annehmen, dass sie unwahr sind.«

»Ich darf auch den Eintrag im Tagebuch von Samuel Pepys erwähnen«, fuhr Phillimore fort, »in dem er zugibt, in einem Jahr 500 Pfund durch Betrügerei erworben zu haben, und Gott dafür um Verzeihung bittet.«

»Leider dürfen wir nicht sagen, dass das nicht stimmt«, sagte Cockburn, und im Zuschauerraum wurde gelacht. Samuel Pepys' Tagebuch war berühmt für seine freimütigen Äußerungen. In der englischen Ausgabe von 1848 waren viele Passagen getilgt, weil sie, wie der Herausgeber erklärt, »von so geschmackloser Art« seien, dass »kein Mensch von wohlgeordnetem Geist ihr Fehlen bedauern wird«.[313] Man hatte sein Tagebuch nicht wegen seiner unwahren Stellen bearbeitet, sondern wegen seiner exzessiven Aufrichtigkeit.[314]

Um nachzuweisen, dass Isabellas Tagebuch die Wahrheit verzerrte, lenkte Phillimore die Aufmerksamkeit des Gerichts auf die häufigen Erwähnungen von lebhaften Träumen. Wie oft habe Mrs Robinson kaum unterscheiden können, ob etwas Geträumtes wahr oder falsch sei, wie sehr habe sie sich selbst als Marionette ihrer Phantasie gefühlt. Phillimore bat das Gericht, sich Isabellas Skepsis ihren Wahrnehmungen und Empfindungen gegenüber selbst zu eigen zu machen. Im Tagebuch, sagte er, habe sie Anwandlungen sexueller und imaginativer Anarchie gehabt und sich willig ihren Wahnideen und Halluzinationen überlassen. Laut einem beliebten Buch dieser Zeit, Henry Hollands *Chapters on Mental Physiology* aus dem Jahr 1852, waren Träume enge Verwandte des Wahnsinns, denn beide verminderten das Vermögen, zwischen irrealen, von den eigenen Empfindungen hervorgebrachten Bildern und echten Wahrnehmungen der äußeren Sinne zu unterscheiden, was einen zunehmenden Einfluss der Wahnideen auf die Realität bedeuten konnte.

Phillimore führte aus, dass nicht Isabella und Edward gefehlt hätten; vielmehr sei es das Tagebuch gewesen, das die Grenze zwischen Tatsachen und fiktiven Geschehnissen überschritt. »Ich glaube«, sagte er, »dass diese Behauptungen des Tagebuchs durch keinen einzigen positiven Beweis untermauert werden können. Die von der Gegenseite zitierten Passagen sind keine Schilderung von Ereignissen, die wirklich geschahen; sie sind bloße Phantasie.«

Niemand könne diese Seiten lesen, führte er weiter aus, ohne den Eindruck zu gewinnen, dass es sich um »ein Erzeugnis von Überspanntheit, Erregung und Überreizung« handle, Empfindungen, die nicht selten an Wahnsinn grenzten. »Nie gab es ein Dokument, das deutlicher von einer kapriziösen, ausschweifenden, leicht erregbaren, romantischen, reizbaren, närrischen und unvernünftigen Seele spricht als das Tagebuch von Mrs Robinson.«

Phillimore, der selbst ein Tagebuch führte, hatte bei seiner Lektüre der Journale berühmter Männer viele Beispiele falscher Geständnisse gefunden. Was er sagte, berührte einen wunden Punkt: ein beginnendes, noch kaum artikuliertes Unbehagen an Tagebüchern im England des mittleren neunzehnten Jahrhunderts. Unter all den zu Papier gebrachten Lebensgeschichten, die die Viktorianer faszinierten – Biographien, Autobiographien, Memoiren, Gesundheits-,

Reise- und politische Journale –, nahm das private Tagebuch eine besondere Stellung ein, denn es sprach am subjektivsten und freimütigsten von den Problemen des Schreibens und Lesens über das Selbst.

Schon vor Hunderten von Jahren hatten die Menschen über ihr häusliches und religiöses Leben Buch geführt, doch im frühen neunzehnten Jahrhundert wurde das Tagebuchschreiben immer beliebter. Davor hatte es Haushaltsbücher und familiäre Aufzeichnungen gegeben, und geheime Gedanken hatte man in Briefen an vertraute Freunde formuliert. Die neue Tagebuchmode wurde von der immer populärer werdenden romantischen Dichtung angeheizt, die die Selbstbeobachtung feierte, und von der Veröffentlichung der ersten privaten Journale: Die Tagebücher John Evelyns aus dem siebzehnten Jahrhundert erschienen 1818, die von Pepys 1825. Die Zahl der jährlich publizierten Tagebücher verdoppelte sich in den 1820er Jahren und erreichte in den 30er Jahren eine bis in die 50er Jahre währende Blüte. In den meisten Fällen hatten die Verfasser es sich nicht träumen lassen, dass ihre Worte einmal von Fremden gelesen würden. 1842 wurde ein Tagebuch aus dem achtzehnten Jahrhundert veröffentlicht; Autor war Isabellas Urahn Samuel Curwen, dessen Familie nach Amerika ausgewandert war. Im Vorwort schreibt er: »Mögen diese Seiten meinen Freunden, denen ich sie empfehle, zur Unterhaltung dienen. Vor anderen Augen sollen sie sorglich verborgen sein, denn da ich meine Worte recht nachlässig wählte, sollen sie sich nur dem Blick des geneigtesten Gefährten entdecken.«[315]

In den 1850er Jahren waren auch fiktive Tagebücher gängig geworden. Der Briefroman des achtzehnten Jahrhunderts, in dem eine Geschichte in Briefen erzählt wurde, hatte allmählich dem Tagebuchroman Platz gemacht, in dem die Heldin Botschaften an sich selbst schreibt. Eines der ersten höchst populären Bücher dieser Art war Samuel Richardsons *Pamela* von 1740. In Frances Sheridans *Memoirs of Miss Sidney Bidulph, Extracted from her Own Journal*, das 1761 erschien, schreibt die Heldin an eine Freundin, doch sie schlägt bereits den innigen, privaten Ton der Tagebuchschreiberin an: »An Dich allein, mein zweites Selbst (...). An Dich bin ich durch ein heiliges Versprechen und gegenseitiges Vertrauen gebunden und enthülle Dir die tiefsten Geheimnisse meiner Seele, da sie bei Dir so sicher ruhen wie in meiner eigenen Brust.«

Einige der ersten Tagebuchromane des neunzehnten Jahrhunderts beruhten angeblich auf echten Tagebüchern. Das 1826 anonym publizierte *Diary of an Ennuyée* habe man, wie der Verlag behauptete, unter den Hinterlassenschaften einer jungen Frau gefunden, die an Tuberkulose gestorben war. Etwas später kam heraus, dass es sich um ein fiktionales Werk von Anna Brownell Jameson handelte.[316] Im Vorwort einer späteren Ausgabe entschuldigt sich die Autorin dafür, vorgegeben zu haben, es handle sich um ein authentisches Tagebuch: »Ich hatte nicht die Absicht, eine Illusion zu erzeugen, indem ich der Fiktion den Anstrich von Echtheit gab; vielmehr wollte ich die echten Verhältnisse verbergen, indem ich sie mit dem Schleier der Fiktion bedeckte.« Ähnlich verhielt es sich mit dem Tagebuch der Lady Willoughby aus der Regierungszeit Charles' I., das ursprünglich ebenfalls als authentisch galt. Es wurde 1844 im Druckbild eines Buches des siebzehnten Jahrhunderts veröffentlicht: in altertümlicher Schrift, auf breitem, cremeweißem, geripptem Papier mit Goldschnitt und aufwendig hergestelltem Vorsatzpapier. Die Autorin Hannah Mary Rathbone veröffentlichte

1848 weitere Teile desselben imaginären Werkes mit einem Vorwort, in dem sie einräumt, einer historischen Figur ihre Stimme geliehen zu haben. Der Erfolg ihres Pastiches führte zu einer ganzen Reihe von ähnlichen Unternehmungen in den 1850er Jahren, Romanen im Gewand angeblich neuentdeckter Tagebücher vergessener Frauen, die sich meist nur notdürftig als authentisch tarnten.[317] Ob echt oder fiktiv, lebten sie von der Vorstellung, dass ein Tagebuch die reinste Form einer literarischen Erzählung sei – und unterminierten diese Idee zugleich.

Sowohl Emily Brontë in *Sturmhöhe* (1847) als auch ihre Schwester Anne in *Die Herrin von Wildfell Hall* benutzten Tagebücher als Gerüst für die Erzählhandlung. Dinah Mulock, die oft in Moor Park gewesen war, schrieb 1852 einen Roman in Form des geheimen Tagebuchs einer Gouvernante,[318] und Wilkie Collins veröffentlichte 1856 zwei Erzählungen in Tagebuchform.[319] Auch die Zeitschrift *Athenaeum* bemerkt: »Wenn es gilt, Menschen ihre eigene Geschichte erzählen zu lassen, scheint das Tagebuch inzwischen die Briefform abgelöst zu haben.« Der Reiz dieser Form lag eben im Anschein von Echtheit und Authentizität. Das anstößige Vergnügen, das die meist weiblichen Leser eines Tagebuchs empfanden, bestand darin, in Seiten zu blättern, die nicht für ihre Augen gedacht waren; oder sie akzeptierten die Rolle der vertrauten Freundin, nach der sich die Erzählerin sehnte. In jedem Fall stellte sich zwischen Tagebuch-Ich und der Leserin ein ausgeprägtes Gefühl von Nähe ein.

Auch der Verleger John Letts wollte aus der Tagebuchmode Kapital schlagen und ließ in den 1820er Jahren die ersten großformatigen Blanko-Tagebücher drucken. 1850 verkaufte die Firma Letts pro Jahr mehrere Tausend Tagebücher in den verschiedensten Formaten. In eben diese Bücher schrieb Isabella; sie waren in Leinen oder in rotes russisches Kalbsleder gebunden, das leicht nach Birkenrinde duftete, und wurden auch mit Schützhülle oder Schnappschloss geliefert.[320] »Behandeln Sie Ihr Tagebuch mit so viel Vertrauen wie möglich«, riet Letts den Neulingen, »verbergen Sie nichts vor ihm und lassen Sie nicht zu, dass andere Augen als Ihre eigenen Ihre Einträge lesen.«[321] 1818 kam zum ersten Mal das Wort *diarist* (Tagebuchschreiber) auf, 1842 entstand das neue Wort *to diarise* (statt des ältern *to journalise* für »Tagebuch schreiben«).[322]

Vor allem Frauen widmeten sich nun mit Leidenschaft dieser Tätigkeit. Das Satiremagazin *Punch* startete 1849 die Kolumne »Das Tagebuch meiner Frau«, fiktive Auszüge aus dem Tagebuch einer Dame, das ein empörter Ehemann gelesen, transkribiert und dem Herausgeber heimlich hatte zukommen lassen. Die Ehefrau interessiert sich nur für pekuniäre und banale Dinge: Sie will den Portwein vor dem Gatten verstecken und ihn mit Schmeicheleien dazu bringen, ihr hübsche Schals und Nähkästchen zu kaufen. »Er widersprach mir wegen des Meerrettichs«, klagt sie, »und doch wusste ich, dass ich recht hatte.« Oft wurden Tagebücher als Hort weiblicher Albernheiten diskreditiert. »Eine junge Dame sollte ein hübsch gebundenes Buch jedweder Größe zum Geschenk erhalten, das in zwölf Monaten all ihre überflüssigen Gedanken aufnehmen kann«, heißt es 1856 über die Letts-Tagebücher im *Examiner*.

Auch echte Tagebücher von Damen wurden gedruckt. Als Isabella mit ihren Aufzeichnungen begann, war gerade das dreibändige private Journal der Romanautorin Fanny Burney, die 1840 gestorben war, veröffentlicht worden: Manch eine ehrgeizige Tagebuchschreiberin hegte die Hoffnung, in ihre Fußstapfen treten zu können – vielleicht auch, als nächste Stufe, einen Roman zu verfassen. Burneys Texte führten die kunstvolle Kunstlosigkeit der besten Tagebücher vor: Sie zielten auf absolute Aufrichtigkeit (»ein Tagebuch, dem ich *jeden* meiner Gedanken gestehe, muss mein ganzes Herz öffnen!«), während sie es zugleich auf dramatische Erregung anlegten (»Ach, ach! Mein armes Tagebuch! Wie farblos, langweilig, uninteressant du bist! Was würde ich nicht für ein Abenteuer geben, das es mehr wert wäre, erzählt zu werden – für etwas, was dich überraschen, erstaunen könnte!«).[323] Um den Hunger des Tagebuchs nach Geschichten zu befriedigen, sah manch eine Verfasserin sich dazu genötigt, auf interessantere Weise zu leben – oder es sich wenigstens einzubilden. Fanny Burney hatte ihre Journale für die Veröffentlichung redigiert und die Originale dann verbrannt.

Tagebücher waren per definitionem tägliche Aufzeichnungen, doch so spontan und unmittelbar, wie sie sich gaben, waren sie meist nicht. Sie konnten sich der Echtzeit und den entsprechenden Gefühlen immer nur annähern und waren oft nur oberflächliche Schilderungen. Aber ein Tagebuch wirkte auf seine Verfasserin zurück, indem es ihre Emotionen intensivierte und ihre Wahrnehmung veränderte. Jane Carlyle, die Frau des Historikers Thomas Carlyle, beschreibt diesen Prozess in einem Eintrag ihres privaten Tagebuchs vom 21. Oktober 1855: »Die Vermerke über Gefühle verschlimmern alles, was gekünstelt und morbide in einem ist; das habe ich selbst erfahren.«[324] Das Führen eines Tagebuchs verlangte und verstärkte viele Tugenden der viktorianischen Gesellschaft – Selbstvertrauen, Eigenständigkeit und die Fähigkeit, Geheimnisse zu bewahren. Doch zu weit getrieben, konnten sich diese Tugenden in Laster verwandeln. Selbstvertrauen konnte zu radikaler Abwendung von der Gesellschaft, ihren Codes, Regeln und Zwängen führen; Verschwiegenheit konnte sich in Heuchelei verwandeln, Eigenständigkeit in Solipsismus und Introspektion in Monomanie.

In *Mr Nightingale's Diary*, einer Farce in einem Akt aus dem Jahr 1851, die in einem Kurort spielt, entwickelten Charles Dickens und sein Freund Mark Lemon den Gedanken, dass ein Tagebuch die Phantasie seines Verfassers befördert. Dickens schrieb das Stück, nachdem er 1851 seine Frau zu dem gefeierten Wasserkurort in Malvern begleitet hatte (Catherine leide »unter einer ernsthaften Erkrankung der Nerven«). Im Mai desselben Jahres wurde das Stück vor der Königin und dem Prinzgemahl in Piccadilly aufgeführt, mit Dickens selbst, Lemon, Wilkie Collins und dem Maler Augustus Leopold Egg als Mitwirkenden.

Mr Nightingale verbirgt ein echtes Geheimnis in seinem Tagebuch – er bezahlt seine Frau dafür, dass sie vorgibt, tot zu sein –, doch die meisten seiner Einträge vermerken nur die Sorge um den eigenen Körper. Das Stück parodiert die Mode der eigendiagnostischen »Gesundheitstagebücher«.[325] »Magenverstimmung«, lautet ein Eintrag. »Fühle mich, als würde inwendig ein Kätzchen spielen.« Indem er sich unentwegt seinem leiblichen Wohlergehen widmet, verrätselt Mr Nightingale seinen Körper mit eingebildeten Krankheiten und entwickelt eine morbide Sensibilität für jedes kleine Zucken und Zwicken, ähnlich wie das Tagebuchschreiben bei Isabella dazu führt, dass sie jede Einzelheit im Betragen anderer Menschen nach ihren eigenen Manien und Marotten deutete. »Sie *sind* krank, wenn Sie es nur wüssten«, sagt Mr Nightingale zu einem Diener der Kuranstalt. »Wenn Sie mit Ihrem eigenen Inneren so vertraut wären, wie ich es mit dem meinen bin, würden Ihnen die Haare zu Berge stehen.«

Für Mr Nightingale ist das Tagebuch sein »einziger Trost«, auch wenn es zu einem Symptom und sogar einer Ursache seiner Krankheit geworden ist. Als es gestohlen und von anderen gelesen wird, verrät es ihn: Statt ihm zu helfen, sich selbst zu ergründen, befähigt es andere, ihn zu durchschauen; statt ihn von seinen Sünden zu läutern, liefert es ihn der Strafe aus. Seine Passivität ist eine Illusion. Am Ende des Stücks rät man Mr Nightingale: »Verbrennen Sie dieses Buch und seien Sie glücklich!«

10. KAPITEL

Wahnsinnige Zuneigung
Westminster Hall, 15. Juni 1858

Zur Mittagszeit zogen sich die Richter zurück, um eine Kleinigkeit zu essen – meist ein Hackfleischgericht und ein Glas Sherry –, dann nahmen sie ihre Plätze wieder ein, und die Nachmittagssitzung begann.[326]

Dr. Phillimore hatte die Möglichkeit in Betracht gezogen, dass Teile von Isabellas Tagebuch fiktional waren, doch er musste dem Gericht noch erklären, was sie dazu gebracht hatte, derart unwürdige Szenen zu erfinden: Die Ursache, sagte er, sei eine Krankheit der Gebärmutter.[327]

»Ich werde beweisen«, sagte Phillimore, »dass es zu den typischen Symptomen dieser Krankheit gehört, höchst ausgefallene sexuelle Einbildungen hervorzubringen«, die eine Frau glauben lassen, an den »grässlichsten und tatsächlich unmöglichsten Verbrechen« schuldig zu sein. Diese Krankheit entstehe zuweilen durch Druck auf das Gehirn oder durch eine Dysfunktion der Gebärmutter. Zur Erhärtung seiner Behauptung werde er medizinische Zeugen aufrufen.

Joseph Kidd wurde vereidigt. Er war irischer Quäker, hochgewachsen, mit feinen Gesichtszügen und blauen Augen, der 1847 als Fellow des Royal College of Surgeons zugelassen worden war und 1853 in Aberdeen seine medizinische Abschlussprüfung abgelegt hatte.[328] Vor Gericht wurde nicht erwähnt, dass er sich auf einem unkonventionellen Gebiet der Medizin betätigte: Er praktizierte wie John

Drysdale als homöopathischer Arzt und war 1847, während der großen Hungersnot, nach Irland zurückgekehrt, um mit seinen alternativen Heilmethoden das Leiden seiner Landsleute zu lindern. Als Isabella Dr. Kidd in Blackheath zum ersten Mal konsultiert hatte, war er fünfundzwanzig gewesen. Er war ihr Typ: jung, gutaussehend, klug, idealistisch, offen für neue Ideen.

Kidd sagte aus, Mrs Robinson sei zwischen 1849 und 1856 seine Patientin gewesen, besonders häufig habe sie ihn im Jahr 1849 und den drei, vier folgenden Jahren aufgesucht. 1849 habe er sie wegen einer Störung der Gebärmutterfunktionen behandelt. Seine Diagnose beruhte darauf, dass sie nach Stanleys Geburt unter Kopfschmerzen, Niedergeschlagenheit und unregelmäßigen Regelblutungen gelitten hatte, und er hielt es für Manifestationen einer postnatalen Uterusfunktionsstörung.

Man bat Kidd, Mrs Robinsons Temperament zu beschreiben.

»Sie zeigte eine Neigung zu krankhafter Erregbarkeit«, sagte er, auf Isabellas verstärktes Lustempfinden anspielend. »Ich war der Ansicht, dass sie von Natur aus zu Kränklichkeit und Niedergeschlagenheit neigte.«

Könnte ihre Uteruskrankheit solche Symptome hervorgebracht haben?, fragte Phillimore.

»Damals sah ich diesen Zusammenhang nicht«, sagte Kidd, »aber angesichts der Eintragungen in ihrem Tagebuch denke ich, man könnte diese Ursache annehmen.«

Phillimore fragte Kidd, ob er bestätigen könne, dass Mrs Robinson seit 1852 an Nymphomanie oder Erotomanie gelitten habe.

Er könne das nicht bestätigen, antwortete er, da sie in dieser Zeit nicht sehr häufig bei ihm gewesen sei.

Phillimore entließ Kidd und rief drei weitere Ärzte in den Zeugenstand. Sie sollten bestätigen, dass eine Störung, wie Kidd sie diagnostiziert hatte, Erotomanie oder Nymphomanie hervorrufen könne, die laut Isabellas Anwälten in diesem Fall vorliege.[329]

Der erste der Spezialisten war James Henry Bennet, einundvierzig, ein beeindruckender Mann mit glänzenden Augen und schimmerndem schwarzem Haar.[330] Dr. Bennet arbeitete am Royal Free Hospital in London und repräsentierte die moderne Schule der Gynäkologie. Er war Experte für Uterusentzündungen und Pionier der Vagina-Untersuchung mit dem Spekulum, einer Praxis, vor der die meisten damaligen Ärzte zurückschreckten.[331] Das Spekulum war auch deshalb umstritten, weil man fürchtete, die Patientinnen könnten von diesem Werkzeug erregt werden.[332]

Dann kam Sir Charles Locock, neunundfünfzig, ein schmächtiger Graukopf mit nüchternem, entschiedenem Habitus.[333] Dr. Locock war seit 1840 der offizielle Geburtshelfer von Königin Victoria, und man hatte ihm 1857, nach der Geburt ihres neunten Kindes, einen hohen Adelsrang verliehen. Er war Verfasser fast aller Einträge über weibliche Krankheiten in einem weitverbreiteten Handbuch der praktischen Medizin, und sein besonderes Interesse galt der Hypersexualität.[334] Wie Bennet war er ein Befürworter des Spekulums. Als medizinischer Zeuge hatte er Erfahrung: 1854 hatte ihn das kirchliche Gericht gebeten, Euphemia Ruskin zu untersuchen, die sechs Jahre lang die Gattin des gefeierten Kunstkritikers John Ruskin gewesen war, bevor sie die Annullierung der Ehe forderte, da sie nie vollzogen worden sei. Locock hatte dem Richter bestätigt, dass Mrs Ruskin Jungfrau war.

Der letzte medizinische Zeuge, den Isabellas Verteidiger

aufrief, war Benignus Forbes Winslow, siebenundvierzig, Irrenarzt und Direktor einer Nervenheilanstalt.[335] Als Gründer und Herausgeber des *Journal of Psychological Medicine and Mental Pathology* war er ein bekannter und streitbarer Pionier auf dem Gebiet der seelischen Erkrankungen. Selbstbewusst, mit stark gelichtetem Schädel, war er bereits in dem berühmten M'Naghten-Prozess als Experte aufgetreten, in dem der Mörder wegen Unzurechnungsfähigkeit nicht schuldig gesprochen, sondern in das Bethlem-Hospital eingeliefert worden war. Ferner hatte er einen Aufsatz zu diesem Thema veröffentlicht.

Die Richter ordneten an, dass die anwesenden Frauen während der medizinischen Zeugenanhörung den Gerichtssaal verlassen sollten, und die meisten Zeitungen druckten die Aussagen nicht ab; in der *Times* stand, ein »detaillierter Bericht« sei in diesem Fall »nicht angezeigt«. Auch in dem ausführlichsten Text, der heute darüber zu finden ist, einer juristischen Fallsammlung von 1860, wird nur skizziert, was gesagt wurde: Bennet, Locock und Forbes Winslow hätten ausgesagt, dass Funktionsstörungen der Gebärmutter eine krankhafte Veranlagung zur Folge haben könnten, die Frauen dazu bringe, »ohne die geringste Grundlage« sich selbst »die abscheulichsten Akte von Unkeuschheit« zur Last zu legen. »Starke und ausschweifende Einbildungen« über Sex seien für solche Frauen nichts Ungewöhnliches, obwohl sie bei allen anderen Themen gänzlich gesund reagierten.[336] Nach Anhörung der drei Ärzte vertagte Cockburn die Verhandlung.

Wenn die Presse auch nur sehr spärlich über die ärztlichen Aussagen berichtete – in der medizinischen Literatur der Zeit wurde die Sache ausführlich erörtert.

Gynäkologie war ein neues Spezialgebiet, und die Diagnose »Funktionsstörung des Uterus« deckte alle möglichen seelischen wie körperlichen Frauenleiden ab. Da man glaubte, dass die Fortpflanzungsorgane der Frau einen starken Einfluss auf ihre seelische Gesundheit ausübten, wurde beides oft miteinander verknüpft: Etwa zehn Prozent derjenigen Frauen, die unter Uterusfunktionsstörungen litten, endeten angeblich im Irrenhaus.[337] Jegliche Veränderung im Intimleben einer Frau konnte die Krankheit ausbrechen lassen. Nach einer Geburt, schrieb Dr. Bennet, verliere eine Frau gewöhnlich ihren erotischen Appetit, doch »in Ausnahmefällen (…) kommt es auch zu einem gesteigerten Lustempfinden, das selbst bis zu einer Art Nymphomanie gehen kann. In solchen Fällen liegt oft eine Vergrößerung der Klitoris vor, und als Folgeerscheinung kommt es zu lokalen Reizungen.«[338] Auch die Wechseljahre konnten dieses Phänomen auslösen. Der prominente Gynäkologe E. J. Tilt, ein Kollege Bennets, begriff den »Lebenswechsel« oder »die Zeit der Täuschungen« als die gewöhnlichste Ursache für hysterische Nymphomanie.[339] Forbes Winslow beobachtete ebenfalls, dass Frauen zuweilen erotische Manien entwickelten, wenn sie aufhörten zu menstruieren.[340] Doch eine stark sexuell fixierte Frau konnte auch einfach deshalb aus dem Gleichgewicht geraten, weil es zu einer plötzlichen Reduktion des Geschlechtsverkehrs kam, etwa wenn sie Witwe wurde oder der Ehemann länger auf Geschäftsreise war. Tilt sagt, dass »subakute Eierstockentzündung« (wozu ein Drittel aller Uterusfunktionsstörungen zählte) gewöhnlich von mangelnder sexueller Betätigung herrühre.

Als Euphemia Ruskin die Annullierung ihrer Ehe forderte, wollte John Ruskin vor Gericht sein fehlendes Interesse am Beischlaf mit seiner Frau mit ihrer »leichten nervösen

Gehirnerkrankung« erklären.[341] Sein Anwalt brachte ihn mit dem Argument davon ab, dass das Gericht Euphemias angebliche geistige Gestörtheit eher ihrer sexuellen Frustration zuschreiben würde, als sie als Rechtfertigung der Abneigung des Ehemanns gelten zu lassen.

Weibliche sexuelle Manien konnten zwei Formen annehmen: Erotomanie und Nymphomanie, wobei es sich um zwei verschiedene Krankheiten handelte.[342] Laut J. E. D. Esquirol, dem Verfasser einer einflussreichen Abhandlung über Geisteskrankheiten, war Erotomanie eine Funktionsstörung des Gehirns,[343] während die Ursache der Nymphomanie in den Fortpflanzungsorganen zu suchen sei. Erotomaninnen seien »unruhig, nachdenklich, sehr melancholisch, reizbar und leidenschaftlich«, schreibt Esquirol. Als Beispiel diente ihm eine zweiunddreißigjährige verheiratete Frau, die eine Obsession für junge Männer entwickelte. Diese Männer mussten von höherem sozialem Stand sein als ihr Gatte. Sie litt unter ihrer »wahnsinnigen Zuneigung«, nervösen Schmerzen und Launenhaftigkeit. »Sie ist einmal fröhlich und voll Lachen, dann niedergeschlagen und weinerlich, dann wieder aufgebracht, in einsame Selbstgespräche vertieft. (...) Sie schläft wenig und hat lebhafte Träume, sogar Albträume.« In ihren Träumen, schreibt Esquirol, kopulierte sie mit Succubi und Incubi, männlichen und weiblichen Dämonen. Nymphomaninnen seien weniger wechselnden Launen und Obsessionen ausgesetzt, sondern Opfer eines wahllosen sexuellen Hungers.[344] Der amerikanische Arzt Horatio Storer berichtet 1856 von einer vierundzwanzigjährigen nymphomanischen Patientin, deren viel älterer Ehemann Erektionsprobleme hatte: Bei jeder Begegnung mit einem Mann werde sie von Begehren überwältigt. Tatsächlich konnte jede Frau, die einen starken Impuls spürte, mit einem Mann sexuell zu verkehren, der nicht ihr Ehemann war, als sexbesessen klassifiziert werden.

Praktisch waren Erotomanie und Nymphomanie nur schwer zu unterscheiden. »Beide kommen nebeneinander vor«, schreibt Daniel H. Tuke 1857. »Patientinnen können die Grenzen des Schicklichen überschreiten, ohne dass wir imstande wären zu beweisen, dass die zugrunde liegende Krankheit von den Fortpflanzungsorganen ausgeht. In nicht wenigen Fällen ist es schwierig, zu entscheiden, ob die Ursache der Störung dort oder im Gehirn liegt.«[345]

Es passte in die Strategie von Isabellas Anwälten, sich nur vage darüber zu äußern, unter welcher der beiden Krankheiten sie litt. Ihre Symptome konnten beiden zugeordnet werden: Einerseits ist sie eine Romantikerin, die lediglich unter der Einbildung leidet, dass ihre Liebe erwidert wird, andererseits empfindet sie die wollüstige Brunst einer sexuellen Monomanin.

Die immer öfter diagnostizierten sexuellen Manien bei Frauen entsprachen dem zunehmenden Bewusstsein des unbefriedigten weiblichen Begehrens in dieser Zeit. Erst kürzlich hatte sich herausgestellt, dass es in Großbritannien eine zu große Zahl von Junggesellinnen gab. Die Volksbefragung von 1851 brachte ans Licht, dass es eine halbe Million mehr Frauen als Männer im Land gab, hauptsächlich weil Männer jünger starben und öfter auswanderten. Auf 100 männliche kamen 104 weibliche Individuen. Ältere Frauen lebten besonders oft allein: zweiundvierzig Prozent der Frauen zwischen vierzig und sechzig waren Witwen oder alte Jungfern.[346] Die so entdeckten »überzähligen Frauen« oder »unfreiwilligen Nonnen« waren Gegenstand soziologischer und medizinischer Beunruhigung. Dr. William Acton verkündet 1857 zwar, dass »die Mehrheit der Frauen (zum Glück für sie) sich von sexuellen Gefühlen irgendwelcher Art nicht besonders gestört« fühlte,[347] aber viele Ärzte befürchteten, dass alleinstehende Frauen von unterdrücktem und unbefriedigtem Lustempfinden in den Wahnsinn getrieben werden könnten.

Es gab diverse Therapien für sexuelle Monomanie. Einige Ärzte in der Nachfolge der Phrenologen konzentrierten sich auf das Kleinhirn: Der schottische Irrenarzt Sir Alexander Morison behauptete, eine zweiundzwanzigjährige erotomanische Gouvernante geheilt zu haben, indem er Blutegel auf ihren geschorenen Schädel setzte und dann den Hinterkopf mit kaltem Wasser übergoss.[348] Bennet empfahl die Einführung einer Spritzenpumpe in die Vagina, Sitzbäder, Vollbäder und Duschen.[349] Horatio Storer schlug vor, die Leidende mit Schwammbädern, Kaltwassereinläufen und Boraxduschen zu behandeln; weiter solle sie sich des geschlechtlichen Verkehrs sowie literarischer Bestrebungen enthalten, auf harten Matratzen schlafen und weder Fleisch essen noch Branntwein trinken. Locock riet, das weibliche Becken mit Stromstößen zu traktieren und Leisten, Schamlippen, Bauch und Füßen Blutegel anzusetzen.[350] Ein Londoner Wundarzt befreite mindestens eine Patientin von ihren sexuellen Empfindungen, indem er ihre »vergrößerte« Klitoris entfernte; von der Operation wird 1853 in *The Lancet* berichtet.[351]

Das Hauptsymptom der Nymphomanie – das an jenem Dienstag im Gerichtssaal mitschwang, aber wohl nicht explizit erwähnt wurde – war die Masturbation. Der französische Arzt M. D. T. Bienville, der schon Mitte des achtzehnten Jahrhunderts den Begriff Nymphomanie popularisierte, definiert die »heimliche Befleckung« als den Schlüssel zu dieser Krankheit. »Nymphomanie«, erklärt Tilt, »ist das nahezu unwiderstehliche Begehren, der gereizten Vulva durch Reibung Erleichterung zu verschaffen.« Das konnte erklären, warum Isabella die erotischen Szenen in ihrem Tagebuch geschrieben hatte – es handelte sich um private Pornographie – und warum sie so viel Leichtsinn an den Tag gelegt hatte. Ihr »Selbstmissbrauch« oder ihre »Selbstbefleckung« hatte ihre geistige Gesundheit untergraben. In einigen Fällen, so Tilt, könne eine Frau sich allein mit Worten stimulieren. Er zitierte einen französischen Arzt, dessen Beobachtungen zeigten, dass »fiktive Szenen die Reproduktionsorgane wirksamer erregten als die Anwesenheit von Männern«, und der »viele Male« gesehen hatte, »dass die Genitalien sich auf diese Weise erhitzten, ohne irgendeine äußerliche Handlung, ohne berührt zu werden«. Die einsamen Handlungen des Lesens und Schreibens, denen sich die meisten Frauen der Mittelschicht hingaben, animierten sie zu fleischlichen Vergnügungen und dienten diesen zur Tarnung.

Das galt in besonderem Maße für Tagebücher. Was die Masturbation als sexuelle Praxis kennzeichnete, entsprach dem Tagebuchschreiben als literarischer Praxis. Wenn die Masturbation sexueller Verkehr mit sich selbst war, war das Tagebuchschreiben emotionaler Verkehr der gleichen Art. Beides verlangte ein Individuum, das sich in der Vorstellung teilen konnte, das zugleich Subjekt und Objekt einer Geschichte werden konnte. Beides waren private, selbstgenügsame Tätigkeiten. Die Aussagen der medizinischen Zeugen im Scheidungsgericht legten den Schluss nahe, dass Isabella sich in einem Kreislauf von Begehren und Erregung verfangen hatte, das von ihrem Tagebuch hervorgerufen und von diesem festgehalten wurde: Ihre wollüstigen Gedanken, in Schrift übersetzt, schienen Wirklichkeit zu werden, um ihre erotischen Impulse zu befriedigen. Ihr Tagebuch war nicht nur das Echo ihres geheimen Lebens, sondern es leistete ihm auch Vorschub. Es war zugleich Symptom und Ursache ihrer Krankheit. In ihrem Bemühen, Edward zu retten, indem sie Isabella als geisteskrank darstellten, hatten die Anwälte eine Form von Sexualität ersonnen, die ihr angeblich Lust bereitete, ohne dass ein Mann daran beteiligt gewesen wäre.

Die Aussagen zu Isabellas Verteidigung waren wesentlich entwürdigender als das bloße Eingeständnis eines Ehebruchs. Wie sie dazu kam, sich selbst der sexuellen Monomanie zu bezichtigen, wird aus den Briefen ersichtlich, die sie im Februar 1858 mit George Combe wechselte.

Am 14. Februar, kurz bevor Henry die Scheidungsklage einreichte, schrieb Isabella einen Brief an Lady Drysdale. Es war ihre erste Kontaktaufnahme mit jemandem aus Edwards Familie. »Meine liebe Lady Drysdale«, schreibt sie in ihrem Cottage in Reigate, »ich bedaure zutiefst, dass den leichtsinnigen und unbedachten Äußerungen in meinem Tagebuch, die mir so heilig sind wie meine eigenen Gedanken, so viel Aufmerksamkeit geschenkt wurde, & ich bedaure es umso mehr, als sie dazu benutzt wurden, einen anderen so ungerecht anzuklagen. Ich kann nur feierlich erklären, dass er keinerlei Schuld trägt an den dort wiedergegebenen Gedanken, Worten und Handlungen!« Die Einträge, in denen Edward vorkomme, seien »nachlässige und rein fiktive Erwägungen einer Dame gewesen, die sie unklugerweise einem Tagebuch anvertraute. Niemals hätten sie das Licht des Tages erblicken sollen.«[352]

Lady Drysdale schickte den Brief weiter an Combe, der inzwischen beschlossen hatte, alles zu tun, was möglich war, um Edward zu helfen. Er glaubte nicht, dass es der Sache diente, wenn Isabella leugnete. Ihr Ton sei »zu leicht & oberflächlich«, schreibt er an Lady Drysdale.[353] Jeder, der den Brief las, würde denken: »Ach, sie sieht ein, dass sie Lane schadete, indem sie ihr Geheimnis verriet, & jetzt denkt sie, sie könnte ihn retten, indem sie alles bestreitet.« Um den Doktor zu schützen, sagt Combe, müssten sie »die Glaubwürdigkeit des Tagebuchs als eines Dokuments tatsächlicher Begebenheiten unterminieren«.

Eine Woche später, am 21. Februar, schrieb Isabella an Combe selbst. Sie teilt ihm mit, dass sie weiß, dass Henry mit ihm in Verbindung steht (irgendjemand schien sie darüber zu informieren, wie sich die Dinge in Edinburgh entwickelten). Sie bittet ihn: »Helfen Sie mir, wenn Sie können, einen gemeinsamen Freund zu entlasten, der mit seiner Familie durch mein unbedachtes & gedankenloses Verhalten große Beeinträchtigungen erfährt & dessen großherzige Sorge & Mitleid mit meiner elenden gesellschaftlichen Stellung sie in dieses Leid mit hineingezogen hat.«[354] Sie schreibt, dass sie das Tagebuch »als meinen unveräußerlichen Besitz & meinen einzigen Vertrauten« betrachtet habe und entsetzt darüber sei, dass es dazu benutzt werden könne, um jenen Schaden zuzufügen, die ihr stets zugetan waren. Sie versichert Combe, sie sei beseelt von dem »glühenden Wunsch, alles in meiner Macht Stehende zu tun, um Wiedergutmachung zu leisten an einer Familie, die belästigt & beschädigt wurde von gewissen leichtsinnigen, unbedachten privaten Schriften von mir – Schriften, die mir eine zu lebhafte Einbildungskraft zu verfassen & eine fast völlige Abwesenheit von Vorsicht & Verschwiegenheit aufzubewahren eingaben«.

Combe sah die Gelegenheit, Lane zu helfen. In seiner Antwort vom 23. Februar erinnert er Isabella zunächst daran, was auf dem Spiel steht: »*Falls* Ihr Tagebuch die erwähnten Schilderungen enthält & der Wahrheit entspricht, ist Dr. Lane beruflich ruiniert, denn keine ehrbare Frau wird es wagen, unter seinem Dach zu wohnen, wenn sein Ruf derart beschädigt ist. Seine arme Gattin ist seiner Zuneigung beraubt, & Lady Drysdale sieht in ihrem hohen Alter herabgewürdigt & vernichtet, was sie so zärtlich liebt.«[355]

Er lässt Isabella wissen, dass er fassungslos sei über die Aufzeichnungen, von denen ihm berichtet worden sei. Er könne nicht glauben, dass sie der Wirklichkeit entsprächen, und es sei unmöglich, sich vorzustellen, dass sie ihre Sünden auf solch verantwortungslose Weise schriftlich niedergelegt habe. »Sie wussten, dass Sie sterblich sind & bei einem Eisenbahnunglück oder einem Sturm hätten getötet werden können, dass Sie im nächsten Augenblick einem Herzanfall oder einem Hirnschlag hätten erliegen können oder, wie es dann auch wirklich geschah, Fieber bekommen und in ein Delirium fallen konnten. In jedem dieser Fälle mussten die schriftlichen Beweise Ihrer eigenen Schande & der Vernichtung Ihres Freundes ans Licht kommen. Ich sage Ihnen daher freimütig, dass ich mich in meinem Wissen um die menschliche Natur durch Ihren Entschluss, diese Dinge aufzuschreiben, erschüttert sehe – *falls Ihre Aufzeichnungen wahr sind.*«

Folglich schlägt er vor, Isabella könne die Aufzeichnungen auch als »Sicherheitsventil eines erregten Hirns«, »wildeste Spekulationen über alle möglichen heiligen & profanen Gegenstände & die glühendsten und leidenschaftlichsten Sehnsüchte« betrachten und damit entwerten. Doch Combe teilt ihr auch mit, dass Robert Chambers, der das Tagebuch gelesen hatte, den Gedanken, es handele sich um Phantasien, spöttisch zurückgewiesen habe. Die Schwierigkeit liege im Realismus des Tagebuchs: »Ihre Possen rühren nicht von Einbildungen & Spekulationen her, sondern von harten Tatsachen mit Orten, Daten & dem ganzen Beiwerk der Wirklichkeit.« Um das Problem deutlich zu machen, fabrizierte er selbst einen Tagebuchtext. »Nehmen wir an, ich schreibe in mein Journal: ›Am 21. Februar 1854 besuchte ich Mrs Robinson am Moray Place; wir saßen zusammen auf dem Sofa & sprachen über Philosophie & Religion. Als ich auf die Uhr sehen wollte, war sie nicht mehr da. Ich hatte sie beim Eintreten konsultiert, da ich nur eine halbe Stunde Zeit hatte, & niemand anders als sie konnte sie mir gestohlen haben. Als ich ihr den Diebstahl vorhielt, gab sie mir die Uhr zurück und sagte, es sei nur ein Scherz gewesen.‹ Nehmen wir an, dass dieser Eintrag in die Hände meiner Frau oder meiner Nachlassverwalter fällt. Wäre es möglich, dass sie glauben, ich hätte ihn aus purer Lust an der Einbildung verfasst?« Er schließt: Wie könnte man die Tagebuchschilderungen so erklären, »dass Gemüter von gewöhnlicher Verstandesschärfe und Erfahrung glauben, es handele sich um Einbildungen?«.

Mit dem Hinweis auf die Unglaubwürdigkeit des Tagebuchs deutete Combe an, welche Strategie ihm vorschwebte: Da das Führen des Tagebuchs eine Handlung war, die an Wahnsinn grenzte, waren auch seine Inhalte dem Wahnsinn zuzuschreiben. Vielleicht seien die Aufzeichnungen gerade deshalb so präzise, weil es sich nicht um Träume, sondern um Halluzinationen handelte.

Combe schreibt Isabella, er sei froh über die Gelegenheit, »Ihnen diesen Fall in solcher Klarheit vorzulegen, in der festen Hoffnung, dass Sie in der Lage sein werden, das Rätsel so zu lösen, dass Sie selbst & Dr. Lane sich rechtfertigen können«. Am gleichen Tag schrieb er Lane einen Brief, in dem er noch deutlicher auf die Lösung zu sprechen kam, die er im Sinn hatte: Sie »schreibt wie eine kluge Frau«, sagt er, aber »die einzige Erklärung ist Irrsinn«.[356] In einem Brief an Henry Robinson hatte Combe das Gleiche gefolgert: »Es sieht aus wie Wahnsinn.«[357] An Sir James Clark schreibt er: »Die Frau war nicht im gewöhnlichen Sinne verrückt«, sondern »sie muss sich gequält haben in ihrem sexuellen Überschwang, & da sie *de facto* kein Ventil dafür fand, denn sie war nicht anziehend, schwelgte sie in unreinen Phantasien, & um die Lust zu steigern, schrieb sie sie als Tatsachen nieder«.[358]

Am 26. Februar 1858, drei Tage nachdem Combe ihr geschrieben hatte, antwortete ihm Isabella. »Ich werde meine Entgegnung so klar & befriedigend in Worte fassen, wie ich kann«, sagt sie, »ich fürchte jedoch, dass ich dafür ein wenig ausholen muss, denn Schreiben ist schließlich eine lästige & umständliche Art, sich auszudrücken.«[359] Der Brief bestand aus fast zweitausend Wörtern; rund die Hälfte davon bezog sich auf Henry. Isabella klagt ihn leidenschaftlich an: Sie führt seine mangelnde Sensibilität als Gatte und als Mann ins Feld, seine unpoetische Seele, seine Niedertracht, seine heimlichen Versuche, an ihr Geld zu kommen, seinen unmoralischen Lebenswandel. Sie erzählt die ganze erbärmliche Geschichte ihrer Ehe. Sie bezichtigt sich selbst der Naivität und Impulsivität – »Wenn ich auf mein Leben zurückblicke, sehe ich nichts als eine Reihe irrtümlicher Schritte« – und behauptet, sich mit ihrem Schicksal abgefunden zu haben. »Ich bin so lange traurig gewesen, dass ich dem Leid nun geduldig & resigniert begegne; & vielleicht habe ich sogar ein paar nützliche Lektionen gelernt.«

Doch Isabellas Reue ist von Wut und Stolz durchsetzt. Der Brief strotzt vor Empörung über die Verletzung, die ihr

von all jenen zugefügt wurde, die ihr Tagebuch gelesen hatten. Das unerlaubte Lesen ihrer Aufzeichnungen nennt sie *»eine Ungerechtigkeit, eine Gemeinheit, eine Beraubung«.*
»Dass Männer, Fremde, durch nichts autorisiert, die Berechtigung zu haben glaubten, ihre Nase in meine privaten Schriften zu stecken, sie zu lesen, zu zensieren, auszuwählen, mit neugierigen, unritterlichen, unehrenhaften Händen, das kann ich nicht verstehen. Ich hätte so etwas ebenso wenig tun können, wie ich ihre Gebete, ihre mitternächtlichen Seufzer im Schlaf oder ihre Delirien hätte belauschen können; ich hätte mich beleidigt gefühlt durch den bloßen Gedanken daran, Papiere zu lesen, die nicht für meine Augen, sondern einzig für die des Verfassers gedacht waren.«

Isabella schildert die groben, zudringlichen Hände der Männer, die ihre Worte lasen, und die begierigen Lauscher an ihrem Bett fast wie einen sexuellen Übergriff. Die geheimen Stellen ihres Tagebuchs standen mit den geheimen Stellen ihres Körpers in Verbindung. In Gustav Freytags Roman *Soll und Haben*, der 1855 und in England 1857 erschien, gibt es eine ähnliche Episode.[360] Theone Lara, eine junge Dame aus dem adligen Kreis, in dem auch Anton Wohlfart, der Protagonist des Buches, verkehrt, führt mit zwei anderen Damen zusammen ein Tagebuch, dem sie ihre Empfindungen, aber auch allerlei Karikaturen und Bosheiten über Bekannte anvertrauen, »ein ganz kleines, dünnes Buch, in karmoisine Seide gebunden«. »In dieses teure Buch durfte kein fremdes Auge blicken, niemand durfte das Heiligtum sehen und berühren, und Theone trennte sich niemals davon. Am Tage und in der Nacht trug sie es bei sich. Bei Nacht lag es unter ihrem Kopfkissen, und während die Kammerjungfer sie anzog, steckte sie es heimlich oben in den Schnürleib hinein und trug es an ihrem warmen, unschuldigen Herzen.« Bei einer Tanzgesellschaft geht das Tagebuch verloren, ein liederlicher Herr bringt es in seinen Besitz, und Anton macht sich bei den Damen beliebt, indem er es ihnen wiederbeschafft, ohne es gelesen zu haben.

Isabella hasste Henry glühend. »Hätte ich mir je träumen lassen, dass der Mann, der sich mein Gatte nannte, der von seinem hohen Sockel der Weltklugheit auf meine poetischen Ausbrüche herabgelächelt hatte, grausam (und zweifelsohne auf der Suche nach *Geld*) mein Krankenzimmer betreten & mich meiner Papiere berauben würde – dieser armen kleinen Schätze eines enttäuschten Wesens – & dass er sie auch noch behalten würde, trotz der *unwandelbaren* Gesetze *echter* Gerechtigkeit?«[361] Doch nach englischem Recht zählten die Papiere einer Frau zum Besitz ihres Mannes. Isabella bemerkt, dass ihr Bruder Frederick, »dem niemand zur Last legen kann, poetisch oder enthusiastisch zu sein«, mit ihr der Meinung sei, dass Henry barbarisch vorgegangen sei, als er ihr während ihrer Krankheit Schriften entrissen habe, um sie gegen sie zu verwenden. »Einzig eine *Frau* wird solcherart erniedrigt«, schreibt sie. »Ein *Mann* würde Widerstand leisten & den Feigling, der es gewagt hatte, seine Privatsphäre zu verletzen, dazu bringen, dass er zurückschreckt & zittert.«

Allein und ohne Halt in ihrer Ehe, habe sie sich gefragt, wohin sie sich wenden könne. »Was war mein Trost? Einsamkeit & meine Feder. Hier lebte ich in einer eigenen Welt, einer Welt, die selten ein anderer betrat. Ich hatte das Gefühl, dass ich wenigstens in meinem Arbeitszimmer herrschen konnte & dass alles, was ich schrieb, *mir gehörte*.«

Sie verwirft das Tagebuch als ein phantasievolles literarisches Werk, auch wenn sie nicht anders kann, als ihr Schreiben zu romantisieren: »Ich tauchte meine Feder nur allzu oft in die Feentinte der Poesie – das Echte & Eigentliche, das Schattige & Visionäre wurden zu oft gemischt –, ich hatte die fatale Gabe – eher Fluch als Gewinn –, nichtige Luftgebilde mit Orten und Namen zu versehen.« Ihre scheinbare Beherrschtheit täusche über die Intensität und Verzweiflung der eingebildeten Welt hinweg: »Wenn ich ruhig schien, so deshalb, weil das brodelnde poetische Leben streng beschränkt blieb auf den Bezirk der Einsamkeit, wo es sich aus zwei Gründen so eifrig entfaltete – zuerst, weil es ein wesentlicher Zug meiner Individualität war, & dann, weil es von außen keine Nahrung erhielt.«

Warum hat sie ihre Tagebücher aufbewahrt? »Darauf vermag ich nur zu erwidern, dass es mir an Bedachtsamkeit fehlt – ich nahm an, wenn ich sterbe, könne von dem, was dann nur noch als Makulatur betrachtet würde, niemandem Unheil entstehen; und wenn ich am Leben bleibe, könne mir diese Papiere *niemand wegnehmen*; zudem gelobte ich mir stets, sie in Ordnung zu bringen, durchzusehen, zu prüfen & zu vernichten.«

Isabella behauptet, sie wisse sich keinen Rat mehr, wie sie Edward noch helfen könne. »Ich muss zugeben«, schreibt sie, »dass es mich überrascht hat, wie eifrig Sie mich nach Erklärungen hinsichtlich meines Tagebuchs fragen, als ob es in meiner Macht stünde, den Eindruck, den sie hinterließen, & das Üble, das sie anrichteten, aus der Welt zu räumen. Ich sehe nicht, *wie* das gehen soll.«

Dieser Brief brachte das Tagebuch nicht mehr in Misskredit als die beiden vorangegangenen, die Isabella verfasst hatte. Sie äußerte sich abwechselnd zornig und reuevoll, klang jedoch insgesamt völlig rational. Combes versteckte Weisung, sich selbst für verrückt zu erklären, hatte sie ignoriert. Doch in den nächsten Tagen erfuhr sie von Henrys

Scheidungsklage. Sie nahm sich Combes Brief noch einmal vor. Am Sonntag, dem 28. Februar, dem Tag nach ihrem fünfundvierzigsten Geburtstag, schrieb Isabella das letzte Mal an Combe.

»Ich habe noch einmal über Ihren Brief & meine Erwiderung nachgedacht, & jetzt scheint es mir, als könnte Letztere Ihnen ein wenig vage & unentschlossen vorkommen. Erlauben Sie mir daher noch einige entschiedene & endgültige Bemerkungen zu diesem Thema.«[362] Die belastenden Einträge, fährt sie fort, seien geschrieben worden, als »ich zeitweilig das Opfer meiner eigenen Phantasien & Einbildungen war. (...) Ständig hielt ich Dinge für Tatsachen, obwohl es sich um die maßlosesten Illusionen eines Geistes handelte, den die Tyrannei langer Jahre erschöpft hatte & der im Niederschreiben dieser Illusionen den einzigen Trost seines Alltags sah.« In diesen Einträgen habe sie »den Einflüsterungen meiner Phantasie freien Lauf gelassen«: »Jeder einzelne & sie alle, die sich auf den Freund beziehen, von dem wir sprechen, ist absolut & vollständig imaginär & fiktiv.«

Sie ist demütig und kummervoll. Ihr Bedauern ist »tiefer, als es sich irgendein Mensch, außer mir selbst, vorstellen kann. Ich habe kein weiteres Wort dazu zu sagen & vermag es nicht.« Ihre Worte hätten über Edward und seine Familie nur Leid gebracht; nun bleibe ihr als einziger Ausweg, sich mangelnder geistiger Gesundheit zu bezichtigen und dann zu schweigen.

Endlich hatte George Combe die Antwort von ihr, die er benötigte. Sie überließ sich seiner Führung, wie sie es getan hatte, als ihr widersprüchlicher Charakter ihr zusetzte. Er gab die gute Nachricht an Edward weiter. Isabellas letzter Brief, schreibt er, sei »in ruhigem, ernstem Ton verfasst, der anzeigt, dass sie sich der Verletzung bewusst ist, die sie

Ihnen zufügte, und sie erklärt feierlich, dass alle Einträge in ihrem Tagebuch, die sich auf Sie beziehen, reine Phantasie sind«. Das Tagebuch sei »die Erfindung eines Gehirns, das entweder wahnsinnig ist oder an der Grenze zum Wahnsinn steht«.[363] In einem Brief an Lady Drysdale erklärt er, dass Isabella es zwar nicht vermocht habe, ihre Tagebucheinträge rational zu erklären, aber wenigstens habe sie eine wahnhafte Erklärung dafür abgegeben.[364]

George Combe glaubte – oder bemühte sich zu glauben –, dass Isabella von ihrem ungestillten Begehren in den Irrsinn getrieben worden war.[365] Seine eigenen Bücher hatten die Vorstellung publik gemacht, dass ein Teil des Gehirns gestört sein konnte, während alle anderen gesund blieben: Ein Individuum konnte sogar ein »doppeltes« oder »geteiltes« Bewusstsein haben, in dem ein Teil des Selbst nichts von den Handlungen des anderen wusste. In den nächsten Wochen zeigte Combe Isabellas Brief seinen Freunden in Edinburgh und suchte Ärzte und Anwälte auf, um mit ihnen darüber zu beratschlagen, wie man es anstellen könne, ihren Wahnsinn zu beweisen. Zu diesem Zweck schrieb er auch an seinen Neffen Dr. James Cox, ein Mitglied der staatlichen Irrenkommission in Schottland, an seinen Freund William Ivory, einen Anwalt,[366] dessen Vater, Lord Ivory, in Schottland über Scheidungsklagen entschied, und an Professor John Hughes Bennett, der 1851 einen Aufsatz über die physiologischen Ursachen der Mesmerismus-Mode in Edinburgh verfasst hatte.[367]

Vor dem Hintergrund der Leidensgeschichte von George Drysdale mag seine Familie es für möglich gehalten haben, dass Isabella unter Schüben von Wahnsinn litt. Edward machte sich diese Ansicht tatsächlich zu eigen. In seiner Antwort an Combe beschreibt er sie als »eine wunderliche, eitle, egoistische Person, durch Elend halb verrückt geworden, deren wilde Halluzinationen sie dazu treiben, all die Phantasien & Wünsche eines kranken & verdorbenen Geistes als Tatsachen anzusehen«.[368]

Zusammen mit den Drysdale-Brüdern, die inzwischen alle Medizin studierten oder praktizierten, war er ohne Weiteres in der Lage, eine medizinisch fundierte Verteidigungsstrategie zu entwickeln. Die Ärzte, die am 15. Juni in Westminster Hall auftraten, waren eng mit ihrem Kreis verbunden. Locock war als *accoucheur* von Königin Victoria ein Kollege von Combes gutem Freund Sir James Clark; Bennet, der progressive Gynäkologe, war gut bekannt mit George Drysdale und seinem Freund James Young Simpson; Forbes Winslow war ein früher Phrenologe und Bewunderer von Combe, und Kidd war ein ehemaliger Patient des Homöopathen John Drysdale.[369]

Robert Chambers indes war nicht davon überzeugt, dass das Tagebuch ein Produkt von Geisteskrankheit war. Es lese sich, schreibt er an Combe, »wie eine Geschichte, in der sowohl von Ereignissen die Rede ist, als auch Gedanken mitgeteilt werden, und ich werde es wohl immer für höchst sonderbar erachten, dass eine Frau monate- und jahrelang die Einzelheiten einer kriminellen Intrige zu Papier brachte, die jeder anderen Grundlage entbehrte als ihrer Einbildung und die die Diskreditierung einer anderen unschuldigen Person nach sich ziehen konnte«. Nachdem Combe ihm Isabellas Briefe gezeigt hat, scheint Chambers zu akzeptieren, dass sie den Ehebruch leugnet, sein Ton hingegen bleibt skeptisch. »Hätten Sie nur das Tagebuch gesehen«, schreibt er an Combe, »wie amüsant hätten Sie es dann gefunden, wenn man es als ein Werk der Phantasie bezeichnete. (…) Ich glaube nicht, dass Lane schuldig war; aber dass die Dame im

Herzen eine Ehebrecherin war und den Wunsch und Willen hatte, es auch in Wirklichkeit zu sein – nach dem, was ich gesehen habe, wäre es Wahnsinn, das zu bezweifeln.«[370]

Edward hatte die Hoffnung noch nicht aufgegeben, Henrys Klage verhindern zu können. Am 16. März schreibt er an Combe, er wisse nicht, »ob der Tagesbefehl Frieden oder Kampf bis aufs Messer lautet«: »Alles ist ein Meer der Ungewissheit.«[371] Doch am 25. März wird ihm klar, dass der Prozess nicht zu vermeiden ist. Robert Chambers sei gerade nach London gereist, um Henry von seinem Vorhaben abzubringen, berichtet er Combe, aber Henry sei »absolut unzugänglich & entschlossen« gewesen; »offensichtlich *will* er gar nicht davon abgebracht werden. Er hat eine böse Frau, und er will sie um jeden Preis loswerden.«[372] Je mehr Edwards Freunde in Edinburgh das Tagebuch als Beweismittel herunterspielen, desto mehr sehnte sich Henry nach öffentlicher Genugtuung. Vier Jahre zuvor hatte er in einem Gerichtssaal den höchst befriedigenden Triumph über seinen jüngeren Bruder erlebt. Nun strebte er nach dem gleichen uneingeschränkten Sieg über seine Frau und über die gebildeten Gentlemen, die sie so hoch schätzte. Henrys Hass auf Isabella, schreibt Edward, schien »so groß geworden zu sein, dass er ihn bei allem, was sie betrifft, des Verstandes beraubt und in einen Besessenen verwandelt«.

11. KAPITEL

Ein großer Graben voller Gift
16. Juni – 20. August 1858

Am Mittwoch, dem 16. Juni 1858, erreichte die Hitzewelle in London ihren Höhepunkt.[373] Die Temperaturen stiegen auf fast 38 Grad Celsius – die höchste je in der Stadt gemessene Temperatur –, und die fauligen Gerüche der Themse waren bis in die letzten Winkel der Parlamentsgebäude und Höfe von Westminster Hall gekrochen. Der mächtige Fluss führte Niedrigwasser; dunkel und stinkend lag er in der Sonne, »verseucht, entwürdigt, nur noch eine Kloake«, schreibt die *Morning Post,* und »ein übler Schock für die Nase«.[374] Riesige Mengen von Fäkalien wurden jeden Tag in den Fluss geschwemmt, und die stinkenden Schwaden, die sie begleiteten, vergifteten nach allgemeiner Meinung die Menschen, die sie einatmeten. »Ein großer Graben voller Gift«, nennen die *Illustrated London News* den Fluss, der »seine Fluten tagaus, tagein ungehindert durch die gewaltigste Stadt der Welt wälzt«.[375]

In den Gerichtshöfen von Westminster lag ein vages Gefühl von Gefahr in der Luft, und die Richter waren bestrebt, die Fälle so schnell wie möglich abzuarbeiten.[376] Wie üblich öffnete das Scheidungsgericht um elf Uhr. Cockburn begann die Sitzung, indem er erklärte, dass er das Robinson-Verfahren verschieben werde. Die Richter, sagte er, wüssten noch nicht, wie sie Edward Lane rechtlich behandeln sollten. Sie hätten sich zu einer Vertagung entschlossen, um darüber zu beraten, ob sie ihn vom Prozess ausschließen sollten, damit Isabellas Anwälte ihn als Zeugen aufrufen konnten. »Diese Frage«, sagte Cockburn, »ist von solcher Tragweite für die Scheidungsgesetzgebung, dass wir die Mitwirkung aller Mitglieder des Gerichts benötigen, bevor wir einen Präzedenzfall schaffen. Wir vertagen den Fall bis Montag, und wir hoffen, dann unsere Entscheidung bekanntgeben zu können.«

Der Fall hatte eine Lücke im Gesetz offenbart. Wenn eine Frau eine Scheidungsklage einreichte, brauchte sie den Namen der Geliebten ihres Mannes nicht zu nennen – einmal deshalb, weil ihre Klage nie allein auf Ehebruch beruhte und weil die Geliebte als Frau nicht zur Zahlung von Gerichtskosten herangezogen werden konnte, aber auch »zum Schutz einer möglicherweise unschuldigen Partei«, wie ein zeitgenössischer Scheidungsratgeber erklärt.[511] Wenn ein Mann sich von seiner Frau scheiden lassen wollte, musste er den Namen des Liebhabers nennen. Für viele viktorianische Männer bedeutete der Vorwurf des Ehebruchs nichts Schlimmes, aber für Edward Lane, dessen Lebensunterhalt davon abhing, dass man Damen seiner Pflege anvertraute, kam er einer Katastrophe gleich. In Misskredit zu geraten konnte ihm im gleichen Maße schaden wie einer Frau mit bis dahin untadeligem Ruf, und nun bestand die Gefahr, dass die Worte einer Frau ihn ruinierten.

Bevor das Gericht sich zur Beratung zurückzog, bat Isabellas Anwalt, als letzten Zeugen John Thom aufrufen zu dürfen. Cockburn stimmte zu.

Thom stellte sich als einen Herrn vor, »der mit Literatur zu tun hat« und Mr und Mrs Robinson kannte, »Letztere sehr gut«. »Ich lernte sie 1854 in Reading kennen«, sagte er, »und danach traf ich Mrs Robinson in Moor Park.«

Phillimore bat ihn, Mrs Robinson zu beschreiben.

»Sie ist ein sehr leicht erregbarer Mensch«, sagte Thom. »Im Allgemeinen ist ihr Benehmen recht förmlich, doch dann und wann macht sie romantische und kapriziöse Bemerkungen.« Diese Beschreibung passte in die Strategie der Verteidigung, denn sie legte die Vermutung nahe, dass Isabella ein öffentliches und ein Tagebuch-Selbst besaß – wilde Phantasien unter der Oberfläche von Anstand und Sitte.

Man bat Thom, den Tagebucheintrag vom 3. Juni 1854 laut vorzulesen, in dem Isabella ihre Eindrücke von ihm schildert. »Seine von schweren Lidern überschatteten großen Augen sahen aus wie blasse Veilchen«, las Thom, »seine Wangen waren eingefallen, und es lag etwas ungemein Schwermütiges in seinem ganzen Gebaren.« Es gab Gelächter im Saal, als Thom diese hochromantische Beschreibung seiner selbst verlas. Er kam nun zu Isabellas Schilderung ihres eigenen Verhaltens bei ihrer Begegnung: »Meine Wangen wurden rot, jeden Augenblick traten mir Tränen in die Augen, und meine Stimme versagte. Wir redeten lange und ernsthaft.«

Phillimore fragte Thom, was er von alldem halte.

»Es ist sehr malerisch und übertrieben«, erwiderte Thom, »und ich war keinesfalls in einem schwermütigen oder niedergeschlagenen Zustand.«

Phillimore lenkte Thoms Aufmerksamkeit auf den Eintrag vom 4. Juli 1854, als er Isabella in Moor Park traf, und Thom fand auch diesmal, dass es sich um eine »höchst malerische« Ausschmückung der Tatsachen handele.

Schließlich befragte Phillimore Thom zu dem Eintrag vom 15. Juli 1854, der den Satz von »jenem Baum« enthielt, »den ich nie ansehen kann, ohne an mein Abenteuer mit Mr Thom zu denken«.

»Das Wort ›Abenteuer‹ kann ich mir nicht erklären«, sagte John Thom. »Ich erinnere mich an einen Tag, als ich unter einem Baum im Garten mit Mrs Robinson zusammen in einem Buch las. Als Mr Robinson auftauchte, lief Mrs Robinson davon, weil sie offenbar ihrem Mann nicht begegnen wollte.« Er stritt vehement ab, dass es je zu irgendeiner Unschicklichkeit zwischen Mrs Robinson und ihm selbst gekommen sei.

Im Kreuzverhör gab Thom zu, ein Freund Dr. Lanes zu sein. Nachdem er als Hauslehrer für die Robinsons gearbeitet habe, habe Mr Robinson ihn dem Doktor vorgestellt, mit dem er seither »sehr eng« befreundet sei.

Dann wurde die Sitzung vertagt.

In den nächsten drei Wochen sorgte der Fall Robinson im Scheidungsgericht weiter für Verwirrung. Als Cockburn, Cresswell und Wightman am Montag, dem 21. Juni, zurückkehrten, teilte Cockburn mit, dass fünf der sechs autorisierten Richter zu dem Entschluss gekommen seien, Edward Lane nicht von dem Verfahren ausschließen zu können.[378] Der Einzige, der anderer Meinung war, war der betagte William Wightman. Cockburn drückte sein Bedauern darüber aus, dass Wightman sich der Mehrheit nicht anschloss, und sagte, dass der Prozess nun wie geplant fortgeführt werde. Die Anwälte sollten ihr Fazit ziehen.

Da die Richter übereingekommen waren, dass Edward nicht beschuldigt werden könne, musste Forsyth sich nicht äußern. Phillimore, auf Isabellas Seite, wiederholte sein Argument, dass das Tagebuch reine Erfindung sei; seine Mandantin »nahm an, eine Art Roman zu schreiben, dessen Höhepunkte die Szenen waren, die sie schilderte«. Chambers, Henrys Anwalt, fasste seine Sicht der Dinge zusammen, indem er darauf hinwies, dass das Tagebuch »zweifellos unter höchstem Druck geschrieben wurde – wie Frauen manchmal schreiben –«, dass es jedoch »augenscheinlich eine höchst präzise Wiedergabe von Begebenheiten ist, die wirklich stattfanden. Mein geschätzter Kollege hat versucht, das Ganze abzumildern, indem er Passagen zitierte, die sich auf Mr Thom bezogen, und dann Mr Thom in den Zeugenstand rief, um die Richtigkeit dieser Passagen zu widerlegen. Doch Mr Thom widerlegt sie nicht. Er sagt nur, es seien übertriebene Berichte dessen, was geschah.« Chambers fügte hinzu, dass Mrs Robinson 1854 nicht fünfzig, sondern einundvierzig Jahre alt gewesen sei.

Cockburn ließ verlauten, die Richter würden in weniger als zwei Wochen ihr Urteil präsentieren.

Als sich zwölf Tage später, am Samstag, dem 3. Juli, elegant gekleidete Damen dicht an dicht im Gerichtssaal drängten, um dem Ende des Robinson-Falles beizuwohnen, wurden sie enttäuscht. Cockburn verkündete, er habe seine Meinung geändert. Er und die anderen Richter glaubten nun wie Wightman, dass Dr. Lane von dem Verfahren ausgeschlossen werden solle, damit er als Zeuge vernommen werden konnte. Überdies hatten sie erfahren, dass es demnächst im Parlament zu einer Novellierung des Scheidungsgesetzes kommen werde. Es werde eine Klausel geben, die den Ausschluss eines Mitbeklagten in einem Fall wie diesem ausdrücklich erlaubte. Cockburn hatte eine erneute Vertagung bis zur Verabschiedung des neuen Gesetzes beschlossen.

Es gab andere Klagen, über die die Richter zu befinden hatten. Am Montag, dem 14. Juni, dem ersten Tag des Robinson-Prozesses, hatten sie erfahren, dass eine gewisse Mrs

Ward sich von ihrem chronisch betrunkenen, gewalttätigen Mann scheiden lassen wollte, weil er sie betrogen und verlassen habe und sie grausam behandelte. Sie sei »eine stille, schwer arbeitende Frau«, bezeugte ihre Vermieterin, die nach Jahren voller Misshandlungen »durchaus damit einverstanden« gewesen sei, dass ihr Mann sie verließ. Die Polizei bestätigte, dass Mr Ward seine Frau geschlagen hatte. Doch Cresswell erklärte, dass das Gericht, auch wenn Mrs Ward froh gewesen sei, ihren Mann zum letzten Mal gesehen zu haben, die Scheidung möglicherweise nicht aussprechen könne. »Der Akt des Verlassens«, führte er aus, »muss gegen den Willen der Frau erfolgt sein.« Eine Scheidung könne nicht einvernehmlich erfolgen, noch dürfe sie allein aufgrund der unglücklichen Gemütsverfassung einer Partei ausgesprochen werden. Der Gesetzgeber habe bei der Formulierung des neuen Gesetzes darauf geachtet, es nicht den Franzosen gleichzutun, die im Jahr 1792 die Möglichkeit der Scheidung aufgrund von Unvereinbarkeit der Ehepartner sanktioniert hatten, mit dem Ergebnis, dass in den darauffolgenden Jahrzehnten eine von acht französischen Ehen aufgelöst worden war, zum größten Teil auf die Klagen von Ehefrauen hin. Doch Cresswell fand einen Weg, Mrs Ward die Freiheit zu schenken. Am Mittwoch, dem 16. Juni, nach John Thoms Auftritt im Robinson-Verfahren, urteilte er, dass »eine Auflösung der Ehe aufgrund von Ehebruch und Grausamkeit berechtigt« sei, »selbst wenn hinsichtlich des letzten Punktes, der Umstände des Verlassenwerdens der Ehefrau, weiterhin Zweifel bestehen«. Dank der Bestimmungen des neuen Gesetzes sei sie dazu berechtigt, den von ihr erworbenen Besitz zu behalten.

Die Ehe der Wards war eine von neun, die an diesem Tag geschieden wurden. Die Geschwindigkeit der Urteile führte zu Fragen im Oberhaus. Walteten die Richter allzu bedächtig ihres Amtes, bestand die Gefahr, dass ein längst nicht mehr funktionierender Lebensbund landesweit die Gemüter erregte; urteilten sie zu schnell, konnte es so aussehen, als arbeiteten sie vor den Augen der Öffentlichkeit an der Auflösung der Institution Ehe.

Am 21. Juni, nach der dritten Vertagung des Robinson-Prozesses, sprach Cresswell das Urteil in einem Fall, der schon im Mai aufgerollt worden war: *Curtis vs. Curtis*, die Trennungsklage einer Frau aufgrund von Grausamkeit. Da es sich nur um Trennung, nicht um Scheidung handelte, konnte Cresswell allein urteilen. Und wie im Fall Robinson wurde das Urteil aufgrund eines von einer Frau geschriebenen Dokuments gesprochen.

Frances und John Curtis waren wie Henry und Isabella Robinson eine ungleiche Verbindung eingegangen, und für Cresswell lag der Schlüssel zur Uneinigkeit des Paares in ihrer unterschiedlichen sozialen Stellung. Fannys Vater war Anwalt am Lincoln's Inn (zu dem auch Isabellas Vater und Großvater gehört hatten), ihr Mann war wie Henry Ingenieur. Fannys Eltern wurden mit John Curtis nicht warm. Am Abend vor der Hochzeit stritt John vier Stunden lang mit seinem zukünftigen Schwiegervater über den Ehevertrag. Bei Gesellschaften im Haus ihrer Eltern fühlte John sich geringschätzig behandelt. Fanny räumte ein, dass ihre Mutter und ihr Vater die Arbeit ihres Gatten oft als »Ingenieursflickwerk« bezeichnet hatten, auch wenn sie behauptete, es sei nicht kränkend gemeint gewesen.

John wurde zunehmend haltlos, litt 1850 eine Zeitlang unter »Gehirnfieber« und entwickelte extreme religiöse Ansichten. In ihrer Trennungsklage legte Fanny ihm weiter zur Last, dass er sich ihr und den Kindern gegenüber grausam verhalten habe; so habe er seinen Sohn häufig »höchst gewaltsam geschlagen, mit schweren Schlägen ins Gesicht, auf den Kopf und auf die Ohren«.

Als der Fall im Mai verhandelt wurde, gehörte Forbes Winslow zu John Curtis' Zeugen.[379] Er sagte aus, dass John sich von seinem Gehirnfieber vollständig erholt habe. Um sich gegen die Anschuldigung der Gewalttätigkeit zu verteidigen, brachte John dem Gericht einen Brief Fannys an ihre Mutter zur Kenntnis, den sie 1852 während eines Aufenthalts in New York geschrieben hatte.

Der Brief schildert einen Nachmittag, an dem John eines Tages gesehen hatte, dass seine Kinder mit Billigung eines Dienstmädchens mit zwei vier und sechs Jahre alten Nachbarmädchen spielten. John tadelte Fanny, weil sie den Umgang ihrer Kinder mit Fremden nicht verhindert hatte: Das ganze Elend seines eigenen Lebens, sagte er, stamme daher, dass er von anderen Kindern sittenloses Verhalten gelernt habe. Sie entschuldigte sich, doch er wurde immer erregter bei dem Gedanken, was seinen Kindern zustoßen konnte, und sprach dabei – ihrer Meinung nach – in »anstößigem« und »verderblichem« Ton. Sie machte eine spitze Bemerkung über seine geistige Gesundheit – »Wenn es so weitergeht, sehe ich mich gezwungen, meine Kinder unter den Schutz der Regierung zu stellen« – und bereute sie sofort. Der wütende John verbot ihr jeden weiteren Kontakt mit den Kindern, beschimpfte sie vor ihnen und dem Dienstmädchen, dem er mit Bedacht das Frühstück brachte, bevor er es seiner Frau zukommen ließ. Außerdem zerriss und verbrannte er Fannys Zeitschriften und verbot ihr, Bücher und Zeitungen ins Haus zu bringen, die sie ihm nicht vorher gezeigt hatte.

»Ich wünschte bei Gott, ich wüsste, was ich tun soll«,

schreibt Fanny an ihre Mutter, »aber das Band zwischen ihm und den Kindern ist so stark, dass ich sie nicht fortbringen will, trotz alldem, was ich leide, und ich glaube nicht, dass sie unmittelbar bedroht sind. (...) Ich wünschte, er würde etwas tun, was mir die Freiheit gäbe. Oft wünschte ich, er würde mich schlagen, doch dazu macht er keine Anstalten – eine Zeitlang schien er viel freundlicher zu sein, und dennoch ist es eine Tatsache, dass der Gedanke seiner Autorität bei ihm zur Manie geworden ist. (...) Ich weiß, dass meine eigene Unentschiedenheit und Schwäche so viel Schuld tragen, wie man mir nur vorwerfen kann, aber einen Weg aus der Misere sehe ich nicht.« Sie fürchtete, dass John den Verstand verlor. »Die außerordentliche Mischung aus Arroganz, Eigenliebe und Machtbedürfnis mit religiösen Gefühlen und Schwärmerei ist für mich kaum zu begreifen«, schreibt sie, »besonders, wenn dazu noch gelegentliche Zusammenbrüche mit Tränen und Elend kommen.« Kurze Zeit nachdem Fannys Eltern diesen Brief erhalten hatten, fuhr ihr Vater nach New York und sorgte dafür, dass sein Schwiegersohn in eine Irrenanstalt gebracht wurde.

Als John einige Monater später wieder auf freien Fuß gesetzt wurde, ging er nach Spanien und arbeitete dort als Eisenbahningenieur; 1857 suchte er nach Fanny und den Kindern auf den Besitzungen ihres Vaters in Irland. Er ließ Plakate drucken, die für Hinweise auf ihren Aufenthaltsort zehn Pfund Belohnung versprachen. Der Text dieser Plakate liest sich, als werde nach einem verlorenen Gegenstand oder einem Verbrecher gesucht: »Mrs Frances Henrietta Curtis, geboren in England, Alter 35, Größe 1,60 m, Figur eher stämmig, Haar dunkelbraun, Augen blau, nicht sehr groß, Haut hell, Augenbrauen nicht stark ausgeprägt, leichte Stupsnase, Schneidezähne groß, starke Mimik, Benehmen beherrscht und ruhig.« Fanny floh nach London, wo sie und die Kinder unter falschem Namen lebten. Als John sie aufspürte, wandte sie sich an die Polizei.

Das Scheidungsgericht erhielt durch Fannys Briefe (wie durch Isabellas Tagebuch) einen lebendigen, subjektiven Einblick in das tägliche Leben unglücklicher Eheleute. Fanny Curtis war einsam und verwirrt, sie liebte ihre Kinder abgöttisch und bemühte sich, der Rolle einer untertänigen Gattin zu entsprechen. Obwohl John den Brief als Beweis dafür vorlegte, dass er nicht gewalttätig war, erregte die spürbare Pein in Fannys Worten die Sympathie des Gerichts. Ihr Wunsch, dass John sie schlagen möge, war der beste Beweis ihrer unglücklichen Verfassung. Die Momente des Mitleids mit ihrem erregten Mann belegten, dass sie fähig war, auch Zuneigung für ihn zu empfinden.

Am Nachmittag des 21. Juni sprach Cresswell John Curtis schuldig und gestattete Fanny die eheliche Trennung, die sie verlangt hatte. In seinem Urteil räumte er ein, dass »ihre aufgeregten Gefühle sie dazu bewogen, uns einen höchst dramatischen Bericht« über das Verhalten ihres Mannes zu geben – leidenschaftliche Voreingenommenheit gehörte zu fast allen Klagen, die vor dem neuen Gericht verhandelt wurden –, und er drückte sein Mitgefühl für John aus, der von der Familie seiner Frau verachtet und schikaniert worden war und unter verzweifelter Unsicherheit und religiösen Obsessionen litt. Doch er befand auch, dass der Brief »wahr, aufrichtig und freimütig« klinge und dass er »ein düsteres Bild« von Fannys Leben zeichne. John Curtis »übte seine Autorität auf gewalttätige und unverständige Weise aus (...), sodass weitere gewalttätige Handlungen zu befürchten sind«. Eine gerichtliche Entscheidung darüber, ob die Kinder künftig bei ihrer Mutter oder bei ihrem Vater leben sollten, lehnte Cresswell ab. Nach dem Gesetz konnten Frauen (mit Ausnahme von Ehebrecherinnen) das Sorgerecht beantragen, und das neue Scheidungsgericht hatte theoretisch die Macht, es ihnen zu übertragen. Dagegen sagte Cresswell, dass der Gesetzgeber »keine Regeln oder Prinzipien festgelegt hatte, nach denen sich das Gericht in diesem besonders heiklen Fall richten« könne. Er gab den Fall weiter an den Obersten Gerichtshof und setzte fest, dass die Kinder wenigstens in den nächsten drei Monaten bei Fanny bleiben sollten.

Als Fanny Curtis und ihr Vater jedoch beim Obersten Gerichtshof das Sorgerecht beantragten, kam der mit dem Fall betraute Richter Kindersley zu einer völlig anderen Ansicht. Er kritisierte Fannys Verhalten gegenüber John: »Ich glaube, dass heutzutage die meisten Frauen ihrer heiligen Pflicht zu Gehorsam und Unterwerfung unter die Wünsche ihres Mannes nicht ausreichend nachkommen. (...) Wie hart, wie grausam der Gatte auch sein mag, es rechtfertigt nicht die fehlende Unterwerfung der Frau, denn nach dem Gesetz Gottes und der Menschen geziemt es sich für sie, ihm zu gehorchen.«[380] John hatte die Kinder geschlagen, als sie während des Gottesdienstes oder beim Tischgebet unruhig wurden, doch nach dem Urteil dieses Richters lag sein Verhalten noch im Rahmen des Zumutbaren. Vor allem traute er Fannys Brief an ihre Mutter nicht; sie stelle darin »die Tatsachen nicht nur in übertriebener Weise, sondern falsch dar«.

Spräche er ihr das Sorgerecht zu, sagte Kindersley, würde das Gericht nicht im höchsten Interesse der Kinder handeln oder chaotische Zustände befördern. Die Autorität des Vaters müsse an erster Stelle stehen. Auch die Exzesse des John Curtis leiteten sich letztlich aus den zwei Grundprinzipien der viktorianischen Gesellschaft ab: Der Mann herrschte über seine Familie, und Gott herrschte über den Menschen. Um die Institution der Ehe zu erhalten, galt es, den Vorrang des Vaters zu erhalten. Kindersley wies Fannys Antrag ab und sprach John das Sorgerecht für die Kinder zu.[381]

Cresswells Urteil im Fall Curtis war geleitet von mitfühlendem Alltagsverstand, Kindersleys Urteil hielt sich an Präzedenzfälle und Prinzipien.

Kurz vor Beginn des Robinson-Prozesses hatte George Combe herausgefunden, dass er tiefer in ihn verwickelt war, als er angenommen hatte. Im Mai 1858 setzte ihn Edward Lane davon in Kenntnis, dass sein Name in Isabellas Tagebuch an prominenter Stelle auftauche, in Verbindung mit Phrenologie und der Unsterblichkeit der Seele.[382] Combe war entsetzt. Isabellas moralische Anarchie konnte das Bild seiner Rechtschaffenheit untergraben, an dem ihm so viel gelegen war und das er jahrzehntelang gehegt und gepflegt hatte. Stets hatte er bestritten, Atheist zu sein. Jetzt stand der Vorwurf wieder im Raum – nur weil er einer sexbesessenen Frau Freundlichkeiten erwiesen hatte. Mit Isabellas Tagebuch in Verbindung gebracht zu werden, erwidert er Edward, könnte »meinen Ruf zerstören & die Wirkung meiner Bücher wesentlich schmälern«.[383] Jeder Brief von ihm, den Isabella zitierte, sei sein geistiges Eigentum, und – weniger plausibel – jedes Gespräch mit ihm könne gegen sein Recht auf seine eigenen Gedanken verstoßen. Er bat Edward dringend, ihm mehr über seine Quellen zu sagen: Erweckte es den Eindruck, als habe er sich blasphemisch geäußert? Wirkte er womöglich areligiös oder amoralisch?

Combe und seinen Freunden war außerordentlich daran gelegen, dass Isabellas unbußfertige Schilderungen ihres

Ehebruchs nicht an die Öffentlichkeit gelangten. Ihre Geschichte war ein Geschenk für Combes Feinde. Denn Isabella dachte die Gedanken der fortschrittlichen Naturwissenschaftler zu Ende: Der Mensch war ein Tier, beherrscht von seinen Trieben; es gab keine unsterbliche Seele, sodass man sich verhalten konnte, wie man wollte, ohne Strafe befürchten zu müssen. Das Tagebuch beinhaltete eine Vorstellung davon, wie eine Gesellschaft einst sein würde, wenn sich erst die neue, evolutionäre Weltsicht durchgesetzt hätte.

Lane, Combe und Robert Chambers warben bei Journalisten um Unterstüzung. Chambers schrieb an Marmaduke Sampson und Eneas Sweetland Dallas von der *Times* und bat sie, einen Leitartikel zugunsten Edward Lanes zu publizieren. Daraufhin erhielt Edward einen Brief von Mrs Dallas, der ehemaligen Isabella Glyn, die 1851 im Haus der Chambers' mit Isabella Robinson zusammen zu Abend gespeist hatte. Sie versicherte dem Doktor, dass die *Times*-Redakteure sich seiner »furchtbar bedrängten Lage« durchaus bewusst seien und dass ein entsprechender Leitartikel schon bald in den Druck gehe.

Er wurde von Eneas Sweetland Dallas verfasst und erschien am 6. Juli, drei Tage nach der letzten Vertagung des Verfahrens. Es hieß darin, dass Isabella außerstande gewesen sei, ihre zwanghaften Phantasien von der Wirklichkeit zu unterscheiden, und in einer »Traumwelt« lebe. Sie habe zwar nicht vorsätzlich gelogen, sei aber den Kräften ihres Unbewussten erlegen. »Die festen Grenzen, die reale Dinge von Schatten trennen – Wahrheit von Dichtung, die Welt im Wachzustand von der Welt des Traums –, existierten nicht für sie. Jedes zügellose Verlangen, das ihren Körper erschütterte, jeder unstete Gedanke, der durch ihr zerrüttetes Hirn huschte, wurde mit den persönlichen Eigenschaften eines

Menschen ausgestattet. Sie lebte in einer inneren Welt, die nur ihr gehörte.« Das Tagebuch lasse an Catherine Crowes *The Night Side of Nature* denken, eine Studie über das Übernatürliche. Es verwische die Trennlinie zwischen Gedächtnis und Imagination.

»Wir haben bei Mrs Robinson nur die Wahl zwischen zwei Schlussfolgerungen«, fährt Dallas fort: »Entweder sie ist das verdorbenste und verkommenste Geschöpf, das je die Gestalt einer Frau annahm, oder sie ist wahnsinnig. In jedem Fall ist ihr Zeugnis ohne Belang.« Es war ein simpler Zirkelschluss: Indem sie über den Ehebruch schrieb, hatte Isabella sich selbst aus dem Reich der Vernunft ausgeschlossen. Den Worten einer Ehebrecherin, selbst ihrem Geständnis, konnte man nicht trauen.

Die Wochenzeitung *The Examiner*, die von Marmion Savage geleitet wurde – auch er ein Freund Edward Lanes und regelmäßig Kurgast in Moor Park –, druckte Dallas' Leitartikel umgehend ab und fügte einen eigenen Artikel hinzu, der sich empört darüber äußerte, dass das Gericht dem Doktor, »einem Gentleman von untadeliger Respektabilität«, nicht gestattet hatte, selbst Stellung zu nehmen.[384]

Combe schrieb an seinen Freund Charles Mackay, den Herausgeber der *Illustrated London News*, um ihn um Hilfe zu bitten. Mackay antwortete ihm, er sei davon überzeugt, »dass Mrs Robinson verrückt & Dr. Lane vollkommen unschuldig ist«.[385] In den Londoner Clubs, in denen er verkehrte, »neigten alle dazu, Dr. Lane von allem, was ihm angelastet wird, freizusprechen«. Er versprach, dafür zu sorgen, dass seine Zeitung den Fall mit keinem Wort erwähnte.

Charles Darwin schreibt am 24. Juni an einen Freund: »Alle, die ich danach fragte, glauben, dass Dr. L. wahrscheinlich unschuldig ist – die Aussage von Mr Thom (einem sehr empfindsamen, netten jungen Mann), Dr. Lanes reservierte Briefe – keinerlei unterstützendes Beweismaterial – & vor allem die beispiellose Tatsache, dass eine Frau ihren eigenen Ehebruch beschreibt, was mir unwahrscheinlicher vorkommt, als wenn sie, getrieben von extremer Sinnlichkeit oder Halluzinationen, eine Geschichte erfunden hätte – das alles bringt mich zu der Annahme, dass Dr. Lane unschuldig ist & es sich um einen höchst betrüblichen Fall handelt. Ich fürchte, er wird ihn ruinieren. Ich habe noch nie ein unanständiges Wort von ihm gehört.«[386] Drei Tage später schreibt er an denselben Freund: »Für Dr. L. und seine Familie tut es mir unendlich leid, denn ich fühle mich ihnen sehr verbunden.«[387]

Edward bat Combe, im *Scotsman* einen Artikel zu seinen Gunsten zu lancieren,[388] und er schrieb an weitere Bekannte in Edinburgh. Am 25. Juni klagt er in einem Brief an einen befreundeten Anwalt, bei »einem der scheußlichsten, grausamsten & ungerechtesten Prozesse, die je vor Gericht kamen«, sei sein Name in den Schmutz gezogen worden.[389] »Die Hände sind mir gebunden, & es ist, als hätte man mich hinterrücks erstochen.« »Beim Ehrenwort eines Gentleman« beschwört er seine Unschuld. Das Tagebuch sei Ausdruck »der wahnsinnigen Raserei einer Besessenen, die seit langem an einer Gebärmutterkrankheit leidet«. Als Anlage zu den Briefen legte er die Zeitungsartikel bei, die für ihn Partei ergriffen.

Die Presse überbot sich in Artikeln, die das Tagebuch diskreditierten. Die *Daily News* verlangten eine Gesetzesänderung, damit Edward aussagen konnte;[390] genauso der *Observer*, der die Warnung aussprach, dass andernfalls »kein Mann mehr sicher sein kann, der sich zufällig in Gesellschaft einer Dame reiferen Alters mit leicht erregbarer

Phantasie und *cacoethes scribendi* befindet«. (Der lateinische Ausdruck wurde von Juvenal geprägt und bezeichnet das unstillbare Bedürfnis zu schreiben.) Die *Times* stieß in dasselbe Horn: Jeder Gentleman, der privat mit Frauen spreche – etwa ein Priester oder ein Arzt –, riskiere künftig den Ruin durch falsche Bezichtigungen. Die *Morning Post* erklärte: »Dr. Lane ist unschuldig, und er ist ein beschädigter Mann.«[391]

Als Hydropath war Edward durch den Vorwurf unschicklichen oder unanständigen Verhaltens besonders leicht zu beschädigen. Einen Monat zuvor, während der Debatten über das Medizingesetz von 1858, hatte ein Kommentator des *Lancet* Hydropathen, Mesmeristen und Homöopathen beschuldigt, »die Wissenschaft geopfert und die Moral herabgewürdigt« zu haben. Dennoch unterstützte die medizinische Presse Edward Lane einhellig. Seine Behandlungen mochten unorthodox sein, urteilte das *British Medical Journal*, doch seine missliche Lage sollte allen Ärzten nahegehen; denn wenn das Tagebuch als Beweismittel zugelassen würde, »muss jeder von uns, wenigstens sofern er über Locken und ein glattes Gesicht verfügt, (...) eines Tages damit rechnen, sein häusliches Glück und seinen Wohlstand zu verlieren und vor dem Ruin zu stehen«. Es sei zu fordern, dass Dr. Lane als Zeuge vor Gericht erscheinen dürfe, um »selbst das außergewöhnliche Lügengespinst zu zerreißen, das Mrs Robinsons Phantasie um ihn gesponnen« habe.[392]

Einige Zeitungen lobten mehr oder weniger ironisch die kunstvolle Anlage des Tagebuchs. »Das Werk entbehrt nicht gewisser Anzeichen einer bemerkenswerten literarischen Kraft«, kommentierte die *Morning Post*. Die *Saturday Review* stellte Isabella in eine Reihe mit der erotischen Dichterin Sappho aus dem antiken Griechenland. Die *Daily*

News verglichen die »leidenschaftliche Sentimentalität« des Tagebuchs mit Rousseaus *Julie oder die Neue Heloise* und seine »sinnliche Laszivität« mit Alexander Popes *Heloise an Abelard.* Sowohl Rousseaus Briefroman von 1761 als auch Popes Gedicht von 1717 basieren auf der Geschichte von Abaelard und Heloïse, Gelehrte und Geliebte des zwölften Jahrhunderts, die glühende Liebesbriefe wechselten.[393] Weniger romantisch sah sich Isabella als Hexe (*The Morning Post*) oder als Messalina (in einem Buch von Phillimores Bruder John) verunglimpft. Viele Kommentare über das Tagebuch haben einen fiebrigen Unterton, wie er auch in Isabellas Aufzeichnungen zu finden ist. Einige der Kommentatoren dürften deshalb immer wieder auf die Geisteskrankheit der Verfasserin hingewiesen haben, weil sie fürchteten, dass es Leser und besonders Leserinnen geben könnte, die mit ihr sympathisierten.

»Das Tagebuch ist offensichtlich ein Produkt der Einbildung«, heißt es in der *Saturday Review* vom 26. Juni, »doch es zeitigt schreckliche Folgen.«[394] Die Wochenzeitung vergleicht Isabella mit Lady Dinorden, einer verwitweten Dame aus dem Hochadel, die in derselben Woche wegen Verleumdung angeklagt worden war; sie hatte ihren Neffen mit anonymen Briefen überhäuft, in denen sie ihn beschuldigt, mittellos und die Frucht einer unehelichen Beziehung zu sein und ins Irrenhaus zu gehören. »Aus der Geschichte kann man leider nur eine gegen literarische Damen gerichtete Lehre ziehen. Lady Dinorbens Briefstil und Mrs Robinsons idyllische Schilderungen haben beide zugrunde gerichtet. Sie sind Opfer – wie auch andere Opfer sind – ihrer literarischen Begabung und ihrer geglückten künstlerischen Kompositionen.« Die Auswüchse von Isabellas Tagebuch werden auch mit dem Umstand in Verbindung gebracht, dass es Mitte des neunzehnten Jahrhunderts immer mehr Schriftstellerinnen gab.

Ein weiterer Artikel in derselben Ausgabe der *Saturday Review* verdammte Isabellas »Gefühlsseligkeit« und führte sie auf die in zeitgenössischen Romanen geschilderten »bedauernswerten tödlichen Schicksale hübscher kleiner Mädchen« zurück, auf die herzzerreißenden Briefe von Prostituierten, die in der Presse erschienen, und auf die schmutzigen Schriften und Bilder, die man in der Holywell Street verkaufte, dem Zentrum des britischen Pornographiegewerbes.

Isabellas Tagebuch war weit weniger drastisch als die meisten Texte, die in der Holywell Street verhökert wurden, doch es entsprach einem weitverbreiteten pornographischen Muster: Die Erzählerin war eine Frau, die sich beseligt dem Sex hingab. Ihre schwelgerischen Erinnerungen lasen sich wie eine gereinigte Version der Ausrufe in *The Lustful Turk* von 1828: »Niemals, oh, niemals werde ich die köstlichen Verzückungen vergessen, die auf das heftige Eindringen folgten, und dann – ach, welche Wonne!«[395] Isabellas halbbewusste Träumereien morgens im Bett erinnerten an John Clelands Roman *Fanny Hill*, der 1749 erschienen war und bis zur Mitte des neunzehnten Jahrhunderts zwanzig Auflagen erlebt hatte: »Ich tastete im Bett umher, als ob ich nach etwas suchte, was ich im Wachtraum erfahren hatte, und als ich es nicht fand, hätte ich weinen können vor Pein, denn jeder Teil meines Körpers brannte vor Erregung.«[396] Isabella hatte gegen die Regeln verstoßen, indem sie ihre wollüstigen Gedanken niederschrieb, die Zeitungen aber, die sie publizierten, waren Mittäter bei ihrem Verbrechen. Während des Robinson-Prozesses, so die *Saturday Review*, seien »Machwerke, wie sie einer menschlichen Feder nicht schmutziger hätten entströmen können«, in voller Länge in der Presse abgedruckt worden. Wochenlang hätten die Zeitungen einen »Strom von Schmutz« ausgespien, »sodass keine anständige Frau sie mehr lesen und die Wollust der Jugend sich auf höchst gefährliche Weise entzünden konnte«.[397] Offenbar gab es mitten im viktorianischen Zeitalter den Drang, sexuelle Szenen zu veröffentlichen und zu lesen – und dieser Drang war nicht weniger stark als Isabellas Bedürfnis, solche Szenen zu schildern.

John George Phillimore, Juraprofessor in Oxford und Bruder von Isabellas Anwalt, war der Meinung, dass Isabella sich durch ihr Tagebuch »ihres Frauseins entledigt« habe: Mit der Sittsamkeit habe sie auch ihre Weiblichkeit preisgegeben.[398] Die Berichte über Scheidungen hätten »Verderbtheit an unsere heimischen Herde gebracht«, sie könnten am Ende »die Grundfesten der nationalen Moral zerstören«. Die Rechtschaffenheit Englands, schreibt Professor Phillimore, beruhe auf der Integrität der Ehe: »In keinem Land war das Verhältnis von Mann und Frau von größerer Würde, nirgends wurde es mehr geheiligt als bei uns. Diesen Teil unseres Nationalcharakters – der so viele Mängel aufwiegt – zu bewahren, diese Perle von höchstem Wert nicht zu verschachern, das ist das Anliegen jedes Menschen, in dessen Adern nur ein einziger Tropfen englischen Blutes fließt.«

In der Legislaturperiode des Sommers 1857 hatte die Regierung von Lord Palmerston[399] zwei neue Gesetze durchgesetzt: Das Gesetz für Eheangelegenheiten, das die Einsetzung des Scheidungsgerichts ermöglichte, sowie das Pornographiegesetz, das den Verkauf obszönen Materials zu einem Straftatbestand machte. In beiden Gesetzen wurde sexuelles Verhalten als mögliche Ursache sozialer Unordnung bezeichnet. Ein Jahr später jedoch schienen sie miteinander in Konflikt geraten zu sein: Polizisten beschlagnahmten und vernichteten schmutzige Geschichten, wie es das Pornographiegesetz gebot, während Anwälte und Reporter ähnliche Geschichten gemäß den Bestimmungen des Scheidungsgesetzes verbreiteten. »Das Gesetz von Angebot und Nachfrage scheint in den Angelegenheiten des öffentlichen Anstands ebenso zu walten wie in der Welt des Handels«, schreibt die *Saturday Review* 1859.[400] »Verstopft man einen Kanal, wird sich der Strom einen anderen Ausweg suchen, und so tobt sich das wirbelnde Gewässer, das man in der Holywell Street eindämmte, nun im Scheidungsgericht aus.«[401]

Teile des Unterhauses wurden während der Hitzewelle evakuiert, und die Parlamentarier hängten parfümierte Laken vor die Fenster, um den Gestank fernzuhalten. Der Fluss »stinkt und dampft in der unerträglichen Hitze«, berichtet die *Saturday Review*. »Das tödliche Gemisch kocht«, beobachten die *Illustrated London News*. »Wir kolonisieren die entferntesten Winkel der Erde (...), wir verbreiten unseren Namen und unseren Ruhm, wir bringen der ganzen Welt die Früchte unseres Reichtums, doch die Themse zu säubern, das vermögen wir nicht.«[402]

George und Cecy Combe hielten sich zu Beginn des Robinson-Prozesses in London auf; sie wohnten in der Nähe der Edgware Road und besuchten die Sommerausstellung der Royal Academy, in der das Triptychon von Augustus Leopold Egg gezeigt wurde.[403] Während der Vertagungspause der Verhandlung im Juli trafen sie einen Freund, Mr Bastard, der in Dorset eine säkulare Schule leitete. Dann reisten sie weiter nach Moor Park, wo auch Marmion Savage zu Gast war, der als Herausgeber des *Examiner* Edward Lane unterstützte. Combe fand die Lanes »in gedrückter Stimmung« vor, wie er seinem Tagebuch anvertraut, »doch auch erleichtert von Sorge und Mühe«, die der Prozess ihnen auferlegt hatte.[404] Am 12. Juli schreibt er an Sir James Clark und legt dem Brief den Bericht einer vor kurzem erfolgten neuerlichen Untersuchung des Kopfes des Prince of Wales bei. Berties Befinden habe sich sehr verbessert, schreibt er, »doch das cerebellische Problem bleibt bestehen«.[405] Er fügt hinzu, dass das fragliche Problem – das sexuelle Verlangen – »eine der großen ungelösten Fragen unserer Zivilisation« sei.

Combe war es gelungen, seinen und den Namen vieler anderer aus dem Verfahren herauszuhalten; die Namen von Charles Darwin, den Brüdern Drysdale, Robert Chambers, Sir James Clark, Alexander Bain, Dinah Mulock oder Catherine Crowe waren während des Prozesses nicht erwähnt worden. Der Fallout nach dem GAU des Tagebuchs war in Grenzen gehalten worden. Es blieb abzuwarten, ob man auch Edward und seiner Familie die schlimmsten Konsequenzen ersparen konnte. Wenn die Neufassung des Scheidungsgesetzes durchkam – so hörte man –, könnte es geschehen, dass der Doktor im November als Zeuge aussagen musste.[406]

»Heute hat meine liebe Cecy Geburtstag«, schreibt Combe am 25. Juli 1858 in sein Journal. »Sie ist glücklich, und sie liebt mich mit überströmender Hingabe. Nach einem stürmischen Tag war der Abend sonnig, und Cecy und ich gingen im Wald spazieren. Hohes Farnkraut schützte mich vor dem Wind, ich saß auf dem Boden, sie auf ihrem Feldstuhl, und sie sang mir viele Lieblingslieder vor, mit ihrer süßen Stimme und dem Ton, den keine andere Stimme für mich hat. Gott segne und schütze sie.«

Am nächsten Tag fühlte George Combe sich unwohl,

und in den darauffolgenden vierzehn Tagen litt er unter heftigen Hustenanfällen und Schwindel, »Hitze und Wirbel im Kopf«. Edward kümmerte sich um ihn. Er ist »sehr gütig«, schreibt Combe in sein Tagebuch, »aber er sagt, dass man den Heilkräften der Natur am besten ihren Lauf lässt«. Am 4. August kam Sir James Clark nach Moor Park, um seinen alten Freund zu besuchen. Er zeigte damit auch, dass Edward Lane für ihn unschuldig war. Am 11. August war Combe nicht fähig zu schreiben und diktierte Cecy einige Sätze für das Tagebuch. Am 13. August konnte er auch nicht mehr diktieren, sodass Cecy die Aufzeichnungen mit ihren eigenen Worten fortsetzte. »Nachts um zwei ging ich zu ihm, fütterte ihn, versuchte, ihm Gesicht und Hände zu waschen und hörte das Wort ›Liebling‹; doch seine Aussprache ist undeutlich, und er spricht sehr leise.« Am 14. August um 10 Uhr bekommt Combe kaum noch Luft und hört schließlich auf zu atmen. Cecy hält den Moment im Tagebuch ihres Mannes fest: »Dr. Lane sagte: ›Es ist vorbei.‹ Tiefe Stille herrschte im Zimmer.« Als Todesursache wird Lungenentzündung angegeben. »Kein Sohn hätte gütiger sein können, als Dr. Lane es war«, schreibt Cecy, »und bessere Freunde als seine ganze Familie hätte man nirgends gefunden.«[407]

Am 15. August trennten die Bestatter Combes Kopf von seinem Rumpf ab, denn der Schädel sollte einer phrenologischen Untersuchung unterzogen werden.[408] Cecy nahm die sterblichen Überreste ihres Gatten mit zurück nach Edinburgh, wo Combe am 20. August beerdigt wurde.

12. KAPITEL

Das Urteil
Westminster Hall, November 1858 – März 1859

In dem Monat, in dem George Combe starb, wurde im Parlament eine Reihe von Zusätzen zum Scheidungsgesetz verabschiedet, darunter eine Klausel, die das Gericht befugte, einen Mitbeklagten auszuschließen, um ihn als Zeugen hören zu können. Die Richter im Fall *Robinson vs. Robinson & Lane* taten genau das und forderten Edward Lane, für den das Gesetz verändert worden war, dazu auf, als Zeuge auszusagen. Am Freitag, dem 26. November, kam er nach Westminster, um seinen guten Namen zu verteidigen. Obwohl das Gericht ihn praktisch schon vom Vorwurf des Ehebruchs entlastet hatte, konnte sein Ruf nur gerettet werden, wenn auch Isabella entlastet wurde.

Es war ein klarer, trockener und ungewöhnlich warmer Morgen, denn die Temperatur in London war während der vorangegangenen drei Tage von minus 11 auf plus 13 Grad Celsius gestiegen. Im Gerichtssaal hatten wie zuvor Cockburn, Cresswell und Wightman ihre Plätze eingenommen.

Lane begab sich in den Zeugenstand. William Bovill QC, Isabellas Anwalt, stand auf, um ihn zu befragen. Bovill sah aus wie ein freundlicher Professor, er trug eine Brille und war von ernstem Betragen, er schnaufte ein wenig und hatte einen großen, an den Schläfen stark gewölbten, glänzenden Schädel.[409] Im Juni, zu Beginn des Prozesses, war er noch nicht selbst aufgetreten, doch er war derjenige, der mit Phillimore zusammen die Verteidigungsstrategie für Edward und Isabella entwickelt hatte.

»Ich bin Arzt«, erwiderte Edward Lane auf Bovills Fragen, »und habe mein Abschlussexamen an der Universität von Edinburgh gemacht. 1847 habe ich die Tochter von Sir William Drysdale geheiratet. Meine Frau ist einunddreißig oder zweiunddreißig Jahre alt. Ich habe vier Kinder.«

Bovill fragte ihn nach seiner Freundschaft mit Isabella.

»Ich lernte Mrs Robinson im Herbst 1850 kennen, als ich in Edinburgh lebte«, sagte Edward. »Unsere beiden Familien freundeten sich an. Sie war eine Dame von beträchtlichem literarischem Format, sie korrespondierte mit Schriftstellern. Wir erneuerten unsere Bekanntschaft in Moor Park. 1853 reisten meine Frau und ich auf dem Kontinent, und wir ließen unsere Kinder vier oder fünf Wochen lang in der Obhut der Robinsons. Auch bei anderen Gelegenheiten waren unsere Kinder bei ihnen. Mrs Robinson war immer sehr freundlich zu ihnen.«

Edward bestätigte die Daten von Isabellas Aufenthalten in Moor Park, auch einen Besuch nach Henrys Entdeckung ihres Tagebuchs, für einen Tag und eine Nacht, im Jahr 1856. »Soweit ich mich erinnere, war es Ende September oder Anfang Oktober.«

Bovill fragte, ob ihn Mrs Robinson als Freundin oder als Patientin besucht habe.

Edward erwiderte, dass Isabella zwar »immer kränklich« gewesen sei, dass sie jedoch gewöhnlich als Freundin der Familie nach Moor Park kam. Im Juni 1855 habe sie ihn zum ersten Mal als Arzt konsultiert. »Sie sagte mir, dass sie schon seit etlichen Jahren Unterleibsbeschwerden habe. Außerdem sagte sie mir, dass sie ständig unter Kopfschmerzen, Niedergeschlagenheit und unregelmäßiger Menstruation leide. Sie war zwischen vierzig und fünzig, das ist eine Zeit, in der sich bei Frauen gewöhnlich ein Wechsel vollzieht.«

Bovill fragte nach Einzelheiten ihrer Krankheit.

»Die Krankheit, unter der sie litt, greift die Nerven an«, erläuterte Edward. »Ihre Stimmung schwankte zwischen Ruhe und Erregung.«

»Sie war von höchst gesetztem Auftreten, doch im Gespräch war sie manchmal flatterhaft«, fügte er hinzu. »Ich habe ihr nichts verschrieben, sondern gab ihr lediglich einige Ratschläge und empfahl ihr, eine Stärkungskur zu machen.« Das bedeutete, dass man zur Stimulation des Kreislaufs Bittergetränke und eisenhaltiges Wasser zu sich nahm, Gymnastik machte, einen strengen Speiseplan einhielt und kalt badete.

Bovill fragte nach den Spaziergängen, die sie zusammen unternommen hatten.

»Ich habe es mir zur Gewohnheit gemacht, jeden Tag mit den verschiedenen Damen und Herren meines Etablissements spazieren zu gehen«, sagte Edward. Er betonte, dass solche Spaziergänge alles andere als privat gewesen seien. »Die Anlage ist schön und weitläufig. Alle Spazierwege stehen den Patienten wie auch Dienstboten und Besuchern offen. Auch die Nachbarn, die zu unseren Freunden zählen, benutzen sie.«

Bovill fragte ihn nach der Uhrzeit, zu der man ihn beim Verlassen von Isabellas Zimmer gesehen hatte.

»Wenn eine der Damen nicht beim Frühstück erschien, suchte ich sie gewöhnlich in ihrem Schlafzimmer auf«, sagte Edward. »Es kann sein, dass ich bei einer solchen Gelegenheit auch Mrs Robinsons Zimmer betrat.«

Hier hakte Cockburn nach: »Aber es war doch so, dass

sie sich nicht als Patientin, sondern als eine Freundin dort aufhielt.«

»Wenn ich gewusst hätte, dass Mrs Robinson sich nicht wohl fühlte, wäre ich vielleicht zu ihr gegangen«, erklärte Edward, »aber ich erinnere mich nicht, das je getan zu haben. Ich kann es nicht beschwören, aber ich erinnere mich nicht, dass ich es tat. Sie bewohnte normalerweise zwei Zimmer, wenn sie in Moor Park war, ein Wohnzimmer und ein Schlafzimmer, mit einem Durchgang.«

Bovill fragte nach dem Arbeitszimmer, in dem sie angeblich Sex gehabt hatten.

»Das Arbeitszimmer stand allen Patienten offen, wenn sie mich sehen wollten, und es kamen ständig Freunde herein, die mich tagsüber oder abends besuchten. Es war mein privates Zimmer, und jeder, der mir etwas mitteilen wollte, kam dorthin.« Auf eine weitere Frage fügte er hinzu: »Es gibt drei Türen im Arbeitszimmer. Eine führt in das allgemeine Esszimmer und eine andere liegt gegenüber der Tür zur Speisekammer. Die Dienstboten benutzen mein Arbeitszimmer oft als bequeme Abkürzung.«

»Während Ihrer Bekanntschaft mit Mrs Robinson, von Anfang bis Ende«, fragte Bovill, »unterhielten Sie jemals eine frevlerische Beziehung zu ihr?«

»Nein, nie«, antwortete Edward.

»Haben Sie sich jemals Freiheiten mit ihr erlaubt?«

»Nein, nie.«

»Haben Sie sich ihr gegenüber jemals ungebührlich betragen?«

»Nie auch nur im geringsten Maße.«

»Haben Sie je Bemerkungen oder Reden von verliebtem Inhalt an sie gerichtet?«

»Nein, nie«, sagte Edward. Er fügte hinzu, dass er sie

ein einziges Mal in aller Unschuld geküsst habe. »Im Oktober 1855 kam sie mit einem ihrer Kinder und wurde von mir und meiner Schwiegermutter im Empfangsraum willkommen geheißen, in Gegenwart einiger anderer Leute. Im Empfangsraum wird auch Billard gespielt. Bei dieser Gelegenheit gab ich ihr einen Kuss, und ich werde Ihnen erklären, warum. Im September des vergangenen Jahres wollten meine Frau und ich unsere Kinder wegen der guten Luft ans Meer schicken, aber wir hatten zu viel zu tun, um selbst hinfahren zu können, und Mrs Robinson erbot sich freundlicherweise, sie zu begleiten. Das tat sie, und als sie nach Moor Park kam, begrüßte ich sie auf die beschriebene Weise.« Das sei, wie er sagte, die einzige liebevolle Geste gewesen, die er sich ihr gegenüber je erlaubte. »Ich habe ihr nie den Arm um die Taille gelegt, habe sie nie umarmt, verführt oder gestreichelt. Ich habe nichts getan, was in irgendeiner Weise ihre Leidenschaften entfachen konnte.« Er stritt auch ab, je über das Verhindern von »Folgen« mit ihr gesprochen zu haben.

Er habe gelesen, was in ihrem Tagebuch stand, sagte er, doch die Behauptungen darin seien »vollkommen und absolut falsch, ein romantisches Gespinst von Anfang bis Ende, soweit ich in irgendeiner ungebührlichen Art darin vorkomme«.

Habe sie je eine Haarlocke von ihm erhalten?

»Sie hat mir nie eine Haarlocke abgeschnitten.«

Und ging er abends mit ihr spazieren?

»An einem Sommerabend habe ich vielleicht noch nach Sonnenuntergang einen Spaziergang mit ihr gemacht, aber im Oktober ging ich nach dem Tee niemals mit ihr irgendwohin.«

Bovill setzte sich, und John Karslake, Montagu Chambers' Assessor, nahm den Doktor ins Kreuzverhör. Karslake war ein auffallender Mann, fast zwei Meter groß und nach der Meinung seines Freundes und Sparringspartners John Coleridge – Bovills Assessor – »sehr gutaussehend, männlich und aufrichtig und kraftvoll in allem, was er sagt«.

In beiläufigem Ton fragte Karslake Edward nach dem angeblich stets freien Zutritt zu seinem Arbeitszimmer.[410]

Edward räumte ein: »Die Dienstboten sollten nicht durch das Arbeitszimmer gehen, wenn ich darin war. Sie klopften gewöhnlich an, bevor sie hereinkamen.«

Karslake forderte ihn auf, seine Freundschaft mit Mrs Robinson näher zu beschreiben.

Edward sagte: »In Edinburgh wurden unsere beiden Familien rasch miteinander vertraut. Wir sahen sie fast jeden Tag. Damals hätte unsere Freundschaft kaum enger sein können. Mrs Robinson und ich sprachen häufig über wissenschaftliche Themen, über Bücher, über Phrenologie und andere Dinge. Ich schrieb ihr Briefe, wenn sie nicht in Edinburgh war, manchmal lange Briefe.«

Unter dem Druck weiterer Fragen gab Edward zu, dass er Isabella ein Medaillon geschenkt hatte.

»Es war ein Geschenk von meiner Frau, es enthielt das Haar meiner Kinder. Sie tauschte mit meiner Frau Medaillons aus. Das war in Edinburgh. Meine Frau hat ihr ein-, zweimal solche Dinge geschenkt.«

Es folgte eine weitere Frage nach seinem Aufenthalt in Isabellas Zimmer.

»Mrs Robinson schlief in dem Zimmer, das bei ihrem Besuch in Moor Park gerade frei war. Ich wiederhole, dass ich mich nicht erinnere, jemals an einem Morgen in Mrs Robinsons Zimmer gewesen zu sein. Ich war an einem Abend dort. Es war am frühen Abend im Jahr 1855. Es kann sein, dass ich öfters einmal abends dort war, aber ich kann mich nicht daran erinnern. Bei dieser Gelegenheit traf ich Mr Thom dort an.«

Karslake fragte, ob es ihr Schlafzimmer gewesen sei.

»Es war ihr Wohnzimmer, nicht ihr Schlafzimmer«, erwiderte Edward. »Ich war niemals abends in ihrem Schlafzimmer.«

Wann Mrs Robinson 1856 nach Moor Park gekommen sei, fragte Karslake, und ob sie in der Zwischenzeit korrespondiert hätten. Seine Frage zielte darauf herauszufinden, in welchem Maß sie sich ausgetauscht hatten, nachdem Henry im Mai ihre Tagebücher entdeckt hatte.

»Mrs Robinson kam im August oder September 1856 nach Moor Park«, sagte Edward, nachdem er sich zuvor auf Ende September oder Anfang Oktober festgelegt hatte. »Es kann sein, dass ich nach diesem Besuch noch mit ihr korrespondiert habe. Zuletzt sah ich sie im Dezember 1856.«

Wann hatte er erfahren, dass Henry Robinson den Fall vor Gericht bringen wollte?

»Sicher wusste ich erst im Juli 1857, dass Mr Robinson vor dem Kirchengericht gegen Mrs Robinson klagte. Ich hörte es von meinem Gärtner. Im November dieses Jahres las ich einen Bericht über das Verfahren. Es war, glaube ich, eine zweizeilige Notiz in der *Times*, dass die Scheidung erfolgt war. Mein Gärtner John Burmingham erzählte mir, seine Schwester habe als Zeugin ausgesagt.« (Es handelte sich um Sarah Burmingham, die auch im gegenwärtigen Verfahren für Henry aussagte.)

Und hatte er danach mit Mrs Robinson korrespondiert?

»Im Jahr 1857 hatte ich keinen Kontakt mit Mrs Robinson oder mit irgendjemandem, der mit ihr in Verbindung stand«, sagte Edward.

Bovill erhob sich, um seinen Zeugen weiter zu befragen. Was wusste er über die Scheidungsklage?

»Ich las darüber in der *Times* vom 4. Dezember 1857«, sagte Edward. »Es hieß lediglich, dass Mr Robinson wegen Ehebruch gegen Mrs Robinson Klage erhoben habe und dass es zur Trennung gekommen sei.«

Cockburn fragte Edward, ob Isabella während des kirchlichen Verfahrens mit ihm Kontakt aufgenommen habe.

»Nein. Es war mir klar, dass meine Rolle in dem von Mr Robinson angestrengten Verfahren zur Sprache kommen würde.«

Bovill erinnerte Cockburn daran, dass Lane in dem kirchlichen Verfahren nicht hätte befragt werden können.

Cockburn korrigierte ihn: Wenn Mrs Robinson der Entscheidung des Gerichts nicht zugestimmt hätte, hätte sie ihn als Zeugen vorladen lassen können.

Edward durfte den Zeugenstand verlassen. Er hatte sich zurückhaltend verhalten, hatte darauf verzichtet, Isabella anzugreifen, und sich darauf beschränkt, auf ruhige Weise den Vorwurf eines ehebrecherischen Verhältnisses zurückzuweisen. Er war höflich, selbstsicher, distanziert, leidenschaftslos und ohne Groll. In seinen Briefen an George Combe war er viel deutlicher geworden. Damals war ihm viel daran gelegen gewesen, Combe von seiner Unschuld zu überzeugen, doch nun stand er in Isabellas Schuld, die für ihn den Kampf gegen Henrys Anschuldigung führte.

Bovill zog das Fazit: Henrys Klage fuße gänzlich auf dem Tagebuch. »Dieses Tagebuch enthält keineswegs die explizite Feststellung von Mrs Robinsons Schuld. Einige der angesehensten Männer des Königreichs haben bewiesen, dass die Krankheit, unter der sie litt, höchstwahrscheinlich ihre Phantasie entzündete und sie dazu brachte, sich

Geschehnisse vorzustellen, die niemals stattfanden. Es ist ebenfalls bewiesen worden, dass sie diese Krankheit schon seit etlichen Jahren hatte, und gewisse Maßnahmen ihres Mannes trugen zu ihrer Verschlimmerung bei.« Das war ein verhüllter Hinweis auf die Form der Empfängnisverhütung, die Henry und Isabella praktizierten. Bovill erging sich nicht in Einzelheiten; vielleicht benutzten sie eine Spritze oder eine Portiokappe, die physische Reizungen – und so, wie man glaubte, auch mentale Störungen – verursachen konnte, oder Henry zog sich vor der Ejakulation zurück, was nach der herrschenden Meinung ähnliche Folgen hätte.

Bovill lenkte die Aufmerksamkeit des Gerichts auf die häufigen Verweise auf die Schriften Shelleys im Tagebuch. Dieser Dichter habe sich viele Dinge eingebildet, die niemals existierten; entsprechend seien Isabellas Aufzeichnungen »nicht die Aufzeichnung von Fakten«, sondern »Ausdruck ihrer Gefühle«. Er wies darauf hin, dass der scheinbar so belastende Absatz vom 7. Oktober 1854, in dem sich Isabella und Edward zum ersten Mal küssten, nicht am gleichen, sondern am darauffolgenden Tag verfasst wurde, »nach einer schlaflosen Nacht voller Träume«.

Sodann las er einige Auszüge des Tagebuchs vor, die Isabellas Instabilität belegen sollten, darunter einen Eintrag vom 25. Mai eines unbekannten Jahres, in dem sie behauptet, Henry einen Monat vor ihrer Heirat betrogen zu haben. Dann brachte er vor, dass Henrys Anwalt nichts gefunden habe, was Edward Lane belastete – »keine einzige Frage seitens Mr Karslakes konnte seine Ehre untergraben« –, und kehrte zum zentralen Argument der Verteidigung zurück: dass für eine Frau allein die Niederschrift schändlicher Begebenheiten schon der Beweis ihres Wahnsinns sei. »Wenn das, was sie schilderte, wirklich stattgefunden hätte«, sagte er, »wäre es dann glaubhaft, dass sie Tag für Tag mit eigener Hand ihre Schmach festhielt?«

Weit wahrscheinlicher sei es, fuhr Bovill fort, dass die erotischen Passagen dichterische Experimente gewesen seien. Die Aufzeichnungen, auf die sich Henrys Anwälte bezogen, seien kunstfertig konstruiert. Bei der Schilderung ihres ersten Stelldicheins im Wald von Moor Park platze sie nicht mit der außergewöhnlichen Neuigkeit heraus, sondern beginne mit der Beschreibung eines unschuldigen Morgens und halte ihr Wissen zurück, dass Edward sie begehrte. Solche Passagen, sagte Bovill, legten den Schluss nahe, dass Mrs Robinson sich mit dem Gedanken trug, einen Roman zu schreiben.

»Ich hoffe, dass der Gedanke daran, einen Roman zu schreiben, nicht schon Krankhaftigkeit verrät«, sagte Cockburn. Im Saal wurde gelacht.

»Keineswegs«, erwiderte Bovill, »aber der Roman, an den sie dachte, hing mit Ereignissen zusammen, an denen sie teilgenommen zu haben glaubte. Nie zuvor ist versucht worden, aufgrund solcher Beweise eine Dame des Ehebruchs zu überführen.«

Dann erhob sich, auf Henrys Seite, Montagu Chambers, um dem Gericht seine Ansicht der Sache darzulegen: »Das Tagebuch allein zeigt, dass Mrs Robinson geistig gesund ist. Sie ist dazu in der Lage, selbst die abstrusesten und schwierigsten Probleme zu erörtern. Es sind die Aufzeichnungen einer sehr romantischen, nichtsdestoweniger sehr klugen Frau, die das geistige Vermögen besitzt, wissenschaftliche Fragen und schwierige Themen zu erörtern.«

Cockburn warf ein: »Es gibt kein Irrenhaus, in dem Sie nicht Leute fänden, die über genau dieses Vermögen verfügen.« Die Zuschauer lachten. Der Richter hatte Bovill trocken zu verstehen gegeben, dass literarische Ambitionen allein noch kein Beweis für Wahnsinn waren; jetzt erinnerte er Chambers daran, dass intellektuelle Kompetenz allein noch kein Beweis für geistige Gesundheit war.

»Alle Argumente der Verteidigung gründen sich darauf«, fuhr Chambers fort, »dass Mrs Robinson unter einer Gebärmuttererkrankung litt. Doch damit hat sie auf Sand gebaut. Es liegen uns keine Unterlagen über ihren gegenwärtigen Gesundheitszustand vor, wir wissen nicht, wann ihre Krankheit denn eigentlich endete. Wir wissen nicht einmal genau, was für eine Krankheit das gewesen sein soll.«

Er erinnerte das Gericht an die ersten Aufzeichnungen über Edward Lane. »Offenbar hatte er die Gewohnheit, Mrs Robinson Gedichte vorzulesen, und sie beschreibt sehr klar die ersten Regungen ihrer Liebe für diesen Gentleman. Als sie ihn das erste Mal sieht, nennt sie ihn einen gutaussehenden Mann.« Später, als er in Gesellschaft einer anderen Frau ist, finde sie ihn »nicht so angenehm«. Zu Dr. Lanes Ehre müsse man sagen, dass er Mrs Robinsons Avancen mehrere Jahre lang zurückwies, kalt und reserviert blieb. Am Ende aber sei er »leider den Verführungskünsten einer liebenden und liebenswürdigen Frau« erlegen. Dass niemand gesehen hatte, dass er Vertraulichkeiten mit ihr austauschte, sei nur »der Beweis dafür, dass er vorsichtig war, nicht dass er frei war von Schuld«.

Cockburn vertagte die Sitzung. Die Richter, sagte er, würden sich für ihre Entscheidung Zeit nehmen.

In den nächsten Tagen schwiegen die meisten Zeitungen, die noch im Sommer so vehement für die Entlastung Edward Lanes eingetreten waren, zu diesem Thema. Der *Daily Telegraph*, der vor wenigen Monaten das Tagebuch als puren Unsinn bezeichnet hatte,[411] brachte einen Artikel, der insinuierte, dass der Doktor vielleicht doch schuldig war: »Kein Leser ihres Tagebuchs, in dem die Ereignisse jedes Tages minutiös festgehalten wurden, kann an der Wahrheit des Geschilderten zweifeln.« Trotz Edward Lanes Aussage bleibe der Fall rätselhaft. Er habe alles, was im Tagebuch stand, bestätigt, nur den Sex nicht, und auch das Kreuzverhör habe die heikle Frage nicht beantworten können, warum Isabella vor dem Kirchengericht den Ehebruch nicht leugnete. »Dr. Lane hat das Glück gehabt, sich ein Gesetz zunutze machen zu können, das offenbar zu seinen besonderen Gunsten verabschiedet wurde und durch das er vor Gericht seine eigene Unschuld bezeugen konnte. Aber niemand, der ein wenig Menschenkenntnis besitzt, wird unter diesen eigentümlichen Umständen seinem Zeugnis bedingungslos Glauben schenken.« Das Argument seines Anwalts, dass Isabella wahnsinnig sei, sei eine »sehr bequeme Theorie«.[412]

Seit dem Sommer, in dem der Robinson-Prozess begann, gab es immer mehr Zweifel an Behauptungen von Geisteskrankheit vor Gericht.[413] Im Juni 1858 hatte der Schriftsteller (und leidenschaftliche Parteigänger der Hydropathie) Edward Bulwer-Lytton seine Frau Rosina entführt und mit Gewalt in eine private Irrenanstalt verfrachtet, nachdem sie ihn öffentlich als Lügner bezichtigt hatte. Rosina wurde von John Conolly, dem Arzt, der auch Catherine Crowe behandelt hatte, für wahnsinnig erklärt; doch nach einem Aufruhr in der Presse wurde sie noch einmal untersucht, und er und Forbes Winslow erklärten einhellig, sie sei gesund. Auch über die offensichtlich ungerechtfertigten Zwangsunterbringungen anderer Personen erschienen detaillierte Berichte in den Zeitungen, und einer Diagnose von Wahnsinn – besonders, wenn sie allzu bequem erschien – begegnete man nun immer häufiger mit Skepsis.

In den Wochen nach der Zeugenaussage Edward Lanes verhandelte das Gericht eine Vielzahl beunruhigender Fälle.[414] Am Samstag, dem 27. November, ging es um den Antrag von Caroline Marchmont, die wegen grausamer Behandlung eine eheliche Trennung von ihrem Mann, einem ehemaligen Priester, erwirken wollte. Sie hatte die riesige Summe von 50 000 Pfund mit in die Ehe gebracht, und sie und ihr Mann hatten von Anfang an über Geld gestritten. Mr Marchmont habe immer wieder Bargeld von ihr verlangt, sagte sie, oft 100 Pfund auf einmal. Wenn sie es ihm verweigerte, wurde er fuchsteufelswild, nannte sie »Höllenfeuer, feuerspeiende Katze«, »schmutzige Schlampe«, »betrunkenes Vieh« und Schlimmeres. Mr Marchmont behauptete, von ihr provoziert worden zu sein. Seine Frau wolle ihr Geld für sich behalten, sie sei knauserig, argwöhnisch, vulgär und lästig, besonders wenn sie – was nicht selten geschah – zu viel Sherry getrunken habe.

Mehrere Zeugen sagten aus, dass Mr Marchmont seine Frau mehrmals zurückgeholt hatte, nachdem er sie bei ihrer Schwester, in einem Kohlenkeller und hinter einer Gartenmauer, aufgespürt hatte, allerdings gab es unterschiedliche Angaben zum Ausmaß der Gewalt, die dabei angewendet wurde. Mrs Marchmont sagte, ihr Mann sei einmal heimlich in ihr Schlafzimmer gekommen, wo er gesehen hatte, dass sie über seine Misshandlungen Buch führte. Er habe ihr das Heft weggenommen, in das sie geschrieben hatte, und es in den Kamin geworfen, worauf sie es mit bloßen Händen aus dem Feuer geholt habe. Er entriss es ihr und schlug ihr damit ins Gesicht, bis sie ganz schwarz wurde. Mr Marchmont behauptete hingegen, dass sie es gewesen sei, die ihn mit dem glühenden Buch geschlagen habe, so fest, dass er Verletzungen unter den Augen davongetragen habe. Die Jury hatte zu entscheiden, ob Mr Marchmont nur seine Rechte als Ehemann geltend gemacht oder ob er grausam gehandelt hatte. Am 30. November urteilte das Gericht zugunsten von Mrs Marchmont, und es kam zur ehelichen Trennung.

Die *Saturday Review* war mit diesem Urteil nicht einverstanden. Sie argumentierte, dass Mrs Marchmonts provozierendes Verhalten genauso schlimm gewesen sei wie die Geldgier und gelegentliche Gewalttätigkeit ihres Gatten. Im Interesse der meisten Menschen sollte eine eheliche Trennung nur in »ernsten Notfällen« gewährt werden: »Ein Ehepaar sollte ein beträchtliches Maß an Unbequemlichkeit, Unvereinbarkeit, persönlichem Leiden und Betrübnis ertragen können und dennoch weiterhin als Mann und Frau zusammenleben.«[415]

Im Fall *Evans vs. Evans & Robinson*, der am 5. Dezember verhandelt wurde, hatte der Ehemann – wie Henry Robinson – den Privatdetektiv Charley Field engagiert, um seine Frau der Treulosigkeit zu überführen. Field protokollierte seine Überwachungstätigkeit. Er mietete Räume im Wohnblock von Mrs Evans in Marylebone und ließ ein Guckloch in ihre Wohnzimmertür bohren; durch diese Öffnung beobachteten einige Dienstboten sie beim Sex mit einem anderen Mann. Diese Aussagen seien beweiskräftig, sagte der Richter, doch Fields Methode der Beweisbeschaffung lehnte er ab. Das Volk von England finde es abscheulich, »dass es Menschen gibt, die anderen hinterherlaufen und aufschreiben, was sie tun und lassen«.

Am 13. Dezember bekannte sich Esther Keats, die junge Gemahlin des Besitzers der großen Lebensmittelhandlung Fortnum & Mason, des Ehebruchs mit Don Pedro de Montesuma, einem spanischen Musiker, schuldig. Mrs Keats' Verteidiger argumentierte, dass Frederick Keats seine Frau vernachlässigt hatte. In Brighton habe er sie lange alleingelassen, während er in London seinen Geschäften nachging, und ihr später ihre Untreue verziehen und ihr erlaubt, weiterhin im Haus der Familie zu wohnen. Mr Keats' Anwalt bat das Gericht, den Vorwurf der Vernachlässigung nicht zuzulassen, denn »was ist dann mit den Ehefrauen der Parlamentarier, die sechs Monate im Jahr um vier oder fünf Uhr nachmittags ins Unterhaus gehen und bis zwölf oder ein Uhr nachts fortbleiben? Was ist mit den Ehefrauen von Friedensrichtern, die manchmal sechs Wochen lang in ihrem Gerichtsbezirk herumreisen müssen?« Wenn die Abwesenheit des Ehemannes die Untreue der Frau rechtfertige, hätten viele Frauen der englischen Mittelschicht das Recht, Unzucht zu treiben. Mr Keats' Scheidungsklage wurde stattgegeben, und Don Pedro musste dem Betrogenen 1000 Pfund Schadensersatz zahlen.

Am 19. Dezember bemerkte die *Reynolds's Weekly*, die vor dem Scheidungsgericht verhandelten Fälle ließen darauf schließen, dass unter den »Hochgestellten, Anständigen und Respektablen und unter Christen (…) ehebrecherisches Verhalten grassiert«. Eine Woche später schreibt Königin Victoria an Lord Campbell, den Hauptverfasser des Scheidungsgesetzes, und bittet ihn, einige der Geschichten, die aus dem Gericht zu vernehmen sind, zu unterdrücken: »Diese Fälle (…) füllen fast täglich einen großen Teil der Zeitungen, und sie sind von so skandalösem Charakter, dass man diese Blätter kaum noch den Händen einer jungen Dame oder eines jungen Mannes anvertrauen kann. Auch die schlimmsten französischen Romane, vor denen besorgte Eltern ihre Kinder zu schützen suchen, können nicht so schlimm sein wie das, was täglich auf den Frühstückstischen gebildeter englischer Familien liegt und die verderblichsten Folgen für die

Moral des Landes befürchten lässt.«[416] Campbell erwidert bedauernd, dass es nicht in seiner Macht stehe, die Berichte in den Zeitungen zu verhindern. Am 10. Januar ist in seinem Tagebuch von seinen Sorgen um das neue Gericht die Rede: »Wie Frankenstein bekomme ich Angst vor dem Ungeheuer, das ich ins Leben rief.«

Die Geschichten, die aus dem Scheidungsgericht zu hören waren, erwiesen sich als doppelt beunruhigend: Sie erzählten von brutaler Gewalt und sexueller Lust, und ihre Bedeutung war nicht leicht zu fassen. Das Gericht versuchte, die Institution der Ehe zu reformieren, indem es sie einer genauen Prüfung unterzog, doch dabei schienen nur ihre Widersprüche klarer hervorzutreten. Eine zerbrochene Ehe produzierte Erzählungen, die nicht miteinander vereinbar waren, genau wie ein Tagebuch stets nur einseitige Geschichten hervorbrachte. Das Verlesen privater Texte und das Prüfen einer privaten Beziehung vor einem öffentlichen Forum konnten kaum erklären, was wirklich geschehen war – geschweige denn eine gerechte Beurteilung herbeiführen. Die vor Gericht bloßgelegten Ehen schienen charakteristisch zu sein für eine Gesellschaft, in der Männer und Frauen sich in getrennten Welten verschanzten.

Das Scheidungsgericht brauchte drei Monate, um im Fall *Robinson vs. Robinson & Lane* zu einem Urteil zu kommen. Am Mittwoch, dem 2. März 1859, einem schönen, milden, trockenen Tag in London, nahmen Cockburn, Cresswell und Wightman erneut ihre Plätze auf der Richterbank ein. Durch die Oberlichter und die Öffnungen über den Eingängen sickerte Licht in den Raum.

Cockburn wandte sich an das Gericht. In einem Urteil, das die Zeitungen als »durchdacht und eloquent« bezeichneten, nahm er alle Argumente auseinander, die vorgebracht worden waren, und machte sich daran, den Prozess auf eine ganz neuartige Weise zu entscheiden.

Henry Robinsons Klage beruhe ausschließlich auf den Einträgen im Tagebuch, sagte er, unterstützendes Beweismaterial von seiner Seite habe das Gericht nicht akzeptiert. Die Richter hätten das Tagebuch ungewöhnlich aufschlussreich gefunden: Mrs Robinsons »innerste Gedanken und Gefühle werden hemmungslos und ohne zu zögern ausgebreitet, selbst dort, wo man besondere Zurückhaltung erwarten könnte«. Sie erscheine als eine »Frau von außergewöhnlicher Intelligenz und keineswegs unbeträchtlichen Leistungen«, die ihre Kinder offenbar herzlich und ehrlich liebe. Was sie nicht besitze, seien Vernunft und Urteilsvermögen; ihre Phantasie sei zu lebhaft, ihre Leidenschaften seien zu stark.

Das Bild, das Cockburn von Isabella zeichnete, war wesentlich gnädiger und einfühlsamer als das, was man in den Zeitungen über sie gelesen hatte. Sein Privatleben mag einen Einfluss darauf gehabt haben: Als Liebhaber einer unverheirateten Frau, die ihm zwei Kinder geboren hatte, wusste er, dass eine »gefallene« Frau nicht unbedingt ein schlechter Mensch war. Zudem war ihm der trostlose Zustand ihrer Ehe bekannt: Er hatte das ganze Tagebuch gelesen, und er und die anderen Richter wussten auch von Henry Robinsons Untreue und von seiner Habgier – obwohl davon vor Gericht nicht die Rede gewesen war.

Die Richter hätten keinen Beweis dafür gefunden, sagte Cockburn, dass Mrs Robinson wahnsinnig sei.[417] Wenn die Szenen, von denen sie berichtet, »die Trugbilder eines gestörten Geistes« seien, wie die Verteidiger behaupteten, »hätten wir zweifellos herausgefunden, dass es, wie in solchen Fällen üblich, Bekenntnisse anderen gegenüber gegeben hat, es wäre nicht beim bloßen Festhalten dieser Geschehnisse neben anderen Ereignissen ihres Lebens in einem geheimen Tagebuch geblieben, das niemand anders lesen sollte als sie selbst«. Das bedeutete, dass für Cockburn Isabellas Fähigkeit, diese Geschehnisse geheim zu halten, der Beweis für ihre geistige Gesundheit war.

Im vorangegangenen Sommer waren nicht alle Richter dieser Ansicht gewesen: Am 21. Juni 1858 hatte Wightman dargelegt, es sei »offensichtlich«, dass Isabella »unter gewissen Einbildungen« leide, »hervorgerufen von einer chronischen Krankheit«. Entweder war er in der Zwischenzeit davon überzeugt worden, dass das nicht stimmte, oder er war von Cockburn und Cresswell überstimmt worden.

Wenn Isabella wahnsinnig gewesen wäre, fuhr Cockburn fort, »hätten wir wahrscheinlich auch deutlichere und unzweideutigere Berichte von der Verwirklichung ihres Verlangens gefunden, als sie im Tagebuch vorliegen. Gewiss hätten wir es dann nicht immer wieder mit Klagen über unvollendeten Genuss oder schmerzliche Enttäuschung zu tun gehabt.« Die Glaubhaftigkeit des Tagebuchs beruhe nicht nur auf den naturalistischen Details und der Präzision über Daten und Zeiten und Wetterbedingungen, sondern auch auf den Schilderungen sexueller Frustration und demütigender Zurückweisung. In bestimmten Passagen zeige Isabella ein schmerzliches Bewusstsein der Diskrepanz zwischen ihren Phantasien und ihrer Erfahrung. Solche Einträge könnten kaum unter der Einwirkung von Wahnbildern entstanden sein.

Dann wandte sich Cockburn den Argumenten von Henrys Anwälten zu, um auch sie zurückzuweisen. Das Tagebuch sei kein Eingeständnis ehebrecherischen Verhaltens.

Es enthalte »kein klares und unzweideutiges Geständnis, dass ein Ehebruch stattgefunden hat«. Die Passage, die am deutlichsten auf den Vollzug einer solchen Handlung hinweise, war diejenige, in der Edward nach ihrer leidenschaftlichen Begegnung Isabella bat, »die Folgen zu verhindern«, doch selbst das könne sich auf die Konsequenzen einer Entdeckung ihrer Intimität bezogen haben, nicht auf jene, die aus einem vollzogenen Ehebruch resultierten.

Isabellas Schilderungen ihrer Liebeserlebnisse mit dem Doktor seien »missverständlich«. Man könne darin lesen, dass der Ehebruch vollzogen wurde, man könne aber auch »lediglich unschickliche Vertrautheit und Liebkosungen« darin entdecken.[418] Er räumte ein, dass das Gericht gewöhnlich dazu neigte, Berichte dieser Art »für gültig zu halten« und aus Szenen illegitimer Zärtlichkeiten den Tatbestand des Ehebruchs abzuleiten, er glaube aber, dass Isabellas Tagebuch »nach einem anderen Maßstab« zu beurteilen sei. Wenn sie über Männer schreibe, die sie anzogen, verleiteten ihre Vorstellungskraft und ihre Leidenschaft sie dazu, »die Grenzen von Vernunft und Wahrheit« zu überschreiten, und sie neige dazu, »Umstände, die sie mit Befriedigung erfüllten, zu übertreiben und zu dramatisieren«. Da es ihr erotisches Vergnügen bereite, ihre Erfahrungen niederzuschreiben, habe sie die banalen Dinge oft vergrößert und ausgeschmückt: Der wichtigste Zweck des Tagebuchs sei es nicht gewesen, ihre Vergangenheit festzuhalten, sondern ihre Gegenwart erfreulicher zu gestalten. »Es ist klar, dass es ihr unkeusche Lust bereitet, sich diese Szenen und die Details der frevelhaften Zärtlichkeiten und Liebkosungen auszumalen«, sagte Cockburn. »Aber wir können aus diesen Äußerungen keine weiteren Schlüsse ziehen.«

Dem Scheidungsgericht wurden nur selten direkte Beweise für sexuellen Verkehr vorgelegt. Es ging darum, dass man Schlüsse zog, aus offen zutage liegendem Liebesverlangen und bestehender Gelegenheit bestimmte Geschehnisse ableitete. In diesem Fall war am Verlangen und an möglichen Gelegenheiten kaum zu zweifeln. Doch Cockburn erklärte, dass er, obwohl offenbar etwas Illegitimes zwischen Edward und Isabella vorgefallen war, nicht ganz sicher sein könne, was es gewesen war. Indem er sich weigerte, sogar aus einem schriftlichen Geständnis Schlüsse zu ziehen, verzichtete er auf die Deutungsmacht des Gerichts.

Er schloss mit der Feststellung, dass Henry Robinsons Scheidungsklage abgewiesen sei. »Wir bedauern die Lage des Klägers«, sagte er, »der mit einer Frau belastet bleibt, die ihr Fehlverhalten mit eigener Hand dokumentierte und die sich selbst bei günstigster Sicht des Falles treuloser Gedanken und unkeuschen Verlangens schuldig machte; jedoch können wir der Klage nur bei Vorlage eines rechtsgültigen Beweises von Ehebruch stattgeben, und diesen Beweis können wir in den zusammenhanglosen Äußerungen eines so irrationalen und wenig verlässlichen Textes wie dem Tagebuch von Mrs Robinson nicht erkennen.«

Von den 302 Anträgen auf Ehescheidung, über die das Gericht in den ersten fünfzehn Monaten seiner Existenz zu befinden hatte, war Henrys Klage eine von nur insgesamt sechs, die abgewiesen wurden. Isabella hatte gewonnen.

Nachdem Cockburn das Urteil verlesen hatte, forderte Bovill das Gericht auf zu entscheiden, dass Henry, als der Verlierer, auch Isabellas Gerichtskosten zu tragen habe, die sich auf 636 Pfund beliefen. Cockburn lehnte sofort ab. Angesichts der besonderen Umstände des Falles und der Tatsache, dass Isabella über eigenes Einkommen verfügte, müsse sie die Gerichtskosten selbst tragen. Bovill bat das

Gericht, Mr Robinson für Dr. Lanes Kosten aufkommen zu lassen.[419] Cockburn sagte, er habe mit dieser Bitte nicht gerechnet und könne nicht darüber entscheiden. Edwards Anwälte könnten ihnen das Problem zu einem späteren Datum noch einmal vorlegen, und er fügte in scharfem Ton hinzu: »– wenn sie glauben, dass das mit der hier gebotenen Diskretion zu vereinbaren ist«. Da sie eine Niederlage nur um Haaresbreite hätten abwenden können, seien sie schlecht beraten, an diesem Punkt auf ihrer Meinung zu beharren.

In den wenigen Kommentaren, die in den Zeitungen zu lesen waren, stand nur, dass Edward Lane durch Cockburns Urteil entlastet worden sei. Der *Examiner* – mit dem langjährigen Moor-Park-Patienten Marmion Savage als Herausgeber – beteuerte unbekümmert: »Es genügt festzustellen, dass die Scheidungsklage abgewiesen wurde – was einem substantiellen und formellen Unschuldserweis des männlichen Beklagten gleichkommt. Um Dr. Lanes willen wird das Urteil vom Publikum mit höchster Befriedigung aufgenommen werden. Jetzt wird klar, dass die allgemeine Meinung zu Recht auf seiner Seite war, seit letzten Sommer so oft über dieses Thema debattiert wurde.«[420] Die *Medical Times & Gazette* erklärte, dass »Dr. Lane Opfer des erotischen Wahns jener unglücklichen Frau gewesen ist, die erwiesenermaßen in ihrem Inneren die Ehe brach«.[421]

Von alldem blieb: Isabellas Tagebuch war Fiktion, und Edward Lane war vollkommen unschuldig. 1860 zitierte John Paget, ein plädierender Anwalt, den Fall als Beispiel der Macht der Einbildung: »Nichts konnte klarer, eindeutiger und erstaunlicher sein« als der Bericht von Isabellas Affäre mit Lane in ihrem Tagebuch, schrieb er, doch »es wurde zweifelsfrei nachgewiesen, dass die Dame, obgleich sie sich völlig normal verhielt und es keine äußeren Zeichen eines zerrütteten Verstandes gab, was diese Sache betrifft, geisteskrank war«.[422]

Aber Cockburn hatte in seinem Urteil nichts Derartiges gesagt. Er hatte Isabella vielmehr für gesund und ihr Tagebuch für glaubwürdig gehalten. Auch wenn es melodramatische Elemente und sentimentale Phantasien enthielt, waren die Richter insgesamt der Ansicht, dass es eine nuancierte Geschichte erzählte, die durch Selbstbeschuldigungen, Enttäuschungen und Zweifel nur umso wahrhaftiger wirkte. Ihre Übertreibungen und Ausschweifungen waren jedem Tagebuchschreiber, jedem verzweifelten und unglücklichen Menschen und jedem liebenden Menschen geläufig. Letztlich war das Tagebuch kein Werk des Wahnsinns, sondern des Realismus, eine Erzählung über die Grenzen romantischer Träume. Somit hatte das Gericht Edward eigentlich aufgrund einer Formalität freigesprochen: Da Isabella den Vollzug des Geschlechtsakts nicht im Einzelnen geschildert hatte, war der Grad ihrer Intimität mit Edward für das Gericht nicht einzuschätzen gewesen.

Cockburn und seine Kollegen überließen die Teile von Isabellas Tagebuch, aufgrund deren sie geurteilt hatten, später den Herausgebern einer juristischen Fallsammlung zur Veröffentlichung. Es handelte sich um einen Text von etwa 9000 Wörtern, fast doppelt so viel, wie während des Prozesses in den Zeitungen erschienen war: die Hälfte der Einträge, die Isabella zwischen 1850 und 1852 in Edinburgh schrieb, fast alle Einträge zwischen 1852 und 1854 in Ripon Lodge und die meisten der Einträge von 1855 in Moor Park und Boulogne. Die letzten Texte, in denen sie beschreibt, wie Edwards Leidenschaft sich in Gleichgültigkeit verwandelt, waren die stärksten Belege für die Glaubwürdigkeit des Tagebuchs. Swabeys und Tristrams Fallsammlung mit frühen Urteilen des Scheidungsgerichts erschien 1860, ohne dass die Presse davon Notiz nahm.

Nach dem Prozess konnte Edward zurückkehren zu seiner Familie und seiner Arbeit. Isabella blieb verarmt, blamiert und ohne Freunde zurück, gequält von denselben verworrenen Impulsen, die sie in dieses Fiasko getrieben hatten: dem Wunsch zu schreiben, dem Hunger nach Sex, der Sehnsucht nach einem Gefährten, ihrer intellektuellen Neugier, ihrem Verlangen, mit ihren Söhnen zusammen zu sein.

Doch einige ihrer Wünsche hatten sich erfüllt: Sie hatte Henry besiegt, sich für Edward geopfert und manches Schlimme wiedergutgemacht, was sie durch den Missbrauch des Vertrauens befreundeter Frauen angerichtet hatte. Wie George Combe ihr geraten hatte, hatte sie sich die Energien zunutze gemacht, die aus ihren überdimensionierten Gehirnrealen stammten: Sie hatte die Scheidungsklage überstanden, weil sie Edward Lane aufgrund ihres zu großen Geschlechtstriebes liebte; weil sie aufgrund ihrer Anhänglichkeit nicht auf ihn und seine Familie verzichten konnte; weil sie so sehr auf Anerkennung aus war, dass sie von ihnen respektiert sein wollte; und weil sie mit ihrem zu klein geratenen Areal der Verehrung diejenigen Organe von Gesellschaft und Justiz geringschätzte, die von ihr verlangten, ihrem Ehemann und dem Gesetz bedingungslos zu gehorchen. Gemäß ihrer Moral verdiente Henry seine Strafe, und Edward, Mary und Lady Drysdale mussten gerettet werden.

Wie sie es in ihrem letzten Brief an Combe formuliert hatte, war es nach dem Verlust ihres Tagebuchs und ihrer Söhne ihr einziger Wunsch, »diesem Freund & seiner Familie gegenüber Buße zu leisten für den ernsten Schaden &

das Leid, das ich ihnen so mutwillig, doch unbeabsichtigt zufügte«. Für sie »empfinde ich nichts als höchsten Respekt & Dankbarkeit«. Ihr »Geständnis«, dass das Tagebuch fiktiv sei, war »die einzige klägliche Wiedergutmachung, die zu leisten ich imstande bin«. Der Schaden, den sie sich selbst und ihren drei Söhnen zugefügt hatte, war allerdings irreparabel.

Isabella hatte bewiesen, dass sie fähig war zu Selbstbeherrschung und Selbstaufopferung; sie hatte sich selbst zum Zentrum der mächtigsten Ängste ihrer Zeitgenossen gemacht, die sich auf die unterdrückte weibliche Sexualität und den Wahnsinn bezogen. Doch sie hatte ihren Stolz behalten. Sie war noch immer aufsässig, aber auch voller Bedauern, sie zürnte der Welt und sich selbst. Ihre Wut richtete sich auf Henry, der, wie sie glaubte, ein größeres Verbrechen begangen hatte, indem er ihr Tagebuch las, als sie selbst, indem sie es schrieb, aber auch auf eine Gesellschaft, die sein sexuelles Verhalten sanktionierte und ihres verdammte: »Sollte man nicht auch die Schande seines eigenen Privatlebens in Betracht ziehen?«, fragte sie.

Im August 1859 verabschiedete das Parlament eine weitere Reihe von Zusätzen zum Scheidungsgesetz, darunter auch eine Klausel zum Schutz der öffentlichen Moral: »Dem Gericht steht die Entscheidung frei, im Interesse von Anstand und Sitte hinter verschlossenen Türen zu tagen.«[423] Die Türen eines Gerichts blieben wie die Deckel eines Tagebuchs zuweilen besser geschlossen.

13. KAPITEL

Träume, die man nicht vergessen kann
1859 und später

Nachdem der Prozess das Leben der Familien Robinson und Lane und viele ihrer Freunde und Bekannten ins Licht der Öffentlichkeit gezerrt hatte, fielen sie bald wieder zurück in die Dunkelheit der Anonymität.

Edward Lanes Ruf überlebte den Skandal. »Es freut mich, sagen zu können, dass keiner von Dr. Lanes Patienten ihn verlassen hat«, berichtet Charles Darwin 1859, »und dass er ziemlich regelmäßig neue hinzugewinnt.«[424] Darwin stand kurz davor, endlich sein Buch über die Evolution zu veröffentlichen, und die damit verbundenen Sorgen untergruben seine Gesundheit, was ihn immer wieder nach Moor Park reisen ließ.

1860 zogen Edward und Mary Lane mit Lady Drysdale nach Richmond in Surrey, wo es eine Kuranstalt namens Sudbrook Park gab, die ausgestattet war mit einem der ersten türkischen Bäder in Großbritannien. Als Darwin sich dort im Juni einer hydropathischen Kur unterzog, war er bereits berühmt: »Die von Darwins bemerkenswertem Werk über die *Entstehung der Arten* hervorgerufene Kontroverse hat die Studierzimmer und Vortragssäle verlassen: In jedem Wohnzimmer und auf allen Straßen ist davon die Rede«, schreibt die *Saturday Review* im Mai.

Edward warb weiterhin für die Vorzüge von ausgewogenem Essen, frischer Luft, Gymnastik und heißem und kaltem Wasser. Er hatte 1857 ein Buch zum Thema publiziert: *Hydropathy, or, the Natural System of Medical Treatment*,[425] 1873 folgte *Medicine Old and New*, 1885 eine Streitschrift zur Hygiene. Es ist anzunehmen, dass die Familie Drysdale ihm sein Techtelmechtel mit Isabella Robinson verzieh, wie sie auch George verziehen hatte, als er in den 1840er Jahren seinen eigenen Tod vorgetäuscht hatte. Mary und Edward hatten ihre Beziehung gefestigt, während George seine schwerste Zeit durchlebte, und Lady Drysdale wusste, wie man einen verlorenen Sohn bei sich aufnimmt.

Die Schriftstellerin Catherine Crowe, die sich nach ihrem peinlichen Auftritt in Edinburgh aus der Öffentlichkeit zurückgezogen hatte, besuchte Sudbrook Park im Dezember 1860. Sie fand Lady Drysdale »so jugendlich und vergnügt wie eh und je«. Auch wenn Mrs Crowe offenbar wieder gesund war, pflegte sie weiterhin Umgang mit Geistern: »Die Liebe meiner Jugend, die Liebe meines ganzen Lebens (...) beschützt mich und bewahrt mich«, vertraute sie im Winter dieses Jahres einer Freundin an. »Ich bin bereit, mich ihm für immer anzugeloben, und er sagt dasselbe von sich. Die Welt würde ich für ihn verlassen, damals und noch immer, hätte er, wie er sagt, einen Körper von Menschengestalt.«[426] Sie liebte einen Geist.

John Thom wurde Redakteur der Monatszeitung *Home News*, die sich an in Indien und Australien lebende Briten richtete und von Edwards Patienten Robert Bell geleitet wurde. Doch nach einigen Jahren in einem feuchten Büro der Londoner City beschloss er, selbst nach Australien auszuwandern.[427] Charles Darwin steuerte zwanzig Pfund zu seinen Reisekosten bei, und Thom reiste 1863 nach Queensland.[428]

Edward und Marys ältester Sohn Atty starb 1878 mit

neunundzwanzig Jahren in Sudbrook Park, nachdem er sein ganzes Leben lang gegen Krankheiten angekämpft hatte. Im darauffolgenden Jahr zog die Familie nach London, in ein Reihenhaus aus dem achtzehnten Jahrhundert in Marylebone, wo viele Ärzte lebten. Dort blieben sie für die nächsten zehn Jahre. Lady Drysdale starb 1887 als Hundertjährige und hinterließ ihren Kindern das beträchtliche Vermögen von 47 000 Pfund.[429] Als Edward und Mary ihr folgten – 1889 und 1891, sechsundsechzig und achtundsechzig Jahre alt –, erbten ihre Söhne William und Sydney, die beide Börsenmakler waren, das Geld. Der jüngste, Walter, erbte nichts.

George und Charles Drysdale praktizierten bis ins zwanzigste Jahrhundert hinein gemeinsam als Ärzte in London; sie setzten sich für das Wahlrecht von Frauen, für Empfängnisverhütung und eine freiere Sexualität ein. Das radikale Buch über Sex, das George als Medizinstudent geschrieben hatte, wurde mehrmals von ihm überarbeitet und kam nach 1861 unter dem Titel *The Elements of Social Science* auf den Markt. Charles machte die Verbreitung der Ansichten seines Bruders zu seinem Anliegen.[430] Er gab die Zeitschrift *The Malthusian* heraus und schrieb Dutzende von Streitschriften und Büchern über Geschlechtskrankheiten, Armut, Prostitution und Überbevölkerung.

Weder George noch Charles heirateten, aber beide lebten mit Frauen zusammen. Charles hatte zwei Söhne mit Alice Vickery, einer der ersten Frauen in England, die einen akademischen Grad in Medizin erlangten.[431] George teilte sich in Bournemouth ein Haus mit der Witwe Susannah Spring.[432] Nach dem Tod seines Bruders gab Charles 1904 bekannt, dass George Drysdale der Autor der *Elements of Social Science* war. Das Buch sei anonym publiziert worden, sagte Charles, um ihre Mutter vor einem Skandal zu bewahren; es hatte sich inzwischen 90 000 Mal verkauft. Drei Jahre später starb auch Charles.

Nach dem Robinson-Prozess war Sir Cresswell Cresswell noch weitere vier Jahre als Richter am Scheidungsgericht tätig, wo er als Freund verheirateter Frauen galt. »Sir Cresswell Cresswell steht für fünf Millionen englischer Ehefrauen«, heißt es 1860 in *Once a Week*. »Ehemänner, Brüder! Wir sind verraten!« Als er im Juli 1863 nach einem Sturz vom Pferd starb, hatte er über mehr als tausend Ehesachen entschieden, und in nur einem Fall war Berufung eingelegt worden. Lord Palmerston hatte 1857 das Scheidungsgesetz auf den Weg gebracht. 1867 verkündete die *Times*, dass dieses Gesetz »eine der größten sozialen Revolutionen unserer Zeit« in Gang gesetzt habe.[433] Die Revolution der Sexualität, angestoßen durch George Drysdales Buch – und nicht zuletzt durch die Veröffentlichung von Isabella Robinsons Tagebuchauszügen –, sollte sich als nicht weniger bedeutsam erweisen.

Sir Alexander Cockburn leitete noch weitere berühmte Prozesse. Man kritisierte ihn wegen Eitelkeit und mangelnder Logik, doch man bewunderte ihn auch wegen seines guten richterlichen Urteilsvermögens. 1864 verweigerte ihm Königin Victoria die Peerswürde aufgrund seines »notorisch unmoralischen Verhaltens«. 1875 wurde er zum Lord Oberrichter ernannt und starb fünf Jahre später. Der größte Teil seines Vermögens fiel an seinen unehelichen Sohn.

Es stellte sich heraus, dass George Combe das sexuelle Verhalten des Prince of Wales richtig vorausgesagt hatte. Königin Victoria glaubte, dass der Tod ihres Gatten 1861 auf den Schock zurückzuführen sei, den er erlitt, als er erfuhr, dass der neunzehnjährige Bertie seine Unschuld bei einer irischen Schauspielerin verloren hatte.[434] In den nächsten vierzig Jahren der Herrschaft seiner Mutter erwarb sich der zukünftige Edward VII. den Ruf, ein rastloser Schürzenjäger zu sein.

Wie Isabella hatte auch Combe keine Möglichkeit, seine privaten Papiere zu ordnen, bevor sie in die Hände von anderen fielen. Nach seinem Tod 1858 wachte Cecy über seine Korrespondenz, die 1950 der National Library of Scotland vermacht wurde.

Eneas Sweetland Dallas, der Journalist, der Edward Lane in der *Times* so vehement verteidigt hatte, veröffentlichte 1866 *The Gay Science*, ein Buch, das seine Theorie des Doppellebens der menschlichen Seele verfocht. Er sprach von einem »geheimen Gedankenstrom, der nicht weniger wirksam ist als der Strom des Bewusstseins«, von einem »abwesenden Geist, der uns wie ein Gespenst oder ein Traumbild verfolgt«. In Begriffen, die Sigmund Freuds Theorie des Unbewussten vorwegnahmen, beschreibt Dallas eine tiefe und eigenwillige innere Welt: »In den dunklen Schlupfwinkeln des Gedächtnisses, in Andeutungen und unwillkürlich verfolgten Gedankenketten, in vielfältigen, kurz aufblinkenden Wellen und rauschenden Strömungen, in Träumen, die man nicht vergessen kann (...), erhaschen wir mit einem kurzen Blick die großen Gezeiten des Lebens, die in unbekannten Gefilden aufbranden und abebben.« Fünfzig oder hundert Jahre später hätte Isabella die Quelle ihrer Unruhe und ihres Verlangens vielleicht in diesem wilden und unbeherrschbaren geheimen Reich lokalisiert, statt in ihrem Kleinhirn oder ihrem Uterus. Noch später hätten Neurologen, die zu den Prinzipien zurückkehrten, die auch George Combe geleitet hatten, wieder nach physiologischen Ursachen von Manie und Depression gesucht.[435]

1867 ging die Ehe von Eneas Sweetland Dallas auseinander, weil seine Frau, Isabella Glyn Dallas, ihn der Untreue bezichtigte. Sie hatte einen Brief gelesen, den er an eine andere Frau geschrieben hatte. Er stritt den Ehebruch ab und verlangte von ihr, ein Dokument zu unterzeichnen, in dem ihre Beschuldigungen als Folgen von Wahnvorstellungen bezeichnet wurden. Als sie ablehnte, verließ er sie. Sieben Jahre später reichte sie die Scheidung ein, weil ihr Mann sie verlassen und betrogen habe. Sie saß dann für kurze Zeit im Gefängnis von Holloway, weil sie sich weigerte, fallrelevante Dokumente aus der Hand zu geben. Anders als Isabella Robinson gelang es Isabella Glyn Dallas, ihre privaten Papiere zu behalten, auch wenn sie ihre Freiheit dafür opferte. Dennoch wurde die Scheidung ausgesprochen.

Zwei der Schriftstellerinnen, die häufig in Moor Park zu Gast gewesen waren, schrieben auch weiterhin Romane über Tagebücher. Georgiana Craik veröffentlichte 1860 *My First Journal*.

Zu Beginn dieses Romans schenkt der Onkel der elfjährigen Erzählerin ein scharlachrot gebundenes Tagebuch. Nachdem er sie dazu ermutigt hat, ihre Gedanken und Gefühle hineinzuschreiben, versucht er, es zu lesen. »Onkel Robert (...) versuchte, über meine Schulter zu spähen, um zu sehen, was ich schrieb, aber ich ließ es nicht zu und verschloss das Buch, und dann versuchte er, es mir zu entreißen, aber ich hielt es so fest, dass er es nicht bekam, und dann lachten wir darüber.«

Dinah Mulock (die später den fünfzehn Jahre jüngeren Cousin von Georgiana Craik heiratete) schrieb *A Life for a Life*, das 1859 herauskam, ein »Doppeltagebuch«, in dem die Erzählstimme einer Frau mit der Stimme des Mannes, den sie liebt, abwechselt.[436] Am Ende des Romans fordert der neue Ehemann der Tagebuchschreiberin, dass sie ihr Journal ins Meer wirft, doch sie zögert: »Es wäre, als würfe man ein kleines Kind in dieses wild wogende Grab.«

Wilkie Collins hatte in mehreren Erzählungen und in dem Roman *Die Frau in Weiß* bereits das Thema des geheimen Tagebuchs angeschlagen. In *Der rote Schal* (1866) fragt die Heldin Lydia Gwilt: »Warum führe ich überhaupt Tagebuch? Warum behielt der schlaue Dieb, von dem ich kürzlich las, die gestohlenen Dinge, die ihn überführten, indem er sie beschrieb? Warum sind wir nicht bei allem, was wir tun, vollkommen vernünftig? Warum bin ich nicht ständig auf der Hut und nicht widersprüchlich, wie der Bösewicht in einem Roman? Warum? Warum? Warum? Es ist mir egal, warum! (...) Niemand kann das beantworten, auch ich nicht.«

Die grübelnde, träumende, unzufriedene Ehefrau wurde zu einem Hauptthema der *sensation novels* der 1860er Jahre.[437] »Es ist seltsam«, bemerkt Eneas Sweetland Dallas 1866, »dass zu den frühesten Folgen des wachsenden weiblichen Einflusses in unserer Literatur die Darstellung dessen gehört, was am unweiblichsten an Frauen ist.«[438] Dinah Mulock verteidigte Bücher über »verlorene Frauen«: Es sei besser, solche Geschichten zu lesen, erklärte sie, als »für immer eingehüllt zu sein in die Falten seidenweicher Falschheit«.[439]

Viele der unglücklichen Heldinnen dieser Romane träumten nur von Flucht, doch ein bekannter Bestseller der Zeit, *East Lynne* von Ellen Wood, zeichnete ein beunruhigend sympathisches Porträt einer Frau, die ihren ehebrecherischen Wünschen tatsächlich nachgeht. Lady Isabel Carlyle, verheiratet mit einem Anwalt auf dem Land, lässt sich von einem »faszinierenden« jungen Mann betören und kann ihr Verlangen nach ihm nicht weniger unterdrücken als ihr »ureigenes Lebensgefühl«. Wenn sie vom Gegenstand ihrer Obsession getrennt ist, »beschlich sie ein schreckliches Gefühl der Gleichgültigkeit, das Gefühl, als ob alles, was sie auf der Welt liebte, gestorben sei und sie allein zurückbliebe. Es war eine schmerzliche Schwermut, dieses Vakuum in ihrem Herzen, das sich ständig qualvoll bemerkbar machte.« Sie wird von ihren Träumen gepeinigt: »Oh, diese Träume! Es war schmerzlich, aus ihnen zu erwachen, schmerzlich, weil sie sich so deutlich von der Wirklichkeit abhoben, und genauso schmerzlich für ihr Bewusstsein, das nach dem Guten und Rechten strebte.« In Boulogne-sur-Mer betrügt sie ihren Ehemann. Als er von ihrer Untreue erfährt, lässt er sich von ihr scheiden. Den Rest ihres Lebens verzehrt sie sich vor Sehnsucht nach ihren Kindern.

Henry Robinson war entrüstet über das Urteil des Scheidungsgerichts: Nach dem Prozess war sein Vermögen aufgezehrt, er war gedemütigt und belastet mit einer Frau, die ihn, wie die ganze Welt jetzt wusste, hasste. Die Wirkung der Tagebücher auf ihn könne durch nichts rückgängig gemacht werden, schrieb er; er werde immer glauben, dass Isabella untreu gewesen sei oder den Ehebruch mindestens »in ihrem Herzen« vollzogen habe.[440] Wie besessen von seiner Sache legte er 1859 Berufung ein,[441] musste aber nach zwei Jahren aufgeben, da er nicht in der Lage war, die veranschlagten Kosten von 400 bis 500 Pfund zu bezahlen. Als er auch Isabellas Kosten der gescheiterten Klage tragen sollte, widersetzte er sich. Er befinde sich in größten Schwierigkeiten, sagte er vor dem Berufungsgericht, da seine Geschäfte mit Westindien aufgrund des Bürgerkriegs in Amerika sehr schlecht liefen.[442]

Isabella sah sich nach dem Skandal von ihrer Mutter und von ihren Freunden entfremdet. Kurz nach der Entdeckung des Tagebuchs im Jahr 1856 machte Bridget Walker ein Testament, in dem sie ihren kleinen persönlichen Besitz (von weniger als 2000 Pfund) ihren Söhnen Frederick und Christian und ihrer jüngeren Tochter Julia vermachte, der Frau von Albert Robinson. Isabella wird von ihr mit keinem Wort erwähnt. Anfang 1859 schreibt Bridget einen Brief an Christians Sohn, in dem sie betont, wie wichtig es sei, das Streben nach Bildung mit dem christlichen Glauben zu verbinden: »Kleine Kinder & ihre lieben Lehrer müssen sich nach Kräften bemühen, zu unterrichten & zu lernen; aber sie dürfen nicht vergessen, zu ihrem Vater im Himmel zu beten, damit er ihre Mühen segnet.«[443] Als Bridget im Mai dieses Jahres starb, fiel Ashford Court an Frederick.[444] Als Isabellas Treuhänder und gesetzlicher Vertreter fiel Frederick auch die Aufgabe zu, den Streit mit Henry auszutragen. Er klagte vor dem Obersten Gerichtshof auf Rückgabe der Eisenbahn-aktien, die Henry mit Isabellas Geld gekauft hatte. Henry beharrte indessen darauf, dass Isabella mit dem Kauf ein-verstanden und die Aktien für ihre Söhne bestimmt gewesen seien.[445]

Isabella lebte in einem kleinen gemieteten Cottage in Reigate. Sie hatte zwei Logiergäste: Joseph Humphrey, einen Schreiner von Mitte dreißig, und Emily Lucretia Wright, ein vierjähriges Mädchen, dessen Eltern und Brüder in der Nachbarschaft lebten. So erhielt Isabella ein kleines Zusatz-einkommen und erfreute sich der Gesellschaft eines jünge-ren Mannes und eines Kindes. Bei der Volkszählung 1861 gab sie an, Witwe zu sein, und machte sich fünf Jahre jünger. Sie unterstützte weiterhin Alfred, obwohl er oft nicht zu Hause war, denn in den frühen 1860er Jahren machte er eine

Ausbildung zum Marineingenieur, zuerst in Liverpool, dann in Bolton, Lancashire.[446] 1860 stieg Isabellas Einkommen um 30 Pfund, als sie zustimmte, dass Henry die mit ihrem Geld gekauften Eisenbahnaktien behielt, unter der Bedingung, dass er ihr die Zinsen ausbezahlte; doch 1861 hatte sie erst 100 von den 636 Pfund Gerichtskosten bezahlt, die sie dem Scheidungsgericht noch schuldete.[447]

1861 verkaufte Henry Balmore House.[448] In London mietete er ein Haus am Talbot Square in Marylebone, wo Otway und Stanley in den Ferien mit ihm zusammen wohnten; und ein Büro in der Park Street, nahe Hyde Park, wo auch sein Neffe Tom Waters für ihn arbeitete.

Otway verließ 1861 mit sechzehn die Schule,[449] floh aus dem Haus seines Vaters und zog in das Haus seiner Mutter in Reigate. Henry war wütend: »Gegen seinen Willen und ihm zum Trotz«, schreibt er, habe Isabella »heimlich auf Otway eingewirkt« und den Jungen dazu gebracht wegzulaufen.[450] Alfred habe mit Otway gemeinsam dessen Flucht vorbereitet. Als Otway im März 1862 siebzehn wurde, war es ihm gesetzlich erlaubt, seinen Wohnort selbst zu wählen. Er blieb bei seiner Mutter.

1863, sieben Jahre nachdem Henry begonnen hatte, belastendes Material über seine Frau zu sammeln, erhielt er doch noch den Beweis ihrer Untreue.[451] Ein Schreiber namens Louis Philip Vincent und ein Mann namens William Lines bezeugten, dass Isabella sich am 19. und 20. Juni 1863 im Victoria Hotel in London zusammen mit einem Mann ein Zimmer gemietet hatte und ein weiteres Zimmer mit dem gleichen Mann am 27. Juni im Grosvenor Hotel. Das prächtige Victoria Hotel, das 1839 gebaut worden war, flankierte den großen dorischen Torbau des Bahnhofs am Euston Square;[452] das Grosvenor, gebaut 1861, war ein moderneres, aber ähnlich luxuriös ausgestattetes Etablissement in der Nähe der Victoria Station, das sogar einen hydraulischen Aufzug hatte.[453] Isabella stritt den Ehebruch ab, doch Richter James Wilde, der nach Cresswells Tod dem Scheidungsgericht vorstand, urteilte im Juni 1864, dass der Fall ausreichend bewiesen sei. Am 3. November 1864 wurde die Ehe der Robinsons aufgelöst.[454] In den Zeitungen stand kein Wort darüber.

Die Ereignisse dieser Jahre hatten Isabella nicht davon abgehalten, ihren Leidenschaften nachzugehen, aber sie brachten sie womöglich dazu, ihre Partner sorgfältiger auszuwählen. 1863 war ihr Geliebter im Hotel Eugene Le Petit, der Privatlehrer, in den sie in Boulogne vernarrt gewesen war.[455] Le Petit hatte in England keinen Ruf zu verlieren, und nach ihren Verabredungen in London konnte er nach Frankreich zurückkehren und sein Leben als Lehrer fortführen. Im Scheidungsverfahren spielte er keine Rolle. In den 1860er Jahren unterrichtete er in Boulogne den Sohn eines irisches Adligen,[456] in den 1870er Jahren war er mit einer Erhebung über die lokalen Grundschulen befasst.[457]

Mit achtundfünfzig Jahren war Henry endlich frei. Im Mai 1865 heiratete er in Dublin Maria Arabella Long, die vierundzwanzigjährige Tochter eines ehemaligen Justizbeamten.[458] Er gehörte zu den achtundvierzig geschiedenen Männern, die sich in diesem Jahr wieder verheirateten.[459] In den frühen 1860er Jahren hatte er in Singapur und Batavia eine Dampfschiffgesellschaft gegründet,[460] die er später weiterverkaufte, um sich von seinem Londoner Büro aus ganz dem Zuckerrohrmühlengeschäft zu widmen. Seine Nichten, Töchter einer in Brighton lebenden Schwester, erzählten, dass ihr Bruder Tom die Arbeit im Büro seines Onkels hasste. Henry hatte versprochen, Toms Reise in den Fernen Osten zu finanzieren, wo Albert Robinson ein Eisenwerk (in Shanghai) und eine Werft (in Yokohama) betrieb, aber er hielt sich nicht an sein Wort.[461] Auch seinem alternden Vater gegenüber verhielt er sich illoyal. In der Familie seiner Schwester nannte man ihn wegen seiner Hartherzigkeit den »Türken«.[462]

Stanley, dem jüngsten Kind von Henry und Isabella, war der Umgang mit seiner Mutter nur selten erlaubt. Er hatte eine schwierige Jugend. Oft hielt er sich bei seiner verwitweten Tante Helena Waters in Brighton auf, doch er fiel ihr bald zur Last. Bei einem Besuch in den Schulferien soll er eine Nachbarin belästigt haben. Im November 1863, als Henry gerade in Berufung gegangen war, schreibt Helena an eine ihrer Töchter, dass Stanley »sehr gern zu uns zurückkäme, das arme Kind, und ich schlage ihm seine Bitte nur ungern ab, obwohl ich wünschte, er könnte bei jemand anders wohnen, denn er macht uns sehr viel Kummer«.[463] Einen Monat später berichtet sie: »Stanley ist zu seinem Vater nach London gefahren, und ich hoffe, er kommt nicht zurück – in letzter Zeit hat er sich mir gegenüber äußerst widerspenstig gezeigt.«[464] Henry schrieb Stanley im nächsten Jahr an der Edinburgh Academy ein.[465] Nach seinem Abschluss 1866 gibt es keinen Hinweis mehr auf ihn – womöglich verließ er England, um in einer der Firmen der Robinsons in Übersee zu arbeiten.

Ende der 1860er Jahre zog Henry mit seiner neuen Frau wieder nach Edinburgh.[466] In Glasgow übernahm er eine Werft. Zu dieser Zeit ersetzte der Clyde die Themse als Zentrum des Eisenschiffbaus. 1869 erwarb Henry ein Patent auf die Verbesserung der Eimerkettenbagger, die Schlamm und Schlick aus dem Flussbett schaufelten.[467]

In den späten 1860er Jahren verließ Isabella Reigate und zog in ein gemietetes Haus am Dorfanger von Frant in Kent. Henrys Schwester Helena war aus Brighton weggezogen und lebte nun mit ihrer Familie nur ein paar Meilen entfernt in Tunbridge Wells. Ungeachtet all der Enthüllungen des Tagebuchs vor Gericht schienen Helena und ihre Kinder von Isabella eine bessere Meinung gehabt zu haben als von Henry. Im April schrieb eine von Helenas Töchtern in das Familientagebuch, dass sie einen Brief von Isabella erhalten hätten: »Eine wunderbare Briefschreiberin! (…) und welche Fehler sie auch haben mag, sie ist ihren Söhnen eine gute Mutter. Ich kann nicht umhin, größtes Interesse für sie zu hegen.«[468] Helena lud Isabella ein. Am 4. April schreibt Helenas Sohn Ernest ins Familienjournal: »Am Samstag kam Mrs Robinson (Stanleys Mutter) zu Besuch und blieb zum Tee. Sie ist von Frant aus fast sechs Kilometer zu uns gewandert. Abends habe ich sie zum Bahnhof begleitet.« Bei einem Gegenbesuch in Frant lernte Ernest Alfred kennen, der inzwischen Marineingenieur war.

1874 heiratete Alfred mit dreiunddreißig Jahren die achtzehnjährige Rosine Cooper, die Tochter eines Silberschmieds.[469] Zwei Jahre darauf tat er sich mit seinem jüngeren Halbbruder Otway zusammen, der in der Handelsmarine war. Sie kauften eiserne Frachtschiffe und fuhren auf ihnen durch die Welt. Otway fungierte manchmal als Kapitän, Alfred als Erster Ingenieur.[470]

Henry zog wieder nach England und lebte 1876 in Norwood, Surrey. »Er ist inzwischen ein recht alter und gebrechlicher Mann«, berichtet eine Nichte. »Sein Gedächtnis funktioniert fast nicht mehr.«[471] Auch Henrys Geschäfte liefen nicht mehr gut, er verdiente kaum noch etwas, und 1877 brach Tom Waters mit ihm: »Er konnte seine idiotischen

Einmischungen nicht länger ertragen.«[472] Die zweite Mrs Robinson, die Helena als »arme kleine Marie«[473] bezeichnete, gebar ihrem Mann drei Söhne.[474]

Isabella, unruhig wie eh und je und vielleicht von ihrem schlechten Ruf verfolgt, zog von Frant nach St Leonards-on-Sea in Sussex und dann nach Bromley, Kent, in ein Haus, das den Namen Fairlight trug.[475]

Jede der berühmten fiktiven Ehebrecherinnen des neunzehnten Jahrhunderts – Flauberts Emma Bovary, Tolstois Anna Karenina und Zolas Thérèse Raquin – stirbt von eigener Hand, da ihre Sünden sie in Kummer und Schande gestürzt haben.[476] Auch bei Isabellas Tod war ihre eigene Hand im Spiel: Am 20. September 1887 entdeckte sie in ihrem Haus in Bromley einen entzündeten Abszess an ihrem Daumen. Drei Tage später starb sie an einer Sepsis.[477] Otway war an ihrer Seite. Dem Arzt, der den Totenschein ausfüllte, sagte er, sie sei siebzig Jahre alt und verwitwet. Im Dezember desselben Jahres starb Henry in Dublin im Alter von achtzig Jahren.[478]

Isabella vermachte Otway alles, was sie besaß. 1864 hatte sie ihr Testament gemacht, kurz nachdem er zu ihr gezogen war. Otway heiratete nicht. Als er 1930 in Whitstable, Kent, mit fünfundachtzig Jahren starb, hinterließ er sein Grundstück, seine Cottages und seine Möbel (im Wert von etwa 6000 Pfund) einem Freund und Nachbarn namens Alfred Harvey. Den Rest seines Vermögens, etwa 7000 Pfund, vermachte er den deutschen Rekruten, die im Ersten Weltkrieg verwundet worden waren, oder, sollte das nicht möglich sein, jenen Soldaten, die von britischen Streitkräften im Burenkrieg verwundet wurden. Harvey gegenüber äußerte er, er habe »die Nase voll von England« – das Magazin *Time* brachte dieses Zitat als Überschrift eines kurzen Artikels über Captain Robinsons ungewöhnliches Testament.[479] Otways Sympathien gehörten den Soldaten von Ländern, die das britische Empire besiegt hatte; Männern, die, wie er selbst, in die Kriege von anderen hineingezogen und von Kämpfen, die sie nicht verursacht hatten, verletzt und gedemütigt worden waren.

Isabellas Tagebuch und dessen Abschriften wurden, soweit wir wissen, vernichtet.

CODA

Eine kurze Minute des Mitleids?

Die Verwertbarkeit von Isabellas Aufzeichnungen vor Gericht hatte sich als gering erwiesen. Wie bei allen Texten seiner Art handelte es sich bei ihrem Tagebuch um ein Werk von Antizipation und Erinnerung – es war provisorisch und unbeständig, es stand an der Grenze von Denken und Handeln, Wunsch und Tat. Doch als ein Zeugnis authentischer Gefühle war es ein erstaunliches und aufrüttelndes Werk. Es schenkte seinen viktorianischen Lesern einen kurzen Blick in die Zukunft – so wie es uns Heutigen blitzartig zu erkennen erlaubt, wie unsere eigene Welt in der Vergangenheit Gestalt annahm. Es mag uns im Ungewissen darüber lassen, was in Isabellas Leben wirklich geschah, aber es erzählt uns, was sie sich wünschte.

Ihr Tagebuch bot einen Ausblick auf die Freiheiten, die Frauen sich erhoffen durften, wenn sie ihren Glauben an Gott und an die Ehe aufgaben: das Recht auf Besitz und eigenes Geld, das Sorgerecht für ihre Kinder, das Recht auf sexuelle und intellektuelle Abenteuer. Es sprach auch von dem Schmerz und der Verwirrung, die diese Freiheiten mit sich bringen. In dem Jahrzehnt, in dem die Kirche ihren Zugriff auf die Ehe lockerte und Darwin tiefsitzende Zweifel am immateriellen Ursprung der Menschheit säte, war ihr Tagebuch das Zeichen des kommenden Tumults.

In einem undatierten Eintrag richtet Isabella sich explizit an einen zukünftigen Leser: »Eine Woche eines neuen Jahres ist schon vergangen«, beginnt sie. »Ach! Wenn ich nur auf das andere Leben hoffen könnte, von dem meine Mutter spricht (sie und mein Bruder haben mir heute ein paar freundliche Zeilen geschrieben) und das zu erwerben uns Mr B. predigt, dann wäre alles in mir hell und gut. Aber leider! Ich habe es nicht und kann es mir sicher auch nicht erwerben, und in diesem Leben überwältigen Ärger, Sinnlichkeit, Hilflosigkeit und vergebliche Hoffnung meine Seele und reißen sie in Stücke, und ich bin voller Gewissensbisse und Vorahnungen.«

»Leser, du siehst in mein Inneres. Du musst mich hassen und verachten. Schenkst du mir auch eine kurze Minute des Mitleids? Nein – denn wenn du diese Seiten liest, wird alles vorbei sein für eine, die ›zu beweglich war für die Tugend und zu tugendhaft, um stolz als Schuft zu reüssieren‹.« (Isabella zitiert frei nach Hannah Mores Stück *The Fatal Falsehood* von 1779, in dem ein junger italienischer Graf mit komplexem Charakter sich sterblich in die Braut seines besten Freundes verliebt.)

Als Edward Lane das Tagebuch zum ersten Mal las, brachte ihn diese Passage besonders auf: »Sich an den Leser zu wenden!«, schreibt er an Combe. »Wer soll denn dieser Leser sein? War dieses kostbare Journal dann also zur Veröffentlichung bestimmt, oder, etwas weniger schlimm, sollte es eine Art Familienerbstück werden? Einerlei, was es sein sollte, ich finde hier nur deutliche Anzeichen von Wahnsinn – und wenn es auch keine weiteren Einträge in diesem Wust gäbe, die meine Meinung rechtfertigen, so wäre dieser eine genug.«[480]

Das Gegenteil ist der Fall: Isabellas Appell an einen imaginären Leser könnte die deutlichste Erklärung dafür liefern, warum sie überhaupt Tagebuch schrieb. Wenigstens ein Teil von ihr wollte gehört werden. Sie hegte die Hoffnung, dass die Menschen, die nach ihrem Tod ihre Worte lasen, zögern würden, bevor sie sie verdammten; dass ihre Geschichte eines Tages mit Teilnahme oder sogar mit Sympathie aufgenommen würde. Da es das Leben nach dem Tod nicht mehr gab, waren wir die einzige Zukunft, die sie hatte.

»Gute Nacht«, schließt sie mit einem trostlosen Segenswunsch: »Mögest du glücklicher sein!«

ANMERKUNGEN

Abkürzungen in Anmerkungen und Bibliographie:

CD	Charles Dickens
EWL	Edward Wickstead Lane
GC	George Combe
HOR	Henry Oliver Robinson
IHR	Isabella Hamilton Robinson
Lady D.	Lady Drysdale
MD	Mary Drysdale
RC	Robert Chambers

HLA	Archiv des Oberhauses, London
NA	Nationalarchiv, London
NLS	National Library of Scotland, Edinburgh
NPG	National Portrait Gallery, London
WG	Williams/Gra Papers, Tairawhiti Museum and Art Gallery, Gisborne, Neuseeland
ODNB	*Oxford Dictionary of National Biography* (2004)

BUCH I – *Der heimliche Freund*
1. Kapitel

1 Die Robinsons hatten Empfehlungsbriefe von der Frau eines früheren Kollegen von Henry, John Scott Russell. Vgl. Brief GC an Sir James Clark vom 19.12.1857. Die Korrespondenz George Combes befindet sich in der Combe Collection im NA.

2 Die Schilderung dieser Gesellschaft beruht auf dem Tagebuch von IHR, am 14.6.1858 vor Gericht verlesen. Weitere Informationen stammen aus Cecil Cunnington, *English Women's Clothing in the Nineteenth Century* (1952), Penelope Byrde, *Nineteenth-Century Fashion* (1992); von Bildern des Hauses am Royal Circus aus dem frühen neunzehnten Jahrhundert sowie persönlichen Eindrücken; dem Wetterbericht im *Scotsman* vom

4. 12. 1850; Beschreibungen von New Town in John Stark, *Picture of Edinburgh* (1823). Auch Robert Chambers bezieht sich auf die Gesellschaft in seinem Tagebuch, RC Papers, NLS.

3 IHRs Tagebuch, 14. 3. 1852. Diese und alle folgenden Tagebucheinträge sind den Auszügen entnommen, die in *Reports of Cases Decided in the Court of Probate and in the Court for Divorce and Matrimonial Causes*, Band 1 (1860), hg. von M. C. Merttins Swabey DCL und Thomas Hutchinson Tristram DCL, publiziert wurden.

4 Brief IHR an GC, 26. 2. 1858.

5 Tagebuch IHR, November 1850.

6 Robert Burns, Gebet im Angesicht des Todes, in Robert Burns, *Lieder und Balladen*, dt. von Karl Bartsch, Hildburghausen 1865.

7 Laut Taufregister von St Pancras wurde sie am 8. 5. 1813 getauft.

8 Brief von Bridget Christian Walker an ihren Enkel Thomas Walker, 3. 1. 1859. Privatsammlung.

9 Informationen aus Phyllis M. Ray, *Ashford Carbonel: a Peculiar Parish* (1998).

10 Das waren John Curwen, geb. 1811, Harriet Elizabeth, geb. 1815, Caroline, geb. 1817, Julia, geb. 1818, Charles Henry, geb. 1822, Charles Frederick, geb. 1823, und Christian Henry James, geb. 1831. Ein weiterer Bruder wurde 1825 geboren und starb im gleichen Jahr. Eine Schwester, Isabella, war 1810 als Säugling gestorben. Vgl. Taufregister der Kirche St Mary, Ashford Carbonel.

11 Brief IHR an GC, 24. 10. 1852.

12 Vgl. Gemeindeaufzeichnungen St Mary, Ashford Carbonel.

13 Er wurde 1794 geboren und trat 1815 in die Marine ein, laut *Navy List* (1835).

14 Tagebuch IHR, 29. 1. 1855.

15 Laut dem Testament des Vaters, Richard Dansey.

16 Laut seiner Geburtsurkunde wurde er am 21. 3. 1841 geboren und zwei Tage später getauft.

17 Vgl. Henry James, *Castles and Abbeys* (1877).

18 David Lloyd, *Broad Street: Its Houses and Residents through Eight Centuries* (2001).

19 Laut Volkszählung vom Mai 1841 gehörten drei Dienstboten zu ihrem Haushalt.

20 Brief von Bridget Walker an ihren Bruder Henry Curwen, 18. 12. 1841, Cumbria Record Office and Library, Whitehaven, Cumbria.

21 Das Todesdatum war der 11. 5. 1842.

22 Celestin Edward Dansey war der Sohn von Edward Danseys erster Frau, einer Französin. Er heiratete 1851 und starb 1859.

23 Edward Danseys Testament wurde im Juni 1842 in London beglaubigt.

24 Vgl. *Accounts and Papers relating to Customs and Excise, Imports and Exports, Shipping and Trade, 1831–32*, House of Commons Papers, Bd. 34.

25 Vgl. R. A. Buchanan, »Gentlemen Engineers: the Making of a Profession«, in *Victorian Studies*, Vol. 26, No. 4 (1983). Laut *Daily News* vom 3. 8. 1854 starteten Henry und Albert ihr Geschäft 1838 zusammen mit ihrem Vater. Zu Einzelheiten über seine Eltern siehe das Buch von Arthur William Patrick Buchanan über die Familie von Henrys Mutter, einer geborenen Buchanan: *The Buchanan Book: the Life of Alexander Buchanan, QC, of Montreal, Followed by an Account of the Family of Buchanan* (1911).

26 Brief IHR an GC, 26. 2. 1858.

27 Laut Geburtsurkunde wurde er am 20. 2. 1845 geboren.

28 1845 hatte sich Henry in Millwall etabliert. Laut der Volkszählung von 1851 beschäftigte Albert Robinson dort 700 Männer. Siehe auch *Survey of London*, Bd. 33/34. Scott Russell war an der Organisation der Großen Industrieausstellung im Hyde Park 1851 beteiligt, wo die Firma Zuckerrohrmühlen und Modelle ihrer Dampfschiffe ausstellte.

29 Das Ganges-Projekt wird beschrieben in Albert Robinsons *Account of Some Recent Improvements in the System of Navigating the Ganges by Iron Steam Vessels* (1848).

30 Vgl. *Illustrated London News*, 18. 11. 1848.

31 Henrys Besitz bestand zu dieser Zeit nur aus Möbeln, Besteck und Geschirr. Vgl. zu diesem Problem Mary Lyndon Shanley, »One Must Ride Behind: Married Women's Rights and the Divorce Act of 1857«, in *Victorian Studies*, Vol. 25, No. 3 (1982); Mary Poovey, *Uneven Developments: the Ideological Work of Gender in Mid-Victorian England* (1988), und Lawrence Stone, *Road to Divorce: England, 1530–1987* (1990). Das System sollte

vor allem gewährleisten, dass für die Enkelsöhne eines Mannes gesorgt war, selbst wenn sich ihr Vater als verschwenderisch erwies.

32 Prozessakten vom 17.4.1858, NA, C15/550/R24.

33 Nach einer Bevölkerungsanalyse von 1867 in R.D. Baxters *National Income* (1868) verdiente 1,2 Prozent der Bevölkerung mehr als 300 Pfund oder mehr. Ein Neuntel davon (etwa 50000 Personen) verdienten 1000 Pfund oder mehr; die verbleibenden acht Neuntel (150000 Personen) verdienten zwischen 300 und 1000 Pfund, so viel, wie man brauchte, um einen Haushalt mit Dienstboten zu finanzieren. Die übrigen etwa 10 Millionen Menschen oder 98 Prozent der Bevölkerung verdienten weniger als 300 Pfund.

34 Charles Walker starb am 23.12.1847 im Alter von siebenundsechzig Jahren, laut den Unterlagen der St Mary's Church in Ashford Carbonel. Er hinterließ Isabella 5000 Pfund, ihrer Schwester Julia 4500 Pfund und dem jüngsten Sohn Christian 5400 Pfund. Die älteren Söhne hatten bereits geerbt.

35 Diese Gesellschaft war 1846 gegründet worden und betrieb Eisenbahnlinien von der Euston Station zu den Midlands, in den Nordwesten und nach Schottland.

36 Brief IHR an GC, 21.2.1858; die folgenden Zitate auch Brief IHR an GC, 26.2.1858.

37 Laut seiner Geburtsurkunde wurde er am 6.2.1849 geboren.

38 Aussage von Joseph Kidd in *Robinson vs. Robinson & Lane*, 16.6.1858.

39 Tagebuch IHR, 27.5.1852.

40 Laut Adam und Charles Blacks *Black's Guide Through Edinburgh* (1851) zogen »die Erziehungsinstitute viele Fremde an, die für ihre Familien eine liberale Erziehung zu moderaten Preisen wünschen«. Vgl. auch Brief CG an Sir James Clark, 19.12.1857.

41 Ein Mietshaus am Moray Place kostete laut *Black's Guide* 1844 zwischen 140 und 160 Pfund im Jahr. K. Theodore Hoppen schätzt in *The Mid-Victorian Generation, 1846–1886* (1998), dass die Mittelschicht etwa 10 Prozent ihres Einkommens für Mieten verwendete.

42 Diese Zahl stimmte mit dem Familieneinkommen überein. Laut Mrs Beetons *Book of Household Management* (1861) gab es in einem Haushalt, der pro Jahr 1000 Pfund zur Verfügung hatte,

fünf Dienstboten: eine Köchin, zwei Hausmädchen, ein Kindermädchen und einen Hausknecht.

43 Tagebuch RC, NLS.

44 Tochter eines Professors und Autorin von *Fanny Hervey, or, The Mother's Choice* (1849).

45 So in einem Brief an einen Freund, zit. in Miriam Benn, *Predica-ments of Love* (1992).

46 Brief von Elizabeth Rigby an John Murray, 29.12.1842, und an Hester Murray, 10.2.1843, in *The Letters of Elizabeth Rigby, Lady Eastlake* (2009), hg. von Julie Sheldon.

47 Zu den italienischen Exilanten im Kreis von Lady Drysdale ge-hörte auch G.B. Nicolini, ein glühender Republikaner, der eine brillante Geschichte der Jesuiten schreiben wollte. IHR nennt ihn in einem Tagebucheintrag vom 31.8.1852. Lady Drysdales Enthusiasmus für polnische Flüchtlinge wird in Lady Priestleys *The Story of a Lifetime* (1908) erwähnt.

48 Sie befindet sich in der Sammlung der Familie Robinson.

49 Brief IHR an GC, 21.2.1858.

50 Laut Aussage EWL vor dem Scheidungsgericht, 26.11.1858.

51 Brief IHR an GC, 26.2.1858.

52 Briefe GC an Jane Temnant und Sir James Clark, 28.12.1857 und 4.1.1858.

53 Ihre Schilderung ist das Echo einer Passage aus *Eine Geschichte zweier Städte* von Charles Dickens, in der es heißt: »Es ist ein feierlicher Gedanke, wenn ich bei Nacht in eine große Stadt komme, dass jedes dieser düster zusammengedrängten Häuser sein Geheimnis in sich schließt; dass jeder Raum in jedem von ihnen sein Geheimnis enthält; dass jedes schlagende Herz in den Hunderttausenden von Menschenbusen in einigen seiner Träume ein Geheimnis für das ihm nächste Herz ist!« (3. Kapitel, *Die Schatten der Nacht*, dt. von Julius Seybt, München 1964).

54 Vgl. Kelly Hager, *Dickens and the Rise of Divorce* (2010).

55 In einem Artikel von *Blackwood's Edinburgh Magazine* aus dem gleichen Jahr stand zu lesen: »Wenn ein Mann sieht, wie seine Frau nach dem Abendessen die Beine übereinanderschlägt oder die Füße aufs Kamingitter legt und eine Zigarre raucht, wird er zumindest starke Gefühle des Zweifels in sich entdecken.«

56 Dieses Gedicht enthielt auch einen Hinweis auf den Dramatiker Thomas Otway, nach dem Isabella vielleicht ihren zweiten Sohn

benannt hat. (Dt. Zitat nach der Ausgabe Stuttgart 1973, Edgar Mertner.)

57 Isabellas Worte lassen eine Zeile des Gedichts »Mariana« (1830) von Alfred Tennyson anklingen, in dem eine einsame Jungfrau sich nach ihrem Geliebten verzehrt: »Ich bin so matt, so matt, / und wünschte, tot zu sein!«

58 Vgl. Anna M. Stoddart, *John Stuart Blackie* (1895).

59 Vgl. Stuart Wallace, *John Stuart Black: Scottish Scholar and Patriot* (2006).

60 Kupferstich RCs von D. J. Pound nach John Jabez Edwin Mayallin, um 1840, in der NPG.

61 IHRs soziale Beziehungen zu RC werden in RCs Tagebuch und anderen RC-Dokumenten der NLS deutlich.

62 *Chambers's Edinburgh Journal*, Vol. XVI, Juli – Dezember 1851 (1852).

2. Kapitel

63 Seine Eltern, Elisha Lane und Harriet Wickstead, heirateten am 27. 3. 1819 in der Christ Church Cathedral in Montreal.

64 Arthur Benjamin Lane wurde am 28. 1. 1828 geboren und in der Holy Trinity Church in Quebec getauft; Harriet Lane starb mit dreißig Jahren am 19. 4. 1832; vgl. *The Lower Canada Jurist*, Vol. VIII (1864).

65 1851 tat er sich mit drei anderen presbyterianischen Großhändlern zusammen und gründete eine Freie Kirche in Montreal, die sich der von Rev. Thomas Guthrie gegründeten reformierten Kirche von Edinburgh zugehörig fühlte; vgl. www.eglisesdequebec. org.

66 Die Firma hieß Gibb & Lane; vgl. *Dictionary of Canadian Biography*, Vol. VIII, 1851–1860 (1985).

67 Laut Volkszählung hatten sie mit neun anderen Jungen zusammen 1841 in der Northumberland Street 24 bei Mr und Mrs Morrison Unterschlupf gefunden.

68 Die Preise sind aufgeführt im *Caledonian Mercury* vom 1. 8. 1840.

69 Am 15. 11. 1842 wurde EWL in die Speculative Society gewählt, 1845 besaß er die außerordentliche Mitgliedschaft; vgl. *The History of the Speculative Society 1764–1904* (1905).

70 William Drysdale wurde 1842 geadelt.

71 Die Biographie George Drysdales beruht auf Tomoko Satos »George and Charles Drysdale in Edinburgh«, in *Journal of Tsuda College Tokyo*, Vol. 12 (1980), und Benns *Predicament of Love*. Sato diskutiert Georges Krise in »George Drysdale's Supposed Death and *The Elements of Social Science*«, in *Hitotsubashi Ronsu*, Vol. 78, No 2 (1977). Seine Geschichte wird ebenfalls erwähnt in Gowan Dawsons *Darwin, Literature and Victorian Respectability* (2007) und Michael Masons *The Making of Victorian Sexuality* (1994). Berichte aus erster Hand finden sich in seinem eigenen Werk *The Elements of Social Science* und in Charles Drysdales »Memoir of the Author« in der Ausgabe von 1904.

72 Brief von William Copland (Lady Drysdales Sohn aus einer früheren Ehe) an John Murray, 5. 12. 1843, John Murray Archive, NLS.

73 Auf einer Fotografie der bahnbrechenden Edinburgher Fotografen Octavius Hill und Robert Adamson sind George und Charles zusammen zu sehen. George, etwa achtzehn Jahre alt, ist ein hübscher Bursche mit lockigem Haar, der sich grüblerisch, mit der Hand an der Hüfte, an einen Stuhl lehnt; er sieht zu Boden, weg von der Kamera. Charles, etwa sechzehn Jahre alt, sitzt vor ihm; er hat ein schmales Gesicht mit hoher, weißer Stirn, einer langen Strähne über dem Schädel, trägt karierte Hosen und hält die Beine eng zusammen, der Blick bleibt auf mittlerer Distanz. (Talbotypie in der NPG.)

74 Brief von Cockburn an Francis Jeffrey, 26. 3. 1846, in *Lord Cockburn, Selected Letters* (2005), hg. von Alan Bell. Es handelt sich um Henry Thomas Cockburn, 1779–1854, nicht zu verwechseln mit Sir Alexander James Edmund Cockburn, dem späteren Lord Oberrichter, vor dem die Scheidungsklage der Robinsons verhandelt wurde.

75 Brief MD an Jane Williams, 19. 3. 1864, in den »Tagebüchern von Jane Williams (née Reid)«, State Library of Tasmania, NS213/1/1/2.

76 Simpson beschreibt die Homöopathie als ein Glaubenssystem, »das neunundneunzig von hundert Medizinern für völlig falsch halten«. J. Y. Simpson, *Homeopathy, its Tenets and Tendencies, Theoretical, Theological and Therapeutical* (1853).

77 Brief MD an Jane Williams, ca. Mai 1846, State Library of Tasmania, NS213/1.

78 Es handelt sich um ein Traktat mit dem Titel *Des pertes séminales involontaires*.

79 Zur Angst vor Spermatorrhea siehe Elen Bayuk Rosenman, *Unauthorised Pleasures: Accounts of Victorian Erotic Experience* (2003).

80 Vgl. die Analyse viktorianischer Haltung zur Masturbation bei Thomas Laqueur, *Solitary Sex: a Cultural History of Masturbation* (2003).

81 Brief MD an John Murray, John Murray Archive, NLS.

82 Vgl. Sir James MacPherson Le Moine, *Quebec Past and Present: a History of Quebec, 1608–1876* (1876).

83 Laut *Blackwoods Magazine* wurde Mary Drysdale am 24. 3. 1823 am Royal Circus 8 geboren.

84 Undatierter Brief von Jane Drysdale an John Murray, John Murray Archive, NLS.

85 Typoskript von Florence Fenwick Miller, zit. in Benn, *Predicament of Love*.

86 Brief von Lady D. an James Young Simpson, 30. 3. 1848, Royal College of Surgeons of Edinburgh Library and Archive. Erst nachdem Königin Victoria bei der Geburt des Prinzen Leopold 1853 Chloroform anwenden ließ, wurde der Gebrauch dieses Narkotikums üblich.

87 Diese Beobachtungen finden sich in EWLs Doktorarbeit »Notes on Medical Subjects, Comprising Remarks on The Constitution and Management of British Hospitals, etc.« (1853).

88 Weitere Berichte aus dem Royal Infirmary bei Bill Yule, *Matrons, Medics and Maladies*: *Edinburgh Royal Infirmary in the 1840s* (1999).

89 Brief vom 23. 10. 1852 in *The Letters of Charles Dickens, Vol. VI, 1850–52*, hg. von Madeline House, Graham Storey und Kathleen Tillotson (1999).

90 Sein Glaube an die »Selbstkur« beruhte auf Gedanken seines Freundes Andrew Combe, dem Bruder von George Combe, einem gefeierten Arzt, der 1847 in Edinburgh an Tuberkulose gestorben war. Dr. Combe, schreibt Edward in seiner Dissertation, »trug durch seine Schriften und seine Praktiken wahrscheinlich mehr als jeder andere Zeitgenosse dazu bei, dass man bei der Be-

handlung von Krankheiten und den Maßnahmen zur Erhaltung der Gesundheit der Natur und ihren Prozessen Vertrauen entgegenbrachte«. James Young Simpson, der mit Hilfe von Sir William Drysdale Vorsitzender der offiziellen Körperschaft der Geburtshelfer geworden war, war ebenfalls ein glühender Verfechter der Hygiene in Krankenhäusern.

91 Vgl. John Henry Clarke, *The Life and Times of James Compton Burnett* (1904).

92 Brief GC an Sir James Clark, 19.12.1857.

93 Combe war fünfundvierzig, als er 1837 die neununddreißigjährige Cecilia Siddons heiratete; die 15000 Pfund, die sie in die Ehe mitbrachte, erlaubten es ihm, sich von der Juristerei zurückzuziehen und sich ganz der Phrenologie zu widmen.

94 Brief IHR an GC, 21.2.1858.

95 Brief IHR an GC, 17.11.1854.

96 Fanny Kemble, *Record of a Girlhood*, Vol. I (1879).

97 Brief von Marian Evans an GC, März 1852, in *The George Eliot Letters*, Vol. VIII, 1840–70, hg. von Gordon S. Haight (1978).

98 Laut Harriet Martineaus Nachruf auf Combe in den Daily News vom August 1858 wurde der Verkaufserfolg dieses Buches nur von *Robinson Crusoe*, *Pilgrim's Progress* und der Bibel übertroffen.

99 Vgl. Combe, *A System of Phrenology* (1843).

100 Sie konsultierten ihn während ihres Besuchs in Edinburgh 1850 und ein weiteres Mal 1852, als Combe seine Beobachtung über den ausgeprägten Geschlechtstrieb machte; vgl. David Stack, *Queen Victoria's Scull: George Combe and the Mid-Victorian Mind* (2007).

101 GC Tagebuch, 25.7.1857. Alle Zitate dieses Tagebuchs sind den Manuskripten der Combe Collection, NLS, entnommen.

102 Vgl. auch Michael Shortland, »Courting the Cerebellum: Early Organological and Phrenological Views of Sexuality«, in *British Journal for the History of Science*, Vol. 20 (1987).

103 Vgl. Sally Shuttleworth, *Charlotte Brontë and Victorian Psychology* (1996).

104 Tagebuch RC, NLS.

105 Ebd. und William Swan, »On the Total Eclipse of the Sun on July 28, 1851, observed at Goteborg; with a description of a new

Position Micrometer«, in *Proceedings of the Royal Society of Edinburgh*, Vol. III (1857).

106 Vgl. James A. Secord, *Victorian Sensation: the Extraordinary Publication, Reception, and Secret Authorship of Vestiges of the Natural History of Creation* (2000).

107 Ebd.

108 GC, *Notes on the United States of North America, During a Phrenological Visit in 1838–40*, Vol. 2 (1841).

109 Herbert Spencer, *Eine Autobiographie* (1905).

3. Kapitel

110 Brief IHR an GC, 24. 10. 1852.

111 Vgl. die Werbeanzeige »A Description of Robinson's Steam Cane Mill« (1845) und »Robinson's Patent Sugar Cane Mills« in *The Mechanic's Magazine*, 2. 10. 1841.

112 Die Robinsons überzeugten die Indigobauern von Tirhoot, sich der allgemeinen Bewegung zum Zuckerrohranbau 1845 anzuschließen, doch es gab schwere Verluste, als die Bauern entdeckten, dass ihr Boden sich nicht für diese Pflanzen eignete. 1850 waren sie zum Indigo zurückgekehrt. Vgl. Minden Wilson, *History of Behar Indigo Factories* (1887).

113 Brief IHR an GC, 16. 8. 1852.

114 Die Strecke von Shrewsbury nach London wurde im April 1852 fertiggestellt. Die Shrewsbury & Hereford Railway Company versprach der Familie Walker 2500 Pfund für fünf Morgen Land, auf dem sie ihren Streckenabschnitt baute. Vgl. *Report of Cases Decided in the High Court of Chancery* (1853).

115 Julia Walker war fünf Jahre jünger als Isabella. Laut einem Gedenkstein in der Kirche St Mary starb Charles Henry 1834 zwölfjährig. Caroline wurde 1838 auf dem Friedhof von St Mary begraben; sie wurde einundzwanzig. Eine weitere Schwester – Harriet, geboren 1815 – war wohl ebenfalls gestorben. Im Testament der Eltern wird sie nicht erwähnt.

116 »Pronouncers«, in *Chambers's Edinburgh Journal*, Vol. XVII (1852).

117 Vgl. Andrea Broomfield, *Food and Cooking in Victorian England* (2007).

118 Vgl. *Post Office Directory of Berkshire* (1854) und *Murray's Guide to Berkshire* (1860).

119 Grace Greenwood, *Haps and Mishaps of a Tour of Europe* (1853).

120 Briefe IHR an GC, 24.10. und 11.12.1852.

121 Brief HOR an GC, 25.12.1853.

122 Gustave Flaubert, *Madame Bovary*, dt. Walter Widmer, München 1959, S. 61. Die englische Übersetzerin, Karl Marx' Tochter Eleanor, behielt das Wort *ennui* bei, für das es kein direktes englisches (und deutsches) Äquivalent gibt.

123 Charles Walker, geboren 1775, war 1801 als Anwalt vor Gericht zugelassen worden; vgl. James Whishaw, *A Synopsis of the Members of the English Bar* (1835). Bridget wurde 1788 in Workington Hall geboren.

124 Charles' Vater Thomas war 1802 in London gestorben und hatte seinem ältesten Sohn Thomas den Löwenanteil seines Landes und seines Immobilienbesitzes vermacht. 1828 jedoch war Thomas kinderlos gestorben, und Charles erbte seinen Besitz.

125 Zur Familiengeschichte vgl. John F. Curwen, *A History of the Ancient House of Curwen* (1928); Edward Hughe, *North Country Life in the Eighteenth Century* (1952), und A.W. Moore, *Manx Worthies* (1901). Auskünfte über Bridgets Geburt und die erste Begegnung von Charles und Bridget im Brief ihres jüngsten Sohnes Christian Henry James Walker aus dem Jahr 1911 (Privatsammlung Ruth Walker). Denis Periam schreibt in den *Cumberland News* vom 4.8.2000, dass Wilkie Collins Ewanrigg als Modell für Limmeridge Hall benutzte, wo die Heldinnen von *Die Frau in Weiß* (1860) zu Hause sind. Collins und Dickens bereisten Cumberland 1857.

126 Romneys Porträt von Isabella Curwen befindet sich in der NPG.

127 John Christian Curwen führte in seinem Distrikt neue Pferde- und Rinderrassen und ein seinerzeit fortschrittliches Pfluggerät ein, und er importierte Merinoschafe, um sie mit heimischen Schafrassen zu kreuzen; vgl. J.V. Becketts Eintrag im ODNB.

128 1841, als Isabella und die meisten ihrer Geschwister schon ausgezogen waren, beherbergte Ashford Court laut Volkszählung noch immer drei männliche und sechs weibliche Dienstboten.

129 Diese und die folgenden Zitate aus Briefen IHR an GC, 24.10.1852 und 28.2.1854.

130 Brief EWL an GC, 17. 5. 1858.

131 Briefe IHR an GC, 16. 8. und 24. 10. 1852.

132 Der Edinburgher Philosoph Sir William Hamilton mahnte 1820: »Phrenologie ist impliziter Atheismus (...), Phrenologie – physische Notwendigkeit – Materialismus – Atheismus – sind (...) die vorbereitenden Stufen eines logischen Wandels.« Korrespondenz von Sir William Hamilton mit GC in *The Phrenological Journal and Miscellany*, Vol. V, May 1828 – April 1829 (1829).

133 Diese und die folgenden Zitate aus Briefen IHR an GC, 11. 12. 1852, 24. 10. 1852 und 10. 2. 1853.

134 Brief GC an Robert Tait, 16. 4. 1853.

135 Briefe IR an GC, 10. 2. und 27. 5. 1853. Nachdem sie das Manuskript gelesen hatte, schrieb Isabella einen Brief an Combe, in dem sie ihm gratulierte, doch sie bekannte auch ihre Enttäuschung darüber, dass er vor dem Atheismus zurückschreckte. »Ich bin gezwungen, (...) ohne den tröstlichen Glauben zu leben, dass es einen großen und wohltätigen Herrscher gibt, dessen Geist mit unserem in Beziehung steht« (Brief IHR an GC, 28. 2. 1854). Es gab aber auch Leser, die so entsetzt waren vom Angriff des Textes auf den Glauben an die Unsterblichkeit, dass man den Autor bat, ihn nicht zu veröffentlichen. Combe entschloss sich dennoch, ihn in sein Buch *The Relation between Science and Religion* (1857) aufzunehmen.

136 Brief IHR an GC, 26. 2. 1858.

137 *Chambers's Edinburgh Journal*, Vol. XIX, Jan – Jun 1853 (1853).

138 Brief IHR an GC, 11. 12. 1852.

139 In diesem Jahr lernte Marian Evans Herbert Spencer kennen und verliebte sich in ihn. Er wies sie zurück. Im Sommer 1852 fürchtet Evans, ihr Leben als alte Jungfer beenden zu müssen: »Du weißt, wie traurig man ist, wenn eine große Prozession an einem vorbeigezogen ist«, schreibt sie an eine Freundin, »und die letzten Fetzen ihrer Musik erstorben sind, wenn man allein zurückbleibt mit den Feldern und dem Himmel.« Spencer verleugnete später seine protofeministischen Ideen. In der 1856 erschienenen Fassung der *Social Statics* ist nichts mehr von ihnen zu finden. Vgl. Nancy Paxton, *George Eliot and Herbert Spencer: Feminism, Evolutionism, and the Reconstruction of the Gender* (1991).

140 Das Patent wurde am 8. April 1853 beurkundet und 1854 in *Newton's London Journal of Arts & Sciences* beschrieben.

141 Tagebuch GC, 30. 8. 1856. Combe untersuchte die Köpfe der Lane-Jungen und bemerkte, dass Arthur große Organe von Güte, Anhänglichkeit, Gewissenhaftigkeit und Neugier habe; William, den seine Eltern für »weich und geistlos« hielten, sei sehr fortpflanzungsfähig und anhänglich, während Sydney sehr viel Neugier, aber wenig Pflichtbewusstsein besitze.

142 EWLs Aussage vor dem Scheidungsgericht, 23. 11. 1858.

143 *Chambers's Edinburgh Journal*, 3. 4. 1851.

144 Brief HOR an GC, 25. 12. 1858.

145 In Ludlow hatten er und seine Frau laut Volkszählung von 1841 in engster Nachbarschaft von Edward und Isabella gewohnt.

146 John Walker war Buchhalter in einer Bank in Derwent, aber er versuchte, eine Anstellung als Lehrer zu finden.

147 Ihr Mann war der Erziehungsreformer William Ellis, ein Freund Combes.

4. Kapitel

148 John Thom hatte bereits als Lehrer in Deutschland und in Edinburgh gearbeitet. Brief IHR an GC, 28. 2. 1854.

149 Catherine Crowe, *The Night Side of Nature* (1848). »Ein einzelnes Vermögen – oder mehr als eines – zerbricht seine Fesseln«, schreibt Robert Macnish in *The Philosophy of Sleep* (1830), »während andere Fähigkeiten vom Schlaf festgehalten bleiben (…), und so kommt es zu den verrücktesten und sonderbarsten Gedanken.«

150 Im Tagebuch spricht Isabella von Edward als »Mr Lane«; sie nennt ihn erst »Dr. Lane«, nachdem sie ihn im Sommer 1854 bei seiner ärztlichen Tätigkeit beobachten konnte.

151 Vgl. »Cassandra«, geschrieben 1852 und zu Lebzeiten der Autorin nie veröffentlicht; zit. bei Mark Bostridge, *Florence Nightingale* (2008).

152 Catherine Crowe Collection, Kent University, F191882; *The Letters of Charles Dickens* und RC Papers, NLS. In einem Blog von Mike Dash auf www.aforteaninthearchives.wordpress.com vom 29. 9. 2010 wird die Episode untersucht. In der Catherine Crowe Collection gibt es zu dieser Geschichte einen mitfühlenden Brief von Marian Evans an GC.

153 Isabella schreibt, dass der Schulplan scheiterte, weil es zu viel Opposition sozialen und religiösen liberalen Ideen gegenüber gab, aber auch, weil Henry zu oft in London zu tun hatte. Brief IHR an GC, 25.9.1854.

154 In der Mitte des neunzehnten Jahrhunderts hatte diese Gegend an Ansehen verloren, hauptsächlich wegen des hässlichen neuen Militärcamps in Aldershot; es war dadurch für Unternehmer wie Smethurst und Lane erschwinglich geworden. Smethurst gründete sein Etablissement 1851 und warb dafür in *The Lancet* und *The Critic*. Später stand er wegen Bigamie und Mordes vor Gericht.

155 Brief von Mary Butler an CD, Dezember 1862. Die Briefe von und an Charles Darwin sind nachzulesen auf www.darwinproject.ac.uk.

156 Diese Informationen entstammen dem Prospekt »Moor Park Hydropathic Establishment« (1856), GC, NLS, und dem Brief CD an William Fox, 10.4.1859.

157 Der Sechsjährige war im Herbst 1854 in einem »heiklen Zustand«, schreibt Isabella am 25.9.1854 an GC.

158 Vgl. z. B. E. S. Turner, *Taking the Cure* (1967); J. Bradley, *Taking the Watercure* (1997), oder Alastair Duries Essay in *Repositioning Victorian Science* (2006).

159 Vgl. auch Edward Bulwer-Lytton, *Confessions of a Water Patient* (1846), wo es heißt, dass solche Orte häufig von Leuten aufgesucht würden, die »ein rauschhaftes Leben« führten, von »Weintrinkern, Alkoholikern«.

160 Brief CD an Charles Lyell, 13.4.1857.

161 Brief EWL an Dr. B. W. Richardson, 1882, gelesen bei einem Vortrag in der St George's Hall, Langham Place, am 22.10.1882. Auskünfte über Darwin in Moor Park in Ralph Colp, *Darwin's Illness* (2008), und Darwins Korrespondenz.

162 »Sehr viele Leute sind der Ansicht«, schreibt Lane in *Hydropathy* (1857), »eine Wasserkuranstalt sei ein Landsitz für Kranke, wo von morgens bis abends eine Art fröhliche Inquisition am Werk sei und man sich mit Vergnügen selbst quäle. Man stellt sich vor, dass die Kranken, eingehüllt in kalte, feuchte Tücher, ständig bibbern und überhaupt die allergrößten Unbequemlichkeiten leiden, die nur ertragen könne, wer seiner Sinne völlig ledig ist.«

163 Zu den Schilderungen von Haus und Landschaft um Moor Park

in diesem und den folgenden Kapiteln vgl. Marianne Young, *Aldershot, and All About It* (1857); »Moor Park, As It Was and Is«, in *New Monthly Magazine*, Vol. 104, Mai 1855; *Black's Guide to Surrey* (1861); Charles T. Tallent-Bateman, *A Home Historical (Moor Park, Surrey)* (1885); Thomas Babington Macaulay, *The History of England from the Accession of James II* (1848); Richard John King, *A Handbook for Travellers in Surrey, Hampshire, and the Isle of Wight* (1865); Egerton Brydges, *The Autobiography, Times, Opinions, and Contemporaries of Sir Egerton Brydges* (1834); Dinah Mulock, »The Water-Cure« (1855) und *A Life for a Life* (1860), sowie persönliche Beobachtungen.

164 In Jane Austens *Mansfield Park* gibt es einen Hinweis auf »Moor Park«, eine Aprikosenzüchtung von Sir William Temple.

165 Zit. bei Nancy Armstrong, *Desire and Domestic Fiction: a Political History of the Novel* (1987), S. 274.

166 Brief IHR an GC, 25. 9. 1854. Thom finde »den Dienst interessant und befriedigend«, schreibt Isabella. Informationen über Duleep Singh (1838–93) im Eintrag von Amandeep Singh Madra im ODNB.

167 Zit. in Cockburns Urteil vom 2. 3. 1859.

168 HORs Aussage vor dem Obersten Gerichtshof, 17. 4. 1858, NA, C15/550/R24.

169 HORs Aussage vor dem Scheidungsgericht, 1. 2. 1862, NA, J77/44/R4; IHRs Antwort vom 4. 3. 1862 und Brief IHR an GC, 26. 2. 1858.

170 HORs Aussage vor dem Obersten Gerichtshof, 17. 4. 1858, NA, C15/550/R24.

171 Laut Volkszählung von 1851; *The Daily News*, 2. 12. 1852; *The Morning Chronicle*, 27. 6. 1853 (über die Expedition nach Grönland).

172 Vgl. *The Daily News*, 3. 8. 1854.

5. Kapitel

173 Vgl. Akten des Scheidungsprozesses, NA, J77/44/R4.

174 Vgl. Henrietta Litchfield, *Emma Darwin, Wife of Charles Darwin: Vol. II* (1904).

175 Brief CD an J. D. Hooker, 25. 6. 1857.

176 Brief CD an W. D. Fox, 30. 4. 1857.
177 Brief GC an M. B. Sampson, 11. 1. 1858.
178 Brief CG an Sir James Clark, 19. 12. 1857.
179 Brief GC an M. B. Sampson, 11. 1. 1858.
180 Vgl. Lane, *Hydropathy* (1857).
181 Brief EWL an GC, 23. 8. 1857.
182 Tagebuch GC, 28. 8. 1856.
183 Vgl. Alexander Bain, *Autobiography* (1904); er war es, der Darwin das Etablissement empfahl.
184 Aussage EWL, 23. 11. 1858.
185 Brief CD an W. E. Darwin, 3. 5. 1858.
186 Vgl. Lane, *Hydropathy* (1857).
187 Brief CD an Emma Darwin, 28. 4. 1858.
188 Brief CD an J. D. Hooker, 3. 6. 1857.
189 Brief CD an J. D. Hooker, 6. 5. 1858. Die Ameisenarten waren *Formica sanguinea* und ihre Sklaven *Formica nigra*.
190 Brief J. Burmingham an CD, 10. 9. 1858.
191 Brief CD an W. D. Fox, 30. 4. 1857.
192 Vgl. Rachel P. Maine, *The Technology of Orgasm* (1999).
193 Tagebuch GC, 29. 8. 1856.
194 Vgl. Captain J. K. Lukis, *The Common Sense of the Water Cure* (1862). Das Sitzbad war von Lanes Vorgänger Smethurst als Mittel gegen Unterleibskrankheiten und Verstopfung empfohlen worden; der Patient solle in der Wanne sitzen und zehn bis fünfzehn Minuten täglich seinen Bauch reiben, empfahl er. Schwitzen war gut, weil es die Haut dazu brachte, jene Elemente auszusondern, die den Blutfluss stocken ließen. William Temple empfahl in *Of Health and Long Life* (1701, hg. von Jonathan Swift) ebenfalls das Baden in heißem Wasser, da es die Poren öffne, die Haut zum Schwitzen bringe und dadurch Hitze mindere; außerdem mache es Gelenke und Sehnen geschmeidig. Abreibungen, schreibt Temple, »sind der beste Weg, zum Schwitzen zu gelangen. (...) Ich habe von Menschen gehört, die auf diese Weise etliche Krankheiten kurierten.«
195 Vgl. Edward Bulwer-Lytton, *Confessions of a Water-Patient* (1845).
196 Laut Lanes Vorgänger Thomas Smethurst, in *Hydrotherapia* (1843).
197 Vgl. Jane Wood, *Passion and Pathology in Victorian Fiction*

(2001), in dem die Hypochondrie als männliches Pendant der Hysterie geschildert wird. Zur Hypochondrie allgemein und zu Darwins Krankheit siehe auch Brian Dillon, *Tormented Hope: Nine Hypochondriac Lives* (2009). Vgl. ferner Dinah Mulocks Roman *A Life for a Life* (1860).

198 Vgl. Robert Brudenell Carter, *On the Pathology and Treatment of Hysteria* (1853).

199 Dinah Mulock in *Chambers's Edinburgh Journal*, 1857, abgedruckt in *A Woman's Thoughts About Women* (1858).

200 Brief CD an Charles Lyell, 26. 4. 1858.

201 Brief CD an Emma Darwin, 25. 4. 1858.

202 Brief CD an Emma Darwin, 28. 4. 1858.

203 »Niemand ist je liebenswürdiger«: Brief EWL an Dr. B. W. Richardson, verlesen in St George's Hall, Langham Place, 22. 10. 1882.

204 1861 wohnen in Lanes (inzwischen nach Richmond übergesiedeltem) Etablissement laut Volkszählung acht unverheiratete Männer und vier unverheiratete Frauen zwischen zwanzig und einundvierzig, außerdem drei junge Mädchen (zwei davon unbegleitet) und ein verheiratetes Paar mit zwei Töchtern. Es gab zwölf Dienstboten, einschließlich Badediener, die für die Gäste und Familienmitglieder der Lanes arbeiteten.

205 Zit. in einem Brief GC an EWL, 23. 2. 1858.

206 Dinah Mulocks »The Water-Cure« erschien erstmals im *Dublin University Magazine*, April 1855.

207 Vgl. »Moor Park, As It Was and Is«, in *New Monthly Magazine*, Mai 1855.

208 Viktorianische Kommentatoren verurteilten Swifts liederliches Verhalten und seine Rücksichtslosigkeit gegenüber Esther und anderen Frauen, denen er den Hof machte. Vgl. etwa William Howitt, *Homes and Haunts of the Most Eminent British Poets* (1857), in dem Swift vorgeworfen wird, er habe die Herzen von Frauen gequält.

209 Swift, »A Description of Mother Ludwell's Cave« (1692–93), in *Collected Poems by Jonathan Swift*, hg. von Joseph Horrell (1958).

210 Isabellas drängender und intimer Stil im Tagebuch ähnelt mit den ständigen Ausrufen und Anrufungen der Sprechweise des verzweifelt liebenden jungen Werthers: »Nein, ich betrüge mich

nicht! Ich lese in ihren schwarzen Augen wahre Teilnehmung an mir und meinem Schicksal. Ja, ich fühle, und darin darf ich meinem Herzen trauen, daß sie – o darf ich, kann ich den Himmel in diesen Worten aussprechen? – daß sie mich liebt!« J. W. von Goethe, *Die Leiden des jungen Werthers*, München 1981, S. 38.

211 Isabella erwähnt nicht, dass dieser Tag Edwards Geburtstag war, aber vielleicht war der Geburtstag der Anlass für die Erwähnung seines Alters. Er ist demnach 1823 geboren; später sagte er, er sei am 10. Oktober 1822 geboren. Demnach wäre er im Februar 1844 einundzwanzig gewesen, alt genug, einen Teil des Besitzes seines Vaters als Erbe zu erhalten; darum ging es 1864, als der Besitz nach Elisha Lanes Tod aufgeteilt wurde und die Kinder seiner zweiten Frau (die er 1848 in Montreal geheiratet hatte) versuchten, das gesamte Erbe für sich zu beanspruchen. Vgl. *The Lower Canada Jurist*, Vol. VIII (1864).

212 *Harris's List* wurde 1788 veröffentlicht; zit. bei Stone, *Road to Divorce* (1990), S. 110.

6. Kapitel

213 Zum Thema Boulogne vgl. Charles Dickens, »Our French Watering-place«, in *Household Words*, Vol. 10, No 12, 4. 11. 1854; A. C. G. Jobert, *The French-Pronouncing Hand-Book for Tourists and Travellers* (1853), und John Murray, *Hand-Book for Travellers in France* (1854).

214 Brief IHR an GC, 17. 11. 1854. Die Schule untersagte ungewöhnlicherweise körperliche Züchtigungen, laut Henry Melville Merridew, *Merridew's Visitors Guide to Boulogne* (1864).

215 Laut Murray, *Hand-Book for Travellers in France* (1854).

216 Dickens, »Our French Watering-place«, a. a. O.

217 Vgl. *The Life and Correspondence of Thomas Slingsby Duncombe: late MP for Finsbury*, Vol. 2 (1868).

218 Brief IHR an GC, 28. 2. 1855.

219 Zit. in Cockburns Urteil vom 2. 3. 1859.

220 Brief IHR an GC, 17. 11. 1854.

221 Brief GC an IHR, 7. 12. 1854.

222 Florence Nightingale, *Notes on Nursing* (1860).

223 Trotz ihrer neuen Berufung litt Nightingale weiterhin unter ge-

sundheitlicher Schwäche und Nervosität; daher suchte sie 1857 und 1858 die hydropathische Klinik von Malvern auf. Leicht spöttisch bezeichnet sie die Wasserkur als »ein höchst populäres Vergnügen (…) von athletischen Invaliden, die unter dem *tedium vitae* und jenen unbestimmten Krankheiten leiden, welche ein hohes Einkommen und unbeschränkte Muße unzweifelhaft hervorbringen«, räumt jedoch auch ein, dass ihr die Kur in Malvern guttat. Vgl. Bostridge, *Florence Nightingale*, S. 125.

224 Brief GC an Charles Bray, 15. 11. 1854.

225 Zit. bei William H. Johnson, *Life of Charles Bradlaugh, MP* (1888).

226 Vgl. Toma Sato, »E. W. Lane's Hydropathic Establishment at Moor Park«, in *Hitotsubashi Journal of Social Studies, Vol. 10, No 1* (1978).

227 *The Letters of William and Dorothy Wordsworth*, Vol. IV, hg. von Ernest de Selincourt (1967), S. 495.

228 Zum Verhalten von John Wordsworth s. Brief von Henry Curwen an seinen Sohn Edward, 30. 1. 1846, Curwen archive, Whitehaven, DCu/3/31.

229 Vgl. Mary Trevelyan Moorman, *William Wordsworth: a Biography* (1965).

230 Brief IHR an GC, 28. 2. 1855.

231 Tagebuch IHR, 27. 4. 1855.

232 Brief IHR an GC, 28. 2. 1855.

233 Aussage HOR vor dem Kirchengericht, 17. 4. 1858, NA, C15/550/R24.

234 Vgl. Balmore-House-Verkaufskataloge (1861 und 1865), Reading Central Library.

235 Aussage EWL vor dem Scheidungsgericht, 23. 11. 1858.

236 Percy Bysshe Shelley, *Ausgewählte Dichtungen*, dt. von Adolf Strodtmann, Leipzig 1886.

237 Brief IHR an GC, 4. 11. 1855.

238 Eine solche Spritze wird etwa in Charles Knowltons Bestseller *Fruits of Philosophy; or, The Private Companion of Young Married People* (1832) empfohlen; vgl. auch Angus MacLaren, *Birth Control in Nineteenth-Century England* (1978).

239 Brief IHR an GC, 4. 11. 1855.

240 Vgl. D. Thompson, »A Mid-Nineteenth-Century Experiment in Science Teaching«, in *Annals of Science*, Vol. 2, No 3 (1955).

241 Brief IHR an GC, 21. 2. 1858.

242 Brief GC an Sir James Clark, 19. 12. 1857.

243 Vgl. *A Letter to the Queen on Lord Chancellor Cranworth's Marriage and Divorce Bill*, 2. 6. 1855.

244 Vgl. Ernest Abraham Hart, »On Diphtheria« (1859), abgedruckt in *The Lancet*.

245 Aussage HOR am 1. 2. 1862, NA, J77/44/R4.

BUCH II – *Der Spiegel barst*
7. Kapitel

246 Alfred Tennyson, *Ausgewählte Dichtungen*, dt. von Adolf Strodtmann, Hildburghausen 1870.

247 Die Einzelheiten des Verfahrens *Robinson vs. Robinson und Lane* sind den Prozessberichten in *The Times, Morning Chronicle, Liverpool Mercury, Manchester Times, Reynolds Newspaper, The Era, Daily News, Daily Telegraph, Observer, Caledonian Mercury, The Morning Post* und den *Reports* von Swabey und Tristram entnommen, die vom 15. bis 22. Juni 1858, am 5. und 6. Juli 1858, vom 27. bis 30. November 1858 und am 3. März 1859 veröffentlicht wurden. Die meisten Zitate sind Rückübertragungen aus den meist in der 3. Person verfassten Berichten in die direkte Rede.

248 Zu Cockburn vgl. Michal Lobban, »Cockburn, Sir Alexander James Edmund, twelfth baronet« (1802–1880), im ODNB; Edward Foss, *Biographia Juridica: A Biographical Dictionary of the Judges of England from the Conquest to the Present Time* (1870); Serjeant Robinson, *Bench and Bar, Reminiscences of One of the Last of an Ancient Race* (1894); Justin McCarthy, *Reminiscences: Vol. II* (1899), und NPG.

249 Zu Wightman vgl. Edward Foss, a. a. O., und die Memoiren von John Duke Coleridge. Wightmans älteste Tochter heiratete 1851 den Dichter Matthew Arnold.

250 Der Fall Robinson gehörte zu den zweiundzwanzig Scheidungs- und Trennungsfällen, die 1858 ohne Hinzuziehung von Geschworenen vor diesem Gericht verhandelt wurden.

251 Beschreibung der Architektur des Gerichtssaals nach einem Kupferstich des neuen Gerichts in Westminster Hall in den *Il-*

lustrated London News vom 22. 5. 1858 und nach der Serie »Divorce a Vinculo«, in *Once a Week*, Vol. I und II (1860).

252 Vgl. *The Annual Register 1858* (1859) und Berichte in *The Times*.

253 Vgl. den Nachruf auf Chambers in *The Law Times* (1885) und eine Lithographie nach Robert Samuel Ennis Gallon, 1852 oder später, gedruckt von M. und N. Hanhart, NPG.

254 Barbara Leckie bemerkt in *Culture and Adultery: the Novel, the Newspaper and the Law, 1857–1914* (1999), dass die Parteilichkeit in den Verlautbarungen des Scheidungsgerichts Einfluss hatte auf die Entstehung des unglaubwürdigen Erzählers in der englischen Literatur; ihr Buch enthält auch ein Kapitel über den Fall Robinson.

255 Vgl. Richard Thomas Tidswell und Ralph Daniel Makinson Littler, *The Practice and Evidence in Cases of Divorce and other Matrimonial Causes* (1860).

256 Vgl. ebd.

257 Handbuch von 1853, zit. in Stone, *Road to Divorce* (1990).

258 Laut *The Parliamentary Papers: Accounts & Papers 1859*, Vol. xix, S. 331, waren es 1833, in den ersten achtzehn Monaten nach Einsetzung des neuen Gerichts, 356 Kläger (Männer und Frauen); in den 1850er Jahren 30, 1854 27, 1855 32, 1856 41, 1857 53 und 1858 53.

259 Vgl. David M. Turner, *Fashioning Adultery: Gender, Sex and Civility in England 1660–1740* (2002); Ann Sumner Holmes, »The Double Standard in the English Divorce Laws, 1857–1923«, in *Law and Social Inquiry*, Vol. 20, No 2 (1995), und Lynda Nead, *Myths of Sexuality: Representations of Women in Victorian England* (1998). Über das Problem, ob Männer und Frauen vor dem Scheidungsgericht gleich behandelt werden sollten, war im Parlament debattiert worden. Im Oberhaus war mit 71 zu 20 Stimmen für einen gesetzlichen Unterschied gestimmt worden; im Unterhaus lag die Stimmverteilung bei 126 zu 65. George Drysdale protestierte gegen die Ungleichbehandlung. Bei einem Mann erscheine es »verzeihlich«, wenn er außerhalb der Ehe seinen sexuellen Gelüsten fröne; bei einer Frau bedeute dasselbe Verhalten hingegen das »ruchloseste Verbrechen«. Erst 1923 erhielten Frauen bei einem Scheidungsverfahren gleiche Rechte, kurz nachdem sie auch das Wahlrecht erhalten hatten.

260 *Saturday Review*, Juli 1857.

261 Thomas Hoods Gedicht »The Bridge of Sighs« (1844) hatte die Assoziation dieses Bauwerks mit sexuellen Ausschweifungen und Selbstzerstörung befördert. Das Gedicht erinnert an den Selbstmord einer Prostituierten, deren Leiche an dieser Stelle ans Ufer geschwemmt wurde. John Everett Millais schuf 1858 einen Kupferstich nach diesem Gedicht.

8. Kapitel

262 Antwort HOR auf IHRs Einlassung, Court of Chancery, 17.4.1858, NA, C15/550/R24.

263 Brief IHR an GC, 26.2.1858.

264 Dieses und die folgenden Zitate aus Brief IHR an GC, 21.2.1858.

265 Ebd.

266 Es könnte sich um William Gregg handeln, der mit Edward in Edinburgh Jura studiert hatte.

267 Vgl. Briefe IHR an GC, 21.2. und 26.2.1858.

268 Genauer gesagt handelte es sich um Kosten zwischen 200 und 5000 Pfund. Vgl. Gail L. Savage, »The Operation of the 1857 Divorce Act, 1860–1910: A Research Note«, in *Journal of Social History* (1983). Die Kosten für die eheliche Trennung waren weit niedriger; um 1845 waren es zwischen 50 und 800 Pfund. Vgl. Stone, *Road to Divorce* (1990), S. 188.

269 Dieses und die folgenden Zitate aus GCs Tagebuch, 3.7. bis 3.8.1857.

270 Laut Stack, *Queen Victoria's Skull* (2007), S. 156.

271 F. Tennyson Jesse, *The Trial of Madeline Smith* (1927), zit. in Leckie, *Culture and Adultery* (1999).

272 Tagebuch RC, NLS.

273 Vgl. *Register of Tonbridge School* (1893).

274 Vgl. *The Tonbridgian*, Oktober 1861, und D. C. Somervell, *A History of Tonbridge School* (1947).

275 Zur Verfahrensweise der Kirchengerichte vgl. Stone, *Road to Divorce* (1990).

276 *The Times*, 4.12.1857.

277 IHR vor dem House of Lords Select Committee on Appeals, 6.6.1861, HLA.

278 Laut R. D. Baxter, *National Income* (1868).

279 Brief IHR an GC, 21. 2. 1858.

280 Brief GC an Mrs Tennant, die Halbschwester Mary Lanes, 28. 12. 1857.

281 James Clark war der Sohn eines Butlers, geboren 1788 in Banff-shire.

282 Brief GC an Sir James Clark, 19. 12. 1857.

283 Brief EWL an GC, 29. 12. 1857.

284 Brief Lady D. an GC, 1. 1. 1858.

285 Brief EWL an GC, 31. 12. 1857.

286 Brief GC an Sir James Clark, 4. 1. 1858.

287 Brief EWL an GC, 11. 1. 1858.

288 Briefe EWL an GC, 5. 2. und 17. 5. 1858.

289 Brief EWL an GC, 17. 5. 1858.

290 Brief EWL an GC, 29. 12. 1857.

291 Brief GC an HOR, 12. 1. 1858.

292 Briefe GC an Sir James Clark, 19. 12. 1857 und 4. 1. 1858.

293 Brief Sir James Clark an GC, 22. 1. 1858.

294 Brief M. B. Sampson an GC, 9. 1. 1858.

295 Brief HOR an GC, 4. 1. 1858.

296 Brief GC an HOR, 18. 1. 1858.

297 Brief EWL an GC, 5. 2. 1858.

298 Brief Lady D. an GC, 2. 3. 1858.

299 Vgl. *Parliamentary Papers: Accounts and Papers 1859*, Vol. XXII, paper 106.

300 Vgl. Tidswell, Littler, *Practice and Evidence* (1860).

301 HORs Aussage, 1. 2. 1862, NA, J77/44/R4.

302 Isabellas Anwalt war Francis Hart Dyke, der zuvor am Doctors' Commons gearbeitet hatte; Edwards Anwalt war John Young von der Londoner Kanzlei Desborough, Young & Desborough.

303 Vgl. *The Birmingham Daily Post*, 25. 6. 1858. Laut *Parliamentary Papers: Accounts and Papers 1859*, Vol. XXII, wurden in den ersten fünfzehn Monaten des Bestehens des neuen Gerichts 302 Scheidungsklagen verhandelt.

304 Vgl. *Daily News*, 13. 5. und 14. 5. 1858, und Swabey und Tristram, *Reports*.

305 *Daily News*, 28. 5. 1858.

306 Christopher Hibbert, *Queen Victoria in her Letters and Journals* (1986), zit. in Hager, *Dickens and the Rise of Divorce* (2010).

307 Brougham hatte am eigenen Leib erfahren, was Geisteskrankheit bedeuten kann: Er hatte Anfälle von hypochondrischen Depressionen und Manien; seine Schwester war wahnsinnig, und seine Frau litt seit der Geburt ihrer zweiten Tochter 1822 unter nervösen Störungen. Henry Brougham hatte mehrere Affären und bezahlte 1826 die Lebedame Harriette Wilson dafür, dass sie seinen Namen aus ihren Memoiren heraushielt. Vgl. den Eintrag von Michael Lobban im ODNB.

308 Laut *Daily Telegraph* vom 17.6.1858 war dies der erste vor dem neuen Gericht verhandelte Fall, über den detailliert in der Presse berichtet wurde.

309 Vgl. William R. O'Byrne, *A Naval Biographical Dictionary* (1849).

310 Tagebuch GC, 28.8.1856.

311 Vgl. H.C.G. Matthew, *Gladstone* (1997), S. 90ff.

312 William Acton spielt in *Functions and Disorder of the Reproductive Organs, in Childhood, Youth, Adult Age, and Advanced Life, Considered in the Physiological, Social, and Moral Relations* (1857) ebenfalls auf die *Bekenntnisse* an, wenn er schreibt, dass Rousseau sich mit krankhafter Besessenheit seinem seelischen und moralischen Charakter widme und dass seine »abscheuliche Offenheit« den beklagten Seelenzustand nur perpetuiere. Zit. in Stephen Marcus, *The Other Victorians: a Study of Sexuality and Pornography in Mid-Nineteenth-Century England* (1966), S. 24.

313 Ein Rezensent der dritten Auflage des Tagebuchs schreibt im *Blackwood's Magazine*, Vol. 66 (1849), dass »der große Zauber des Buches in der völligen Abwesenheit von Verstellung« liege.

314 Pepys selbst ließ die privaten Bekenntnisse von Mrs Pepys verschwinden, wie er am 9.1.1663 seinem Tagebuch erklärt. Sie habe »über die Zurückgezogenheit ihres Lebens geschrieben und darüber, wie traurig es war«. Er war entsetzt darüber, dass sie es in Englisch verfasst hatte (sein eigenes Journal war verschlüsselt), denn nun bestehe die Gefahr, »dass andere es finden und lesen könnten«. Er befahl ihr, es zu zerreißen, und als sie sich weigerte, riss er es ihr aus der Hand und vernichtete ein Blatt nach dem anderen vor ihren Augen. Ursache seiner panischen

Wut war die Tatsache, dass die privaten Gedanken seiner Frau an die Öffentlichkeit gelangen konnten.

315 Vgl. Kathryn Carter, »The Cultural Work of Diaries in Mid-Century Victorian Britain«, in *Victorian Review*, Vol. 23, No 2 (1997).

316 Jameson war eine gute Freundin von Cecy Combes Cousine Fanny Kemble und eine Bekannte der Combes.

317 Dazu gehörten: Anne Manning, *The Maiden and Married Life of Mary Powell: afterwards Mistress Milton* (1849); Holme Lee (Harriet Parr), *Passages from the Diary of Margaret Arden* (1856), »herausgegeben« von Lady Charlotte Pepys, sowie die anonymen *Ephemeris: or Leaves from ye Journall of Marian Drayton* (1853); *The Diary of Martha Bethune Baliol, from 1753 to 1754* (1853) und *Diary of Mistress Kate Dalrymple, 1685–1735* (1856).

318 Dinah Mulock, *Bread upon the Waters* (1852).

319 Wilkie Collins, »Leaves from Leah's Diary« in der Sammlung *After Dark* und seine frühe Detektivgeschichte *The Diary of Anne Rodway*.

320 Vgl. Werbeanzeige für die Letts-Tagebücher in David Morier Evans, *The Commercial Crisis 1847–48* (1849).

321 Werbeanzeige aus den 1820er Jahren, zit. in David Amigoni, *Life Writing and Victorian Culture* (2006), S. 27.

322 Vgl. John Craig, *A New Universal Etymological, Technological, and Pronouncing Dictionary of the English Language* (1859).

323 Vgl. Carter, »The Cultural Work of Diaries in Mid-Century Victorian Britain«, a. a. O.

324 Vgl. *Letters and Memorials of Jane Welsh Carlyle, Vol. II*, hg. von James Anthony Froude (1913).

325 Diese waren seit der Veröffentlichung von Henry Matthews, *The Diary of an Invalid; Being the Journal of a Tour in Pursuit of Health; in Portugal, Italy, Switzerland, and France, in the Years 1817, 1818, and 1819* populär geworden. Darwin führte ein solches Tagebuch zwischen 1849 und 1855.

10. Kapitel

326 Vgl. »Divorce a Vinculo«, in *Once a Week*, a. a. O.

327 Dieser Ausdruck war für die meisten Zeitungen schon zu viel; *The Times* vom 16. 6. 1858 umschrieb ihn durch »Frauenkrankheit«.

328 Vgl. Walter Kidd, *Joseph Kidd 1824–1918: Limerick, London, Blackheath: A Memoir* (Privatdruck, 1920/1983). Kidd wurde William Gladstones Leibarzt, von 1877 auch Leibarzt Disraelis, dessen Gesundheit sich verbesserte, nachdem er ihm geraten hatte, Bordeaux statt Portwein zu trinken. Als Disraeli starb, hielt Kidd ihm die Hand.

329 Laut dem Irrenarzt John Charles Bucknill gab es zwei Klassen von Ärzten, die vor einem Strafgericht über Geisteskrankheiten aussagten: »Jene, die etwas über den Gefangenen und nichts über Geisteskrankheit wissen, und jene, die etwas über Geisteskrankheit und nichts über den Gefangenen wissen.« Vor dem Scheidungsgericht an diesem Tag verhielt es sich nicht anders: Kidd kannte Isabella und wusste weniger über sexuelle Manien, die anderen wussten etwas über Frauenkrankheiten, hatten Isabella jedoch nicht untersucht.

330 Porträt von Ferdinand Jean de la Ferté Joubert, nach einem Mezzotinto von Edouard Louis Dubufe, 1852, NPG.

331 Vgl. Nachruf auf James Henry Bennet, *British Medical Journal*, 12. 9. 1891.

332 Robert Brudenell Carter schreibt in *On the Pathology of Hysteria* (1853), dass er »schon mehr als eine junge unverheiratete Frau der mittleren Gesellschaftsklasse« gesehen habe, die »durch konstante Verwendung des Spekulums« seelisch und moralisch auf den Stand einer Prostituierten herabgesunken sei. Stephen Smith erörtert in *Doctor in Medicine: and Other Papers on Professional Subjects* (1872) die Gefahr der »Spekulum-Manie« für Frauen, die zu Sittenlosigkeit und Wahnsinn führen könne.

333 Vgl. G. T. Bettanys Artikel im ODNB und den Nachruf auf Locock im *British Medical Journal* vom 31. 7. 1875. Als junger Mann hatte sich Locock »teuflisch« in eine hübsche junge Frau mit guten Verbindungen verliebt, doch später erschien sie ihm »allzu freimütig und liebevoll«, und er wendet sich von ihr ab und heiratet eine genauso hübsche, doch tiefreligiöse junge Dame. Vgl.

Russell C. Maulitz, »Metropolitan Medicine and the Man-Midwife: the Early Life and Letters of Sir Charles Locock«, in *Medical History*, Vol. 26 (1982).

334 Seine Forschungen ergaben, dass junge Frauen, die während der Menstruation Sex hatten oder masturbierten, Krampfanfälle erleiden konnten, und er experimentierte mit Kaliumbromid bei der Behandlung von sexueller Manie (dieses Mittel erwies sich bei der Behandlung von Epilepsie als höchst effizient).

335 Vgl. die Fotografie von Forbes Winslow 1864 von Ernest Edwards in NPG und Jonathan Andrews Artikel im ODNB.

336 In der Renaissance war der *furor uterinus* diagnostiziert worden, der gleichbedeutend war mit übermäßigem Lustempfinden von Frauen. Vgl. Carol Groneman, »Nymphomania: the Historical Construction of Female Sexuality«, in *Signs: Journal of Women in Culture and Society*, Vol. 19, No 2 (1994).

337 Laut Charles Bucknill und Daniel H. Tuke, *A Manual of Psychological Medicine* (1858), zit. in Shuttleworth, *Brontë and Victorian Psychology* (1996).

338 Vgl. Bennet, *A Practical Treatise on Inflammation of the Uterus, Its Cervix, and Appendages, and on Its Connection with Uterine Disease* (3. Aufl. 1853). In einer späteren Auflage verändert Bennet diesen Satz und führt explizit aus, dass Nymphomanie zu »Missbrauch mit sich selbst« führen könne. Auch W. Tyler Smith in *Manual of Obstetrics* (1858) verbindet Geburt und sexuelle Manie: »Nach dem Wochenbett kommt es zuweilen zu exzessiver sexueller Erregung, die in Erotomanie übergehen kann.«

339 Vgl. E. J. Tilt, *The Change of Life in Health and Disease* (1857).

340 In seinem *Journal of Psychological Medicine and Mental Pathology* (1854) schreibt Winslow, dass die erotische Manie nach der Menopause auftreten könne und »offenbar in Beziehung steht mit einem besonderen Zustand der Geschlechtsorgane«.

341 Informationen zur Scheidung der Ruskins aus Phyllis Rose, *Parallel Lives: Five Victorian Marriages* (1983). Euphemia wollte die Annullierung der Ehe, weil sie sich in den Künstler John Millais verliebt hatte, der an einem Porträt ihres Mannes arbeitete. Einige von Millais' zahlreichen Illustrationen unglücklicher Frauen aus den späten 1850er und 1860er Jahren zeigten Frauen mit versteckten Gesichtern, wie Eggs Ehebrecherin – eine Haltung, in der sich Verlassenheit, Scham und Verzweiflung ausdrückte.

342 Esquirols Buch kam 1838 in Frankreich heraus und wurde 1845 ins Englische übersetzt. Schon ein Jahrzehnt früher waren seine Gedanken in England bekannt geworden durch Cowles Prichards *A Treatise on Insanity and Other Disorders Affecting the Mind* (1835). Monomanie könne jeden treffen, wie gesund er auch erscheine, schreibt Esquirol, und sie könne ebenso schnell wieder verschwinden, wie sie aufgetreten sei. Besonders die Klugen und Wissbegierigen treffe dieses Schicksal. Je weiter das Begriffsvermögen ausgebildet sei, je aktiver das Gehirn werde, desto mehr sei Monomanie zu befürchten.

343 »Erotomanie ist die Folge von übermäßig erregter Phantasie«, erklärt James Copland in *A Dictionary of Practical Medicine* (1858). »Satyriasis und Nymphomanie haben ihre Ursache in der lokalen Reizung der Geschlechtsorgane, die auf das Gehirn einwirkt und die Leidenschaften über die Grenzen des Vernünftigen hinaus anstachelt.« Laut dem schottischen Irrenarzt Sir Alexander Morison zeigt sich Erotomanie durch »Unruhe, Melancholie und Schweigen«; er beobachtete, dass eine der Leidenden »ständig den Namen des Liebesobjekts auf Papier oder die Zimmerwände oder auf den Boden schrieb«. Vgl. Morison, *Outlines of Lectures on the Nature, Causes, and Treatment of Insanity* (1848).

344 Horatio Storer, »Cases of Nymphomania«, in *American Journal of Medical Science*, Vol. 32, No 10, zit. in Groneman, »Nymphomania: the Historical Construction of Female Sexuality«.

345 Vgl. Daniel H. Tuke, »On the Various Forms of Mental Disorder«, in *The Asylum Journal of Mental Science*, No XIX (1857).

346 Vgl. Mary Poovey, *Uneven Development: the Ideological Work of Gender in Mid-Victorian England* (1988).

347 Vgl. William Acton, *Functions and Disorders of the Reproductive Organs*. In der 1862 publizierten Auflage scheint Acton seine Ansichten leicht modifiziert zu haben. Er fügt hinzu: »Wie die Scheidungsprozesse zeigen, gibt es einige wenige Frauen, deren geschlechtliches Begehren so stark ist, dass es das von Männern übertrifft; wo es sich zeigt, wirkt es schockierend. Natürlich gibt es eine Form geschlechtlicher Erregung, die zu Nymphomanie führt, eine Form des Wahnsinns, die in Irrenanstalten verbreitet ist; doch das sind traurige Ausnahmen, und es kann kein Zweifel darüber bestehen, dass das normale weibliche Sexualempfinden

wenig ausgeprägt ist und beträchtlicher Leidenschaft bedarf, um überhaupt erregt zu werden; und selbst wenn es sich zeigt (in manchen Fällen wird das nie der Fall sein), ist es im Vergleich zu dem des Mannes sehr schwach.«

348 Vgl. Alexander Morison, *The Physiognomy of Mental Diseases* (1838 oder 1840). Auch George Combes Bruder Andrew, der Esquirols Werk in Frankreich studierte, glaubte, dass die Ursache sexueller Störungen im Gehirn zu finden sei.

349 In *A Practical Treatise on Inflammation of the Uterus* schreibt Bennet, dass eine Entzündung der Gebärmutter besonders häufig nach einer Entbindung auftrete. Zu den Symptomen gehörten »schwere Kopfschmerzen, Niedergeschlagenheit und grundlose Ängste«, oft »begleitet von Einbildungen oder Halluzinationen und der Angst vor Wahnsinn«.

350 In seinem Artikel über das Ausbleiben der Menstruation in *Cyclopaedia of Practical Medicine* (1833).

351 *The Lancet*, 5.6.1853. In den frühen 1850er Jahren gelang dem Arzt Isaac Baker Brown die erste erfolgreiche Clitoridectomie an seiner Schwester, und in den 1860er Jahren war er für diesen Eingriff bekannt. Vgl. Ornella Mosucci, »Clitoridectomy, Circumcision and the Politics of Sexual Pleasure in Mid-Victorian Britain«, in *Sexualities in Victorian Britain*, hg. von Andrew H. Miller und James Eli Adams (1996).

352 Brief IHR an Lady D., 14.2.1858.

353 Brief GC an Lady D., 3.3.1858.

354 Brief IHR an GC, 21.2.1858.

355 Brief GC an IHR, 23.2.1858.

356 Brief GC an EWL, 23.2.1858.

357 Brief GC an HOR, 6.1.1858.

358 Brief GC an Sir James Clark, 4.1.1858.

359 Brief IHR an GC, 26.2.1858.

360 *Soll und Haben* (1976), S. 131 ff.

361 Brief IHR an GC, 26.2.1858.

362 Brief IHR an GC, 28.2.1858.

363 Brief GC an EWL, 2.3.1858.

364 Brief GC an Lady D., 3.3.1858.

365 Combe übernimmt vieles von seinem jüngeren Bruder D. Andrew Combe, der vor schlimmen Folgen gewarnt hatte, wenn Frauen der oberen und mittleren Gesellschaftsklassen kein Ventil

für ihre Energien hätten: »Notwendigerweise kreisen sie immer wieder um ihre eigenen Gefühle und persönlichen Beziehungen, die nun die ins Riesenhafte vergrößerten Objekte ihrer Betrachtungen bilden – so lange, bis die mentalen Energien gestört werden, falsche Ideen von Existenz und Schicksal entstehen, die Phantasie von sonderbaren Eindrücken heimgesucht wird und winzige Ereignisse, die zum Selbst in irgendeiner Beziehung stehen, zu Gegenständen von ungeheurer Wichtigkeit gemacht werden.«

366 Ivory war an der Edinburgh Academy von 1834 bis 1841 George Drysdales Klassenkamerad gewesen. Vgl. *Edinburgh Academy Register 1824–1914* (1914).

367 Brief GC an EWL, 29. 2. 1858.

368 Brief EWL an GC, 13. 4. 1858.

369 Laut Nachruf auf Kidd im *British Medical Journal.* John Drysdale behandelte Kidd in den frühen 1850er Jahren in Liverpool und riet ihm zu einem längeren Urlaub.

370 Brief RC an Cecilia Combe, 26. 2. 1858.

371 Brief EWL an GC, 16. 3. 1858.

372 Brief EWL an GC, 25. 3. 1858.

11. Kapitel

373 Die Details entstammen *The Annual Register 1858* (1859).

374 *The Morning Post*, 20. 6. 1858.

375 *Illustrated London News*, 19. 6. 1858.

376 Vgl. *Annual Register 1858*. Ein Anwalt des Finanzgerichts fragte den Richter, ob sie ohne Perücke arbeiten dürften.

377 Vgl. John Fraser Macqueen, *A Practical Treatise on Divorce and Matrimonial Jurisdiction* (1858), und Stone, *Road to Divorce* (1990).

378 Prozessbericht aus den Scheidungsunterlagen, NA, J77/8/4; Swabey und Tristram, *Reports*, und *The Law Times*, 24. 9. 1859.

379 *The Times*, 21. 5. 1858.

380 Vgl. Ann Sumner Holmes, »The Double Standard in the English Divorce Laws, 1857–1923«, in *Law and Social Inquiry*, Vol. 20, No 2 (1995).

381 Dennoch lebten 1861 laut Volkszählung alle drei Curtis-Kinder

bei ihrer Mutter in Lyme Regis, Dorset; der Vater lebte allein in einem Haus hinter der National Portrait Gallery in London. Zwanzig Jahre später wohnte Fanny Curtis unter den Klippen von Dover mit ihren zwei Töchtern zusammen. Sie starb 1896 im Alter von einundsiebzig Jahren.

382 Brief EWL an GC, 17.5.1858.

383 Briefe GC an EWL, 17.5. und 22.5.1858.

384 *The Examiner*, 26.6.1858.

385 Brief Charles Mackay an GC, 21.6.1858. Mackay war der Verfasser von *Extraordinary Popular Delusions and the Madness of Crowds* (1841), einem Buch, das kollektive Phantasien untersuchte. »Es ist oft gesagt worden, dass Menschen als Herdenwesen denken«, schreibt er darin. »Es wird gezeigt werden, dass sie auch in Herden verrückt werden, während sie nur als Einzelne, langsam, wieder zur Besinnung kommen.«

386 Brief CD an William D. Fox, 24.6.1854. Darwin hatte seine eigene persönliche und berufliche Krise: Er hatte gerade von der Existenz eines Aufsatzes erfahren, der seine eigene Theorie der natürlichen Auslese vorwegnahm; und sein jüngster Sohn war schwer krank. Am 1. Juli wurde seine Theorie zusammen mit dem Werk seines Rivalen zum ersten Mal der Öffentlichkeit vorgestellt, bei einem Treffen der Linnean Society in London. Darwin selbst konnte nicht teilnehmen: Sein Sohn war am Vortag gestorben.

387 Brief CD an William D. Fox, 27.6.1858.

388 Brief EWL an GC, 30.6.1858.

389 Brief EWL an Thomas Jameson Torrie, 25.6.1858, zit. in Benn, *Predicaments of Love*, S. 242.

390 *Daily News*, 25.6.1858.

391 *The Morning Post*, 8.7.1858.

392 *British Medical Journal*, 10.7.1858.

393 Rousseaus moderne Heloise schließt ihren Geliebten in einen Hain ein, wie Isabella den ihren in das Tagebuch. Popes Eloise verfällt dem Zauber eines Succubus.

394 *Saturday Review*, 26.6.1858.

395 Zit. in Marcus, *The Other Victorians*, S. 197 ff.

396 Vgl. *Die Memoiren der Fanny Hill* und Peter Gay, *Education of the Senses: the Bourgeois Experience, Victoria to Freud*, Vol. 1 (1984).

397 *Saturday Review*, 26.6.1858. William Forsyth, Edward Lanes Anwalt, vergleicht in *Novels and Novelists of the Eighteenth Century* (1871) die »schmutzigen Details« der Zeitungsberichte über die Scheidungsverfahren mit unzüchtigen Romanen des achtzehnten Jahrhunderts.

398 Vgl. Phillimore, *The Divorce Court: Its Evils and the Remedy* (1859). Auf S. 71 bemerkt er, dass Isabella »krankhafte Erregung« und »hämische Freude« verspürt habe, als die gesammelten Beweise ihres schamlosen Betragens veröffentlicht wurden.

399 Palmerston war als Frauenheld bekannt. Er dokumentierte seine Eroberungen in einem Journal. Vgl. den Artikel von David Steele im ODNB.

400 Autor dieser Artikel war wahrscheinlich der viktorianische Essayist und Anwalt James Fitzjames Stephen, der oft gegen die sentimentalen Auswüchse in den Romanen von Dickens wetterte. Die Gerüchte über Dickens' Privatleben gaben seinen Beschimpfungen neue Kraft.

401 »Der alte Vater Themse hat einen Rivalen bekommen«, bemerkt ein »alter Junggeselle« in einem anonymen Pamphlet von 1859 oder 1860. »Der gesammelte Dreck, der in seinem verehrten Bette fließt, ist nicht so abscheulich wie das Gift, das uns, von unserem christlichen Gesetzgeber sanktioniert, täglich verabreicht wird. Und wem verdanken wir diesen Skandal? Uns selbst – unseren laschen Sitten – der Art, wie wir unsere Frauen erziehen – den schrecklichen Freiheiten, die wir ihnen gewähren.« Zit. in *Leckie, Culture and Adultery* (1999).

402 *Illustrated London News*, 26.6.1858.

403 Brief GC an EWL, 2.6.1858.

404 Tagebuch GC, 12.7.1858.

405 Brief GC an Sir James Clark, 12.8.1858.

406 Brief J.B. Stewart an GC, 3.7.1858.

407 Tagebuch GC, 25.7. bis 14.8.1858, und Charles Gibbon, *The Life of George Combe, the Author of ›The Constitution of Man‹* (1878).

408 Vgl. Stack, *Queen Victoria's Skull*, S. 2.

409 Vgl. das gedruckte Bild Bovills in NPG und *The Reminiscence of Sir Henry Hawkins, Baron Brampton*, Vol. II, hg. von Richard Harris (1904).

410 Vgl. E.H. Coleridge, *The Life and Correspondence of John Duke Coleridge: Lord Chief Justice of England* (1904).

411 Vgl. *Daily Telegraph*, 17.6.1858.

412 *Daily Telegraph*, 24.11.1858.

413 Vgl. Nicholas Hervey, »Advocacy or Folly: the Alleged Lunatics' Friend Society, 1845–63«, in *Medical History*, Vol. 30 (1986). Im August 1858 versuchte Charles Dickens in einem von englischen und amerikanischen Blättern abgedruckten Brief, seinen beschädigten Ruf wiederherzustellen, indem er behauptete, seine Frau Catherine leide an einer seelischen Störung.

414 Vgl. Prozessberichte in Swabey und Tristram, *Reports, The Times* und *Daily News*.

415 *Saturday Review*, 4.12.1858. Ein weiteres Jahrhundert lang hatte ein »unschuldiger« Ehemann/eine »unschuldige« Ehefrau die Schuld seiner Frau/ihres Mannes nachzuweisen; als Beweise dienten oft arrangierte Schäferstündchen in Hotelzimmern. Erst ein Gesetz von 1969 gab in England den Weg für einvernehmliche Scheidungen frei.

416 Vgl. *Letters of Queen Victoria: a selection from Her Majesty's correspondence between the years 1837 and 1861* (1907), zit. in *Report of Royal Commission on Divorce and Matrimonial Causes* (1912).

417 Forbes Winslow äußerte im *Journal of Psychological Medicine and Mental Pathology*, Vol. XII (1859), seinen Ärger darüber, dass Cockburn die Aussagen der Mediziner außer Acht gelassen und behauptet hatte, Sexbesessene vertrauten sich anderen an.

418 Nach der anonymen Publikation erotischer Memoiren in *My Secret Life* in den 1880er Jahren fragten sich viele Leser, ob es sich um Fiktion oder Wirklichkeit handelte. Die Verfechter der Authentizität wiesen ebenfalls auf die detaillierten Schilderungen und die Eingeständnisse sexuellen Versagens hin. Vgl. Marcus, *The Other Victorians*.

419 IHRs Antrag vor dem Berufungsgericht, 6.6.1861, HLA. Zu den

Gebühren vgl. *A Handy Book on the New Law of Divorce and Matrimonial Causes* (1860).

420 *Examiner*, 5.3.1859.

421 Ausgabe vom 12.3.1859.

422 Vgl. John Paget, *Paradoxes and Puzzles* (1874). Noch im Jahr 1910 schrieb H.E. Fenn, ein Anwalt am Scheidungsgericht, in seinen Lebenserinnerungen, dass das Gericht dem Geständnis einer Ehebrecherin stets mit ernsten Zweifeln begegne, aus Furcht davor, den Äußerungen einer Hysterikerin auf den Leim zu gehen.

423 1860 war es üblich, Frauen in jedem Fall aus dem Gerichtssaal auszuschließen, außer, sie waren als Zeuginnen geladen. Vgl. »Divorce a Vinculo«, in *Once a Week*.

13. Kapitel

424 Brief CD an William Fox, 12.2.1859.

425 In *The Lancet*, der Zeitschrift des medizinischen Establishments, wurde das Buch abgelehnt, da es »nichts besonders Neues oder Intelligentes« enthalte und nur das Beispiel eines Hydropathen sei, der »seine eigenen Ansichten aufbauscht«; *Living Age* feiert es als »erhellend«, da es die »klarste und rationalste Begründung« der Wasserkur enthalte, die je gegeben wurde. Sowohl Combe als auch Darwin empfahlen es ihren Freunden. Lane schickte ein Exemplar an Dickens, der sich, weniger begeistert, für »Ihr kleines Buch« bedankte.

426 Brief von Catherine Crowe an Helen Brown, 25.1.1861, Crowe Collection, F191822.

427 Brief von Mary Butler an CD, Dezember 1862.

428 Brief von J.P. Thom an CD, 14.1.1863.

429 Testamentsabschriften von Elizabeth Drysdale, 14.5.1887, Edward Wickstead Lane, 30.10.1889, und Margaret Mary Lane, geb. Drysdale, 15.8.1891. Lady Drysdale starb in London, Edward in Boulogne und Mary ebenfalls in London.

430 Er sagte als Zeuge der Verteidigung aus, als Annie Besant und Charles Bradlaugh, die für die Empfängnisverhütung gekämpft hatten, wegen obszöner Handlungen 1877 vor Gericht kamen. Die beiden wurden aufgrund einer Definition von Obszönität

verurteilt, die von Sir Alexander Cockburn 1868 festgelegt wurde und bis heute in Gebrauch ist.

431 Charles Vickery Drysdale und George Vickery Drysdale.

432 Testament von Charles Drysdale (beglaubigt 10.12.1908) und George Drysdale (beglaubigt 21.12.1907). Beide starben im gleichen Haus in West Dulwich, Surrey.

433 *The Times*, 28.5.1867.

434 Vgl. Christopher Hibbert, *Queen Victoria: a Personal History* (2000), S. 299.

435 Vier Jahre zuvor hatte der französische Irrenarzt Jean-Pierre Falret eine Form der Manie beschrieben, die er *la folie circulaire* nannte; es war die erste Beschreibung einer Krankheit, die wir heute als manische Depression oder bipolare Störung kennen. In der manischen Phase können die Betroffenen unter einem gesteigerten Geschlechtstrieb leiden, schreibt Falret, begleitet von der Einbildung, dass die Objekte ihrer Lust ihr Gefühl erwiderten; in den depressiven Phasen litten sie unter tief melancholischen und sogar suizidalen Gedanken. Die Opfer dieses »zirkulären Wahns« schienen oft ganz normal zu sein: Sie dachten klar, und ihre extremen Stimmungen waren oft von luziden Intervallen durchsetzt. Diese Symptome ähneln den stürmischen, von Niedergeschlagenheit abgelösten Empfindungen, von denen Isabella in ihrem Tagebuch spricht. Obwohl die Ärzte, die im Robinson-Prozess auftraten, wahrscheinlich von Falrets Forschungen wussten (1854 wurde in der britischen Medizinpresse davon berichtet), brachten sie Isabellas Wahnsinn nicht mit der neuen Krankheit in Verbindung.

436 *A Life for a Life* und George Eliots *Adam Bede* waren die Bücher, die 1859 aus öffentlichen Bibliotheken am häufigsten ausgeliehen wurden. Vgl. Sally Mitchell, *Dinah Mulock Craik* (1983). Dinah Mulock heiratete 1865 Georgiana Craiks Cousin George Lillie Craik; sie war vierzig, er fünfundzwanzig.

437 Vgl. auch *The Serpent on the Hearth: a Mystery of the New Divorce Court* (1860).

438 Vgl. E.S. Dallas, *The Gay Science* (1866).

439 Dinah Mulock, »To Novelists – and a Novelist«, eine Rezension von George Eliots *Die Mühle am Floss* in *Macmillan's Magazine*, 1861.

440 HORs Aussage am 1.2.1862, NA, J77/44/R4.

441 Protokolle des Appeal Committee of the House of Lords, 25. 6. 1860.

442 HORs Erwiderung am 14. 4. 1862, NA, J77/44/R4.

443 Brief von Bridget Curwen Walker an ihren Enkelsohn Thomas Walker, 3. 1. 1859, Privatsammlung Ruth Walker.

444 Testament von Bridget Christian Walker (beglaubigt 28. 5. 1859). Bei Fredericks Tod 1880 wurde das Anwesen auf 41 000 Pfund geschätzt. Es ging an John Walker, Isabellas ältesten Bruder, dessen Sohn es verkaufte.

445 HORs Erwiderung vor dem Court of Chancery vom 17. 4. 1858 und 1. 2. 1862, NA, J77/44/R4.

446 Vgl. Dokumente in NA, J77/44/R4, und Volkszählung 1861.

447 Vgl. Protokolle des House of Lords Select Committee on Appeals, 6. 6. 1861, HLA.

448 HORs Erwiderung am 14. 4. 1862, NA, J77/44/R4. Er beschrieb das vierstöckige Gebäude als »kleines Haus«, das er wegen geschäftlicher Verluste aufgeben müsse. Laut Volkszählung lebte er dort 1861 mit Otway, Stanley, drei Dienstboten und zwei seiner Nichten. Das Haus kostete im Jahr 84 Pfund Unterhalt.

449 Vgl. *Register of Tonbridge School* (1893).

450 HORs Erwiderung am 14. 4. 1862, NA, J77/44/R4.

451 Die entsprechenden Dokumente befinden sich in den Gerichtsprotokollen in NA, J77/44/R4.

452 Vgl. John Henry Sherburne, *The Tourist's Guide; or Pencilling in England and on the Continent* (1847).

453 Vgl. Barker und Robbins, *A History of London Transport* (1963).

454 Gerichtsprotokolle in NA, J77/44/R4.

455 HORs Aussage vor dem Court for Divorce and Matrimonial Causes, 2. 11. 1863, NA, J77/44/R4.

456 Vgl. Lord Rossmor, *Things I Can Tell* (1912).

457 Vgl. *Memoires de la Société academique de l'arrondissement de Boulogne-sur-Mer* (1880).

458 Laut *The Belfast News-Letter* vom 4. 5. 1865. Die Zeremonie fand in der St Stephens Church statt.

459 Vgl. His Majesty's Stationery Office (HMSO), *Annual Reports of the Register-General of the Births, Deaths and Marriages in England*, 1878–1902, London.

460 Einzelheiten des Dampfschifffahrtsunternehmens in J. Forbes Munro, *Maritime Enterprise and Empire* (2003).

461 Toms Schwester Amy Waters nennt Henrys Verhalten »höchst schändlich«, WG 9/6. Weitere Briefe der Familie Waters in Tairawhiti Museum and Art Gallery, Gisborne, Neuseeland.

462 In Briefen von Helena an ihre Töchter Lucy Waters, 3. 12. 1868, und von Carry Cowan an ihre Schwester Lucy Waters Anfang 1864. Carry fügt hinzu, dass Henry gerade von einer Reise in den Fernen Osten zurückgekehrt sei, »sehr schmierig (…) & sehr grau & ganz der geheimnisvolle Esel«, WG 9/6. Albert wurde von seinen Nichten immer der »liebe Albert« genannt. Er und seine Schwester Helena waren Mitglieder der »Plymouth Brethren«, der Plymouth-Brüder, einer evangelistischen Sekte, die 1820 in Dublin gegründet worden war, und Albert fungierte als Chefunterhändler, als die Firma Robinson für die Armen von Hereford eine Getreidemühle zum Selbstkostenpreis bauen ließ; vgl. Jean O'Donnell, *John Venn and the Friends of the Hereford Poor* (2007).

463 Brief von Helena Waters an Lucy Waters, 23. 11. 1863, WG 9/6.

464 Brief von Helena Waters an Lucy Waters, 25. 12. 1863, WG 9/6.

465 Laut *Edinburgh Academy Register* war Stanley dort von 1864 bis 1866 Schüler.

466 Laut *The Scottish Commercial List* befand sich HOR 1869 in Glasgow.

467 Laut dem *Chronological Index of Patents* (1869).

468 Dieses und die folgenden Zitate aus dem Familienjournal der Familie Waters, 13. 4. 1870, 4. 4. 1870 und 7. 4. 1870, WG 10/7.

469 Laut Heiratsurkunde lebten Braut und Bräutigam in der Rupert Street in Westminster, als sie am 21. 9. 1874 getraut wurden.

470 Laut Volkszählung von 1871 war Otway Kapitän eines Schiffes, das in Cardiff vor Anker lag; Otway war laut *The Western Mail* vom 15. 6. 1875 Kapitän der *Frascati*, als sie in Bute anlegte.

471 Brief von Lucy Gray, geb. Waters, an ihren Mann Charles, 12. 3. 1876, WG 9/3.

472 Brief von Lucy Gray an ihre Schwester Adelaide, ca. Mai 1877, WG 10/2.

473 Brief von Helena Waters an Lucy Waters, 31. 12. 1868, WG 9/6.

474 Oliver, geb. 1867, wurde Schiffsarzt, Arthur, geb. 1871, Schiffszimmermann und Ernest, geb. 1877, Schiffsingenieur; vgl. Volkszählungen von 1871, 1881 und 1891.

475 Isabella kaufte das Haus von Dorothea Tweedy in den frühen 1870er Jahren; Teile des dazugehörigen Grundstücks verkaufte sie Anfang 1880.

476 Die englische Übersetzerin von Flauberts Roman war Karl Marx' Tochter Eleanor. 1898 nahm Eleanor sich mit Blausäure das Leben, nachdem ihr Geliebter, der Atheist Edward Aveling, eine junge Schauspielerin geheiratet hatte.

477 Laut Totenschein war die Todesursache eine oft tödlich wirkende Pyämie, drei Tage nachdem der eiternde Abszess an ihrem Daumen entdeckt worden war.

478 Der genaue Zeitpunkt war der 12.12.1887; vgl. *Calendars of Probate and Administration*, Dublin.

479 *Time*, 14.4.1930. Otways Testament wurde erfolglos von seinem Bruder Alfred angefochten; vgl. NA, TS27/194.

Coda

480 Brief EWL an GC, 13.4.1858.

AUSGEWÄHLTE BIBLIOGRAPHIE

Unveröffentlichte Quellen

Court for Divorce and Matrimonial Causes, Akte J77/44/R4, NA.

Court of Chancery, Akte C15/550/R22, *Robinson vs. Robinson*, NA.

Tagebücher von George Combe 1856, 1857, 1858 (MS 7431), NLS.

Tagebücher und Hauptbuch von Robert Chambers (Deps 341/30, 341/33, Dep 341/289), NLS.

Tagebücher und Briefe von Henry Robinsons Schwester Helena Waters und ihrer Familie, WG Papers.

Briefe von Mary Drysdale an Jane Williams, Clyde Company Papers der State Library of Tasmania, Hobart, Tasmanien.

Briefe von Charles und Bridget Walker und Henry Curwen, Curwen family archives im Cumbria Record Office and Library, Whitehaven, Cumbria.

Briefe von William Copland und Mary Drysdale an John Murray, John Murray Archive, NLS.

Briefe an und Notizbücher von George Combe zwischen 1850 und 1858 in der Combe Collection, NLS.

Briefe an und von Catherine Crowe in der Catherine Crowe Collection, Templeman Library, Kent University, Canterbury, Kent.

Taufregister und Gemeindeunterlagen von Ashford Carbonel im Hereford Record Office, Hereford, Herefordshire.

Gemeinderegister für Ludlow im Salop Record Office, Shrewsbury, Shropshire.

Gemeinderegister für St Pancras in den London Metropolitan Archives, London.

Dokumente des House of Lords, 17. 6. 1859–13. 6. 1861 in den Unterlagen zum Berufungsverfahren gegen das Urteil des Scheidungsgerichts, HLA.

Zeitungsberichte über den Robinson-Prozess und andere Scheidungs-
verfahren zwischen Juni 1858 und März 1859 in:
*Caledonian Mercury, Daily News, Daily Telegraph, The Era, Exa-
miner, Liverpool Mercury, Manchester Times, Morning Chronicle,
Morning Post, Nottinghamshire Guardian, Observer, Reynolds
Newspaper, The Times*

Acton, William, *The Functions and Disorders of the Reproductive
Organs, in Childhood, Youth, Adult Age, and Advanced Life, Considered in the Physiological, Social, and Moral Relations*, London
1857.

Allan, Janice M., »Mrs Robinson's ›Day-Book of Iniquity‹: Reading Bo-
dies of/and Evidence in the Context of the 1858 Medical Reform
Act«, in *The Female Body in Medicine and Literature*, hg. von
Andrew Mangan und Greta Depledge, Liverpool 2011.

The Annual Register 1858, London 1859.

Anonym, *A Handy Book on the New Law of Divorce and Matrimonial
Causes*, London und Dublin 1860.

  – »Moor Park, As It Was and Is«, in *New Monthly Magazine*, Vol.
    104, Mai 1855.

  – »Moor Park Hydropathic Establishment«, 1856.

  – »The Working of the New Divorce Bill«, in *The English Woman's
    Journal 1*, 1858.

  – »Act to Amend the Divorce and Matrimonial Causes Act of Last
    Session« und »Matrimonial Divorce Act«, in *The English Woman's
    Journal 2*, 1859.

  – »The Divorce Court at Work«, in *Saturday Review*, 31. 12. 1858.

  – »A Month in the Divorce Court«, in *Saturday Review*, 8. 1. 1859.

  – »Divorce a Vinculo; or, the Terrors of Sir Cresswell Cresswell«, in
    Once a Week, ab 25. 2. 1860.

Anonyma, *The Serpent on the Hearth: a Mystery of the New Divorce
Court*, London 1861.

Arnold, A. J., *Iron Shipbuilding on the Thames, 1832–1915: an Economic and Business History*, Aldershot 2000.

Auerbach, Nina, »The Rise of the Fallen Woman«, in *Nineteenth-
Century Fiction*, Vol. 35, No 1, 1980.

Baxter, R. D., *National Income*, London 1868.

Beizer, Janet, *Ventriloquized Bodies: Narratives of Hysteria in Nineteenth-Century France*, Ithaca 1994.

Bell, Acton [Anne Brontë], *The Tenant of Wildfell Hall*, London 1848; dt. *Die Herrin von Wildfell Hall*, Zürich 1990.

Bell, Currer [Charlotte Brontë], *Jane Eyre: an Autobiography*, London 1848, dt. *Jane Eyre*, dt. von Paola Meister-Calvino, Zürich 1945.

Benn, J. Miriam, *Predicaments of Love*, London 1992.

Bennet, J. H., *A Practical Treatise on Inflammation of the Uterus, Its Cervix, and Appendages, and on Its Connection with Uterine Disease*, London 1853.

Berrios, G. E. und Kennedy, N., »Erotomania: a Conceptual History«, in *History of Psychiatry*, Vol. 13, No 52, 2000.

Black, Adam und Black, Charles, *Black's Guide Through Edinburgh*, Edinburgh 1851.

Blodgett, Harriet, *Centuries of Private Days: Englishwomen's Private Diaries*, New Brunswick 1989.

– »*Capacious Hold-All*«: *an Anthology of Englishwomen's Diary Writings*, Charlottesville 1991.

Bostridge, Mark, *Florence Nightingale: the Woman and Her Legend*, London 2008.

Boyle, Thomas, *Black Swine in the Sewers of Hampstead: Beneath the Surface of Victorian Sensationalism*, New York 1989.

Braddon, Mary Elizabeth, *The Doctor's Wife*, London 1864.

Bradley, James Dupree und Durie, Alastair, »Taking the Water-Cure: The Hydropathic Movement in Scotland, 1840–1940«, in *Business and Economic History*, Vol. 26, No 2, 1997.

Bulwer-Lytton, Edward, *Confessions of a Water Patient*, London 1845.

Bunkers, Suzanne L. und Huff, Cynthia A. (Hg.), *Inscribing the Daily: Critical Essays on Women's Diaries*, Amherst 1996.

Carter, Kathryn, »The Cultural Work of Diaries in Mid-Century Victorian Britain«, in *Victorian Review*, Vol. 23, No 2, 1997.

Carter, Robert Brudenell, *On the Pathology and Treatment of Hysteria*, London 1853.

Burns, Robert, *Lieder und Balladen*, dt. von Karl Bartsch, Hildburghausen 1865.

Chase, Karen und Levenson, Michael, *The Spectacle of Intimacy: a Public Life for the Victorian Family*, Princeton 2000.

Coleridge, Samuel Taylor, *Gedichte, Englisch und Deutsch*, dt. von Edgar Mertner, Stuttgart 1973.

Collins, Wilkie, »The Diary of Anne Rodway«, in *Household Words*, Vol. 14, No 330 und 331, Juli 1856.

– *The Woman in White*, London 1860, dt. *Die Frau in Weiß*, Leipzig 1861.

– *Armadale*, London 1866, dt. *Der rote Schal*, dt. von Eva Schönfeld, Stuttgart 1967.

Colp Jr, Ralph, *Darwin's Illness*, Florida 2008.

– »Charles Darwin, Dr. Edward Lane, and the ›Singular Trial‹ of Robinson v Robinson & Lane«, in *Journal of the History of Medicine*, Vol. 36, No 2, 1981.

Combe, George, *The Constitution of Man Considered in Relation to External Objects*, Edinburgh/London 1828.

– [als Übersetzer aus dem Französischen], Joseph Franz Gall, *On the Functions of the Cerebellum*, Edinburgh/London 1838.

– *A System of Phrenology*, 5. Auflage, Edinburgh/London 1843.

– *Life and Correspondence of Andrew Combe, MD*, Edinburgh 1850.

– *The Relation between Science and Religion*, Edinburgh/London 1857.

Craik, Georgiana, *My First Journal*, Cambridge/London 1860.

Creaton, Heather (Hg.), *Victorian Diaries: the Daily Lives of Victorian Men and Women*, London 2001.

Crowe, Catherine, *The Night Side of Nature; or, Ghosts and Ghost Seers*, London 1848.

Curwen, John F., *A History of the Ancient House of Curwen of Workington in Cumberland*, Kendal 1928.

Dallas, Eneas Sweetland, *The Gay Science*, London 1866.

Darwin, Charles, *On the Origin of Species by Means of Natural Selection; or The Preservation of Favoured Races in the Struggle for Life*, London 1859, dt. *Der Ursprung der Arten durch natürliche Zuchtwahl oder Die Erhaltung der bevorzugten Rassen im Kampfe ums Dasein*, Leipzig 1893.

– Korrespondenz unter www.darwinproject.ac.uk.

Dawson, Gowan, *Darwin, Literature, and Victorian Respectability*, Cambridge 2007.

Delafield, Catherine, *Women's Diaries als Narrative in the Nineteenth-Century Novel*, Farnham 2009.

[Dickens, Charles], »Our French Watering-place«, in *Household Words*, Vol. 10, No 12, 4.11.1854.

Dickens, Charles und Lemon, Mark, *Mr. Nightingale's Diary: a Farce in One Act*, Boston 1877.

Dillon, Brian, *Tormented Hope: Nine Hypochondriacs Lives*, Dublin 2000.

Durie, Alastair J., »The Drugs, the Blister and the Lancet are all Laid Aside – Hydropathy and Medical Orthodoxy in Scotland, 1840–1900«, in *Repositioning Victorian Sciences: Shifting Centres in Nineteenth-Century Thinking*, hg. von David Clifford, Elizabeth Wadge, Alexandra Warwick und David Willis, Cambridge 2006.

Emmerson, George, *John Scott Russell*, London 1977.

Esquirol, J. E. D., *Von den Geisteskrankheiten*, Bern 1968.

Fenn, Henry Edwin, *Thirty-five Years in the Divorce Court*, London 1911.

Flaubert, Gustave, *Madame Bovary: Moeurs de province*, Paris 1857, englisch von Eleanor Marx Aveling, London 1886, dt. u. a. von Walter Widmer, München 1959.

Flint, Kate, *The Woman Reader, 1837–1914*, Oxford 1993.

Foss, Edward, *Biographia Juridica: a Biographical Dictionary of the Judges of England from the Conquest to the Present Time*, London 1870.

Fothergill, Robert, *Private Chronicles: a Study of English Diaries*, Oxford 1974.

Freytag, Gustav, *Soll und Haben*, München 1976.

Gay, Peter, *Education of the Senses: the Bourgeois Experience, Victoria to Freud*, Vol. I, Oxford 1984.

General Medical Council, *The Medical Register*, London 1859–95.

Gibbon, Charles, *The Life of George Combe, the Author of »The Constitution of Man«*, London 1878.

Groneman, Carol, »Nymphomania: the Historical Construction of Female Sexuality«, in *Signs: Journal of Women in Culture and Society*, Vol. 19, No 2, 1994.

Hager, Kelly, *Dickens and the Rise of Divorce: the Failed-Marriage Plot and the Novel Tradition*, Farnham/Burlington 2010.

Healy, David, *Mania: a Short History of Bipolar Disorder*, Baltimore 2008.

Holmes, Ann Sumner, »The Double Standard in the English Divorce

Laws, 1857–1923«, in *Law and Social Inquiry*, Vol. 20, No 2, 1995.

Hoppen, K. Theodore, *The Mid-Victorian Generation, 1846–1886*, Oxford 1998.

Horstman, Allen, *Victorian Divorce*, London 1985.

House, Madeline, Storey, Graham, und Tillotson, Kathleen (Hg.), *The Pilgrim Edition of the Letters of Charles Dickens, Vol. 6–9, 1850–61*, Oxford 1988.

Hughes, Edward, *North Country Life in the Eighteenth Century, Vol. II. Cumberland and Westmoreland, 1700–1830*, Oxford 1965.

Huff, Cynthia, *British Women's Diaries: a Descriptive Bibliography of Selected Nineteenth-Century Manuscripts*, New York 1985.

Humpherys, Anne, »Coming Apart: the British Newspaper Press and the Divorce Court«, in *Defining Centres: Nineteenth-Century Media and the Construction of Identities*, hg. von Laurel Brake, William Bell und David Finkelstein, London 2000.

Jameson, Anna Brownell, *The Diary of an Ennuyée*, London 1834, ursprünglich anonym veröffentlicht als *A Lady's Diary*, London 1826.

Lane, Edward Wickstead, *Hydropathy; or, the Natural System of Medical Treatment: an Explanatory Essay*, London 1857.

– »Notes on Medical Subjects, Comprising Remarks on the Constitution and Management of British Hospitals, etc.«, Edinburgh 1853.

– *Medicine Old and New*, London 1873.

– »Letter read by Dr. B. W. Richardson FRS at his lecture on Charles Darwin FRS in St George's Hall, Langham Place, 22 October 1882«, Privatdruck.

– *Hygienic Medicine: the Teachings of Physiology and Common Sense*, London 1885.

Laqueur, Thomas, *Solitary Sex: a Cultural History of Masturbation*, New York 2003.

Leckie, Barbara, *Culture and Adultery: the Novel, the Newspaper and the Law, 1857–1914*, Philadelphia 1999.

MacLaren, Angus, *Birth Control in Nineteenth-Century England*, London 1978.

Macqueen, John Fraser, *A Practical Treatise on Divorce and Matrimonial Jurisdiction Under the Act of 1857 and New Orders*, London 1858.

Marcus, Stephen, *The Other Victorians: a Study of Sexuality and Pornography in Mid-Nineteenth-Century England*, New York 1966.

Martens, Lorna, *The Diary Novel*, Cambridge 2009.

Martin, Philip W., *Mad Women in Romantic Writing*, Brighton 1987.

Mason, Michael, *The Making of Victorian Sexuality*, Oxford 1994.

Maulitz, Russell C., »Metropolitan Medicine and the Man-Midwife: the Early Life and Letters of Sir Charles Locock«, in *Medical History*, Vol. 26, 1982.

Mulock, Dinah, »The Water-Cure«, in *Dublin University Magazine*, April 1855.

– *A Woman's Thoughts about Women*, London 1858.

– *A Life for a Life*, London 1859.

Munro, J. Forbes, *Maritime Enterprise and Empire*, Woodbridge 2003.

Nead, Lynda, *Myths of Sexuality: Representations of Women in Victorian Britain*, Oxford 1988.

Norton, Caroline, *A Letter to the Queen on Lord Chancellor Cranworth's Marriage and Divorce Bill*, London 1855.

Overton, Bill, *The Novel of Female Adultery, 1830–1900*, Basingstoke/London 1996.

The Oxford Dictionary of National Biography, Oxford 2004.

Phillimore, John George, *The Divorce Court: Its Evils and the Remedy*, London 1859.

Poovey, Mary, *Uneven Developments: the Ideological Work of Gender in Mid-Victorian England*, Chicago 1988.

Ray, Phyllis M., *Ashford Carbonel: a Peculiar Parish; a Brief History*, Ludlow 1998.

Richards, Graham, *Mental Machinery: The Origins and Consequences of Psychological Ideas, Part I: 1600–1850*, London 1992.

Robertson, Thomas William, *My Wife's Diary*, London, ca. 1854, Adaption eines Stücks von Adolphe d'Ennery.

Rose, Phyllis, *Parallel Lives: Five Victorian Marriages*, New York 1983.

Rosenman, Ellen Bayuk, *Unauthorized Pleasures: Accounts of Victorian Erotic Experience*, Ithaca 2003.

Russett, Cynthia Eagle, *Sexual Science: the Victorian Construction of Womanhood*, Harvard 1989.

Sato, Tomoko, »E. W. Lane's Hydropathic Establishment at Moor Park«, in *Hitotsubashi Journal of Social Studies*, Vol. 10, No 1, 1978.

- »George and Charles Drysdale in Edinburgh«, in *Journal of Tsuda College Tokyo*, Vol. 12, 1980.
- »Charles Robert Drysdale in 1848–69«, in *Journal of Tsuda College*, Vol. 13, 1981.
- »George Drysdale's Supposed Death and *The Elements of Social Science*« (jap.), in *Hitotsubashi Ronsu*, Vol. 78, No 2, 1977.

Savage, Gail, »The Operation of the 1857 Divorce Act, 1860–1910«, in *Journal of Social History*, 1988.

- »Erotic Stories and Public Decency«, in *The Historical Journal*, Vol. 41, 1998.

Secord, James A., *Victorian Sensation: the Extraordinary Publication, Reception, and Secret Authorship of Vestiges of the Natural History of Creation*, Chicago 2000.

Shanley, Mary Lyndon, »One Must Ride Behind: Married Women's Rights and the Divorce Act of 1857«, in *Victorian Studies*, Vol. 25, 1982.

Shelley, Percy Bysshe, *Ausgewählte Dichtungen*, dt. von Adolf Strodtmann, Leipzig ca. 1886.

Shortland, Michael, »Courting the Cerebellum: Early Organological and Phrenological Views of Sexuality«, in *British Journal for the History of Science*, Vol. 20, 1987.

Shuttleworth, Sally, *Charlotte Brontë and Victorian Psychology*, Cambridge 1996.

Smethurst, Thomas, *Hydropathia; or, The Water Cure*, London 1843.

Smith, Roger, *Trial by Medicine: Insanity and Responsibility in* Victorian Trials, Edinburgh 1981.

Smith, W. Tyler, *Manual of Obstetrics*, London 1858.

Spencer, Herbert, *Social Statics; or, The Conditions Essential to Happiness Specified, and the First of Them Developed*, London 1851.

Stack, David, *Queen Victoria's Skull: George Combe and the Mid-Victorian Mind*, London 2007.

»A Student of Medicine« [George Drysdale], *Physical, Sexual, and Natural Religion*, London 1854; wiederaufgelegt als *The Elements of Social Science*.

Stone, Lawrence, *Road to Divorce: England 1530–1987*, Oxford 1990.

- *Broken Lives: Separation and Divorce in England, 1660–1857*, Oxford 1993.

Swabey DCL, M. C. Merttins und Tristram DCL, Thomas Hutchinson

(Hg.), *Reports of Cases Decided in the Court of Probate and in the Court for Divorce and Matrimonial Causes: Vol. 1,* London 1860.

Tallent-Bateman, Charles T., *A Home Historical: Moor Park, Surrey,* Privatdruck 1885.

Tanner, Tony, *Adultery in the Novel: Contract and Transgression,* Baltimore/London 1979.

Taylor, Jenny Bourne, »Obscure Recesses: Locating the Victorian Unconscious«, in *Writing and Victorianism,* hg. von J.B. Bullen, London 1997.

– und Shuttleworth, Sally (Hg.), *Embodied Selves: an Anthology of Psychological Texts, 1830–1890,* London 1988.

Tennyson, Alfred, *The Idylls of the King,* London 1859, dt. *Ausgewählte Dichtungen,* Hildburghausen 1870.

Thomas, Keith, »The Double Standard«, in *Journal of the History of Ideas,* Vol. 20, No 2, 1959.

Tidswell, Richard Thomas und Littler, Ralph Daniel Makinson, *The Practice and Evidence in Cases of Divorce and other Matrimonial Causes,* London 1860.

Tilt, E.J., *On Diseases of Menstruation and Ovarian Inflammation,* London 1850.

– *The Change of Life in Health and Disease,* London 1857.

Turner, E.S., *Taking the Cure,* London 1967.

Wood, Ellen, *East Lynne,* London 1861.

Wood, Jane, *Passion and Pathology in Victorian Fiction,* Oxford 2001.

van Wyhe, John, *Phrenology and the Origins of Victorian Scientific Naturalism,* Aldershot/Burlington 2004.

Young, Marianne, *Aldershot and All About It, with Gossip, Literary, Military and Pictorial,* London 1857.

[Young, Marianne], *Sketches of the Camp at Aldershot: also Farnham, Waverley Abbey, Moor Park,* Aldershot 1858.

DANKSAGUNG

Mein Dank gilt den Bibliothekaren der British Library, der London Library, den National Archives und der Wellcome Library in London; den Mitarbeitern der Lokalarchive von Hereford, Reading, Shrewsbury und Whitehaven; Pauline Dunne von den National Archives in Dublin und Alison Metcalfe von der National Library of Scotland in Edinburgh. Für die Erlaubnis, aus ihren Archiven zu zitieren, danke ich der Leitung der National Library of Scotland, dem Cumbria Archive & Local Studies Centre in Whitehaven und dem Tairawhiti Museum in Gisborne, Neuseeland. Vielen Dank an Meg Vivers, die mir die Ergebnisse ihrer ausgezeichneten Forschungen über die Familie Robinson mitteilte; an Mark Robinson, der mir von seinem Ur-Ur-großvater erzählte; und an Phyllis Ray und Ruth Walker, die mich an ihrem Wissen über die Walkers teilhaben ließen. Für die Erlaubnis, mich in einigen Häusern umzusehen, in denen Isabella Robinson und ihre Freunde lebten, bedanke ich mich bei Clynt Wellington in Surrey, Ann und Freddy Johnston in Ludlow und Florence Shanks und Lucinda Miller in Edinburgh.

Dank an all die Freunde und Mitglieder meiner Familie, die mir bei diesem Buch geholfen haben: Lorna Bradbury, Alex Clark, Toby Clements, Will Cohu, Tamsin Currey, Robert Douglas-Fairhurst, Claudia FitzHerbert, Miranda Fricker, Stephen Grosz, Victoria Lane, Ruth Metzstein, Sinclair McKay, Daniel Nogués, Marina Nogués, Tasio Nogués, Stephen O'Connell, Kathy O'Shaughnessy, Robert Randall, John Ridding, Wycliffe Stutchbury, Ben Summerscale, Juliet Summerscale, Peter Summerscale (der inzwischen gestorben ist), Lydia Syson, Frances Wilson, Keith Wilson, die Mütter, die sich im Coffee Cup in Hampstead, und die Schriftsteller und Schriftstellerinnen, die sich im Novel History Salon in Bloomsbury treffen. Besonders danke ich meinem Sohn Sam.

Ein großes Dankeschön gebührt wie immer meinem Agenten David Miller, aber auch seinen Kollegen bei Roberts, Coleridge & White, Stephen Edwards, Alex Goodwin und Laurence Laluyaux, sowie Julia Kreitman von The Agency in London und Melanie Jackson in New York. Dank an Richard Rose für seine ausgezeichneten Vorschläge und seinen Rat. Dank an alle Verlagsmitglieder von Bloomsbury in London, die die Publikation des Buches für mich so angenehm gestalteten: Geraldine Beare, Richard Charkin, Jude Drake, Sarah-Jane Forder, Alexa von Hirschberg, Nick Humphrey, Kate Johnson, David Mann, Paul Nash, Anya Rosenberg, Alice Shortland, Anna Simpson und besonders meine Lektorin Alexandra Pringle, die mir eine unschätzbare Hilfe war. Vielen Dank auch an die anderen Lektorinnen und Lektoren, die dieses Projekt unterstützt haben: George Gibson und seine Mitarbeiter bei Bloomsbury in New York, Ann-Catherine Geuder in Berlin, Dominique Bourgois in Paris, Ludmila Kuznetsova in Moskau, Andrea Canobbio in Turin, Sofia Ribeiro in Lissabon und Henk ter Borg in Amsterdam.

REGISTER

Kate Summerscale
Der Verdacht des Mr Whicher
oder der Mord von Road Hill House

In einer Sommernacht im Jahr 1860 geschieht ein Mord in einem herrschaftlichen Landhaus in Wiltshire. Die Leiche des dreijährigen Saville wird mit durchgeschnittener Kehle hinter dem Haus gefunden. Die ganze Familie, mitsamt Personal, steht unter Schock, umso mehr, als der Verdacht auf ein Mitglied der Hausgemeinschaft fallen muss.
Jack Whicher von Scotland Yard, einem der bekanntesten Detektive seiner Zeit, fällt die Aufgabe zu, den Fall aufzuklären. Der Mordfall löst eine nationale Hysterie aus, und als Whicher sein schockierendes Ergebnis vorlegt, gibt es Aufruhr und Proteste.

Eine wahre Geschichte, die Generationen von Autoren wie Wilkie Collins, Charles Dickens und Arthur Conan Doyle inspirierte.

»Summerscale hat auf brillante Weise genaueste Archivrecherche mit lebendigem Geschichtenerzählen verbunden, das sich vom Tempo her wie ein viktorianischer Thriller liest.«
Jury des *Samuel Johnson Prize*,
den Summerscale 2008 erhielt

BLOOMSBURY BERLIN